호,

주인옹의 이름

[illegible]生弓當謂[illegible]

者日爾見來蝦暮

之歎手顏去角口去

渡遠四體去利[illegible]

句露說一要行永[illegible]

호,

주인옹의 이름

심경호

KU PRESS
고려대학교
출판문화원

▌이 책은 고려대학교출판문화원이 조성한 인문사회과학출판기금의 지원으로 저술되었습니다.

책머리에

한 인물을 호號로 부르는 시대가 저물어 간다. 사람과 사람의 구체적 만남이 제한되고, 타자와의 사이에 눈 인사조차 없는 침묵이 강요된다. 바로 얼마 전까지 우리는 서로의 이름을 부르거나 상대의 이름을 환기하면서 흥분하고 동요했다. 이제 그 시대가 끝나 가고 있다. 사람들은 수열로 치환되고, 이름은 구체적 인격과 괴리되어 간다. 이름이 이러하니, 또 다른 이름인 호는 더 말할 것이 없다. 역사 인물의 호를 부르면서 그 사람의 행적을 추모하거나 열띤 어조로 비난하기도 했던 일이 다시 오지는 않을 것 같다.

> 안평安平, 비해당匪懈堂, 설잠雪岑, 매월당梅月堂, 다산茶山, 여유당與猶堂, 월남月南, 단재丹齋, 위당爲堂, 담원薝園, 백범白凡, 석전石顚, 탄허呑虛, 천태산인天台山人, 벽초碧初, 청분실淸芬室, 학산鶴山, 야자也自, 애산愛山, 도남陶南, 외솔, 가람, 임당任堂, 무애無碍, 횡보橫步, 일석一石, 심악心岳, 백영白影, 만송晩松, 서여西餘, 항심恒心…

이 호들은 내게 무척 친근하다. 이런저런 이유에서 마음으로 기리는 분의 호도 있고, 문화사적으로 중시하는 인물의 호도 있다. 청분실과 학산은 같은 분의 호이지만, 청분실이라는 실호가 더 친근하다. 횡보라는 호는 무척 우습다. 횡보라니, 술에 취해 지之 자로 걷는 모습을 보고 누군가 장난스럽게 붙인 호라고 한다. 하지만 어떠랴, 멋지지 않은가! 통념을 깨는 징표가 아닌가! 정조가 말했듯이, 호는 '행적의 표상'이다. 이분들의 호를 떠올리는 것만으로도 나는 이분들의 행적을 상상한다. 하지만 이 호들은 기표로서의 기능을 상실했다. 본명을 들어도 그 사람의 구체적 품성을 알려고 하지 않거늘, 지난 역사와 지난 세대의 인물들을 누가 호로 부르겠는가?

현대인들은 자신의 이름이 지닌 의미를 되새기지 않아도 시민으로서 훌륭하게 자기 삶을 꾸려 나간다고 생각한다. 특정 집단에서는 과거의 어떤 인물을 호로 지칭하지만, 대다수의 시민들이 그런 호명을 의미 있다고 여기는 것은 아니다. 한 세대 이전까지의 관습과는 아주 다르다. 지난 시대에는 이름과는 또 다른 호칭으로서 집단 내에서 그 의미가 환기되는 호를 중시했다. 의미 과잉의 탓이었다고도 할 수 있다. 의미 상실의 시대에 이름이나 호가 무슨 별스런 기능을 떠맡겠는가! 설령 과거 인물의 호가 일컬어진다고 해도 대개는 그 의미까지 공유되지는 않게 되었다.

이 책은 의미를 중시하던 관습, 아니, 어쩌면 의미 과잉의 역사를 들여다본 결과물이다. 과거의 관습을 미화하려는 목적이 아니다. 한 인격의 또 다른 이름에 큰 의미를 부여하던 지난날의 관습을 되돌아보고, 그 현상을 분석하여 호의 카탈로그를 작성하는 것을 목표로 한다. 정리는 그 나름의 의의가 있다. 한 윤리 주체, 한 역사 주체, 한 심미 주체와 밀착되어 있는 기표의 가치를 되새겨 보면서, 의미 상실의 시대를 어떻게 견뎌 나가야 할 것인가 반문하고자 하는 것이다. 골동품의 목록을 작성하는 것에 대해 굉장한 가치를 부여하지는 않겠지만, 이 지극히 번거로운 일의 의의를 스스로 깎아내리지도 않겠다. 더구나 남이 나를 R2d2라 부르고 내가 남을 알파b라 부르는 것으로 인류 문화가 진보했다고 말할 수는 없지 않겠는가?

이름은 사람의 아이덴티티를 지시한다. 존재를 존재이게 하고 존재를 세계 속에 확고하게 위치짓는다. 사물의 이름이 모두 그러하지만, 특히 인간의 이름은 사람의 개체성을 확인하고 상징계 속에서 그 위치를 바로잡아 준다. 사물의 이름이 사물의 실제를 드러내는 기능을 하듯이, 사람의 이름도 사람의 본모습을 드러내는 최소한의 기능을 한다. "사물은 이름이 없어서는 안 되며 이름은 실제보다 지나쳐서는 안 된다. 실제가 따르면 이름은 아무리 천해도 드러나게 된다." 성호 이익李瀷(1681-1763)이 친구의 소산초려小山草廬에 대해 그 의미를 부연해서 글을 써 주면서 허두에 꺼낸 대大담론이다.

동아시아의 고대에는 아이가 태어나면 조상신에게 아이의 존재를 승인받는 의례를 거행했는데, 이때 씨족원들은 그 아이에게 명名을 지어 주고 자字를 더했다. 갑골문 연구 성과에 의하면, '名'의 윗부분은 제사 때 바치는 고기, 아랫부분은 축문을 담는 그릇이다. '名'은 씨족원이 아이의 탄생을 조상신에게 보고하는 의례를 영상으로 그려 냈고, '字'는 아이가 사당에서 조상신을 알현하는 모습을 영상으로 그려 냈다. 그렇기에 본래 '字'는 아명兒名을 가리켰으며, 여기에 '기른다'는 뜻이 더해졌다. 현대에는 아이가 태었다고 조상신에게 보고하는 의식을 치르지는 않지만, 여전히 아이에게 이름을 붙여 그의 아이덴티티를 부여한다. 그리고 한 인간은 유소년기, 청년기, 장년기, 중년기, 노년기, 사후 등 시간 축을 통과하면서 이름에 의해 자기동일성을 유지하고 동일성 속의 변화를 자각하거나 확인받는다.

크립키Saul Aaron Kripke의 설을 다른다면, 한 인간의 이름은 씨족 공동체나 가정에서 직접 지시의 힘을 지닌 고유명사로, 성질을 분석한다거나 확정하여 기술한다거나 하는 과정을 초월해 있다. 그런데 동아시아 문명의 옛사람들은 부모가 지어 준 이름 이외에도 자신만의 이름을 스스로 짓기도 하고 타인으로부터 또 다른 이름을 받기도 했다. 특히 사적이든 공적이든 어떤 책무 의식을 지녀야 하는 위치에 있는 인간들은 성격, 위상, 지향을 변혁하려는 전환의 시기에 새로운 이름을 스스로 짓거나 타인으로부터 받았다. 그 새로운 이름이 호이다.

사실 동아시아의 한자문화권 사람들은 삶의 여러 과정을 거치면서 새로운 이름으로 새롭게 태어났다. 태어나서 부여받는 명名, 어릴 때부터 성년 전까지 불리던 해명孩名, 성년식인 관례와 계례를 치르면서 부여받는 자字 이외에도, 삶의 전환기마다 호號를 새로운 이름으로 사용했다. 심지어 활동의 여러 국면에 따라 각기 다른 호를 사용하기도 했다. 다른 사람의 호를 아호雅號라 하고, 상용하는 호 이외의 또 다른 호를 별호別號라 했다. 서재 등 일상의 거처에 특별한 이름을 붙여 스스로를 경계하는 뜻을 드러내는 호를 실호室號·재호齋號·누호樓號·대호臺號·각호閣號·헌호軒號·당호堂號라고 했다. 아호·별호나 실호·재호·누호·헌호·당호는 굳이 구분하지 않았다. 결혼한 여자나 남자에 대해 실가의 지명을 붙여 친근하게 부르는 이름이 있었으니, 택호宅號가 그것이다. 왕자, 종친, 공신, 훈신, 국구(왕의 장인), 부마 등에게는 국가에서 군君을 봉하고, 군호君號를 내려

주었다. 생전에만 새 이름을 갖는 것이 아니었다. 고인이 된 사람도 생전에 공적을 세운 경우에는 국가에서 시호諡號를 내려 '이름을 바꾸어(易名)' 주었다. 옛사람들은 생전이나 사후에 여러 이름들을 지님으로써, 그런 이름들을 통해 매 시기마다 각별한 존재자로 거듭 태어났다. 본인은 호를 사용하지 않았지만 동료나 제자들이 호를 부르거나 죽은 후 사적인 시호를 올리기도 했다. 또, 생전에는 호가 없었지만 후인들이 문집을 간행하려고 하면서 후인들이 호를 정하는 경우도 있었다. 이때에는 한 인격이 후인들에 의해 새로운 이름으로 재탄생했다고 할 수 있다.

부인을 위해 남편이 당호를 지어 준 예도 있다. 홍인모洪仁謨(1755-1812)가 부인 서씨(1753-1823)의 거처를 영수합令壽閤이라고 이름 지은 것이 그 예이다. 방에 축수하여 이름을 붙인 것이다. 동학농민군의 대장군 전봉준全琫準(1855-1895)도 해몽海夢이라는 호를 사용했다. 1893년 12월 전봉준은 장두狀頭(여러 사람이 서명한 소장의 첫머리에 이름을 적는 사람)로서 고부 군수에게 진정했으나 받아들여지지 않자, 동지 20명과 함께 사발통문沙鉢通文을 작성하고 거사할 것을 맹약했다. 장두가 된 것이나 사발통문을 돌린 것은 유교의 저항 방식을 채용한 것이다. 호를 사용한 것도 당시의 관습을 따른 것이었다.

경세학經世學의 최고봉을 이룬 정약용丁若鏞(1762-1836)은 본이름 이외에 별명, 자, 호, 별호, 헌호(당호)를 지녔다. 죽은 후 상당히 오랜 뒤에 국가로부터 시호도 받았다.

본이름: 약용若鏞
별명: 용鏞, 약용丁鏞
자: 미용美鏞
호: 여유병옹與猶病翁, 사암俟菴, 다산茶山, 탁옹籜翁, 태수苔叟, 자하도인紫霞道人, 철마산인鐵馬山人, 소채小菜
별호: 열수洌叟, 열수옹洌水翁, 열초洌樵, 열상노인洌上老人, 정석丁石
당호(재호): 여유당與猶堂, 균암筠菴
시호: 문도文度

철마산인은 고향 부근 철마산(천마산)의 이름을 딴 것이다. 후손이 작성한 연보에서 중시한 호는 사암俟菴이다. 《중용》의 "군자는 평이한 도리를 행하면서 천명을 기다린다"(君子居易以俟命)에서 사명俟命의 뜻을 취했다. 젊은 시절에는 서재를 여유당與猶堂이라고 명명하여 남에게 주는 글에 간간이 사용하다가, 1799년 7월 〈여유당기〉를 지어 그 명명 이유를 밝혔다. 또 거처하던 마현(마재) 마을이 한강 가에 있었으므로 한강의 옛 이름을 열수로 고증하고 스스로의 호를 열수옹·열상노인·열초라고 했다. 열초는 열수 가의 나무꾼이라는 뜻이다. 귀양지 강진에서는 만덕사萬德寺 서쪽에 윤단尹慱이 지었던 초당에 거처하면서 다산茶山이란 호를 사용했다. 초당 근처에 차밭이 있고 그곳 산을 '다산'이라 한 데서 '茶'를 호에 사용했다. 그리고 정약용은 대나무의 곧고 바른 지조를 사랑해서 호를 탁옹籜翁, 재호를 균암筠菴이라고도 했다. 탁과 균은 대나무를 가리킨다('筠'은 '윤'으로 발음되지만 우리나라에서는 '균'으로 읽는다). 다산초당의 절벽에는 정석丁石이라는 별호를 새겨 두었다. 그리고 정약용은 타계한 지 165년 뒤 1910년 음력 7월 16일(양력 8월 20일) 순종으로부터 문도라는 시호를 받았다. 당시 조정은 정렴鄭𥖝(1506-1549) 등 26명에게 증직하고 추시追諡했다. 이때 정약용은 규장각 제학에 추증되고 문도의 시호를 받은 것이다. 시호의 의미를 주석한 것을 시주諡注라고 하는데, 시주에 따르면 "학식과 견문이 넓고 많은 것이 문文이고, 일을 처단함에 의리에 합당한(制事合義) 것이 도度이다". 같은 날 박지원朴趾源(1737-1805)은 좌찬성에 추증되고 정약용과 똑같이 문도라는 시호를 받았다. 시호를 관장하는 봉상시奉常寺의 결정에 따라, 대학자 정약용과 대문호 박지원이 둘 다 똑같이 문도의 시호를 받은 것이다.

한자문화권에서 작호作號의 관습은 당나라 때 문필 생활에서 형성되었다고 한다. 불교의 법호 사용에서 영향을 받기도 했을 것이다. 송나라 이후로는 한 개인이 둘 이상의 호를 갖기도 했다. 명나라 중엽에는 호의 사용이 너무 통속화되자, 어떤 문인들은 호를 꺼려서 시문·서찰 등 한묵翰墨에 자字를 적거나, 출신 지명 혹은 관직명을 사용했다. 한국에서는 고려 때부터 문필 생활에서 호를 사용하기 시작해서 조선 시대에 작호의 관습이 극성했다. 실상과 먼 의미를 지닌 호를 갖는 예도 나타났다. 장현광張顯光(1554-1637)은 "녹록한 주제에 훌륭한 분의 칭호를 본받고 용렬한 자가 높은 선비의 호를 무릅쓴다면 스스로 부끄러울 뿐만 아니라 남에게도 너무나 부끄러울 것이며, 남에게 부끄러울 뿐 아니라 우리의 강과 호수, 연못과 못을 더럽히고 우리의 시내와 산, 숲과 샘을 욕되게 하리라"라고 비난했다. 작호가 허세의 작태로 여겨지기도 했다. 윤필병尹弼秉(1730-1810)은 "오언시만 지을 줄 알아도 호를 지니고 집 한 칸만 있어도 호를 가지며 주운 돌이 주먹만 해도 마음에 들면 호로 쓰고 옛사람 말이 한 구절이라도 마음에 맞으면 호로 삼으니, 호라는 것이 천하에 가득하여 개백정이나 비단 장수도 호를 가지게 되었다"라며 실소했다. 호가 인격과 분리되어 페르소나의 부호로 전락하는 것을 개탄한 것이다. 하지만 장현광 그 자신도 여헌旅軒이란 헌호를 사용했다. 윤필병은 '무호無號'(호가 없음)를 주장했지만, 정약용은 이름을 피한다는 그 뜻이 널리 칭송되어 결국 '무호'가 그의 호로 될 것이라고 했다.

호는 실상과 멀어지고 세속화했다. 그렇지만 어떤 사람들에게 호는 그 내면을 직지直指하는 이름으로서 기능했다. 또한 자신이 남에게 호로 불리거나 타인을 호로 부름으로써 한 집단 내의 동류 의식을 강화했다. 어떤 사람들은 인생의 전환기에 스스로의 심적 상태를 다잡고 타자와의 관계를 새로 정립하려고 호를 바꾸었다(改號). 호는 남이 지어 주기도 했지만 자호自號도 많았다. 남이 호를 지어 줄 때에는 좋은 글자를 붙여 주게 마련이었으나, 자기가 자신의 호를 정할 때에는 겸양의 뜻을 보여 어리석을 우愚가 아니면 노둔할 노魯를 붙이고 졸렬할 졸拙이 아니면 오활할 우迂를 붙였다. 그리고 일반적으로는 기거동작起去動作의 거처에 있는 산수·바위·나무의 이름을 호로 채택하거나 그 이름을 명명하면서 그것을 호로 사용했으며, 생장지나 선영, 본관의 지명 등을 취하여 중의重義를 더해 자호로 삼았다. 간혹 존경하는 인물과 관련된 글자를 사용하기도 했다.

옛사람들은 본명 이외에 호를 지님으로써 '또 다른 나'로 되살아났다. 호는 주체의 재생과 부활의 특별한 기호였다. 중세에는 마음을 주인옹主人翁이라고 불렀다. 몸뚱이의 주인이라는 뜻으로, 지금 널리 사용되는 '주인공'이란 말의 어원이다. 당나라 때 승려 서암瑞巖은 매일 스스로를 향해 "주인옹아! 깨어 있느냐?" 묻고, 스스로 "깨어 있소"라고 대답했다. 스스로를 불러 깨우는 일은 삶의 경건성을 유지하는 주요한 공부 방법이었다. 호는 바로 환성喚醒의 기표였다.

작호作號의 관습은 근현대의 필명筆名으로 연결되는 면이 있다. 하지만 한국의 경우 필명은 일제강점기의 언론탄압 과정에서 형성되어, 호와 달리 개방성이나 통용성을 지니지 못하고, 호와 달리 자기성찰 기제로 활용되지도 않았다.

나는 한문학의 결산보고서를 작성하겠다는 결심으로 한문학을 전공하기 시작했다. 문집의 영인본도 구하기 어려웠던 시절, 한 사람의 문집을 어렵게 구해도 시문에 나오는 호가 누구를 가리키는지 몰라 고통을 겪었다. 주요 문집이 데이터베이스화되고 원문 자료들이 여러 형태로 가공되어 있는 현재에도 호의 인물을 특정하지 못하는 경우가 여전히 많다. 그리고 호가 무슨 의미인지 몰라서 자료의 초보적인 사항조차 알 수 없다는 사실에 자괴감을 느껴 왔다. 그러다가 2009년 《내면기행》을 출판하고 그 후속작 《나는 어떤 사람인가 — 선인들의 자서전》을 출간하여, 중세적 주체의 존재방식에 관심을 기울이면서, 옛사람들이 호(실호, 재호, 누호, 헌호, 당호)를 명명하는 방식에는 주체를 재확인하려는 의식이 담겨 있다는 사실을 깨달았다. 그래서 2009년 고려대학교출판문화원의 연구비를 받아 '별호와 당호'에 관해 집필하기 시작했다. 널리 알려진 몇몇 인물들을 중심으로 호의 의미를 풀어 보겠다고 생각했지만 대상 인물들을 넓히자 여러 난관에 부딪혔다. 2017년부터 2019년 말까지 다산 정약용의 한시를 역주하여 네이버 지식백과에 게재할 때도 시문에 호로만 언급된 관련 인물을 특정하느라 많은 시간을 쏟아야 했다. 결국 애당초 대학원 시절에 스스로 부과했던 과제로 되돌아가, 문집이나 주요 저작물을 남긴 인물들의 작호 방식을 폭넓게 살펴보기로 했다. 마침, 2016년부터 2018년까지 한국연구재단의 저술 지원으로 《한국의 석비문과 비지문》(일조각, 2021)을 출간하려고 준비하면서 묘비·묘지의 탁본(탑본) 및 문집 수록의 비지문을 더 많이 읽어 볼 수 있었다. 그래서 그간 호에 관해 현재까지 검토한 내용을 재정리하기로 했다. 호와 마찬가지로 한 인물이 스스로의 아이덴티티를 확인하는 데 활용한 재호, 실호, 누호, 헌호, 당호, 그리고 특별한 범위 안에서 한정적으로 사용한 별호도 함께 다루기로 했다. 이것들은 서로 구별하기 어려우며, 실제로 호로 간주된 예가 많기 때문이다.

근대 이전의 인사들도 다른 사람의 호에 대해 그것이 누구를 지칭하는지 모르는 경우가 적지 않았다. 그래서 호보號譜·호휘號彙를 엮었다. 일본 교토대학 가와이문고에 소장된《동현호휘東賢號彙》(건곤 2책, 필사본)는 그 한 예이다. 현대에도 임종국의《한국역대인명사전》(이회문화사, 2009)과《한국인명자호사전》(이회문화사, 2010) 등이 호휘로 활용되고 있다. 한국학중앙연구원의《한국민족문화대백과사전》, 향토문화 자료 대전, 각 연구기관이나 지방 관청·문화관의 역사 인물 자료집, 이들의 전자판 등은 역사인물의 호를 살피는 데 크게 도움이 된다. 신용호,〈선대사류先代士類의 자호연구字號硏究〉(고려대학교 교육대학원 석사학위논문, 1977), 신용호·강헌규의《선현들의 자字와 호號》(전통문화연구회, 1997)는 자와 호의 짜임과 유형에 대해 개괄한 선구적 업적이다. 이민홍의《시법》(문자향, 2005)은 시호 역명법에 관한 기본 자료를 번역하고 해설했다. 박철상의《서재에 살다》(문학동네, 2014)는 북학파 지식인 24인의 헌호를 해설했다. 한정주의《호, 선비들의 자존심》(다산초당, 2015)은 선비 36명의 삶을 개괄하고 그들이 사용한 호의 의미를 해설했다. 조희웅의《한국고전소설사 큰사전 부록 2—작가목록》(지식을 만드는 지식, 2017)은 한국 고전소설의 작가들을 정리하고 해당 인물의 호를 함께 밝혔다.

이 책은 작호의 관습이 큰 의미를 지녔던 근세 이전에 저작이나 편저를 행하거나 정치·문화의 면에서 긍정적 혹은 부정적 자취를 남긴 인물들을 대상으로 자호自號나 남들이 부른 호를 정리하고, 작호의 동기 혹은 호의 의미를 살펴보고자 했다. 종래의 호보號譜가 가문별로 명사들을 나열하거나 호의 상자上字(위 글자)·하자下字(아래 글자)를 나누어 호의 형태를 분류한 것과는 전혀 다른 방식을 취했다. 따라서 이 책이 카탈로그를 표방한다고 해서 신사록紳士錄, 전화번호부, 인명사전 같은 형태이리라고 예상하지 말기 바란다. 이 책은 저술이나 업적을 남긴 인물들, 혹은 지탄받는 인물들을 대상으로, 작호의 계기를 확인하고자 했는데, 그 과정은 그 한 사람의 전기傳記를 작성하는 일과 같았다. 고인들이 호의 의미를 풀이한 글이나 남의 호에 대해 해설한 글은 가장 중요한 자료이다. 설說이라는 문체의 산문이 대부분이지만, 서발문이나 증서체의 산문, 잠箴·명銘 등 운문 양식, 혹은 시가 양식도 있다. 본인의 사후에 다른 사람이 행장行狀과 비지문을 작성하면서 작호의 계기와 호의 뜻을 간략하게 언급한 예도 신뢰할 만한 자료이다. 하지만 문헌에서 작호의 계기나 호의 의미를 언급한 내용을 찾기 어려울 때, 특히 지명을 이용한 호에 대해서는 그 작호의 계기를 추리할 수밖에 없었다.

나의 카탈로그는 미완이다. 데이터의 전산 처리가 진전되면 나의 이 작업은 초보 수준이었음이 드러날 것이다. 널리 알려진 호라고 해도 이 책에서 고증하지 못한 예들이 많고, 현 지명을 확인하지 못한 예들도 많다. 하지만, 이 책을 통해 선인들이 자기 내면을 직지했던 우량한 관습을 확인할 수 있게 되기를 바란다. 그와 동시에 의미 과잉의 실상을 파악하고, 대다수 여성과 민중들로 하여금 호는커녕 이름도 남기지 못하게 만든 억압과 배제의 악습을 비판할 필요도 있다. 누구든 옛 자료를 열람하다가 작호의 방식이 궁금해질 때 이 책에서 사색의 단서를 얻게 되었으면 좋겠다.

이 책이 간행되기까지 여러 차례 개고하고 또 교정을 했다. 이 책이 이러한 모습을 지니게 된 것은 전적으로 고려대학교출판문화원의 인내 덕이다. 특히 원고를 정독하고 오자나 탈자를 바로잡아 주신 출판문화원의 선생님들께 깊이 감사드린다.

2022년 2월, 회기동 작은 마당 집에서

심경호

차례

제3장 호설의 문체

제4장 신분 계층과 호

일러두기

1. 이 책은 작호와 개호의 과정, 신분 계층에 따른 작호의 차별성과 공통성, 넓은 의미의 호설 창작 방식에 대해 논했다.
2. 각 인물의 생몰년, 본관, 자, 호, 시호, 가계와 생평生平에 대해서는 관련 전기傳記 자료, 기존의 연구 성과와 인터넷상의 게시물을 참조하면서 작호와 관련이 있는 사실을 부각시켰다. 호에는 재호齋號·누호樓號·대호臺號·각호閣號·헌호軒號·실호室號·당호堂號를 적절히 추가시켰다.
3. 인터넷상의 정보로는《한국민족문화대백과사전》, 한국역대인물종합시스템(이상 한국학중앙연구원 제공), 국립중앙도서관, 대학도서관, 각종 연구기관, 시·구·도·면·읍 등 행정기구, 지방문화원, 학술 단체, 문중 제공의 게시물, 위키백과와 관련 개인 블로그 등을 활용하여 스스로 검토하고 재정리하되, 일일이 출처를 밝히지는 않았다.
4. 과거 급제의 사실은 과종을 밝혔으며, 식년시가 아닌 과거는 가능한 한 그 사실을 명기했다. 연도는 일반적인 방식에 따라 양력으로 환산하여 표기하되, 월일은 구력을 그대로 썼다.
5. 각 인물의 가족관계를 기록할 때 부조父祖, 손항孫行의 성씨를 일일이 적는 것은 근대 이전의 기서법과 어긋나지만 인물 검색이 용이하도록 성씨를 밝혔다.
6. 문집 수록의 자호설 및 작호동기 추론 시문, 행장行狀, 비지碑誌, 시장諡狀, 전傳 등을 인용할 때 문집의 첫 장 권수제를 서명으로 삼았다. 하지만 관례에 따라 외표지제나 통용 서명을 들기도 했다. 해당 자료는 지면의 관계상 필자의 번역문만 일부 싣기도 하고, 자료의 원문만 각주에서 밝히기도 했다. 한편, 2012년도 고전번역원의 연구 보고서 '일제강점기 전통지식인의 문집간행 양상과 그 특성에 관한 연구'(2013년 3월 제출)는 1910년 이후 사망한 근대 인물의 문집으로 서울 경기 지역 52종, 호서 지역 302종, 호남 지역 663종, 대구 경북 지역 391종, 부산 경남 지역 462종으로, 총 1,800여 종으로 집계했다(황위주·김대현·김진균·이상필·이향배, 〈일제강점기 전통지식인의 문집 간행 양상과 그 특성〉,《민족문화》41, 한국고전번역원, 2013. 6, 203-296쪽. 이 논문은 2012년도 한국고전번역원 연구과제 [ITKC-2012-RR-01] 최종보고서를 기초로 하여 작성된 것이다). 이 가운데 '특히 주목할 만한 문집'과 '기타 주목할 만한 문집'으로 분류된 문집들의 저자들도 일부분 고찰의 대상으로 삼았는데, 별도로 표를 작성하지는 않았다.
7. 이 책은 작호의 방법에 초점을 두었고, 작호의 각 방식과 관련한 구체적인 사례와 관련 자료들에 대해서는 별책으로 구성하기로 한다.

호,

주인옹의 이름

號

제1장

사람의 이름과 호칭

한자문화권에서는 남 앞에서 자신의 이름을 부르기는 했으나, 남을 언급할 때는 군주, 부모, 스승 앞에서가 아니면 남의 이름을 함부로 부르지 않았다. 상대방의 이름을 불러야 할 때는 상대방의 자字나 호號를 불렀고, 작고한 사람을 거론할 때는 그 사람의 호나 시호諡號를 불렀다.

친족 내에서는 부모와 조상의 이름을, 일상생활에서는 임금의 이름과 선왕의 이름을 절대로 사용할 수 없었다. 전자를 가휘家諱, 후자를 국휘國諱라 하고, 그 둘을 아울러 휘諱라고 했으며, 휘를 피하는 것을 피휘避諱라 했다. 단, 정약용은 재위 중인 국왕의 이름은 어휘御諱가 아니라 어명御名이라 해야 한다고 주장했다. 부친을 언급할 때는 가대인家大人이라 하고, 돌아가신 부친을 언급할 때는 선친先親, 선고先考, 부군府君이라 했다. 임금을 언급할 때는 상上이나 당저當宁('당녕'이 옳은 듯하나 관습에서는 '당저'라 함)란 말을 쓰고, 돌아가신 왕을 언급할 때는 선왕先王이라고 했다.

여기서는 선인들이 삶의 중요한 전환점마다 새로운 이름을 가졌던 사실에 주목하여, 해명, 본명, 자, 호, 시호 등의 개념과 기능을 살펴보기로 한다.

(1) 본명과 아명(해명)

한 사람의 정체성을 드러내는 가장 중요한 이름은 명名이다. 법적으로 한 개인을 지시하는 이름이 명이고, 가보(족보)에 올리는 이름이 명이었다. 이것을 흔히 본명本名이라고 한다. 기독교에서 세례명을 본명이라고 하는 것과는 다르다. 한국의 경우, 삼국시대 이전에는 백성은 물론 왕과 귀족도 대개 성姓 없이 이름만 있었다. 고려 중기까지는 백성들에게 성이 없었다. 1055년에 성 없는 사람에게는 과거 응시 자격을 주지 않는다는 법령이 나왔는데, 당시 지식층도 상당수가 여전히 성이 없었다. 한자문화 수용 이후, 지식층은 성과 이름을 한자식으로 정했지만, 상민이나 천민은 대부분 고유어 이름을 사용했다.

《춘추좌씨전春秋左氏傳》 소공昭公 31년 전문傳文에 "혹 좋은 이름을 얻고 싶어 해도 그렇게 하지 못하게 하고, 혹 나쁜 이름을 덮어버리려고 해도 그 이름을 더욱 드러내게 하는데, 이는 모두 불의를 징계하기 위함이다"라고 했다.[1] 포폄褒貶을 중시하는 춘추 필법春秋筆法에서 이름을 기록하는 의의를 말한 것이다. 고려 말 이곡李穀(1298-1351)은 이렇게 말했다. "이름이란 실제 내용을 바탕으로 해서 나오는 것이므로, 만약 그 이름이 사실에 기초한 것이라면, 비록 악명이 덧붙여졌다고 하더라도 어떻게 피할 수가 있겠는가?"[2] 오늘날에는 악명을 법적으로 개명할 수 있으므로 사정이 달라졌다. 더구나 춘추필법이 엄했던 시대와도 다르다. 다만, 이름이 그 인간과 불가분의 관계에 있다는 사실은 변함이 없다.

후한의 《백호통白虎通》 〈별명기別名記〉(〈변명기辨名記〉)에 따르면 본래 이름은 재주에 따라 정했다. 남보다 재주가 갑절이면 무茂, 열 사람 중에 빼어나면 선選, 선의 갑절이면 준俊, 천 사람 중에서 빼어나면 영英, 영의 갑절이면 현賢, 만 사람 중에서 빼어나면 걸傑, 걸의 갑절이면 성聖이라 부른다는 것이다. 하지만 이름은 탄생 때 지어 주는 것이 일반적이므로 이러한 이름들은 모두 부친이나 조부의 희원을 담은 표지일 뿐이었다. 반대로, 이름에는 금수禽獸·질병疾病·악惡·약弱의 글자를 사용하지 않았다. 중국인의 이름에는 인仁·효孝·충忠·경敬·복福·수壽 등 길상어吉祥語도 사용하지 않았다. 하지만 한국인의 이름에는 이러한 길상의 글자를 많이 썼다. 단, 조선 후기의 홍길주洪吉周(1786-1841)는 융融·랑朗·질秩·치熾 등 좋은 글자들은 쓰지 않으면서 우리나라 사람들이 재在·진鎭·동東·지

1 《春秋左氏傳》昭公 31年 傳. "或求名而不得, 或欲蓋而名章, 懲不義也."
2 李穀, 〈乃翁說 送裵君允堅東歸〉, 《稼亭集》 卷7 說.

之를 쓰는 것은 기이하다고 했다.[3] 이 네 글자는 항렬行列을 드러내기 위해 많이 사용해 오고 있다.

고려, 조선 시대에는 친족 제도를 중시하여 본명에 항렬을 드러내는 돌림자를 썼다. 이것을 배항排行이라고 한다. 가문마다 동항의 이름 글자는 한 자를 공통으로 사용하고 후손이 조상 이름과 같은 글자를 이름에 쓸 수 없도록 하여, 한 인물과 부조父祖를 구분했다. 두 글자 이름에서는 대개 한 세대씩 항렬자(돌림자)의 위치를 아래와 위로 바꾸어 나갔다. 항렬자는 오행 사상에 따라 금생수金生水, 수생목水生木, 목생화木生火, 화생토火生土, 토생금土生金의 상생법을 기초로 하거나, 십간十干과 십이지十二支의 순서에 따라 1, 2, 3, 4로 순위를 정했다. 즉, 오행의 금金·수水·목木·화火·토土, 십간十干의 갑甲·을乙·병丙·정丁·무戊·기己·경庚·신辛·임壬·계癸, 수數의 일一·이二·삼三·사四·오五·육六·칠七·팔八·구九 등을 포함하는 글자를 돌려 사용했다. 用자가 모양이 비슷한 甲자를 대신하고, 九자가 乙자를 대신하며, 雨가 丙자를 대신하는 방식도 있다. 오상五常의 인仁·의義·예禮·지智·신信을 사용하기도 했으며, 오행·십간·오상 등을 상징적으로 의미하는 별도의 글자를 사용하기도 했다.

이름은 국왕이 특별히 하사하기도 했고 본인이 어떤 특별한 기회에 개명하기도 했다. 1358년에 이달충李達衷(1309-1385)이 동북면병마사로 나갔다가 돌아올 때 삭방도만호 이자춘李子春이 함흥의 학선정鶴仙亭에서 전별연을 열어 주었는데, 17세의 이성계가 술을 올리자 이달충은 꿇어앉아 마시며 경의를 표했다. 이성계는 조선을 개국한 뒤 이달충 자손들의 이름에 '입立' 자를 넣어 쓰도록 특별히 명했다. 실제로 이달충의 네 아들 이름은 준竴·전竱·수竪·횡竑이다.[4]

龜亭 남재南在(1351-1419)의 본관은 의령, 자는 경지敬之, 호는 귀정龜亭, 시호 충경忠景이다. 초명은 겸謙이었다. 개성부 소동小洞에서 태어났다. 조선 개국 후 몸을 숨겼는데, 태조가 그의 생존[在]을 알아내고 재在란 이름을 내렸으며, 이에 자를 경지라 했다고 한다. 1398년(태조 7) 8월, 동생 남은南誾이 역모한 일로 의령宜寧으로 쫓겨났다가 10월 특명으로 소환되었다. 이때 한성부漢城府 남

3 洪吉周,《睡餘漫筆》上; 박무영·이현우 외 역,《항해병함》(하), 태학사, 2006, pp. 85-86.

4 李達忠,《霽亭集》卷4 追錄 〈鷄林世家〉(李德培).

소문동南小門洞 명철방明哲坊 제2리 성 밑에 택기宅基를 하사받았다. 부근에 거북 형상의 바위가 있어, 집을 귀정龜亭이라 하고, 당호를 취미翠微라 했다.[5] 남소동南小洞 안 구유바위[槽巖] 있는 곳이 귀정 옛터라고 한다.《귀정유고》가 있다..

大峰 양희지楊熙止(1439-1504)의 본관은 중화中和, 자는 가행可行, 호는 대봉大峰이다. 경상도 대구에 거주했다. 1474년(성종 5) 식년문과에 병과로 급제했다. 성종이 희지라는 이름과 정보楨父라는 자를 하사하고, 검열의 직을 제수했다. 1500년 대사간으로서 박임종朴林宗을 구하는 소를 올렸다가 임사홍任士洪의 당여로 지탄받아 전라도 익산益山에 부처付處(한 곳을 지정하여 벗어나지 못하게 한 형벌)되었다. 1502년 동지중추부사로 서용되고 이듬해 한성부우윤에 이르렀다.[6] 성동城東 연방蓮坊(동부 연화방蓮花坊)의 사저舍邸에서 병으로 죽어, 처가(학성 이씨)가 있는 경상도 울산蔚山 북쪽 함월산含月山(현 울주군 범서읍 서산리)에 묻혔다.《대봉집》이 있다. 대봉은 선산이 있는 함월산을 가리키는 듯하다.

南坡 심열沈悅(1569-1646)의 본관은 청송, 자는 학이學而, 호는 남파거사南坡居士, 시호는 충정忠靖이다. 인순왕후(명종비) 아우 심충겸沈忠謙의 아들로, 1589년(선조 22) 증광 사마시의 진사시에 합격하고 1593년 전주 별시문과에 병과 일등(탐화랑)으로 급제했다. 본명은 심열이었으나 유영경柳永慶의 아들 유열柳悅이 계축옥사로 처형되자 돈惇으로 개명했다가, 인조반정 후 유영경이 신원된 후 옛 이름을 되찾았다. 영의정에 이르러 죽었는데, 양근군楊根郡 남모촌南某村(현 경기도 양평군 강상면 세월리)에 묻혔다.[7]《남파상국집》이 있다. 남파는 선산이 있는 남모촌을 가리킨다.

왕가나 신분 높은 집안에서는 여인들도 한자식 이름을 사용했다. 신주의 뒤에 작은 글씨로 이름을 적어 놓은 사례도 있다. 다만 조선 시대에는 가문마다 족보를 만들 때 딸과 며느리의 이름은 기록하지 않고 사위의 이름을 올리는 것이 관습이었다. 시가 족보에는 남편의 이름 뒤에 여성의 본관과 성씨만 기록했

---

5 南在,《龜亭先生遺稿》上 附錄 〈神道碑銘并序〉(十代孫南九萬).

6 楊熙止,《大峯集》卷3 附錄 上 行狀(李可臣); 徐居正, 〈送楊脩撰詩序〉,《四佳集》卷5 序.

7 趙顯期, 〈領議政沈公行狀〉,《一峯先生文集》卷5 行狀; 申最, 〈領議政南坡沈公墓誌銘〉,《春沼子集》卷6 文 墓誌碣表.

다. 대개 개화기 때부터 딸과 며느리의 이름도 족보에 올리기 시작했다고 한다.

안동 출신으로 영조 때 양산군수를 지낸 권만權萬(1688-1749)은 조카 이세학李世學의 이름을 풀이하는 4언·6언 잠언의 18구 운문에서, 그의 이름이 가학을 대대로 잇는다는 뜻임을 밝히고 격려했다.

> 우리 조카 세학[이수증李守曾의 아들, 이황의 8대손]은 퇴계 선생[이황李滉]의 후손이기에 우리 백부[권두경權斗經]가 이 이름을 주었으니 선생의 학문을 네가 이어받고 백부의 뜻을 네가 체득해라. 급제하려고 급급하지 말고, 세속의 정리에 악착같이 하지 말라. 성인의 서적이 아니면 읽지 말고 본받을 말이 아니면 듣지 말라. 너의 마음을 한결같게 하고 너의 뜻을 안정시켜라. 너의 도량을 크게 하고 너의 기운을 바르게 해라. 겸손하고 공손하며 물리고 양보해서, 지식이 있더라도 억눌러라. 너의 덕을 잘 닦아 너의 가학을 대대로 이어라.[8]

그런데 국왕이 아닌 일반 사대부나 지식 계층은 자나 호를 불렀고, 죽은 사람의 경우에는 호나 시호를 불렀다. 국왕의 본명에 들어 있는 어명御名이나 국휘國諱는 공문서에서든 사문서에서든 일절 사용할 수 없으므로 일상생활에서 자주 쓰이지 않는 글자를 이용하거나 아예 글자를 새로 만들어 썼다. 이때 이체자와 벽자僻字를 많이 수록한 《용감수경龍龕手鏡》 같은 자서를 참조했다. 선조宣祖의 이름은 일日 변에 공公이 들어간 자였는데, 이 글자는 사전에 없었으나 짜임이 전하는 뜻이 좋았으므로 국가에서 운서나 자서 등 사전을 만들 때 끼워 넣었다.

정조正祖의 이름은 산祘인데, 《규장전운奎章全韻》과 《전운옥편全韻玉篇》에 '성'의 발음에 '省'의 뜻으로 등재했다. 정조가 10세 되던 1761년(영조 37) 경희궁慶熙宮 경현당景賢堂에서 관례를 행할 때 갖게 된 자字는 형운亨運이었다.[9] 산祘은 운運과 의미상 관련이 있어야 하므로, 祘은 본래의 자전적인 뜻과 발음인 '계산

---

8 權萬, 〈李甥世學名解〉, 《江左集》 卷7 雜著.

9 자를 정할 때 신하들이 '희운熙運' 등으로 지어 올렸으나, 영조는 만족해하지 않고 '형운'으로 고치도록 했다. 《日省錄》, 영조 37년(신사, 1761) 2월 25일(을미). "上謂筵臣曰: 王世孫定字中, 熙運二字有▼徽號, 顯字則有▼廟號, 昭字則有懿昭, 通字則▼御押也. 諸臣未及照管而然耶? 今於運字上加亨字, 意蓋深矣. 聲音亦好矣. 定字單子, 出給禮曹." ▼은 존대격의 공란을 표시했다. 이하, 원문의 인용 때 존대격을 표시하지 않기로 한다.

할 산算'과 통했을 것이다. 하지만 정조는 일생 군주이면서 만민의 스승이 되고자는 스스로를 부단히 반성했으므로, 祘을 '반성할 省(성)'의 뜻과 발음으로 아예 바꾸어 정의했다. 祘의 본래 음은《강희자전康熙字典》(1716)에 따르면 그 반절음으로 보아 '산'으로 재구된다. 즉《강희자전》권20(午集下 示部)에는 다음과 같이 음훈을 기술했다.

> 祘《唐韻》·《集韻》, 竝蘇貫切, 音算.《說文》: '明視以算之. 从二示.'《逸周書》曰: "士分民之祘. 均分以祘之也." 讀若算.《正譌》: "从二示. 會意."

《강희자전》은 통용의 祘 자는 '从二示'[두 示로 구성됨]라고 밝혔다. 그리고《당운》·《집운》을 인용해서, 반절음으로는 '蘇와 貫의 반절'이고 직음은 '算'이라고 보았다. 청나라 단옥재段玉裁의《설문해자주說文解字注》는《설문》의 훈해에 대해, "시示와 시視, 산筭=算과 산祘은 모두 첩운이다[示與視, 筭與祘, 皆疊韵也]" 했다. 그런데《규장전운》상성上聲 경운梗韻의 '증보增補'에 "省也. [싱/셩]"이라 되어 있다.[10] 그리고《전운옥편》5획 시부示部에는 "[셩] 省也. ▸梗"이라 하여, 속음이 '셩'이고 경梗운에 속한다고 밝혔다.《규장전운》과《전운옥편》의 음주音注는《당운》·《집운》·《강희자전》의 그것과 다르고, 훈해는《설문》·《강희자전》과 다르다.《규장전운》보다 앞서 내각장판본內閣藏板本《화동정음통석운고華東正音通釋韻考》권1 상성 제14 한旱의 운에는 산算자만 있고 산祘자는 없으며, 권2 상성 제23 경운梗韻에는 셩祘이 증보되어 있지 않다. 즉, 셩祘은《규장전운》에서 처음 증보되었으며 경운梗韻으로 읽도록 특별히 지정되었다.《규장전운》은 국휘에 ( )로 표시했는데, 경운梗韻 증보의 셩祘에 ( )로 표시했다. 따라서《규장전운》편찬 이후 정조의 휘諱는 '산'이 아니라 '셩'이며, '살필 셩省'과 같은 뜻으로 간주되기에 이르렀다. 정조가 상성 경운梗韻의 '증보'에 이 글자를 "省也. [싱/셩]"이라고 지정한 이유에 대해서는, 정조가 서성徐渻(1558-1631)의 자손들에 뛰어난 인물이 많아 그 이름에 빗대어 자신의 이름 祘을 '셩'으로 읽도록

---

10 남현희,《일득록》, 문자향, 2008; 安大會,〈正祖 御諱의 改定 : '이산'과 '이성' —《奎章全韻》의 편찬과 관련하여〉,《한국문화》52, 서울대학교한국문화연구소, 2010.1, pp. 95-121.

했으며, 《규장전운》에 본래 있던 '渻'을 빼려고 '祘'으로 대체했다고 한다.[11] 하지만 이 설은 부차적인 듯하다. 정조는 '算/筭'의 글자를 공적 문자생활은 물론 일상의 언어문자에서도 이 글자를 피휘해야 하는 번거로움을 덜고 '반성할 성省'의 뜻을 연상시키기 위해서 고의로 변개한 듯하다. 일생 존덕성尊德性과 도문학道問學의 성찰 공부를 중시한 사실과 관련이 깊다. 그러나 이 때문에 공적 문자에서 '省' 자는 물론 그 글자와 같은 발음의 글자를 모두 피해야 하지 않는가 하는 의문이 발생했다. 운서의 음을 바꾼 군주는 정조가 유일할 것이다. 《국조보감國朝寶鑑》에 보면 정조의 공식적 이름은 묘호廟號(종묘에 신위神位를 모실 때 올리는 칭호)와 존호尊號(덕을 기리기 위해 붙이는 칭호)를 합하여 '정조 경천명도 홍덕현모 문성무열 성인장효 선황제(正祖敬天明道洪德顯謨文成武烈聖仁莊孝宣皇帝)'이다.[12]

조선 시대 왕세자의 이름을 정할 때는 대개 육조의 참판 이상이 빈청에 모여 의논했다. 정조가 세손일 때는 영조가 대신과 문임文任들만 불러 친히 이름을 지었다. 정조도 재위 24년(1800) 11세의 왕세자(훗날의 순조) 이름을 정할 때 대신과 문임들에게 자문하여 그 이름을 홍玜, 자를 공보公寶라 정했다.[13] 선조宣祖의 휘가 일日 변에 공公이었듯이, 홍玜도 옥玉 변에 공公이고, 《자서》에 '음은 홍洪, 뜻은 아름다운 옥'이라 풀이하여 음과 뜻이 모두 좋다고, 정조는 여겼다.

근대 이전에는 아이의 이름을 별도로 지어 유소년기에 그 이름을 불렀다. 아명兒名·소명小名·소자小字·유명乳名·해명孩名이라고 한다. 해명에는 본명의 한 글자를 사용하는 예가 많았다. 신작申綽(1760-1828)은 태어났을 때 조부가 작고한 뒤였으므로 부친 신대우申大羽(1735-1809)가 출생 사흘 만에 해명을 중작仲綽이라 지었다. 중은 둘째라는 뜻이고, 작은 본명의 한 글자이다. 단, 아명은 본

11 張之宛, 〈奎章全韻刊誤〉, 《斐然外抄》, 한국학중앙연구원 장서각 소장 필사본. "正廟御諱, 始音算, 故改楚山邑號, 以避嫌名, 後攷在梗部, 又改魯城, 而界欄已定, 故削去渻字, 而安御名. 蓋省字, 徐藥峯名. 而子孫衆多也." 그런데 장지완의 〈규장전운간오〉는 정약용의 수택본 《규장전운》의 안어按語나 별도의 정리본에 실었던 내용을 전재했을 가능성이 높다. 심경호, 〈정약용 수택본 《규장전운》 안어와 장지완 '규장전운간오'의 비교 연구〉, 《한문학논집》 59, 근역한문학회, 2021.6.

12 《國朝寶鑑》 제69권, 정조조 1. 한국고전번역원 번역문 참조.

13 《正祖實錄》 卷53, 정조 24년(경신, 1800) 1月 25日(무인).

명과 관계없이 길흉화복과 수명을 염두에 두거나 별도의 의미를 붙여 따로 짓기도 했다. 이재李栽(1657-1730)는 아명이 성급聖及이었다. '성인에게 미친다'는 뜻이다. 이재는 〈자서自敍〉에서 자신이 태어나려고 할 때 이른 새벽에 큰 호랑이가 마당에 엎드려 있다가 그가 태어나자 그제야 떠났으며, 해산을 보러 와 있던 조모 태정부인太貞夫人(장씨)이 그것을 길상으로 규정했다고 한다. 아기 때 그는 미간이 넓고 눈은 밝고 이마는 넓었으므로 조부 이시명李時明(1590-1674)이 아명을 성급이라 지어 주었다고 한다.[14]

강주姜籒(1567-1651)는 손자 강선姜銑(1645-1710)의 아명을 팔희八喜라 하고, 명명설에서 이렇게 말했다.

> 팔십의 나이에 강씨 성의 손자를 낳았으니, 첫 번째 기쁨이다. 여자아이를 연달아 낳은 후에 남자아이를 낳았으니, 두 번째 기쁨이다. 용모가 빼어나고 남다르며 기골이 범상하지 않은데, 풍악산(금강산)과 경호鏡湖의 정기가 모여서 맑고 깨끗한 기운을 품부받아 태어났으니, 세 번째 기쁨이다. 그 조화가 극히 좋아 앞으로 장성해서는 필시 선대의 아름다움을 잇고 선대의 사업을 현양할 것이라는 말을 들으니, 네 번째 기쁨이다. 외딴 곳에서 근심하고 적막한 속에 훌륭한 아이를 보게 되었으니, 다섯 번째 기쁨이다. 병환과 우환의 처지에 얻어서 마음을 위로하고 근심을 잊게 할 수 있으니, 여섯 번째 기쁨이다. 며느리가 이 아이를 잉태한 이래로 연달아 길몽을 꾸다가 이번에 홀연 이 아이를 얻었으므로 필시 지난날 보았던 꿈이 부응한 것이니, 일곱 번째 기쁨이다. 비록 해직을 하고 교외로 돌아왔으나 큰 기쁨이 여기에 있으니, 여덟 번째 기쁨이다. 그래서 팔희라고 이름 짓는 것이 좋을 듯하다.[15]

옛사람 가운데는 이름이 문헌에 따라 다르게 나타나는 예가 있다. 본래 이름이 잊히고 다른 사람의 것과 같은 이름이 전하는 예도 있다. 명나라 왕기王圻는 〈동성명변同姓名辨〉을 지어 성명이 같은 사람들의 사례를 조사했고, 호응린胡應麟은 《소실산방필총少室山房筆叢》〈사서점필史書佔畢〉에서 성명이 같은 인물들의

14 李栽, 〈密菴自敍〉, 《密菴集》 卷23 行狀; 심경호, 《내면기행》, 신판, 민음사, 2018, pp. 278-294.

15 姜籒, 〈孫兒八喜命名〉, 《竹窓先生集》 卷8 說.

사적에 대해 언급했으며, 청나라 진사원陳士元은《명의名疑》를 작성했다. 청나라 우항禹航 해문海門 손선생孫先生은《계고명이록稽古名異錄》을 엮어 시호가 서로 다르거나 이중으로 된 것까지 뽑았다. 시윤장施閏章의《학여집學餘集》에〈계고명이록서稽古名異錄序〉가 들어 있다. 조선 후기의 이규경李圭景(1788-1863)은 그러한 사실들을 조사해 책자로 만들려 했으나 뜻을 이루지 못하고 변증설만 남겼다.[16] 한국의 옛사람들도 그 이름이 문헌에 따라 다른 예가 있다.《당서연의唐書演義》에는 고구려 안시성주安市城主의 이름을 양만춘楊萬春이라 했으나 이규경은 신빙성이 없다고 보았다. 유학의 사서四書에 나오는 인물들 가운데에도 문헌에 따라 이름이 달리 표기되어 있는 예가 있다. 명나라 설응기薛應旂가 편집하고 진인석陳仁錫이 증정한《정수도상사서인물비고精繡圖像四書人物備考》가 도움이 된다. 조선 순조 초 경연에 참여하는 신하들은 국왕 열람용으로《논맹인물유취論孟人物類聚》와《서전인물유취書傳人物類聚》를 엮었다.

한자 이름의 경우, 항렬자 이외의 글자는 의미만 중시하는 것이 보통이지만, 글자의 선택에 일정한 규칙을 두기도 했다. 가장 두드러진 예는 생년의 갑자를 나타내는 글자를 함축시키는 방식이다. 그 일례로 근세의 신익희申翼熙(1894-1956)는 6형제의 이름 가운데 항렬자 '희熙' 이외의 다른 한 글자가 모두 생년의 갑자를 나타낸다고 스스로 밝혔다. 한편, 자신의 부친 신단申檀(1832-1905)이 이름에 박달나무 단 자를 쓴 것은 선인이 태백산 박달나무 아래 내려와 사람들이 단군으로 추대했다는 우리나라 건국신화의 고사에서 유래한다고 밝혔다. 그리고 부친의 호는 단군이 우리나라를 낙원으로 만들었다는 이야기에 주목하고,《시경》〈소아·학명鶴鳴〉에 "즐거운 저 동산에 심어놓은 박달나무 있나니 그 아래 떨어진 잎이 있어라(樂彼之園, 爰有樹檀, 其下維蘀)"라고 한 구절과 연계하여, 호를 낙원樂園이라 했다고 종손에게 구술했다.[17] 신단은 7남을 두었는데, 조몰

16 이규경,〈고인의 성명에 이동異同이 있는 데 대한 변증설〉,《분류 오주연문장전산고》인사편 1 인사류 2 씨성氏姓, 고전간행회본 권7. 이규경은《성원姓苑》에 이지란李之蘭의 자가 식형式馨, 유검필庾黔弼의 자가 관교官姣로 나온다고 지적하고, 김상숙金相肅이 신라 서예가 김생金生의 이름을 구玖로 추정했다고 언급했다.

17 신창현申昌鉉,《내가 모신 해공 신익희 선생》, 인물연구소, 1992, pp. 572, 606-615. 신창현의 조부는 신규희이다.

한 한 사람을 제외하고 6명의 이름이 알려져 있고, 그 가운데 5명의 자와 호를 신익희의 구술과 대응시키면 다음과 같다. (불행하게도 누이들의 이름과 생년은 모두 미상이다.)

- 풍양조씨豊壤趙氏 소생
  신보희申輔熙(1859-?) 조몰
- 전주이씨全州李氏 소생
  신규희申揆熙(1863-1943) 자 순서舜叙, 호 소원筱園('적다'는 뜻의 '소'를 사용. 작은 낙원): 계해생이므로 재방(扌)에 별 계癸로 이루어진 헤아릴 규揆를 선택.
  신필희申弼熙(1866-1944) 자 은상殷相, 호 금농錦農(유구한 우리 금수강산에 농사꾼으로 살겠다는 뜻을 나타냄): 병인생이므로 두 弓 사이에 丙과 유사한 구성부를 지닌 필弼을 선택.
  신정희申庭熙(1872-1943) 자 진옥晉玉, 호 연후硯候[근시가 심하여 돌(렌즈)을 눈에 대어야 사물을 볼 수 있다는 뜻에서 石과 見을 합한 硏자를 사용]: 임신생이므로 임壬을 구성부로 하는 정庭을 선택.
- 생모 동래정씨 정경랑鄭敬娘(1867-1932) 소생
  친형 : 요절
  신재희申宰熙(1891-1943) 자 원상元相(임시정부에서 일했는데 호를 내세우지 않았음): 신묘생이므로 辛에 갓머리를 올린 재宰를 선택.
  신익희申翼熙 자 여구汝耈, 호 해공海公(나의 마음이란 뜻. 뒤에 설명): 갑오생이므로 익翼의 아래 구성부에서 田을 甲의 형태로 필기.

예전에는 왕명이나 스승의 명에 의해 바꾸는 경우가 종종 있다. 그런데 근세에 들어와 일제의 침략에 항거하는 뜻과 종교적, 민족주의적 신념을 다지기 위해서 집단으로 이름을 바꾼 사례가 있다. 즉, 대종교를 중광한 나철羅喆(1863-1916)은 1891년 식년문과에 급제했는데, 《문과방목文科榜目》에는 이름이 나두영羅斗永이었다. 이후 1900년에 나인영羅寅永으로 개명하고,[18] 1909년 음력 1월

18 《황성신문皇城新聞》 1900년 5월 3일(97호)부터 5월 5일(99호)까지 "前注書羅斗永名改以璌永, 辱知君子僉諒"의 광고가 실려 있다. 전남 보성寶城 출신인데, 《문과방목》에는 전라도 낙안

15일을 외자 이름의 '철喆'로 바꾸었다. 밝은 마음으로 한밝(단군)을 모시고 조국을 재건하는 데 헌신하겠다는 뜻이라고 한다. 그러자 단군교(대종교)의 주요 인사들도 외자 개명에 동참해서, 김교헌金敎獻은 김헌金獻, 신규식申圭植은 신정申檉, 조완구趙琬九는 조랑趙亮, 조성환曺成煥은 조욱曺煜으로 바꾸었다.[19]

(2) 자字

동아시아 문화권에서는 한 사람이 성인이 되는 것을 기념하여 관례冠禮와 계례笄禮를 올렸고, 이때 본명과는 다른 자字를 지녔다. 관례는 원복元服이라고도 한다. 원은 머리의 뜻이고 복은 '입는다, 쓴다'는 뜻이므로, 머리에 관을 쓴다는 뜻이다. 여자는 비녀를 꽂는 계례를 행했다. 사대부 남자는 20세, 왕공은 15세에 관례를 했고, 여자는 15세에 계례를 했다. 조선 후기에는 남자 나이 15세에 관례를 올리는 것이 일반적이었다. 《논어》에서 공자가 "열 다섯의 나이에 학문에 뜻을 두었다"라고 하여, 입지立志의 나이를 15세라고 말한 것과 관련이 있을 듯하다.

관례는 집안의 사당에서 복서卜筮(앞날을 점침), 만계挽髻(상투 틈), 가관加冠(관을 씌움)의 순서로 거행했다. 사대부는 가관에서 삼가三加(세 가지 관을 씌움)의 예를 올리고, 삼공과 제후는 사가四加(네 가지 관을 차례로 씌움)의 예를 올렸다. 조선 시대에는 혼례 직전에 관례나 계례를 올렸는데, 대개 정월에 올렸다. 남자는 총각을 풀어 상투머리를 하고 옷과 갓[관冠]을 세 번 갈아입히는 삼가례를 행했다. 시가始加는 치포관緇布冠, 재가再加는 정자관丁子冠, 삼가三加는 갓을 씌웠다.

《예기》에 "관례를 행하면서 자字를 지어 주는 것은 그 이름을 공경히 하기 위한 것이다"(冠而字之, 敬其名也)라고 하였으니, 자는 그 이름을 '피하려고' 사용하

樂安(현 전남 순천시 낙안면) 거주로 되어 있고, 1900년 개명 때는 전주 거주로 되어 있다. 대종교 종경종사편수위원회, 《대종교중광육십년사》, 대종교총본사, 1971; 박성수, 《弘巖 羅喆과 독립운동》, 우리역사바로알기시민연대, 2002; 위키미디어재단, 《위키백과》, https://ko.wikipedia.org/wiki/나철.

19 김삼웅, 《(민족종교와 독립운동의 선구) 나철평전》, 꽃자리, 2021.

는 것임을 알 수 있다.《안씨가훈顔氏家訓》에 "이름으로 체體를 바르게 하고 자로 덕德을 표한다"라고 하였다. 그래서 자를 표덕表德이라고도 한다. 단, 송나라 장영张咏(946-1015)은 호가 괴애乖崖인데, 〈자찬自贊〉에서 그는 "괴乖는 속俗과 어기고 애厓는 물物과 어긋나므로 '괴애'라는 이름은 그 덕을 표명한 것이다"라고 하였다. 여기서는 호를 '표덕'이라고 하였다.[20] 자는 본명과 의미상 연관이 된다. 공자의 이름은 구丘, 자는 중니仲尼이다. 그의 부친 숙량흘叔梁紇이 니산尼山에 기도하여 공자를 얻었으므로 니尼를 자字에 사용하고 산山의 뜻을 지닌 구丘를 본 이름에 사용한 것이다. 공자 아들 이鯉는 자字가 백어伯魚이다. 그가 태어났을 때 공자가 군주로부터 잉어를 선사 받은 사실을 기념하여 그렇게 이름을 지었다고 전한다.《논어》에 보면 공자의 제자들은 자에 자글자를 사용하였다. 자子는 은나라에서 왕자의 신분을 나타내던 칭호로, 상속 순위에 따라 대자大子, 중자中子, 소자小子로 나뉘었다. 은나라의 왕자들은 영지를 분봉받아 분가했으므로, 지명을 아래에 붙여 자장子鄭이나 자작子雀 같은 식으로 일컬었다. 후대에 와서 영지와의 관계가 없어진 뒤에도 상당히 오랫동안 남자의 자字에 그런 식의 호칭 방법을 사용했다. 그런데 영지와의 관계가 없어졌으므로 자에 지명을 넣을 필요가 없게 되자, 자의 한 글자로 본명과 관계있는 말을 선정하게 되었다. 공자 문하의 안회顔回는 자가 자연子淵이다. 연淵은 회수回水의 뜻이므로 이름의 회回와 자의 연淵은 의미상 연계되어 있다. 증삼曾參의 자는 자여子輿이니, 삼參은 참驂의 차자借字이다. 맹자의 이름은 가軻, 자는 자여子輿이다. 증삼과 맹자는 모두 거마車馬를 이름에 사용했으므로, 명名과 자字의 관계로 볼 때 '증삼'이 아니라 '증참'이라고 읽어야 하겠지만 관습적으로 증삼이라고 읽는다, 위衛나라의 단목사端木賜는 자가 자공子貢이다. '주다' 뜻의 사賜와 '바치다' 뜻의 공貢은 상대를 이룬다. 중유仲由의 자字는 자로子路로, 로路 자는 사람이 말미암는[由] 길이란 뜻이다.[21]

중국 한나라 때 성인이 되면 본래의 이름을 함부로 사용하지 않도록 자를 갖는 관습이 형성되었다. 자를 지어 주는 일에 대해《예기禮記》〈교특생郊特牲〉은

---

20 李瀷,《星湖僿說》제9권 人事門 '表德'.

21 시라카와 시즈카白川靜,《한자》, 심경호 역, AK커뮤니케이션, 2017.

"관례를 행하면서 자를 지어 주는 것은 그 이름을 공경하기 위한 것이다"(冠而字之, 敬其名也)라고 했다. 단, 중국의 옛 인물 가운데는 이름과 자가 같은 경우가 있다. 한나라 공안국孔安國은 자가 안국이고, 진晉나라 안제安帝는 이름과 자가 덕종德宗이며, 회계왕會稽王 사마도자司馬道子는 자가 도자이다. 당나라의 낙빈왕駱賓王·곽자의郭子儀·전승사田承嗣·양연기楊燕奇와 고려의 기자오奇子敖도 모두 이름을 자로 삼았다. 이유는 확실치 않다.[22] 자를 표덕表德이라고도 했다.《안씨가훈顔氏家訓》 상권에 "이름으로 체體를 바르게 하고 자字로 덕을 표명한다"라고 했다. 그런데 자가 아니라 호를 표덕이라고도 했다. 송나라 장영張詠(946-1015)은 호가 괴애乖厓인데, 〈자찬自贊〉을 지어 "괴乖는 세속과 어긋남을 뜻하고 애厓는 외물과 단절됨을 뜻하므로, '괴애'라는 이름은 그 덕을 표명한 것이다"라고 했다.[23]

우리나라에서는 삼국시대부터 귀인들은 자를 지녔다. 신라 김인문金仁問(629-694)은 자가 인수仁壽, 고구려 연남생淵男生(?-697)은 자가 원덕元德이었다. 당시에 관례를 올렸는지는 알 수 없다. 조선 시대 남자들은 대부분 관례를 올리고 자를 가졌다. 자가 없던 사람은 후손들이 족보 만들 때 명하전名下錢을 더 내고 죽은 사람의 자까지 지어 수록했다고 한다. 조선 시대에는 관례를 거쳐 성년이 되면 관명冠名을 얻고 또 별도로 자字를 가지기도 했다. 하지만 관명이 별도로 없는 예가 더 많다. 관명은 반드시 항렬을 고려해 짓지만, 자는 항렬을 고려할 수도 있고 그렇지 않을 수도 있다. 신작申綽의 경우 관명과 자가 둘 다 있다.[24] 신작은 1776년(영조 52) 2월에 관례를 올렸는데, 관례를 올릴 때 관명을 새로 지어 경絅이라 하고, 자字는 재중在中이라 했다. 경絅은 홑비단이다.《시경》〈위풍衛風·석인碩人〉과 〈정풍鄭風·봉丰〉에 "비단옷을 입고도 위에 엷은 홑옷을 덧입는다"(衣錦褧衣)라고 했는데, 경褧은 경絅과 의미가 같다.《중용》은 이를 '의금상경衣錦尙絅'으로 인용하고, "비단의 문채가 겉으로 나타나는 것을 싫어하는 것이다. 그러므로 군자의 도는 은은하지만 날로 빛이 난다"라고 했다. 신작의 관

22 尹愭,〈峽裏閒話〉65條,《無名子集》文藁 冊13.

23 李瀷,《星湖僿說》卷9 人事門 '表德'.

24 심경호,《강화학파의 문학과 사상(3)》, 한국정신문화연구원, 1996.

명은 내면 공부를 우선하라는 뜻을 담았다.

권시權諰(1604-1672)는 1643년(계미) 정월 인일人日(7일)에 거행한 둘째 아들 권유權惟(1625-1684)의 관례 절차를 글로 자세히 밝혀 두었다.

> 아비[권시]가 당 아래 동쪽에 서고 장남 기愭는 그 뒤에 선다. 차남 유惟는 방 안에서 남쪽을 향한다.
>
> 집사 역을 하는 노비는 뜰에서 북쪽을 향하고 선다. [한 노비는 갓을 지키고, 한 노비는 대야를 준비한다.]
>
> 아비가 당에 올라서면 기는 당의 북쪽 조금 서쪽에 자리를 깔고 남쪽을 향한다. 아비는 당을 내려가 대야에 손을 씻고 올라와 방 안에 있는 유의 왼편에 서쪽을 향한다.
>
> 유가 방을 나와 남쪽을 향한다. 기는 소첩梳帖과 망건을 집어 좌석의 왼쪽에 두고 읍례한다.
>
> 유가 좌석 오른쪽에 앉으면, 기도 좌석에 나아가 앉아서, 빗으로 머리를 빗기고 상투를 하나로 모은다.
>
> 아비가 당을 내려가 대야에 손을 씻고 올라온다. 집사가 갓을 올리면, 내려가 갓을 받고 유에게 나아가 축수한다. "원월元月의 좋은 날에 원복元服을 가하나니, 너는 오직 근면하여 진실로 대성하고, 신실함과 공경함을 끝까지 다하여 너의 덕을 이루라. 이 밝은 명을 명심해서, 너의 떳떳한 윤리를 잘 따르면, 영구히 큰 복을 받을지니, 진실로 너는 흠앙하라!"
>
> 아비는 갓을 유의 머리에 가한 후 자리로 돌아온다. 유는 축문을 받아서 본다. 보기를 마치고 소매에 넣은 후 일어서면, 아비는 유에게 방으로 가서 직령을 착용하도록 명한다. 유가 방을 나와서 남쪽으로 향하면, 아비가 잔을 씻어 방중에서 술을 따른 후, 나와서 유의 왼쪽에 서서 유에게 자리의 오른쪽으로 가도록 명하고, 앞서처럼 남쪽을 향한다. 아비는 유에게 다가가 축수하길, "맛난 술과 훌륭한 제수를 삼가 받아 제사하여, 하늘의 아름다운 복을 받아 너의 상서로움을 정하나니, 너의 부친이 술로 탈이 났던 것같이 하지 말고, 훌륭한 덕과 훌륭한 위의를 수고壽考토록 잊지 말아라" 한다.
>
> 축수를 마치면 유는 받아서 보고 소매에 넣고, 넣기를 마친 후에 두 번 절하고 자리에 올라가 술을 받는다.
>
> 아비는 자리로 돌아가 읍한다. 기가 포와 젓갈을 올리면, 유는 자리 앞으

로 나와 무릎을 꿇는다. 제수와 포와 젓갈을 소반에 담아 올리고 제사의 술을 술잔에 담아 올리고는, 자리 끝으로 세 번에 걸쳐 물러난다. 술을 조금 맛보고 잔을 소반 위, 포와 젓갈의 왼쪽에 바친다. 일어나 자리 끝에서 두 번 절한다.

포를 거두고 서쪽 계단으로 내려와 자字를 가한다. 아비는 서쪽을 향하고 유는 당하에서 남쪽을 향한다.

자사字辭는 다음과 같다. "너는 이미 관을 썼고 예의가 이미 갖추어졌으니, 자字를 밝히고 이름을 공경해서, 이로써 너의 아름다움을 빛나게 하라. 인仁이란 인人이니, 오로지 인仁해야 인人일 수 있기에, 주야로 전전긍긍해서, 종신토록 서恕를 행하라. 돌이켜보아 아무 허물할 것이 없다면, 큰 복록을 받기에 마땅하리니, 영구히 보전하고 받으라. 아들을 인보仁甫라 하리라."

유는 받아서 보기를 마친 후 대답한다. "불민한 저이지만, 어찌 감히 주야로 삼가 받들지 않겠습니까!"[25]

역대 인물 가운데는 문헌마다 자가 달리 표기되어 있는 예도 적지 않다. 맹자의 자는 《한서漢書》와 《공총자孔叢子》에 자여子輿로 되어 있으나 《성증론聖證論》에는 자거子居로 되어 있다. 또 동한(후한) 이후 자는 으레 두 글자를 사용했지만 한 글자를 사용한 예도 있었다. 청나라 주이준朱彛尊은 《구당서舊唐書》에 나오는 한 글자 자들을 열거했다. 즉, 방현령房玄齡은 교喬, 안사고顔師古는 주籒, 이중李衆은 사師, 이수李琇는 수琇, 장순張巡은 순巡, 곽요郭曜는 요曜, 우문심宇文審은 심審, 이회李恢는 조祚, 이조李條는 견堅, 두사인竇思仁은 서恕, 장의방張儀方은 의儀이다.[26] 남인 학자 윤기尹愭(1741-1876)에 따르면, 한나라 고조는 자가 계季, 항적項籍은 우羽, 숙손하叔孫何는 통通, 매승枚乘은 숙叔, 주운朱雲은 유游, 안고경顔杲卿은 흔昕, 전협錢勰은 목穆, 범조우范祖禹는 순淳이다. 전협과 범조우는 친구 사이로, 서로 부르기 편하게 '보父' 자를 덧붙였다. 정당시鄭當時는 자가 장莊, 장구령張九齡은 수壽이다.[27] 한국의 경우에는 한 글자의 자가 없었던 듯하다. 그런데 중국과 한국에는 같은 글자 둘을 사용하는 첩자疊字의 자도 가끔 있었다. 이규경에 의

---

25 權諰, 〈惟兒冠禮儀〉, 《炭翁集》 卷10 雜著.

26 朱彛尊, 〈唐騎都尉李君碑跋〉, 《曝書亭集》 卷49.

27 尹愭, 〈峽裏閒話〉 65條, 《無名子集》 文藁 冊13.

하면 우리나라 창녕 성씨의 성초용成楚容은 자가 소소蕭蕭, 전주 유씨의 유휘석柳輝石은 자가 암암巖巖이었다고 한다.[28]

이황李滉(1501-1570)은 1559년(명종 14) 19세의 제자 이덕홍李德弘(1541-1596)을 위해 굉중宏仲이라는 자를 지어 주었다.[29] 이덕홍이 집안에서 둘째이므로 중 자를 쓰고, 본명이 '덕을 넓힌다'는 뜻이므로 굉 자를 쓴 것이다.

晦隱 남학명南鶴鳴(1654-1722)은 본관은 의령宜寧, 호는 회은晦隱이다. 영의정을 지낸 남구만南九萬의 아들인데, 서울 수락산 서쪽 회운동晦雲洞에 은거했다. 《회은집晦隱集》이 있다. 아명을 본명으로 사용했는데, 송준길宋浚吉(1606-1672)이 이름과 연관을 지어 자문子聞이라는 자를 붙여 주었다.[30] 그 이름과 자는 《시경》 〈소아小雅·학명鶴鳴〉의 "학이 구고九皐에서 우는 소리가 하늘에 들린다"(鶴鳴于九皐, 聲聞于天)에서 따온 것이다. 벼슬길에 올라 학문과 문장으로 세상을 울리기를 기대해서 그렇게 자를 지어 준 것이다.

앞서 보았듯이 신대우는 1776년 2월 둘째 아들 신작의 관례를 올려 관명을 경絅이라 하면서 자는 재중在中이라 지었다. 경은 홑비단이란 뜻으로, 《중용》의 가르침을 따른 것이다. 또 경은 안으로 덕을 온축한다는 뜻이어서, 《주역》 곤괘坤卦 육오六五 단사彖辭의 "아름다움이 그 속에 있다"(美在其中)라는 말과 통한다. 따라서 신대우는 자를 '속에 있다'는 뜻의 재중이라 했다.

이순신李舜臣(1545-1598)의 이름은 순舜임금 같은 성군의 신하란 뜻이다. 이정李貞의 부인 변씨卞氏가 이순신을 낳기 전에 꿈에 이순신의 조부가 나타나 "아들을 낳을 것이고 또 귀하게 될 것이니, 순신이라고 이름을 지어야 한다" 했으므로, 마침내 순신으로 이름을 지었다.[31] 이순신의 형제 희신羲臣·요신堯臣·우신禹臣은 각각 복희·요·우 등과 같은 성군의 신하가 되라는 바람을 담은 이름들이다. 그런데 이순신의 자는 여해汝諧이다. 《서경》에서 순임금이 여러 관리들을

---

28 이규경, 〈고인의 성명에 이동異同이 있는 데 대한 변증설〉, 《분류 오주연문장전산고》 인사편 1 인사류 2 씨성氏姓, 고전간행회본 권7.

29 李玄逸, 〈艮齋李公行狀〉, 《葛庵集》 別集 卷5 行狀.

30 南鶴鳴, 〈晦隱翁自序墓誌〉, 《晦隱集》 第4 墓文; 심경호, 《내면기행》, 신판, 민음사, 2018, pp. 271-277.

31 尹鑴, 〈統制使李忠武公遺事〉, 《白湖全書》 卷23.

임명할 때 공공共工과 우虞의 관직을 명한 후 수垂와 익益에게 "네가 그들과 잘 화합해서 하라(汝諧)"라고 한 데서 가져왔다.

간혹 이름과 자를 동시에 짓는 일도 있었다. 1540년대 초 경상도 풍기군수로 있던 주세붕周世鵬(1495-1554)은 권택중權擇中과 권용중權用中 형제의 이름과 자를 지어 주고, 이름과 자에 대한 설도 작성해 주었다.[32] 주세붕은 소년의 성이 권權이라는 점에 근거해서 형의 이름은 택중擇中, 자는 집지執之로 짓고, 그 아우의 이름은 용중用中, 자는 시지時之로 지었다. 권은 저울추를 뜻하기도 하므로, 《중용》을 근거로 "저울추인 권은 변함없는 경經과는 상반되지만 가운데를 얻는다면 이 또한 경이다"라 하고 "중심을 쓸 때는 시의적절하게 해야 한다"라고 권면했다. 앞서 말했듯이, 정조는 왕세자의 이름을 공玜이라 하고 자는 공보公寶라 했다. 왕세자 이름의 옥玉 자는 왕王자의 뜻을 포함하며, 옥은 지보至寶이고 왕은 대보大寶의 자리이므로, 천지의 명을 받들어 큰 보배의 자리에 앉으려면 지극히 공정한 도를 따라야 한다는 의미에서 공 자와 보 자로 자를 만든 것이다.

이성계李成桂는 1392년 7월 조선 국왕으로 즉위 한 후에 표덕(자)을 가졌다. 정도전鄭道傳이 10월에 왕명으로 〈어휘표덕설御諱表德說〉을 지어 올렸다. 당초 이성계의 자는 중결仲潔이었다. 역성 혁명 후에 새 왕조의 기틀이 갖추어지자 이성계는 조선이라는 국호를 사용했다. 그리고 이름도 단旦으로 바꾸었다. 정도전은 단旦의 뜻을 고려해서 이성계의 표덕을 군진君晉으로 제안했다.

> 신은 들으니, 도당씨陶唐氏는 요堯라 이름하고 호를 방훈放勳이라 했습니다. 유우씨有虞氏 순舜이 중화重華라 한 것이나 우禹가 문명文命이라 한 것도 모두 호입니다. 그런데 주나라에 이르러서는 문화가 발달하여 이름이 있으면 자字가 있게 되었습니다. 천자와 제후가 모두 자를 아무개 보甫라 짓고, 경卿과 대부 이하 역시 그러했습니다. 이로써 보건대, 어려서는 이름을 부르고 관례를 올리면 자를 부른 것은 어른과 아이를 구별하여 성인成人으로서의 도리를 책임 지우는 방법이었습니다. 생각하건대, 전하께서는 즉위 초에 이름을 아무[단旦]라고 고쳐 명나라 천자에게 알리니 천자가 받아들였고 종묘에 고하자

32 周世鵬, 〈權生兄弟名字說〉, 《武陵雜稿》 卷6.

종묘가 흠향했습니다. 이름이 있는 곳에는 실상이 반드시 따릅니다. 사람들이 자를 표덕이라 하는 것은 실상을 덕으로 여기기 때문입니다. 전하의 성대하신 덕은 하늘의 해와 같아서 저로서는 감히 형용할 수가 없습니다. 다만 푸른 하늘에 떠 있는 밝은 해는 눈 있는 자라면 모두 보므로, 어리석은 생각이나마 죄다 짜내어 군진君晉이란 표덕을 올립니다. 신이 고찰하건대, 이름을 지으시면서 일日자에 일一자를 붙여 단旦이라 하셨는데, 이는 해 돋는 처음을 뜻합니다. 진晉은 밝게 떠오르는 해입니다. 하늘의 해가 떠올라 광명이 넓게 비쳐서 어두컴컴한 기세가 사라져 흩어지고 삼라만상이 뚜렷해짐을 뜻합니다. 이는 국왕의 처음 정치가 맑고 밝아서 온갖 사악한 것이 물러가고 그치며 모든 법이 새롭게 됨을 일컫습니다. 하늘의 해가 떠올라 밝음이 차츰 더해지는 것은 국왕이 처음 등극한 이후 천세 만세까지 세대가 전함을 말합니다.《시경》의 '해가 떠오르는 듯하다'(如日之升)가 바로 이것입니다. 부디 전하께서는《시경》의 격언을 체득하셔서 매양 해를 본받으소서. 그래서 이름에 따라 실상을 이루시기를 바랍니다.[33]

왕세자, 대군이나 사대부 자제의 경우 관례를 올릴 때 비로소 자를 지었다. 그런데 중국에서도 제왕의 관례는 역대로 시기가 일정하지 않았다. 정조는 성균관 유생을 대상으로 한《자치통감강목資治通鑑綱目》강의에서, 다음과 같은 질문을 던졌다.

효혜孝惠는 즉위 4년째 되는 해에 관례를 행했는데, 이때 21세였다. 하夏와 은殷의 임금은 12세에 관례를 행했는데 세성歲星이 하늘을 한 바퀴 도는 숫자를 취한 것이며, 춘추 시대의 임금은 15세에 자식을 낳았는데, 일찍 장가들어 적장자로 왕위를 계승하게 하고자 한 것이었다. 여기에서 관례한 다음 장가 드는 순서임을 볼 수 있다. 정자程子는 "천자와 제후는 20세에 관례를 행한다" 했고, 순자荀子는 "천자와 제후는 19세에 관례를 행한다" 했다. 두 사람의 논설을 따른다면 효혜가 천자가 된 경우에는 반드시 20세나 19세에 관례를 행해야 하는데, 효혜는 즉위 뒤 아직 관례를 하지 않은 채로 교묘郊廟의 연향燕饗과 후목后牧의 조근朝覲에 천자로서 총각의 머리를 하고 태연히 조정에 임

33 鄭道傳,〈撰進御諱表德說〉,《三峰集》卷3; 심경호 역,《삼봉집》, 한국고전번역원, 2013.

하여 예를 행했을 것이라서, 보기에 놀라운 점이 있었을 것이다. 더군다나 후비를 맞이한 것이 관례보다 먼저 있었던 일이니, 어찌 더욱 비속함으로 빠지는 잘못을 저질렀다고 하지 않을 수 있겠는가? 한漢 나라 임금들의 관례는 나이가 각기 달랐다. 효소孝昭는 18세에 관례를 행하고, 효순孝順은 15세에 관례를 행하고, 효헌孝獻은 14세에 관례를 행하고, 효안孝安과 효령孝靈은 다 16세에 관례를 행했다. 이는 무슨 예를 따른 것인가? 효화孝和는 비로소 조포曹褒의 예를 사용하여 12세에 관례를 행했으니, 하나라 은나라의 옛 제도라고 말할 수 있을 것이다. 효혜가 관례를 행한 나이가 근거한 바가 없는 것은 어째서인가?[34]

정조의 이 조문條問에 대해서는 유학幼學 서유경徐有檠 명의의 조대條對가 정답으로 채택되어《홍재전서弘齋全書》에 실려 있다. 명나라 전예형田藝衡이《유청일찰留青日札》에서 혜제의 관례와 혼인이 "모후에게 제재를 받았기 때문이다"라고 한 주장을 따랐다. 여후呂后는 혜제의 어린 나이를 칭탁하여 조정을 마음대로 제어하고 있었으므로, 혜제가 성인이 되는 것은 여후가 급히 여길 일이 아니었다. 장후張后를 세우는 일은 여후의 뜻이었으므로, 급히 서둘러 관례를 행하기 전에 먼저 장가를 들였다. 이것이 바로 앞뒤가 바뀌어 예에 어긋나게 된 까닭이라는 것이다. 소제昭帝 이후로는 옛 제도가 어그러져서 관례를 일찍 행하기도 하고 늦게 행하기도 했다고 추정했다.

조선의 경우 왕세자나 대군은 관례를 사대부 자제들과 달리 상당히 이른 시기에 올렸다. 세종대왕의 셋째 아들 안평대군 이용李瑢은 자가 청지淸之이다. 자는 10세 되던 1428년(세종 10), 소헌왕후 심씨 소생의 다른 세 형제들과 함께 정1품에 제수되고 대군에 봉해질 때 부여받았을 것이다. 이름이 용瑢이므로, 자는 그 글자와 의미상 통한다. 청지는《예기》의 '청월이장淸越以長'에서 따온 듯하다. 1443년의 〈비해당집고첩발匪懈堂集古帖跋〉에 '淸之'의 인과印顆와 함께 '淸越以長'의 인과를 사용했고, 1447년의 〈도원기〉에 '낭간琅玕'의 인과와 함께 '淸越以長'의 인과를 사용했다.[35]

---

34 正祖,《弘齋全書》卷111 經史講義 48 ○ 綱目 2 '漢惠帝'.

35 심경호,《안평》, 알마, 2018, pp. 63-64.

또한 사도세자는 형 효장세자가 1728년 10세로 요절한 후 두 살에 왕세자가 되고, 9세 되던 1743년(영조 19) 3월 관례를 거행하면서 자를 지녔다. 영조는 고위 관리들이 추천한 세 이름 가운데 윤관允寬을 골랐다.[36] 이때 영조는 세자가 사용할 압押(사인)의 글자를 달達로 정했다. 영조는 숙종으로부터 통通 자를 받았으므로, 영조와 사도세자의 압을 합하면 통달通達이 된다. 앞서 숙종의 압은 수守, 경종의 압은 정靜으로, 그 둘을 합하면 수정守靜이었다. 영조는 세자의 자와 압을 정하고 4편의 훈유訓諭를 발표했다. 첫 번째 글은 "넓고 굳세게 뜻을 세우고, 너그러운 마음과 간편한 정책으로 백성을 다스려라. 공정한 마음으로 사물을 똑같이 보며, 어진 이를 임명하고 능력 있는 사람을 부려라"(弘毅立志, 寬簡御衆. 公心一視, 任賢使能)는 의미의 열여섯 글자였다. 네 번째 글은 '달' 자를 해설했다. 무왕이나 주공이 달효達孝를 이루었음을 강조하고, 사도세자에게 자신의 사업을 계승해 효도를 실천하라고 당부하는 내용이다.[37]

남에게 자를 지어 주는 사람은 자설字說을 작성해 주어 앞날을 축복했는데, 이때 고전의 근거나 교훈을 인용했다. 고려 말, 조선 초에는 관례를 치르고도 훨씬 뒤에 자를 짓기도 하고, 관례를 치르고 자를 갖게 된 훨씬 뒤에 자설을 별도로 지어 받기도 했다. 권근權近(1352-1409)은 성균관 학생 이감李敢(?-1426)이 1390년(공양왕 2) 김해부사가 된 후 자를 지어 달라고 하자, 의민義民이라는 자를 지어 주었다. 이름의 감敢이 '의를 들으면 용맹하게 실행한다'(聞義勇爲)는 뜻이므로, 자의 글자는 의義를 사용한 것이다.[38] 또 친우 성석용成石瑢(?-1403)의 자 자옥自玉에 대해 〈성자옥설후成自玉說後〉[39]를 짓고, 최관崔關(?-1424)의 자 자고子固에 대해 〈최자고설후崔子固說後〉[40]를 지었다. 이 글들은 모두 관례 때 지어 준 것이 아니다. 그리고 박실朴實(?-1431)이 중간에 이름을 의중宜中으로 바꾸자, 1401년(태종 원년) 〈자허설子虛說〉을 짓되, 자는 처음의 자허를 그대로 쓰

---

36 《영조실록》 권57, 영조 19년(계해, 1743) 2월 26일(경술).

37 영조의 친필 훈유를 새긴 석판은 현재 국립고궁박물관에 소장되어 있다. 석판의 매수는 총 12매이고, 글자가 새겨진 면수는 22면이다.

38 權近, 〈義民字說〉, 《陽村集》 卷21 說類; 盧思愼·徐居正 等編, 《東文選》 卷98 說.

39 權近, 〈成自玉說後〉, 《陽村集》 卷21 說類.

40 權近, 〈崔子固說後〉, 《陽村集》 卷21之 說類; 盧思愼·徐居正 等編, 《東文選》 卷98 說.

는 것이 좋겠다고 했다.[41] 세종 때 학자 김반金泮을 위해서는 자를 학원學源으로 짓고 〈김씨명자설〉을 지어 주었다.[42] 개국·정사·좌명공신 조박趙璞(1356-1408)을 위해서는 그의 자 안석安石의 뜻을 풀이한 〈안석설〉을 지어 주었다.[43] 성인이 되고 나서도 한참 후에 자를 정하는 관습은 상당히 오래 이어졌다. 강희맹姜希孟(1424-1483)은 누나의 사위 우수禹樹의 자를 민보敏甫라 지어 주고 자설을 작성했다.[44] 강석규姜錫圭(1628-1695)는 조광보趙光普 다섯 형제의 자를 모두 지어 주었는데, 그들을 위한 자설은 뒷날 한꺼번에 작성했다.[45]

혹자는 성인이 되어 스스로의 자를 짓거나 기존의 자를 바꾸고 새로운 자를 짓기도 했다. 홍유손洪裕孫(1431-1529)은 스스로 자를 정중正中이라 정하고 자설을 지었다.[46] 임상덕林象德(1683-1719)은 본래의 자가 윤보潤甫였는데, 이호彝好로 바꾸고, 변설을 지었다.

> 나의 처음 자字는 윤보潤甫인데, 전傳(《대학》)의 "덕이 몸을 윤택하게 한다"(德潤身)에서 취한 것이다. 얼마 뒤 생각해보니 윤潤이라는 것은 덕이 이루어진 효과이다. 지금 나는 덕을 구하는 처지이거늘 갑자기 덕이 이루어진 효과를 자처하는 것이 옳겠는가? 바꿀 자를 찾아보았으나 찾지 못했는데, 《시경》을 읽다가 〈대아大雅·증민烝民〉의 "하늘이 여러 백성을 내었으니, 사물이 있으면 법이 있도다. 사람이 마음에 떳떳한 본성을 가지고 있는지라, 이 아름다운 덕을 좋아한다"(天生烝民, 有物有則, 人之秉彝, 好是懿德)라는 구절을 얻어, 마침내 이호彝好라고 스스로를 이름했다. 옛사람은 "사람이 그 사람을 이름나게 하지, 이름이 그 사람을 이름나게 하지 않는다" 했거늘, 하물며 자의 경우에야 어떻겠는가? 세속의 사람은 실질을 힘쓰지 않고 만일 자신의 이름과 자를 좋게 하

41 權近, 〈子虛說〉, 《陽村集》 卷21 說類; 盧思愼·徐居正 等編, 《東文選》 卷98 說.

42 權近, 〈金氏名字說〉, 《陽村集》 卷21 說類.

43 權近, 〈安石說〉, 《陽村集》 卷21 說類; 盧思愼·徐居正 等編, 《東文選》 卷98 說.

44 姜希孟, 〈禹敏甫字說〉, 《私淑齋集》 卷之九 說.

45 강석규姜錫圭는 조광보趙光普의 자를 덕주德周로 정해 주고, 조광보의 둘째 아우 광증光曾에게 종래의 자는 희삼希參을 유일惟一로 바꾸라고 권했다. 셋째 아우 광저光著의 자는 현재顯哉는 비현丕顯으로 바꾸라고 했다. 넷째 아우는 이름이 광로光魯, 자가 성여聖與였는데, 이름을 광진光晉, 자를 이진而進으로 바꾸라고 권했다. 다섯째 아우는 이름이 광시光蓍, 자가 공서公瑞인데, 이것은 바꾸지 않아도 좋다고 했다.

46 洪裕孫, 〈正中字說〉, 《篠叢遺稿》 上 文.

> 려고 혹 여러 번 바꾸기도 하고 명망 있는 분이나 거물의 사람을 찾아가 서序나 설說을 구하여 스스로 전하기도 하는데, 이는 잘못이다. 나는 처음의 자가 동류들 사이에 통용되는 중에 지금 갑작스레 바꾸었으므로, 벗들에게 해명이 없을 수가 없기에, 얼추 설을 지어 나의 뜻을 밝힌다. 덕의 완성을 자처함을 혐의해서이지, 나의 자를 좋게 하려는 것이 아니다.[47]

이덕무李德懋(1741-1793)는 16세에 자를 명숙明叔이라 했다가, 28세 때 마을의 일가 가운데 어떤 사람이 명숙이란 자를 사용하는 것을 알고 스스로 무관懋官으로 고치고 자설을 지었다.[48] 무관은 《상서》 〈중훼지고仲虺之誥〉에 나오는 "덕을 힘쓰는 자에게는 관직을 주어 장려하고, 공을 힘쓰는 자에게는 상을 주어 장려한다"(德懋懋官, 功懋懋賞)에서 취한 것이다.

사람이란 이름으로 세상에 행하고 죽어서도 이름으로 후세에 전한다. 하지만 이름이 아닌 자字로 알려진 행세行世 사람들도 많다. 우연히 자로 세상에 알려지자는 사람들 사이에 이름보다 자가 더 친숙해졌기 때문일 것이다.[49]

자는 둘 이상인 경우도 많다. 명나라 말 청나라 초의 주자 비판자로 유명한 모기령毛奇齡(1623-1716)은 자가 무려 15개이다. 이름도 하나가 아니라, 모생毛甡 혹은 왕언王彦이라고도 한다. 자는 대가大可·초청初晴·춘장春庄·춘지春遲·제우

47 林象德, 〈改字說〉, 《老村集》 卷4. "余初字潤甫, 取傳之'德潤身'云爾. 旣而思之, 潤者, 德成之效也. 今余方求德者, 遽以德成之效自居可乎? 求所以易之而不得. 讀《詩》, 得大雅之'天生烝民, 有物有則, 人之秉彜, 好是懿德,' 遂自命曰彜好. 古人言: '人能名人, 名不能名人,' 况於字乎? 世俗之人不務其實, 苟欲好其名字, 或屢改之, 或就名公巨人, 求序說以自傳, 是過也. 余以初字行輩流中, 今遽易之, 是不可以無解於朋友, 遂粗爲說, 以明余之志. 嫌以成德之事自居, 非欲好其字者也."

48 《청장관전서》의 연보를 보면 무자년, 즉 1768년(영조 44) 정월 초하루, 자字를 고쳐 명숙明叔을 무관懋官이라 했다고 기록되어 있다. 李德懋, 《青莊館全書》 卷70 附錄上 年譜. "公自說畧曰: 余十六冠, 字以明叔, 行十二年. 然字固可別而不相混, 壹而不相歧, 十室之邑, 一旅之聚, 以明叔字者益多矣. 書曰: 德懋懋官, 從今以往, 宜字我懋官, 將書之譜牒, 刻之圖章, 凡我族姻朋輩, 其宜呼我以懋官."

49 유효표劉孝標는 이름이 준峻, 엄정지嚴挺之는 이름이 준浚, 원행충元行冲은 이름이 담澹, 정자진鄭子眞은 이름이 박樸, 엄군평嚴君平은 이름이 준遵, 설인귀薛仁貴는 이름이 예禮, 우문화급宇文化及은 이름이 준浚, 봉덕이封德彜는 이름이 윤倫, 울지경덕尉遲敬德은 이름이 공恭, 소정방蘇定方은 이름이 열烈, 곽원진郭元振은 이름이 진震, 설원초薛元超는 이름이 진振, 여동빈呂洞賓은 이름이 암嵒, 진거비陳去非는 이름이 여의與義, 장문잠張文潛은 이름이 뢰耒, 당자서唐子西는 이름이 경庚, 마자재馬子才는 이름이 존存, 한자창韓子蒼은 이름이 구駒, 문여가文與可는 이름이 동同, 범지능范至能은 이름이 성대成大, 신유안辛幼安은 이름이 기질棄疾이다. 尹愭, 峽裏閒話 65條, 《無名子集》 文藁 冊13.

[표1] 현철 존중의 뜻을 지닌 한국의 이름

이름	생몰	자字	현철賢哲
金富轍	1079-1136	子由	蘇轍
韓宗愈	1287-1354	師古	
金齊閔	1338-1384	敬之	閔子騫
金齊顔	? -1368	仲賢	顔回
成聃壽	조선전기	耳叟	
姜希顔	1417-1464	景愚	顔回
韓繼美	1421-1471	公甫	杜甫
姜希孟	1424-1483	景醇	
孫舜孝	1427-1497	敬甫	舜
蘇自坡	1451-1524	眉叟	蘇軾
成希顔	1461-1513	愚翁	顔回
尹殷輔	1468-1544	商卿	伊尹
韓景琦	1472-1529	稚圭	
成重淹	1474-1504	季文	范仲淹
崔山斗	1483-1536	景仰	韓愈
金希參	1497-1560	師魯	曾參
權轍	1503-1578	景由	蘇轍
朴漢老	조선중기	景舒	董仲舒
韓脩	1514-1588	永叔	歐陽修
尹斗壽	1533-1601	子仰	韓愈
李民覺	1535-?	志尹	伊尹
金士元	1539-1602	景龐	龐統
金克孝	1542-1618	希閔	閔子騫
權斗文	1543-1617	景仰	韓愈
康伏龍	조선중기	漢輔	諸葛亮
李好閔	1553-1634	孝彦	
成汝學	조선중기	學顔	
金尙憲	1570-1652	叔度	
李景顔	1572-1614	汝愚	顔回
兪省曾	1576-1649	子修	曾子
李景憲	1585-1651	汝思	原憲
李景陸	1588-?	子散	陸龜蒙
申翊聖	1588-1644	君奭	召公奭
金世濂	1593-1646	道源	周敦頤
李景曾	1595-1648	汝省	曾子
李景奭	1595-1671	尙輔	召公奭
都愼修	1598-1650	永叔	歐陽脩
許廷奭	1603-?	相甫	召公奭
崔興霖	1606-1581	賢佐	傅說
尹衡聖	1608-1676	景任	伊尹
崔後亮	1616-1693	漢卿	諸葛亮
李殷相	1617-1678	說卿	傅說
蘇斗山	1627-1693	望如	韓愈
權愈	1633-1704	退甫	韓愈
金夏錫	1638-?	夢得	劉禹錫
姜碩弼	1679-1755	公望	姜太公
南有容	1698-1773	德哉	南容
吳瑗	1700-1740	伯玉	蘧瑗
李之晦	1706-?	希朱	朱熹
金載均	조선 후기	正則	屈原
洪良浩	1724-1802	漢師	張良
宋煥箕	1728-1807	子東	箕子
兪漢雋	1732-1811	曼倩	雋不疑
安景曾	1732-?	魯叟	曾參
柳琴	1741-1788	彈素	陶潛
白東脩	1743-1816	永叔	歐陽修
申惠淵	1748-?	希柳	柳下惠
尹魯東	1753-?	聖瞻	孔子
徐潞修	1766-1802	景博	文彦博
洪奭周	1774-1842	成伯	召公奭
鄭奭	조선 후기	周伯	召公奭
李沂	1848-1909	伯曾	曾點

齊于·만청晩晴·우于·추청秋晴·양생兩生·갱생更生·양생갱생兩生更生·승개僧開·노청老晴·서하西河·승미僧彌·이청二晴 등이다.[50] 호는 서하西河이다.

50 李德懋,《靑莊館全書》卷54 盎葉記 1 '多名多字'.

중국에는 세 글자로 자를 삼은 인물도 있다. 이덕무는《앙엽기盎葉記》에 기이한 이름과 자호를 상세히 열거했다.[51] 그보다 앞서 청나라 고염무顧炎武(1613-1682)의《일지록日知錄》과 주양공周亮工(1612-1672)의《인수옥서영因樹屋書影》도 관련 사실들을 다루었다.

한편, 고려와 조선 시대의 이름에는 한문고전에 뿌리를 두고, 이름도 자도 한문고전 속의 어휘를 사용한 경우가 많다. 〈표1〉에서 보듯, 한국의 지식인들 가운데는 중국의 현철들을 존중하는 뜻을 담은 이름과 자가 적지 않다.[52]

默齋 이귀李貴(1557-1633)의 본관은 연안延安, 자는 옥여玉汝, 호는 묵재默齋, 시호는 충정忠定이다. 1603년 정시문과庭試文科에 병과로 급제했다. 1623년 3월 김류金瑬 와 함께 반정에 성공하고 정사공신靖社功臣 일등에 책록되었다. 정묘호란 때는 최명길崔鳴吉과 함께 화의를 주장하다가 탄핵을 받았다. 그런데 옥여는《시경》〈대아大雅 민로民勞〉의 "왕이 너를 옥으로 만들고자는 하므로, 이 때문에 크게 간하노라"(王欲玉汝, 是用大諫)에서 따온 것이다. 옥을 쪼고 갈아야 그릇이 되듯 사람을 단련시켜 훌륭한 인물을 만드는 것을 말한다.

(3) 호(아호, 별호, 일호)

고인들은 일상생활에서 호를 널리 활용했다. 문필 활동에 사용하는 호를 특별히 아호雅號라고 하되, 남의 호를 아호라고 하지, 자기 호를 아호라고는 하지 않는다. 또 특별한 범위 안에서 사용하는 별도의 호를 별호別號 혹은 일호一號라고 한다. 단, 호, 아호, 별호, 일호를 명확하게 구분하지 않고, 뭉뚱그려 모두 호라고 한다.

호는 중국 남북조 시대 송나라와 양나라에 걸쳐 살았던 도홍경陶弘景(456-536)이 남에게 서찰을 보낼 때 화양은거華陽隱居라 자칭한 데서 비롯되었다고

---

51 李德懋,《青莊館全書》卷54 盎葉記 1 '姓名奇僻'.

52 趙季·劉暢·金眞(韓) 著,《〈箕雅〉研究》, 南開大學出版社2010年版; 劉暢,〈從韓國古代文人名字組合方式: 看中國古代文化的深刻影響〉,《열상고전연구》45, 열상고전연구회, 2015. 6, pp. 91-118.

한다.[53] 그 후 당나라 사람들은 항렬을 중히 여겨, 관직이 높아도 대개 항렬상 제몇째라고 칭했다. 당나라 이백李白은 시에서 청련靑蓮·청련거사靑蓮居士, 두보杜甫는 시에서 두릉杜陵·두릉포의杜陵布衣·두릉야로杜陵野老·두릉야객杜陵野客이라고 자칭했는데, 자호라 볼 수 없다는 견해도 있다. 왕적王績의 동고자東皐子나 육구몽陸龜蒙의 천수자天隨子는 자호인 듯하다. 송(조송)나라에 들어와 지식인들이 호를 사용하기 시작하더니, 남송 때의 인사들은 모두 호를 지었다. 명나라 왕세정王世貞(1526-1590) 등 문인들도 호를 가지되, 서찰이나 시에서는 으레 자字를 적었다.

고려 초 인물들도 호를 사용했을 것이다. 그런데 호로 알려진 것 가운데 호가 아닌 예도 있다. 고려 문종 때 박인량朴寅亮(?-1096)은 호가 소화小華라 알려져 있으나, 소화는 중화와 대비되는 말이지, 개인의 호가 아니다. 본관은 평산平山, 자는 대천代天인데, 1080년 예부시랑으로서 사은사가 되어 송나라로 갔다. 이때 그의 천독天牘·표表·장狀·시 등이 동행한 김근金覲의 시문과 함께《소화집小華集》이란 표제로 송나라에서 간행되었다. 고려 중엽 이후 문인 지식층이 형성되면서 호를 사용하는 풍조가 확산되었다. 이규보李奎報(1168-1241)는 호 짓는 풍습을 속되다고 비판했지만 자신도 호를 가졌다. 고려 말에는 작호의 관습이 일반화되었고, 조선 시대에 들어와서는 지식인들은 모두 호를 지녔다.

호는 스스로 짓거나 스승이나 가까운 분이 지어 주었다. 거소, 소유물, 체득의 실상, 지향을 고려해서 정했지만, 자조적이거나 해학적인 어휘를 고르기도 했다. 중국의 예를 보면, 왕적王績의 동고자東皐子, 하지장賀知章의 사명광객四明狂客, 백거이白居易(백낙천)의 향산거사香山居士는 거소로 호를 삼았다. 도잠陶潛(도연명)의 오류선생五柳先生, 정훈鄭熏의 칠송처사七松處士, 구양수歐陽脩의 육일거사六一居士는 소유물로 호를 삼았다. 장지화張志和의 현진자玄眞子, 원결元結의 만랑수漫浪叟는 체득의 실상으로 호를 삼았다.[54]

三酷好 고려의 이규보는 호 짓는 풍조를 비판하면서도 스스로의 호를 지었

---

53 張維,《谿谷漫筆》제2권 '別號由來'.

54 李奎報,〈白雲居士語錄〉,《東國李相國全集》卷20. 이규보는 두보杜甫의 '초당선생草堂先生'도 거소를 호로 삼은 예라고 했으나, 두보 생전에 스스로 초당선생을 일컫지는 않은 듯하다.

다. 자신은 거소가 일정하지 않고 한 물건도 소유한 것이 없으며 체득의 실상도 없으므로 흰 구름에 뜻을 부쳐 호를 백운거사白雲居士라 했다.[55] 만년에는 시·거문고·술을 좋아해 삼혹호선생三酷好先生이라는 조금 자조적인 호를 사용하기도 했다.

圓嶠 조선 영조 때 강화학파 학자 이광사李匡師(1705-1777)는 원교圓嶠라고 자호했다. '圓'은 고자古字 '員'으로 적었다. 원교는 원현圓峴(둥그재)으로, 서대문구 냉천동 뒷산인 금화산金華山(즉 팔각산)을 가리킨다. 단, 이광사가 자호를 원교라고 한 것은 집안의 몰락을 서글퍼하면서《열자》〈탕문湯問〉의 이야기를 끌어온 것이기도 하다.[56]〈탕문〉에 보면 발해 동쪽에 다섯 산이 둥둥 떠 있어서 거처하는 신선들이 불안해하자 상제가 산마다 큰 거북 세 마리씩으로 하여금 등에 지게 했다. 그런데 용백국龍伯國의 거인이 여섯 마리의 거북을 잡아가자 대여와 원교 섬은 침몰하고 세 개의 산만 남았다. 그것을 삼신산이라 한다. 이광사는 자기 집안이 당화黨禍를 입은 것이 마치 원교가 침몰한 것과 같기 때문에 원교라는 호를 사용한다고 했다.

> 《열자》에 이런 말이 있다. "옛날에 동해 가운데에 다섯 개의 신령스러운 산이 있어, 대여, 원교, 봉래, 방장, 영주라고 했는데, 안착해 있지 않고 물 흐름에 따라 상하로 움직였다. 상제가 다섯 산이 서쪽 끝까지 이르러 가지 않을까 염려해서, 열다섯 마리의 큰 거북에게 아래에서 이고 있으라고 시켰다. 그 후에 여섯 자라가 낚여가 버리고 대여와 원교는 바다 한가운데 가라앉고 말았다."
>
> 나는 팔각산 아래에 집을 두고 있는데, 팔각산은 일명 원교라고 한다. 마침내 원교라는 호로 스스로를 불렀다. 어떤 이가 괴이하게 여기며 "원교는 바다에 침몰했거늘, 그대는 왜 그것을 취해 호로 삼았는가?" 했다. 나는 이렇게 응답했다. "지금 나는 집안이 가라앉았고, 신세는 산 채로 묻힌 셈이니, 원교가 바다에 침몰한 것과 아주 비슷하오. 그래서 그 아주 비슷한 상황을 취해 호로 삼았거늘, 그대는 무얼 괴이하게 여기오? 그렇지만 마고麻姑는 동해가 맑아지

---

55 李奎報,〈白雲居士語錄〉,《東國李相國全集》卷20 雜著 語錄; 盧思愼·徐居正 等編, ,《東文選》卷107 雜著. 수록.
56 李匡師,〈圓嶠說〉, 서울대학교 규장각 소장 자필본.

고 얕아진 상태를 오랫동안 보았소. 그러니 원교가 얼마 있다가 돌연 구름 하늘 사이로 높이 솟아나지 않겠소? 원교가 얼마 있다가 다시 신선들이 노닐며 장난하는 동부洞府(신선의 거처)가 되지 않겠소? 원교에 얼마 있다가 진나라 한나라 황제 같은 자가 나와서 (황제의 명을 받아 불로초를 구하려는 자가) 동남동녀를 배에 싣고 아래옷을 걷고 발을 적시며 찾아오지 않겠소? 그때는 나는 마고와 함께 원교의 절정에 높이 올라, 마고로 하여금 내 눈꼬리를 씻게 하고는, 함께 아래를 내려다보며 크게 껄껄 웃으리다."

임신(1752년, 영조 29) 3월 3일, 원교 늙은이가 장난스레 쓰다.[57]

이 글은 1752년(영조 29)에 썼다. 이후 1755년(을해) 나주 괘서 사건을 계기로 을해옥사가 일어났을 때, 이미 작고한 백부 이진유李眞儒(1665-1730)에게 역률이 추시되면서, 이광사는 이에 연좌되어 7년간 함경도 부령에서 귀양을 살고 다시 호남 신지도 금실촌으로 이배되어 모두 23년 동안 귀양을 살아야 했다. 1777년(정조 원년) 8월 26일 유배지에서 일흔둘의 삶을 마쳤는데, 신지도에 있을 때 북쪽의 유배지를 추억하며 수북壽北이라는 호를 사용했다.

海夢 동학농민군의 대장군 전봉준全琫準(1855-1895)도 호가 있었다. 본관은 천안으로, 초명은 전철로全鐵爐, 별명은 전영준全永準이다. 부친 전창혁全彰爀은 고부군 향교의 장의掌議를 지냈다. 전봉준은 전라도 태인泰仁 산외리山外里 동곡東谷 마을로 이주했을 때 선비로 자처했다. 1893년 12월 동학접주로서 장두狀頭가 되어 고부군수에게 진정했으나 받아들여지지 않자, 동지 20명을 규합하여 거사할 것을 맹약했으며, 1894년 정월 10일 1,000여 명의 동학농민군을 이끌고 봉기했다. 몸이 왜소했기 때문에 사람들이 녹두綠豆라 불렀고, 뒷날 녹두장군이라고 했다.[58] 호는 해몽海夢인데, 그 뜻은 명확하지 않다.

조선 시대의 호는 지명을 취하면서 중의를 가탁한 예가 상당히 많다.

大埜 류건휴柳健休(1768-1834)의 본관은 전주, 자는 자강子强, 호는 대야大埜

57 이광사는 동국진체東國晉體의 서체를 연 인물로, 그의 글씨체를 원교체라고 한다. 또한 이광사는 정제두鄭齊斗의 양명학적 심학을 이었다. 정양완·심경호, 《강화학파의 문학과 사상(1)》, 한국정신문화연구원, 1993.

58 장봉선, 《全琫準實記》, 이로재, 1936.

이다. 경상도 안동 임동면 수곡水谷(무실)에 거처했다. 18세가 되던 1785년(정조 9) 족숙 류장원類長源에게 수학하고, 스승이 세상을 떠나자 남한조에게 수학했다. 1800년(정조 24) 한평閑坪에 거처하면서 〈한재잠閑齋箴〉을 지었다. 1830년(순조 30) 대평大坪의 거처 북쪽에 서오書塢를 완성하고, 거처하는 서쪽 방을 성건省愆, 수학하는 아동들이 거처하는 동쪽 방을 관선觀善이라 하고, 둘을 합하여 대야정大埜亭이라고 했다. 《대야집》을 남겼다. 류건휴는 〈대야정기〉에서, 자신이 야인으로서 천시天時에 맞추고 인력人力을 다하여 풍년의 풍광을 대관大觀하며 방촌의 마음을 양전良田으로 삼아 수확이 있도록 가꾸려고 한다는 뜻을 밝혔다.[59]

호를 지을 때 이름이나 자와 연계시켜 글자를 선택하기도 했다.

泥翁 신유申濡(1610-1665)의 본관은 고령, 자는 군택君澤인데, 자호를 니옹泥翁, 당호를 죽당竹堂이라 했다.[60] 니옹의 니泥는 이름의 유濡, 자의 택澤과 상관이 있고, 니소泥塑·설니雪泥·니구泥龜의 뜻을 중의했다. 첫째, 니소는 진흙을 빚어서 만든 상으로, 경건한 모습을 상징한다. 북송의 사현도謝顯道(사상채謝上蔡)가 "명도 선생(정호程顥)은 앉아 계실 때는 진흙으로 빚은 상과 같다가 남을 대할 때는 온통 한 덩이 화기和氣였다"라고 했다. 둘째, 설니는 눈 녹은 진창으로, 그 위의 기러기 발자국이 곧 사라지듯이 인생 사업도 덧없음을 비유한다. 소식蘇軾의 〈자유의 '민지회구'에 화운하다和子由澠池懷舊〉 시에 "인생이 가는 곳마다 그 무엇과 같으랴, 응당 눈 진창 위에 기러기 발자국 남김 같으리. 진창 위에 우연히 발자국만 남지만, 기러기 날아간 곳을 어찌 다시 알랴?"(人生到處知何似, 應似飛鴻踏雪泥. 泥上偶然留指爪, 鴻飛那復計東西?)라고 한 데서 온 말이다. 셋째, 니구는 진

---

59 柳健休, 〈大埜亭記〉, 《大埜集》 劵9 "余居於大坪, 亭於是而名以是, 但野以易坪, 以別之耳. 況余野人也, 生長畝畝之中, 習聞稼穡之說! 今吾亭處一村之中, 而地勢最高, 憑檻而望之, 則環山之內, 溝洫阡陌, 畢集於前. 春日載陽, 四鄰咸出, 萬畝齊作, 趨天時也. 炎夏蒸爍, 聚謳成雷, 揮汗成雨, 盡人力也. 秋氣始斂, 翠浪歸源, 黃雲滿壑, 農功成也. 此亦亭居之大觀也. 又以反隅於吾學, 則方寸之地, 以爲良田, 天降之衷, 以爲嘉種. 成始成終之敬, 則迺其鎡基也. 於是乎講學以耕耨之, 操存以培植之, 涵泳以灌漑之, 克己以去莠, 力行以終畝, 勿助懼其揠苗也, 勿忘恐其不易也. 無所爲於前, 無所冀於後, 則至於日至之時, 而迺亦有秋矣. 此亭之所以名也."

60 申景濬, 〈從曾祖禮曹參判竹堂公神道碑銘〉, 《旅庵遺稿》 卷11 碑銘. "漢詔天下, 擧孝廉及可爲良二千石可使絶國者. 漢近乎古, 能知取人之道也. 然而漢之諸臣, 能兼備此者盖尠矣. 求諸我東近世, 泥翁申公有之. 公本高靈縣人, 諱濡字君澤, 泥翁自號也. 堂于竹裏, 扁以竹, 世稱以竹堂."

흙 속에서 꼬리를 끌며 사는 거북처럼 자유롭게 살아간다는 뜻이다.《장자》〈추수秋水〉에 보면, 초나라 왕의 사자가 국정을 맡아 달라는 왕의 말을 전하자, 장자는 초나라 사당에 3천 년 묵은 신령한 거북의 뼈가 간직되어 있지만 나는 살아서 진흙 속에 꼬리 끌고 다니는 거북의 신세가 더 낫다고 여긴다고 하면서 거절했다.

一庵 신몽삼辛夢參(1648-1711)의 본관은 영산靈山, 자는 성삼省三, 호는 일암一庵이다. 경상도 창원 도천리道泉里(경남 창녕군 도천면) 출생이다. 출생 때 부친이 꿈에 증자曾子를 보았다고 해서 아명을 삼參이라 하고, 관례 이후 몽夢자를 추가했다. 1669년(현종 10) 가묘 아래 동암소재東巖小齋를 짓고 독서했다. 1675년(숙종 원년) 증광사마시의 생원시에 합격했으나, 1676년 초계草溪 동가리東佳里 현촌峴村에 거처했다. 1686년 곽재우가 옛날 살았던 망우정忘憂亭 남쪽에 집을 짓고 화학당華鶴堂의 편액을 걸었다. 조모의 묘소가 있는 삼학산三鶴山과 부모 묘소가 있는 용화산龍華山에서 한 글자씩 따서 당의 이름을 지은 것이다. 1693년 화학당 아래 낙민정洛閩亭을 지었는데 이현일李玄逸(1627-1704)의 충고를 따라 경락景洛으로 개명했다.[61] 낙학洛學(정이·정호 형제의 학문)을 경모景慕한다는 뜻이다. 이현일은 그에게 낙학과 민학閩學(주희의 학문)을 무리하게 아우르려 하지 말고 주정主靜의 공부에 더 힘쓰라고 권고한 것이다. 낙동강 서쪽 적포촌赤布村에서 타계했다.[62]《일암집》이 있다. 신몽삼의 자는 그 이름과 관련이 있으며, 호의 일一은 증자가 공자의 일이관지一以貫之를 풀이한 고사에 근거한다.

玉垂 조면호趙冕鎬(1804-1887)의 본관은 임천林川, 자는 조경藻卿이고, 호는 옥수玉垂·이당怡堂·능계거사菱溪居士·삼연노인三研老人·자지자부지선생自知自不知先生이다. 서울 안국방에서 태어났다. 추사 김정희金正喜(1786-1856)의 문인으로, 1837년(헌종 3) 진사시에 합격하고, 음보로 여러 곳의 현령을 지냈다. 1858년 벼슬을 그만둔 뒤 서울 북촌北村에 거주하다가 가회방嘉會坊 맹현 아래 정착했다. 1871년 장악원 정掌樂院正에 임명되기도 했으나 예술에 탐닉했다. 〈자지자부지선생전〉을 남겼으나,[63] 문집의 서명은《옥수집》이다. '자지자부지'는 노

61 구진성, 〈일암 신몽삼의 생애와 학문 성향〉,《연민학지》30, 연민학회, 2018, pp. 55-84.
62 朴憲淳, 〈一庵集 해제〉, 한국고전번역원, 2000.

자《도덕경道德經》 제33장 "남을 아는 것이 지혜이고 스스로 아는 것이 밝음이다"(知人者智, 自知者明)의 뜻을 뒤집어서 자조한 것이다. 한편 옥수는 이름의 면冕 자와 관련 있다. 면冕은 면관冕冠을 말한다. 면관은 보통 천자가 쓰는 면류관을 말하지만, 헌면軒冕이란 말이 있듯이, 옛날 조정 신하가 쓰는 모자도 면이라고 했다. 호鎬는 주나라 태평시절이었던 서주 시대의 도읍이다. 면호라는 이름은 주나라처럼 태평성대의 때에 면관을 착용하는 조정 신하가 되리라는 의미이다. 자 조경의 경卿은 남자의 이름 뒤에 붙이는 글자이고, 조藻는 옥구슬을 꿰어 면관 앞뒤에 치렁치렁 드리우는 오색의 명주실로, 옥조玉藻라고 한다. 자의 조는 이름의 면 자와 의미상 연계되어 있다.《서경》〈상서商書 태갑 중太甲中〉에 "3년 12월 초하루에 이윤이 면복으로 사왕을 받들어 박읍으로 돌아왔다"(惟三祀十有二月朔, 伊尹以冕服奉嗣王, 歸于亳)"라고 했는데, 면 자에 대해 소疏는 "오색 끈으로 오색 옥을 꿰어 덮개의 앞 뒤에 드리우는 것을 수연이라 한다"(以五采繅繩貫五采玉, 垂於延前後, 謂之邃延)라고 했다. 여기서 옥을 드리운다는 말인 옥수玉垂를 취해서 호로 삼은 것이다. 문채를 발휘하겠다는 뜻이다.[64]

호는 이름이나 자와 연관을 지니면서 다중의 의미를 지닌다. 그런데 한 인물이 일생 여러 호를 사용하는 경우가 많았다. 이를테면 이덕무는 형암炯庵·아정雅亭·청장관靑莊館 등의 호가 널리 알려져 있다. 1779년 정조에 의해 규장각의 외각 검서관으로 임명되기 전에는 형암 이외에 삼호거사三湖居士·경재敬齋·팔분당八分堂·선귤헌蟬橘軒·정암亭巖·을암乙广·영처嬰處·감감자憨憨子·범재거사汎齋居士 등의 여러 호를 사용했다.[65] 또 청음관靑飮館·탑좌인塔左人·재래도인睟睞道人·매탕槑宕·단좌헌端坐軒·주충어재注蟲魚齋·학초목당學草木堂·향초원香草園 등의 호도 있었다.[66]

---

63 趙冕鎬, 〈自知自不知先生傳〉(癸亥), 《玉垂集》 券30; 金龍泰, 《玉垂 趙冕鎬 漢詩 硏究》, 성균관대학교 대학원 한문학과 박사학위논문, 2004.10; 김용태, 《19세기 조선 한시사의 탐색 — 옥수 조면호의 시 세계》, 돌베개, 2008; 심경호, 《나는 어떤 사람인가 — 선인들의 자서전》, 이가서, 2010, pp. 404-412.

64 또한 이사李斯의 소전小篆과 대전大篆에 대해 후인이 '옥이 떨어지고 구슬이 드리웠다'(落玉垂珠)라고 표현한 말이 있다. 옥과 수로 문채 있는 모양을 형용했을 수도 있다.

65 李德懋, 〈記號〉, 《靑莊館全書》 卷3 嬰處文稿 1.

66 李德懋, 《靑莊館全書》 卷70 수록 〈先考積城縣監府君年譜 上〉.

후대에 지탄을 받는 인물들도 당시에는 문장이 뛰어나 호가 널리 알려져 있는 예가 많다.

觀松 대북파의 영수 이이첨李爾瞻(1560-1623)은 본관이 광주廣州, 자는 득여得輿인데, 호가 관송觀松·쌍리雙里이다. 무오사화를 일으킨 이극돈李克墩(1435-1503)의 5대손이다. 1582년(선조 15) 1594년 생원시와 진사시의 양장兩場에 모두 합격하더니, 별시문과에 을과 3위(04/19)로 급제, 1608년 문과 중시에 갑과 1위(01/09)로 장원을 했다. 1612년(광해군 4) 임자옥사로 유영경柳永慶을 축출하고, 1613년 영창대군을 강화도로 유폐했으며, 1618년 인목대비를 폐위시켰다. 1623년 반정 때 도망하다가 광주 이보현利甫峴에서 처형당했다. 서울의 개천開川 가운데 한 줄기가 목멱산 북쪽에서 나와 쌍리문동雙里門洞을 경유하는 청교靑橋를 지나 명철방明哲坊의 어청교於靑橋를 지났다. 쌍리문동에 살았으므로[67] 호를 쌍리라고도 했다.

호는 대개 하나의 글자, 하나의 어휘로 뜻을 나타낸다. 하지만 두 뜻을 겹쳐 드러내는 예도 간혹 있다.

靜訥 강명규姜命奎(1801-1867)는 정靜과 눌訥의 두 글자로 자호했는데, 가상의 객客에 대해 그렇게 작호한 이유를 변설해야 했다. 즉, 강명규는 1828년(순조 28) 위기지학爲己之學에 전념하기 위해 과환科宦(과거와 벼슬)에 뜻을 두지 않고 산의 고요한 체體와 나무의 과묵한 질質을 본받아 정눌거사靜訥居士라 자호하고 호설을 지었다.[68] 본관은 진주晉州, 자는 세응世應, 또다른 호는 유계柳溪이다. 경상도 봉화奉化 법전리法田里에서 출생했으며, 학자들이 유계선생柳溪先生이라고 칭했는데, 유계는 법전리의 시내를 가리킨다.[69]《유계집》이 있다.

---

67 高宗 初, 著者未詳,《東國輿地備考》제2편 漢城府.

68 姜命奎, 〈靜訥自號序〉,《柳溪集》卷4 序. "余學擧業非其志, 日退然曰靜訥, 蓋識也. 客有毁曰: '士之於世, 以鴻碩之才, 出以爲公輔, 否之, 入以處山林, 一顯一幽, 各有所據, 及其究也, 表以號, 子無淸高之行表白於世, 爵祿之稱馳騁於朝, 世孰有知者? 且號之取義, 不必兩兼, 以靜爲嗛, 添之以訥, 得無來尙論人貪多之譏耶?' 曰: '否! 古人吾不知, 今人有行之者. 豈皆位極廊廟, 淸時勇退, 窮居巖穴, 高尙其志, 在踐其號如何耳? 顧余性執, 不喜徵逐, 口且吃. 靜者山之體近之, 訥者木之質似之. 看山之體, 鈍以處世, 觀木之質, 言有默訒. 庶乎其免夫! 記曰: 人生靜, 傳曰: 訥於言, 若是乎二者之不可偏廢也. 余然後合而命之. 或有知者, 思其義恕之. 縱不知, 亦不恤.' 客遂俛而退." 아들 강임이 작성한 가전에도 언급되어 있다. 姜命奎,《柳溪集》卷8 附錄 家傳(姜錟).

69 법전리는 도은陶隱 강각姜恪이 친형 잠은潛隱 강흡姜恰과 함께 은거하던 곳이다. 강명규의 부

사람들이 부르는 호에는 익살스러운 예도 있다.

木鶴居士 이지번李之蕃(?-1575)의 본관은 한산韓山, 자는 형백馨佰, 호는 성암省菴·사정思亭·구옹龜翁으로, 《토정비결》로 저명한 이지함李之菡의 형, 선조 때 영의정을 지내는 이산해李山海 의 부친이다. 단양군수 시절 칡으로 만든 큰 줄을 구담의 양쪽 벽에 연결한 뒤 나무로 만든 학을 그 줄에 매달아 타고 내왕했으므로, 사람들이 그를 목학거사木鶴居士라 불렀다 한다.[70]

생전에는 호가 있었겠지만, 전하지 않는 예도 많다. 안위安瑋(1491-1563)의 본관은 순흥, 자는 백진伯珍, 시호는 문간文簡인데, 호를 알 수 없다. 1521년(중종 16) 별시문과에 동생 안현安玹(1501-1560)과 함께 급제했는데, 아우 안현은 호가 설강雪江이다. 안위는 1550년(명종 5) 통례원 좌통례로서 민전閔荃(1499-?)과 함께《경국대전經國大全》의 주해관에 임명되었으며, 1554년 청홍도관찰사로 부임해《경국대전주해》를 간행했다.[71]

생전에 정치적 문제를 일으켰던 인물들은 후대에 호가 전하지 않는 경우가 많다. 홍담洪曇(1509-1576), 이량李樑(1519-1563), 정후겸鄭厚謙(1749-1776)과 홍국영洪國榮(1748-1781)은 모두 호가 전하지 않는다. 홍담의 본관은 남양, 자는 태허太虛, 시호는 정효貞孝이다. 1539년 별시문과에 병과로 급제했고, 1576년 우참찬을 지냈다. 훈구파의 거두로 김개金鎧와 함께 정철鄭澈 등과 대립했다.[72] 이량의 본관은 전주, 자는 공거公擧이다. 효령대군 이보李補의 5대손, 명종비 인순왕후 심씨의 외삼촌이다. 1552년(명종 7) 식년문과에 급제했는데, 명종이 어머니 문정왕후와 외삼촌 윤원형尹元衡(?-1565)을 견제하려고 중용했다. 1563년 이조판서가 되어 아들 이조정랑 이정빈李廷賓과 함께 사화를 일으켰다가, 강계로 유배되어 죽었다.[73] 정후겸의 본관은 연일, 자는 백익伯益이다. 인천에서 어업에 종사하다가, 영조의 서녀 화완옹주和緩翁主와 그 남편 정치달鄭致達의 양자

친은 강필경姜必敬, 어머니는 안동권씨 권사민權思敏의 딸이다. 1841년(헌종 7) 성재정사省齋精舍를 중수했다. 1855년(철종 6) 윤선거尹宣擧와 아들 윤증尹拯의 추탈追奪 사건에 항의하여 소를 올렸다.

70 成海應,《研經齋全集》卷55 草榭談獻 2 '李之蕃'.

71 李重夏,〈安瑋神道碑〉. 경기도 광주 퇴촌면 도수리에 안위의 묘가 있다.

72 柳根,〈議政府左參贊洪公神道碑銘〉,《西坰文集》卷7 碑銘.

73 李肯翊,《燃藜室記述》, 卷11〈明宗朝故事本末〉; 卷12〈宣祖朝故事本末〉.

가 되어 1775년 홍인한洪麟漢과 함께 세손을 모해했다. 이듬해 정조가 즉위하면서 경원慶遠에 위리안치되었다가 사사되었다.[74] 홍국영의 본관은 풍산, 자는 덕로德老이다. 1772년(영조 48) 정시문과庭試文科에 병과丙科 11위(15/15)로 급제한 후, 세자시강원 설서가 되어 세손 정조를 보필했다. 정조 초 숙위대장과 도승지에 올라 세도정치를 했으나, 누이동생 원빈元嬪이 급서한 뒤 왕비(효의왕후)를 핍박하려던 음모가 탄로나 강릉으로 추방되었다가 병사했다.[75]

(4) 누호樓號, 재호齋號, 대호臺號, 정호亭號, 각호閣號, 실호室號, 당호堂號, 헌호軒號

옛 사람들은 서재나 집, 그리고 집의 각 건조물에 이름을 지어 두고 성찰의 바탕으로 삼았다. 지식인들은 주거지인 실室 바깥에 별도의 누각樓閣과 정자亭子를 시설하기도 했다. 《신증동국여지승람》 누정조에서는 누樓·정亭·당堂·대臺·각閣·헌軒 등을 모두 누정이라고 일컫고 있다. 또 충청도 이남에서는 독서층이 농경지에 모정茅亭을 두기도 했다. 따라서 집과 생활독서의 건조물이 모두 호를 가질 수 있었다. 누에 붙이는 호는 누호, 정에 붙이는 호는 정호, 당에 붙이는 호는 당호, 대에 붙이는 호는 대호, 각에 붙이는 호는 대호, 헌에 호는 헌호, 실室에 붙이는 호는 실호이다. 이러한 호들은 모두 개인의 인격을 지칭하는 호로 사용되기도 하고, 경우에 따라서는 개인의 인격 표지로는 사용되지 않았다. 전자의 경우는 일반적으로 말하는 호와 구별할 수가 없다. 특히 집의 각 건조물에 붙인 호 가운데 비교적 많이 세상에 통행한 것은 헌호일 것이다. 장현광張顯光(1554-1637)은 호와 헌호를 같은 것으로 보았다.

> 후세에는 세상의 도가 밝지 못하고 다스려지는 날이 항상 적었다. 그래서 천하에 혹 기이한 재주를 품고 드리를 간직하고 있는 선비 가운데 세상에 나와 뜻을 펴지 못하면 물러가서 산림과 강호의 사이에 흩어져 사는 자들이 있었으니, 이들은 세상 사람들의 귀에 자신의 이름을 드러내고 속인들의 입에 자

74 《國朝寶鑑》卷68 英祖朝 12; 卷69 正祖朝 1.
75 《國朝寶鑑》卷69 正祖朝 1.

신의 자를 올리고 싶지 않아, 이름과 자의 바깥으로 스스로 초탈하고, 경쟁이 없는 경지에서 호를 구했다. 혹은 사는 집의 이름을 따르기도 하고, 혹은 거처하는 땅과 강호와 못, 계곡과 산, 골짜기와 동구 등 마음에 좋아하고 몸을 부쳐 둔 물건 중에서 적절하게 취하여 호로 삼았다. 그것을 총칭하여 헌호라고 했다. 후생과 소자로서 그분을 존경하고 사모하는 자들은 감히 그분의 이름과 자를 입으로 부르지 못하고 그분의 헌호를 평상시 칭호로 삼는 경우가 많았다. 헌호가 지어진 것은 이 때문이며 헌호가 성행한 것도 이 때문이었다.[76]

근대 이전 지식인들은 헌호만을 '평상시 칭호'로 삼은 것이 아니었다. 생활독서 공간의 모든 건조물은 '평상시 칭호'가 될 수 있었다. 과거의 《호보》류도 건조물의 호와 개인 호를 그 명확히 구분하지 않고, 한 인물의 칭호로서 광범위하게 사용된 명칭이라면 호로서 간주해 왔다. 본서에서도 그것들을 엄격하게 구분하려고 하지 않는다. 중요한 것은 그 명칭이 실질적 함의를 지니는가, 인격주체를 지시하는 기능을 가지는가 하는 점이다.

조선 말기의 지사 이남규李南珪(1855-1907)는 헌호(당호)는 실질이 있어야 한다고 역설했다.

평소의 거처에다 이름을 붙여서 거기에다 자신을 경성警省하는 의미를 기탁하는 것은 옛사람들이 반우盤盂나 궤장几杖에 명문銘文을 새기던 것에서 유래했는데, 이는 배우는 자의 공부하는 실질에 있어 긴절하지 않은 것은 아니다. 그러나 당堂이니 헌軒이니 암庵이니 와窩니 하는 글자나 끌어와서 이를 붙여 놓았을 뿐 별달리 취할 만한 특별한 의미가 없다고 한다면, 그런 이름을 붙인 명분 또한 부질없을 것이다.[77]

不已 《예기》〈표기表記〉에 보면, 공자가 《시경》〈소아小雅·거할車牽〉의 "높은 산은 누구나 우러러보게 마련이고 큰길은 누구나 함께 걸어가게 마련이다"(高山仰止, 景行行之)라는 말에 대해, "시에서 인仁을 좋아함이 이와 같다. 사람들은

---

76 張顯光, 〈旅軒說〉, 《旅軒先生文集》 卷7 雜著.

77 李南珪, 〈平齋說〉, 《修堂遺集》 冊七 說.

큰길을 걸어나갈 때 힘이 다해 계속 걸을 수 없게 되어야 중도에 그만둔다. 마찬가지로 몸이 이미 늙은 것도 잊고서 앞으로 세월이 얼마 없는 것도 염두에 두지 않은 채 날마다 노력하다가 쓰러져 죽은 뒤에야 그만두어야 하는 것이다"라고 부연했다고 되어 있다.

임진왜란 때 의병장 고경명高敬命(1533-1592)은 제봉霽峰·태헌苔軒이라는 호로 잘 알려져 있지만, 46세 되던 1576년(선조 9) 토정土亭 이지함李之菡(1517-1578)이 방문해서 서재 이름을 불이不已라 지어 주었다. 고경명은 1558년(명종 13) 식년문과에 장원을 했다. 1563년 교리로서 인순왕후의 외숙 이량李樑의 전횡을 논하는 데 참여했는데, 그 경위를 이량에게 알려 주었다는 이유로 울산군수로 좌천된 뒤 파직되었다. 이후 고경명은 〈불이재명不已齋銘〉을 지었다.

> 아아, 하늘은 조화로와서, 굳건하게 유행해 그침이 없고
> 아아, 성인은 순수해서, 하늘을 법으로 삼아 자강불식하도다.
> 한순간이라도 정지하면, 하늘의 운행은 그르치고 말며,
> 일념이라도 게으르면, 성인의 공적은 이지러지리라.
> 하늘이 하늘인 이유와, 문文이 문인 이유는
> 그 기틀이 지극히 중요하니, 그치지 않음이 그것이로다.
> 그침과 그치지 않음에 따라, 하늘과 범인은 판별되나니
> 하늘을 닮으려는 자는 성인, 성인을 닮으려는 자는 현인이라네.
> 이것을 쌓아 나가 그치지 않아, 행함이 있음이 이와 같다면
> 신께서 들어주시리니, 쓰러져 죽은 다음에야 그만둘지라.[78]

'신께서 들어주신다'는 뜻의 '신지청지神之聽之'는 《시경》〈소아 소명小明〉에 나온 구절이다. 굳건하게 운행하는 하늘을 본받아 자강불식自彊不息하게 되면 명명한 신도 들어주리라는 확신을 가져, 공자가 말했듯이 "자신의 덕을 쌓기 위해 노력해서 쓰러져 죽은 다음에야 그만두리라"라고 다짐한 것이다.

必有 정조, 순조 때 서형수徐瀅修(1749-1842)는 경기도 장단長湍 세거지에 당

78 高敬命, 〈不已齋銘〉, 《霽峯集遺集》 雜著.

을 짓고 많은 서적을 두어 자질들을 공부하게 하면서, 당의 이름을 필유당必有堂이라 했다.[79] 북송의 정기丁覬가 일만 권 서적을 구입하고, "내 자손 가운데 학문을 좋아하는 자가 반드시 있으리라" 하면서 서실 이름을 필유라고 한 것에서 따왔다. 정기의 후손 가운데 정도丁度가 있어, 칙명을 받아 후대 운서韻書의 표준이 된《예부운략禮部韻略》을 편찬했다. 필유는 한 개인의 인격 표지가 아니라 후손들에 대한 권면의 표지이다.

단, 개인의 호로 사용할 만한 당호이되, 짧은 시기에만 사용하여 호로서의 환기 기능이 약하거나 다른 사람들이 한 개인의 호로 간주하지 않는 예도 있다.

絳雪 조선 후기 중인 조희룡趙熙龍(1789-1866)의 자는 이견而見·치운致雲·운경雲卿이고, 호는 호산壺山·우봉又峰·철적鐵笛·단로丹老·매수梅叟 등이다. 황학봉黃鶴峰 아래 거처할 때 연지로 매화를 그려 방 안이 화려하게 아롱졌으므로 거처를 강설당絳雪堂이라 하고,[80] 혹은 강설재라고 했다. 강설이란 붉은 눈이란 뜻이다. 이 당호는 조희룡의 호로 널리 사용되지는 않았다.

艮 퇴계 이황李滉은 제자 이덕홍李德弘(1541-1596)의 자를 굉중宏仲, 호를 간재艮齋라 지어 주었다.[81] 간재는 재호이지만 이덕홍의 호로 통용되었다. '간艮'은《주역》의 겸산兼山 간괘艮卦에서 지지止止의 뜻을 취해 왔다. 간艮은 산이자 그침이다. 간괘艮卦 단사彖辭에 "간은 그침이니, 때가 그침 직하면 그치고 때가 행함 직하면 행해서, 동정이 때를 잃지 않기에, 도가 광명하다"(艮, 止也. 時止則止, 時行則行, 動靜不失其時, 其道光明)라고 했다. 또 간괘 괘사에 '간기배艮其背'라 했으니, 등이 앞에서 보이지 않듯이 눈에 띄지 않는 그런 곳에 있으면 마음을 안정시킬 수 있다. 이덕홍의 본관은 영천永川이다. 이충량李忠樑의 아들, 이현보李賢輔의 조카로, 예안에서 출생했다. 1578년(선조 11) 경명행수經明行修의 선비 아홉 사람 가운데 4위로 뽑혀 집경전 참봉이 되었다. 1592년 임진왜란 때 세자를 성천

---

79 徐有本,〈必有堂記〉,《左蘇山人文》卷7 文,

80 趙熙龍,《漢瓦軒題畫雜存》, 국립중앙도서관 소장 필사본; 실시학사 고전문학연구회 역,《조희룡전집》, 한길아트, 1999.《녹파잡기綠波雜記》의 고려대학교 육당문고 '심전본'과 단국대학교 연민장서 '심산본'의 맨 마지막에 실려 있는 '제시題詩'의 저자 '강설絳雪'이 조희룡일 수 있다는 지적이 있다. 안대회,《녹파잡기—조선문화예술계의 최고의 스타, 평양 기행 66명을 인터뷰하다》, 휴머니스트, 2017, p. 172.

81 李玄逸,〈艮齋李公行狀〉,《葛庵先生文集》別集 卷5 行狀.

까지 호종하고, 다음 해 봄 영춘 현감으로 나갔다.

蠶窩 영조 때 소론의 거두 최규서崔奎瑞(1650-1735)의 본관은 해주海州, 자는 문숙文叔, 호는 간재艮齋·소릉少陵·파릉巴陵이며 시호는 문충文忠이다. 경기도 광주廣州에서 태어났다. 1691년(숙종 17) 아산牙山 공호貢湖로 이사했다가 양성陽城(안성) 선영 아래(안성군 원곡면元谷面 지문리芝文里)로 돌아왔다. 1702년(숙종 28) 한성판윤에 제수되었으나 상소하여 사직하고, 이후 30여 년간 벼슬에 나가지 않았다. 1710년(숙종 36) 양근楊根 용진촌龍津村으로 거처를 옮겼다가 1712년 겨울에 양성 선영 아래로 갔으며 1716년 가을, 용인龍仁 남쪽 어곡魚谷의 선산 아래 별업別業으로 갔다. 1718년 여름 용진龍津으로 옮기고 겨울에《병후만록病後漫錄》을 지었다. 1721년(경종 원년) 12월에 좌의정, 1723년(경종 3) 8월 영의정에 제수되었으나 상소하여 사직했다. 1728년(영조 4) 3월, 79세의 노령으로 한양으로 올라가 이인좌의 난을 상변上變했다. 영조가 어필로 '일사부정一絲扶鼎'의 글을 써 주었다. 이후 강화江華 진강촌鎭江村으로 가서 하곡霞谷 정제두鄭齊斗(1649-1736)와 이웃하여 살았다. 1732년 부인의 상을 당하여 강화에 장사 지내고 이듬해 서울로 돌아와 아들 최상관崔尙觀의 집에 머물다가 용산龍山의 작은 집으로 이사하고 잠와蠶窩라고 했다. 죽은 후 양성陽城 운당곡篔簹谷으로 귀장되었다.[82]《간재집》이 있다. 소릉은 서울의 거처가 있던 곳으로, 서울시 정동 프란치스코 교육회관 자리에 '일사부정'의 어서와 최규서 영정을 봉안한 어서각御書閣이 있었다. 어서각은 1895년(고종 32) 안성군 원곡면 지곡리로 이건되었다. 간재의 호는 용인 어곡의 별업에 간암艮巖 있어 그 이름을 취한 것이되, 역시 간지艮止의 뜻을 중의重義로 지닌다.

志事 이희조李喜朝(1655-1724)의 호로는 지촌芝村이 널리 알려져 있으나 간암艮菴과 지사재志事齋라는 호도 사용했다. 간암은《주역》간괘의 뜻을 취했다. 본관은 연안, 자는 동보同甫이다. 15세에 부친을 잃고 나서 부친[이단상李端相(1628-1669)]을 기리며 학문에 힘쓰자, 우암尤菴 송시열宋時烈(1909-1689)이《중용장구》제20장의 "효는 사람(아버지)의 뜻을 잘 계승하고 사람의 일을 잘 전술

82 沈錥, 〈領議政艮齋崔公墓表〉,《樗村先生遺稿》卷45 墓表.

하는 것이다"(夫孝者, 善繼人之志, 善述人之事)에서 지志와 사事 두 글자를 따서 서실 이름으로 써 주었다.[83] 송시열이 제주도에 위리안치된 후, 이희조는 경기도 양주楊州의 지동芝洞으로 은둔하고 〈대귀설大歸說〉을 지었다. 말년에 더욱 개석介石의 지조를 굳게 지킬 것을 힘써 간암이라고 자호했다.[84]

當日 이용휴李用休(1708-1782)는 신의측申矣測의 서재에 써 준 〈당일헌기當日軒記〉에서 길흉吉凶과 고왕孤旺은 운명이 아니라 하루하루 어떻게 살아가느냐에 달려 있으므로 오늘이야말로 무언가 해야 할 날이라고 강조했다. 신의측은 남인, 소론, 소북의 명사들과 교유했으나, 가난하여 숙사塾師로 생계를 꾸렸다. 자는 하사何思, 별자는 환아還我이다.[85] 아들은 신야급申也汲으로, 부자가 이름에 허사(矣·也)를 사용해서 특이하다.

> 일日이 쌓여 순旬(10일)이 되고 월月과 시時가 쌓여 세歲가 이루어진다. 사람도 매일 수련하여 하고자 하는 것을 쫓아나가 그 큰 지점에 이르면 변화하게 된다. 지금 신군의 수양도 공부가 오직 오늘에 달려 있으니 내일이란 말은 하지 말라.[86]

호 및 당호·재호 등 가운데는 선대의 그것과 연계시켜 의미를 조술하고 확장시키는 예도 있다.

思復 근세 위정척사학파의 일원이었던 송진봉宋鎭鳳(1840-1898)의 본관은 여산礪山, 자는 치승致承, 호는 사복재思復齋이다. 부친은 송경옥宋景玉이다. 전라도 강진康津 평덕리平德里에서 태어나, 부친을 따라 장흥長興 묵촌墨村으로 이거했다. 이희석李僖錫에게 수학하고, 뒤에 김평묵金平默 문하에서 수학했다. 고조부 송익호宋翼顥는 장흥에 은구隱求(은둔해서는 뜻을 추구함)하여 거처를 복성와復性窩라고 한 바 있다. 45세 되던 1884년(고종 21), 종유하던 영광군수 일헌一軒

83 宋時烈, 〈志事齋記〉, 《宋子大全》 卷143; 金元行, 〈芝村李先生墓表〉, 《渼湖集》 卷18; 李宜顯, 〈吏曹參判芝村李公墓誌銘幷序〉, 《陶谷集》 卷17 墓誌銘.

84 李宜顯, 〈吏曹參判芝村李公墓誌銘幷序〉, 《陶谷集》 卷17 墓誌銘.

85 李家煥, 〈還我小傳〉, 《錦帶詩文抄》 下 傳.

86 李用休, 〈當日軒記〉, 《惠寰雜著》 卷9. "夫日積爲旬而月而時而歲成. 人亦日修之, 從可欲至大而化矣. 今申君欲修者, 其工夫惟在當日, 來日則不言."

김태한金台漢(1847-1913, 자 정삼正三)이 그의 가학을 존중하여 그의 재호를 사복思復이라고 했다.[87] 고조부를 본떠 조술하여 옛 성현의 사업에 나아가라는 뜻에서 그러한 것이다. 김평묵金平默(1819-1891)이 〈사복재기思復齋記〉를 지어 주었다.[88] 50세 무렵 묵촌의 거처를 인산유거仁山幽居라 명명하고 묵촌의 거처를 벽에 '서양 직물에 서양 염색을 한 옷을 입는 자는 우리 무리가 아니다'(衣洋織洋染者, 非吾徒也)라고 써 붙였다. 1888년(고종 25) 가평의 조종암朝宗巖을 내왕하면서 최익현崔益鉉·유중교柳重教와 교유했다. 1895년 을미사변 후 기우만奇宇萬과 함께 의병을 일으켜 능주향교綾州鄕校까지 진출했으나, 실패했다.[89] 《사복재집》이 있다.

헌호나 당호 등도 경계의 어구 체득의 실상, 애호하는 물건, 거주지의 이름 등을 사용하므로 호와 동일한 과정에서 만들어졌다.

惕若 고려 말 김구용金九容(1338-1384)은 척약惕若이란 헌호로 자신을 경계했다. 척약이란 《주역》 건괘乾卦 효사에 나오는 말로, 편안히 쉴 저녁이 되어서도 해이하지 않고 삼감을 뜻한다.[90]

萬松 임진왜란 때 의병장 이인경李寅卿(1567-1634)은 김덕령金德齡(1567-1596)의 처남이다. 구성부사龜城府使를 그만두고 선영이 있는 전라도 담양부潭陽府 남쪽 원효동元曉洞으로 내려가 만여 그루의 소나무를 심고 거처를 만송당萬松堂이라 했다.[91] 본관은 흥양興陽, 자는 여실汝實이다.

---

87 《시경》〈소아小雅 홍안지십鴻鴈之什 아행기야我行其野〉에 "그대가 나를 돌보지 않아, 돌아가리라 다시 돌아가리라"(爾不我畜, 言歸思復)라고 한 것과는 전혀 상관이 없다. 모시소서毛詩小序에 따르면 이 시는 선왕宣王이 백성으로 하여금 올바른 결혼 관습을 지키게 하지 못하여 결혼 풍습이 매우 문란해졌음을 비방하는 것이라고 풀이했다. 주희는 다른 나라로 시집간 여인이 남편으로부터 학대를 받는 서러움을 호소한 시라고 했다. 결국 이 시는 남편에게 사랑받지 못하는 여인의 심정을 읊은 것이므로, 사복재의 '사복'과는 상관이 없다.

88 金平默, 〈思復齋記〉, 《重菴先生集》 別集 卷8 記. "礪城宋致承, 高王考處士公隱求於湖南之長興, 扁其所居, 爲復性窩. 致承從靈光金正三遊, 正三見致承家學有素, 爲錫齋名曰思復, 蓋欲似述之以進於古昔聖賢之事也."

89 崔益鉉, 〈思復齋宋君墓誌銘 幷序〉, 《勉菴先生文集》 卷35 墓誌 奇宇萬, 〈思復齋宋公墓碣銘幷序〉, 《松沙先生文集》 卷34 墓碣銘.

90 金九容, 《惕若齋學吟集》, 〈先君惕若齋世系行事要略〉(金明理).

91 姜沆, 〈萬松堂記〉, 《睡隱集》 卷3 記; 宋秉璿, 〈牧使李公(寅卿)墓碣銘幷序〉, 《淵齋先生文集》 卷34 墓碣銘.

浮査 二顧 성여신成汝信(1546-1632)의 본관은 창녕昌寧, 자는 공실公實이다. 1616년(광해군 8) 경상도 진주 금산리琴山里에 양몽재養蒙齋·지학재志學齋를 만들고 후생들을 지도했다. 55세에는 부사정浮査亭을 짓고 이를 자호로 삼았다.[92] 그리고 양직당養直堂을 세우고 당 북쪽에 대나무를 심어, 경敬의 태도를 유지하겠다고 다짐했다.[93] 부사浮査는 고사孤査와 마찬가지로 버려진 나뭇등걸이란 뜻이다. 자신의 처지를 겸손하게 말한 것이다.《장자》〈천지天地〉에 "백 년 묵은 큰 나무 가운데서 한 토막을 취하여 소의 형상을 새겨 제기를 만든 다음 청색과 황색의 무늬를 그려 넣고 그 나머지 나무는 시궁창 속에 버리는데, 제기로 만든 나무는 아름답고 시궁창에 버린 나무는 추한 차이가 있기는 하지만 나무의 본성을 잃기는 마찬가지이다"라고 했다. 양직은《논어》에서 공자가 "사람의 살아가는 것은 올곧아야 한다"(人之生也直)라고 한 말,《맹자》〈공손추·상〉에서 맹자가 호연지기에 관해 "그 기는 지극히 크고 강하므로, 곧음으로 길러, 해치지 않으면, 천지 사이에 가득 찬다"(其爲氣也, 至大至剛, 以直養而無害, 則塞乎天地之間)라고 한 말에서 따온 것이다. 성여신은 부사정 동쪽에 다시 네 칸 집을 짓고 지은사知恩舍라 명명했다. 이것은 옛사람의 "자식을 교육시켜 보고서야 부모의 은혜를 알게 된다"라는 말을 취한 것이다. 동쪽 방은 이고재二顧齋라 했으니, "말은 행동을 돌아보고, 행동은 말을 돌아본다"(言顧行, 行顧言)라고 한 뜻을 취했다. 서쪽 방은 사유재四有齋라 했으니, "낮에는 행하는 것이 있고(晝有爲) 밤에는 터득하는 것이 있으며(宵有得) 눈 깜짝하는 사이에도 기르는 것이 있고(瞬有養) 숨쉬는 사이에도 보존하는 것이 있다(息有存)"라고 한 뜻을 취했다. 중간의 두 칸을 삼어당三於堂이라 했으니. "부모에게 효도하고(孝於親) 어른에게 공순하고(弟於長) 벗에게 미덥게 한다(信於朋友)"라는 말에서 가져왔다.[94]

당호나 재호 가운데는 선조의 당호·재호를 계승하면서 의미를 확장시킨 예도 있다. 서재 전체의 이름이 있더라도 늘 거처하는 방의 명을 따로 지어, 그 실명을 아호로 삼는 경우도 많았다.

---

92 安鼎福,〈成均館進士浮査先生成公行狀〉(乙巳),《順菴集》卷26 行狀.

93 成汝信,〈養直堂記〉,《浮査集》卷3 記.

94 成汝信,〈知恩舍名堂室記〉,《浮査集》卷3 記.

謹庵 곽종석郭鍾錫(1846-1919)은 경상도 고성 학동(경남 고성군 하일면 학림리 학동)의 최태순崔泰淳(1835-1910)이 임연재臨淵齋를 짓자, 〈임연재기〉를 지어 주었다. 《시경》의 '깊은 못에 임하듯이'(如臨深淵)라는 구절이 근謹에 대해 말한 것임을 근거로, 거실의 이름을 근암謹庵으로 하는 것이 좋겠다고 했다.[95] 최태순의 다른 호는 매사梅史이며, 본관은 전주이다. 1670년경 최형태崔亨泰가 입향조이며, 최형태는 임진왜란 의병장 최균崔均의 고손이다.

옛사람은 거주 공간이나 연식의 곳에 당호를 일일이 명명했으나, 그것을 반드시 호로 사용하지는 않았다.

淵泉 거주 공간의 당호가 곧 호이지는 않았다는 사실을 홍석주洪奭周(1774-1842)의 〈임한정후기臨漢亭後記〉에서 살필 수 있다.[96] 홍석주의 본관은 풍산, 초명은 호기鎬基, 자는 성백成伯, 호는 연천淵泉, 시호는 문간文簡이다. 1795년(정조 19) 식년문과式年文科에 갑과 3위(탐화랑探花郎)로 급제했다. 1836년(헌종 2) 남응중南膺中 모반 사건에 연루되어 삭직되었다가 1839년 복직하여 영중추부사에 이르렀다. 그의 5대조 홍중기洪重箕(1650-1706)는 쌍포雙浦(잠실에서 갈라진 한강이 다시 만나는 곳) 서쪽(두모포豆毛浦 일대)에 임한정을 짓고, 스승 송시열의 편액을 걸었다. 홍석주의 아우 홍현주洪顯周(1793-1865)가 '5대조 회계공'이라 지칭한 것으로 보아 지명을 호로 사용한 듯하다. 홍중기의 아들 홍석보洪錫輔(1672-1729)는 스무 살 때 꿈에 재상에서 물러나, "봄 강물은 곱고도 깨끗하여, 봄 물결은 울지 않고 담담한데, 한강 나루의 무한한 달빛 아래, 돌아가는 배가 밝은 밝은 허공으로 거슬러 오르네"(春水娟娟淨, 春波澹不鳴. 漢津無限月, 歸棹泝空明)라는 시를 지었는데, 1720년에 현재의 강남구 청담동에 있던 능허정凌虛亭에 올라 압구정 동쪽에서 꿈속의 곳을 발견하고 그곳을 사서 숙몽정夙夢亭을 짓기 시작했다. 홍석보는 숙몽을 호로 사용하지 않고, 수은睡隱이라 자호했다. 1749년 홍석보의 아들 홍상한洪象漢(1701-1769)이 숙몽정을 완공하고 장인 어

95 郭鍾錫, 〈臨淵齋記〉, 《俛宇集》 卷137 記.

96 洪奭周, 〈臨漢亭後記〉, 《淵泉集》 卷19 記; 이종묵, 《글로 세상을 호령하다》, 김영사, 2010, pp. 105-111; 안대회·박진욱·김세호, 〈18세기 한강의 누정(樓亭) 조사 연구 우안대회; 엄경수(嚴慶遂)의 연강정사기(沿江亭榭記)를 중심으로〉, 《한국전통조경학회지Journal of the Korean Institute of Traditional Landscape Architecture》 35(3), 한국전통조경학회, 2017. 9, pp. 82-83.

유봉魚有鳳(1672-1744)의 기문을 받았다. 그런데 이때 임한정이 허물어지자 홍상한은 숙몽정 동쪽에 다시 고심정古心亭을 지었다.[97] 고심은 주희朱熹(주자) 〈무이도가武夷櫂歌〉 제5곡의 '배따라기 소리 속에 만고의 마음'(欸乃聲中萬古心)에서 따왔다. 홍상한은 고심이란 호를 사용하지는 않았다. 문집은 시호를 따서 《정혜공유고靖惠公遺稿》라 했다. 마침내 홍중기의 5세손 홍석주는 관직에서 물러난 1836년 이후 쌍포 서쪽 임한정에서 수백 보 떨어진 곳에 새로운 임한정을 지었다. 그리고 남쪽에 두 개의 정자를 지으면서 숙몽정의 뜻을 이어 하나는 구몽정鷗夢亭, 하나는 읍몽정挹夢亭이라 했다. 북쪽 서재를 연경재研經齋라 하고, 연경재 위 책 다락을 부앙루俯仰樓라 했다. 부앙이란 주희의 〈장남헌과 함께 성남이십영을 받들다(奉同張南軒城南二十詠)〉 가운데 〈산재山齋〉 시의 "누 머리에 서적을 보관하고 누 아래 방에서 글을 읽나니, 그리워라 천 년 고인의 마음이여, 천지를 부앙하기에는 서너 기둥 집이면 족하도다"(藏書樓上頭. 讀書樓下屋. 懷哉千載心, 俯仰數椽足)에서 뜻을 취한 것이다.[98] 홍석주는 임한정이나 부앙루 등의 이름은 자호로 사용하지 않았다.[99] 연경재란 재호를 호로 사용했고, 지명에서 유래하는 연천淵泉이란 호를 많이 활용했다. 문집 이름은 《연천집》이다. 연천이란 호는 지명 이외에 《중용장구》 31장의 "보박溥博(두루하고 넓음)하고 연천淵泉(고요하고 깊고 근본이 있음)하여 때로 나온다"(溥博淵泉, 而時出之)라고 한 말과 관련이 있다. 《중용》에 천하의 지극한 성인만이 뛰어나게 총명하고 지혜로워 천하에 군림할 수가 있다고 하여, "한없이 넓고 크며 깊고 고요한 그 덕성이 때에 맞게 밖으로 드러나는데, 한없이 넓고 큰 그 덕성은 하늘과 같고 한없이 깊고 고요한 그 덕성은 심연과 같다"(溥博淵泉而時出之, 溥博如天, 淵泉如淵)라고 했다. 이를 두고 주희는 《집주》에서, "보박은 두루 퍼져 넓음이요, 연천은 고요하고 깊고 근본이 있는 것이다. 출出은 발현함이니, 다섯 가지 덕이 안에 충적되어 때로 밖에 발현

---

97 숙사 정내교鄭來僑의 기문을 걸었으며, 앞쪽에 세 칸의 서재를 지어 망기재忘機齋라 하고 안중관安重觀의 기문을 받아 걸었다.

98 홍석주는 이 시의 제목을 〈서루書樓〉라고 잘못 적었다.

99 홍석주는 연경재研經齋와 부앙루俯仰樓를 비롯하여 지숙료止宿寮, 영귀당詠歸堂, 해은실偕隱室, 이안와易安窩, 의침실欹枕室, 신석사晨夕舍, 허좌헌許坐軒, 연빙루淵氷樓, 영범루影帆樓, 징벽헌澄碧軒, 함영루涵影樓, 관란실觀瀾室, 쌍류각雙流閣, 벽시문碧柴門, 문진봉問津篷(혹은 양월방漾月舫) 등 17곳에 각기 이름을 부여했다.

됨을 말씀한 것이다"라고 했다.

我笑 생전에 만든 무덤인 수장壽藏의 곁에 작은 집을 짓고 당호를 붙인 예도 있다. 흥선대원군 이하응李昰應(1820-1898)의 자는 시백時伯, 호는 석파石坡이다. 서울 공덕리에 수장을 두고 곁에 아소당我笑堂을 지었는데, 아소는《논어》의 "즐거운 뒤에 웃는다"(樂然後笑)에서 따온 것이다.[100]《논어》〈헌문〉에 다음 구절이 있다.

> 공자가 공명가公明賈에게 공숙문자公叔文子에 대해서 물으니, 공명가가 대답하기를, "그분은 때가 된 연후에야 말하므로 사람들이 그의 말하는 것을 싫어하지 않으며, 즐거운 연후에야 웃으므로 사람들이 그의 웃는 것을 싫어하지 않으며, 의義인 연후에야 취하므로 사람들이 그의 취함을 싫어하지 않습니다" 했다. 공자는 "그럴까? 어찌 그러하리요?" 했다.

苟安 구한말의 지사 황현黃玹(1855-1910)의 본관은 장수長水, 자는雲卿이며, 호는 매천梅泉이다. 전라도 광양光陽(전라남도 광양군 봉강면 석사리 서석촌西石村)에서 출생했다. 1886년(고종 23) 12월 구례求禮 백운산白雲山 아래 만수동萬壽洞으로 이사했다. 1888년(고종 25) 생원 회시에 장원을 하여, 생원시에 1등 2위(2/214)로 합격했다. 1894년 갑오경장 이전까지 구례 만수동의 구안실苟安室과 구례 월곡리月谷里의 대월헌待月軒에서 지냈다. 1890년 지은 구안실의 구안이란 그럭저럭 지낸다는 뜻이다. 도잠陶潛(도연명)이 〈귀거래혜사歸去來兮辭〉에서 "남쪽 창에 기대어 오만한 마음 부치니, 무릎 놀릴 만한 작은 집도 편안함을 알겠네"(倚南窓以寄傲, 審容膝之易安)라고 한 말에 근거한다. 황현은 시를 지어 "옹산은 실패하여 전토 두 이랑뿐이지만, 기우는 오활하여 너른 집 천 칸을 생각하네"(甕算蹉跎田二頃, 杞憂迂闊厦千間)라고 했다.[101] 원나라 위거안韋居安의《매간시화梅磵詩話》에 따르면 동파시東坡詩 주석에 옹산의 고사가 있다. 어느 가난한 선비가 항아리를 지켜면서 만일 부귀를 얻는다면 약간의 돈만으로도 전택을 경영하고 기녀를 데리고 크나큰 수레까지 비치할 수 있을 것이라고 생각하면서

---

100 李裕元,〈我笑堂銘〉,《嘉梧藁略》冊10.
101 黃玹,〈苟安室始成〉2수,《梅泉集》卷1 詩 庚寅稿.

일어나 춤을 추다가 항아리를 밟아 깨 버리고 말았다고 한다. 망상을 가리켜 옹산이라고 한다. 기우杞憂는 기杞나라 사람의 불필요한 걱정을 말한다. 또 두보杜甫의 〈모옥위추풍소파가茅屋爲秋風所破歌〉에 "어떻게 하면 천만 칸의 너른 집을 얻어, 천하의 한빈한 선비를 다 가려 주어 모두 기쁘게 하고, 비바람에도 끄떡없이 산처럼 안온하게 할 것인가? 아 언제나 눈앞에 우뚝 이런 집을 보게 되랴? 내 집이야 부서져 내 얼어 죽어도 만족하리라"(安得廣厦千萬間, 大庇天下寒士俱歡顔, 風雨不動安如山? 嗚呼何時眼前突兀見此屋? 吾廬獨破受凍死亦足)라고 했다. 황현이 너른 집을 생각한다고 한 것은 불가능한 줄 알면서도 세상을 구원하려는 생각을 한다는 뜻이다. 대과에 낙방하고 구례로 돌아가면서 이건창李建昌(1852-1898)에게 구안실의 기記를 청했다.[102] 이건창은 〈구안실기〉에서 황현이 그럭저럭 지내길 바라지 않는다고 했으며, 그의 은거는 조정 재상들에게 책임이 있다고 했다. 황현은 동학농민운동, 갑오경장, 청일전쟁이 일어나자 《매천야록梅泉野錄》·《오하기문梧下記聞》을 저술했다. 1908년(순종 2) 구례에 호양학교壺陽學校를 세웠으나 일제에 의해 폐교되었다. 방광放光 초등학교가 그 후신이라고 한다. 1910년 8월 국치 후 다량의 아편을 먹어 자결했다. 《매천집》이 있다. 현재 전라남도 구례군 광의면 수월리 월곡마을에 매천사가 있다.

한편, 공적 공간에 명칭을 붙였을 경우, 혹은 재실이나 당헌에 조상 숭모의 이름을 지었을 경우, 그 명칭이나 이름을 호로는 잘 사용하지 않았다. 곽종석(1846-1919)이 지은 〈고산재기鼓山齋記〉·〈이산재기伊山齋記〉·〈주일재主一齋〉의 고산재·이산재·주일재가 그 예들이다.[103]

望雲 망운望雲은 자식이 타향에서 어버이를 그리워하는 말이다. 《구당서》 〈적인걸열전〉에 의하면, 당나라 적인걸狄仁傑은 시호가 적양공狄梁公인데, 그가 병주幷州 법조참군法曹參軍으로 있을 때 태항산太行山에 올라가 하양河陽을 바라보다가 구름이 날아가는 것을 보고 "우리 어버이가 저 밑에 계신다"라 하며 슬퍼했다고 한다. 옛사람 가운데 이 말을 당호로 사용한 이가 있다. 한강寒岡 정구

102 李建昌, 〈苟安室記〉, 《明美堂集》 卷11 記; 심경호, 〈황현의 교유 관계—특히 강화학파와의 교유를 중심으로〉, 《애산학보》 46, 애산학회, 2019, pp. 47-106.

103 郭鍾錫, 〈敲山齋記〉·〈伊山齋記〉·〈主一齋已〉, 《俛宇先生文集》 卷37 記.

鄭逑(1543-1620)는 서재 동쪽 선영先塋이 바라보이는 곳에 암자를 짓고 이름을 망운이라 했다.[104] 망운은 개인의 호가 아니다.

노론 낙론落論의 학자 임헌회任憲晦(1811-1876)의 본관은 풍천豐川(지금 황해도 송화), 초명은 헌구憲龜, 자는 명로明老, 호는 고산鼓山·전재全齋·희양希陽, 시호는 문경文敬이다. 1868년(고종 5) 부모의 묘소를 공주公州 명가동鳴珂洞(명강동明剛洞) 동고산動鼓山으로 이장하고 고산노부鼓山老夫라고 자호했다. 줄여서 고산이라 했다. 6년 뒤 금지金池 노장리蘆長里로 이사한 이후 거처를 망운루望雲樓라 했다. 적인걸의 고사에서 망운이란 이름을 가져오되, 역시 거처를 망운이라 했던 스승 홍직필洪直弼에 대한 존경심, 한양 궁궐에 대한 충군의 뜻을 가탁한 것이다.[105] 이 당호는 호로 사용하지 않았다.

각 가문의 영모재永慕齋는 조상 숭모의 뜻을 둔 재실의 이름으로 영모란 유모孺慕의 뜻이다. 순임금이 50세가 되도록 어린아이가 부모를 생각하듯 부모를 생각했다는 고사에서 나온 말이다. 영조도 1757년(영조 33) 대왕대비 김씨(숙종의 계비 인원왕후)가 승하하자 그 거처하던 당을 영모당이라 이름했다. 단, 효심을 잊지 않기 위해 스스로의 호를 아예 영모당이라 한 예가 있다. 조선 전기의 김질金質(1496-1555), 기묘당인己卯黨人인 안당安瑭(1461-1521), 조선 중기의 정구鄭構(1522-?), 조선 후기의 이윤현李胤玄(1670-1694), 이원미李元美(1690-1765), 정사현鄭師玄(1699-1756) 등이 그러했다. 유조인柳祖訒(1522-1599), 최안崔安(1545-1615), 이원준李元俊(1572-1661), 허윤한許允翰(1599-1666), 임한일任漢一(1635-1711) 등은 호를 모암慕菴이라 했다.

慕菴 오명항吳命恒(1673-1728)은 호를 모암慕菴·영모당永慕堂이라 했던 대표

104 鄭逑,《寒岡集》寒岡年譜 卷2〈皇明朝鮮國故嘉善大夫司憲府大司憲兼世子輔養官贈資憲大夫吏曹判書兼知義禁府事寒岡鄭先生行狀〉(張顯光); 張顯光,〈皇明朝鮮國故嘉善大夫司憲府大司憲兼世子輔養官贈資憲大夫吏曹判書兼知義禁府事寒岡鄭先生行狀〉,《旅軒先生文集》卷13 行狀.

105 任憲晦,〈望雲樓自記〉(甲戌),《鼓山集》續集 卷1上 記. "憲晦先考妣衣履之藏, 在公州鳴珂洞之動鼓山. 山下有屋, 朝夕瞻依. 才六年, 爲事勢所驅, 移居金池之蘆長里, 則畢命松楸之計已矣. 其名所居屋曰望雲, 盖取狄梁之語也. 不寧惟是. 昔吾先師梅山先生, 亦有望雲之扁. 今對此, 能無羹墻江漢之思乎? 且京師在屋之直北二百六十里, 吉月令辰, 於此而北望宸極於雲天縹緲之間, 以慶祝吾君上, 忠愛之心, 又不油然而生乎? 又或望一縷紅雲靉靆乎箕尾之野, 指點帝鄉, 有感古傷今, 悵然而悲, 慨然而歎者矣. 於是乎合而名之曰望雲樓, 是不亦取名廉而責實大者乎! 遂書之, 以爲自記."

적 인물이다. 본관은 해주, 자는 사상士常. 오윤겸吳允謙의 현손, 오수량吳遂良의 아들이다. 1705년(숙종 31) 식년문과에 을과로 급제했다. 1728년 이인좌李麟左 난 때 병조판서로서 사도도순무사를 겸해 분무공신 일등이 되고 해은부원군에 봉해졌다. 우의정에 이르렀다. 시호는 충효忠孝이다.[106]

忍 조광조의 문인 홍섬洪暹(1504-1585)의 본관은 남양南陽, 자는 퇴지退之, 호는 인재忍齋·눌암訥菴이다. 1528년(중종 28) 생원시에 합격, 1531년 식년문과에 병과로 급제했다. 선조 즉위 후 우의정에 올라 남곤의 죄상을 탄핵하다가 파직되었다. 1571년(선조 4) 좌의정에서 영의정에 올라 세 번 중임했다. 죽은 후 남양南陽(경기도 화성시 남양읍) 청명산淸明山 선산에 묻혔다. 시호 경헌景憲이다. 《인재집》을 남겼다. 생일날 자제들이 사죽絲竹(거문고와 피리 등의 악기)으로 즐겁게 해드리려고 하자 말리면서, 어버이가 이미 돌아가셨거늘 어찌 차마 이 음악을 듣겠느냐 하면서 눈물을 흘렸다고 한다.[107] 호의 인재는 차마 음악을 들을 수 없다는 뜻인 듯하다.

당호 가운데 효성의 뜻을 담은 어휘를 개인 호로 사용하는 예도 있고, 그렇지 않은 예도 있다. 자자손손 효성을 다할 것을 강조하는 뜻을 담은 경우에는 특히 개인의 호로 사용하지 않았다. 애일당愛日堂이라는 당호는 효자의 '희구지정喜懼之情'(부모의 연세가 높으신 것을 염려하는 마음)을 담은 말인데, 개인의 호로 사용하지는 않았다. '애일'은 부모 효도를 위한 날(日)이 부족하다는 뜻이다.

愛日堂 이현보李賢輔(1467-1555)는 경상도 예안현 분천리汾川里(부내)에서 태어나 분강汾江(분천) 농암聾巖에 애일당을 지었다. 본관은 영천, 자는 여경餘慶·비중棐仲, 호는 농암聾巖·소주도병燒酒陶甁·설빈옹雪鬢翁, 시호는 효절孝節이다. 1495년(연산군 원년) 증광 사마시의 생원시에 합격하고 1498년 식년문과에 급제했다. 1507년(중종 2) 사헌부 지평으로 있을 때 강직했으므로 사람들이 소주두루미[燒酒陶甁]라고 불렀다.[108] 1508년 가을, 외직을 구해 영천으로 부임하

---

106 趙顯命, 〈海恩府院君行狀〉, 《歸鹿集》 卷17 行狀.

107 金貴榮, 〈大匡輔國崇祿大夫議政府領議政兼領經筵春秋館事弘文館大提學藝文館大提學世子貳師江寧君洪公暹神道碑銘〉, 《東園先生文集》 卷2 墓碣文; 洪暹, 《忍齋先生文集》 卷4 附錄 〈行狀〉(忠勤貞亮效節協策扈聖功臣輔國崇祿大夫延陵府院君李好閔撰).

108 李賢輔, 《聾巖先生文集》 卷4 附錄 〈行狀〉(李滉). 예안 분천에 거주하는 영천 이씨는 고려

고 1512년 농암 위에 애일당을 지었다.[109] 설빈옹의 호는 〈어부가〉에 사용했다. 육유陸游의 〈오똑하게 앉았노라니 지난날 유람했던 산수가 아주 생각나기에 장난삼아 짓는다兀坐頗念游歷山水戱作〉 시에 "예전엔 멀리 놀며 귀밑 희어짐을 탄식했더니, 요즘은 병이 많기 때문에 금단(단약)을 배우노라"(昔歎遠遊生雪鬢, 近緣多病學金丹)라고 했는데, 이현보는 〈어부가〉에서 "설빈어옹雪鬢漁翁이 주포간住浦間 자언거수自言居水이 승거산勝居山이라 ᄒᆞ놋다"라고 했다.[110] "구레나룻이 흰 눈같이 하얀 늙은 어부가 갯포에 살면서 스스로 말하길 물가에 거처하는 것이 산에 거처하는 것보다 낫다고 하는도다"라는 뜻이다.

누정도 일족의 공동 소유로 의식되는 경우에는 그 누호를 개인 호로 사용하지 않았다.

道川亭 조선 말의 심학환沈鶴煥(1878-1945)은 경상도 강양군江陽郡(합천) 아산鵝山 북쪽 도천道川에 조상의 뜻을 기려 정자를 짓고 도천정道川亭이라 했다. 곽종석郭鍾錫이 〈도천정기〉를 지어 주었다.[111] 도천정은 가문 전체가 추숭의 뜻을 붙인 정자였다. 심학환의 본관은 청송靑松, 자는 응장應章, 호는 초산蕉山이며, 합천陜川 대양大陽에 거주했다.

학동을 모아 가르치는 숙塾의 호도 개인 호로 삼지 않았다.

麗澤堂 고종 때 이건창李建昌은 박경모朴景模의 숙사에 〈이택당기麗澤堂記〉를 지어 주었는데,[112] 이택은 나란히 붙은 두 못이 서로 도움을 주듯이 두 사람이 서로 절차탁마에 도움을 주는 일을 말한다. 《주역》 〈태괘兌卦 대상전〉에 "이택麗澤이 태兌이니, 군자는 그것을 본받아 붕우와 더불어 강습한다"(麗澤, 兌, 君子以朋友講習)라고 했다. 곽종석도 사동沙洞 도장산道章山 아래 선산 김씨와 밀양 변씨의 자제들이 공부하는 숙사에 〈도장재기〉를 지어 주었다.[113] 도장은 개인의 호가 아니다. 《중용中庸》의 "군자의 도는 은은하되 날로 드러난다"(君子之道, 闇然

말 낙은洛隱 이헌李軒을 입향조로 한다.

109 李賢輔, 〈聾巖愛日堂〉, 《聾巖集》 卷1 詩.

110 李賢輔, 〈漁父短歌五章〉, 《聾巖先生文集》 雜著 卷3 歌詞. "雪鬢翁聾巖主人, 書于汾江漁艇之舷."

111 郭鍾錫, 〈道川亭記〉, 《俛宇集》 卷137 記.

112 李建昌, 〈麗澤堂記〉, 《明美堂集》 卷10; 《麗韓十家文鈔》 卷10.

113 郭鍾錫, 〈道章齋記〉, 《俛宇集》 卷137 記.

而日章)에서 뜻을 취해, 자제들에게 도가 나날이 드러나도록 힘쓰라고 권면한 것이다. 도장의 장章은 실은 '창彰'이다.

헌호 가운데 도학의 용어를 사용한 것은 사람의 호로 사용하기에 부적합한 예가 많다. 곽종석이 지은 〈지정실기知定室記〉·〈이정재기理正齋記〉·〈소심재기小心齋記〉의 지정실·이정재·소심재가 모두 그런 예들이다.[114] 〈이정재기〉의 이정은 본래 지명이지만 그 뜻이 도학의 개념과 통하므로 개인의 호로 전용하기 어려웠을 것이다. 또 선인의 호를 이용하면서 자신의 지향을 표현한 당호나 헌호는 개인 호로 쓰지 않았다. 곽종석이 지은 〈귀로재기歸魯齋記〉의 귀로재가 그 예다.[115] 한편, 속뜻이 깊어도 어휘의 표면적인 뜻이 화려하면 호로 잘 쓰지 않았다. 곽종석이 지은 〈낭간재기琅玕齋記〉에 나오는 강보姜溥의 낭간재가 그 예이다.[116]

止止 이규보李奎報는 1127년(정묘) 3월 3일, 마흔의 나이에도 변변한 벼슬이 없는 처지를 돌아보면서 서재를 지지헌止止軒이라 하고는 한나라 양웅揚雄의 《태현경太玄經》을 인용해 〈지지헌기〉를 지었다. 《태현경》은 《주역》의 2진법·상하 2괘와 달리 3진법·상중하 3괘를 사용하는 특이한 점서이다. 한국에서 이 점서로 점을 친 기록은 이규보의 이 글이 유일하다. 지지헌은 당호이되, 호로 사용하지는 않은 듯하다.

> 벌레와 짐승이 숲 못 굴 구멍에 있는 것과 사람이 성시에 있는 것은 각각 그 그침이 정상적인 것이다. 가령 사람이 큼직하게 숲과 못에 엎드리거나 쭈그리고 굴 구멍으로 들어간다면, 그것은 호랑이 사슴 교룡이 성시에 들어간 것과 마찬가지여서, 독한 벌레와 사나운 짐승이 반드시 재앙으로 여기고 떼를 지어 해칠 것이다. 사람으로서 사람을 피해 벌레와 짐승의 해를 당하는 것을 나는 참지 못한다. 또 사람이 사람을 꺼리어 해하기를 꾀하는 것은, 성시가 좁아서 같이 처하기에 인색해서가 아니라, 한갓 그 구하는 것을 다투고 그 이로운 것을 다투기 때문이다. 참으로 사람과 더불어 경쟁하지 아니하며 비록 대낮에 내 집을 도둑질하는 자가 있더라도 피하고 보지 않으면 사람이 성시에

---

114 郭鍾錫, 〈知定室記〉·〈理正齋記〉·〈小心齋記〉, 《俛宇集》 卷137 記.
115 郭鍾錫, 〈歸魯齋記〉, 《俛宇集》 卷137 記.
116 郭鍾錫, 〈琅玕齋記〉, 《俛宇集》 卷137 記.

있는 것이 또한 호랑이 사슴 교룡이 숲 못 굴 구멍에 있는 것과 같다. 어찌 해할 자가 있겠는가?[117]

河上 명필인 이광사李匡師가 당나라 왕창령王昌齡의 〈하상가河上歌〉를 초서로 쓰자, 신대우申大羽는 그것을 서실에 두고 그 상인방에 '하상재'라는 편액을 걸었다.[118] 왕창령은 〈하상가〉에서, "물가의 노인 나뭇등걸에 앉아, 단약 만드느라 청련화만 사용하네. 인생 팔십이 사십과 같으니, 푸른 바다가 나의 집이라 말하네"(河上老人坐古槎, 合丹只用青蓮花. 人生八十如四十, 口道滄溟是我家)라고, 선계 동경의 뜻을 담았다. 이광사가 초서로 이 시를 쓴 것이나 신대우가 헌호로 사용한 것도 모두 현실 초극의 뜻을 드러낸다. 신대우의 본관은 평산, 자는 의보儀父이며, 호는 완구宛丘가 잘 알려져 있고, 문집 서명도 《완구유집》이다.

옛 사람의 헌호 가운데는 다른 사람의 헌호로 혼동되는 예가 있다.

梅竹軒 안평대군 이용李瑢(1418-1453)의 호는 비해당匪懈堂·낭간거사琅玕居士·매죽헌梅竹軒·천석주인泉石主人이다. 비해당이라는 당호는 24세 되던 1442년(세종 24) 부왕으로부터 하사받은 것이다. 낭간거사는 역시 세종으로부터 해남 산출의 보옥을 하사받고 그 낭간이란 물명을 스스로의 호로 삼은 것이다. 거사는 정치의 장을 떠난 일민逸民이란 뜻을 내포한다. 안평대군은 1444년 12월에 〈응골방서鷹鶻方序〉를 지으면서 '비해당 매죽헌'이라고 헌호를 밝혔다. 이 매죽헌은 《몽유도원도시화권夢遊桃源圖詩畫卷》이나 《비해당사십팔영시권匪懈堂四十八詠詩卷》에서 조사朝士들이 안평대군을 지칭할 때 '고헌'이라 일컫는 근거가 되었다. 성삼문成三問은 안평대군을 위해 〈매죽헌부梅竹軒賦〉를 지어 안평대군이 청백함을 지키기를 기원했다. 그래서 "세상에 향기로운 군자가 없음이여, 둘이 여느 초목과 다름을 뉘 알랴? 그대는 못 보았나, 고헌 밖 많은 화훼들이 안색 잃음을?"(世無馨香之君子兮, 孰知二物異乎尋常之草木? 君見不高軒之外千花萬卉無顏色?)이라고 했다. 〈매죽헌부〉는 '고헌高軒'을 칭송했는데, 고헌은 고명한 분의 누헌이란 뜻이니, 자신의 누헌을 고헌이라고 부를 수는 없다. 하지만 후손이 박팽년의

117 李奎報, 〈止止軒記〉, 《東國李相國全集》 卷23 記; 盧思愼·徐居正 等 《東文選》 卷66 記 수록.
118 李裕元, 〈河上齋〉, 《林下筆記》 卷30 春明逸史.

문집을 간행하면서, 성삼문의 〈매죽헌부〉를 박팽년이 자신의 누헌에 대해 쓴 부 작품으로 오인하여, 박팽년의 헌호를 매죽헌이라고 불렀다.[119]

雙明齋 고려 무신집권기의 문인 이인로李仁老(1152-1220)는 호가 쌍명재雙明齋라 알려져 있으나, 이는 잘못이다. 본관은 인주仁州, 초명은 득옥得玉, 자는 미수眉叟로, 부모를 여의고 화엄승통 요일寥一 밑에서 자랐다. 1170년(의종 24) 정중부鄭仲夫(1106-1179)의 난을 피해 승려가 되었다가 환속해서 1180년(명종 10) 문과 급제한 뒤 14년간 사국과 한림원에 출입했다.《파한집》이 전한다. 그가 남긴 〈쌍명재기〉를 보면, 태위 창원공昌原公 왕지王祉(1197-1262)가 개경 숭문관崇文館 남쪽 산에 집을 짓고 북송 사마광司馬光의 진솔회眞率會처럼 '나이가 많고 덕망이 높은 여덟 벼슬아치'와 함께 소일하며 수작한 시문을 모아《쌍명재집雙明齋集》을 엮었다. 왕지는 이 기로회耆老會를 가진 뒤 화공을 시켜 〈해동기로도海東耆老圖〉를 그리게 했다. 그 모임의 누군가가, 왕지의 눈동자가 밝아 "구름 안개가 걷힌 너머 산을 손바닥에 있듯이 감상하는" 사실을 경하하여 '쌍명'이란 당호를 지어 주었다. 이인로는 왕지가 공적도 쌓고 자연도 즐겨 '둘을 차지한 것'을 찬미했다.

(5) 군호君號

조선 시대에는 종실宗室, 외척外戚, 공신功臣에게 군호를 주었다. 초기에는 고려의 제도를 답습하여 종친·외척·근친·공신을 우대하여 그들에게 공公·후侯·백伯의 작호爵號를 주었다. 1401년(태종 원년) 작호를 폐지하고, 종친의 공公을 부원대군府院大君으로, 후와 백 등의 공신들을 부원군府院君과 군君 등으로 개봉改封했다. 1417년에는 왕비의 부친 및 공신들에게만 봉군封君하기로 규정했다. 이 사실은《경국대전經國大典》에 법제화되었다.[120]

---

119 朴崇古 編,《六先生遺稿》, 成謹甫先生集 第1卷 賦; 심경호, 안평,《알마》, 2018.《육선생유고》는 박팽년의 7대손인 박숭고朴崇古가 편집하고 당시 충청도 관찰사 이경억李慶億이 간행한 3권 3책의 목판본으로, 사육신의 시문을 합편해 놓은 책이다. 1999년 민족문화추진회에서 국역본이 나왔다.

120 《經國大典》吏典·京官職; 지두환, 〈조선초기 종친봉작법의 변천〉,《한국사상과 문화》4, 한

《경국대전》에 따르면 적출嫡出의 왕자는 대군大君으로, 품계가 없다. 서출의 왕자는 군君이며, 품계가 없다. 왕세자의 적출은 정2품 군, 왕세자의 서출은 종2품 군이다. 종친 1품과 종친 2품은 군이다. 왕비의 부친은 정1품 부원군府院君, 친공신親功臣도 정1품 부원군府院君. 적출 왕자 부인은 정1품 부부인府夫人, 서출 왕자부인은 정·종1품 군부인郡夫人이다. 왕세자 적출 군의 배우자는 정2품 현부인縣夫人, 왕세자 서출 군의 배우자는 종2품 현부인縣夫人이다. 종친 1품 군의 배우자는 종1품 군부인郡夫人, 종친 2품 군의 배우자는 정·종2품 현부인縣夫人이다. 왕비 부친인 부원군의 배우자는 정1품 부부인府夫人이다. 세종 이후 대군·군·부원군·군부인·현부인·부부인 등은 지명을 호로 지녔다. 이를테면 세종의 차남 이유李瑈(훗날의 세조)는 1428년에 진평대군晉平大君으로 봉해졌다가 1432년 함평대군咸平大君, 그 해 7월에 진양대군晉陽大君, 1445년에 수양대군首陽大君으로 개봉되었는데, 진평·함평·진양·수양은 모두 지명이다.[121]

임금의 적녀嫡女에게는 공주公主의 직첩, 임금의 서녀에게는 옹주翁主의 직첩을 주었다. 왕세자의 정실에서 태어난 딸은 정2품 군주郡主, 왕세자의 서녀는 정3품 현주縣主의 직첩을 주었다. 세종 때에는 군주와 현주를 구분하지 않았으나 《경국대전》에서는 그들을 구분했다. 공주, 옹주, 군주, 현주에게도 작호가 있는데, 지명이 아니라 유가적 이상의 덕목을 부여했다.

(6) 묘호廟號, 존호尊號, 시호諡號

천자나 왕은 서거 후 태묘나 종묘에 배향될 때 묘호廟號를 지녔다. 당나라 유지기劉知幾는 《사통史通》〈내편內篇 칭위稱謂〉에서, 천자가 생전에 공이 있으면 조祖, 덕이 있으면 종宗을 붙였다고 하여, 조종祖宗의 법을 언급했다. 군주들은 무덤의 이름인 능호陵號를 지녔고, 시호諡號를 지녔으며, 후대 왕들이 추존하는 존호尊號도 지녔다. 《예기》〈표기表記〉에 공자의 말로, "선왕은 시호로써 이름을

국사상문화학회, 1999, pp. 151-174; 강제훈, 〈조선초기 종친직제의 정비와 운영〉, 《한국사연구》 151, 한국사연구회, 2010, pp. 63-101.

121 심경호, 《안평》, 알마, 2018, pp. 62-64.

높이되, 한 가지 선행을 절취해서 지으니, 이름이 행실보다 지나친 것을 부끄러워하는 것이다"(先王諡以尊名, 節以壹惠, 恥名之浮於行也)라고 했다. 《사기史記》〈시법해諡法解〉에서는, "주공周公 단旦과 태공太公 망望이 사왕嗣王 발發(무왕武王)의 왕업을 열어 목야牧野에서 공을 세웠기에, 임종하여 장사 지낸 후 시법을 제정하여 마침내 시법을 펼쳤다. 시諡는 행한 자취고, 호號는 공의 표시이며, 거복車服은 지위를 드러낸다"라고 했다. 또, "큰 행적을 남기면 큰 이름을 받고 작은 행적을 남기면 작은 이름을 받는다. 행동은 자기에게서 나오지만 명성은 남에게서 생긴다"라고 덧붙였다.

1796년(정조 20) 정조는 역대 제왕들의 성휘姓諱·시호·묘호·존호·능호·연호를 각각 한 편씩 엮어《역대행표歷代行表》6권을 편찬했다.[122] 사본《역대행표》에 대해 정조는 다음 서문을 작성했다.

> 호號는 행적의 표상이다. 시호·묘호·존호·능호·연호라는 것들은 고대의 제도가 아니다. 복희·신농·요·순 시대에 어찌 호라는 것이 있었겠는가? 시호는 은나라 성탕成湯에서 비롯되었고 묘호는 은나라 무정武丁에서 비롯되었으며 존호는 당나라 중종中宗에서 비롯되었고 연호는 한나라 무제武帝에서 비롯되었는데, 후세 임금들이 따라 쓰게 되었다. 그러나 왕위를 찬탈한 무리들과 변방의 흉포하고 오만한 우두머리들까지 모두 모방해 써서 고금에 호가 같은 이들이 수없이 많다. 그래서 역대 황제 중에서 영락永樂과 천순天順 같은 경우도 이전에 왕위 찬탈자의 연호와 부합한다는 것을 알지 못했다. 그러한즉, 재상은 반드시 독서인을 임용해야 한다는 말[송나라 태조가 두의竇儀로부터 건덕의 연호에 대한 고사를 듣고 한 말]이 옳은 말이 아니겠는가? 이것이《역대행표》를 짓게 된 이유이다. 앞머리에 제왕의 성과 휘諱를 실어 후세의 참고가 되게 했다. 나는 육지陸贄(754-805)가 존호를 논한 글(〈重論尊號狀〉)에서 "임금의 경중輕重은 명칭에 있는 것이 아닙니다. 사람이 겸손함을 좋아하면 하늘도 그를 돕고 따르게 됩니다"라고 한 말을 좋아한다. 그래서 이 말을 편말에 특별히 써서 천고의 뚜렷한 경계로 삼는다.[123]

122 이 책은 전하지 않는다. 하지만 성해응成海應의《연경재전집研經齋全集》외집外集에《군서표기羣書標記》의《역대행표歷代行表》서문, 6권 책 중《역대제왕성휘고歷代帝王姓諱考》·《역대제왕존호고歷代帝王尊號考》·《역대제왕년호고歷代帝王年號考》3권이 들어 있다.

통일 이전 삼국에서 고구려 태조왕과 신라 태종 무열왕은 묘호가 있었다. 그런데 고구려의 경우를 보면, 묘호와 능호를 구분하지 않은 듯하다. 고구려 28왕을 보면 민중왕(4대), 모본왕(5대), 고국천왕(9대), 산상왕(10대), 동천왕(11대), 중천왕(12대), 서천왕(13대), 봉상왕(14대), 미천왕(15대), 고국원왕(16대), 소수림왕(17대), 고국양왕(18대) 등 12명의 왕이 능의 위치를 호로 삼았다.

또한 삼국시대의 왕에게는 시호가 있었다. 고구려의 1대는 동명성왕東明聖王, 2대는 유리명왕瑠璃明王, 3대는 대무신왕大武神王이다. 장수왕이 죽자 북위의 효문제가 강康이란 시호를 보내왔다. 6대 태조왕과 7대 차대왕, 8대 신대왕의 명칭에도 시호가 들어 있다. 19대 광개토왕이나 20대 장수왕의 명칭에는 왕의 치적이나 수명을 직서한 시호가 들어 있다. 국강상광개토경평안호태왕國岡上廣開土境平安好太王이란 시호(묘호)에서 '국강상'은 장지, '광개토경'은 땅을 넓혔다는 뜻, '평안'은 태평성세였다는 뜻, '호태왕'은 왕의 미칭이다. 양원왕陽原王을 양강상호왕陽崗上好王, 평원왕平原王을 평강상호왕平崗上好王, 고국원왕故國原王을 국강상왕國罡上王이라 부르기도 했다. 양원, 평원, 국강은 각각 능의 위치를 나타낸 것으로 추정된다.[124]

백제에서는 무령왕릉 지석에서 무령왕을 사마왕斯麻王이라 하고, 창왕명석조사리감昌王銘石造舍利龕에서 위덕왕의 휘를 창昌이라 하는 등, 왕의 휘를 직접 쓰기도 했다. 그리고 23대 삼근왕까지 휘(이름)에 '왕' 자만 붙이다가 24대 동성왕부터 시호를 붙였다. 25대 무령왕 이후로 성왕, 위덕왕, 혜왕, 법왕, 무왕 등 시호가 있다. 단, 이 칭호들은 사후의 시호가 아니라 생존 때 불교식 존호를 자칭한 것이라고도 한다. 신라의 박혁거세朴赫居世는 왕호가 거서간居西干으로, 박(瓠)같이 생긴 알에서 나왔다고 하여 박朴이라는 성을 붙였으며, 혁거세는 존호로, '불구내'라고 한다. 지증왕은 우리말의 휘를 한자로 옮기면서 뜻까지 나타

---

123 《弘齋全書》卷181 羣書標記3 御定3 '歷代行表'. "親撰序曰: 號者, 行之表也. 曰謚號, 曰廟號, 曰尊號, 曰陵號, 曰年號, 蓋非古也. 羲農堯舜之世, 曷嘗有號之云乎哉? 謚號始於成湯, 廟號始於武丁, 尊號始於唐中宗, 年號始於漢孝武, 而後世因之. 雖一時僭竊之徒, 九邊桀驁之長, 靡不倣像, 而古今同號者, 指不勝僂. 皇朝列聖, 如永樂·天順, 亦不知其古有僞號之相符, 則宰相須用讀書, 不其然乎? 此《歷代行表》之所由作, 而首揭帝王姓諱, 以爲後來之攷. 予嘗愛陸宣公論尊號狀曰: '人主輕重, 不在名稱, 人旣好謙, 天亦助順'之語, 遂以此特書篇末, 以爲千古炯戒."(右丙辰編).

124 임민혁,《왕의 이름, 묘호》, 문학동네, 2010.

낸 시호를 지녔다. 23대 법흥왕부터 28대 진덕왕까지는 불교식 시호, 29대 무열왕부터 56대 경순왕까지는 중국식 시호를 지녔다. 남북국 시대 신라와 발해는 국왕의 시호를 짓되, 신라는 두 자, 발해는 한 자의 시호를 지었다.

고려 시대에 들어와 원나라 간섭 이전까지는 왕에게 시호, 묘호, 능호를 구분해 붙였다. 왕건王建의 시호는 신성神聖, 묘호는 태조, 능호는 현릉顯陵이다. 원나라가 내정에 간섭하면서 고려의 왕은 묘호를 쓰지 못했고 시호는 원나라에 충성했다는 뜻에서 충忠 자를 써야 했다. 충렬왕부터는 원나라에서 시호를 받았다. 중국에게서 시호를 받는 관습은 이후 조선 말까지 '형식적으로' 이어졌다. 고려 31대 공민왕은 재위 6년(1357) 선왕들에게 고려 시호법에 따라 효孝 자를 시호로 올려, 충렬왕은 경효景孝, 충선왕은 선효宣孝, 충숙왕은 의효懿孝, 충혜왕은 헌효獻孝, 충목왕은 현효顯孝라고 했다. 공민왕의 공민恭愍은 명나라에서 받은 시호로, '공'은 공경스럽게 사대를 했다는 뜻, '민'은 내우외환이 끊이지 않았다는 뜻이다. 우왕은 고려 시법에 의거해 인문의무용지명열경효대왕仁文義武勇知明烈敬孝大王의 시호를 받았다.[125] 이성계 등은 우왕과 창왕을 신돈의 아들이라고 주장하면서 폐위하고, 공양왕恭讓王으로부터 선양을 받아 고려를 멸망시켰다. 고려숭의회 편《여말충의열전》(1994)에 따르면 고려 유신遺臣들은 우왕을 여흥왕驪興王, 창왕을 윤왕允王, 공양왕을 간성왕杆城王이라 일컬었다고 한다.

조선 시대 왕들은 각각 시호·묘호·능호가 있다.[126] 이를테면 세종의 호는 세종장헌영문예무인성명효대왕世宗莊憲英文睿武仁聖明孝大王인데, '세종'은 묘호, '장헌'은 명나라에서 받은 시호, '영문예무인성명효'는 조선에서 올린 시호이다.[127] 병자호란 이후 청나라도 조선 국왕에게 충忠·각恪·순順·공恭 등 시호를 주었다.[128] 정조는 시호를 문성무열성인장효文成武烈聖仁莊孝라고 했다. 이때 '文'은

125 임민혁,《왕의 이름, 묘호》, 문학동네, 2010. 12.

126 신명호, 〈조선시대 국왕호칭의 종류와 의미〉,《역사와 경계》 52, 부산경남사학회, 2004, pp. 47-67; 임민혁, 〈묘호의 예제 원리와 조선의 수용〉,《국사관논총》 104, 국사편찬위원회, 2004, pp. 1-33; 임민혁,《왕의 이름, 묘호》, 문학동네, 2010. 12; 임민혁,《조선의 禮治와 왕권》, 민속원, 2012.

127 안기혁, 〈여말선초 대중국관계와 국왕시호〉,《역사와 현실》 104, 한국역사연구회, 2017, pp. 229-262.

128 이현진, 〈명·청의 사제(賜祭), 사시(賜諡)에 대한 조선의 대응〉,《조선시대사학보》 63, 조선

천하를 경륜해 다스렸다는 뜻이다.[129] 연산군과 광해군은 종묘에 들어가지 못하고 군이라 불렸다. 1649년 서거한 인조는 묘호를 열조烈祖로 정했다가, 남당 서지고徐知誥[이변李昪(889-943/재위937-943)]의 묘호와 같은 것을 혐의하여 인조로 고쳤다. 재위 중의 인조는 생부를 정원대원군定遠大院君으로 삼았다가 다시 왕으로 추존해서 묘호를 원종元宗이라 했다. 영조와 정조의 묘호는 각각 영종英宗과 정종正宗이었는데, 1889년(고종 26) 11월에 영종을 영조英祖로, 고종 36년(1899) 11월에 정종을 정조正祖로 바꾸었다. 경모궁(사도세자) 즉 장헌세자莊獻世子도 1899년 11월에 묘호를 장종莊宗이라 했다가 그 해 12월 장조莊祖로 바꾸었다. 이때 익종翼宗의 묘호도 문조文祖로 바꾸었다. 이 책에서는 혼란을 피하기 위해 영조, 정조, 장헌세자(사도세자)의 호칭을 사용한다.

국왕이나 대비, 왕비는 생전이나 사후에 존호를 받기도 했다. 존호는 종묘에서의 칭호를 높여 올리는 것을 말한다. 당나라 초 황제들은 생전에 황제라고 칭하고 연호年號는 있었지만 존호는 없었다. 죽은 뒤에야 군신이 올린 바에 따라 시호諡號, 묘호廟號, 추존호追尊號 등을 가졌다. 죽은 뒤 존호를 올리는 것을 추상존호追上尊號라고 했다. 이를테면 당나라 태종太宗은 묘호, 문文은 시호이며, 문무대성대광文武大聖大廣은 추존호이다. 생전에 존호를 더하는 일은 무측천武則天에게 '성모신황聖母神皇의 존호를 올리고, 중종中宗에게 응천신룡황제應天神龍皇帝의 존호를 올린 것이 그 시작이다.[130] 제왕이나 후비의 존호를 올릴 때 송덕

시대사학회, 2012. 12, pp. 131-163.

129 《正祖實錄》附錄〈行狀〉(行知中樞府事李晩秀製).

130 당나라 덕종德宗은 즉위 후 병력을 남용하여 정벌을 일삼음으로써 사회의 모순을 격화시켰다. 경원涇原의 군사들이 변을 일으키자, 덕종은 봉천奉天으로 도주했고, 반군叛軍의 10만 대군은 포위 공격을 했다. 덕종은 779년 즉위한 이듬해 건중建中 원년(780)에 바로 '성신문무황제聖神文武皇帝'라는 존호를 가졌다. 그런데 건중 4년(783) 점술사들이 "시운時運이 백육百六에 모였으니 마땅히 변경해서 시대의 운세에 대응해야 합니다"(數鍾百六, 宜有變更, 以應時數)라고 건의한 것을 이유로 또다시 존호를 더하고자 했다. 덕종은 '중의衆議'에 가탁했지만 마지막으로 육지陸贄의 동의를 요구했다. 하지만 육지는 "존호가 일어난 것은 본시 옛 제도가 아닙니다"(尊號之興, 本非古制)'라고 지적하고 "상란喪亂의 때에 인습한다면 더욱 사체事體를 손상시킬 것"이라고 반대했다. 덕종은 이듬해 건중 5년(784) 정월에 행궁行宮에서 조하朝賀를 받을 때, 백성이 도탄에 빠지고 난리가 일어난 데 대한 모든 책임이 자신에게 있음을 자책하고 '성신문무聖神文武'라는 존호가 자신에게는 맞지 않는다고 사양하며 중외의 서주書奏에 '성신문무'라는 존호를 쓰지 못하게 했다.《舊唐書》권12〈德宗 ·上〉; 심경호·김우정 역,《육선공주의》1, 전통문화연구회,

문頌德文을 새긴 간책簡冊을 옥책玉冊이라고 했다. 왕비가 죽은 뒤에 시호와 함께 올리던 존호는 휘호徽號라고 했다. 조선에서는 생존한 후비에게 8자 존호를 올리고 서거한 사람에게 4자 휘호를 올리다가, 영조 때부터 휘호도 8자로 올렸다.[131] 국왕이 승하하면 승하한 왕의 왕비는 왕대비로 높이고, 왕대비는 대왕대비로 높였다. 이것을 존숭尊崇이라고 한다. 선왕의 삼년상이 끝나면 존숭 의식을 치렀으며 이때 존호를 올렸다.

1604년(선조 37) 선조는 '지성대의 격천희운至誠大義格天熙運'의 존호를 받았다.[132] 숙종은 1713년(숙종 39) 1월 21일 '현의광륜 예성영렬顯義光倫睿聖英烈'의 존호를 받고, 승하한 해인 1729년(경술) 6월 15일 '장문헌무 경명원효章文憲武敬明元孝'의 시호를 받았다. 그 후 1753년(영조 29) 영조가 숙종에게 '유모영운 홍인준덕裕謨永運洪仁峻德'의 존호를 가상했고, 1776년 '배천합도 계휴독경配天合道啓休篤慶'의 존호를 추상追上했다. 따라서 숙종의 존호는 '현의광륜예성영렬·유모영운홍인준덕·배천합도계휴독경·장문헌무경명원효'이다.

세종대왕의 비인 공비 심씨는 1432년(세종 14)에야 왕비로 봉해졌다. 1446년 52세로 작고하고, 1469년 세종의 능 영릉으로 이장되었다. 1452년(문종 2) 4월 1일 선인제성宣仁齊聖의 존호와 소헌昭憲의 시호를 받았다.[133] '선인제성'이란 '인을 선포하여 성군과 나란하다'라는 뜻이다. 존호를 올릴 때의 옥책에서는 '장경莊敬하시고 정전靜專하시며 자인慈仁하시고 근검하시어 임금의 통치를 크게 보좌했다'라고 칭송했다.[134] 1624년 10월 인목왕후仁穆王后에게 명렬明烈의 존호를 올릴 때는 이수광李睟光(1563-1692)이 제술관製述官으로서 옥책문을 지었다.[135] 이수광은 이 공으로 정헌대부正憲大夫에 가자되고 대사헌에 제수되었다. 인조의 계비 자의대비慈懿大妃(1624-1688)는 1638년(인조 16) 왕비에 책봉되고, 1651년(효종 2) 자의의 존호를 받았으며, 1661년(현종 2) 공신恭愼의 존호,

2019, 제3권 〈봉천에서 존호의 가자加字에 대하여 논하는 주장〉(奉天論尊號加字狀), pp. 213-216.

131 高宗 命編, 《銀臺條例》, 禮攷·國恤, 한국고전번역원 역주 참고.

132 《國朝寶鑑》卷33 宣祖朝 10, 선조 37년(1604) 10월.

133 李肯翊, 《燃藜室記述》, 卷3 世宗朝故事本末.

134 《文宗實錄》卷13, 文宗 2년(임신, 1452) 4월 1일(을축).

135 李睟光, 〈大妃殿上尊號玉冊文〉, 《芝峯集》 권21.

1676년(숙종 2) 휘헌徽獻의 존호, 1686년 강인康仁의 존호가 추가되었다.

1795년(정조 19) 정조는 이 해에 왕대비 정순왕후貞純王后가 51세가 되고, 생부 사도세자와 생모 혜경궁惠慶宮이 회갑이 되며, 자신이 즉위한 지 20년이 되었으므로, 이를 기념하여 정순왕후와 혜경궁에게 존호를 가상했다. 정순왕후 김씨 사후에 지어진 지문誌文에 의하면, 정순왕후는 1772년(영조 48) 예순睿順, 1776년(정조 즉위년) 성철聖哲, 1778년 장희莊僖, 1783년 혜휘惠徽, 1784년 익렬翼烈, 1787년 명선明宣, 1795년 수경綏敬의 존호를 받았다.[136] 1802년 6월 정조의 부묘祔廟를 앞두고 왕대비 효의왕후孝懿王后 김씨金氏와 대왕대비 정순왕후貞純王后 김씨에게 존호를 올리는 일을 논의했는데, 5월 13일 왕대비는 정조가 생전에 존호를 받지 않았다는 이유로 존호를 받을 수 없다고 하교했다. 다음 날, 대왕대비도 자신이 수렴청정을 하고 있는 상황이라 조심스럽다는 이유로 존호를 받을 수 없다고 하교했다. 그 후 추존왕 익종의 비인 신정왕후(1808-1890) 즉 조대비는 생전에 스물두 번에 걸쳐 '효유 헌성 선경 정인 자혜 홍덕 순화 문광 원성 숙렬 명수 협천 융목 수령 희강 현정 휘안 흠륜 홍경 태운 창복 희상孝裕獻聖宣敬正仁慈惠弘德純化文光元成肅烈明粹協天隆穆壽寧禧康顯定徽安欽倫洪慶泰運昌福熙祥'이라는 존호를 받았다.[137]

숙종 연간에 편찬된《종묘의궤》에서 종묘에 제향되는 역대 국왕의 위호와 시호, 존호를 보면 다음과 같다.

○ 제1실 태조 강헌 지인계운성문신무정의광덕 대왕太祖康獻至仁啓運聖文神武正義光德大王. 강헌은 명나라로부터 받은 시호. 1683년(계해, 숙종 9) 시호 '정의광덕正義光德'을 가상.

○ 제2실 태종 공정 성덕신공문무예철성렬광효 대왕太宗恭定聖德神功文武睿哲成烈光孝大王. 공정은 명나라로부터 받은 시호. 1683년 시호 '예철성렬睿哲成烈'을 가상.

○ 제3실 세종 장헌 영문예무인성명효 대왕世宗莊憲英文睿武仁聖明孝大王. 장헌은

136 《純祖實錄》卷7, 순조 5년(을축, 1805) 6월 20일(임신).

137 《高宗實錄》, 고종 27년(경인, 1890) 8월 30일(정묘). 이 날 천전遷奠을 행하고 현궁玄宮에 내렸다.

명나라 황제로부터 받은 시호.

○ 제4실 세조 혜장 승천체도열문영무지덕융공성신명예흠숙인효 대왕世祖惠莊承天體道烈文英武至德隆功聖神明睿欽肅仁孝大王. 혜장은 명나라로부터 받은 시호.

○ 제5실 성종 강정 인문헌무흠성공효 대왕成宗康靖仁文獻武欽聖恭孝大王. 강정은 명나라로부터 받은 시호.

○ 제6실 중종 공희 휘문소무흠인성효 대왕中宗恭僖徽文昭武欽仁誠孝大王. 공희는 명나라로부터 받은 시호.

○ 제7실 선조 소경 정륜입극성덕홍렬지성대의격천희운현문의무성예달효 대왕宣祖昭敬正倫立極盛德洪烈至誠大義格天熙運顯文毅武聖睿達孝大王. 소경은 명나라로부터 받은 시호.

○ 제8실 원종 공량 경덕인헌정목장효 대왕元宗恭良敬德仁憲靖穆章孝大王. 공량은 명나라로부터 받은 시호.

○ 제9실 인조 헌문열무명숙순효 대왕仁祖憲文烈武明肅純孝大王.

○ 제10실 효종 선문장무신성현인 대왕孝宗宣文章武神聖顯仁大王.

○ 제11실 현종 순문숙무경인창효 대왕顯宗純文肅武敬仁彰孝大王.

삼국시대에 신라에서는 국가가 세자나 대신에게도 시호를 추증했다. 717년(성덕왕 16) 태자 중경重慶이 죽자 시호를 효상孝殤이라 했고, 835년(흥덕왕 10) 김유신金庾信(595-673)을 흥무대왕에 추존했으며, 888년(진성왕 2) 위홍魏弘이 죽자 시호를 혜성대왕이라 했다. 고려 초에는 공신에게 시호를 주었다. 신숭겸申崇謙(?-927)은 장절壯節, 배현경裵玄慶(?-936)은 무열武烈, 복지겸卜智謙은 무공武恭, 홍유洪儒(?-936)는 충렬忠烈의 시호를 내렸다. 8대 현종은 신라 최치원崔致遠(857-?)에게 문창후文昌侯, 설총薛聰(655-?)에게 홍유후弘儒侯라는 시호를 추증했다. 원효元曉에게는 고려 숙종 때 무쟁대사無諍大師의 법호를 추존했다. 이후 공신, 무신, 학자 중 빼어난 공적을 남긴 사람들에게 국가에서 시호를 내리는 관례가 굳어졌다.

국가가 망자에게 시호를 내리는 증시贈諡를 역명지전易名之典(이름 바꾸어 주는 은전)이라 했다. 증시는 종친과 문관·무관 중 정2품 이상 실직을 지낸 사람을 대상으로 하되, 친공신親功臣은 관직이 낮아도 시호를 내렸다. 영조 때의《속대전續大典》(1746년)에 따르면, 대제학을 지낸 자는 종2품이라도 시호를 주며, 유현儒賢 및 사절인死節人으로서 행적이 뛰어난 사람은 정2품이 아니더라도 시호를 내릴 수 있게 했다.《대전회통大典會通》(1865년)의 〈이전吏典〉에 따르면, 증시는 상당히 엄밀한 과정을 거쳤다. 수시인受諡人의 자손이나 관계자가 시장諡狀과 함께 품의서를 예조에 제출하면 예조가 심의한 뒤 봉상시奉常寺를 거쳐 홍문관에 이관하고, 홍문관은 정4품 응교應敎 이하 관원 3인이 모여 시호의 삼망三望을 의론하여 봉상시에 회부한다. 봉상시는 정正 이하 관원들과 홍문관 응교의 참석하에 회의를 하여, 의정부 사인舍人과 검상檢詳 중 1인의 서경署經을 받아 수시인의 행장과 함께 이조에 제출했다. 그러면 이조에서 국왕에게 상주하여 삼망 중 하나를 낙점받았다.[138] 단, 시장을 기다리지 않고 시호를 내리는 사례도 있었다. 조선왕조실록을 보면, 1573년(선조 6) 11월 24일, 양사兩司가 이황의 경우 행장(시장)을 기다리지 말고 특별히 시호를 내릴 것을 청하고, 이튿날 헌부가 같은 계청을 했을 때, 선조는 전에 없던 일을 처음 해서 뒷날의 폐단을 열 수 없다는 이유에서 윤허하지 않았다. 그런데 1669년(현종 10) 2월 13일, 집의 김만균金萬均이 '천하를 위하여 절개를 세운' 김응하金應河의 경우 시장 없이 특별히 시호를 내릴 것을 청하자 현종이 따랐다. 1794년(정조 18) 8월 30일 정조는 봉조하 정존겸鄭存謙(1722-1794)의 집에 장사 지내기 전에 시호를 내리라고 명하였다.[139] 그 집안은 시호를 청하는 글을 짓지 않는 것이 가법이라서 사시賜諡의 은전이 대부분 특례에서 나왔다. 배향된 신하 문익공文翼公 정광필鄭光弼·익헌공翼憲公·정태화鄭太和·의빈儀賓·등평도위東平都尉·정재륜鄭載崙·정간공貞簡公·정석오鄭錫五·정민공貞敏公·정홍순鄭弘淳의 경우는 시장을 기다리지 않고 시호를 내렸고, 고 정승 정유길鄭惟吉·정지연鄭芝衍·정지화鄭知和·정치화鄭致和·정재숭鄭載嵩의 경우는 시장이 없어서 시호를 내리지 못했다. 한 가문에서 11명의 재상과 의빈이 모두 가법을 삼가 지켰으니, 정존겸의 강요할 수 없으므로 홍문관에

---

138 김학수, 〈고문서를 통해 본 조선시대의 증시(贈諡)행정〉,《고문서연구》23, 고문서학회, 2003, pp. 59-93.

139 《日省錄》정조 18년(갑인, 1794) 8월 30일(갑신).

분부하여 시장을 기다리지 말고 기일에 맞춰 속히 거행하게 했다. 선시관宣諡官이 본가에 나가면 본가에서는 시호받을 분의 신주를 모시고 나와 맞아들였다. 이 의식을 연시延諡라고 했다. 상주나 후손은 책증의策贈儀에 따라 시호를 받고 영좌 혹은 신주 앞에 봉안하고 붉은 종이에 쓴 시호 교지를 불사르는 분황례焚黃禮를 거행했다. 책증의는 1421년(세종 3) 제정되었다.

시호는 몇 개의 글자로 나타냈다. 시호로 쓸 수 있는 글자와 각 글자가 담고 있는 의미를 규정해 놓은 것을 시법諡法이라 한다. 당나라 장수절張守節이 《사기》를 해설한 《사기정의史記正義》의 한 편인 〈시법해諡法解〉, 서진 때 옛 위魏나라 안리왕安釐王 무덤에서 출토했다는 《일주서逸周書》의 한 편인 〈시법해〉, 북송 때 소순蘇洵의 《시법》 4권 등이 있다. 소순이 찬한 시법에는 311조에 168개 글자가 수록되어 있다. 시호는 대개 좋은 뜻의 선시善諡를 부여했지만 망자가 나쁜 일을 한 인물이면 악시惡諡를 주기도 했다.

○ 비판의 뜻
영靈 : 난이불손亂而不損
양煬 : 호내원례好內遠禮
려厲 : 살육무고殺戮無辜
○ 동정의 뜻
애哀 : 공인단절恭仁短折
민愍 : 재국조우在國遭憂
회懷 : 자인단절慈仁短折

조선의 경우, 태조부터 철종까지 시호가 부여된 인물은 1,203인, 시호의 종류는 427종이며, 앞에만 사용한 글자가 60자, 뒤에만 사용한 글자가 72자, 앞뒤에 모두 사용한 글자는 85자라고 한다.[140] 조선의 시법은 《조선왕조실록》과 《승정원일기》의 기록, 《증보문헌비고增補文獻備考》(1908년 간행) 〈직관고職官考〉 등

140 김동건, 〈禮號, 조선시대 관료형 인물의 사후 품격〉(1), 《영주어문》 39, 영주어문학회, 2018. 6, pp. 87-111. 조선에서는 1687년(숙종 13) 이선李選이 명나라 시법까지 참고하여 《시법통편諡法通編》을 엮었는데, 현재 서울대 규장각에 《시법총기諡法聰記》라는 서명으로 전한다.

에 정리되어 있다.[141] 조선 초에는 194자를 사용하도록 했으나 세종은 301자로 늘렸다. 단, 《증보문헌비고》에 따르면 조선 말에는 121자를 주로 사용한다고 했다, 빈도순으로 문文·충忠·공恭·무武·숙肅·의義·정貞·장莊·효孝 등등의 순서를 정해 두었다.[142] 괄호 속 18자는 조선 시대 명신에게 사용된 예가 없다.

文·忠·貞·恭·襄·靖·良·孝·莊·安·景·章·翼·昭·平·僖·武·康·正·肅·仁·敬·定·惠·懿·憲·烈·獻·簡·元·成·純·穆·敏·毅·節·淸·宣·顯·順·端·剛·榮·壯·齊·戴·義·溫·度·長·明·匡·(恪)·潔·達·(裕)·(懋)·(桓)·胡·信·質·夷·愍·悼·頃·介·(白)·(隱)·(修)·丁·玎·懷·(果)·(聖)·(神)·(智)·弘·嚴·和·光·熙·昌·宗·愼·(諒)·謙·(聰)·(善)·德·儀·英·克·譽·般·寬·密·靜·(淵)·眞·通·坦·堅·魏·嘉·彬·(容)·益·衛·直·愷·休·靈·思·繆·厲·墨·荒·(閔)·(哀)·殤·麥

오히려 다음 20자가 시호에 사용된 사례가 있다.[143]

淑·翊·厚·寧·威·亮·儒·敦·奉·濟·望·彰·凱·樂·積·世·廉·凝·祁·編

시호에 담긴 뜻을 시주諡註라고 한다. 이를테면 문文에는 천하를 경륜해 다스린다(經天緯地), 도와 덕이 있고 널리 들어 아는 바가 많다(道德博聞), 배우기를 부지런히 하고 묻기를 좋아한다(勤學好問), 충성스럽고 믿음직하며 남을 사랑한다(忠信愛人), 널리 듣고 많이 본다(博聞多見), 공경하고 곧으며 자비롭고 은혜롭다(敬直慈惠), 민첩하고 배우기를 좋아한다(敏而好學), 백성을 슬퍼하고 은혜롭게 하며 예로 대접한다(愍民惠禮) 등 많은 시주가 있다. 이황李滉은 문순文純, 이이李珥는 문성文成의 시호를 받았는데, 이때의 '문'은 '도와 덕이 있고 널리 들어 아는 바가 많다'는 뜻이다. 김종직金宗直은 처음에 문충文忠이란 시호를 받았으나 훈구파의 반박으로 문간文簡으로 고쳐졌다. 이때의 '문'은 '널리 듣고 많이 보았

141 중국의 경우는 다음 책이 참고된다. 명나라 郭良翰 撰, 《明諡記彙編》. 한국의 선행 연구로는 이민홍과 신용호의 논저가 있다. 이민홍, 《諡法—諡號, 한 글자에 담긴 인물 評》, 문자향, 2005.

142 《增補文獻備考》第48冊 卷239 〈職官考〉 26 '東國見行諡法'.

143 《增補文獻備考》第48冊 卷240-241 職官考 27-28 〈歷代名臣諡號〉.

다'는 뜻이다. 《증보문헌비고》 〈직관고〉 26 '동국현행시법'에서 시주諡注를 살펴보면 다음과 같다.

문文: 도덕박문道德博聞 도덕박문道德博文 박학호문博學好文 박학다문博學多聞 근학호문勤學好問 근학호문勤學好文 박학다식博學多識 박학다견博學多見 민이호학敏而好學 경직자혜敬直慈惠 자혜애민慈惠愛民 충신접례忠信接禮 충신애인忠信愛人 강유상제剛柔相濟

충忠: 위신봉상危身奉上 사군진절事君盡節 성쇠순고盛衰純固 여국망가慮國忘家 추현진충推賢盡忠 추능진충推能盡忠 염방공정廉方公正 염방공평廉方公平 임란불망국臨亂不忘國 임환불망국臨患不忘國

정貞: 청백수절淸白守節 청백자수淸白自守 직도불요直道不撓 불은무굴不隱無屈 대려극취大慮克就

공恭: 경사공상敬事供上 경사봉상敬事奉上 경순사상敬順事上 존현귀의存賢貴義 집심견고執心堅固 집사견고執事堅固 기과능개旣過能改 불해우위不懈于位

양襄: 인사유공因事有功 유공정벌有功征伐 갑주유로甲冑有勞

정靖: 관락영종寬樂令終 공기안민恭己安民 공기선언恭己鮮言 소심공신小心恭愼 유덕안중柔德安衆 온유안중溫柔安衆 사불조진仕不躁進

양良: 온양호락溫良好樂 중심경사中心敬事 소심경사小心敬事

효孝: 자혜애친慈惠愛親 자혜순친慈惠順親 계지성사繼志成事 능양능공能養能恭 자인애인慈仁愛仁 오종안지五宗安之 병덕불회秉德不回 대려행절大慮行節

장莊: 이정지화履正志和 이정극화履正克和 엄경임민嚴敬臨民 무능지중武能持重 위이불맹威而不猛 누정살벌屢征殺伐 승적지강勝敵志強 치과살적致果殺賊 무이불수武而不遂

안安: 호화부쟁好和不爭 관유화평寬柔和平 여인무경與人無競

경景: 유의이제由義而濟 수의불굴守義不屈 포덕행강布德行剛 포의행강布義行剛 기의대도耆意大圖 기의대려耆意大慮

장章: 출언유문出言有文 온극영의溫克令議

익翼: 사려심원思慮深遠 애민호치愛民好治

소昭: 용모공미容貌恭美 용의수미容儀修美 용의공미容儀恭美

평平: 집사유제執事有制 포강치기布剛治紀 치이무생治而無眚

희僖: 소심공신小心恭愼 소심외기小心畏忌 소심근신小心謹愼

무武: 절충어모折衝禦侮 극정화란克定禍亂 강강직리剛强直理 강강이순剛强以順 보대정공保大定功

강康: 연원유통淵源流通 온양호락溫良好樂 온유호락溫柔好樂 안락무민安樂撫民 안락치민安樂治民 영민안락令民安樂

정正: 이정복지以正服之 이정복인以正服人

숙肅: 강덕극취剛德克就 정기섭하正己攝下 집심결단執心決斷

인仁: 시인복의施仁服義

경敬: 숙야경계夙夜儆戒 숙야공사夙夜恭事 영선전법令善典法 선합법도善合法度

정定: 덕행불상德行不爽 순행불상純行不爽 안민법고安民法古 안민대려安民大慮 대려정민大慮靜民 대려안민大慮安民

혜惠: 유질자인柔質慈仁 유질자민柔質慈民 유질안민柔質安民 관유자인寬柔慈仁 심리자상心理慈祥 애민호여愛民好與 근시무사勤施無私

의懿: 온유현선溫柔賢善 온유성선溫柔性善 덕성순숙德性純淑 행견중외行見中外 성행순숙性行純淑 유극유광柔克有光

헌憲: 행선가기行善可紀 박문다능博文多能 상선벌악賞善罰惡 박문다견博文多見

열烈: 안민유공安民有功 유공안민有功安民 강극위벌剛克爲伐 병덕준업秉德遵業 집덕병업執德秉業 강이능단强以能斷

헌獻: 총명예철聰明睿哲 총명예지聰明睿智 향충내덕嚮忠內德 지려자조智慮自操 지질유리智質有理 사리개통事理皆通 지질자조智質自操

간簡: 일덕불해一德不懈 정직무사正直無邪 정직무사正直無私 정기무사正氣無邪 거경행간居敬行簡 평이불자平易不訾

원元: 주의행덕主義行德

성成: 안민입정安民立政 예악명구禮樂明具 좌상극종佐相克終 위상극종爲相克終

순純: 중정정수中正精粹 중정화수中正和粹

목穆: 포덕집의布德執義 중정견모中情見貌 중심견모中心見貌

민敏: 응사유공應事有功 호고불태好古不怠

의毅: 과이능단果而能斷 강이능단剛而能斷 강이능단强而能斷 치과살적致果殺賊 치과살적致果殺敵 선행불태善行不怠 과감살적果敢殺賊

절節: 호렴자충好廉自充 근신제도謹身制度 근행제도謹行制度

청淸: 피원불의避遠不義

선宣: 성선주문聖善周聞 시이블사施而不私

현顯: 행견중외行見中外

순順: 자인화민慈仁和民 자화편복慈和遍服 화비어리和比於理

단端: 수례집의守禮執義 호례집의好禮執義

강剛: 수의불굴守義不屈 강의과감强毅果敢 치과살적致果殺敵 추보전과追補前過

영榮: 총록광대寵祿光大

장壯: 승적극란勝敵克亂 승적지강勝敵志强 사우원야死于原野 무이불수武而不遂 무능지중武能持重

제齊: 집심극장執心克莊

대戴: 전례불건典禮不愆

의義: 선군후기先君後己 선공후기先公後己 견의능충見義能忠 견의능종見義能終 행의능종行義能終

온溫: 덕성관화德性寬和

도度: 심능제의心能制義 제사합의制事合義 제사득의制事得義

장長: 회인불권誨人不倦 교회불권敎誨不倦

명明: 독견선식獨見先識

광匡: 정심대도貞心大度

각恪: 경공관차敬恭官次

결潔: 불오불의不汚不義

달達: 소중통리疏中通理

유裕: 강학호문强學好問

무懋: 이공수상以功受賞

환桓: 벽토복원辟土服遠

호胡: 미년수고彌年壽考

신信: 출언가복出言可復

질質: 정직무사正直無邪 충정무사忠正無邪

이夷: 안심호정安心好靜

민愍: 재국조간在國遭艱 재국봉란在國逢亂 재국봉난在國逢難 사민비상使民悲傷 사인비상使人悲傷 재국봉간在國逢艱

도悼: 중신조요中身早夭 미중조요未中早夭 중년조요中年早夭 공구사처恐懼徙處

경頃: 민이경신敏以敬愼

개介: 집일불천執一不遷

백白: 내외정복內外貞復

은隱: 위불불성違拂不成

수修: 근기세업勤其世業

정丁: 술의불극述義不克

정玎: 술의불면述義不勉

회懷: 자인단절慈仁短折 실위이사失位而死

과果: 호력치용好力致勇

《증보문헌비고》는 '동국현행시법'에 예시한 121자 가운데 성聖·신神 이하 상殤·맥麥까지에 대해서는 시주를 달지 않았다. 은隱·정丁·정玎 등은 악시이다. 시호의 시주는 근대 이전 지식층, 관료층이 지향한 인품과 사업의 이념을 잘 드러내준다.

猿亭 유생으로서 증시된 이들도 있다. 생육신의 진사 남효온南孝溫은 문정文貞의 시호를, 진사 조려趙旅는 정렬貞烈의 시호를, 생원 김익겸金益兼은 충정忠正의 시호를, 학생 김시습金時習은 청간淸簡의 시호를 받았다.

1521년(중종 16) 신사무옥에 연루되어 처형되었던 최수성崔壽峸(1487-1519)은 인종 때 신원되어 문정文正의 시호를 받고 영의정에 추증되었다.[144] 본관은 강릉. 자는 가진可鎭, 호는 원정猿亭·북해거사北海居士·경포산인鏡浦山人의 호를 사용했다. 최수성은 기묘사화 때 벼슬의 뜻을 끊어, 충북 보은군 마로면 관기리 구병산九屛山의 고봉孤峯에 터를 가리고 원정이라고 자호했다.[145] 숙부 최세절崔世節을 벼슬길에서 물러나도록 권하기도 했다. 남곤이 그 사실을 알고 그를 고문해서 죽였다고 한다. 북해는 강릉 바다를 말하고 경호는 강릉 경포대를 말한다. 이달형李達亨 등이 그를 골짜기에 묻어 주었더니, 그날 밤 꿈에 나타나 "내 무덤 뉘라서 찾아오랴, 원숭이의 맑은 소리나 벗하련다. 발에 싸여 골짜기에 온 후, 해골 덮어 준 그 사람을 멀리 생각하노라"라는 시를 읊었다고 한

144 《增補文獻備考》第48冊 卷241 職官考28〈歷代名臣諡號〉2 附 : 儒生贈諡.

145 金淨, 〈足猿亭聯句〉注, 《冲庵集》卷2 詩. "猿亭, 崔壽城自號. 孤峯在九屛山麓, 嘗欲卜居其下, 故因以自號." 행장에 따르면 최수성이 묻힌 곳을 원정산이라고 했다. 宋徵殷, 〈贈領議政猿亭崔公行狀〉, 《約軒集》卷14 行狀.

다.[146] 원정의 원猿은 청원淸猿의 뜻이다. 남제南齊의 공치규孔稚圭가 〈북산이문北山移文〉을 지어, 북산에 은거하다가 벼슬길에 나간 주옹周顒을 책망하여 "혜초 장막이 비자 밤의 학이 원망하고, 산중 사람이 떠나가자 새벽의 원숭이가 놀란다"(蕙帳空兮夜鶴怨, 山人去兮曉猿驚)라고 했다.

환관으로서 시호를 받은 이도 있다. 고려 공민왕 때의 환관 신소봉申小鳳은 충희忠僖의 시호를 받았다.[147] 신소봉은 1352년 공민왕 원나라에 있을 때 수종했는데, 그 공으로 영원부원군에 봉해지고 3개의 공신호를 받았다. 조선 세조 때 전윤田畇은 1453년(단종 원년) 계유정난 때의 공으로 정난공신 2등이 되고 1455년(세조 원년) 좌익공신 2등에 책록되었으며, 1466년 하음군河陰君으로 개봉改封되고, 1468년 숭록대부에 이르렀다. 죽은 후 봉상시에서 양경襄敬의 시호를 의정했으나 사헌부가 반대했다.

과거에는 한 지역민이나 문도들이 덕망 있는 학자에게 사적인 시호를 내리기도 했다. 중국에서는 동한의 진식陳寔, 육조시대 도잠陶潛, 수나라 왕통王通, 당나라 맹교孟郊의 예가 있다. 진식이 졸하자 3만여 명이 모여들어 돌을 깎아 비를 세우고 호를 문범文範 선생이라 했다. 도잠이 죽은 후 작성된 뇌誄에 "성품이 너그럽고 의리를 즐거워하여 선으로 마친 아름다움과 청렴함을 좋아하여 사욕을 이기려는 지조가 시전諡典에 합치함이 있다"라고 했다. 이에 여러 벗들이 그에게 정절징사靖節徵士라는 시호를 주었다고 한다. 〈왕통세가王通世家〉에 보면 사람들이 "중니(공자)께서 이미 돌아가셨으니 문文이 여기에 있지 않겠는가? 《주역》에 '황상원길黃裳元吉은 문文이 가운데에 있음이다' 했다"라고 하며 왕통의 시호를 문중자文中子로 할 것을 청한다고 했다. 당나라 맹교孟郊의 경우, 그의 묘지墓誌에는 장적張籍이 "선생은 덕을 높이 날리고 광채를 떨쳤으니," "시호를 정요선생貞曜先生이라 할 것을 청한다고 하자 모두 따랐다"라고 밝혔다. 한국에서 사시私諡의 예로는 고려 중엽 문사들이 오세재吳世才에게 현정玄靜의 사시를 올린 예와 고려 말 정도전이 부친 정운경鄭云敬의 묘표에 염의선생廉義先生의 사시

146 安璐,《己卯錄》補遺 卷下 崔壽城傳; 任輔臣,《丙辰丁巳錄》. "玄室誰相訪, 淸猿獨可親. 自從簾谷後, 遙憶蓋骸人."

147 《增補文獻備考》第48冊 卷241 職官考28〈歷代名臣諡號〉2 附:宦官贈諡.

를 표기한 예가 있다.[148] 그 외에《증보문헌비고》에서는 조선의 처사 김극일金克一이 절효節孝, 처사 김익호金翼虎가 절성節誠의 시호를 받은 일을 들었다. 이외에 성수침成守琛은 절효節孝, 신여가申汝嘉는 진정眞靜이라는 사시가 있었다.

文淸 인조반정 때 죽은 유몽인柳夢寅(1559-1623)은 전라도 유생들이 문청文淸의 사시를 올렸다.[149] 본관은 고흥, 자는 응문應文, 호 어우당於于堂·간재艮齋·묵호자默好子이다. 성혼成渾이 처고숙이다. 1582년(선조 15) 식년 사마시에서 진사가 되고 1589년 증광문과에 장원급제했다. 1608년 선조가 승하할 때 도승지로서 선조의 유교遺敎를 7대신에게 전하여, 그 일로 이이첨李爾瞻의 탄핵을 받아 서호에 퇴거했다. 광해군 즉위 후 대사간 등을 역임했지만, 1617년(광해군 9) 인목대비 폐모론에 가담하지 않아 파출되었다. 1623년 인조반정 후 7월에 현령 유응경柳應洞이 그가 광해군 복위를 꾀했다고 무고한 탓에 역률로 아들 유약柳瀹과 함께 처형되었다. 1794년(정조 18) 때 신원되어 이조판서에 추증되고 국가에서 의정義貞이란 시호가 내렸다.

德耀先生 인조 때 이서李籲(1566-1651)는 죽은 후 박공구朴珙衢가 중론을 모아 덕요선생德耀先生의 사시를 올렸다. 본관은 광주光州, 자는 이직以直, 호는 동호東湖·동호야로東湖野老이다. 경상도 성주군 가리현加利縣 고촌리孤村里에서 태어났다. 1605년(선조 38) 증광사마시의 진사로, 1608년 유일遺逸로 천거되어 이듬해 황산도찰방黃山道察訪이 되었으나 사직했다. 1628년(인조 6) 의금부도사를 사직하고 승호承湖 가에 집을 짓고 동호야로라 자호했다.《동호집》이 있다.[150]

弘道 이서李漵(1662-1723)의 본관은 여주驪州, 자는 징지澄之, 호는 옥동玉洞이며, 성호 이익李瀷의 셋째 형이다. 사시는 홍도弘道이다.[151]《논어》〈위령공〉의

---

148 《增補文獻備考》第48冊 卷241 職官考 28〈歷代名臣諡號〉2 附 : 私諡.

149 김홍백,〈어우집 해제〉, 단국대학교 동양학연구원, 2016, 한국고전번역원 제공.

150 6대손 이복운李復運(1736-1810)이 정종로鄭宗魯(1738-1816)에게 행장行狀을 부탁했고 아들 이종택李宗宅을 시켜 묘갈명과 서문도 받았다. 1988년 동호선생문집간행위원회에서《국역 동호선생문집》을 출판했다. 이 국역본은 초간본을 대본으로 하고 부록으로 허목許穆이 지은〈유명조선삼처사묘갈명有明朝鮮三處士墓碣銘〉,《영남인물고嶺南人物考》와《교남지嶠南誌》등에서 관계 기록을 발췌하여 첨부했다. 권3은 부록이다. 정종로가 지은 행장과 묘갈명, 이만운李萬運이 지은 유허비명遺墟碑銘이 있다. 金恩庭,〈동호집 해제〉, 한국고전번역원, 2006.

151 李瀷,〈弘道先生文集序〉,《星湖全集》卷50 序; 李瀷,〈三兄玉洞先生家傳〉,《星湖全集》卷68 傳.

"사람이 도를 크게 할 수 있는 것이지, 도가 사람을 크게 할 수 있는 것이 아니다"(人能弘道, 非道弘人)라는 공자의 말에서 취했다.《홍도유고》가 있다.

眞樂先生 남유두南有斗(1725-1798)의 본관은 의령宜寧, 자는 자첨子瞻, 자호는 초부樵夫이다. 허리춤에 물 마실 표주박만 지니고 다녔다. 하지만 시로 이름이 높았고, 일생 정주程朱 서적에 침잠했으며, 경제지학經濟之學에 밝았다. 대제학 조관빈趙觀彬과 정승 유척기兪拓基가 천거했으나 듣지 않았다. 지산芝山에 척박한 밭 서너 이랑밖에 없었다. 허리띠에 "의롭지 못하면서 부귀한 것은 내게는 뜬구름 같다"(不義而富且貴, 於我如浮雲)와 "아침에 도를 들으면 저녁에 죽어도 좋다"(朝聞道, 夕死可矣)는 공자의 말을 적어두었다. 그 제자들의 청으로 남공철南公轍이 영구靈柩에 니금泥金으로 진락선생이란 사시私諡를 적었고, 또 그의 묘지명을 작성했다.[152]

貞烈處子 여성에게 사시를 내린 예로, 경상도 용궁현감 이사질李思質(1705-1776)이 읍의邑議를 모아 용궁龍宮 권權 처자에게 정렬처자貞烈處子의 시호를 내린 예가 있다. 권 처자는 선비 권요수權堯壽의 딸로, 가난하여 21세가 되도록 시집을 가지 못했다. 뒷동산에서 나물을 캐고 있는데 마을 남자가 겁탈하려 하자 저항하고 집으로 돌아와 목매어 죽었다. 이사질은 장례 비용을 대주고 비석을 세웠으며 감영에 보고했다. 이사질의 아들 이규상李奎象(1727-1799)이《병세재언록》에 기록을 남겼다.[153]

慈通弘濟尊者 임진왜란 때 승병을 이끌어 도총섭都摠攝이 되었던 유정惟政(1544-1610)은, 호를 사명泗溟 혹은 송운松雲이라고 했는데, 사시는 자통혼제존자慈通弘濟尊者였다.

일제강점기 어용 단체인 모성공회慕聖公會에서 1930년에 발간한《사시장私諡狀》에는 임진왜란 의병장에게 가짜 시호를 내린 기록이 있다. 모성공회는 회장에 김종한, 찬성장에 박기양, 고문으로 민병석이 참여했다. 민병석 등은 일제로부터 남작 작위를 받은 친일파이다.

---

152 南公轍,〈眞樂先生墓誌銘〉,《金陵集》卷17 墓誌.

153 李奎象 저, 민족문학사연구소 한문분과 옮김,《18세기 조선인물지: 幷世才彦錄》, 권17 규열록閨烈錄 '권처자權處子', 창작과비평사, 1997, pp. 234-235.

滎陽 각 가문에서는 조상의 봉호를 호처럼 사용하는 예가 있다. 이를테면 정습명鄭襲明(?-1151)의 본관은 영일로, 형양군滎陽君에 봉해졌는데, 봉호 형양滎陽을 호처럼 부른다. 정습명은 향공鄕貢으로 문과에 급제해 내시內侍에 보임되었다. 1135년(인종 3) 묘청이 반란을 일으키자 내시지후內侍祗候와 병선판관兵船判官으로서 반란군을 막았다. 1146년 인종과 공예태후恭睿太后 임씨任氏가 의종 대신 둘째 아들 대령후大寧侯 왕경王暻을 태자로 세우려 하자 이를 막았다. 1151년(의종 5) 은청광록대부 추밀원지주사가 되어 의종의 잘못을 간하다가 왕의 미움을 샀고, 김존중金存中·정함鄭諴의 비방을 입었다. 병이 들어 김존중이 그의 직위를 대신하자 자살하고 말았다.

(7) 승려의 법호와 호

불교의 승려나 신도는 법호法號를 지녔다. 본래 법호는 승려가 망자에게 준 이름, 수계한 승려에게 스승이 주는 이름, 불전이나 사찰의 이름 등을 가리킨다. 여기서 승려가 망자에게 주는 이름이나 수계한 승려가 스승에게서 받는 이름은 모두 법명法名 혹은 계명戒名이라고도 한다. 단, 이 책에서는 수계한 승려가 지니는 이름만 법호로 보기로 한다.

승려는 출가할 때 은사를 정하는 득도식을 행하고, 수행 끝에 남을 가르칠 수 있는 선사나 강사의 경지에 이르게 되면 법사의 법맥을 계승하는 의식을 거행한다. 이를 건당식建幢式이라고 한다. 건당식이 끝나면 법사로부터 법호와 의발을 전해 받는다. 법호를 줄 때는 법사가 제자의 법호에 대해서 해석을 하며, 법통 계승의 내용을 기록한 족패族牌를 준다. 족패에는 석가모니로부터 몇 대째로 법통을 이어받은 몇 대째 법손임을 기록했다. 이 의식 때 제자는 여러 승려들 앞에서 최초의 설법을 행한다.

승려들은 법호 이외의 호와 자도 갖는 경우가 많았다. 죽은 뒤에는 부도를 만들고 탑호를 부여하기도 했다. 따라서 한 승려에 대해 여러 호칭이 있을 수 있다.

廣智 각로覺老(1102-1158)는 고려 예종의 아들로, 속명이 왕지인王之印인데,

출가해서 승려가 되었으며, 시문에 뛰어났다. 호는 영원수靈源叟, 법호는 광지廣智, 자는 각로이다. 어머니는 거란인으로서 후궁이었던 은殷씨이다. 1110년(예종 5) 전라도 남원의 칠장사 혜소慧炤에게 출가했다. 15세에 승과에 급제했고, 1127년 삼중대사三重大師, 1146년(의종 원년) 대선사大禪師가 되었으며, 1149년 의종으로부터 광지라는 호를 받았다. 1158년 지륵사智勒寺에서 입적했다. 문림랑 시대묘승 겸 한림원文林郎試大廟丞兼翰林院 임종비林宗庇가 〈광지대선사지인묘지명廣智大禪師之印墓誌銘〉을 지었다.[154] 지석의 실물이 국립중앙박물관에 있다.

惠文 고려 때 이규보李奎報와 교유한 승려로 혜문惠文 선사가 있다. 자는 빈빈彬彬, 호는 월송月松, 속성은 남씨로, 강원도 고성군 사람이다. 이규보는 그를 문선사文禪師, 문장로文長老, 문사文師, 문선로文禪老라고 표현했다.[155] 가지산문迦智山門의 선승으로 시에 뛰어났다. 30세가 넘어 승과에 급제하고, 뒤에 대선사에 이르렀다. 1232년(고종 19) 화악사華嶽寺에 주석했고, 몽골 침략으로 강화도로 도읍을 옮기던 1232년에 운문사雲門寺로 가서 3년 동안 머무르다가 1234년에 죽었다.

一然 고려 때 《삼국유사》를 편찬한 일연一然(1206-1289)[156]은 시호가 보각普覺, 탑호가 정조靜照이다. 속성은 김씨, 이름은 견명見明, 일연은 자字이고, 초자는 회연晦然, 호는 목암睦庵이다. 목암이란 호는 목주睦州 진존숙陳尊宿(진포혜陳蒲鞋, 도종道蹤)의 풍모를 흠모해서, 그가 주석住錫했던 지명을 따서 자호한 것이다.[157] 장산章山, 즉 경북 경산慶山 출신이다. 1227년 승과에 급제하고 1237년 삼중대사三重大師, 1246년 선사禪師를 더하고 1259년 대선사에 올랐다. 1283년 국존國尊으로 추대되고, 원경충조圓經沖照의 호를 받았다. 이듬해 경북 군위軍威 인각사麟角寺를 중건했다.[158] 진존숙은 황벽희운黃檗希運의 법사法嗣로, 법명은 도

---

154 이지관,《교감역주 역대고승비문》04(고려편 03), 가산불교문화원, 2000.
155 李奎報,〈文禪師哀詞〉,《東國李相國全集》卷37 哀詞.
156 朴魯春,〈一然의 號와 混丘의 號〉,《어문연구》25·26, 한국어문교육연구회, 1980, pp. 168-171.
157 閔漬,〈高麗國義興華山曹溪宗麟角寺迦智山下普覺國尊碑銘幷序〉; 국학진흥연구사업추진위원회 편,《장서각소장탁본자료집》I(고대·고려편), 한국학자료총서 13, 한국정신문화연구원, 1997; 국립문화재연구소 문화유산연구지식포털(https://portal.nrich.go.kr) 한국금석문.
158 銀海寺 一然學硏究院, 中央僧伽大學校 佛敎史學硏究所 編,《麟角寺普覺國師碑銘帖 續集》,

명道明 혹은 도종道蹤이라 한다. 왕골 짚신을 삼아 효도를 했으며 짚신을 나뭇가지에 걸어 놓아 나그네들이 신고 가게 했으므로 진포혜(왕골 짚신)로 일컬어졌다. 일연이 진존숙을 흠모한 심경에 대해 고 민영규 선생님은 다음과 같이 추측했다.

> 스물두 살 되던 정해년 겨울 일연은 선불장選佛場에 나아가 상상과上上科에 오르고 비슬산 보당암에서 깊은 사색에 잠긴다. 그러기를 9년째 되던 해 몽골군이 몰고 온 전란으로 한때 몸을 피했다가 이듬해 다시 비슬산으로 돌아와 이번에는 무주암에서 생계불멸불계부증이란 공안을 놓고 십수 년 동안 각고초사刻苦焦思했다는 것. 나는 여기서 일연이 중생계와 불계가 생래生來의 여래장을 갖춤으로써 하나이자 둘이 아닌 능가종 본래의 절대평등관을 구경한 것이 아니었던가 생각하고 있다. 쉰다섯 살 되던 경신년에 일연은 남해도 길상암에서《중편조동오위》2권을 완성했다. 일연에게 있어 그것은 일연의 선사상을 구명하기에 결정적인 자료가 될 것이며《삼국유사》와 더불어 쌍벽을 이룰 중요한 내용의 것이지만 일연과 조동선과의 관계는 일찍이 그가 사미승으로 광주 무등산 무량사에 몸을 담고 있었던 때로부터 시작된다. 이듬해 원종왕으로부터 강화 정부로 상경하라는 소명을 받고 강도 선월사에서 개당했다. 그러나 일연은 심히 기쁘지 않은 표정이다. 회연晦然이란 당호堂號를 버리고 일연一然으로 고친 것도 이 시기의 일이다. 5년째 되던 해 마치 포승을 벗어나듯 남쪽 영일 땅 오어사로 돌아간다. 일연에 대한 당로의 끈질긴 유혹은 이때 한 번만으로 그친 것이 아니었다. 77세 되던 해 다시 한 번 충렬왕에게 불려 지친의 거리에서 열 달 미만을 보낸 사연은 앞에서 이미 이야기한 바다. 왜 그랬을까? 왜 그렇도록 일연은 권력의 측근에 앉기를 마다한 것일까?[159]

信眉 조선 세종, 세조 때 승려 신미信眉(1403-1480)는 속명이 김수성金守省, 법호는 석조釋祖이다. 본관은 영동, 또 다른 호는 수암秀庵이며, 김수온金守溫(1410-1481)의 형이다. 세종 말년에 김수온과 함께 궁 안의 내원당內願堂에서 법

銀海寺 一然學研究院, 2000; 정병삼 외,《2004년 국립문화재연구소 주관 '인각사보각국사비재현'사업 복원본》.

159 민영규, 〈일연과 진존숙〉,《學林》, 연세대 사학연구회, 1983. 3.

요를 주관했다. 안평대군에게 반야般若 사상을 가르쳐 주었다. 문종 때 선교도총섭禪敎都摠攝에 임명되었다. 1458년(세조 4) 해인사 대장경 50부를 간행할 때 이를 감독하고, 1461년 6월 간경도감의 불전 번역을 주관했다. 1464년 상원사上院寺 주지가 되어 절을 중창했다. 세조로부터 혜각존자慧覺尊者의 호를 받았다.[160] 상원사에 〈수암화상부도秀庵和尙浮屠〉가 있다.

惠藏 정약용이 강진 유배 시절 교의가 깊었던 연파蓮坡는 법명이 혜장惠藏(1772-1811)이다. 속명은 김팔득金八得, 자는 무진無盡, 자호는 연파이고, 별호는 아암兒庵이다. 아암이란 호는《도덕경》제28장의 "남성스러움을 알고 여성스러움을 지키면 천하의 시내가 되는데, 천하의 시내가 되면 항상 덕이 떠나지 않아 어린아이로 되돌아가게 된다"(知其雄, 守其雌, 爲天下谿. 爲天下谿, 常德不離, 復歸於嬰兒)에서 따온 것이다. 정약용이 지어 주었다고 한다. 전라남도 해남 출신으로, 대둔사大芚寺의 월송月松으로부터 구족계를 받고, 유일有一과 정일鼎馹로부터 불법을 배웠으며, 27세 때 정암晶巖의 밑에서 선리를 터득하여 문신文信의 적손嫡孫이 되었으나, 폭음 끝에 죽었다. 정약용이 〈동방제십오조연파대사비명東方第十五祖蓮坡大師碑銘〉을 지었다.《아암집》3권을 남겼다.[161]

台先 구한말 전남 화순 출신의 태선台先(1824-1894)은 속성이 밀양 박씨로, 법호가 함명涵溟이다.[162] 1849년 서석암瑞石巖에서 풍곡덕인豊谷德仁 법사에게서 법인을 전수받고, 1866년 경붕익운景鵬益運에게 법인을 전수했다. 법계는 청허휴정淸虛休靜, 편양언기鞭羊彦機, 풍담의심楓潭義諶, 월저도안月渚道安, 설암추붕雪岩秋鵬, 상월새봉霜月璽封, 용담조관龍潭慥冠, 규암낭성圭岩朗誠, 서월거경(감)瑞月巨璟(鑑), 회운진환會雲振桓, 원담내원圓潭乃圓, 풍곡덕인豊谷德仁, 함명태선涵溟太先, 경붕익운景鵬益運, 경운원기擎雲元奇로 이어졌다.

---

160 민덕식, 〈혜각존자 신미의 가계와 생애〉,《충북사학》24, 충북대학교 사학회, 2010. 2, pp. 43-97.

161 혜장, 김두재 옮김,《아암유집》, 동국대학교출판부, 2015; 윤호진, 〈다산의 전등계 제자에 대한 연구〉, 성균관대학교 생활과학대학원, 2016.

162 이능화,《조선불교통사》, 신문관, 1918; 차차석, 〈근대 선암사와 그 학풍〉,《보조사상》40, 보조사상연구원, 2013, pp. 164-196.

(8) 근세의 별호와 필명

근세에 들어와 신문과 잡지가 발달하면서 별호와 필명을 사용하는 예가 많아졌다. 별호·필명의 사용은 근세 이전의 작호 관습을 계승한 면이 있되, 호가 지니는 수성修省의 의미나 개방적 행세行世와는 달리, 권력의 검열로부터 자신을 보호하려는 페르소나의 특성을 더욱 강화한 것이다.

이를테면 일제강점기 한국 잡지언론의 선구자로 불리는 차상찬車相瓚(1887-1946)은 청오靑吾라는 호를 주로 사용하되, 취운생翠雲生·월명산인月明山人·수춘학인壽春學人·강촌생江村生·차천자車賤子·주천자酒賤子·차돌이·관상자觀相者 등 48종의 필명을 사용했다.[163] 필명의 사용은 일제의 검열을 피하려는 한 방법이었다. 차상찬은 강원도 춘천 신동면 송암리(현 춘천시 송암동)에서 출생했으므로,[164] 필명 가운데는 생장지 춘천과 연계되는 것이 적지 않다. 차상찬은 1918년 8월, 천도교 기관지《천도교회월보》의 발행 겸 편집인으로 활동하던 형 차상학車相鶴이 지병으로 작고하자, 형의 뜻을 계승해서 1920년《개벽》창간 때 동인으로 참가했다.[165] 차상찬은 1921년 11월 한국 최초의 기자단체 무명회無名會에 가입하고, 1924년 6월 31개 사회단체 대표 1백여 명이 결성한 언론집회압박탄핵회에 실행위원으로 참가했으며, 1925년 3월 무명회가 주관한 전조선기자대회준비위원회에서는 서무위원으로 활동했다.《개벽》은 민족의식

---

163 《차상찬 전집》 연구진들은 이를 확인하고《개벽》에 게재된 차상찬의 글들을 상당수 새로 발굴해 내었다. 연구진들은 차상찬의 20여 필명을 더 검토하는 중이라고 한다. 차상찬집전편찬위원회,《차상찬전집》1-3, 청오차상찬기념사업회, 2019; 심경호,〈《차상찬 전집》(1~3, 차상찬전집편찬위원회, 2018)에 관한 단상(斷想)〉,《근대서지》20, 근대서지학회, 2019. 1, pp. 381-392.

164 1913년 보성전문학교 법과를 졸업하고 1913년 3월부터 1918년 9월까지 모교의 간사로 있었다. 1936년 조선어학회 조선어표준어사정위원회 위원으로 활동하고, 경성방송국(JODK)의 방송위원으로 야사와 민담을 방송했으며, 1937년 이후 저술에 전념하다가, 광복 후 1946년에 전조선문필가협회 추천위원으로 활동했다. 2010년 11월 1일 제45회 잡지의 날에 은관문화훈장이 추서되었다.

165 천도교단의 개벽사는 1920년 6월 25일《개벽》창간호를 발간했는데, 당시 사장은 최종정崔宗禎, 편집인은 이돈화李敦化, 발행인은 이두성李斗星, 인쇄인은 민영순閔泳純 등이었다. 정현숙,〈개벽사와 차상찬—기획 특집과 매체 지형의 변화를 중심으로〉,《대동문화연구》113, 성균관대학교 대동문화연구원, 2021. 3, pp. 267-291.

을 고취한다는 이유에서 정간·발행금지·벌금, 그리고 발행정지 등의 부당한 처벌을 많이 받다가, 1926년 8월 1일 통권 제72호(8월호)를 끝으로 일제에 의하여 폐간되었다. 차상찬은 1927년《별곤건別乾坤》에 보성전문학교 영어교수 백상규白象圭의 인물평을 게재했다가 문제가 되어 3개월 간 옥고를 치렀다.《별곤건》은 개벽사가 1926년 11월 1일자로 창간한 대중잡지로 1934년 8월 통권 74호로 종간되었는데, 1928년에 차상찬은《별곤건》의 편집주간 또는 발행인으로 있었다. 이후 차상찬은 1929년 3월 조선소년총연맹 상무위원, 1929년 11월 조선어사전 편찬위원 발기인, 1931년 조선잡지협회의 창립위원을 지냈다. 1934년 11월에는《개벽》을 속간해서 1935년 3월 1일자로 폐간될 때까지 모두 4호를 발행했다.

그런데《개벽》의 편집부는 민족민중시인으로서 '김삿갓 시'를 대대적으로 수집하면서, 김병연金炳淵=김병연의 등식을 고정시켰다. 즉, 1920년대 후반《개벽》 편집부는 우편 제도를 이용하여 김삿갓의 시문을 모집하고 행적과 일화를 수집하기 시작했다. 1926년 천도교 잡지《개벽》의 문예부는 김삿갓의 시문과 전기 자료가 대대적으로 수집했다. 1926년 3월 1일 발행《개벽》 제67호의 표지 뒷면에는 '김삿갓선생시문대모집, 6월 15일까지'라는 광고가 실려 있다. 1926년 5월 1일 발행《개벽》 제69호에는 '김삿갓 선생 시문 대모집 6월 15일까지'라는 공고가 있고, 같은 해 7월 1일 발행《개벽》 제71호에는 '김삿갓 시문 원고 막대함, 모집기한 한 달 연장'의 사고社告가 있다. 김삿갓은 김병연이라는 인물을 핵으로 하면서 과객科客과 방랑시인들을 망라하는 특수한 지칭이다.[166] 그 지칭은 근세의 출판과 우편이 발달하면서 '조선의 대시호'요 '무산자

166 실존인물인 김병연은 무계 집안 출신으로, 증조부 김시태金時泰가 경종 때 신임사화에 순절한 공 때문에 음보로 나갔다. 안동김씨(김선평 파, 신 안동) 휴암공파休庵公派에 속하며, 조부가 김익순金益淳이다. 김시태(1682-?)는 선전관으로 있다가 1714년(숙종 40) 증광무과에서 병과 19위로 합격하고, 경종 때 신임사화에 순절하여 충의忠毅의 시호를 받았다. 그 손자 음보로 무관직에 나아가, 1799년 6월 19일에는 함경 중군(咸鏡中軍)에 임명되었다. 1811년(순조 11) 홍경래 난이 일어났을 때 선천부사로서 홍경래 측에 항복했다 현인복玄仁福의《진중일기陣中日記》(서울대 규장각 소장 필사본)에 따르면, 1811년 12월 24일 홍경래 휘하의 부대가 선천을 공격하자 김익순은 성을 버리고 검산산성으로 도망했고, 산성이 위태하자 결국 투항했다. 1812년 4월 홍경래가 관군에게 패한 이후 김익순은 반란자 이제초李濟初 부대에서 낙오한 농민 조문형趙文亨에게 1000냥을 주기로 하고 반군 장수 김창시金昌始의 목을 베어 오게 했다. 조문형이 김창

의 일인'으로서 생명력을 부여받았다.《개벽》의 문예부는 "조선은 반만년의 역사가 있다고 하면서 오히려 일책一冊의 가치 있는 유서遺書가 없다"라고 개탄하고, "가치 있는 역사적 사실뿐만이 현 민중에게 던져 준 참고와 현 민중의 퇴폐적 정서에게 교시할 수 있는 문화를 살피여 볼 필요"에서 김삿갓의 시와 관련 자료를 모집했던 것이다.《개벽》 제71호 사고社告는 김립 시문과 기타 전기의 원고가 "산과 같이 쌓인 데다가 아직도 속속 투고가 끊이지 않아" 편집 종료 기일을 1개월 연기한다고 공고했다.

종래 김삿갓 시의 연구나 감상은 이응수李應洙(1909-1964)(리응수, 大空應洙) 편집본을 활용해 왔다.[167] 이응수는 1930년 2월 8일자《중외일보》에 〈세계시단 3대혁명가(世界詩壇三大革命家); 휫트맨·이시카와 다쿠보쿠(石川啄木)·김삿갓(金笠)〉을 발표한 이후로 김삿갓 전문가로 나섰다.[168] 1938년 경성제대 선과생으로 있으면서 김삿갓 시집의 임시편집본을 들고 천태산인을 찾아가 '서변序辯'을 부탁했으나, 천태산인이 여러 시가 위조임을 지적했다. 이응수는 천태산인의 글을 받지 않고, 1939년 2월《상해詳解 김립시집》을 학예사에서 펴냈다. 해방 후 북한으로 갔으며, 김일성종합대학 교수와 과학원 언어문학연구소 교수

시의 목을 베어 바쳤으나, 김익순은 돈을 지불하지 않았다. 뒤에 양서순무사兩西巡撫使 중군中軍 유효원柳孝源이 추궁하자 조문형이 사실을 자백했으므로 김익순과 조문형은 대역부도죄로 참수당했다. 김병연의 9대 조부는 장동 김씨 김상헌의 사촌형 김상준金尙寯이었다. 김익순이 지위를 회복한 것은 1908년 내각 총리대신 이완용李完用(1856-1926)의 주청에 의해서였다. 그 전까지 김병연 일가의 삶은 상민과 다르지 않았을 것이다.

167 이응수는 1939년《김립시집》을 초간하고 1941년 대증보판을 출판했으며, 1956년 평양 국립출판사에서 정선본이라고 할《풍자시인 김삿갓》을 간행했다. 그런데 이응수는 율시와 과시科詩, 조선 고풍古風도 구별하지 못했다. 이응수는 1939년 간행《김립시집》에 약 283편의 수를 수록하고, 김병연이 향시에서 과시科詩로 장원했다는 이야기를 전하며 김병연의 작이 아니라 하면서도 1941년 대증보판에 실어두었다. 이 18연시는 천태산인天台山人 김태준金台俊(1905-1950)이 말했듯이 '고풍'이지 과시가 아니다. 심경호,《김삿갓 한시》, 서정시학, 2018.

168 이응수는 1909년 함경남도 고원군에서 태어나 함흥고등보통학교를 다녔다. 1927년에는 양숙아(梁熟兒)와 무정부주의 농민문학론에 관해 논쟁을 벌였다. 1928-1929년 일본 구제 사가(佐賀)고등학교(제15고등학교) 문과 갑류(영어 전공)에 재학했으나, 중퇴했다. 1930년대 초에는 '홍남읍 하덕리(荷德里) 53번지'에 살면서, 자작시를 여러 곳에 발표했다. 또한 김삿갓의 시를 모으고 지면에 발표하기 시작했다. 1940년에는 경성제대 법문학부 철학과에 입학해서 본과생으로 수학하고 1942년 9월 졸업했으며, 졸업 전 大空應洙로 창씨개명했다. 이후 조선총독부 등에서 근무하다가 해방 후 북한으로 가서 김일성종합대학 교수와 과학원 언어문학연구소 교수를 지냈다.

를 지냈다. 1956년 평양 국립출판사에서《풍자시인 김삿갓》을 간행하면서 김삿갓 시의 '인민성'을 더욱 부각시켰다. 하지만 북한의 주체사상 확립기 이후 그에 관한 언급이 없다. 이응수의 '김삿갓 시'는《개벽》문예부가 모집한 것을 승계한 것이며, 그것은《개벽》의 실질적인 편집자 차상찬의 발의였던 듯하다. 1928년 2월 발행《별건곤》제11호 '세외세世外世 인외인人外人 기인기사록奇人奇事錄'란에 차상찬은 풍악낭인楓岳浪人의 필명으로 〈회해풍자詼諧諷刺로 일생 방랑 불우시인 김삿갓〉을 게재했다.[169] 차상찬은 1936년 2월《중외일보》에 〈불우시인 열전〉과 〈불우시인 김삿갓〉을 발표하면서, 그 '부기'에서 차상찬은 "이 분의 시는 내가 모은 것도 약 300수 가량 되나 여기에 다 발표할 수 없고, 또 그의 평생 행적과 모든 일을 지금에 수집중인 즉 불원한 장래에 기회를 타서 자세한 발표를 하기로 약한다"라고 했다. 차상찬은《개벽》의 우편 모집으로 김삿갓의 시 300수가량을 확보하고 있었고, 그것이 함남 출신의 문인 이응수에게 계승되었을 것이다.

169 이 글은 차상찬 자신이《조선 4천년 비사》(大成書林, 1930, 하버드옌칭도서관 소장)를 간행하면서 수록한 〈불우시인 김삿갓〉의 내용과 완전히 일치한다.

제2장

작호의 심리와 호의 기능

(1) 호의 자작 심리

옛사람들이 사용한 호에는 자호가 많다. 자호를 지을 때 사람들은 그것이 실질에 부합해야 한다고 여겼다. 조선 후기 유한준兪漢雋(1732-1811)은 〈별호설別號說〉에서, 당시 사람들이 가탁의 의미도 없이 무분별하게 별호를 짓는 풍조에 대해 반대하고 진정으로 의미 있는 호를 지어야 한다고 권고했다.

> 옛날에는 이름만 있었지 호는 없었고 이름은 하나였을 따름이다. 춘추 시대에는 한 사람이면서 이름이 둘이거나 이름이 서넛이어서 이름이 이미 번다해졌지만, 이른바 호는 아직 없었다. 호라는 것은 유위有位의 인물을 시비하는 방도였으며, 죽은 사람에게는 시호라고 이름했다. 그러므로 주공의 법(《일주서》, 〈시법해〉)에 "시諡란 행실의 자취요 호號란 공적의 표시이다"라고 했다. 호로 공적을 표시하는 일이 주공 때부터 시작되었던 것이다. 그러나 주공은 사람에게 별호를 붙이라고 시킨 적이 없었다. 세상에 꾸밈을 심하게 하는 폐단이 있게 되면서 별호가 생겨났다. 한나라 때는 그나마 고대의 유풍이 있었으나, 당나라 때 슬금슬금 생겨나고 송나라·명나라는 남상의 격이었는데 그 폐단이 동방으로 와서 우리나라에 이르러 더욱 성해졌다. 사람마다 모두 별호를 지니자, 사대부는 부끄러워해서 별호로 세상에 행하지를 않았다. 그렇기는 하지만 그 호란 것은 그나마 가탁하는 바가 있었다. 도학에 가탁하기도 하고 문장에 가탁하기도 하며, 업적에 가탁하기도 하고 하나의 절조에 가탁

하기도 하며, 말엽에 불과한 기예에 가탁하기도 하여, 이렇게 해서 호가 성립하자, 스스로 일컬으면서 혐의하지 않고 남이 가해도 참월하다 여기지 않았다. 그런데 세상에서 거짓 미명을 끼고 문채만 꾸며서 실질이 부합하지 않는 자들이 마침내 그 가탁하는 뜻을 버리고 다투어 호를 세워서는 함부로 아무 헌軒, 아무 암菴이라고 하며 스스로 뻐겨, 가탁함이 끊어지면 모욕이 이르러 오고 모욕이 이르러 오면 호가 비천하게 됨을 전혀 모른다. 부끄러운 일이다. 나는 아주 혐오한다.[1]

유한준은 우려했지만 많은 사람들이 호(당호)에 특별한 지향을 가탁했다. 호에 담긴 정신 지향은 대개 다음과 같다.

자신自新 자조自嘲 자성自省 기원祈願 자처自處 자부自負 안돈安頓
체념諦念 자적自適 흠모欽慕 자괴自愧 계승繼承 불망不忘

❶ 자신自新

고인들은 삶의 각 단계마다 호를 바꾸어 사용한 예가 적지 않은데, 개호改號는 곧 스스로를 혁신하려는 결단의 표명이었다.

穌齋 조선 중기의 학자는 노수신盧守愼(1515-1590)의 본관은 광주光州, 자는 과회寡悔, 호는 소재蘇齋/穌齋·암실선생暗室先生·이재伊齋·십청정十淸亭·여봉노인茹峰老人이다. 죽은 후 문의文懿의 시호를 받았는데, 후에 문간文簡으로 고쳐졌다. 서울 남부 낙선방에서 태어났다. 명종 초 대윤大尹에 속하여 을사사화와 양재역 벽서 사건으로 유배 생활을 하다가 1567년 선조 즉위 후 풀려났다. 1581년(선조 14) 9월 모친상을 당하고, 상기를 마친 후 좌의정에 제수되었다.[2] 1585

---

1 兪漢雋, 〈別號說〉(辛丑), 《自著》卷27 雜著. "古者有名而無號, 名一而已. 春秋之世, 一人而二名三四名, 名已煩矣. 然未有所謂號也者. 號也者, 所以是非有位, 而死者名曰諡號, 故周公之法曰: '諡者, 行之跡. 號者, 功之表.' 號之表功也, 自周公始, 周公未嘗敎人別號也. 自夫世敝於彌文而別號起, 漢猶古矣, 唐稍稍, 宋明濫觴, 其弊東來而至我國益盛焉. 人人皆有別號, 士大夫恥, 不以別號行. 雖然其爲號, 猶有所託. 託於道學, 託於文章, 託於功業, 託於一節, 託於技藝之末, 而號以立, 自稱而不嫌, 人加而不僭. 而世之擁虛美文質無當者, 乃棄其所託, 爭相立號, 妄謂某軒某菴以自高, 而殊不知託絶則侮至, 侮至而號賤, 恥也. 余盖甚惡之."

2 許穆, 〈穌齋先生神道碑銘〉, 《記言》別集 卷16 丘墓文.

년 영의정이 되고, 이듬해 겨울 석가산을 만들어 송松·백柏·회檜·삼杉·진송眞松·적목赤木·비자榧子·두충杜沖·해송海松·황양黃楊 등을 심고, 방을 십청정이라 했다. 만절晩節을 지키겠다는 뜻을 가탁한 것이다. 1586년 겨울, 수장壽藏을 '암실'이라 하고 〈암실선생자명暗室先生自銘〉을 지었다.[3] 후주後周의 단희요段希堯는 비록 암실 속에 있다고 해도 속인 일이 없었다고 한다. 암실이란 남이 보지 않는 어두운 방으로, 그것을 호에 사용한 것은 그러한 공간에 있더라도 스스로를 다잡겠다는 신독愼獨의 뜻을 가탁한 것으로, 이름의 수신, 자의 과회와 뜻이 통한다. 노수신은 선조 초 퇴계 이황과 서찰을 통해 학술적인 문답을 할 때 이재 호를 많이 사용했다. '이伊'는 특별한 의미를 지니지 않는 지시사로, 뜻 없는 것으로 뜻을 삼을 듯하다. '이윤伊尹을 지향한다'는 '지이志伊'의 뜻은 아닌 듯하다. 호 가운데 이 소재가 널리 알려져 있으며, 문집 이름도《소재집》이다. 소생할 소甦는 소蘇로도 쓴다. 이재 호 다음에 소재 호를 사용했다고 보는 설도 있으나 실은, 노수신은 진도에 이배된 해에 3칸 초가집을 지은 후 소재穌齋라고 편액을 했다. 송나라 남당南塘의 진백陳柏이 4언 운문으로 지은《숙흥야매잠夙興夜寐箴》에 주석하면서 독서를 통해 자신을 새롭게 하고자 마음을 다잡은 일을 본받았다. 소재의 '소'는 주희朱熹 〈지락재명至樂齋銘〉의 "북창 아래 신음하여, 기운 울울하여 풀리지 않다가, 내가 나의 책을 읽으니, 병에서 소생하는 듯하네"(呻吟北窓, 氣鬱不舒. 我讀我書, 如病得甦)에서 취해 왔다.[4] 한편 여봉노인 호는 1589년 정여립 모반사건에 연루된 최만년의 유둔에 사용한 듯한데 필자는 확인하지 못했다. '여茹'는 굴원屈原《초사楚辭》의 "어린 해초 잡고서 눈물을 훔쳐나니, 눈물이 줄줄 내 옷깃을 적시네"(攬茹蕙而掩涕兮, 霑余襟之浪浪)에서 뜻을 취했을 것이다.

---

3 盧守愼, 〈暗室先生自銘〉, 《穌齋先生文集》 卷10 碑碣; 盧守愼, 《穌齋集》, 〈穌齋先生行狀〉(李埈); 심경호, 《내면기행》, 민음사, 2018, pp. 84-94.

4 朱熹, 〈至樂齋銘〉, 《晦庵集》 卷85. 주희는 명의 서문에서 "섭학고가 소사(절)에서 글을 읽으면서 구양수의 시어를 취하여 그 실을 지락이라 이름했다. 자양 주희 중회보가 실로 그를 위해 명을 쓴다"(葉學古讀書蕭寺, 取歐陽子詩語, 名其室曰至樂. 紫陽朱熹仲晦父, 實爲之銘)라고 했다. 구양수의 시어란 구양수의 장편고시 〈독서讀書〉에서 "지극하여라 천하의 즐거움이여, 종일토록 궤안에 있도다"(至哉天下樂, 終日在几案)라고 한 것을 말한다. 주희의 명은 다음과 같다. "呻吟北窓, 氣鬱不舒. 我讀我書, 如病得甦. 客問此書, 中作何味? 君乃嗜之, 如此其至. 趣爲子語, 無味乃然. 是有味者, 乃痼乃瘽. 天下之樂, 我不敢知. 至歐陽子, 乃賦斯詩. 我思古人, 實感我心. 惟曰愔愔, 式鉤且深."

至樂 이조년李兆年의 후손으로 류성룡柳成龍의 문인이었던 이준李埈(1560-1635)은 풍기군수로 부임한 명년(1614)에 백운동서원白雲洞書院 동쪽 뜰 모퉁이에 작은 서재를 짓고 지락재至樂齋라 했는데, 그 명명은 주희의 〈지락재명〉에서 따왔다. 지금 소수서원의 지락재가 그것이다. 곽진郭瑨(1568-1633)이 〈지락재기至樂齋記〉를 지어, 구양수와 주희의 뜻을 부연했다. 이준은 본관이 흥양興陽, 자는 숙평叔平인데, 호는 창석蒼石이고, 《창석집》을 남겼다.

❷ 자조自嘲

고인 가운데는 재덕의 부족이 불만족스러운 처지를 스스로 초래했다는 사실을 통렬하게 자각하고 자조의 뜻을 호에 가만히 기탁한 예가 있다.

櫟翁 고려 말 이제현李齊賢(1287-1367)의 본관은 경주로, 초명 지공之公, 자는 중사仲思, 호 익재益齋·역옹櫟翁, 시호 문충文忠이다.[5] 1301년(충렬왕 27) 성균시의 진사시에 일등 2위를 하고 문과(신축방)에 합격한 후 권보權溥(1262-1346)의 사위가 되었다. 1314년(충숙왕 1) 상왕(충선왕)의 요청으로 연경으로 가서 만권당에 머물렀다. 1339년 조적曺頔의 난 후 충혜왕이 원나라에 붙잡혀 가자 원나라에 가서 사태를 수습하고 왕을 복위하게 만들었다. 그 후 두문불출하며 《역옹패설櫟翁稗說》을 저술했다. 1351년 공민왕 즉위 후 계림부원군에 봉해졌다. 사진자찬寫眞自讚을 남겼는데, 그 지향은 역옹이란 호와 마찬가지로, 재목감이 못 되므로 오히려 장수하게 되었으면 한다는 자조의 뜻을 표명했다.[6] 〈역옹패설전서櫟翁稗說前序〉를 작성하여, 역櫟을 '나무木의 즐거움樂'으로 분해함으로써 형성자의 성부聲符에 의미를 두었다. 이러한 글자 풀이 방법을 우문설右文說이라 한다.

5 《高麗史節要》卷28 恭愍王3 丁未十六年 元至正二十七年. "秋七月丙申, 地震. ○雞林府院君李齊賢卒 … 平生, 未嘗疾言遽色. 自號益齋, 人無貴賤, 皆稱益齋. 然不樂性理之學, 無定力. 嘗權行省, 陞陛上拜表, 儀衛與王無異, 人譏之. 謚文忠, 後配享王廟."

6 李齊賢, 〈益齋眞自讚〉, 《益齋亂稿》卷9下; 《東文選》卷51 贊 〈益齋眞自贊〉. "獨學而陋, 聞道宜晩. 不幸由己, 何不自反? 何德于民? 四爲國相. 幸而致之, 祗速衆謗. 不揚之貌, 又何寫爲? 告爾後嗣, 一覩三思. 誡其不幸, 早夜以勉. 毋苟其幸, 庶幾知免."

역櫟 자에 낙樂 자를 붙인 것은 소리를 따른 것이다. 그러나 재목이 못 되어 오래 살아 나무로서는 즐겁기 때문에 낙樂 자를 따른 것이다. 나는 일찍이 외람되이 대부 벼슬을 한 이후부터 졸렬함을 양성함으로써 재앙을 면했다. 그래서 호를 역옹이라 했으니, 재목감이 못 되어 장수할 수 있기를 바라기 때문이다. 패稗가 비卑 자를 따르는 것도 역시 소리를 나타내는 것이지만, 뜻으로 보면 '패'는 벼 가운데서 하찮은 것이다. 내가 어려서는 글을 읽을 줄 알았으나 장성해서는 학문을 그만두었으니, 이제 늙고 말았거늘 도리어 박잡한 글을 짓기 좋아하므로 실實이 없어 낮춰 볼 만한 것이 패와 같다. 그래서 그 기록한 것을 이름해서 패설이라 한다.[7]

於于 어우於于는 쓸데없는 소리란 뜻이다. 《장자》의 '어우이개중於于以蓋衆'이란 말에서 나왔으니, '쓸데없는 소리로 뭇사람을 현혹시킨다'라는 뜻이다. 《장자》〈천지天地〉편에 보면, 자공子貢이 초楚나라를 유람하고 진晉나라로 돌아오다가 한음漢陰에서 어떤 노인이 마침 맨손으로 밭일 하는 것을 보았다. 자공이 기계를 쓰면 어떠냐고 하자, 그 노인은 기계를 쓰면 기계에 의존하는 마음(機心)이 있게 되어 형해(육신)마저 타락시킬 것이라고 경고했다. 그리고 공자에 대해, 박학으로 성인에 견주고 쓸데없는 소리로 뭇사람을 현혹시키며 홀로 슬픈 노래를 현으로 반주하며 천하에 명성을 파는 자로 규정했다.[8]

앞서 보았듯이 유몽인柳夢寅은 문청文淸이라는 사시私諡가 있다. 그런데 1617년(광해군 9) 인목대비 폐비론에 가담하지 않았다는 이유로 파출되자, 서강 와우산臥牛山과 도봉산 북폭포동北瀑布洞 송천정사松泉精舍에 은둔해서《어우야담》을 지었다. 어우의 호는 바로《장자》에서 따왔다. 간재는《주역周易》간괘艮卦 단사彖辭의 "간은 그침이니, 때가 그칠 때면 그치고 때가 행할 때면 행하여, 움직이며 그침에 그 때를 잃지 아니함이 그 도가 빛나고 밝은 것이다(艮, 止也. 時止則止, 時行則行, 動靜不失其時, 其道光明)"에서 뜻을 취했을 것이다. 묵호자의 묵호

---

7 李齊賢,〈櫟翁稗說前序〉, 王性淳原初輯,《麗韓十家文鈔》卷2; 심경호,《한문산문미학》(개정증보판), 고려대학교출판부, 2013, pp. 481-482.

8 《莊子》〈天地〉. "有閒, 爲圃者曰: '子奚爲者邪?' 曰: '孔丘之徒也.' 爲圃者曰: '子非夫博學以擬聖, 於于以蓋衆, 獨弦哀歌以賣名聲於天下者乎? 汝方將忘汝神氣, 墮汝形骸, 而庶幾乎! 而身之不能治, 而何暇治天下乎! 子往矣, 无乏吾事'."

默好는《논어》〈술이述而〉의 "묵묵히 기억한다(默而識之)"와 같은〈술이〉의 "나는 나면서부터 아는 자가 아니다. 옛것을 좋아하여 급급히 구한 자이다"(我非生而知之者, 好古敏以求之者也)에서 가져온 듯하다.

剩民 조선 후기 윤광심尹光心(1751-1817)의 본관은 파평, 자는 경보敬夫, 호는 잉민剩民이다. 선집《병세집幷世集》과 경학논문집《잉서剩書》를 남겼다.[9] 호는 잉여 인간이란 말로, 자조적인 뜻을 지닌다. 주희가〈답호광중答胡廣仲〉에서 "무릇 천하의 이치와 형세는 모두 나머지가 있거나 군더더기가 있으며, 기울고 높으며 뾰족하고 비스듬하지, 결코 가지런하고 정돈되고 평평하고 바른 곳이 없다"(凡天下之理勢, 一切畸零贅剩, 側峻尖斜, 更無齊整平正之處)라고 한 데서 나왔다.

명나라 때 복주福州 진해위鎭海衛 사람으로 경학을 연구한 진진성陳眞晟(1410-1473)은 본래 자가 회보晦夫였는데 잉보剩夫로 바꾸었다. 포의布衣로 대궐에 글을 올렸다 하여 스스로 호를 포의라 했고, 이에 학자들이 그를 포의선생이라 일컬었다.《대학》의〈성의장誠意章〉을 통과하기 어려운 철관문鐵關門이라 하고, 주일主一 두 글자를 옥 열쇠로 비유하여, 만약 선에서 나온 뜻(意)을 한결같이 지키면 악이 물러가서 선의 명령을 듣게 될 것이라고 말했다. 자字에 '잉剩'을 사용한 것은 호에 그 글자를 사용한 것과는 다르지만, 역시 주희의 어구를 빌려 자조의 뜻을 기탁한 사례로 볼 수 있다.

❸ 자성自省

고인들은 각고의 자기혁신이나 통렬한 자기비판은 아니더라도 자신의 현 상황을 반성하고 향후의 처신을 진지하게 탐색하는 마음가짐을 호에 반영시키기도 했다.

澤堂 1617년(광해군 9) 인목대비 폐모론이 일어나자 이식李植(1584-1647)은 경기도 지평(지금의 양평군 양동면)으로 낙향해 당호를 택당澤堂이라 했다. 택풍은《주역》대과괘大過卦를 말한다.[10] 그보다 앞서 1616년 정월, 이식은 여주 북쪽 강구촌에 머물면서《주역》으로 점을 치자, 대과괘의 구이九二효가 변해 택산

9 이화진,〈윤광심의《병세집》연구〉, 영남대학교 한문학과 석사학위논문, 2012.
10 曺友仁,〈澤風堂記〉,《頤齋集》卷2 記.

澤山 함괘咸卦로 변했다. 변효가 하나일 때에는 본괘의 그 효사로 점을 치는데, 대과괘의 구이 효사는 "말라 죽은 버드나무에 새잎이 돋아나듯, 늙은이가 나이 어린 아내를 얻으니, 이롭지 않음이 없다"이다. 좋은 단서가 싹틀 조짐이었다. 하지만 대과괘의 대상전大象傳은 "홀로 서 있으면서도 두려워하지 않으며, 세상을 피해 살면서도 고민하는 일이 없다"라고 했다. 이에 이식은 "세상에서는 당연히 은둔해야 하고 서 있는 것 또한 당연히 홀로 있어야 한다는 뜻이다"라고 풀이했다. 1619년에 이르러 이식은 지평에 집을 짓고 당호를 택풍으로 정했다.

택풍대과괘澤風大過卦	→	택산함괘澤山咸卦
大過		咸
澤 ䷛ 兌 風 ䷛ 巽		澤 ䷞ 兌 山 ䷞ 艮

* 대과괘의 구이九二효가 양에서 음으로 바뀜

이식은 택풍당의 서재와 주위 배치를 택풍괘의 형상에 맞게 하고 〈택풍당지〉를 지어 그 사실을 밝혔다.

> 기미년(광해군 11, 1619년), 당이 이루어지자 현판을 만들었다. 당의 모양은 누(다락)와 같으며, 높이는 16척이다. 중간에 한 칸 방을 만들고, 기둥을 따라 반쯤까지 흙을 쌓아 온돌을 놓았으며, 창을 냈다. 벽의 바깥에는 네 기둥을 터서 난간을 두르고, 판자를 깔아서 헌함(마루)을 만들었다. 온돌의 높이와 비교해 보면 너비는 반이요 안길이는 그 곱절이다. 막히고 가려진 것이 없어서 빙돌면서 사방을 바라보기에 좋다. 헌함 아래 동편은 땅이 낮고 질펀했으므로 샘물을 끌어다가 네모난 연못을 만들고, 못 가운데는 조그만 흙둔덕을 그대로 두고 버드나무를 심었다. 당의 안은 실實하고 밖은 허虛하게 한 것도, 못 가운데 나무를 심은 것도, 모두 택풍澤風의 상象(초효와 상효는 가운데가 터져 있는 음효이고, 2효부터 5효까지는 전체가 박혀 있는 양효임—역자 주)이다.[11]

이식의 본관은 덕수德水, 자는 여고汝固, 호 택당澤堂·택구거사澤癯居士이다.

11 李植, 〈澤風堂志〉, 《澤堂先生集》別集 卷11 志.

택구란 산택에 거처하여 메마른 선비란 뜻이다.《한서》〈사마상여전司馬相如傳·하〉의 "산택에 거처하는 신선 같은 유자들은 외모가 몹시 야위어서 제왕이 기대하는 선인의 뜻에 부합되지 못한다"(列仙之儒居山澤間, 形容甚臞, 此非帝王之仙意也)에서 온 말이다. 1623년 인조반정 후 이조좌랑에 임명되고, 부수찬을 거쳐 사가독서했다. 1641년 2월 대제학으로《선조실록》의 개수를 맡았다. 1646년 7월 두 번째로 예조판서에 임명되었으나, 실록의 수정을 마치지 못하고 죽었다.

與猶 정약용丁若鏞은 젊어서 기세가 너무 강한 것을 염려해《노자》가 가르쳐 준 움츠림의 자세를 취하리라 생각하고 당호를 여유당與猶堂이라 했다. 29세 때인 1799년(정조 23) 봄 참소를 입자 처자를 거느리고 마현馬峴으로 돌아가 여유당의 당호를 상인방에 써 붙이고, 그 명명의 이유를 〈여유당기〉에 밝혔다. 여와 유는 주저주저, 멈칫멈칫의 태도를 형용하는 쌍성雙聲(두음이 같은 글자끼리 합하여 의태의 뜻을 나타내는 복합어)의 글자이다.《노자》는 여와 유가 마치 동물들의 이름인 것처럼 사용하여 자과自誇·자벌自伐을 경계한 것이다. 정약용은 〈여유당기〉에서 주저주저한다는 뜻의 여유與猶를 말하면서, 단호하게 그만두겠다는 뜻의 차이且已를 사용하여, 심리적 모순을 드러냈다. 자조과 뜻을 동시에 드러낸 것이다.

> 내가 보건대 노자의 말에, "여與여! 겨울의 냇물을 건너는 듯하도다. 유猶여! 사방의 이웃을 두려워하는 듯하도다"라고 했다. 아아! 이 두 말이야말로 내 병을 치료할 수 있는 것이 아니랴! 무릇 겨울에 내를 건너는 일은 차가움이 파고들어 뼈를 깎는 듯할 터이므로 아주 부득이한 경우가 아니면 하지 않을 것이고, 사방의 이웃을 두려워하는 일은 자기를 감시하는 눈길이 몸을 핍박하므로 비록 몹시 부득이하더라도 하지 않을 것이다. 서찰로 남과 경經과 예禮에 관해 설의 차이를 논하려고 하다가 생각해 보면 그렇게 하지 않더라도 해가 되지 않는다. 하지 않더라도 해가 되지 않는 것은 부득이한 일이 아니다. 부득이한 것이 아닌 일은 잠시 그만두자. 남을 의론하여 봉장封章(상소)하여 조정 신하의 잘잘못을 비판하려고 하다가 생각해 보면 이 일은 남이 알게 하고 싶지가 않다. 남이 알게 하고 싶지 않다는 것은 마음에 크게 꺼림이 있어서이다. 마음에 크게 꺼림이 있는 일은 잠시 그만두자. 진귀한 완상품玩賞品과 오래된

기물을 널리 수집하려고 하다가도 잠시 그만두자. 벼슬살이하면서 관아의 재화를 무문농법舞文弄法(법조문을 멋대로 변개함)해서 그 여유분을 슬쩍하려다가도 잠시 그만두자. 마음에 일어나고 뜻에 싹이 트는 모든 일은 심하게 부득이한 것이 아니라면 잠시 그만두자. 비록 심하게 부득이하더라도 남에게 알게 하고 싶지 않으면 잠시 그만두자. 진실로 이와 같다면 천하에 어찌 쓸데없이 벌이는 무익한 일이 있겠는가?[12]

❹ 기원祈願

근대 이전의 중국과 한국에서 지식층, 관료층은 집안의 번영을 희구해서, 서너 대에 걸쳐 정승을 하고 몇 대 때 문형文衡을 잡는 집안을 선망했다. 명나라 호형胡瀅은 여섯 왕을 두 루 섬기며 60년 동안 관직에 머물렀고, 왕서王恕는 50여 년이나 벼슬을 살았으며, 장무張懋는 부친 장보張輔의 공작公爵 작위를 이은 것이 66년이었고 병권을 잡은 것이 40년이었다. 유윤劉玧은 50여 년을 관직에 있었고, 곽횡郭鋐은 50년간 벼슬했다. 조선에서는 정원용鄭元容(1783-1873)이 순조와 헌종, 철종, 고종 등 4대 왕에 걸쳐 72년간 조정의 관료로 있으면서 30년간 재상 직에 있었고 영의정을 여섯 차례나 지냈다. 북송의 왕호王祜는 음덕을 쌓아 세인의 칭송을 받았는데, 자기 마당에 회나무 세 그루를 심고서 후일 자손 중에 삼공의 자리에 오를 자가 나올 것이라고 예언했다. 뒤에 아들 왕단王旦(957-1017)이 진종眞宗 때 18년 동안이나 재상의 자리에 있게 되었다. 소식蘇軾의 〈삼괴당명三槐堂銘〉에 다음 말이 있다.

하늘을 기필할 수 있는가? 현자가 반드시 귀해지지는 못하고, 인자가 반드시 장수하지는 못한다. 하늘을 기필할 수 없는가? 어진 사람은 반드시 후손이 있다. 이 두 가지 중에 어느 것을 취해 절충해야 하는가? 신포서申包胥가 말하길, "대중이 많으면 하늘을 이기고 하늘이 정해져도 역시 사람을 이길 수 있다"라고 했다고 한다. 하늘을 논하는 자들은 모두 하늘이 정하기를 기다리지 않고 자기 쪽에서 구하므로 하늘을 아득하다고 여긴다. 선한 자가 이 때문에 태만해지고 악한 자가 이 때문에 방자해지니, 도척이 오래 살았던 일이나 공자

12 丁若鏞, 〈與猶堂記〉, 《與猶堂全書》 第1集 詩文集 第13卷 文集 記.

와 안자가 곤액을 겪은 일은 모두 하늘이 아직 정하지 않았기 때문에 그런 것이었다. … 나라가 장차 흥하려면 반드시 대대로 덕을 쌓은 신하가 있어서 후하게 베풀기만 하고 그가 보답을 먹지 않는데, 그런 뒤에야 그 자손들이 문덕을 지키는 태평성세의 군주와 더불어 천하의 복을 함께 누리게 된다.[13]

三魁 신숙주申叔舟의 손자 신종호申從濩(1456-1497)는 호를 삼괴당三魁堂이라 했다. 본관은 고령高靈, 자는 차소次韶이다. 1474년(성종 5) 진사시에서 장원을하고 1480년(성종 11) 식년문과에서 장원을 했으며, 1486년 부응교로 있을 때 문과중시에서도 장원을 했다. 1496년(연산군 2) 정조사가 되어 명나라에 갔다가 이듬해 1497년 귀환 중에 개성에서 죽었다.[14]

三樹 동래東萊 정씨의 경상도 예천醴泉 입향조 정귀령鄭龜齡의 호는 삼수정三樹亭이다. 고려 말에 태어나 승훈랑承訓郎으로서 1424년(세종 6) 9월 청도 결성結城(현재의 충청남도 홍성군)의 현감으로 부임했으나 이듬해 6월 사임했다. 그리고 경상도 용궁현 구담리(현재의 풍양면 청곡리 198번지)에 터를 잡고 회나무 세 그루를 심고 8개의 기둥을 가진 정자를 지어 삼수정이라 했다. 후손 중에 정승이 8명이 나왔는데, 증손자 정광필鄭光弼(1462-1538), 5세손 정유길鄭惟吉(1515-1588), 6세손 정지연鄭芝衍(1525-1583)·정창연鄭昌衍(1552-1636), 8세손 정태화鄭太和(1602-1673)·정치화鄭致和(1609-1677)·정지화鄭知和(1613-1688), 9세손 정재숭鄭載嵩(1632-1692) 등이다.[15] 철종을 강화도에서 배종해 와서 등극시킨 정원용鄭元容도 그의 후손이다. 그리고 위당(담원) 정인보鄭寅普(1893-?)도 그 후손이다.

孚翼 정양鄭瀁(1600-1668)의 본관은 연일延日, 자는 안숙晏叔, 호는 부익자孚翼子·경외敬畏·외근畏近·포옹抱翁이다. 정철鄭澈의 손자로, 1618년(광해군 10) 진사시에 합격했다. 1636년(인조 14) 병자호란 때 강화의 성이 함락되자 자살하

13 蘇軾, 〈三槐堂銘〉, 《東坡全集》 卷97. "天可必乎? 賢者不必貴, 仁者不必壽. 天不可必乎? 仁者必有後. 二者將安取衷哉? 吾聞之, 申包胥曰: '人衆者勝天, 天定亦能勝人.' 世之論天者, 皆不待其定而求之, 故以天爲茫茫. 善者以怠, 惡者以肆, 盜跖之壽, 孔顔之厄, 此皆天之未定者也. … 國之將興, 必有世德之臣, 厚施而不食其報, 然後其子孫, 能與守文太平之主, 共天下之福."

14 曺偉, 〈嘉善大夫司憲府大司憲申公墓誌銘并序〉, 《梅溪先生文集》 卷4 墓誌.

15 鄭光弼, 《鄭文翼公遺稿》 附錄 世系, 〈鄭文翼公諱光弼世系〉.

려다가 미수에 그쳤다. 1668년 장령이 되었으나 타계했다. 시호는 정절貞節이었다가 문절文節로 바뀌었다. 처음에 자호를 부익자라고 했는데, 부익은 유부익익有孚翼翼의 준말로, 신실하고 또 경건한 자세를 지킨다는 말이자, 집안의 자손이 귀해서 자손을 보호한다는 의미도 지닌다. 아들을 잃은 뒤에는 호를 포옹이라고 고쳤으니, 포옹은 손자를 본다는 뜻이다.[16]《예기禮記》〈곡례曲禮·상〉에 "군자는 손자를 안을 뿐(抱孫) 아들은 안지 않는다"라고 했는데, 시동尸童을 망자의 아들이 아니라 손자가 맡는다는 것을 가리킨다.《포옹집》이 있다.

小楠 심능숙沈能淑(1782-1840)의 본관은 청송靑松, 자는 영수英叟, 호는 소남小楠이다. 심광세沈光世의 7세손으로, 남산의 남고南皐에 심원沈園을 두었다. 1811년(순조 11) 유양維楊(경기도 양주) 청라동靑蘿洞에 땅을 사고 팔현동八賢洞에 집을 지었다. 1832년부터 1835년(헌종 원년)까지 태인현감을 지냈다. 1835-1840년에 소설《옥수기玉樹記》를 지었고, 문집《후오지가後吾知可》와 유서類書《문시文時》를 남겼다. 10대조 청릉부원군 심강沈鋼(1514-1567)이 대헌大軒 돌계단의 녹나무(楠)로 현교懸橋의 멜대를 삼았으므로, 후손들은 이 녹나무를 현교목懸橋木이라 하고 대헌을 남헌楠軒이라 했다. 심능숙은 1810년 심원에 소산서실小山書室을 지은 후 소남헌小楠軒이라고 편액을 걸었다.[17] 가문의 영광을 잇겠다고 다짐한 것이다.

❺ 자처自處

고인 가운데는 정치적으로 어려운 시기에 정치의 무관심을 표명하고 유력자들에게 그 사실을 추인받기를 청하는 예가 있었다.

用拙 민성휘閔聖徽(1582-1648)는 인조반정 이후 충청도 부여 남당南塘의 거주지에 집을 짓고 용졸당用拙堂이라고 편액한 후 유력자들에게 기문을 청하여 받았다. 용졸은 양졸養拙이나 수졸守拙과 뜻이 통한다. 소박한 본성을 지키면서 명리를 다투지 않음을 말한다. 도잠陶潛의 시에 "남쪽 들판의 끝 황량한 밭을 일

---

16 尹拯,〈世子侍講院進善鄭公行狀〉,《明齋遺稿》卷43.

17 沈能淑,〈小楠玉叢序〉,《後吾知可》권2; 진민희,〈소남 심능숙 산문 연구〉, 성균관대학교 한문학과 석사논문, 2016.; 장효현,《심능숙 문학의 연구》, 고려대학교 민족문화연구원, 2017.

구고서, 졸렬한 본성 지키며 전원에 돌아와 사노라"(開荒南野際, 守拙歸田園)라고 했고, 진晉나라 반악潘岳의 〈한거부閑居賦〉에 "뭇 묘한 이치를 누르고 생각을 끊어 마침내 한가로이 노닐며 양졸하노라"(抑衆妙而絶思 終優游以養拙)라고 했다. 민성휘의 본관은 여흥驪興, 처음 이름은 성징聖徵, 자는 사상士尙, 시호는 숙민肅敏이다. 여흥 민씨는 을사사화에 간여했다고 알려진 민제인閔齊仁(1493-1549)이 가림군加林郡(충남 부여군 임천) 남쪽 백마강白馬江 지류인 남당강南塘江에 귀양살이 하다가 그곳에서 죽은 후, 자손이 그대로 정주했다. 민성휘는 1605년(선조 38) 증광사마시에서 진사가 되고 1609년(광해군 원년) 증광문과에 병과로 급제했다. 병자호란 때 척화파로서 심양에 구금되었다가 귀환했고 1647년(인조 25) 한성부판윤으로서 부사가 되어 북경에 갔다가 병사했다.[18] 《송경방고록松京訪古錄》을 남겼다. 인조반정 다음 해인 1624년 이괄의 난이 일어났을 때 경상도관찰사로서 도내의 불순 인물을 편의대로 처리했다가 파직되고 개성에 머물렀다. 이때 세거지 남당강 입포笠浦에 용졸당을 만들 생각을 하고 김상헌金尙憲에게 기記를 청했다.[19] 1625년 전라도관찰사의 결원이 생기자 관찰사로 옮겨 임명되었으며, 장유張維(1587-1638)·김장생金長生(1548-1631)·조익趙翼(1579-1655)에게 또 글을 청했다.[20] 민성휘는 부친 민유부閔有孚(1559-1594)가 당우의 편액을 양졸養拙, 큰형 민성후閔聖後는 수졸守拙, 막내아우 민성복閔聖復은 지졸趾拙이라 했으므로, 졸이란 글자야말로 집안의 심결心訣이라고 했다.

❻ 자부自負

고인들은 자만自滿과 자과自誇를 극력 경계하고 겸덕謙德을 존숭했다. 따라서 호에는 결코 자만이나 자과의 어휘를 사용하지 않았다. 다만 작호의 동기를 볼 때 스스로의 재능을 약간 자부한 사례가 없지 않았다.

蒼崖 유한준兪漢雋(1732-1811)은 50세 되던 1781년(정조 5) 〈별호설〉을 지

18 李敬輿, 〈閔聖徽碑銘〉, 《國朝人物考》 卷63 虜難時立節征討人 被拘人附.

19 金尙憲, 〈用拙堂記〉, 《淸陰集》 卷38 記 五首.

20 張維, 〈用拙堂記〉, 《溪谷集》 卷8 記 19首; 金長生, 〈用拙堂記〉, 《沙溪全書》 권5 記; 趙翼, 〈用拙堂記〉, 《浦渚集》 권27 記 七首.

어, 자신이 이민보李敏輔(1720-1799)의 권유로 호를 창애蒼厓라 하게 된 연유를 밝혔다.

> 하루는 풍서豊墅 이민보 공을 하지荷池[서울 서부 반송방盤松坊 서지西池]로 방문했는데, 공은 외람되게도 나의 문장을 "힘차게 내달리고 물결이 드세어 기력이 있다"라고 추어 주었다. 공이 "그대는 문장이 우뚝한데 아직 별호가 없으니 남이 장차 어떻게 부르겠소?" 했다. 나는 "호를 어디에 쓰겠습니까? 이름은 아무개요, 자는 아무개라고 하면 족합니다. 더구나 공은 창잠昌歜(창포 뿌리 김치, 자신의 문장을 겸손하게 일컫는 말)을 좋아하실 따름이거늘, 내가 무슨 관계가 있다고 감히 호를 붙이겠습니까?" 했다. 공은 "그대는 고집스럽구려. 그대가 호를 갖지 않으면 누가 호를 갖겠소? 그대가 창산蒼山[도봉산을 가리키는 듯함—역자 주] 아래 거처하므로 호를 창애蒼厓라 부르겠으니, 받아들이시오" 했다. 나는 사양했다. 호를 세우는 데 편안할 수가 없었기 때문이었다. 며칠 지나 공이 서찰을 보내와서, "창애자의 기상이로다. 문장도 역시 그러하니, 실정에서 벗어난 칭호가 아니오. 지난날 송문정공(송시열宋時烈)이 초년에 호가 없었을 때 창주滄洲 김익희金益熙 공이, '공은 평소 비방과 허물이 많으므로 내가 우암尤菴이란 호를 공에게 주리다' 하자, 선생이 웃으면서 받아들이셨소. 옛날에도 이렇게 하신 분이 있었으니, 그대는 한사코 사절하지를 마시오"라고 했다. 남들이 가탁하는 바를 버리고 다투어 별호를 세운다고 미워했지만, 지금 나도 결국 이 호에 안주하게 되었으므로, 함께 목욕하면서 다른 사람이 발가벗었다고 조롱하는 것과 무엇이 다른가? 그렇지만 나는 이 호를 근거로 이 점에서 더욱 힘써서 학업을 이루어, 끝내 가탁하는 바가 없지 않게 한다면 이 호는 내게 있어서 타산지석이 될 것이고, 훗날 세운 바를 헤아려서 앞서의 말에 부끄럽게 되는 일을 면하게 될 것이므로, 그런 뒤 두 번 절하고 받아들이더라도 늦지 않을 것이다.[21]

《맹자》〈진심·하〉에 보면, 주나라 문왕이 창포김치를 좋아했는데 공자가 문

21 兪漢雋, 〈別號說〉, 《自著》 卷27 雜著. 유한준은 52세 때 자신의 문집을 '自著'라는 이름으로 엮고, 호도 著菴으로 바꾸었다. 심경호, 《나는 어떤 사람인가—선인들의 자서전》, 이가서, 2010, pp. 50-60.

왕을 사모해서 창포김치를 먹었다고 한다. 또 증석曾晳(증점)은 양조羊棗(고염)를 좋아했는데, 그가 죽은 후 그의 아들 증자(증삼)는 부친을 외경해서 양조를 먹지 않았다고 한다. 북송의 소식蘇軾은 〈이단숙에게 답한 서찰(答李端叔書)〉에서 "저는 남의 미움을 받거늘 두 분은 유독 나를 좋아해 칭찬하시니, 이는 사람들이 창포김치와 고염을 좋아하는 그 이유를 따져 알기 어려운 것과 같습니다"라고 했다. 황정견黃庭堅은 〈서덕수 초서에 쓴 글(跋徐德修草書)〉에서 "서덕수가 나의 글씨를 좋아하는 것은 초나라 문왕이 창포김치를 좋아하고 굴도屈到가 마름(芰)을 좋아하고 증석이 고염을 좋아하는 것과 무엇이 다르랴?"라고 했다. 유한준은 자신의 글을 이민보가 좋아하는 것은 어쩌다 창포김치를 좋아하는 것과 같을 따름이라고 겸손하게 말했다. 하지만 자신의 기상과 문장이 푸른 벼랑 같다는 말은 실상에서 벗어나지 않는다고 자부했으므로 창애라는 별호를 받아들였다.

❼ 안돈安頓

고인들은 거처의 작은 지명을 호로 삼는 일이 많았다. 산수자연과 연결되어 있는 지역 공간 속에 안돈安頓하겠다는 뜻을 담은 것이다.

退溪 이황이 퇴계의 호를 사용한 것은 대표적인 예이다. 본관은 진보眞寶, 자는 경호景浩, 호는 퇴계退溪·퇴도退陶·도수陶叟, 시호는 문순文純이다. 1501년에 안동부 예안현(경북 안동시 예안면) 온계리溫溪里에서 태어났다. 1582년(중종 23) 식년사마시의 진사시에서 2등 10위(15/100)를 하고 1534년 식년문과에 을과 1위(04/26)로 급제했다. 1546년(명종 원년) 2월 장인의 장사를 지낸 후 병이 들어 조정으로 돌아가지 못해 관직에서 해임되고, 7월에 부인 권씨를 잃었다. 11월에 낙동강 상류 토계兎溪의 동암東巖에 양진암養眞庵을 얽고 산운야학山雲野鶴을 벗 삼았다. 이때 토계의 토兎를 퇴退로 고치고, 이것으로 호를 삼았다. 그리고 '동암에서 뜻을 말하다'라는 〈동암언지東巖言志〉 칠언율시 2수를 노래했다. 그 한 수는 이러하다. "동편 외진 큰 산기슭에 새로 집터를 정하자, 솟아나거나 가로 누운 바위들이 모두 그윽한 풍광을 이루네. 뿌연 안개와 어둑한 노을의 산 속에서 늙어가매, 시냇물은 빙 둘러 들 가로 흘러가누나. 만 권 서적 속에

생애를 기꺼이 의탁하고, 보습 대일 비를 바라는 마음으로 한탄하며 비를 구하네. 정녕코 시승에게는 말하지 말아라, 이는 진정한 휴헐이 아니라 병들어 쉬는 것이니.(新卜東偏巨麓頭, 縱橫巖石總成幽. 烟雲杳靄山間老, 溪澗彎環野際流. 萬卷生涯欣有托, 一犂心事歎猶求. 丁寧莫向詩僧道, 不是眞休是病休.)" 48세 때 외직을 자청해 단양군수로 부임했다가 풍기군수로 옮긴 뒤 이듬해 12월 귀향했으며, 1551년(명종 6) 한서암寒棲菴 근처에 계상서당溪上書堂을 지었다. 1552년(명종 10) 성균관대사성에 취임했지만, 영주할 뜻을 굳혔다. 60세인 1560년 도산서당陶山書堂을 짓고 호를 도옹陶翁이라 했다. 이황의 〈퇴계退溪〉 시는 다음과 같다.

벼슬에서 물러나 어리석은 분수 지켜 편안하나	身退安愚分
배움은 퇴보하여 늘그막이 근심스럽네.	學退憂暮境
시내 위에 비로소 살 곳을 정하니	溪上始定居
흐르는 물에 임하여 나날이 반성하리라.[22]	臨流日有省

9세손 이이순李頤淳(1754-1832)의 증언에 따르면, 이황은 한계寒溪 한 구비를 성신省身의 방편으로 삼아, 이궐손모貽厥孫謨(손자에게 모범을 끼침)하려고 했다고 한다.[23]

❽ 체념諦念

《장자》〈추수秋水〉편에 보면, 북해약北海若이 '사시謝施'의 가르침을 말했다. 있는 그대로 받아들이라는 것이다.

> 도의 관점에서 본다면 무엇을 존중하고 무엇을 천시할 것인가? 이것을 반연反衍(혼돈渾沌)이라 하니, 그대의 뜻이 얽매이지 않게 해야 한다. 얽매이면 도와 크게 어긋나고 말 것이다. 무엇을 적다고 여기고 무엇을 많다고 여길 것인가? 이것을 사시謝施라고 하니, 그대의 행동을 한정해서는 안 된다. 한정하면

---

22 李滉, 〈退溪〉, 《退溪先生文集》 卷1 詩; 李滉, 《退溪先生文集》 年譜 '二十九年庚戌, 先生五十歲'(柳成龍).

23 李頤淳, 〈後溪書堂雜詠并序〉, 《後溪集》 卷2 詩.

도와 합치하지 않게 될 것이다. … 품물이 생겨나는 것은 말을 달리게 해 치달리게 하는 것과 같은 것으로, 움직여서 변화하지 않는 것이 없고 시간이 경과하면 변이하지 않는 것이 없다. 무엇을 할 것이며, 무엇을 하지 않을 것인가? 도에 몸을 내맡겨 자연의 변화를 기다리면 된다.[24]

謝施 남극관南克寬(1689-1714)의 본관은 의령宜寧, 자는 백거伯居, 호는 사시자謝施子이다. 조부는 남구만南九萬, 부친은 남학명南鶴鳴이다. 1708년(숙종 34) 사마시에 생원 이등 9위로 합격했지만 다음 해 괴질에 걸려 이후 병고에 시달리다가 요절했다. 묘는 용인龍仁 대화산大華山의 의령 남씨 선영에 있다. 독서일지《단거일기端居日記》와 시문집《몽예집夢囈集》을 남겼다. 서적을 통해서만 세상을 보고 마음에 느끼는 바가 있으면 문자로 표현했으나 잠꼬대에 가깝다는 의미에서 시문집을 몽예라고 이름 지었다고 밝혔다. 건과 곤의 2편인데, 곤편에서 스스로를 사시자라 칭했다.[25] 사시자는《장자》에서 가져온 말이다.

⑨ 자적自適

호 가운데는 현실의 상황에 구차하게 맞추려고 하지 않고 유유자적悠悠自適하겠노라는 뜻을 표명한 글자를 사용한 예들이 있다.

足睡 홍인모洪仁謨(1755-1812)의 본관은 풍산豊山, 초명은 대영大榮, 자는 이수而壽, 자호는 족수거사足睡居士이다. 홍낙성洪樂性의 아들, 홍석주洪奭周의 부친이다. 1783년(정조 7) 증광사마시에서 진사가 된 뒤 문음으로 우부승지 등을 역임했다. 제자백가와 음양·의약·복서·병서·노자·불전까지 통했다.[26]《족수당집》이 있다.[27] 편안하고 충분한 잠이 본성을 기르는 데 도움이 된다는 뜻에서 족수라고 했다. 송나라 도인道人 진단陳摶(?-989)은 수련법인 내단內丹과 관련하여 편안한 수면의 효능을 중시해서《수공결睡功訣》을 지은 일이 있다. 명나라 전재

---

24 《莊子》〈秋水〉. "北海若曰 : '以道觀之, 何貴何賤, 是謂反衍. 无拘而志, 與道大蹇. 何少何多? 是謂謝施, 无一而行, 與道參差. … 物之生也, 若驟若馳, 无動而不變, 无時而不移. 何爲乎, 何不爲乎? 夫固將自化'."

25 南鶴鳴, 〈亡兒墓表〉, 《晦隱集》第4 墓文.

26 洪奭周, 〈先考右副承旨贈領議政府君家狀〉, 《淵泉先生文集》卷35 家狀 下.

27 洪仁謨, 《足睡堂集》〈足睡堂集跋〉(洪顯周).

錢宰는 "새벽 북 둥둥 울릴 때 일어나 옷을 입고, 오문으로 아침 알현하러 나가되 여전히 늦었다고 혐의하네. 어느 때에야 전원의 즐거움을 이루어, 인간세계에서 밥이 다 될 때까지 푹 잘 수 있을까?"(曉鼓鼕鼕起着衣, 午門朝見尙嫌遲. 何時得遂田園樂, 睡到人間飯熟時?)"라는 시를 지었다. 비밀경찰인 검교檢校가 그 시를 명 태조 주원장朱元璋에게 바치자, 주원장은 "나는 결코 그대를 혐의한 적이 없다. 혐의할 혐嫌 자를 근심할 우憂로 바꾸는 것이 어떤가?" 하고는, 사직을 허락했다고 한다.[28]

而已 중인의 장혼張混(1759-1828)은 인왕산 옥류동 동쪽에 작은 집을 짓고 살며 이이암而已广이라고 자호했다. '广'은 '庵'과 통하는 글자로 '암'이라 읽는 것이 좋겠다. 본관은 결성인데, 대대로 충남 연기군에 살다가 고조부 장후석張後錫 때 서울로 올라왔다. 장혼은 공공자空空子라는 호도 사용했다. 공공이란 무지하다는 뜻이다. 《논어》〈자한子罕〉의 "비루한 사람이 나에게 묻되 그가 아무리 무식하더라도 나는 그 양단을 들어서 다 말해주었다"(有鄙夫問於我, 空空如也, 我叩其兩端而竭焉)"에서 나온 말이다. 하지만 이이암이라는 당호가 더 유명하며, 문집도 《이이암집》이다. 정조의 부마 홍현주洪顯周는 〈이이암기而已广記〉를 지어 주었다. 장혼은 한유韓愈가 〈노동에게 부치다(寄盧仝)〉 시에서 "허물어진 집 서너 칸일 따름이다"(破屋數間而已矣)라고 한 데서 '이이'란 말을 따왔다고 밝혔다. 간신히 생계를 꾸려나갈 공간밖에 남아 있지 않다고 하면서도 자기의 덕을 닦아 나가는 것에 만족했다. 《맹자》〈고자·상〉의 "사람이 자기 몸에 있어서는 사랑하는 바를 겸했으니, 사랑하는 바를 겸했으면 기르는 바를 겸해야 한다. 한 자나 한 치의 살을 사랑하지 않음이 없다면 한 자나 한 치의 살을 기르지 않음이 없을 것이니, 잘 기르고 잘못 기름을 상고하는 것이 어찌 다른 방법이 있겠는가? 자신에게서 취할 뿐이다"(人之於身也, 兼所愛. 兼所愛, 則兼所養也. 無尺寸之膚不愛焉, 則無尺寸之膚, 不養也. 所以考其善不善者, 豈有他哉? 於己取之而已矣)라고 한 뜻과 통한다. 장혼은 〈평생지平生志〉에서 거처를 '이이'라고 이름하는 이유에 대해 밝혔다.

---

28 李睟光, 《芝峯類說》 卷12 文章部 5.

홀로 거처하면 망가진 거문고를 어루만지고 옛 책을 펼쳐보면서 그 사이에 느긋하게 지낼 따름이다. 의취가 이르러 오면 나가서 산자락을 걸을 따름이다. 손님이 이르러 오면 술을 내오라 하고 시를 읊을 따름이다. 흥이 극에 달하면 휘파람을 분다든가 노래를 한다든가 할 따름이다. 배고프면 내 밥을 먹을 따름이다. 목마르면 내 우물의 물을 마실 따름이다. 추위와 더위에 따라 내 옷을 입을 따름이다. 해가 저물면 내 집에서 쉴 따름이다. 비 내리는 아침, 눈 내리는 낮, 저녁의 석양과 새벽의 달에 따라 그윽한 거처에서 일어나는 신령스러운 취향은 외인에게는 말하기 어렵다. 말하더라도 남이 역시 이해할 수 없다. 날마다 스스로 즐기고 남은 것은 자손에게 끼쳐 주고자는 하는 것이 평생의 지원(바람)이니 이와 같으면 만사가 끝이다. 곤란한지 형통한지, 수명이 긴지 짧은지는 나의 천명을 들을 따름이다. 그러므로 내 초암에 '따름이다'(而已)라는 이름을 붙였다.[29]

배고프면 내 밥을 먹고 목마르면 내 우물의 물을 마시며 추위와 더위에 따라 내 옷을 입고 해 저물면 내 집에서 쉬는 일, 이 네가지는 송나라 태의太醫 손방孫昉이 말한 사휴四休와 공통된다. 그러나 나머지는 장혼 자신만의 안락법安樂法이다.

장혼보다 앞서 조선 중기의 권제權霽도 호를 이이자而已子라고 했다. 권제는 용성龍城(수원)에 거주하던 인물로, 요천蓼川 곁 술산述山 아래 청몽당淸夢堂을 두었다. 강항姜沆(1567-1618)이 그를 위해 〈청몽당기〉를 써 주었다.[30]

⑩ 흠모欽慕

호 가운데는 특정 인물의 학덕과 재능을 흠모해서 그 인물을 지칭하는 표지를 사용한 예들이 있다.

---

29 張混, 〈平生志〉, 《而已广集》 卷14 雜著. "獨居則撫破琴閱古書而偃仰乎其間而已, 意到則出步山樊而已. 賓至則命酒焉諷詩焉而已, 興劇則歗也歌也而已. 飢則飯吾飯而已, 渴則飮吾井而已. 隨寒暑而衣吾衣而已, 日入則息吾廬而已. 其雨朝雪晝, 夕景曉月, 幽居神趣, 難可爲外人道也. 道之而人亦不解焉耳. 日以自樂, 餘以遺子孫, 則平生志願, 如斯則畢而已. 其屯亨也脩短也, 聽吾天而已. 故扁吾广以而已."

30 姜沆, 〈淸夢堂記〉, 《睡隱集》 卷3 記.

阮堂 실사구시의 학문을 주창한 김정희金正喜(1786-1856)는 호가 아주 많았다. 추사秋史와 완당阮堂이란 호가 가장 유명한데, 완당은 청나라 완원阮元(1764-1849)의 학문 경향을 닮겠다는 의지를 표명한 것이다. 김정희는 24세 때인 1809년(순조 9) 동지사 겸 사은사 부사인 부친 김노경金魯敬을 따라 연경燕京에 가서 완원·옹방강翁方綱 등과 교유했다. 완원은 실사구시설을 주장하고, 옹방강은 한학과 송학을 절충해야 한다고 주장했다. 김정희도 1816년 늦겨울 〈실사구시설〉을 지어 완원의 설을 부연했으나,[31] 그 설은 고증학적 실사구시학과는 달리 한송절충의 사상이었다.[32] 조면호趙冕鎬는 김정희가 만년에 완운대阮雲臺(운대는 완원의 호)와 계합하여 완당이라고 호했으며, 이로부터 해동석묵지학海東石墨之學이 개창되었다고 했다.[33] '만년'은 사실이 아니다.

영남 학자들은 퇴계 이황에 대한 존모의 뜻을 호에 드러내기도 했다.

挹淸 김부의金富儀(1525-1582)의 본관은 광산, 자는 신중愼仲, 호는 읍청정挹淸亭이다. 김연金緣의 아들로, 형 김부필金富弼과 함께 이황의 문하에서 수학했다. 1555년(명종 10) 생원시에 합격했다. 1570년(선조 3) 이황의 발의로 역동서원이 창건될 당시, 산장山長에 천거되었다. 《읍청정유고挹淸亭遺稿》가 전한다. 작은 시냇가에 초가를 짓고 서적을 읽었는데, 편액을 읍청이라고 했다.[34] 읍청은 이백李白 〈증맹호연贈孟浩然〉 시의 "산처럼 높은 덕을 어찌 우러르랴? 이처럼 조아리며 맑은 향기를 본받을 뿐이네"(高山安可仰? 徒此挹淸芬)에서 나온 말로, 여기서는 퇴계의 덕을 흠모한다는 뜻이다.

景陶 우성규禹成圭(1830-1905)의 본관은 단양, 자는 성석聖錫, 호는 경재景齋·경도景陶이다. 초명은 해규海圭이다. 경상도 대구大邱 월촌月村 상인리上仁里에서 태어났다. 1865년(고종 2) 대원군의 서원 철폐에 반대하는 소疏를 올렸다. 이후 문경聞慶에 은거했다. 1878년(고종 15) 향산響山 이만도李晩燾와 상의하여 화지산花枝山 북쪽 갈평葛坪에 정자를 짓고 이황 〈관음원피우觀音院避雨〉의 "관문 고

31 金正喜, 〈實事求是說〉, 《阮堂全集》 卷1 說.

32 심경호, 〈추사 김정희의 서독에 담긴 사유양식과 정신세계에 대한 일 고찰〉, 《어문논집》 제58집, 민족어문학회, 2008. 10. pp. 161-192.

33 趙冕鎬, 〈感詩絶句并序〉, 第22首, 《王垂先生集》 卷16 詩.

34 朴惺, 〈挹淸公墓碣〉, 《大菴先生集》 卷3 墓誌銘.

개가 첩첩이지만, 임금 생각하는 한 마음은 막지 못하네(却憐關嶺雖重蔽, 不隔思君一寸腸)"에서 뜻을 취하여 사군정思君亭이라 했으며, 자호를 경도라고 했다.[35] 경도는 도산선생 이황을 경모한다는 뜻으로, 재호 경도재의 준말이다. 1889년 칠곡 부사에 임명되었다가 1892년 정월 체차되었다. 만년에 사림이 인산정사仁山精舍를 세웠다. 《경재집》이 있다.

⑪ 자괴自愧

호 가운데는 인륜과 의리의 면에서 스스로 부족함을 부끄러워하는 뜻을 드러낸 예도 있다.

二恥 신정모申正模(1691-1742)의 본관은 아주鵝洲, 자는 경계景稽, 호는 이치재二恥齋이다. 1719년(숙종 45) 증광문과에 병과로 급제했으며, 1727년 거창부사가 되었다. 1728년 이인좌 난을 막지 못한 죄로 군위에 정배되었다가 이듬해 석방되었다. 1735년 다시 흥양興陽(전라남도 고흥)에 정배되었다가 7년 뒤 죽었다.[36] 《이치재집》이 있다. 유배지 흥양의 팔영산八影山 작은 동구에 상백운·중백운·하백운의 세 암자가 있었다. 누군가 주희의 운곡雲谷에서 뜻을 취해 명명한 듯했다. 신정모는 그 암자 하나를 취해 동서와 전후에 회랑을 지었으며, 방 하나를 이치재라 했다.[37] 국은을 저버리고 어버이를 멀리 떠나 와 있어서 효와 충의 둘에 모두 부끄러운 점이 있다는 뜻에서 그렇게 자호한 것이다.[38]

---

35 李晩燾, 〈與禹漆谷(成圭)詩札〉(庚寅,1890년, 고종 27), 《響山集》 卷1 詩.

36 許薰, 〈二恥齋申公遺墟碑銘〉, 《舫山先生文集》 卷19 碑銘.

37 申正模, 〈白雲精舍雜詠 幷序〉, 《二恥齋先生文集》 卷1 詩. "八影山, 東走北折而開一小洞. 洞舊有三庵, 皆以白雲名, 而分上中下以別之. 意此洞地高絶, 生白雲其間, 故名之. 其實如朱夫子所云雲谷也. 中三菴俱廢, 有尼徒就白雲舊址, 搆一菴居之. 自余謫留此山, 日上下逍遙于山若洞, 翫花木羣鳥, 足以遣纍裡憂騷, 寧愁人烟絶而殺越怕耶? 菴凡三架, 而東西有翼廡, 前後有迤廊, 合爲十數架, 經始日月, 欲問無因, 且空廢以來, 便爲盜藪, 破竈突而傷結搆, 爲可惜也. 遂自山海泉澗, 以至室堂廊廡, 與夫一花一木, 一果一蔬, 一巖石一禽鳥, 凡其中所有, 無不命名號而八吟, 凡得七言詩二十絶, 五言詩十四絶. … 况余所詠, 不專是閑適語? 望辰望雲, 可見君親之戀, 自訟二恥, 亦掬慙悔之端."

38 申正模, 〈二恥齋銘〉, 《二恥齋先生文集》 卷3 銘. "孟子曰: 羞惡之心, 人皆有之. 今余忠負國, 一可恥也. 孝缺離親, 二可恥也. 夫人之所以參三而首出者, 以有忠孝也. 一或可恥, 已無以爲人, 兼此二恥, 將何以立於世乎? 謫居小齋, 旣以二恥名, 因作文以誌恥云."

⑫ 계승繼承

선친의 뜻을 계승하겠다는 의지를 담은 호도 있다.

希樂 김안로金安老(1481-1537)의 본관은 연안, 자는 이숙頤叔, 호는 희락당希樂堂·용천龍泉·퇴재退齋이다. 김흔金訢(1448-1492)의 셋째 아들이다. 김안로는 선친 안락당安樂堂을 닮고자 한다는 뜻에서 희락이라고 했다. 김안로는 기묘사화 이후 이조판서에 올랐고, 아들 김희金禧(?-1531)가 인종의 누이 효혜공주孝惠公主(1511-1531)와 혼인해서 중종의 부마가 되었는데, 1524년 남곤南袞·심정沈貞·이항李沆으로부터 권력남용죄로 탄핵을 받고 경기도 풍덕豐德에 유배되었다. 1531년 동궁(인종)의 보호를 구실로 허항許沆·채무택蔡無擇·황사우黃士祐 등과 함께 옥사를 여러 차례 일으켰으며, 1537년 중종의 제2계비 문정왕후의 폐위를 기도한 죄로 유배되었다가 사사되었다. 허항·채무택과 함께 정유삼흉이라 불렸다. 그보다 앞서 1513년(중종 8) 봄, 부친 김흔의《안락당집顔樂堂集》을 편찬했다. 저서에《용천담적기龍泉談寂記》가 있다. 앞서 김흔은 종남산 기슭 동성東城 한 구석에 거처하면서 집에 안락이라는 당호를 내걸었다. 안연(안회)이 비록 거처가 누추하고 사람이 우둔해 보였지만 즐거움이 그 속에 있었다고 한 뜻을 취한 것이다. 아들 김안로는 "우둔하게 태어난 데다가 자랄수록 더 우둔해져서" 우수愚叟라 자호했다. 그리고 안락당 곁에 기둥 둘의 작은 집을 만들고 단풍나무 고목을 봉식해서 풍명대楓明臺라 하고, 풀을 시렁에 덮어 취운사翠雲榭라 했으며, 정자의 머리에 흰 모래를 깔아 달을 맞아들이기 좋게 하여 요월정邀月亭이라 했다. 그리고 이것들을 모두 합해 희락당이라 했다. '희락주인希樂主人 우수愚叟'가 쓴 〈희락당기〉에서 '객'은 "골목이 누추함은 안연을 모범 삼아 바라는 것이구려! 동산에 꽃과 대나무를 심는 것은 우수迂叟(북송의 사마광司馬光)를 모범 삼으려는 것이구려!"라고 했다.[39] 그러자 희락당 주인은 이렇게 말했다.

> 아닙니다. 성현의 즐거움은 으둔함으로써 그러했고 우활함으로 그러했지만, 나는 진정한 바보이기에 감히 바랄 수가 없습니다. 오로지 선친의 동산과 골

39 金安老,〈希樂堂記〉,《希樂堂文稿》卷5 志 序記幷附.

목을 지켜서 선친의 당의 즐거움을 계승해서 모범으로 삼기를 바랍니다. 궁달窮達도 본래 마음을 바꾸게 하지 않고, 용사用舍(출처행장)에서 처지를 편안히 여겨서, 산에도 있지 않고 저자에도 있지 않으며, 나아가지도 않고 멈추지도 않아서, 그침과 행함의 사이에서 우유자득優游自得하셨던 것은, 저의 선친도 성현의 우둔을 모범으로 삼아 즐거워하지 않은 적이 없으셨습니다.[40]

⑬ 불망不忘

호 가운데는 지난 왕조를 잊지 않겠다는 의지를 표명하거나 고향과 선조를 잊지 말자고 스스로 다짐하는 뜻을 부친 예들이 있다. 조선 시대 지식인들은 효를 백행지원百行之源으로서 가장 중시했으므로, 선산先山의 지명을 호에 사용해서 유모孺慕의 마음을 수시로 각성한 예가 아주 많다.

松隱 박익朴翊(1332-1398)의 본관은 밀양密陽, 초명은 천익天翊, 자는 태시太始, 호는 송은松隱, 시호는 충숙忠肅이다. 고려 때 예부시랑·중서령·세자이사 등을 지냈고, 왜구와 여진 토벌에서 전공을 세웠다. 조선이 들어서자 두문동杜門洞(개성 성거산 서쪽) 귀은제歸隱第에 은거했다. 밀성密城 삽포鍤浦(현 밀양 부북면 사포리) 송계리松溪里 기산箕山 집에서 타계했다. 집 뒤의 산을 송악松岳, 마을을 송계松溪, 집을 송암松庵이라 했다. 모두 송경松京을 잊지 말자는 뜻이다.[41] 《송은집》이 있다.

昌舍 손명래孫命來(1664-1722)의 본관은 밀양, 자는 현승顯承, 호는 창사昌舍이다. 1693년(숙종 19) 사마 양과에 합격한 후 1710년 증광문과에 병과로 급제했다. 성균관전적을 거쳐 찰방에 그쳤다.[42] 《창사집》이 있다. 창녕昌寧에서 진양晉陽(진주)으로 뿌리를 옮겼으나 수구지감首丘之感을 우탁하여 호를 창사라고 했다.

梅山 홍직필洪直弼(1776-1852)의 본관은 남양, 초명은 긍필兢弼, 자는 백응伯應·백림伯臨, 시호는 문경文敬이다. 서울 주자동鑄字洞 집에서 태어났다. 1828년

---

40 金安老, 〈希樂堂記〉, 《希樂堂稿》 文稿 卷5 記. "客曰: '若子言, 誠樂矣. 巷乎陋, 其顏之希乎! 園乎花竹, 其迂叟之希乎!' 曰: '否! 聖賢之樂, 以愚以迂, 而非吾眞愚之所敢希. 惟吾守先子之園之巷, 繼先子之堂之樂而希者也. 而窮達無易素, 用舍安所遇, 不山不市, 不行不止, 優游自得於止與行之間者, 吾先子亦未嘗不希聖賢之愚而樂也'."

41 朴翊, 《松隱先生文集》 卷3 附錄 〈行狀〉(柳台佐).

42 李震相, 〈成均典籍昌舍孫公行狀〉, 《寒洲先生文集》 卷37 行狀.

(순조 28) 8월, 부친과 모친의 묘를 이장하여 경기도 시흥始興의 매산梅山에 합장하고, 매산노부梅山老夫라고 칭했다.[43] 1851년(철종 2) 대사헌에 두 차례나 특배되고, 이듬해 지돈녕부사에 승배되었으나, 모두 나아가지 않았다.[44]《매산집》이 있다. 매산 호는 부모에 대한 추념의 뜻을 붙인 것이다.

企菴 이황의 조카 이완李完(1512-1596)의 자는 자고子固 호는 기암企菴이다. 1540년(중종 35) 진사시에 합격했다. 재직했다. 종자宗子 이인李寅이 일찍 죽어 후사가 없자 이황은 이완에게 종자가 되라고 했으나 이완은 사양하고 장남 이종도李宗道로 하여금 그 일을 맡게 했다. 그 자신은 집이 너무 가난해서 양양襄陽(예천醴泉의 옛 이름) 지계芝溪에서 서성이다가, 석교石橋에 집과 작은 정자를 짓고 정자에 요산樂山이라 편액을 했다. 영천교관永川敎官으로 있으면서 조목趙穆과 함께《성학십도聖學十圖》를 이산서당伊山書堂에서 강론했다. 지금의 경북 영주시 이산면에 이황을 추모하기 위해 설립된 서원이 있는데, 1574년 '이산'이라 사액되었다. 이산은 본래 이윤伊尹이 은둔했던 산 이름이라고도 하고, 공자가 강학했던 대언산大言山의 발음이 변하여 생긴 산 이름이라고도 한다. 그 고사를 빌려 성현의 학문을 강학하는 곳이라는 의미를 부각시켰을 것이다. 임진왜란이 일어났을 때 나이 80세였지만 의병을 일으켰다. 수곡樹谷 선산의 재암齋菴 집에서 아주 가까웠으므로 기암이라 자호하고 추모의 정성을 바쳤다. 우로전優老典으로 첨지중추부사에 올랐다.[45]

心石齋 송병순宋秉珣(1839-1912)의 본관은 은진, 자는 동옥東玉. 호는 심석재心石齋이다. 충남 대전시 회덕懷德 출신으로, 송시열의 9세손, 을사늑약에 항의하여 순절한 송병선宋秉璿의 아우이다. 20세 되던 1858년(철종 9) 10월 옥천沃川의 죽양竹陽에 이거하자, 종형 무홀재毋忽齋(후도자後陶者) 송병기宋秉琦가 종재宗齋[수종재守宗齋 송달수宋達洙(1808-1858)] 고택이 있는 석촌石村을 잊지 말라는

---

43 洪直弼,《梅山先生文集》卷53 附錄〈年譜〉.

44 李瀷,〈先考司憲府大司憲府君行狀〉,《星湖集》卷67 行狀. "寓形於天地, 寓心於經史, 寓趣於壺觴, 寓目於卉木, 寓興於詩句, 寓神於書法."

45 趙述道,〈成均進士樂山李公墓誌銘〉,《晩谷先生文集》卷13 墓誌; 柳致明,〈成均進士樂山李公墓碣銘幷序〉,《定齋先生文集》續集 卷11 墓碣銘; 金垓,〈成均進士樂山李公行狀〉(丁卯),《龜窩先生文集》卷12 行狀.

뜻에서 재호를 심석으로 지어 주었다.[46] 1912년 일제가 경학원 강사에 임명했으나 이를 거절하고, 유서를 남기고 자결했다. 송병선과 송병순 형제의 문인 집단을 연재학파淵齋學派라고 부른다.[47]《심석재집》이 있다.

선대의 호를 한 글자씩 딴 사례도 있다.

寒月堂 김상정金商玎(1875-1954)의 본관은 경주, 자는 명옥明玉, 호는 한월당寒月堂, 본적은 충남 서산瑞山 부석浮石 칠전七田, 출생지는 서산군 음암면音岩面 유계리游溪里 구성동九星洞, 거주지는 서산 성연聖淵 고남古南이다. 경술국치 후 상복을 입고 삭발하지 않았다. 1937년 2월 청양주재소에서 구타를 당하여 허리를 쓰지 못하게 되었다.[48] 선대의 한간寒澗 김한록金漢祿(1722-1790)과 월담月潭 김일주金日柱의 호에서 한 글자씩 취하여 한월당이라 자호했다. 문집《한월빙설寒月氷屑》을 남겼다.

선대의 호를 이용하여 자호를 지은 사례도 있다.

小松 정재건鄭在健(1843-1910)의 본관은 영일, 초명은 재건在鍵, 자는 계주啓周·경중景中, 호는 소송小松이다. 송강 정철의 8세손으로 옥과玉果에서 태어났다. 1888년(고종 25) 식년문과시에 병과 1위로 급제하여, 1892년 부사과가 되고 이듬해 지평이 되었으나 1894년 사직하고 귀향했다. 1910년(융희 4) 황현黃玹의 자결소식을 듣고 침실 벽에 "망국의 신하가 구차하게 연명하는 것은 의리상 옳지 않으니 명치(明治, 일본 연호)의 세상에 살지 않겠노라(亡國之臣, 義不可以苟生, 誓不在於明治之世)"라고 써서 벽에 붙인 뒤 절의검絶義劍으로 목을 찔러 자결했다. 보성의 죽곡정사竹谷精舍에서 시문을 수습하여《소송유고小松遺稿》를 간행했다. 부친 정최환鄭最煥의 호가 설송雪松이므로 송 자를 호에 썼으며, 정철의 충정우국의 마음에 견주어 작을 소 자를 썼다.[49]

---

46 李象秀,〈心石齋記〉,《峿堂集》卷14 記.

47 김상기,〈淵齋學派의 사상과 민족운동〉,《한국독립운동사연구》59, 독립기념관 한국독립운동사연구소, 2017.12, pp. 5-44.

48 김상기,〈한월당 김상정의 생애와 학문〉,《고문연구》11, 한국고전문화연구원, 1998.11, pp. 93-115; 강대덕,〈寒月堂 金商玎의 抗日 血書鬪爭과 白凡 金九一義理論에 바탕한 民族自尊意識의 淵源과 抗日克服 論理〉,《화서학논총》4, 화서학회, 2010, pp. 221-263. 현재 634번 지방도로인 성연면 일람리 사거리에서 팔봉면 덕송2리까지 구간을 '한월당로'로 부른다.

49 鄭滮·鄭瀷,〈家狀〉, 鄭在健,《小松遺稿》권2 부록; 鄭海晩,〈行狀〉, 鄭在健,《小松遺稿》권2

小波 송명회宋明會(1872-1953)의 본관은 여산, 자는 남일南一, 호는 소파小波이다. 전남 보성군 율어면 출생이다. 조부 송후만宋厚萬에게 한학을 배웠고, 20세 때 조부의 명으로 당시 보성에 유배와 있던 이건창에게 나아가 경서와 서예를 익혔다. 황현 이후 대표적 호남시인이다. 《소파시문선고小波詩文選稿》가 있다.[50] 조부 송후만의 호가 파수波叟이므로 소파라 자호한 것이다. 파수는 연파수煙波叟의 준말로, 당나라 때 장지화張志和의 연파조도煙波釣徒 고사에서 기원한다.

스승이 호를 지어 주며 권계한 뜻을 잊지 않기 위해 그 호를 일생 사용하는 예도 적지 않았다.

植齋 기재奇宰(1854-1921)의 본관은 행주幸州, 자는 입부立夫, 호는 식재植齋이다. 전라도 장성長城 출신으로, 기정진奇正鎭의 문인이다. 1895년 을미사변 직후 족형 기우만奇宇萬과 함께 의병을 일으키려 하다가 의병 해산의 조칙이 내려오자 중지했다. 《식재집》이 있다. 식재 호는 기정진이 입부라는 자를 지어 줄 때의 자사字辭[51]에서 뜻을 취한 것이다.

(2) 특수한 작호

❶ 꿈에서 얻은 호

호를 지을 때 꿈에서 얻은 글자나 내용에서 취한 예들이 있다. 평소 마음가짐이 그러한 꿈을 꾸게 한 것이겠지만, 작호의 동기로서는 특이한 예다.

槐馬 임백령林百齡(?-1546)의 본관은 선산善山, 자는 인순仁順, 호는 괴마槐馬이다. 해남 출신이다. 형 임억령林億齡과 함께 박상朴祥에게 수업했다. 1519년(중종 14) 식년문과에 갑과 3등으로 급제했다. 이조판서가 되어 윤원형·이기 등

부록.

50 송태경宋泰炅 역, 《(국역) 소파시문선고(小波詩文選稿)》, 小波 · 雪舟國譯遺稿集發刊推進委員會, 2009; 김대현, 〈소파(小波)와 설주(雪舟)의 생애와 시문학 연구〉, 《한국시가문화연구(구 한국고시가문화연구)》 17, 한국시가문화학회(구 한국고시가문화학회), 2006, pp. 1-24.

51 奇正鎭, 〈立夫字辭〉, 《蘆沙先生文集》 卷25 辭. "…起立植立, 成始成終. 始不興起, 痿痺已矣. 終不植立, 癱瘓已爾. 成始爲奇, 成終爲重. 奇由天機, 重由培壅. 孔子大聖, 三十言立. 植立爲重, 由此可測…"; 吳駿善, 〈朝鮮逸民植齋奇公行狀〉, 奇宰, 《植齋集》 卷6 行狀.

과 모의해 을사사화를 일으키고, 정난위사공신 일등에 책록, 숭선군崇善君에 봉해졌으며 보국숭록대부에 올랐다. 죽은 후 시호를 소이昭夷라 했으나, 문정왕후가 좋지 않다고 해서 문충文忠으로 고쳤다. 야담에, 임백령이 과거를 보러 한양에 올라왔을 때 꿈에 백발노인이 나타나《서경》〈우공禹貢〉에서 강講이 출제될 것이라 알려주며 시지에 괴마로 써야 급제한다고 말하고는 사라졌다.[52] 다음 날 과연 〈우공〉의 장章이 시험에 나왔다. 시관도 숙직을 하다가 꿈에 백발노인이 나타나 과시에 괴마라는 뛰어난 인물이 응시할 것이라 알려 주었다고 한다. 임백령은 세 번째 성적으로 급제했다.[53] 괴마에서 괴槐는 정승에 관한 고사와 관련이 있다는 것은 누구든 쉽게 알 수 있었으나, 마馬 자의 뜻은 임백령도 몰랐다. 1545년 명종이 즉위하자, 임백령은 차함借銜(직함만 빌려 갖는 벼슬)으로 우의정에 올라 고명사은사로 명나라에 다녀오다가 이듬해 귀국길에 병을 얻어 영평부永平府에서 움직이지 못했다. 그때가 1546년(명종 원년) 병오년으로 말의 해였으므로 임백령은 죽음이 임박했음을 깨달았다고 한다.[54]

守夢 정엽鄭曄(1563-1625)의 본관은 초계草溪, 자는 시회時晦, 호는 수몽守夢·설촌雪村, 시호 문숙文肅이다. 1583년(선조 16) 별시문과에 병과로 급제했다. 1602년 성혼成渾의 문인이라는 이유로 종성부사로 좌천되었다. 1613년(광해군 5) 도승지로 있던 중 계축옥사가 일어나 사직했다가, 인조반정 후 대사성 겸 동지경연원자사부를 지냈다.《수몽집》이 있다. 정엽은 어느 날 주희가 '영천영지盈天盈地 물망물조勿忘勿助' 여덟 자를 써서 보여 주는 꿈을 꾸었다. "호연지가가 하늘과 땅 사이에 가득하니, 잊지도 말고 조장하지도 말라"라는 뜻이다. 정엽은 자부自負하여 이 글자를 써서 벽에 걸어 두고 호를 수몽守夢이라 했다.[55]

夢悟 심상정沈尙鼎(1680-1721)의 본관은 청송, 자는 성응聖凝이다. 1699년(숙종 25) 증광사마시의 진사시에 합격하고 1710년 증광문과에 병과로 급제했

52 야담에서는 임백령의 고향이 경상도 선산이라고 했다. 본관을 고향이라 부르는 관행을 따른 것이다.

53 申光漢,《企齋雜記》3, 편자 미상,《大東野乘》第51卷, 朝鮮古書刊行會, 1909-1911; 민족문화추진회,《국역 대동야승》, 1971.

54 權應仁,《松溪漫錄》下, 편자미상,《大東野乘》第56卷.

55 李廷龜,〈左參贊贈右議政諡文肅鄭公神道碑銘 幷序〉,《月沙先生集》卷44 神道碑銘 下.

다. 1712년 과옥科獄이 일어나 대사간 윤성준尹星駿(1655-1716)과 논전하다가 경상도 사천泗川에 유배되었다. 그 후 충청도 부여군 임천林泉의 선영 아래 독락정獨樂亭 터에 초가를 짓고 은거했다. 꿈에서 노인이 손바닥에 오悟자를 써서 보여 주었으므로, 재호를 몽오재夢悟齋라고 했다.[56]《몽오재집》이 있다.

青泉 한미한 출신이었지만 문장에 뛰어났던 신유한申維翰(1681-1752)은 청천靑泉이라는 호로 잘 알려져 있다. 또 다른 호는 경운景雲·가야초수伽倻樵叟이다. 1705년(숙종 31) 증광사마시의 진사시에 합격하고 1713년 증광문과에 병과로 급제했으며, 이듬해 경상도 고령高靈 양전리量田里로 이사했다. 1718년 제술관이 되어 통신사 홍치중洪致中을 따라 일본에 다녀와서 지방관과 봉상시의 직을 전전하다가, 69세 되던 1749년(영조 25) 6월 영천(즉 고령)으로 돌아갔다. 이듬해 고화동高花洞에 경운재를 짓고[57] 가야초수를 호로 삼았다. 신유한은 김광수金光遂에게 보낸 서찰에서, 고운 최치원을 흠모한다[景]는 뜻에서 서재를 경운이라 했으며, 서찰의 끝에 경운재라 서명하겠다고 밝혔다.[58] 최치원이 거처했던 가야산에서 늙은 나무꾼으로 살아가겠다는 뜻을 담은 호가 가야초수이다. 그런데 청천이란 호는 밀성密城(경상도 밀양) 죽원리竹院里에서 태어날 때 모친이 꾼 꿈에서 취한 말이다. 모친의 꿈에, 청학이 노니는 죽림의 바위 틈에서 흘러나오는 신령한 샘물이 7일간 그쳤다가 출산 날 저녁에 다시 흘러넘쳤다고 한다.[59]

窮悟 임천상任天常(1754-1822)의 본관은 풍천豐川, 자는 현도玄道로 서울 남산 아래에서 태어났다. 1777년(정조 원년) 진사시에 합격했다. 1784년(정조 8) 꿈에 신인神人이 호를 궁오窮悟라 지어 주었다. 궁한 처지에 이르면 깨달음이 있다는 뜻이다.[60] 1795년 식년문과에 을과 2위, 1796년 문과 중시에 을과 2위(탐

---

56 沈尙鼎,《夢悟齋集》卷4 附錄〈行狀〉(李巨源).

57 申維翰,〈景雲齋偈〉,《青泉集》卷2 詩; 申維翰,〈景雲齋歌〉,《青泉集》卷2 詩.

58 申維翰,〈答金麟蹄(光遂)書〉,《青泉集》卷3 書. "來敎中所見堂銘云者, 乃是靜觀三言偈, 而今旣改扁曰景雲齋. 地在伽倻山下, 寓慕於孤雲故也. 已將此名此意作爲歌詩, 傳示於崔士集崔聖可諸公, 凡於書尺封題, 不稱某官, 而但着齋號 亦足一笑."

59 申維翰,《青泉集》續集 卷11 附錄〈行狀〉(崔重純). "先生以肅廟辛酉四月十五日, 生于密城竹院里第. 母夫人夢, 有青鶴遊竹林, 傍有靈泉源出石嵌, 科坎盈溢, 歲雖水旱, 未嘗損益, 而適臨月, 因以七日斷流, 嶽降之夕, 復溢如故. 擧家異之, 而後先生之稱號也盖以此."

60 任天常,〈窮悟詩 次韻酬稼友二首〉,《窮悟集》卷3 詩, 幷序. "往在甲辰春, 余嘗夢神人爲余, 號曰窮悟, 因又釋之曰: '事到窮處, 乃能有悟.' 魯賢聞之以爲眞, 堪作玄道號. 然余自念窮固有焉, 悟則

화랑)로 급제하고, 경기도 연천漣川 현계玄溪 위쪽에 잠시 있다가 저곡苧谷으로 이사했다. 1806년(순조 6) 홍문관 교리에 이르렀다. 부사 직으로 졸하고, 경기도 영평永平 길명리吉明里 장자동長者洞 선영에 묻혔다.《궁오집》이 있다.

老柏 정재규鄭載圭(1843-1911)의 본관은 초계, 자는 영오英五·후윤厚允, 호는 노백헌老柏軒·애산艾山이다. 경상도 합천陜川 삼가현三嘉縣 물계리勿溪里에서 태어났다. 1864년(고종 원년) 전라도 장성으로 기정진奇正鎭을 찾아가 1879년 스승이 죽기까지 15년간 수학했다. 1905년 을사늑약이 있자 호남·영남에 포고문을 내어 일본과의 담판을 촉구하고, 노성魯城(논산) 궐리사闕里祠에서 최익현崔益鉉과 거의하기로 했으나 뜻을 이루지 못했다. 1910년 일제강점 후 일제 은사금을 물리쳤다.[61]《노백헌집》이 있다. 28세 때인 1870년(고종 7) 11월 10일 새벽 꿈에 시를 지어 "자색도 홍색도 아니라 흰색을 숭상하고, 하늘과 땅 사이에 오로지 인간이로다. 뭇 꽃들은 윤기가 흘러도 옛 모습을 잃었고, 늙은 측백만 정정하여 본 모습이 새롭다"(不紫不紅云尙白, 惟天惟地曰爲人. 群芳濯濯佳容失, 老柏亭亭本色新)라고 했다. 고담枯淡하여 세속과 화합하지 못하리라 깨닫고 거자업을 그만두었다. 그리고《맹자》〈이루離婁·상〉의 "지금 천하에 왕 노릇을 하려는 것은 7년 묵은 병에 3년 묵은 약쑥을 구하는 것과 같으니, 이제부터라도 약쑥을 저축해 두지 않는다면 종신토록 얻지 못할 것이다"(今之欲王者, 猶七年之病, 求三年之艾也, 苟爲不畜, 終身不得)라는 말을 근거로 애산艾山이라 자호했다. 1896년(고종 33) 꿈에서 지었던 시의 말을 취하여 헌호를 노백이라고 했다. 기우만奇宇萬이 1912년에 〈노백헌기老柏軒記〉를 지어 주었다.[62]

近是齋 조선 후기의 진사 조민식趙敏植은 자가 경눌景訥인데, 호가 담인澹人이었다. 본관은 함안咸安으로, 관아재觀我齋 조영석趙榮祏의 후손이다. 대원군의 주선으로 남부도사에 차임되었다. 꿈에 무이武夷에서 주희를 만나 근시재近是齋라는 헌호를 받았다고 한다.[63]

無之, 不敢取以自命. 是歲次稼谷詩, 始稱窮悟而告之故. 稼谷曰: '余亦窮者也, 爲賦二絶以演其旨.' 遂次韻, 並叙其本末." 제1수 "夢中尋夢兩成空, 神語蒼茫不見功. 當日黑頭今雪白, 更須甚悟飽玆窮." 제2수 "世路枯榮擺却淸, 人情冷暖閱來明. 早知窮處眞能悟, 不向塵囂度半生."

61 鄭載圭,《老柏軒集》附錄 卷1〈年譜〉.

62 奇宇萬,〈老柏軒記〉,《松沙先生文集》卷19 記.

❷ 스승이 준 호

앞서 보았듯이 이황은 제자 이덕홍李德弘의 자 굉중宏仲과 호 간재艮齋를 둘 다 지어 주었다. 스승이 제자의 호를 지어 준 사례는 더 있다.

雪月堂 김부륜金富倫(1531-1598)의 본관은 광산, 자는 돈서惇敍, 호는 설월당雪月堂이다. 김유金綏의 아들이다. 1555년(명종 10) 생원시에 합격했다. 1585년 전라도 동복현감同福縣監으로 부임했다. 63세 되던 1593년(선조 26) 특지로 봉화현감奉化縣監이 되었다가 1594년 가을 체직되자 안동 집 근처 계곡에 정자를 지었다. 스승 이황이 '설월당雪月堂' 세 글자를 써 주었으므로 그것을 당에 걸고 자호를 설월당이라 했다.[64] 북송의 소옹邵雍이 《이천격양집伊川擊壤集》 자서自序에서 "사생과 영욕이 눈 앞에 어지럽게 싸운다고 해도 마음에 개입시키지 않는다면 사계절의 '바람·꽃·눈·달'(風花雪月)이 눈 앞을 한번 스쳐 지나가는 것과 무엇이 다르겠는가?"라고 한 데서 설월이란 말이 나왔다. 《설월당집》이 있다.

打愚 이상李翔(1620-1690)의 본관은 우봉牛峯, 자는 운거雲擧·숙우叔羽, 호는 타우打愚, 시호는 문목文穆이다. 경기도 고양高陽 화전花田에서 태어났다. 이숙李翽의 형이다. 1654년(효종 5) 전의현全義縣(현재의 세종특별자치시 전의면)으로 거처를 옮겼다. 1658년(효종 9) 박세채朴世采·윤증尹拯과 함께 유일遺逸로 천거되었으나, 노소 분기 때 노론 편에 섰으며, 기사환국 이후 1690년 옥사했다.[65] 문집은 《타우유고》이다. 본래 사는 마을을 대부촌大夫村이라 이름했는데, 송시열이 타우打愚로 고쳤으므로, 학자들이 그를 타우선생이라고 불렀다.[66] 타우는 '바보짓 한다'는 뜻이다.

敬窩 본관이 척주陟州(삼척)인 진달해陳達海(1726-1784)는 송능상宋能相

---

63 趙冕鎬, 〈感詩絶句〉 59首 中, 《玉垂先生集》 卷16 詩. "澹然近是齋頭尋, 晩境爲詩亦纁鋮. 昨日白門衰柳下, 臨風慟哭我同心." 주가 있다. "澹人, 趙敏植, 字景訥, 咸安氏, 觀我齋趙榮祏孫也. 篤學力行, 自是有實地人也. 平生貧不能存, 而誠孝根天, 性介不作苟且事. 流落丹陽峽, 晩始僦屋於白門外, 都下知識多相與也. 大院閤下聞其行, 選於銓家, 差南部都事, 又賜買屋資, 一時感激. 澹人嘗夢至武夷, 謁紫陽夫子, 蒙有賜, 稱近是齋, 余記之."

64 金富倫, 《雪月堂先生文集》 卷6 附錄 〈行狀〉.

65 宋穉圭, 〈打愚李先生墓表〉, 《剛齋集》 卷9 墓表.

66 李翔, 《打愚先生遺稿》 卷6 附錄 遺事(洪禹傳). "先生所居之里, 始名大夫村, 尤菴先生改命曰打愚. 學者之稱先生爲打愚先生者始此."

(1709-1758) 문하에서 공부한 인물로, 호를 경와敬窩라고 했다. 만년에 화산현花山縣(오늘날의 강원도 홍천) 죽암리竹巖里에 살았다. 생전의 송능상이 그에게 '언충신言忠信 행독경行篤敬'을 써준 것이 있어, 방 이름에 '경'자를 붙이고 스승에 대한 흠모의 뜻을 더했다.[67] 송환기宋煥箕가 〈경와명敬窩銘〉을 써 주었다.[68]

照菴 정해필鄭海弼(1831-1887)의 본관은 영일迎日, 자는 경기景箕, 호는 조암照菴이다. 충청도 진천현鎭川縣 사정리沙汀里에서 태어났다. 1850년(철종 원년) 3월, 신와愼窩 정재경鄭在褧의 권유로 회덕懷德의 석촌정사石村精舍로 수종재守宗齋 송달수宋達洙를 찾아가 20여 일간 머물며 수업했다. 돌아올 때 송달수가 "호수에는 맑은 물이 있고 산에는 달이 있어, 그대와 나 두 곳의 마음을 분명하게 비추네"(湖有淸冰, 山有月, 分明照得兩邊心)라고 해준 말을 따서 호로 삼았다.[69] 죽은 후 죽산현竹山縣 월정방月井坊 한수리閒睡里에 묻혔다.《조암집》이 있다.

肅齋 조병덕趙秉悳(1800-1870)의 본관은 양주, 자는 유문孺文, 호는 숙재肅齋·소학실주인小學室主人, 시호는 문경文敬이다. 1852년(철종 3) 음보로 관직에 나가, 호조참판에 이르렀다.《숙재집》이 있다. 노주老洲 오희상吳熙常이 숙괄肅括 두 글자를 잠계로 주고, 매산梅山 홍직필洪直弼이 숙재라는 호를 지어 주었다. 숙괄은 양웅揚雄의《법언法言》에 나오는 말이다.[70]《법언》〈수신修身〉을 보면, 어떤 사람이 "선비가 어떻게 해야 몸을 평안히 할 수 있습니까?"(士何如斯可以禔身?) 묻자, 양웅은 "마음이 크고 깊으며 외면이 엄숙하고, 법도가 있으면 몸을 평안히 할 수 있다"(其爲中也弘深, 其爲外也肅括, 則可以禔身矣)라고 했다. 조병덕은 자신

---

67 宋煥箕,〈敬窩陳公墓表〉,《性潭集》卷26 墓表. "陳公亨集義夫, 早遊我雲坪先生之門. 先生期許甚重, 嘗書與言忠信行篤敬六字, 公奉玩佩服, 無異子張之書紳. 及遭樑壞之痛, 益切羹墻之慕, 乃取一敬字, 以號所居之窩, 讀書守志於窩之中. 凡其言行一切期以不負師訓, 而多爲士友所推重. 噫! 余嘗銘其窩而興歎矣. 今宜以此銘公之墓, 而有以諗夫永世也."

68 宋煥箕,〈敬窩銘〉,《性潭集》卷15. "陟州陳達海蚤遊雲坪之門, 先生書與言忠信行篤敬六字. 嗚呼! 樑壞以後, 達海之奉持兢惕, 宜愈靡極, 乃取一敬字, 名其所居之窩, 以其六字遺墨, 粧成簇子, 朝夕瞻省于窩之中. 盖寓羹墻之慕, 而實亦參倚之道也. 德殷宋煥箕悲其意, 感其請, 書呈敬窩二字, 且爲之銘."

69 宋秉璿,〈照菴記〉,《淵齋先生文集》卷25 記. "昔在甲寅冬, 從先師, 受讀庸學於食藏山房, 先師以詩贈別曰: '湖有淸冰, 山有月, 分明照得兩邊心.' 未幾而遭山頹之痛, 倀倀然莫知所適, 謹取詩中語, 以照扁吾齋, 將以寓終身羹牆之慕."

70 趙秉悳,〈上梅山洪先生〉,《肅齋集》卷4 書. "然所謂肅括二字, 卽老洲先生所箴戒, 肅齋二字, 乃先生所賜號, 因以篆字親寫以命, 而記文之留下盛諾, 亦累十年于玆矣."

의 나이가 주희가《소학》을 편찬했던 나이라는 점에 느낌이 있어, 1168년(乾道 3) 7월 37세의 주희가 통감실通鑑室이라 호했던 일을 모방해서[71] 실호를 소학실이라 했다.[72] 조병덕은 소학실주인을 자처하고, 신응조申應朝와 이응진李應辰에게 기문을 청했다.[73]

拓菴 북송의 정호程顥는 사양좌謝良佐(자 顯道)를 처음 보고는 "이 수재는 전척展拓하여 열어 줄 수 있으니 장래를 기대할 만하다"라고 했다고 한다. 앞길이 매우 넓고 멀므로 쉬지 말고 나아가라는 뜻이다.

김도화金道和(1825-1912)의 호 척암拓菴은 정호의 말에서 취했다. 본관은 의성, 자는 달민達民으로, 호는 경북 안동시 일직면 귀미리에서 태어났다. 1893년 유일로 천거되어 의금부 도사에 임명되었다. 1895년 12월 을미사변이 있자, 안동군 유림대표로 거의통문擧義通文을 발표, 안동 의병장에 추대되었다. 1905년 을사늑약이 체결되자 〈청파오조약소請罷五條約疏〉를 작성했다. 처음에 유치명의 문하에서 수학을 할 때, 전척展拓 두 글자를 받았다[74].《척암집》이 있다.

毅菴 의병장 유인석柳麟錫(1842-1915)의 호는 의암毅菴이다. 초명은 광로光老, 자는 이술而述, 본관은 벽진碧珍이다. 강원도 춘천春川 가정리柯亭里 우계愚溪에서 태어났다. 14세 되는 1855년 화서華西 이항로李恒老의 문하에서 공부할 때 이항로가 극기복례克己復禮의 글씨를 써 주고, 의암이란 호를 지어 주었다. 의암은《논어》〈태백〉에서 증자曾子가 "선비는 도량이 넓고 뜻이 굳세지 않으면 안 되니 책임이 무겁고 길이 멀기 때문이다"(士不可以不弘毅, 任重而道遠)라고 한 말에서 취한 것이다. 유인석은 1895년(고종 32) 12월 24일(음력) 의병 항전을 시작해서 이후 서간도에서 의병 투쟁을 했다. 1908년 7월 블라디보스토크로 가서 이상설李相卨·이범윤李範允 등과 협력하고 1910년 6월 연해주 13도 의군 도

---

71 朱熹,〈通鑑室記〉,《晦庵集》卷77.

72 《소학》은 실은 주희의 제자 유자징劉子澄이 주희의 지시에 따라 편찬하여 1187년(남송 순희 14)에 완성했다.《소학》의 조선 내 수용과 연찬에 대해서는 정호훈,《조선의 소학—주석과 번역》(소명출판, 2014) 참고.

73 趙秉悳,〈小學室自訟〉,《肅齋集》卷1 詩. "居然五十八年過, 小學書中負大何. 迷不知非空白髮, 千秋應被蘧公訶."; 趙秉悳,〈答申幼安〉,《肅齋集》卷6 書; 趙秉悳,〈答李承旨拱五(應辰)〉,《肅齋集》卷6 書; 韓運聖,〈與肅齋趙丈〉(戊午七月),《立軒文集》卷5 書.

74 郭鍾錫,〈拓菴金公壙誌〉(壬子),《俛宇先生文集》卷151 壙誌.

총재로 추대되었으나, 8월의 국치로 13도 의군은 와해되었다. 1914년 3월 봉천성奉天省 서풍현西豊縣으로 망명, 관전현寬甸縣 방취구芳翠溝로 옮겨 그곳에서 죽었다.《의암집》이 있다.

❸ 국왕의 사호, 군은 환기의 작호

조선의 국왕들은 신하들에게 간혹 호를 내려 주었다. 사호賜號는 신하들의 충성을 요구하는 정치 행위였다. 중국에서는 북송의 태종이 도교학자 진단陳摶에게 희이선생希夷先生이라는 호를 내린 사례가 저명하다.

匪懈 세종은 셋째 아들 안평대군安平大君(1418-1453)에게 비해당匪懈堂이란 호를 내렸다. 대군의 이름은 이용李瑢, 자는 청지淸之, 호는 비해당 외에 낭간거사琅玕居士·매죽헌梅竹軒이다. 1442년 여름 6월, 세종은 당시 24세였던 안평대군을 위해《시경》〈증민蒸民〉편을 읊어 들려주고 또 장재張載의 〈서명西銘〉에 대해 말하고는 "편액을 '비해'라 하는 것이 좋겠다"라고 했다.[75] 〈증민〉편은 윤길보尹吉甫가 중산보仲山甫를 찬미해서 지은 시라고 전하는데,[76] 거기에 "일찍 일어나고 늦게 잠자서, 두 사람[부모]을 섬긴다"(夙夜匪解, 以事二人)라는 구절이 나온다. 그런데 비해란 말은《주역》의 비궁匪躬이란 말과 연관이 있다. 곧,《주역》에 "왕의 신하가 부지런함은 몸을 위한 때문이 아니다"(王臣蹇匪躬之故也)라고 했다. 비해와 비궁을 합하면 부모와 임금을 잘 섬기라는 뜻이 된다. 안평대군은 이 당호를 받고 '한편으로 기뻐하고 또 한편으로 놀라' 문신들에게 그 사실을 두루 알려 기념하는 글을 받으려고 했다. 박팽년朴彭年(1417-1456)은 〈비해당기〉를 짓고 신숙주申叔舟는 오언고시 〈제비해당시題匪懈堂詩〉를 지었다.[77]

風月 이정李婷(1454-1489)의 본관은 전주, 자는 자미子美, 호는 풍월정風月亭, 시호는 효문孝文이다. 덕종의 맏아들이며 성종의 형, 세조의 손자이다. 7세 때

---

75 朴彭年, 〈匪懈堂記〉, 《朴先生遺稿》 卷1. "正統壬戌夏六月有日, 安平大君入侍宸闈. 上從容問曰: '某之堂名云何?' 安平對以無. 上誦 〈蒸民〉之詩, 且及 〈西銘〉曰: '宜扁以匪懈.' 安平拜手稽首, 且喜且驚. 遂徵言於禁垣諸儒."

76 중산보는 노나라 헌왕獻王의 둘째 아들로, 주나라 선왕宣王의 명을 받고 제나라로 성을 쌓으러 갔는데, 이때 윤길보가 이 시를 지어 노래하며 전송했다고 한다.

77 申叔舟, 〈題匪懈堂詩〉, 《保閑齋集》 卷10 五言古詩. "宣德癸丑秋, 上賜安平大君號匪懈堂, 大君徵文詩于文士, 有是作"의 주가 있다.

월산군에 책봉, 1471년(성종 2) 대근에 진봉되고, 좌리공신 이등에 책록되었다. 성종이 정자 이름을 풍월정이라 지어 주었다. 경기도 고양高陽 북촌에 별장을 두었다. 1489년 성종의 명에 따라 임사홍任士洪(1445-1506)이 신도비명神道碑銘을 찬했다.[78] 문집은《풍월정집》이다.

拙齋 광해군 때 강원도관찰사를 지낸 신식申湜(1551-1623)은 본관이 고령高靈(靈川), 자는 숙정叔正인데, 호를 용졸재用拙齋 혹은 졸재拙齋라 했다. 1576년(선조 9) 별시문과에 병과로 급제하고, 선조와 광해군 때 여러 내외직을 거쳤으며, 사은사로 명나라에 갔다 오기도 했다. 1597년 명나라 급사중 서관란徐觀瀾이 양호楊鎬의 일을 조사하러 와서 동궁을 보자고 했을 때 부제학 신식이 중국어를 잘한다는 이유에서 수행원으로 추천되었다. 그런데, 선조는 신식을 두고 '졸拙하다'라고 평했다. 신식을 "신하를 아는 이는 임금보다 나은 사람이 없다" 하고는 졸재라고 자호했다. 1609년(광해군 원년) 신식은 그때 일을 상기하여 여러 사람에게 시, 기, 발(후서), 명, 설, 찬을 청했다.[79] 정경세鄭經世는 〈졸재명〉[80]을, 최립崔岦은 〈용졸재기〉[81]를 써 주었다. 홍가신洪可臣은 〈졸재기〉를 써 주고, 또 〈서용졸재기후書用拙齋記後〉에서 용은 작용의 뜻이므로 용졸은 졸을 손상하게 되므로 졸재이어야 한다고 주장했다.[82] 신식은 명나라에 다녀온 뒤 1619년(광해군 11) 3월 정구鄭逑에게서 〈졸재설〉을 받았다. 정구는 "전전긍긍하고 저녁에도 두려워하며 면려해서 늘 이곳을 초월해 군주를 마주하고 있는 듯이 하는 한편, 이치는 반드시 궁구하여 반드시 지키고 의리는 반드시 바로잡아 반드시 밝게 해서, 본심의 졸렬함에서 터럭만큼이라도 어긋나지 않을까 염려한다면, 그러면 충분하리라!"라고 권고했다.[83]

---

78 李婷,《風月亭集》神道碑銘 〈有明朝鮮國純誠明亮經濟佐理功臣月山大君贈諡孝文公神道碑銘有序〉(任士洪).

79 李好閔의 詩, 崔岦·洪可臣·柳夢寅의 記, 洪可臣·李睟光의 後敍, 李埈·鄭經世의 銘, 鄭逑의 說, 申欽의 贊(幷小跋) 등이다. 안세현, 〈17세기 전반 누정기 창작의 일양상—신식申湜의 '용졸재用拙齋'에 붙인 기문記文)을 중심으로〉,《어문논집》58, 민족어문학회, 2008, pp. 193-228.

80 鄭經世,《愚伏集》別集 卷8 附錄 〈言行錄〉 '資品志趣.' "申公湜好禮篤學, 先祖愛重之. 丁酉年, 給事中徐觀瀾以查勘東征到京, 欲見東宮, 上命擇華語曉解者以從, 公時爲副學, 大臣擧之. 上曰: '湜也拙.' 公曰: '眞所謂知臣莫如君也.' 遂以拙名其齋, 先祖爲撰拙齋銘."

81 崔岦, 〈用拙齋記〉,《簡易集》卷9 稀年錄.

82 洪可臣, 〈書用拙齋記〉,《後晚全先生文集》卷2 記.

무신도 국왕에게서 호를 받은 예가 있다. 이삼李森은 이인좌 난 때 훈련대장으로서 관문을 잘 지킨 공으로, 1734년(영조 10) 10월에 영조로부터 '백일白日'(忠貫白日의 준말)이라는 편호扁號를 하사받았다.

사호는 아니지만 국왕의 유지有旨가 계기가 되어 자호를 정한 예도 있다.

渴睡 김위金瑋(1709-1788)의 본관은 예안禮安(선성宣城), 자는 공준公準, 호는 갈수헌渴睡軒이다. 1750년 문과에 급제하여 이조 좌랑, 지평 등을 역임했다. 김방金墮(1706-1778)과 한 집안의 동년 형제이다. 안동부 내성乃城 남면南面 익곡리益谷里 전곡前谷 명원암名遠巖에 묻혔다.[84] 《갈수헌집》이 있다. 갈수란 말은 본래 송나라 여몽정呂蒙正의 고사에 나오지만, 김위는 영조의 견책을 듣고 이 말을 사용했다. 1759년(영조 35) 기랑(騎郎, 병조좌랑)으로 입직했을 때 궐 안에 난입한 사람을 관리가 체포했으나 보고를 받지 못했다. 아침에 영조가 힐문하자 관리는 낭관이 깊이 잠들어 있어서 보고하지 못했다고 거짓말을 했다. 영조가 웃으면서 "이 사람은 갈수랑渴睡郎이로군!"이라고 했다. 이에 파관되자, 김위는 갈수옹이라고 자호했다.[85]

東埜 김양근金養根(1734-1799)의 본관은 안동, 자는 선오善吾, 호는 동야東埜이다. 1763년(영조 39) 증광문과에 병과로 급제했다. 1773년 시폐를 논한 상소가 물의를 일으켜 낙향했다가 이듬해 지평으로 복직했다. 1799년 통정대부에 가자되어 형조참의를 지냈다. 안동시 풍산읍 소산리素山里에 동야 고택이 있고, 《동야집》을 남겼다. 김양근이 증광문과를 치루고 방방放榜을 기다릴 때 몸소 잔글씨를 쓰는 일을 하여, 곁에서 보는 사람들이 야유를 보내기까지 했다. 며칠 후 영조가 신은新恩(합격자)들을 경현당景賢堂으로 불러 면시面試를 보였다. 김양근은 정대廷對(회시 대책문)에서 《공자가어孔子家語》〈안회顏回〉에 나오는 노나라

---

83 鄭逑, 〈拙齋說〉, 《寒岡集》 卷9 雜著. "朱夫子之論拙曰: '天下之理, 一而已矣. 窮之欲其通於一, 守之欲其安以固. 以其一而固也, 是以近於拙. 極其言則正其誼不謀其利, 明其道不計其功, 是亦拙而已矣.' 侯旣欽上之賜, 又深服朱子之訓, 念兹在兹, 思有以盡拙之道焉. 所以戰兢惕勵, 常若對越君師, 理必窮而必守, 義必正而必明, 惟恐一毫有違於本心之拙者, 其可已乎!"

84 金道和, 〈渴睡軒金公[瑋]墓碣銘幷序〉, 《拓菴先生文集》 卷27 墓碣銘.

85 金若鍊, 〈叔父渴睡軒府君狀草〉, 《斗庵先生文集》 卷8 行狀. "府君嘗以騎郎, 入直闕中, 吏捕攔入人, 經夜不以告郎官. 及朝, 上聞而詰之, 則吏恐得罪, 誣言郎官方睡未告. 上笑曰: '是渴睡郎.' 坐是罷官, 因自號渴睡翁."

사람 동야필東野畢의 일을 발단으로 삼았다. 안회는 동야필이 말 재갈을 물리고 고삐를 잡아 걷고 뛰고 질주하는 것이 조정에서 예를 다하는 듯이 하여, 험한 곳을 지나 먼 곳까지 이르러 말의 힘이 다하였는데도 재촉하기를 그치지 않는 것을 두고, "신이 듣기로 새가 궁하면 부리로 쪼고, 짐승이 궁하면 할퀴며, 사람이 궁하면 거짓말을 합니다. 예로부터 지금에 이르기까지 아랫사람들을 궁하게 하면서도 위태롭지 않은 자는 아직 없었습니다"라고 비판했다. 그런데 영조 때의 주시자主試者가 그 출처를 몰라 김양근이 고사를 날조했다고 여겨 낙과落科(불합격)시키려고 했다. 영조가 전체 편을 살피게 했는데 아무 하자가 없었다. 방방연에서 영조는 '동야선달'을 나오라 하여 회시會試의 시권試券을 외우게 했는데, 수십 자 뒤로는 기억할 수가 없었다. 시신侍臣이 낮은 목소리로 "서너 글자를 건너뛰고 간간이 외워도 무방하다" 했으나 김양근은 큰 소리로, "군부의 앞에서 어찌 정성스레 대답하지 않을 수 있단 말입니까?" 했다. 영조가 듣고는, "순실하다. 이는 시골 선비로다. 그 말이 옳다" 하고는 외우길 그만두도록 했다. 방방연이 끝나고 종종걸음으로 나가자, 영조는 눈길을 주며, "동야선생이 하마터면 애매曖昧(죄가 있는지 없는지 의심스러움)를 면치 못할 뻔했군!" 했다. 서너날 뒤에 김양근이 스승 김원행金元行을 배알하자, 김원행은 "동야 두 글자는 어전에서 정탈定奪(재결)하신 것이니, 이것으로 세상에 행하여, 군을 칭송하는 뜻을 부치는 것이 좋겠네" 했다.[86]

조선의 국왕 가운데서 정조는 특히 여러 신하들에게 호를 하사했다.

保晩齋 정조의 세손 시절 사부였던 서명응徐命膺(1716-1787)은 처음 자호가 담옹澹翁·염계恬溪였다. 염담恬澹을 추구한다는 뜻에서였다. 그런데 아들 서호

86 金養根,《東埜集》卷14 附錄〈行狀〉(金胤根). "癸未又出入泮庠, 一擧取魁. 旋捷增廣第, 聲名已大譟一世, 公則顧欿然自視. 待榜之日, 手執書役, 傍觀者爲之揶揄而亦不省也. 居幾日, 上悉召見諸新恩于景賢堂, 命以面試. 公於廷對之文, 引《家語》所載'魯人東野畢事'以發端. 主試者顧未詳其出處, 認以烏有, 將置落科. 上令盡看全篇. 果無疵纇. 試旣畢, 班賜珍羞曰: '東埜先達何在?' 仍命誦會試試券, 過數十字後, 記不能, 起. 上慰之曰: '日久之後, 難誦無怪.' 侍臣在傍者, 低聲語曰: '越幾字間間誦之無妨.' 盖悶其不知合變也. 公卽厲聲曰: '君父之前, 豈敢不以誠對?' 上亦微聞之, 曰: '然矣. 淳實矣. 此鄕儒也. 其言是矣.' 仍使誦止. 筵罷趍出, 上目送之曰: '東埜先生, 幾不免曖昧!' 後數日, 往拜渼湖丈席, 丈席迎謂曰: '君之別號, 甚好.' 對曰: '何謂別號?' 丈席曰: '東埜二字, 是榻前定奪, 因此行世, 庸寓感誦之意可也.'"

수徐浩修(1736-1798)가 규장각 직제학으로 있을 때, 정조는 서명응이 만년에 겸손하게 물러나 사는 것을 아름답게 여겨 보만재保晩齋라는 호를 내렸다. 서명응은 자신의 무덤에 쓸 〈자표自表〉를 지어 군주의 은혜를 잊지 않으려는 뜻을 말했다.

> 신축년(1781, 정조 5)에 옹[서명응 자신]의 아들 호수가 직제학으로서 규장각에서 주상을 모시고 있었는데, 주상께서 조용히 하교하셨다. "경의 부친이 입조한 이래 만년의 절개 중에 특별히 드러나는 것이 셋이다. 정후겸鄭厚謙이 문원文苑에 추천한 것을 거절해 위세로도 지조를 빼앗을 수 없었던 것이 첫째요, 홍국영洪國榮이 다시 조정에 들어오는 것을 저지해서 몸소 그 칼끝을 저촉한 것이 둘째요, 집안의 훌륭한 아우[서명선徐命善(1728-1791)]가 한결같이 사직을 호위하려는 마음으로 나라와 휴척休戚(기쁨과 슬픔)을 함께하는 것이 셋째다. 그러니 보만재로 호를 바꾸는 것이 좋겠다." 옹이 말씀을 듣고 감동해 눈물을 흘리며 말하기를, "옛사람은 보통의 작명爵命에 대해서도 살아서는 영명榮名으로 부치고 죽어서는 묘도墓道에 썼거늘, 하물며 성군의 한마디 말씀이 해와 별 같이 빛나서 백세의 정론이 될 수 있음에야 어떠하겠는가! 내가 죽은 뒤에 풍비(큰 비석)를 세우지 말고 단갈(짧은 비)에 '보만재 서 아무개의 묘'라고 쓰기만 하면 된다"라고 했다.[87]

會心 이민보李敏輔(1717-1799)의 본관은 연안延安, 자는 백눌伯訥, 호는 상와常窩·풍서豐墅·회심와會心窩, 시호 정효貞孝이다. 월사月沙 이정귀李廷龜의 후손이다. 서울 장통교長通橋에서 태어났으나, 세거는 경기도 양주陽州 풍양豊壤 지산芝山(영지산靈芝山)에 있었다. 1747년(영조 23) 진사시에 합격한 후 음관으로 벼슬길에 올랐다. 양주楊州 불암산佛巖山 아래 별비곡別非谷에 묻혔다.[88] 《풍서집》이 있다. 풍서는 선영이 있는 별비곡을 말한다. 유한준兪漢雋은 1781년(정조 5) 〈상와기〉를 써 주었는데,[89] 상와의 상은 《중용장구》 제13장의 "떳떳한 덕을 행하며 떳떳한 말을 삼가서 한다"(庸德之行, 庸言之謹)에서 따왔다. 유한준은 월사 이정귀

87 徐命膺, 〈自表〉, 《保晩齋集》 卷12 墓表; 심경호, 《내면기행》, 민음사, 2018, pp. 410-418.

88 金載瓚, 〈判敦寧李公敏輔謚狀〉, 《海石遺稿》 卷21 謚狀.

89 兪漢雋, 〈常窩記〉(辛丑), 《自著》 卷18 記.

의 '문장공덕文章功德', 백주白洲 이명한李明漢의 '주삼관主三館', 정관재靜觀齋 이단상李端相의 '용퇴勇退', 지촌芝村 이희조李喜朝의 '학행광휘學行光輝' 등 연안 이씨 가문의 업적을 잇기 위해 '먼저 절로 상행이 있어야 함(先自有常)'을 강조했다. 이민보의 회심와 호는 정조가 내려 준 것이다.[90] 1778년 정조는 스스로의 거처에도 회심와라 이름하고 〈회심와명〉을 지어, "여기에 한가롭게 거처하니, 마음이 맑아진다. 즐겁게 이치와 도를 함께 만나니, 번잡하던 것이 조용해지는구나!"(于以燕處兮, 澄吾心兮. 怡然理道之俱會兮, 煩而靜兮!)라고 했다.[91] 이민보에게 회심와를 사호한 것도 같은 뜻일 것이다.

晩葆 박지원의 4종형 박명원朴明源(1725-1790)은 영조의 3녀 화평옹주和平翁主(1727-1748)와 결혼해서 금성위錦城尉에 봉해지고 수록대부綏祿大夫가 되었다. 본관은 반남潘南, 자는 회보晦甫, 호는 만보정晩葆亭, 시호는 충희忠僖이다. 정조가 만보晩葆라는 호를 내려 주었는데, 만보는 곧 만전晩全의 뜻이다. 정조는 그의 신도비명을 직접 작성하여 1789년 장헌세자 능을 수원으로 옮기게 된 것이 그의 건의에서 비롯되었음을 부각시켰다.[92]

愚不及 오재순吳載純(1727-1792)은 정조로부터 처음에 순암醇庵이란 호를 받고 뒤에 우불급재愚不及齋란 호를 받았다. 본관은 해주, 자는 문경文卿, 시호는 문정文靖이다. 오진주吳晉周의 손자, 오원吳瑗의 아들로, 1755년(영조 31) 명안공주明安公主(현종의 딸)의 손자라서 특명으로 6품에 올랐다. 1772년 정시문과에 병과 급제한 이후 오랫동안 문형과 전조(이조)를 맡았다. 1785년(정조 9) 3월 6일 정조는 황단(대보단)의 재실을 봉심하려고 이문원에서 재숙했을 때 시종한 그에게 순암이란 호를 내렸다. 또 뒤에 오재순의 초상을 그리게 하고 우불급재라는 호를 내렸다. 오재순은 〈사호기賜號記〉를 적어 그 사실을 기념했다.[93] 우불급이란 호는《논어》〈공야장公冶長〉에서 공자가 영무자甯武子를 평한 말에서 따왔다. 영무자는 춘추 시대 위衛나라 대부 영유甯俞로, 무武는 시호이다. 공자는 "영

90 《정조실록》권51, 정조 23년(기미, 1799) 1월 6일(을축) 판중추부사 이민보의 졸기.
91 正祖,〈會心窩銘幷序〉(戊戌),《弘齋全書》卷53 銘.
92 正祖,〈錦城尉朴明源神道碑銘〉,《弘齋全書》卷15 碑; 심경호,《국왕의 선물》2, 책문, 2012, p. 379.
93 吳載純,〈賜號記〉,《醇庵集》卷5 記.

무자는 나라에 도가 있으면 지혜롭고 나라에 도가 없으면 어리석은 척했으니, 지혜로움은 미칠 수 있으나 어리석음은 미칠 수 없도다"라고 했다. 정조는 오재순의 과묵함을 영무자의 어리석음과 같다고 칭송한 것이다. 한편으로는 자신이 다스리는 나라에 도가 없기 때문에 이 자가 어리석은 듯 충직함을 다하는 것이라고는 할 수 없는가, 자책했을 법하다.

突兀空蕩墅主人 김종수金鍾秀(1728-1799)의 본관은 청풍, 자는 정보定夫이다. 고조 김구金構가 우의정을 지냈고, 종조부 김재로金在魯, 종숙 김치인金致仁이 영의정에 올랐으며, 김구의 아우 김유金楺의 두 아들 김약로金若魯와 김상로金尙魯가 각기 좌의정과 영의정을 지냈다. 산림을 자처한 형 김종후金鍾厚도 명망이 높았다. 김종수는 정조가 세손 시절부터 시강원 관료로서 보필하여, 정조 원년(1777) 을미년(1775) 적신들의 모함으로부터 저위儲位를 보호한 동덕회同德會에 속했다. 1780년(정조 4) 규장각 제학에 올랐고《규장각지》편찬을 담당했다. 1781년 윤5월 모친 봉양을 위해 의왕 백운산 아래 자이당自怡堂에서 기거했다.[94] 정조는 대궐로 부르고는 "경은 벌써 야인의 모습이 되었구려!"라고 했다. 김종수는 백운산 방에 야인실野人室이라 편액했다.10월에 정조는 화가 한정철韓廷喆을 보내어 그의 소상小像을 그리게 하고, 제찬題贊하기를 "조정에서는 홀로 대의를 맡았고 재야에서는 세상의 더러움에 물들지 않았으니, 이는 이른바 그 자취가 돌올突兀(우뚝하게 솟음)하고 마음이 텅 빈 사람이라는 것이 아니겠는가?"라고 적었다. 여기서 김종수는 돌올공탕서주인突兀空蕩墅主人이라는 별호를 얻었다.[95] 정조는 또 그를 두고 "솔직하여 망발을 즐긴다"(坦率嗜妄發)고 말한 적이 있다. '망발'은 한 무제가 직간을 자주하는 급암汲黯을 두고 이른 말이지만, 정조는 김종수의 정치적 경솔함을 지적한 것이었다. 김종수는 정조가 '돌올공탕'과 '탄솔망발'을 언급하자, 벼슬에서 물러나라는 뜻으로 알아들었다. 11월에 솔가하여 종숙부 김재로金在魯의 별서가 있던 몽촌夢村으로 물러났다. 1785

94 자이自怡는 도홍경陶弘景이 "산중에는 무엇이 있는가 묻기에, 산 위에는 흰 구름이 많지만, 그저 나 혼자 즐길 뿐, 그대에게 줄 수는 없다 한다네"(山中何所有, 嶺上多白雲, 只可自怡悅, 不堪持贈君)라고 한 시에서 나왔다.

95 정조는 김종수를 평하여, "자취를 얼른 보면 돌올한 듯하지만, 마음을 자세히 따져보면 실로 텅 비었다"(驟看跡似突兀, 細究心實空蕩)라고 평한 바 있다.

년 다시 규장각 제학이 되었다. 1793년 채제공蔡濟恭이 장헌세자의 죽음에 관련된 자들을 추가적으로 처벌하자고 주장할 때 반대하다가 좌의정에서 물러났다. 남해현의 절도에 안치되었다가 몽촌으로 돌아온 후 금강산 등지를 유람했다. 하지만 정조의 명으로 화성 축조를 기념할 비문 〈화성기적비華城紀蹟碑〉[96]를 제진했으며, 사후 정조의 묘정에 배향되었다.

後踈 홍인호洪仁浩(1753-1799)의 본관은 풍산, 자는 원백元伯, 호는 후소後踈·칠은七隱·우헌愚軒이다. 초명은 영한英漢, 초자는 운백雲伯이며, 부친은 함취당含翠堂 홍수보洪秀輔(1723-1800)이다. 강원도 원주原州 단구리丹邱里에서 태어났다. 1777년(정조 원년) 증광문과에 병과로 급제하고 초계문신抄啓文臣이 되었다. 좌승지로서 정조의 명으로 아우 홍의호洪義浩와 함께 《심리록審理錄》을 편찬했다. 조부 홍중효洪重孝(효민공孝敏公)가 영조에게서 '소야踈野'하다는 포장褒獎을 받아서 그 거처를 소와踈窩라고 했는데, 홍인호는 '소솔踈率'하다는 말을 듣고, '조부의 성품을 이은 후손으로서 성근 자'란 뜻에서 후소後踈라고 자호했다. 또한 그는 스스로 칠은七隱이라 칭하거나 우헌愚軒이라고 칭했다.[97] 칠은은 오시吳市의 문지기 매복梅福, 예장豫章의 은둔자 서치徐穉, 태원太原의 은둔자 곽태郭泰, 탕산碭山의 은둔자 신도반申屠蟠, 녹문산鹿門山의 은둔자 방덕공龐德公, 율리栗里의 은둔자 도연명陶淵明, 중조산中條山 왕관곡王官谷의 은둔자 사공도司空圖 등 7인을 말한다. 우헌은 우졸愚拙의 뜻을 함축한 호이다.

屐翁 소론계 문신 이만수李晩秀(1752-1820)는 정조로부터 극옹屐翁이란 호를 하사받았다. 본관은 연안, 자는 성중成仲, 시호는 문헌文獻이다. 이복원李福源의 아들로, 1789년(정조 13) 식년문과에 병과로 급제했다. 서울 낙산駱山 아래 집이 있었다. 1796년 정조는 사례射禮에서 스스로 활을 쏜 후 이만수가 고풍古風의 종이에 점수를 적어 올리자 고풍 종이에 나막신을 하사한다는 사실을 적고 명銘을 내려 주었다.[98] 이만수는 〈자지명自誌銘〉에서 이 사실을 밝혔다.[99] 나막신

---

96 심경호, 《한국의 석비문과 비지문》, 일조각, 2021, pp. 352-356.

97 睦萬重, 〈洪觀察墓誌銘幷叙〉, 《餘窩先生文集》 卷20 墓誌銘.

98 正祖, 〈賜內閣直提學李晩秀木屐銘〉, 《弘齋全書》 卷53 銘; 《정조실록》 卷36, 정조 16년(임자, 1792) 10월 20일(을유).

99 李晩秀, 〈自誌銘〉, 《屐園遺稿》 卷21 三局集 墓誌銘; 심경호, 《내면기행》, 신판, 민음사, 2018,

과 관련해서는 북제의 안지추顔之推가《안씨가훈》에서. "굽이 높은 나막신을 신는 것으로써 고상한 취미로 여겼다"라고 한 바 있다. 또한《세설신어》〈아량雅量〉에 보면, 어떤 사람이 완부阮孚를 찾아가 보니, 그가 직접 풀무의 불을 불면서 나막신에 밀칠을 하고 있었다. 그러면서 완부는 "평생에 나막신을 몇 번이나 더 신을지 모르겠다"라고 탄식했다고 한다. 정조는 이만수에게 나막신을 하사하면서, 당쟁이나 명리장에 빠지지 말고 더욱 조정 사업에 협찬하길 바란다고 권계한 것이다.

碩齋 윤행임尹行恁(1762-1801)의 초명은 윤행임尹行任인데, 정조 18년(1794) 9월, 원자가 윤행임의 이름 가운데 '任'을 '恁'으로 잘못 쓴 것을 계기로, 정조가 개명할 것을 명했다. 본관은 남원南原, 자는 성보聖甫, 호는 석재碩齋·방시한재方是閒齋·시천당蓍泉堂·유여관留餘觀·불기헌弗欺軒, 시호는 문헌文獻이다. 1782년(정조 6) 정시문과에 병과로 급제, 1783년 4월 예문관 검열로서 초계문신이 되었으며 6월 규장각 대교에 임명되었다. 이 무렵 정조가 석재라는 호를 지어주었다. 문집도《석재고》라 한다.《주역》박괘剝卦 상구上九 효사에 "큰 과일은 먹히지 않는다"(碩果不食)라고 했는데, 이는 아래의 다섯 개 효가 모두 음인 상황에서 맨 위에 양효가 남아 있어 그것을 석과(큰 과일)에 비유한 것이다. 정조는 박괘 상구 효사를 들어서 윤행임으로 하여금 외로움을 이기고 덕행과 학식을 계속 쌓아 나가라고 권면했다.[100] 한편 방시한은 명나라 육소형陸紹珩의《취고당검소醉古堂劍掃》에 나오는 "살아가며 만족하길 기다리면 어느 때 만족하랴, 늙기 전에 한가로움을 얻으니 바로 이것이 한가로움이네"(人生待足何時足, 未老得閒方是閒)라는 청언淸言에서 따온 말이다.[101] 시천蓍泉은《시경》〈조풍曹風 하천下泉〉의 "차갑게도 저 샘물 흘러, 저 가라지 가새풀을 적셔 주누나(冽彼下泉, 浸彼苞蓍)"에서 따온 호로, 정치상의 혼란기에 궁벽한 곳에 거처한다는 뜻을 나타낸다. 유여留餘는 성만盛滿을 경계하고 매사를 남겨 두자는 뜻의 호이다. 유경도인

---

pp. 486-493.

100 尹行恁,《碩齋遺稿》附錄 行狀(尹定鉉);《碩齋遺稿》附錄 神道碑銘幷序(趙斗淳).

101 화서행궁華城行宮 장남헌壯南軒의 방 벽에 정조의 명을 받들어 송하松下 조윤형曺允亨이 쓴 초서가 있어, "늙기 전에 한가로움을 얻으니 바로 이것이 한가로움이네"(未老得閒方是閒)라고 되어 있다고 했다. 李裕元,〈華城行宮壁書〉,《林下筆記》卷30 春明逸史.

留耕道人의 〈사류명四留銘〉에, "남은 것이 있으니, 다하지 않은 교지를 조화로 돌리네. 남은 것이 있으니, 다하지 않은 복록을 조정에 돌리네. 남은 것이 있으니, 다하지 않은 재물을 백성에게 돌리네. 남은 것이 있으니, 다하지 않은 복을 자손에게 돌리네(留有餘, 不盡之巧以還造化. 留有餘, 不盡之祿以還朝廷. 留有餘, 不盡之財以還百姓. 留有餘, 不盡之福以還子孫.)라고 했다.

壽齋 《수재유고壽齋遺稿》는 초계문신 이곤수李崑秀(1762-1787)의 문집으로, 1789년(정조 13) 운각인서체자 활자로 8권 3책이 간행되었다.[102] 이곤수의 본관은 연안, 자는 성서星瑞, 이성원李性源의 아들로, 이약우李若愚의 부친이다. 1782년 12월 정시庭試문과에 합격하고, 1783년 4월에 강제문신(초계문신)으로 뽑혔다. 1784년 문효세자 책봉례 이후 시강원 설서가 되었다. 1787년 2월에 어사로서 양서兩西의 민정을 시찰하고, 4월에 복명하여 정주목사 이가환의 처벌을 청했다. 9월 22일, 부친의 임소 함경 감영에서 26세로 졸했다. 1788년 12월 18일 1년상의 영결에 맞추어 정조는 각신 서이수徐理修를 시켜 빈전에서 유제諭祭의 글을 읽게 했는데, 그 글에서 자신이 이전에 수재의 편액을 내린 사실을 밝혔다.[103]

> 종전의 밤에 내가 네 꿈을 꾸었는데, 너는 검은 두건을 쓰고 고운 갈포葛布로 지은 도포를 입고 나에게 절하고 영결을 고했다. 내가 너의 무릎을 붙잡고 너의 팔뚝을 당기며, "내가 너의 거처에 수재壽齋라는 편액을 내린 것은 네가 장수하기를 바란 것인데, 어찌 갑자기 나를 영결한단 말인가?"라고 했다. 말이 채 끝나기 전에 한숨을 쉬면서 기지개를 켜고 일어나 물시계 소리를 들어 보니 자정 무렵이기에, 옆의 사람을 돌아보며 기록해 두라고 말했다. 이른 아침에 급히 사람을 보내 너의 병을 살펴보게 했더니, 그때가 작년 9월 22일이었다. 며칠 후 부고가 왔는데 날과 시를 따져 보니 과연 꿈과 들어맞았다. 아아 이상한 일이로다. 수많은 사람들의 삶이 어느 것인들 꿈이 아니겠느냐? 더구

102 이시원李是遠(1790-1866)이 지은 저자의 아들 이약우李若愚의 묘지명墓誌銘에 "檢閱以文肅肖子 … 正廟欲老其才, 命以壽齋爲號, 不幸早世, 宸衷悼惜, 俾刊遺集"이라 했다.

103 李崑秀, 《壽齋遺稿》 卷8 附錄 〈御製諭祭文〉. "維乾隆五十三年歲次戊申十二月十八日, 國王遣臣閣屬官徐理修, 諭祭于故待敎李崑秀之靈."

나 너는 꿈으로써 꿈에 의탁하고 마침내 큰 꿈으로 돌아갔거늘, 나는 꿈속에서 꿈을 꾸고는 네가 몽장夢場에 견디지 못함을 슬퍼하고 있다. 명인가? 명이로다, 아아! 살아서 서로 마음을 비추었으니 죽어서도 정령이 어긋나지 않으리라. 이날 너에게 제를 올리나 너는 필시 이 수없이 흐르는 눈물을 마실 것이다. 너는 마실 것이냐, 마시지 않을 것이냐? 이제 그만이로다, 아아![104]

헌종도 호를 하사했다.

成 풍양 조씨 세도가 조병현趙秉鉉(1791-1849)의 본관은 풍양, 자는 경길景吉, 호는 성재成齋·우당羽堂·국재菊齋이다. 조득영趙得永의 아들이다. 서울 어의동於義洞 외조부 이문원李文源의 집에서 태어나, 13세 때 조부[조진명趙鎭明]상을 당하고 교동校洞 하한下閑(누정동樓井洞)으로 이사했다. 이후 전동典洞으로 이사하기도 했으나 주로 교동(태천동苔泉洞)에서 살았으며, 경기도 양주楊州 천주泉川에 병사丙舍가 있었다. 1822년(순조 22) 식년문과에 을과로 급제했다. 1839년(헌종 5) 형조판서로서 기해박해를 일으켰다. 1846년 지중추부사가 되고 10월에 헌종으로부터 성재成齋라는 호를 받았다.[105] 성재의 '성'은 《논어》에서 말한 살신성인殺身成仁이나 손출신성孫出信成의 뜻을 포함한다. 손출신성은 《논어》〈위령공〉의 "군자는 의로움으로 바탕을 삼고 예로 이것을 행동하며 공손함으로 이것을 내놓고 믿음으로 이것을 이루는 것이니, 이것이야말로 군자이다"(君子義以爲質, 禮以行之, 孫以出之, 信以成之. 君子哉!)에서 나온 말이다. 조병현은 1847년 광주부 유수가 되었으나 안동 김씨파의 탄핵 상소로 유배되고, 1849년 철종이 즉위하고 대왕대비 김씨가 수렴청정하면서 사사되었다. 《성재집》이 있다.

---

104 《弘齋全書》卷21 祭文3〈待教李崑秀致祭文〉. "誰昔之夜予夢汝, 汝皁巾絺袍, 拜且告訣. 予促汝膝控汝腕曰: '予扁汝居以壽齋, 祈汝壽也. 胡遽訣予?' 言未訖, 咳噫欠伸, 起而聽漏, 夜將分, 顧語傍人記之. 詰朝走人訊汝病, 卽去年九月二十二日也. 越數日訃聞, 考日若時果驗, 烏虖異哉! 衆萬之生, 孰非夢也? 矧汝以夢托夢, 終歸於大夢, 而予則理夢中之夢, 悲汝之不能耐於夢場, 命乎命耶? 命也烏虖! 生而肝相照, 死而精不爽, 是日侑汝, 汝必飮泣而歠, 汝其歠耶不歠耶? 已矣烏虖!"

105 趙秉鉉, 《成齋集》〈成齋年譜〉. "丙午, 五十六歲. 九月辛亥二十九日御眞圖寫後, 以監董閣臣蒙恩, 熟馬一匹面給之典. 十月命圖進畫像, 賜號曰成齋, 以御筆標題曰內閣提學成齋趙公五十六歲像. 丙午杪冬香泉題(香泉憲廟別號). 上命畫員李漢哲圖寫, 每日入草本親鑒訂定七分, 使之上綃."

圭 안동 김씨 세도에 반발한 남병철南秉哲(1817-1863)의 본관은 의령, 자는 자명字明·원명元明, 호는 규재圭齋·강설絳雪·구당鷗堂·계당桂堂, 시호는 문정文貞이다. 남유상南有常의 증손, 철종의 장인 김문근金汶根의 외질로, 남병길南秉吉의 형이다. 1837년(헌종 3) 정시 문과에 병과로 합격했다. 1851년(철종 2) 예조판서·대제학에 올랐으며, 관상감제조도 겸했다. 《규재유고》가 있다. 구당은 압구狎鷗의 뜻을 담은 당호이다. 계당은 계동의 관상감 부근 집을 말하는 듯하다. 강설은 매화가 눈처럼 떨어지는 것을 말한다.[106] 규재의 호는 헌종이 하사한 것으로, 규복圭復의 뜻이다.[107] 규복은 《시경》 〈억抑〉의 "흰 구슬의 티는 갈아 없앨 수 있거니와, 말의 허물은 어찌할 수가 없다"(白圭之玷, 尙可磨也, 斯言之玷, 不可爲也)라는 구절을 세 번 되풀이하여 읽었다는 뜻으로, 말조심을 하는 태도를 말한다. 《논어》 〈선진先進〉에 "남용이 백규의 글을 세 번씩 되풀이하여 외우자 공자가 형의 딸을 그의 아내로 삼아 주었다"(南容三復白圭, 孔子以其兄之子妻之)라고 했다. 또한 규는 도규刀圭를 뜻한다. 주희의 〈재거감흥齋居感興〉에서 연단鍊丹하여 신선이 되는 것을 두고, "금솥에 용과 범을 서려 두어, 삼 년 만에 신선의 단약을 고아서는, 한 숟갈 입에 떠 넣으니, 대낮에 날개 돋아 하늘로 오르는 듯"(金鼎蟠龍虎, 三年養神丹, 刀圭一入口, 白日生羽翰)이라고 했다. 집 안에 들어앉아 독서에 열중하는 것을 도규의 단약을 먹는다고 말한다.

국왕의 비망기나 유시에서 언급한 내용을 기초로 각별한 군은에 감사하는 뜻을 호에 담은 이들도 있다.

三稀 강주제姜柱齊(1701-1778)의 본관은 진산晉山, 자는 망약望若, 호는 삼희당三稀堂이다. 73세 되던 1773년(영조 39)의 향시에서 과부科賦로 일등하고, 다음해 국자감시에서 과부로 1등을 하여 진사시에 3등 37위로 합격했는데, 영조의 특명으로 장릉참봉章陵參奉에 임명되었다. 영조는 노인직을 주면서 비망기에서, 과부로 거듭 1등을 하는 일이 드물다는 사실, 동래의 먼 곳에서 칠십 넘은

106 중인 문인 조희룡趙熙龍이 황학봉黃鶴峰 아래 거처할 때 연지로 매화를 그려 방안이 화려하게 아롱졌으므로 거처를 강설당絳雪堂이라 한 것을 연상하게 한다.

107 趙斗淳, 〈吏曹判書大提學南公(秉哲)神道碑銘〉(甲子), 《心庵遺稿》 卷24 神道碑銘. "時憲宗大王揔萬機, 勵精圖理, 接邇臣諮詢甚博, 公式日覲光, 而小心畏抑, 眷顧之隆, 絶僚列矣. 賜號圭齋, 灑宸翰以下, 盖取南容三復之義也."

노인이 온다는 일도 드물다는 사실을 들어, 이희二稀의 사실을 언급했다. 강주제는 노인으로서 침랑寢郎에 임명된 은전을 하나 더 보태어 삼희라고 했다. 아들 강정환姜鼎煥이 부친의 묘지墓誌에서 언급했다.[108]

雅 정조 때 검서관을 지낸 이덕무李德懋는 정조의 어비御批에서 글자를 따와 호를 아정雅亭이라 했다. 즉, 1792년(정조 16) 4월 24일 정조는 내각 각신, 검서관, 초계문신 등 17명에게 '성시전도城市全圖'라는 제목으로 '市'자를 운자로 삼아 칠언백운七言百韻 고시를 3일 기한 내에 짓도록 명했다.[109] 4월 27일, 정조는 17인의 〈성시전도시〉에 대해 어고御考를 내렸는데,[110] 이하二下의 병조정랑 신광하申光河, 검서관 박제가朴齊家가 거수하고, 이덕무와 유득공柳得恭은 삼상三上의 점수를 얻었다. 정조는 어고에서 이덕무 시를 '아雅'하다고 평했다. 이덕무는 그 '아'를 취하여 자신의 누정에 편액했다. 문집도 《아정유고》이다.

壯 이성중李聖中(생몰년 미상)의 호는 장와壯窩이다. 서얼 신분으로 문과시험의 초시에 10차례나 합격했으나 결과決科(최종 합격)하지 못했다. 노년에 어전에서 한 차례 강을 하고는 영조로부터 '기가 장하다'라고 평을 받았으므로 돌아와 자신의 집을 장와라고 했다. 문생이었던 장혼張混(1759-1828)이 〈장와시초

---

108 姜鼎煥, 〈先考參奉府君墓誌〉, 《典庵文集》 卷6 墓誌銘. "歲癸巳秋, 擢鄉解第一. 甲午春, 赴國子試登上庠. 我英宗大王, 用優老典, 特命入侍, 因又命誦科賦一遍, 講聲淸朗, 不錯一字, 上尤嘉奬焉. 因下備忘記曰: '兩百中居一, 可謂稀有. 東萊近沿幾百里來, 年七十餘自古來稀. 豈令只軟巾尋鄉? 政官牌招開政, 陞付作窠. 姜柱齊付職, 以表予六十一歲重逢此年.' 時執政者未及察其地望, 急於備擬, 擬以典獄參奉, 辭不就. … 構數架精舍, 扁以三稀堂, 蓋取備忘記中二稀之義, 而又以一稀字添補之者, 寓感於白首寢郎, 出於稀典也."

109 李德懋, 〈城市全圖七言古詩百韻〉, 《雅亭遺稿》 卷2. "先是, 上命畵都城風物爲屛, 名城市全圖. 壬子四月命禁直諸臣製進." 청나라에서 《제경경물략帝京景物略》을 편찬하여 북경의 위엄을 널리 알린 것에 자극을 받아, 조선 왕성의 품격을 드높이려는 의도였던 듯하다. 이에 앞서 정조는 성균관과 사학의 유생들 가운데 특별히 선발된 응제유생들에게, 국왕이 궁궐에서 음식을 내린 것에 감사하는 글을 지어 올리되 '봄비가 온 뒤 유생들에게 경림연을 베풀다'(春雨瓊林宴綠袍)라는 제목으로 사육문(변문)을 바치라고 했다. 그런데 검서관은 사육문을 잘 짓지 못할 터이므로 〈성시전도〉라는 시제로 100운 칠언배율을 지어 올리도록 명했고, 다른 문신들에게도 제진토록 명한 것이다.

110 이우성, 〈18세기 서울의 도시적 양상〉, 《향토서울》 17, 서울특별시사편찬위원회, 1963; 심경호, 《한시로 엮은 한국사기행》, 범우사, 1995; 심경호, 《한시기행》, 이가서, 2005; 안대회, 〈성시전도시 9종〉, 《문헌과 해석》 46, 문헌과해석사, 2009; 안대회, 〈성시전도시와 18세기 서울의 풍경〉, 《고전문학연구》 35, 한국고전문학회, 2009; 한영규·정은주, 〈이학규의 '성시전도시' 창작 배경과 그 특성〉, 《한자한문교육》 29, 한자한문교육연구회, 2012.

인壯窩詩鈔引〉을 작성해 그 사실을 밝혔다.[111] 이용휴는 별도로 〈장와집서〉를 적어 "홀로 왔다 홀로 가며, 세상에 알려지길 구하지 않았다"(孤來獨往, 不求知於世)라고 그의 삶을 평가했다.[112]

質 최벽崔璧(1762-1813)의 본관은 경주慶州, 자는 중온仲蘊, 호는 질암質菴이다. 경주 내남면 이조리伊助里에서 태어났다. 1783년(정조 7) 생원시에 합격하고 10월 식년문과의 전시殿試에서 장원을 했다. 1790년 규장각 초계문신에 선발되었는데, 1792년 과시課試의 한 해 점수를 계획計劃할 때 정조는 '영인다질嶺人多質(영남 사람으로서 질박함이 많다)'이라 하고 10배의 획수를 더 주었다. 또 11월 과강課講의 비교比較에 정조는 전제箋題로, "본조의 초계 문신 최벽과 한용탁 등이 과강이 끝났다고 알린 날에 최벽에게 영남 사람으로서 질박함이 많고《주역》을 암송하는 것이 월등하다고 유시하고, 한용탁에게 진실한 사람인 데다가 외모도 진실하며 여러 괘를 잘 암송하는 것이 여러 사람 중에 최고라고 할 만하다고 유시하며, 둘 다 특별히 점수를 10배 쳐 주도록 명한 것에 사례하는 내용으로 상정하여 지으라"(擬本朝抄啓文臣崔璧韓用鐸等 謝於課講告竣之日 諭璧以嶺人多質 誦易超等 諭用鐸以眞實其人 人如其貌 諸卦之能誦 可謂諸員之最 竝特命十倍劃)를 내걸었으며,[113] 영조는 최벽에게 "너는 매사에 모두 질실質實하게 실행해 왔는데, 이 주제를 저버리지 말라"라고 했다. 이에 최벽은 질암으로 호를 삼고 질암 상량문을 스스로 작성했으며, 1797년에는 남경희南景羲로부터 〈질암기質菴記〉를 받았다.[114] 순조 연간에 정조 하사의 서적들을 봉안하고 양졸養拙이라 편액했다. 경

---

111 張混, 〈壯窩詩鈔引〉, 《而已广集》 卷12 引. "先生獨蹟, 十屈公車, 竟韜利器, 聲播簪紳, 亦稱其粹. 白首橫經, 螭陛昵侍, 四聰孔邇. 問難講義. 上曰: '氣壯!' 玉音諄摯, 歸以扁窩. 天寵無二, 豈啻前賢?"

112 李用休, 〈壯窩集序〉, 《𢇁𢿘集》. "將序人詩文而先問其官位世閥萃顯, 則奉兩漢三唐以獻之, 否則等之于蟬鳴虫吟, 此近世集序之絶少佳者也. 余則異於是. 只就其所作而定評, 如鎖院考試, 雖或眼力有所未及, 而無先在方寸中以眩我之鑒者. 今閱此稿, 盖欲自運自貴者, 不摸擬依附于古昔大家, 而有眞聲眞色眞味. 譬如好茶不雜龍麝, 自有眞香也. 噫! 造物之處此人, 盖費心思矣. 十上春官而不第, 一登天陛而蒙褒. 班中無座而據詞壇一席, 命中無祿而享林泉淸福, 其得失輕重, 當有辨之者矣. 第其爲人, 孤來獨往, 不求知於世, 故世亦不能盡知其所有. 他時若有性氣同者, 與遇於紙上, 相感相引, 起靈絲而合神契, 則其秘奧必露矣."

113 《일성록》 정조 17년(계축, 1793) 11월 3일(임진).

114 崔璧, 《質菴文集》 卷6 附錄 〈質庵記〉(南景羲); 南景羲, 〈質庵記〉, 《癡庵先生文集》 卷6 記.

주 용악龍嶽(서남산 틈수골 부근) 아래에 정옥精屋을 지었다. 죽은 후 안성산安聖山에 묻혔다.《질암집》이 있다. 정조가 경주에 '집경전구기集慶殿舊基'라는 어필 비석을 세우려는 것을 간했으나, 비석은 1789년에 건립되었다. 최벽의 일가 최옥崔鋈의 아들이 동학 창시자 수운水雲 최제우崔濟愚(1824-1964)이다.

奉軒 서유방徐有防(1741-1798)의 본관은 달성達城, 자는 원례元禮, 호는 봉헌奉軒, 시호는 효간孝簡이다. 서효수徐孝修의 아들, 서유린徐有隣의 동생으로, 이천보李天輔의 사위이다. 1772년(영조 48) 별시문과에 을과로 급제했다. 1793년 이조판서에 올라, 병조판서를 지내고 1797년(정조 21) 강원도관찰사로 나갔다. 정조의 화성華城 건설과 관련하여 유언流言을 했다가 자결한 정동준鄭東浚과 친하게 지냈다는 이유로 지탄을 받았다.[115] 봉헌은 사호賜號라고 전한다.

❹ 존칭의 호

호에는 자호와 별호 이외에 다른 사람이 존경의 뜻으로 불러주는 호가 있다. 옛사람들의 호 가운데는 세상 사람들이 존경의 칭호로 사용했거나 사후 후대인들이 호처럼 사용한 것이 있다.

易東先生 고려 말 우탁禹倬(1263-1342)을 두고 세상에서 역동선생易東先生이라 일컬었다. 우탁의 본관은 단양丹陽, 자는 천장天章·탁보卓甫/卓夫, 호는 백운白雲·단암丹巖, 시호는 문희文僖이다.[116] 정주학을 연구했는데,《이천역전伊川易傳》에 밝았다.[117] 이황의 발의로 1570년(선조 3) 경상도 예안에 역동서원易東書院이 창건되었다.[118]

蘭溪先生 박연朴堧(1378-1458)의 본관은 밀양, 초명은 연然, 자는 탄보坦夫/坦父, 호는 난계蘭溪, 시호는 문헌文獻이다. 1411년(태종 11) 식년문과에 동진사同進士 1위(11/33)로 급제했다. 집현전 교리를 시작으로 여러 벼슬을 거쳐 예문관 대

---

115 丁若鏞,〈貞軒墓誌銘〉,《與猶堂全書》第1集 詩文集 第15卷 墓誌銘.

116 1278년(충렬왕 4) 과거에 합격했다. 1308년(충선왕 즉위) 충선왕이 부왕의 후궁(숙창원 비)과 통간하자 감찰규정으로서 백의 차림에 도끼를 들고 들어가 극간을 했다. 충숙왕이 여러 번 부르자 부득이 나아가 성균좨주로 있다가 치사하고 예안禮安에 은거했다.

117 《고려사》열전에는 우탁이 역학에 조예가 깊어, 점을 치면 모두 들어맞았다고 했다.

118 1871년(고종 8)에 훼철당했다가 1966년 복원되었다. 또 하나 구계서원龜溪書院은 영남대학교 구내로 옮겨졌다.

제학에 이르렀다. 율관과 편경을 제작해서 음악을 완비하는 데 기여했다. 막내 아들 박계우朴季愚(1414-1454)가 박팽년朴彭年 등의 단종 복위 사건에 연루되어 죽임을 당했으나, 세 임금에 걸쳐 봉직한 공으로 화를 면했다. 충청도 영동永同에서 태어나 영동 고당리高塘里(영동군 심천면 고당리)에서 죽었다. 《난계유고》가 있다. 전원에 난초가 많았으므로 학자들이 난계선생蘭溪先生이라 일컬었다.[119]

永膺先生 이지남李至男(1529-1577)의 본관은 연안, 자는 단례端禮이다. 서울 숭례문 밖 자연암紫煙巖에 집이 있었다. 순창군수로 좌천된 아버지 이언침李彦忱을 따라갔는데, 김인후金麟厚가 자와 자설을 지어 주었다. 1577년(선조 10) 학행으로 소격서 참봉에 제수되었으나 어머니가 이질을 앓자 간호하다가 병들어 죽었다. 맏아들 이기직李基稷도 23세로 죽고 딸도 18세로 죽었으며, 부인 정鄭씨도 순절했다. 향교구동鄕校舊洞에 사는 사람들이 이 사실을 조정에 알렸다.[120] 세칭 '이씨팔정려李氏八旌閭'가 있게 되었다. 본관 연안의 읍호가 영응永膺이므로 사람들은 그를 영응선생이라 불렀다.

寒岡 정구鄭逑(1543-1620)의 본관은 청주淸州, 자는 도가道可 시호는 문목文穆이다. 서천西川 정곤수鄭崑壽와 형제이며,[121] 김굉필金宏弼의 외증손이다. 부친 정사중鄭思中이 경상도 성주星州에 세거한 광산 이씨光山李氏와 혼인하여 성주 남산리南山里 유촌柳村 사월리沙月里에 정착했으므로, 그곳에서 태어났다. 1563년(명종 18) 이황과 조식에게 성리학을 배웠다고 한다. 처음에 유촌에 거처하면서 서재를 사월서당沙月書堂이라 하고 선산 곁의 재실을 한강정사寒岡精舍라고 했다가, 야천倻川의 언덕에 이즈하고 서실을 회연초당檜淵草堂이라고 했다.[122] 1580년 창녕 현감을 시작으로 여러 벼슬을 했다. 통천군수로 있을 때 왜란이

119 朴堧, 《蘭溪先生遺藁》 부록 諡狀(洪啓禧), 神道碑銘(黃景源); 權五聖·金世鍾 共譯, 《譯註 蘭溪先生遺藁》, 韓國音樂學學術叢書 2, 國立國樂院, 1993.

120 인조의 특명으로 이지남이 효행으로 정표 받고, 아내 정씨는 정렬로 정표 받고, 큰아들 기직과 둘째 아들 기설基卨, 딸은 모두 효행으로 정표 받았다. 한 집에 여섯 정문이 세워졌으며, 임금이 효자삼세孝子三世라는 편액을 내렸다. 그 뒤 둘째 아들 이기설의 아들 돈오惇五·돈서惇敍 및 이돈오의 처 김씨가 병자호란 때 강화에서 순절해 모두 정려되었다. 이로써 여덟 개의 정문이 세워져, 팔홍문八紅門이라 일컬었다.

121 《일성록》, 정조 22년(무오, 1798) 7월 23일(을유).

122 李厚慶, 〈有明朝鮮國嘉善大夫司憲府大司憲兼世子輔養官寒岡鄭先生言行錄〉, 《畏齋先生文集》 卷3 行狀.

일어나자 각 군에 격문을 보내어 의병을 일으켰다. 1605년(선조 38) 난리 이후 성주 고을 자제들을 권면하기 위해 매월 초하루와 보름에 통독通讀하는 모임을 만들었다. 72세이던 1614년(광해군 6) 칠곡군柒谷郡 사수泗水 가로 이사했으며 1617년 사양정사泗陽精舍를 지었다. 사수는 사양정사 앞을 흐르는 금호강琴湖江 하류로, 회연이라고도 한다. 스스로 사양병수泗陽病叟 혹은 회연야인檜淵野人이라 칭하며 말년을 보내다가, 사수의 지경재持敬齋에서 작고하여 성주 남쪽 창평산蒼坪山에 묻혔다.《한강집》이 있다. 칠곡군을 신안新安이라고 불렀다. 한강寒岡은 학자들이 부르는 호였고,[123] 자칭할 때는 한강병인寒岡病人이라고 했다.

竹島先生 모반 혐의를 받고 자살한 정여립鄭汝立(1546-1589)은 호남의 남녀노소가 죽도선생竹島先生이라 불렀다. 본관은 동래, 자는 인백仁伯이다. 전라도 전주 남문 밖에서 태어났다. 1567년(선조 즉위년) 생원시에 합격하고 1570년(선조 3) 식년문과 을과로 급제했다. 본래 서인이었으나 수찬이 된 뒤 동인에 반부反附해 이이李珥를 배반하고 박순朴淳·성혼成渾을 비판했다고 비판받았다. 이후 진안 죽도에 서실을 지어 놓고 대동계를 조직했다.[124] 1589년 대동계의 일원이 한강 결빙기에 황해도와 호남에서 동시에 서울로 들어가 병권을 장악하기로 했다는 고변이 황해도로부터 급보되었다. 정여립은 아들 정옥남鄭玉男과 함께 죽도로 피신했다가 관군의 포위가 좁혀 들자 자살했다.[125] 단, 근세의 신채호申采浩는 그를 두고 "천하는 공물公物"이라고 외치면서 왕정을 부정한 혁명가라고 보았다.

慕堂 홍이상洪履祥(1549-1615)의 본관은 풍산豊山, 자는 원례元禮, 호는 가모

123 《광해군일기》(중초본) 권52, 광해군 12년(경신, 1620) 1월 5일(갑신) 전 대사헌 정구의 졸기.

124 1587년 왜선이 전라도 손죽도損竹島에 침범했을 때 전주부윤 남언경南彦經의 요청에 응해 대동계를 동원해서 이를 물리쳤다. 대동계는 황해도 안악의 변숭복邊崇福·박연령朴延齡, 해주의 지함두池涵斗, 운봉雲峰의 승려 의연義衍 등 기인奇人·모사謀士의 세력으로 확대되었다. 죽도는 금강 상류의 두 물줄기가 만나 사방을 에워싸고 흘러 섬처럼 보이며, 앞에 천반산이 있다.

125 정여립의 모반 사건에 대해서는 무옥이라는 설도 있다. 정철鄭澈이 위관委官이 되어 사건을 처리하면서 이발李潑(1544-1589)을 비롯한 동인의 정예 인사를 거의 제거했다. 150년 뒤에 나온《동소만록桐巢漫錄》에서는 정여립이 죽도에 가서 있을 때 선전관 등이 달려와서 박살하고는 그가 자결했다고 보고했다고 되어 있다. 정철의 배후에서 실질적으로 기축옥사를 조작한 이는 송익필宋翼弼이었다고 한다. 동인의 이발과 백유양白惟讓 등이 송익필의 가족 70여 인을 환천還賤시키고자 했으므로 송익필이 복수하기 위해 이 사건을 조작했다는 설이 있다.

당可慕堂·모당慕堂이다. 초명은 인상麟祥, 초자는 군서君瑞이다. 경기도 고양현高陽縣 고봉산高峯山 아래 귀이동歸耳洞(현 서울시 우이동)에서 태어났다. 1583년(선조 16) 부친상을 마치고 모당이라 자호하여 영모永慕의 뜻을 부쳤다. 〈행장〉에 따르면 본래 가모당이라 했고 다른 사람이 부를 때는 모당 혹은 모옹으로 줄여서 부른 듯하다.[126] 1593년 경주에서 대사간에 임명되었고, 이듬해 성절사로 명나라에 다녀와서 경상도 관찰사가 되었다.《모당집》이 있다.

隼峰 고종후高從厚(1554-1593)의 본관은 장흥長興, 자는 도충道冲, 호는 준봉隼峰, 시호는 효열孝烈이다. 1592년 임진왜란 때 부친 고경명高敬命은 금산 눈벌(臥隱坪)에서 전사했다. 전라도 관찰사 이광李洸이 공주에 이르러 선조의 파천 소식을 듣고 군대를 해산하자, 고종후는 아우 고인후高因厚와 함께 군졸들을 모아, 수원에 있는 광주 목사 정윤우丁允佑에게 인계하고, 태인에서 부친의 의병군과 합류했다. 이후 진주성 전투 때 순절했다.[127] 고종후의 묘소는 현 경남 창원시 마산합포구 진전면 봉암리의 준봉산에 있다. 고인후의 묘는 전라남도 장성군 장성읍 영천리에 있으며, 뒷산이 제봉산霽峯山이다. 고종후와 고인후의 호는 각각 묘역의 산 이름을 근거로 사후에 후인들이 붙인 호이다.

玉川 조덕린趙德鄰(1658-1737)의 본관은 한양, 자는 택인宅仁, 호는 옥천玉川·창계滄洲이다. 영양현英陽縣 주곡리注谷里에서 태어났다. 1677년(숙종 3) 증광사마시의 진사시에 합격하고 1691년 증광문과에 병과로 급제했다. 1708년 강원도사江原都事가 되었다가 파직된 후 안동 소라동召羅洞 낙천洛川(낙동강) 상류 옥천산玉泉山 아래 복거卜居했다. 1725년(영조 원년) 안동에서 상소하여 당쟁의 폐해를 논하고 노론의 득세를 비판했다가 탄핵을 받아 사판仕版에서 삭제되고 종성鍾城에 정배定配되었다. 1727년(영조 3) 정미환국으로 소론이 집권하자 풀려났는데, 그 직전이 마침 정미년월일시丁未年月日時였으므로 자제에게 경북 봉화군 법전면 소천리에 사미헌四未軒을 짓게 했다.《중용장구》 제13장의 "군자의 도 네 가지 가운데 나는 하나도 능하지 못하다. 아들에게 바라는 것으로 부모를 섬기지 못했고, 신하에게 바라는 것으로 임금을 섬기지 못했고, 동생에게 바

126 洪履祥,《慕堂集》附錄〈行狀〉; 洪履祥,《慕堂集》附錄〈墓誌銘并序〉(禮曹參議李埈撰).
127 南九萬,〈贈吏曹判書高公請諡行壯〉(戊子),《藥泉集》卷23 行狀.

라는 것으로 형을 섬기지 못했고, 벗에게 바라는 것으로 먼저 베푸는 것을 하지 못했다"(君子之道四, 丘未能一焉. 所求乎子, 以事父未能也, 所求乎臣, 以事君未能也, 所求乎弟, 以事兄未能也, 所求乎朋友, 先施之未能也)라고 했다. '사미'는 여기에서 따와 '허물을 살피는 뜻(省諐之志)'을 곁들인 것이다. 그러나 떠들썩한 곳에 가까워, 소라동 어구로 거처를 옮기고 면가헌眄柯軒이라 했다.[128] 1728년 3월 이인좌 난이 일어나자 영암상도호소사嶺南上道號召使가 되어 안음安陰과 거창居昌의 적들을 초유招諭했다. 이후 낙천 상류에 창주정사滄洲精舍를 짓고 지냈다. 1736년 서원 남설 반대소를 올렸다가 노론의 탄핵을 받고 제주로 유배 가던 중 강진에서 죽었다. 《옥천집》이 있다.

飽德山處士 함주(함안)에서 강학한 이명배李命培(1672-1736)는 함주 사람들이 모계처사茅溪處士 혹은 포덕산처사飽德山處士라 불렀다.[129] 함안 고려동高麗洞 뒷산이 포덕산이니, 포덕산처사는 이 산이름에서 딴 칭호이다. 본관은 월성(경주), 자는 순보順甫·純夫이다. 경상도 함안咸安 모곡리茅谷里에서 생장하고 거처하여, 학자들이 모계 처사라고도 불렀다. 《모계집》이 있다.

華山 정규한鄭奎漢(1750-1824)의 본관은 장기長鬐, 자는 맹문孟文, 호는 화산華山·운수산인雲水山人이다. 공주에서 태어났다. 송환기宋煥箕의 문생이다. 1780년(정조 4) 사마시에 합격했으나 대과는 보지 않았다. 《화산집》이 있다. 공주 화산에 세거했으므로, 문인들이 화산선생이라 불렀다.[130]

可庵處士 최제묵崔濟默(1797-1847)은 자가 가언可言이어서 학자들이 그를 가암처사라 불렀다. 본관은 삭녕朔寧이다. 송치규宋穉圭가 충청도 회덕懷德의 오촌鰲村에서 강학할 때 배웠다. 뒤에 홍직필洪直弼 문하에서 공부했다. 그가 죽은 후 홍직필이 묘갈명을 썼다.[131] 가可는 《논어》의 "아침에 도를 들으면 저녁에 죽어도 좋다"에서 따온 말이다.

鳳棲先生 유신환兪莘煥(1801-1859)의 본관은 기계杞溪, 자는 경형景衡, 호는

---

128 趙德鄰, 《玉川先生文集》 卷18 附錄 〈行狀〉(李象靖).

129 李命培, 《茅溪先生文集》 卷7 附錄 行狀(柳台佐). "謙退過人, 深自韜晦. 或勸以名堂自號, 不爲也. 鄕黨稱之曰茅溪處士, 又曰飽德山處士."

130 鄭奎漢, 《華山集》 附錄 〈行狀〉(黃鈺).

131 洪直弼, 〈可庵崔君墓碣銘 幷序〉(己酉), 《梅山集》 卷36 墓碣銘.

봉서鳳棲, 시호는 문간文簡이다. 서울 남산 기슭 장흥방長興坊에서 태어났다. 김매순金邁淳·홍석주洪奭周·오희상吳熙常을 스승으로 섬겼다. 1838년(헌종 4) 현호玄湖[현재의 마포구 현석동玄石洞 한강 가]로 이사했다. 1844년(헌종 10) 학행으로 여러 벼슬을 거쳤다. 전의현감이 되었다가 관찰사의 무고로 홍천에 유배되었다가 풀려났다. 직하稷下(서울 인왕산仁王山 아래) 사직동社稷洞에서 강학했다. 윤병정尹秉鼎·서응순徐應淳·김낙현金洛顯·윤치조尹致朝·김윤식金允植·남정철南廷哲 등을 길러냈다. 충청도 직산稷山에 은거할 때는 지당池堂이라고 했다. 그런데 젊어서 파주 봉서산鳳棲山 아래 거처했으므로 학자들이 봉서선생이라 불렀다.[132] 《봉서집》이 있다.

(3) 호의 개작

근대 이전의 문인 학자 가운데는 일생의 전환기마다 호를 바꾸어 사용한 이들이 많다.

遁村 이집李集(1314-1387)의 호는 둔촌遁村으로, 《둔촌잡영遁村雜詠》을 남겼다. 본관은 광주廣州, 초명은 원령元齡이다. 처음에 송경松京 용수산龍首山 아래 거처할 때의 호는 묵암재墨巖齋 혹은 남천南川이었다.[133] 이집은 충목왕 때 문과에 급제, 벼슬이 판봉상사判奉常事에 이르렀다. 그러나 1368년(공민왕 17) 신돈辛旽의 미움을 사서 위협을 받자 광주목 향리이던 부친 이당李唐을 업고 영천永川 최원도崔元道의 집으로 도망쳤다가 신돈이 주살되자 돌아와서 원령元齡이란 이름을 집集으로 바꾸고 자도 호연浩然이라 짓고는 사는 곳의 이름을 둔촌으로 바꾸어 호로 삼았다. 둔촌은 지금 서울의 둔촌동을 말한다. 후손들이 이집을 중흥시조로 삼았으며, 세거지 회안淮安이 고려 성종 때 광주로 개칭되었으므로 본관을 광주 이씨라 하게 되었다. 《맹자》 〈공손추·상〉에 호연지기를 설명하는 대목이 있는데, 거기에 "그 기운은 의리가 안에 축적된 결과 나오는 것이다"(是集義所生者)라는 말이 나온다. 이집은 여기서 집集 자를 이름으로 삼고 호연을 자로

132 俞莘煥, 《鳳棲集》 附錄 〈行狀〉(尹秉鼎).

133 李集, 《遁村雜詠》 補編 〈遁村雜詠補編〉(後孫別提李恒所錄).

삼은 것이다. 1377년(우왕 3) 9월, 이숭인李崇仁은 제사題辭를 지어 주었다. 이색李穡은 〈둔촌기〉를 적어, 《맹자》에서 순임금의 아버지 고수가 사람을 죽였을 경우 순임금이 "아버지를 업고 도망가서 바닷가에 살면서 흔연히 즐거워하며 천하를 잊을 것이다"라고 한 말을 인용해 이집의 경우가 그 일과 같다고 평했다.

> 맹자가 이르기를 "하늘이 장차 그 사람에게 큰 임무를 내릴 적에 반드시 그 몸을 굶주리게 하고 그 하는 바를 어그러지게 하며 어지럽게 해서 그 능하지 못한 바를 더 능하게 한다"고 했다. 호연은 참으로 그 몸이 굶주렸고 그 하는 바도 어그러졌으니, 실지로 큰 임무가 그에게 내릴 것을 기필할 수 있었을 것이다. 나는 호연이 둔촌에서 몸을 마치지 못할까 생각한다.[134]

梅月 김시습金時習(1435-1493)은 청한자清寒子·벽산청은碧山淸隱·동봉東峯·췌세옹贅世翁·매월당梅月堂·설잠雪岑 등의 호를 사용했다. 청한자라는 호는 1458년(세조 4)의 〈관서록關西錄〉, 1460년의 〈관동록關東錄〉, 1463년의 〈호남록湖南錄〉에서부터 말년까지 지속적으로 사용했다. 벽산청은이라는 호는 수락산 시절인 1476년(성종 7)의 〈산거집구山居集句〉와 1480년의 〈계인설契仁說〉에서 사용했다. 수락산 시절에는 동봉이라는 호도 사용했다. 1485년의 〈독산원기禿山院記〉에는 췌세옹이라는 호를 사용했다. 교유한 송경원宋慶元(1419-1510)·남효온南孝溫(1454-1492)·김일손金日孫(1464-1498)·양희지楊熙止 등도 모두 김시습을 청한자·동봉·동봉산인이라고 불렀다. 한편 그가 장단의 민 처사에게 보낸 시(〈寄長湍閔處士〉)에 보면 "매梅가 상종하여 은둔의 뜻을 묻는 것은, 공의 풍채가 크게 청진함을 기뻐해서라오"(梅也相從問隱淪, 喜公風彩太淸眞)라고 했다. '매'는 매월당의 준말인 듯하다. 김시습이 죽은 뒤 이황의 《퇴계집》, 윤춘년尹春年의 〈매월당선생전〉, 이이의 《율곡집》, 허목許穆의 《미수기언眉叟記言》 등에서는 그를 매월당이라고 불렀다. 또 김시습은 출가했을 때 법명을 설잠이라 했는데, 남들은 줄여서 잠상인岑上人이라고 불렀다. 1465년에 원각사 법회에 참여하고 경주 남산으로 돌아갈 때 서거정徐居正이 그에게 준 시에서 잠상인이라는 칭

---

134 李穡, 〈遁村記〉, 《牧隱集》 文藁 卷1 記; 盧思愼·徐居正 等編, 《東文選》 卷72 記 수록.

호를 사용했다. 1475년의 《십현담요해十玄談要解》와 1476년의 《대화엄법계도주大華嚴法界圖註》의 서문에서 김시습은 설잠이라는 법호를 사용했다.[135] 청한이란 말은 청빈하다, 한랭하다, 맑다 못해 차다 등의 뜻을 지닌다. 또 청淸이란 《맹자》 〈만장편·하〉에서 백이를 두고 '성스러운 분 가운데 맑음의 경지를 지키신 분'(聖之淸)이라고 규정한 데서 알 수 있듯이, 불의와 타협하지 않는 맑고 깨끗한 태도를 뜻한다.

박지원朴趾源(1737-1805)은 〈선귤당기蟬橘堂記〉에서 김시습이 여러 호를 바꾸어 사용한 것을 비판했다.[136] 박지원에 따르면, 김시습이 참회하고 법호를 사용하려고 하자, 대사가 껄껄 웃으면서. "열경아, 너는 참 미혹해 이름을 좋아하는구나. 육신은 마른 나무와 같으니 나무를 비구라 부르는 것이요, 마음은 식은 재와 같으니 재를 두타라고 부르는 것이 된다. 산 높고 물 깊거늘, 이름은 사용해서 무엇하느냐?"라고 말했다. 김시습은 은자를 자처했지만, 다섯 살 때부터 호(즉, '오세')가 있었으므로 대사가 경계한 것이라고 박지원은 풀이까지 덧붙였다. 그리고 《장자》 〈어부〉의 그림자를 피해 달아나는 사람의 고사를 인용해서, 진정한 은자라면 세간 영욕이 들러붙는 이름에 집착해서는 안 될 것이라고 말했다. 장자는, 어떤 사람이 자기 그림자로부터 도망하려고 하면서 태양 빛 속으로 들어갔으나 자기 그림자가 없어지지 않으므로 내달리다가 지쳐 죽고 말았다는 이야기를 들어서, 이름으로부터 도망하려면 세간의 구속을 완전히 벗어나야 한다고 설파했다. 구양수歐陽脩의 〈육일거사전六一居士傳〉에서 어떤 객은 다음과 같이 말한다.

> 당신은 이름이라는 것에서부터 도망하려고 하지 않았나요? 그렇거늘 몇 번이나 이름을 바꾸다니요. 그러가지고는 장자가 비꼬았듯이, 그림자를 두려워해 태양 아래로 도망쳐 대는 자와 다를 바 없습니다. 당신은 결국 숨을 헐떡이면서 여기저기 내달리다가 바짝 말라서 죽고 말 것입니다. 그렇더라도 이름으로부터 도망할 수 있는 것이 결코 아닙니다.

---

135 안동준, 〈김시습 문학사상 연구〉, 한국학중앙연구원 한국학대학원 박사학위논문, 1994; 심경호, 《김시습평전》, 돌베개, 2003, pp. 50-51.

136 朴趾源, 〈蟬橘堂記〉, 《燕巖集》 卷7 別集 鍾北小選 記.

하지만 김시습은 매 시기마다 삶의 전환을 기획하면서 호를 달리 사용했다. 구양수가 객의 비난에 답해 한 말을 김시습을 위해 반복할 수 있을 듯하다.

> 물론 이름이라는 것이 도망할 수 없다는 것을 잘 알고 있습니다. 하지만 또 도망할 필요까지는 없다는 사실도 잘 알고 있습니다. 내가 이 이름을 붙인 것은 나의 즐거움을 기록해 두고자 하는 생각에서입니다.

光齋 조관빈趙觀彬(1691-1757)의 본관은 양주, 자는 국보國甫이며, 시호는 문간文簡이다. 부친은 노론 4대신의 한 사람인 조태채趙泰采(1660-1722)이다. 1708년(숙종 34) 진사가 되고 1714년 증광문과에 병과로 급제했다. 신임사화로 부친이 화를 당할 때 연좌되어 흥양현으로 귀양 갔다가, 1725년(영조 원년) 풀려나와 제학에 기용되었다. 처음에 호를 광재光齋·동호퇴사東湖退士라고 했다. 흥양에 있을 때 〈자술효고체自述效古體〉를 지어. "조씨의 가문, 양주楊州가 본관. 관빈觀彬은 이름, 국보國甫는 자인데, 자호는 광재光齋이니 괘사卦辭에서 취했다. 성스럽고 현명하신 숙종 때, 신미년 3월 27일, 한양성 서쪽 집에서 태어났다"라고 밝혔다.[137] 1752년 호를 회헌悔軒으로 바꾸면서 〈개호설〉을 지었다. 《회헌집》이 있다.

> 내가 젊어서는 광재光齋라고 자호했다. 대개 선군자께서 내 이름과 자를 지어 주실 때 《주역》 관괘觀卦 제4효의 뜻을 취하셨다. 내가 광光이란 글자로 호를 한 것도 역시 관국觀國의 요지에서 나왔으니, 이 호로 벗들 사이에서 알려진 것이 오래되었다. 그러다가 춘주(춘천)의 협곡으로 물러나 거처하면서 작은 배로 물길 따라 내려가거나 돌아가거나 하며 늘 소양昭陽과 신연新淵의 사이에 지내면서, 훌쩍 세상을 버리고 이곳에서 만년을 마치고자 맹세하려는 마음이 들었다. 그래서 마침내 동호퇴사東湖退士로 호를 삼고는 원고에 적고 도장에 새겼다. 이것은 역시 옛사람(주희)이 "내 도를 창주에 붙인다"(吾道付滄

137 조관빈은 1731년 대사헌에 있으면서 소론 영수 이광좌를 탄핵하여 제주도 대정현大靜縣에 유배되었다가 이듬해 풀려났다. 또 1744년 호조판서로 있으면서 영의정 김재로金在魯와의 불화로 면직되었다. 1753년에는 대제학으로 죽책문의 제진을 거부해 성주목사로 좌천되고, 삼수부三水府에 유배되었다가 단천端川으로 이배되기도 했다.

洲)라고 했던 은미한 뜻을 취한 것이되, 스스로 기대하는 바로 말하면 광재 두 글자와 그리 멀리 떨어진 것은 아니다. 아아, 임신년(1752년) 겨울 서강의 임시 거처에 있으면서 창밖에 눈 내릴 때 빛마저 차가운 등잔 아래서 근심스레 잠을 못 이루고는 나의 인생을 점검해 보니 온갖 후회들이 교대로 모여들었다. 선군자께서 경계하신 것을 조술하지 못했기에 후회된다. 군주의 은혜를 갚지 못했기에 후회된다. 심사를 변백하지 못했기에 후회된다. 명절名節이 크게 드러나지 못했으니 후회된다. 이것이 크게 후회할 만한 것들이다. 그리고 이리 생각하고 저리 헤아리며, "서 있으면 앞에 보이고 수레를 타면 수레의 끌채에 그것이 보이듯 하여" 어느 것이든 후회할 만한 단서가 아닌 것이 없었다. 이제부터 죽는 해에 이르기까지 시종일관 지켜야 할 바는 오로지 회悔 한 글자일 따름이다. 밝은 신명이 곁에 있다면 이 마음을 대질할 수 있을 것이다. 이에 호를 회헌悔軒으로 고치고 아이들에게 보인다.[138]

青城 서얼 출신의 문호 성대중成大中(1732-1809)의 본관은 창녕昌寧, 자는 사집士執, 호는 동호장東湖長·청성青城·순재醇齋이다. 부친은 찰방 성효기成孝基이다. 5대조인 성준구成俊耈(1574-1633)의 서손庶孫 성후룡成後龍 때부터 서얼의 가계이되, 6대조 성이문成以文은 홍문관 부제학을 역임하고, 성대중과 그의 아들 성해응成海應은 각각 교서관 교리를 지냈다. 경기도 포천抱川에 세거했다. 성대중은 낙론계의 김준金焌에게서 배우고, 1756년(영조 32) 정시문과에 급제한 후 1765년 서얼통청 정책에 따라 청직清職에 임명되었다. 1763년 통신사 조엄趙曮의 서기관으로 일본에 다녀온 후, 1766년 울진蔚珍현령이 되어 도내 명승지를 유람하고 동호장東湖長이라 자호했다. 1784년(정조 8) 흥해군수가 되었다. 정조의 사랑을 받았으나 북청부사에 오르는 데 그쳤다. 65세 되던 1796년 특명으로《장릉사보莊陵史補》를 교감하고, 이서구와 함께《존주록尊周錄》을 엮었다. 이해 겨울 정조가《춘추》경문을 대자大字로 쓰도록 했는데, 학식과 필법이 순정醇正하다고 칭찬하자, 감읍하여 순재醇齋를 자호로 삼았다.[139] 하지만 성대중은 청성青城이라는 호를 오래 사용하여, 문집도《청성집》이라 하고 필기도《청성잡

138 趙觀彬, 〈改號說〉, 《悔軒集》卷15 說.

139 成海應, 〈先府君行狀〉, 《研經齋全集》卷10 文 行狀.

기》라 했다. 청성은 세거지인 경기도 포천의 산 이름이자, 중국 사천성 도강언都江堰에 있는 산 이름이기도 하다. 후한 때 장도릉張道陵이 청성에서 수도하여 도교에서는 그곳을 제5동천第五洞天이라고 일컫는다. 두보는 〈장인산丈人山〉 시에서 촉 땅에 정착하려는 뜻을 표명해서, "청성에 살게 되면서부터 청성 땅에 침을 뱉지 아니했네"(自爲青城客, 不唾青城地)라고 했다. 성대중은 청성을 자호하면서 제5동천의 청성을 상상했을 듯하다.

立齋 남인 학자 정종로鄭宗魯(1738-1816)의 본관은 진주, 자는 사앙士仰, 호는 입재立齋·무적옹無適翁이다. 경상도 함창咸昌(지금의 문경군 영순면)의 외가에서 태어났다. 《입재집》이 있다. 우복愚伏 정경세鄭經世의 사손祀孫으로, 상주尙州 우복동愚伏洞에 거처했다. 1767년(영조 43) 《논어》에서 공자가 말한 '삼십이립三十而立'에서 뜻을 취해 입재로 호를 지었다가, 마을 선배가 자기 조상의 별호가 입재였다고 하므로 무첨당無忝堂(정경세鄭經世)의 현손, 무주옹無住翁(홍익구洪益龜)의 외손이었다는 이유에서 무無의 글자가 들어 있는 무적無適을 자호로 삼고, 〈무적공자서無適公自敍〉를 지었다.[140] 자신이 말하는 '무적'은 성리학에서 말하는 주일무적主一無適의 뜻이 아니며, 아무 곳에도 적합하지 않은 존재라고 자조해서 그런 호를 붙인다고 했다. 공公이라는 존칭은 마음의 허령불매虛靈不昧함과 신명불측神明不測함을 강조한 말이 아니라, 마음이 아득하고 멍청하게 이곳저곳으로 갈 뿐임을 뜻한다고 했다. '무적'은 실은 《논어》〈이인里仁〉에 나오는 "군자는 천하에 있어 가함도 없고 불가함도 없어서 의義를 따른다"(君子之於天下也, 無適也, 無莫也, 義之與比)라고 한 것과 관계가 있다. 하지만 정종로는 자신이 성인처럼 의義를 따르지 못하고 "잘하는 것이 아무것도 없음이 이와 같아서, 비록 돌아갈 곳이 있다 하더라도 자신은 그 사이에 돌아갈 방도가 없다"라고 겸손해했다.

嬰處 서얼 출신의 박학가 이덕무李德懋는 유년 시절부터 꿀벌이 꽃을 가리지 않듯이 서적을 읽었으며, 새로운 지식을 만나면 필사해 두었다. 그는 호를 상당히 많이 만들어 썼다. 청장관靑莊館·선귤당蟬橘堂·형암炯菴·단좌헌端坐軒 등으로

140 鄭宗魯, 〈無適公自敍〉, 《立齋先生集》 別集 卷4 雜著; 심경호, 《나는 어떤 사람인가 — 선인들의 자서전》, 이가서, 2010, pp. 243-255.

분수에 맞는 삶을 지향하는 뜻을 드러냈고, 주충어재注蟲魚齋·학초목당學草木堂·향초원香草園·매탕槑宕 등으로 사물 탐구의 의식도 표출했다. 젊은 시절 호들에 대해 그 스스로 다음과 같이 밝혔다.

> 삼호거사三湖居士는 약관에 호걸스러운 기개를 지녀, 씩씩하고 공경하여 날로 강하게 되는(莊敬日强)[《예기》〈악기樂記〉와《근사록》에 나오는 말] 공부에 뜻을 두어, 일찍이 호를 경재敬齋라고 했다. 뜻이 있기에 목표를 두어 거기에 이르고자 해서, 이에 또 호를 팔푼당八分堂이라 했다. 팔푼이란 군실君實(사마광司馬光의 자字)의 9푼(성인을 10푼이라견 9푼이면 대현이라 했음)에 가까울 것이다. 가난해서 집이 말(斗) 됫박 같지만 또한 즐거워해서, 이에 매미의 허물(玄蟬之殼)과 이수의 귤(二叟之橘) 속에 구부려 지내고 있듯이 하기에 또 호를 선귤헌蟬橘軒이라 하여 처지에 맞춰 자신을 닦으려 했다. 또 호를 정암亭巖이라 했으니, 은둔을 편안히 여긴 것이다. 또 을암乙广(구부러지고 조그마한 방)이라 호하고는, 은둔하려 했다. 마음을 수경(물)처럼 잔잔하고 맑게 하고자 해서, 다시 형암炯菴이라고 호를 했다. 무릇 일마다 공경하면 고인에 가까울 터이어서 마음을 물과 같이 맑게 하고 작은 지붕 아래 은둔하여 누워 지내어, 부엌 연기가 쓸쓸해도 붓에 먹을 묻혀 문장을 지어 아침에 피는 꽃과 같이 찬란하지만 이 사람은 이것을 자처하지 않으면서, 빙긋이 웃으며, "이는 어린아이가 재롱하는 짓이다. 나는 장차 처녀처럼 지키려 한다" 하고는, 원고의 제목을 영처嬰處라 했다. 여러 사람들과 함께 있을 때면 참모습을 숨기고 빛을 감추고는 어리석고 미련한 듯이 하여, 단정한 사람이나 장중한 선비를 만나도 기뻐하고 장꾼을 대해도 기뻐하니, 대개 빈 배가 외로이 떠서 어디를 가더라도 소요유逍遙遊(유유자적하게 노는 것)하지 않음이 없는 것과 같다. 이에 사람들이 또 이를 두고 감감자憨憨子(감감이 바보)라 호하기도 하고 또 범재거사汎齋居士라 부르기도 했다. 일찍이 삼호(마포)에 거주했으므로 스스로 삼호거사라 했다. 이것이 호의 시초이다.[141]

141 李德懋, 〈記號〉, 《青莊館全書》 卷3 嬰處文稿1 記. "三湖居士, 弱冠豪氣, 有志於莊敬日強, 嘗號敬齋. 有志, 斯有指而欲至焉, 於是又號八分堂. 八分, 其庶幾乎君實之九分也. 家貧, 屋如斗小而亦樂焉, 乃弓諸玄蟬之殼二叟之橘, 又號蟬橘軒, 欲所遇而修焉. 又號以亭嵓, 燕其遯也. 又號乙广, 而欲遯焉. 其心欲水鏡焉, 故又號炯菴. 夫敬事而修, 庶幾乎古人, 而清心如水, 遯卧於矮屋下, 厨烟蕭瑟, 而點筆爲文章, 燁然如朝華, 斯人乎猶不居焉, 哂曰: '是嬰兒之好弄也. 吾將守之如處子焉.' 於是題其藁曰嬰處. 其與羣居也, 韜眞而晦光, 憨憨如也. 於端人莊士, 歡焉. 於市人, 亦歡焉. 蓋虛舟獨汎, 無

선귤자란 호는 매미의 허물(玄蟬之殼)과 이수의 귤(二叟之橘)에서 한 글자씩 취해 온 것이다. 집을 매미의 허물에 비유한 것은 집이 아주 작다는 것을 말한 것이다. 현선은 진자앙陳子昂의 〈감우感遇〉 제25수[142]의 뜻을 빌려 와서, 불우한 처지를 가탁했다. 이수 귤은 《유괴록幽怪錄》에 나오는 고사로, 옛날 파공巴邛 사람이 큰 귤을 쪼개자 두 노인이 안에서 바둑을 두고 있었다고 한다. 귤중지락橘中之樂이라 하면 바둑 두는 즐거움을 뜻하는데, 자연의 순리에 순응하면서 유유자적함을 뜻한다. 곧, 매미 허물과 이수 귤은 처지와 지향이 서로 모순되는 상황을 상징한다.

後溪 이황의 9세손 이이순李頤淳(1754-1832)의 자는 치양穉養, 초자는 비언斐彦, 호는 긍재兢齋·후계後溪·만와晩窩·육우당六友堂·육우헌六友軒·기은杞隱이다. 이귀몽李龜蒙의 아들로 1779년(정조 3) 생원시에 합격한 후, 은진 현감을 지냈다. 1786년 만촌晩村으로 이사하고 집을 만와라 했다. 1811년(순조 11) 부포촌浮浦村 동쪽 대청동太淸洞으로 이사했는데, 암폭巖瀑의 벽에 초가를 짓고 서실을 긍재라 했다. 《논어》 〈태백泰伯〉에 보면, 증자가 병이 위중하자 제자들을 불러 이불을 걷고 발을 살펴보고 손을 살펴보라(啓予足, 啓予手) 하고서, 《시경》을 인용하여 '두려워하고 삼가서 깊은 못에 임한 듯이 하며 얇은 얼음을 밟듯이 하라'(戰戰兢兢, 如臨深淵, 如履薄氷)고 했다. 긍재의 재호는 이 구절에서 따왔다. 또한 이황의 〈도산기陶山記〉 가운데 '물이 산 뒤에 있어 퇴계라 한다'(水在山後曰退溪) 구절을 늘 외워,[143] 집 뒤 시내의 서당이란 뜻에서 후계서당이라 했다. 그리고 '암실강구暗室康衢' 네 글자를 벽에 붙여 두어 '그윽한 곳에 거처하길 드러난 곳에 있듯이 한다'(處幽如顯)는 뜻을 드러냈다. 뜰에는 늙은 매화 한 그루를 두고, 섬돌에는 황화(국화) 여러 떨기를 열지어 심고, 그 헌軒을 육우六友라고 했다. 형제 여섯 사람이 퇴계 시의 육우 글자로 이름을 붙이되 '송국매죽연기松菊梅竹蓮

逍而不逍遙遊矣. 於是人又爲之號憨憨子, 亦號汎齋居士. 嘗家三湖, 自謂三湖居士. 斯號之始."

142 陳子昂, 〈感遇〉 第25首, 《御定全唐詩》 卷83. "검은 매미가 흰 이슬 맞고 우나니, 이 해도 이미 접질리고 말았구나. 만물은 자연의 변화 따르건만, 외로운 꽃이 장차 어이 하랴? 서왕모 요대의 파랑새는, 멀리 옥산의 벼슬 먹는다지. 곤륜산의 검은 봉황은 어이 높은 그물에 걸릴 것을 우려하랴?"(玄蟬號白露, 玆歲已蹉跎. 群物從大化, 孤英將奈何? 瑤台有靑鳥, 遠食玉山禾. 崑崙見玄鳳, 豈復虞雲羅?)

143 李頤淳, 〈後溪書堂雜詠并序〉, 《後溪集》 卷2 詩.

己'의 각각 은隱 자를 붙여 호로 삼되, 본인은 기己를 구기자 나무 기杞로 대신하여 자호로 삼았다.[144] 78세 되던 1831년(순조 31) 농운정사隴雲精舍의 예를 따라 정사를 짓고 당을 오산五山, 헌을 운루雲樓라 했다. 문집은《후계집》이다.

楓石 실호를 자연경실自然經室이라 했던 서유구徐有榘(1764-1845)의 본관은 달성, 자는 준평準平, 호는 풍석楓石, 시호는 문간文簡이다. 1790년(정조 14) 증광문과에 병과로 급제했다. 35세에 순창군수로 있을 때 정조의 윤음이 있자,《임원경제지林園經濟志》를 편찬하기 시작했다. 1834년 전라감사로 있으면서《종저보種藷譜》를 집필, 보급했다. 서유구의 조부 서명응徐命膺은 밤섬 근처 농암籠巖에 별장을 두었는데, 그 앞을 용주蓉洲/溶洲, 용산강을 부용강芙蓉江이라 개명했다. 서유구는 조부를 모시고 용주에 거처하면서 호를 용주자蓉洲子라 하고 집 이름을 용주정사蓉洲精舍라 했다.[145] 네모난 뜰에 돌을 쌓아 계단을 만들고는 계단 위에 단풍나무 십여 그루를 심고 계단 아래에 차밭 서너 이랑을 두었으며 계단에서 대여섯 걸음 떨어진 곳에 헌(마루)을 등지고 초암을 지어 풍림風林이라 했다. 이것이 풍석암風石庵이다. 서유구는 진晉 왕가王嘉의《습유기拾遺記》에 "빈사국에 풍림이 6, 7리에 걸쳐 있는데, 숲 동쪽에 석실이 있다. 돌을 모아 평상을 만들었고 평상 위에는 죽간과 전문이 있어, 창힐이 글자를 만든 곳이라고 전한다"라고 한 것과 연관시켰다. 작은아버지 서형수徐逈修는 〈풍석암장서기楓石庵藏書記〉를 지어,[146] 풍석암에 저장된 책이 창힐의 글씨가 그러하듯이 남아 전할지는 알 수 없지만, 신선 영위장인靈威丈人이 훔쳐갈 때까지는 기다리라고 했다.[147] 영위장인은 용위장인龍威丈人이라고도 하며, 그가 동정호에 들어가 우임

---

144 李頤淳,《後溪集》卷10 附錄〈先考大夫府君言行序次草略〉(李彙炳).

145 이종묵,《조선의 문화공간(1-4)》, 휴머니스트, 2006.

146 徐居正,〈四友堂記〉,《四佳集》文集 卷3 記類.

147 徐瀅修,〈楓石庵藏書記〉,《明皐全集》卷8. "從子有榘之居溶洲也, 方畝爲庭, 築石爲階, 階上楓樹十餘株, 簇立錦帳. 階下茶圃數頃, 交錯溝塍. 去階五六步, 負軒爲庵, 窈深潔淨, 琹書搘柱, 顔曰楓石庵, 紀實也, 且志古也. 志曰: '頻斯國有楓林六七里, 樹東有石室, 緝石爲牀. 牀上有竹簡篆文, 舊傳蒼頡造書處.' 其言吊詭, 儒者不之信. 然其不可信, 亦不可知. 夫書之造自蒼頡, 且孰見而孰傳之? 蒼頡其有人乎, 無人乎? 有則皆有, 無則皆無, 何獨至於楓石而疑之? 今之書籍, 皆蒼頡之遺也. 有榘家故貧, 所蓄書不滿一簏, 及其博學詳說, 稍有日月, 乃力, 蓄書不輟. 雖無郭永之錢, 朱昂之俸, 而銖積寸累, 四部幾畧備矣. 於是丌以尊之, 庵以閣之, 落落如連珠, 粲粲如列宿. 又能晨夕其中, 吃吃無外事, 吾知其志之不容廢也. 夫造書者, 功流萬世, 蓄書者, 功被一家. 雖小大不同, 爲功一也. 抑不知是

금의 장서를 취했다는 말이 《하도위河圖緯》에 전한다. 영위장인이 가져갈 때까지 책이 보존되길 바란다는 것은 다시 말해 남이 점탈하지 않기를 바란다고 축원한 말이다.

洛下生 이학규李學逵(1770-1835)의 본관은 평창, 자는 성수醒叟/惺叟, 호는 낙하생洛下生·인수옥因樹屋·문의당文猗堂이다. 이가환李家煥의 외손이다. 서울 황화방黃華坊 외가에서 유복자로 태어났다. 세거지는 인천 소래산 부근이되, 서울에서는 서대문 밖 반송방盤松坊에 거처했다. 포의로 《규장전운奎章全韻》 편찬에 참여했다. 1801년(순조 원년) 신유옥사에 삼종숙 이승훈李承薰과 함께 구금되고, 전라도 능주綾州(지금의 화순군)로 유배되었다. 10월 내종제 황사영黃嗣永의 백서 사건이 발생하여, 국문을 받고 김해로 이배되었다. 1802년 김해의 주거를 인수옥因樹屋이라 하고, 1821년에는 《문의당집文漪堂集》을 엮었다. 1824년(순조 24) 아들의 재청으로 방면된 후, 1831년 충주 지방으로 이주했다. 《낙하생고洛下生藁》 등이 있다.[148] 성수는 독성獨醒과 성성惺惺에서 따온 말이다. 낙하생은 서울 문사란 뜻인데, 서울에서 벼슬에 나가지 않고 숨어 지내는 은사를 가리킨다. 한나라 낙하 굉洛下閎은 파촉巴蜀 출신인데 낙하에 숨어 살면서 무제武帝가 시중侍中을 제수하여도 받지 않고 역법을 편하는 일에 열중하여, 태초력太初曆을 만들었다. 문의당의 문의는 본래 '文漪'로 표기하며, 변환 많은 물살이란 뜻으로, 청량한 경지를 상징한다. 송나라 매요신梅堯臣의 〈사주군포사조당泗州郡圃四照堂〉 시에 "활쏘는 단이 너른하게 틔여 있어 무武를 익히고, 거울 같은 못이 맑고 얕아 물살 이누나"(射堋寬闊習武事, 鏡沼淸淺吹文漪)라고 했다. 한편 《후한서後漢書》 〈신도반열전申屠蟠列傳〉에 보면, 신도반申屠蟠은 당화黨禍가 일어나자 산속으로 들어가 나무에 의지해 집을 짓고 살면서(因樹爲屋) 대장군 하진何進과 동탁董卓 등의 초빙을 뿌리쳤다. 인수옥이란 말은 이 고사에서 따왔다.

秋史 김정희金正喜는 호가 많기로 유명하다. 본관은 경주로, 충청도 예산군 신암면新岩面 용궁리 출생이며, 자는 원춘元春이다. 증조할아버지 월성위月城尉

書之藏是庵, 其悠久不替也? 有若楓林之竹簡乎? 人之愛其人而傳其事. 又若蒼頡之造書乎? 人與書之傳不傳, 尙不能知, 而况於庵乎? 况於楓石乎? 姑存此, 留與靈威丈人竊之可也. 是爲記."

148 李學逵, 《洛下生集》 冊6, 〈嶺南樂府〉 第68章.

김한신金漢藎이 예산에 입향했다. 김정희는 처음에 난초 치는 것을 좋아하여, 현란玄蘭이란 호를 사용하다가, 중국 연경에 갔다가 돌아와 추사로 바꾸었다는 설이 있다. 추사의 추는 금金을 뜻하여, 추사는 금석의 역사가란 의미를 나타낸다는 것이다.[149] 하지만 김정희는 연경에 가기 전에 추사의 호를 사용한 듯하다. 이외에도 그는 완당阮堂·담재覃齋·담연재覃揅齋·예당禮堂·시암詩庵·완파阮坡·과파果坡·노과老果·노격老鬲·승련노인勝蓮老人·농장인農丈人·천축고선생天竺古先生 등 200종의 호를 사용했다.[150] 인보印譜에는 더욱 많은 호들이 나타난다.[151] 앞서 말했듯이, 1809년(순조 9) 생원시에 급제하고, 1810년 부친이 동지부사로 청나라에 갈 때 배행해서 완원阮元과 만나 학문을 들은 이후 당호를 완당이라 했다. 보담주인이라는 호도 사용했는데, 보담은 '담연육예지문覃研六藝之文을 보물로 여긴다'는 뜻이다. 완원의 문집이 《연경실집揅經室集》인 것과도 관련이 있다. 담재는 담연재의 줄임말이다.[152] 1819년 식년문과에 급제하고 벼슬길에 올랐다. 1830년(헌종 6) 생부 김노경金魯敬(1766-1837)이 윤상도尹商度 옥사에 배후 조종 혐의로 고금도에 유배되었다가 풀려난 일이 있었는데, 김정희는 그 옥사에 연루되어 1840년부터 1848년까지 제주도로 유배되었다. 1851년(철종 2) 헌종의 묘를 옮기는 문제와 관련된 영의정 권돈인權敦仁(1783-1857)의 예론禮論에 연루되어 함경도 북청으로 1년 남짓 유배되었다. 그 후 선영이 있는 경기도 과천에 은거하면서 과果 지명이 들어 있는 호를 사용했다. 한편 용산의 저택 안에 원찰 화엄사華嚴寺를 두고 불교 취향의 호도 사용했다.[153] 기왕의 연구들을 바탕으로 김정희의 호와 유인문遊印文을 살펴보면 다음과 같다.[154]

149 최준호, 《추사, 명호처럼 살다》, 아디재, 2012, p. 87.

150 徐坰遙, 〈淸儒阮元의 樸學精神〉, 《東洋哲學硏究》 2, 동양철학연구회, 1981, pp. 133-144.

151 《秋史金正喜印譜》, 日本 東洋文庫 所藏.

152 《연경실집》은 완원이 자편한 문집으로, 일생의 개인 저술이 거의 들어 있다. 전체는 《연경실집》·《연경실속집》·《연경실외집》 등 3편 64권이며, 전체를 경·사·자·집의 4집으로 분류하고, 시권은 별도로 두었다. 외집은 《사고제요四庫提要》에 수록되지 못한 173종의 제요를 보존해 두었다.

153 《阮堂尺牘》(1867년)·《覃揅齋詩藁》(1867년)·《阮堂先生集》(1868년) 등이 있다. 《阮堂先生全集》 10권 5책(1934년)은 종현손 김익환金翊煥이 보충, 간행한 것이다.

154 오제봉, 〈추사선생아호집(秋史先生雅號集)을 내면서〉, 《갈숲》 27, 갈숲동인회, 1989; 최준호, 《추사, 명호처럼 살다》, 아미재, 2012. pp. 523-615.

① 15세부터 25세 때 청나라에 가기까지(1800-1810): 현란玄蘭(묵란墨蘭의 의미), 추사秋史

② 청나라에 체류하던 25세(1810): 완당阮堂, 보담주인寶覃主人(담연육경지문을 보물로 여김)

③ 25세에 귀국하여 34세에 대과에 급제한 후, 55세 때 제주도로 유배가기까지(1810-1819, 1819-1840): 보담재寶覃齋, 담재覃齋 // 시암詩盦(옹방강이 글씨 써 준 것에 근거함) // 완수阮叟, 노완老阮, 완당노인阮堂老人, 완암阮盦, 완방阮舫, 경완庚阮, 완당노숙阮堂老叔, 완당학사阮堂學士, 병완病阮 // 완파阮坡(완당과 소동파) // 동해제일통유東海第一通儒(옹방강이 새겨 보내준 유인遊印에 근거)·해동추사海東秋史·동해순리東海循吏·동해둔사東海遁士·동해서생東海書生·고계림인古鷄林人·천동天東·동방유일사東方有一士 // 실사구시재實事求是齋·상하삼천년종횡십만리지실上下三千年縱橫十萬里之室

④ 제주도로 유배간 55세부터 해배된 63세까지(1840-1848): 정포靜浦(대정현大靜縣 포구浦口에서 취함), 병오노인丙午老人(귀양살이 도중 회갑을 맞아 사용. 생년인 1786년과 회갑 연도인 1846년의 병오년에 근거)

⑤ 63세의 12월 6일 풀려나고 다음 해 정월 한양으로 올라와, 1851년 7월까지 한강변에 거처. 북청에 유배되었다가 1년여에 풀려나기까지(1848-1852): 금강琴江(서울시 성동구 금호동의 동호東湖를 뜻하는 금호琴湖에서 취함)·금상琴上, 삼묘三泖·삼묘노어三泖老漁(노호鷺湖를 삼묘에 비겨 사용)·노호鷺湖·강상江上, 삼호어수三湖漁叟(지금의 마포를 뜻하는 삼호三湖에서 취함)·삼고三沽(三湖의 湖를 고자로 씀)·노호老湖, 용산蓉山(서울 마포구 용산 부근, 연꽃 피는 곳에서 취함)·용정蓉井 // 노어초老漁樵 // 매화구주梅花舊主·춘효거사春曉居士(춘면효春眠曉에서 취함) // 삼십육구주인三十六鷗主人·칠십이구당七十二鷗堂·노구老鷗·동해한구東海閒鷗 등의 호를 짓기도 했다.

⑥ 북청 유배에서 풀려나 선영이 있는 과천에 거처하다가 71세로 몰할 때까지(1852-1856): 과로果老·노과老果·과농果農·과도인果道人·과정果丁·과남果南·과월果月·과전果田·과우果寓 // 남충南充(과천의 옛 지명) // 과지초당瓜地草堂 // 병거사病居士·백반거사白飯居士 // 나가那迦(여의주인如意主人의 뜻)·나가산인那伽山人·나산노인那山老人·나옹那翁·노가老迦·나수那叟·염나髥那 // 쌍수雙脩·쌍수도인雙修道人(정혜쌍수定慧雙修에서 유래) // 단파거사檀波居士(바라밀婆羅密에서 유래)·찬제羼提·찬제거사羼提居士·찬제각羼提閣 // 과파果波(과

로와 바라밀의 합성)·노파老波 // 밀암密庵 // 승련노인勝蓮老人·화지華之(연화세계蓮花世界의 존재) // 육식두타肉食頭陀(육식을 하며 두타행을 하는 사람)·불노佛奴·설우도인雪牛道人(설산雪山의 우도인)·방외도인方外道人 // 봉래산초蓬萊山樵(봉래산 나뭇꾼)·소봉래小蓬萊·소봉래학인小蓬萊學人 // 동해낭환東海琅嬛·낭경인琅竇人·우낭환선관又琅嬛僊館 // 과칠십果七十·칠십일과노인七十一果老人·칠십일과七十一果

홍현주洪顯周는 김정희의 호에 대해《지수염필智水拈筆》에서 다음과 같이 언급했다.

> 추사는 평소에 스스로 호를 많이 지었다. 어릴 때 일찍이 그 거실에 '상하삼천년종횡십만리지실上下三千年縱橫十萬里之室'이라고 편액을 달았는데 나는 항상 그 말을 기이하게 생각했다. 그러나 훗날 어느 글을 보았더니 원나라 조맹부趙孟頫(1254-1322)가 이미 이 말을 사용했다. 또한 청나라 염약거閻若璩(1636-1704)가 황종희黃宗羲(1610-1695)의 제문을 쓰면서 "상하오백년종횡일만리로 박학하고 정밀한 학자를 세 사람 들 수 있으니 한 분은 고정림顧亭林(顧炎武, 1613-1682) 처사이고 한 분은 우산 전종백錢宗伯(錢謙益, 1582-1664)이며 또 한 분은 황종희 선생이다"라고 했다. 추사의 편액이 취한 것은 대개 이런 뜻이다.[155]

김정희는 삼십육구주인이라든가 칠십이구초당이라는 호를 사용했는데, 칠십이구초당이란 당호는 김윤식金允植도 사용했다.[156] 그 의미에 대해 홍현주는《지수염필》에서 다음과 같이 밝혔다.

> 추사가 근년에 잠시 용산 강가에 살 때 정자에 편액하여 달기를 칠십이구정七十二鷗亭이라고 했다. 이를 본 사람이 괴이해하여 "어째서 72마리의 백구입니까?" 했더니 추사가 웃으면서 대답했다. "옛사람이 사물이 많음을 가리킬 때 대개 72라고 했소. 관중이 제나라 환공과 마주하여 문답을 할 때 운운云云

155 洪顯周,《智水拈筆》, 아세아문화사, 1984 영인; 김윤조·진재교 역, 임완혁 윤문,《19세기 견문지식의 축적과 지식의 탄생: 지수염필》, 소명출판, 2013.

156 金允植,〈題擎雲師手鈔華嚴經卷後〉,《雲養集》續集 卷3 書後題辭.

이니 정정亭亭이니 칠십이처七十二處로 대답했고(《관자》에 보면, 지난날 무회씨無懷氏는 태산 운운에 봉선을 하고 신농神農은 태산泰山 운운에 봉선을 하고 등등으로 이어나갔고, 《괄지지括地志》의 주에서는 정정을 언급했다), 위나라 무제는 자기 무덤을 숨기려고 72개의 가짜 무덤을 만들었고, 한나라 고조는 왼팔에 흑자(사마귀)가 72개라고 했으니, 이는 다 많다는 말이지 실제 수를 가리키는 것이 아니라오. 이제 내가 강상에 있으면서 백구들이 날아드는 것을 보게 되어 나 또한 72구로 정자의 이름을 삼으려고 하오. 어찌 괴이하다고 하겠소!" 추사의 말은 참으로 분명하다.[157]

古懽 무인 집안 출신으로 시인이었던 강위姜瑋(1820-1884)의 본관은 진주, 자는 중무仲武·위옥葦玉·요장堯章, 호는 추금秋琴·자기慈屺·청추각聽秋閣·고환당古懽堂이다. 경기도 광주군 세촌면 복정리(현 성남시 수정구 복정동)에서 출생했다. 아버지와 형, 큰아들, 두 손자가 모두 무과에 급제했다. 1880년 김홍집金弘集이 수신사로 일본에 갈 때 서기로 수행하고 1882년 김옥균金玉均·서광범徐光範 등이 일본에 갈 때 변수邊燧와 함께 이들을 수행했다. 강위는 처음 이름이 성호性澔, 자는 유성惟聖이었다. 그런데 1880년 수신사 서기가 되었을 때 조정에서 가감역假監役의 관직을 주자, 이름을 위瑋, 자를 위옥韋玉이라 고쳤다.[158] 《고환당수초古懽堂收艸》를 남겼다. 고환당이란 호는 청나라 초 왕사진王士禛의 《고환록古懽錄》에서 따왔다. '古懽'은 '古歡'으로도 적는다. 지난날의 환희와 정감, 오랜 친구를 뜻한다. 《문선》에 수록된 고시 〈늠름세운모凜凜歲云暮〉에 "낭군이 지난날 환락하고 사랑하던 일을 생각하여, 수레를 보내어 지난날처럼 편안하게 해주시네"(良人惟古懽, 枉駕惠前綏)라고 했다. 청나라 왕사진은 《고환록》 여덟 권에 상고에서부터 명나라 때까지 산림에 은거했던 선비들의 행적을 기록했다. 추

---

157 洪顯周, 《智水拈筆》, 아세아문화사, 1984 영인; 김윤조·진재교 역, 임완혁 윤문, 《19세기 견문지식의 축적과 지식의 탄생: 지수염필》, 소명출판, 2013.

158 李建昌, 〈姜古懽墓誌銘〉, 《明美堂集》 卷19 墓誌銘. "君姓姜, 其先, 晉州人. 遠祖曰民瞻, 高麗太師殷烈公. 曰天命, 朝鮮開國, 拜官至大提學, 不就. 中世久不振. 曾祖周炫, 祖獻圭, 皆諸生. 考諱鎭華, 武擧, 至營將. 君初諱性澔, 字惟聖. 性好更其名字, 屢更不可紀. 其赴日本, 朝廷予君假監役官, 名始定曰瑋, 字韋玉. 海內外慕君者, 或曰秋琴, 曰慈屺. 曰古懽者, 皆其別號也. 君少從閔金浦魯行, 金參判正喜, 受古經義, 輒有神解. 中更浮游, 學禪學兵學陰陽諸書. 又悉棄去, 爲詩及他文章, 挈家寓湖嶺間, 湖嶺人至今稱君爲姜文章云."

금과 청추각은 같은 의미의 호로, 구양수의 〈추성부秋聲賦〉에서 "구양자가 바야흐로 밤중에 책을 읽고 있는데 소리가 서남쪽으로부터 오는 것이 있어 섬뜩하여 들었다"(歐陽子方夜讀書, 聞有聲自西南來者, 悚然而聽之)에서 뜻을 취해 왔다. 추금의 금은 송뢰松籟와 같은 무현금無絃琴을 말한다. 구양수는 가을의 소리가 자연계의 만물을 시들게 한다는 점과 인생이 지나치게 짧다는 사실에 슬픔을 느끼되, 고뇌에 빠져 스스로를 해쳐서는 안 된다고 다짐했다. 유성有聲의 가을과 무성無聲의 가을을 대비시켰는데, 무성의 가을이란 인간이 스스로 마음을 괴롭히고 육신을 고단하게 만드는 가을을 말한다. 인간에게 깊은 상처를 주는 것은 유성의 가을이 아니라 무성의 가을이다. 그리하여 "어째서 금속이나 바위 같은 자질도 아니면서, 초목과 더불어 번영을 다투려고 하는가?"(奈何以非金石之質, 欲與草木而爭榮?)라고 반문했다.

寧齋 조선 말 강화학파 학자이자 문장가 이건창李建昌(1852-1898)의 본관은 전주, 아명은 송열松悅, 자는 봉조鳳朝/鳳藻, 호는 영재寧齋이다. 조부 이시원李是遠이 개성유수로 있을 때 관아에서 태어났으나 선대부터 강화에 살았다. 15세 되던 1866년(고종 3) 강도 별시문과에 병과로 급제한 후 19세 때 홍문관 직에 나아갔다. 1874년 서장관으로 청나라에 가서 중국 학자들과 교유했다. 1893년(고종 30) 양호兩湖의 비적을 토벌할 것을 청하는 상소를 올렸다가 8월에 전라도 보성寶城에 유배되어, 이듬해 봄 풀려났다. 유배 때 보성의 망미산望美山에서 이름을 취해 거처를 망미헌이라 하고 〈망미헌기〉를 적었다. 소식(동파)이 황주黃州로 귀양을 가서 서울의 임금(미인)을 향한 절절한 심경을 "나의 마음 아득하고 아득하게, 하늘 한쪽의 미인을 바라보도다"(渺渺兮余懷, 望美人兮天一方)라고 했던 것처럼 어떤 귀양객이 그러한 마음을 가탁해서 산의 이름을 망미라고 했을 것이라고 추측하고 그 심경에 공감했다.[159] 1896년 해주관찰사에 제수되었지만 사양하다가 고군산도古群山島로 유배되어 2개월 후 풀려났다. 《명미당집》과 《당의통략》 등을 남겼다. 한편, 영재의 영은 담녕淡寧의 준말이다. 제갈공명이 자식들을 훈계하여 쓴 서찰(〈계자서誡子書〉)의 "군자의 조행操行이란 고

159 李建昌, 〈望美軒記〉, 《明美堂集》; 송희준, 《조선의 마지막 문장》, 글항아리, 2008, pp. 65-71.

요한 마음으로 몸을 닦고, 검소함으로써 덕을 기르는 것이다. 마음에 욕심이 없어 담박하지 않으면 뜻을 밝힐 수 없고, 마음이 안정되어 있지 않으면 원대한 이상을 이룰 수 없다"(夫君子之行, 靜以修身, 儉以養德. 非澹泊無以明志, 非寧靜無以致遠)에서 따온 것이다. 갈씨 집안이 오랫동안 담녕의 가풍을 이어왔고, 또 당시 갈세량葛世良이 담녕의 호를 사용하면서 호에 대한 글을 청하자, 이건창은 갈세량을 위해 〈갈하백담녕와명葛夏帛澹寧窩銘〉을 지어 주었다.[160] 이건창은, "자양(주희)의 《소학》에서 종지를 표방했듯이, 편안하고 고요해야 원대함을 이룰 수 있고, 담박해야 뜻을 밝힐 수 있나니, 오직 정미로움을 연마하고, 오직 성품을 다스려라. 이것이 존심양성이고, 이것이 격물치지라네"(紫陽小學, 標揭宗旨. 寧靜致遠, 澹泊明志. 惟精是硏, 惟性乃理. 是爲存養, 是爲格致)라고 했다. 격치·존양의 공부가 제갈공명의 담녕에 뿌리를 두고 있다고 논했다. 이건창의 이 글은 타인을 위한 호설이되 자신의 호에 대한 해설을 겸했다.

陽園 신기선申箕善(1851-1909)의 본관은 평산, 자는 언여言汝, 호는 육양六陽·직재直齋·양원陽園·노봉蘆峰, 시호는 문헌文獻이다. 임헌회任憲晦의 문인이다. 서울에서 태어났는데, 집은 대대로 충청도 목천木川에 있었다. 1877년 별시문과에 병과 급제했다. 1894년 갑오경장으로 등용된 이후 김홍집金弘集 내각의 공무대신이 되고, 1901년 법부대신, 1902년 군부대신을 역임했으며, 1904년 보안회 회장이 되었다. 1907년 장례원경·수학원장을 지냈고, 대동학회 회장을 맡았다.[161] 《양원유집》이 있다. 신기선은 육양六陽이란 호를 쓰다가 양원陽園으로 고치게 된 사연을 〈양원설〉에서 밝혔다.

> 젊어서 나는 동양東陽(평산)이 본관이고 한양에서 태어난 데다가 자양紫陽(주희)과 화양華陽(송시열)의 도를 흠모하고 희양希陽(임헌회)의 문하에서 노닐었으므로 오양五陽이라고 자호했다. 희양선생이 들으시고는 "양陽의 효爻는 육六에 이르러야 순건純乾이 되거늘, 어째서 육양六陽이라 하지 않는가?" 하시기에, "오양은 모두 근거가 있습니다만, 일양은 낙착할 바가 없을 듯하니 어찌

160 李建昌, 〈葛夏帛澹寧窩銘〉, 《明美堂集》 卷十六 銘; 송희준, 《조선의 마지막 문장》, 글항아리, 2008, pp. 382-385.

161 申箕善, 《陽園遺集》 卷18 附錄 〈家狀〉(申昊永).

하겠습니까?" 했다. 선생은 "군 자신이 일양에 거하거늘, 불가할 이유가 있는가?" 하셨다. 나는 마음으로는 그럴 수 없다고 여기면서도, 선생의 명을 어기기 어려웠기에 육양으로 바꾸었으나, 일양이 허위虛位라는 사실 때문에 켕겨 했다. 육양이라는 호가 관습과 어긋나서 뜻을 묻는 사람이 많았으므로, 번거롭게 풀어 설명할 수도 없고 하여 마침내 양원이라 고쳤으나, 육양의 뜻은 사실 그 속에 들어 있었다. 중년에 죄를 얻어 흥양興陽으로 유배가서 9년 만에 비로소 귀환할 수 있었는데, 육양의 수가 마침내 충족되었고, 9란 것은 또한 양수陽數의 극한이기도 하다. 아아! 사람이 살면서 득실은 모두 예정된 바가 있으니, 어찌 인력으로 해나갈 수 있겠는가? 다만 나는 이 호를 빈 표지로 삼을 뿐이지 자강불식하는 척려惕厲[162]의 공효가 없으므로, 이를 부끄러워하는 바이다.[163]

(4) 문집서명, 화첩·법첩·시첩의 호

❶ 문집서명의 호

시문집의 이름은 저자의 호(아호, 별호, 당호, 헌호, 실호)나 시호를 이용하는 것이 일반적이다. 하지만 자字를 이용하기도 하고, 최고 직명을 이용하기도 하며, 또한 시호를 사용하는 경우도 더러 있다.

성삼문成三問(1418-1456)의 《성근보집成謹甫集》은 성씨와 자를 이용했다. 윤회尹淮(1380-1436)의 《청경집淸卿集》은 자만을 이용했고, 이목李穆(1471-1498)의 《이평사집李評事集》, 정극순鄭克淳의 《서윤공유고庶尹公遺稿》, 이광려李匡呂

---

162 《주역》〈건괘乾卦 상象〉에 "하늘의 운행이 힘차니, 군자가 이를 본받아 스스로 힘써 그치지 않는다"(天行健, 君子以, 自疆不息)라고 했으며, 건괘乾卦 구삼九三에 "군자가 종일토록 굳세고 굳세어서 저녁까지도 두려운 듯이 행동하면 비록 위태로우나 허물은 없을 것이다"(君子終日乾乾, 夕惕若, 厲无咎)라고 했다.

163 申箕善, 〈陽園說〉, 《陽園遺集》 卷1_ 說. "余少時自以籍貫東陽, 降生漢陽, 慕紫陽華陽之道, 而遊希陽之門, 遂自號曰五陽. 希陽先生聞之曰: '陽之爻, 至於六然後爲純乾, 盍曰六陽乎?' 余對曰: '五陽則旣皆有據矣. 其如一陽之無所着落何?' 先生曰: '君自居一陽, 何不可之有?' 余心不敢. 然重違先生之命, 於是改以六陽, 而常以一陽之虛位爲慊, 旣而以六陽之號, 有乖於俗, 而人之問之者多, 不堪敍述之煩, 故乃改稱曰陽園. 然六陽之義則實蘊於中矣. 中歲獲罪, 謫興陽, 九年然後始得歸, 六陽之數遂足, 而九者又陽數之極也. 嗚呼! 人生得失, 皆有前定, 豈人力之所能爲哉? 但余虛標是號, 而未有自強惕厲之功, 是所愧也."

(1720-1783)의 《이참봉집》은 관함官銜을 이용했다.

이목李穆(1471-1498)의 본관은 전주, 자는 중옹中雍, 호는 한재寒齋, 시호는 정간貞簡이다. 1489년(성종 20) 진사시에 합격하고 1495년(연산군 원년) 별시문과에 장원으로 급제했다. 1498년 무오사화 때 조의제문 사건에 연루되어 처형되고 1504년 갑자사화 때에 부관참시되었다가 1506년(중종 원년) 신원되었다.[164] 문집은 사후 초간본이 《이평사집李評事集》인데, 1914년 문집의 재간 때 서명에 한재 호를 사용했다.[165]

박태한朴泰漢(1664-1698)은 《박정자유고朴正字遺稿》를 남겼다. 본관은 고령, 자는 교백喬伯, 호는 문감文鑑이며, 박장원朴長遠(1612-1671)의 아들, 윤증尹拯(1629-1714)의 문인이다. 1694년 별시문과에 을과로 급제했으나 4년 뒤 승문원 정자로 있을 때 병사했다.[166] 후대의 간행자들이 문집 이름에 관직명을 사용했다.

정광필鄭光弼은 정난종鄭蘭宗(1433-1489)의 아들로, 호는 수부守夫이고 시호는 문익文翼인데, 문집의 서명은 시호를 이용해 《정문익공유고鄭文翼公遺稿》라 했다. 병자호란 후 삼학사의 한 사람 오달제吳達濟(1609-1637)는 문집 이름에 시호를 이용해서 《충렬공유고忠烈公遺稿》라 했다. 인현왕후의 아버지 민유중閔維重(1630-1687)은 호가 둔촌屯村이지만 시호를 이용해서 문집을 《문정공유고文貞公遺稿》라 했다. 남연년南延年(1653-1728)은 이인좌 난으로 청주성이 함락될 때 적에게 굴하지 않아 죽은 후 충장忠壯의 시호를 받았는데, 사후 문집이 간행될 때 《남충장공시고南忠壯公詩稿》라 했다.

특이한 예로는 박팽년朴彭年(1417-1456)의 《박선생유고朴先生遺稿》와 송시열

---

164 李穆, 《李評事集》 附錄 〈贈嘉善大夫吏曹參判兼弘文館提學藝文館提學同知春秋館成均館事行進勇校尉永安南道兵馬評事李公墓表陰記〉(金尙憲); 홍원식, 〈한재 이목의 도학정치론과 철학사상〉, 《공자학》 44, 한국공자학회, 2021, pp. 101-125.

165 이목의 유문遺文은 무오사화로 인해 산실되었는데, 아들 이세장李世璋이 남은 시문을 수집·편차하고 손자 이철李鐵이 1585년 무송茂松 현감으로 부임하여 간행했다. 이 초간본은 전하지 않는다. 임진왜란 후 증손 이구징李久澄이 잘못된 부분을 바로잡고, 묘표墓表와 보유補遺를 첨입添入하여 1책으로 정사精寫한 후, 청송靑松 현감으로 있던 1631년에 〈이평사집李評事集〉으로 제명題名하여 2권 1책의 목판으로 중간했다. 후손 이존수李存洙·이응호李膺浩 등이 일부를 증보하여 〈한재집寒齋集〉으로 개제改題하고, 4권 2책의 목활자본으로 재간했다. 이미실, 〈이평사집 해제〉, 한국고전번역원, 1991.

166 朴泰漢, 《朴正字遺稿》 附錄上 〈權知承文院副正字通仕郎朴公家狀〉(朴師漢).

宋時烈의《송자대전宋子大全》을 들 수 있다. 박팽년은 호가 취금헌醉琴軒이지만, 문집은《박선생유고》라 한다. 계유정난과 단종 폐위 이후로도 관직을 지녔으나, 후손이 관직명을 사용하지 않고 '선생'을 칭한 것은 그 절의를 존숭했기 때문이다. 송시열은 취금이 본래 박팽년의 별호가 아니라 박팽년의 사위 종실 이천李瑔의 호로, 이천이 박팽년이 쓴《천자문》서첩에 취금 인장을 찍어 세상에 유통시켰기 때문에 사람들이 취금을 박팽년의 호로 잘못 알게 되었다고 지적한 바 있다.[167] 송시열은 호가 우암尤庵이지만 문집은《송자대전》이라 했다. 문생들이 선생의 자호를 함부로 부를 수 없고, 그 학덕을 존숭하여 '송자'라고 부른 것이다.

한편, 호 가운데는 자호가 아니라 학자들이 부르는 칭호가 후대에 호로 굳어진 예가 있다.

好古 유휘문柳徽文(1773-1827)의 본관은 전주, 자는 공회公晦, 호는 호고와好古窩이다. 안동부 임하현臨河縣 삼현리三峴里(三山里)에서 태어났다. 고산서당高山書堂을 비롯하여 여강廬江·구계龜溪·황산黃山·고운孤雲 등 여러 서당에서 후진을 교육했다. 문집은《호고와문집》이다. 서재를 사성재思誠齋라고 이름했고, 자호를 두지 않았으나 학자들이 호고와선생이라고 불렀다.[168]《논어》〈술이〉에서 공자는 "나는 나면서부터 안 자가 아니라, 옛것을 좋아하여 급급하게 구한 자이다"(我非生而知之者, 好古敏以求之者)라고 한 데서 따왔다.

또한 호 가운데는 생전에는 일컬어지지 않다가 명정銘旌에 처음 적히고, 그것이 문집 서명으로 사용된 예도 있다.

菊軒 소시만蘇始萬(1734-1761)의 본관은 진주, 자는 원보元甫, 호는 국헌菊軒이다. 전라도 익산군益山郡 금마면金馬面 쌍봉雙峯 아래에서 태어났다. 천문·지리·의약·복서·성력星曆·병술·음률에 능했다. 죽은 후 전주全州 둔지산屯智山 선산에 장사 지냈다.《국헌집》이 있다. 종형宗兄 소현도蘇顯道가 명정에 '국헌처사菊軒處士'라고 적었으니, 고인이 생전에 국화를 가장 사랑했기 때문이었다.[169]

---

167 宋時烈,〈答朴士述〉(乙卯年, 숙종 원년, 1675년, 송시열 69세, 7월 2일),《宋子大全》卷116 書.
168 柳徽文,《好古窩先生文集》附錄 卷2〈家狀〉(柳致皜).
169 蘇始萬,《菊軒集》卷下 附錄〈家狀〉(蘇始運).

고인이 남긴 원고의 제서題書를 보고 호를 정한 예도 있다.

雲齋 이중경李重慶(1517-1568)의 본관은 광주, 자는 숙희叔喜, 호는 운재雲齋이다. 안동 춘양현春陽縣 어로동漁老洞에서 태어났다. 1543년(중종 38) 생원시에 합격하고 1546년(명종 원년) 증광문과에 병과로 급제했다. 1563년 이조참판을 지내고 이듬해 대사헌을 겸했으나 이량李樑(1519-1582)의 일당으로 몰려 파직되었다.《운재유고》가 있다. 운재 호는 유고의 제서에서 처음 확인된 것이다. 조진도趙進道(1724-1788)가 이중경의 아들 이진굉李鎭紘의 부탁으로 유문遺文을 편집하고 교정하면서 1784년 9월에 쓴 〈서운재유고후書雲齋遺稿後〉에서 "이 해에 이진굉이 병으로 죽고 말았다. … 그의 상에 곡하러 갔다가 시렁 위의 원고를 보니 바로 운재고雲齋稿였다"라고 밝혔다.[170]

槽巖 조창기趙昌期(1640-1676)의 본관은 임천, 자는 문경文卿, 호는 조암槽巖이다. 1660년(현종 원년) 증광문과에 병과로 급제한 후, 사헌부 감찰로서 행정의 요체 10조를 진언했다.《조암집》이 있다. 조덕상趙德常의 〈증왕고사간부군유집발曾王考司諫府君遺集跋〉에 보면, 조창기의 호는 알려지지 않았으나 시고에 조암병제槽巖病弟라는 부기가 있어 그것을 문집 서명으로 택했다고 한다. 조창기는 심 상서의 석산石山 임정林亭에 세 들어 산 적이 있는데, 그 위에 구유같이 생긴 바위가 있어서 그것으로 호를 삼았던 듯하다.[171] 석산 임정이 서울 남소동南小洞 안 구유바위(槽巖)가 있는 곳을 가리키는지는 알 수 없다.[172]

尤園 이정국李楨國(1743-1807)의 본관은 예안, 소자는 욱서旭瑞, 자는 목지牧之, 호는 우원尤園이다. 현 경북 안동시 풍천면 하회리에서 태어났고, 이상정李象靖의 문하에서 수학했다. 1773년(영조 49) 생원시에 합격했으나 벼슬에 뜻을 두지 않았다.[173] 사후에 발견한 원고에 우원이라 쓴 것이 있어서 문집을《우원

---

170 李重慶,《雲齋遺稿》〈書雲齋遺稿後〉(趙進道).

171 趙昌期,《槽巖集》跋 〈曾王考司諫府君遺集跋〉(趙德常). "粤在辛卯秋, 從祖善山公始刊府君前後五疏, 而名之曰趙司諫封事, 盖以府君少無自號也. 今德常裒集府君詩文若干篇及奏議疏啓, 合刊爲二冊, 而又嘗見府君錄呈拙齋詩舊本, 則書之以槽巖病弟, 始知府君少嘗僦居於沈尙書石山林亭, 而其上有巖如槽故也. 玆敢標之曰槽巖集云耳."

172 南在의 옛 귀정도 '구유바위'의 소리가 바뀐 것인 듯하다.《東國輿地備攷》第2篇 漢城府.

173 임여재臨汝齋 류규柳逵, 우복愚伏 정경세鄭經世 등과 교의가 있었다. 李楨國,《尤園先生文集》卷8 附錄 行狀(柳尋春);《尤園先生文集》卷8 附錄 墓碣銘(柳台佐).

집》이라 했다.[174] 원園은 도연명의 "고요히 생각하기에 원림이 좋아라. 인간세계는 정말로 사절할 만하네"(靜念園林好, 人間良可辭)에서 취했다. 우尤는 《논어》〈헌문〉의 "하늘을 원망하지 않고 사람을 나무라지 않는다"(不怨天, 不尤人)라는 공자의 말에서 취해 왔다.

九思 안동 선비 김낙행金樂行(1708-1766)도 문집 간행 때 비로소 구사당九思堂의 호를 후인들이 사용했다. 김낙행의 본관은 의성, 자는 퇴보退甫·간보艮夫이다. 김성탁金聖鐸의 아들로, 이재李栽의 문인이다. 호가 없었는데, 사후에 여러 사람이 맹정요孟貞曜와 진용천陳龍川의 고사에 따라 허암虛菴이라고 호를 정했다. 《논어》〈태백泰伯〉에서 증자曾子가 안연顔淵을 평가하여 "있어도 없는 것처럼 여기고, 가득해도 빈 것처럼 여겼다"(有若無, 實若虛)는 말에서 취한 것이다. 하지만 책상자에서 '구사당' 3자의 도장圖章을 발견하고 이것이 고인의 용공처用工處였음을 알고 구사당으로 바꾸었다.[175] 맹정요와 진용천의 고사란 당나라 시인 맹교孟郊(751-814)가 64세로 죽자 장적張籍 등이 사시私諡를 '정요선생貞曜先生'으로 정한 일[176]과 송나라 진량陳亮(1143-1194)이 죽자 주희朱熹가 그 아들에게 '송나라 용천 선생 진군 동보의 묘'(宋龍川先生陳君同父之墓)라는 12자를 써 준 일을 말한다.[177]

한국고전번역원 편, '한국문집총간'은 정편과 속편을 아울러 1,200종의 문집을 표점영인했는데, 그 작가가 1,199명(최치원 2회)에 달한다. 그 가운데 서명에 호를 사용하지 않은 예를 열거하면 아래 12종에 불과하다.

최치원崔致遠, 《계원필경집桂苑筆耕集》 1집(1834년)
남연년南延年, 《남충장공시고南忠壯公詩稿》 속49집(1748년)
이규보李奎報, 《동국이상국집東國李相國集》 1-2집(미상)
민유중閔維重, 《문정공유고文貞公遺稿》 137집(미상)

---

174 李楨國, 《尤園集》 卷8 附錄 家狀(李光一). "平日無齋號, 先輩多勸之不應. 下世後十餘年, 於箱篋中得手書, 答人簽面有尤園二字. 門下諸議皆曰: 此府君一生反省實用工處, 不可以他求. 遂稱之曰尤園."

175 金樂行, 《九思堂先生集》 續集 卷4 附錄 行狀(柳長源).

176 《新唐書》 卷176 〈孟郊傳〉.

177 《朱子語類》 卷107 〈內任〉.

박팽년朴彭年, 《박선생유고朴先生遺稿》 9집(1658년)
박태한朴泰漢, 《박정자유고朴正字遺稿》 속55집(미상)
송시열宋時烈, 《송자대전宋子大全》 108-116집(1787년)
오달제吳達濟, 《충렬공유고忠烈公遺稿》 119집(1697년)
이광려李匡呂, 《이참봉집李參奉集》 237집(1805년)
이순신李舜臣, 《이충무공전서李忠武公全書》 55집(1795년)
이목李穆, 《이평사집李評事集》 18집(1631년)
정광필鄭光弼, 《정문익공유고鄭文翼公遺稿》 17집(1702년)

후손이 선조의 시문집을 모아 엮어 '유고'를 칭하는 경우에 호, 시호, 관직명 등을 서명에 사용했지, 자를 사용할 수는 없었다. 문집을 남긴 이들은 대개 호를 가지고 있고, 문집의 서명은 호를 취하는 경우가 대부분이었다. 널리 사용된 호는 없으나 서명으로 보아 헌호나 별호가 있었으리라 추정되는 예가 있다.

東圃 진주대첩의 김시민金時敏(1554-1592)은 호가 알려져 있지 않지만 《동포집》이 전하므로 호가 동포東圃였을 가능성이 있다. 본관은 안동(구 안동), 자는 면오勉吾, 시호는 충무忠武이다. 목천木川 출신이다. 1578년(선조 11) 무과에 급제했으며, 임진왜란 때 경상우도병마절도사가 되었는데 10월 공방전 때 유탄을 맞고 죽었다.[178]

자호가 아니라도 주위 사람들이 부른 호칭을 호로 인정한 사례도 있다. 이미 보았듯이 이명배는 자호가 없으나 함주(함안) 사람들이 생전의 거처 지명을 취해서 모계처사茅溪處士나 포덕산처사飽德山處士라 불렀고,[179] 문집도 《모계집》이다.

❷ 화법·법첩의 호

근대 이전의 예술계에서도 특히 화가는 독특한 호를 휘호하거나 인기印記에 사용했다. 또한 장서인의 경우도 호를 사용하는 일이 많았다.

---

178 丁節祖, 〈贈領議政諡忠武金公行狀〉, 《海左先生文集》 卷35 行狀.
179 李命培, 《茅溪集》 卷7 附錄 行狀(柳台佐). "謙退過人, 深自韜晦. 或勸以名堂自號, 不爲也. 鄕黨稱之曰茅溪處士, 又曰飽德山處士."

尙古 김광수金光遂(1696-?)는 호가 상고당尙古堂이다. 명나라 화상고華尙古의 삶과 예술비평을 흠모해서 그 이름과 자字로 호를 삼았다. 화상고는 곧 화정華珵(1438-1514)으로 명나라 초의 장서가이자 출판가이다.[180] 김광수의 본관은 상주尙州, 자는 성중成仲이다. 1729년(영조 5) 진사가 되고, 이후 잠시 인제군수를 지냈으나, 골동서화를 구입하는 데 재산을 털어, 말년에는 가난하게 되었다.[181] 장단 동강東岡의 선영에 묻혔다. 생전에 이광사李匡師가 〈생광명生壙銘〉을 적어 주었다.[182] 뒷날 신유한申維翰은 이 〈생광명〉 뒤에 후제를 적어, 1743년 김광수와 만났던 일화를 적고, 상고당의 의미에 대해 밝혔다.

> 계해년(1743) 가을에 도성에 세 들어 살 적에 상고당이 찾아와 함께 이야기했는데, 내 옆에 《금강경》·《원각경》·《유마경》 등 여러 책이 있는 것을 보고 호들갑을 떨며 손뼉을 치면서 "이 길에는 속박도 없고 방종도 없으므로, 세간법을 아주 잘 증시證視해서 쾌활하다" 했다. 상고당이 불가를 좋아하는 이유는 세상의 얽매임에서 벗어났기 때문이었다. 산수를 좋아하고 물건을 아끼는 습성도 모두 이와 비슷한 이유에서였다. 사모하는 옛 현인이 많았지만, 한 가지 비슷한 것이 있다고 해서 중국의 명사 화상고에 스스로를 견주어 당堂의 이름을 지었다. 자신을 낮춤으로써 본성을 기르려고 해서였을 것이다. 아아, 지금 중국에 화상고가 다시 있다고는 들어보지 못했는데, 우리 동해의 나라에서 그 사람을 보게 되니 얼마나 기이한가! 암혈에서는 이러한 사람을 찾으려 해도 볼 수 없거늘 벼슬하는 집안에서 이런 사람이 나왔으니 또 얼마나 기이한가![183]

---

180 문징명文徵明의 《포전집甫田集》 卷27에 〈화상고소전華尙古小傳〉이 있다. 강소성江蘇省 무석無錫 사람으로, 장서가이자 출판가이다. 자는 여덕汝德, 호는 몽선夢萱·상고尙古·상고생尙古生이다. 화수華燧의 숙부로, 공인貢人으로서 대관서승大官署丞에 제수되었다. 장서루를 상고재尙古齋라 했다. 《강희무석현지康熙無錫縣志》에 기록이 있다. 1502년에 동활자를 이용해서 좌규左圭《백천학해百川學海》 100종 179권, 양웅揚雄의 《방언方言》 13권, 심주沈周의 《석천시선石田詩選》 10권을 간행했다. 또 육유陸游의 《위남문집渭南文集》 50권과 《검남시고劍南詩稿》 8권을 간행하고, 연활자로 많은 서적을 간행했다.

181 오경석吳慶錫의 《천죽재차록天竹齋箚錄》에 의하면 김광수는 중국의 임본유林本裕 및 그 아들 임개林价와 절친해서, 중국의 탑본과 인장을 구할 수 있었다고 한다.

182 전액篆額은 〈유명조선상고자김광수생광有明朝鮮尙古子金光遂生壙〉이다.

183 申維翰, 〈尙古堂自敍後題〉, 《靑泉集》 卷6 雜著.

凌壺子 앞서 본 이인상李麟祥은 1752년 음죽현감의 직을 그만둔 때부터 호를 능호자凌壺子라 했다. 이해 송문흠宋文欽과 신소申韶가 돈을 모아 남산 아래에 집을 사 주고, 송문흠이 이백의 시에서 어구를 취해 와서 그 집을 능호관이라 지어 주었다. 이때부터 이인상은 능호자라 자호했다. 문집도 《능호집》이다. 송문흠이나 이인상이나 모두 구름과 노을의 끝으로 시선을 내달리고 티끌세상 바깥으로 정신을 노니는 활달자재의 경지를 꿈꾼 것이다.[184] 중인 시인 조희룡趙熙龍(1789-1866)이 처음 호를 호산壺山이라 한 것도 사실상 같은 뜻이다.

毫生 최북崔北(1720-?)의 본관은 무주茂朱, 초명은 식埴, 자는 성기聖器·유용有用·칠칠七七, 호는 월성月城·성재星齋·기암箕庵·거기재居基齋·삼기재三奇齋·호생관毫生館이다. 1747년(영조 23)부터 이듬해까지 통신사를 따라 일본에 다녀왔다. 붓으로 살아간다는 뜻에서 당호를 호생관이라고 했다.[185] 또 시와 글, 그림에 능한 명인이라는 뜻의 삼기재三奇齋로 일컬어졌다. 남공철은 〈최칠칠전〉에서, 최북이 이름의 북北 자를 쪼개어 칠칠이란 별호를 사용했다고 했다.[186] 월성은 김정희의 서울 집에서 머물면서 사용한 호인 듯하다. 김정희의 증조부 김한신金漢藎(1720-1758)이 영조의 화순옹주和順翁主와 결혼하여 월성위月城尉에 봉해졌으므로 그 가문의 서울집을 월성궁月城宮이라 했다. 기암은 충청도 영동永同 남쪽 기산箕山 기슭의 거처를 뜻하는 것인 듯하다.

檀園 김홍도金弘道(1745-1806)의 본관은 김해, 자는 사능士能, 호는 단원檀園·단구丹邱·서호西湖·고면거사高眠居士·취화사醉畫士·첩취옹輒醉翁이다. 강세황姜世晃의 천거로 도화서 화원이 되었다. 1781년(정조 5) 정조 어진(익선관본) 제작에 한종유韓宗裕·신한평申漢枰 등과 함께 참여했다. 찰방을 제수받았고, 명나라 문인 화가 이유방李流芳의 호를 따라 단원이라 자호했다. 높고 맑은 문사와 기이하고 우아한 그림을 좋아한다는 뜻을 붙인 것이다.[187] 1791년 정조의 어진(원유

---

184 宋文欽, 〈凌壺觀記〉, 《閒靜堂集》 卷7 記.

185 2012년 국립전주박물관은 최북崔北의 탄생 300주년을 맞았을 때 특별전의 제목을 '호생관 최북'이라 했다.

186 南公轍, 〈崔七七傳〉, 《金陵集》 卷13 雜著.

187 姜世晃, 〈檀園記〉, 《豹菴遺稿》 卷4; 진재교 편역, 《알아주지 않은 삶》, 태학사, 2005, pp. 305-306; 심경호, 《옛 그림과 시문》, 세창출판사, 2020, pp. 249-254.

관본)을 그릴 때 참여하고, 그 공으로 충청도 연풍현감에 임명되어 1795년까지 봉직했다. 고면거사, 취화사, 첩취옹은 모두 해학적인 호이다. 고면은 고침안면高枕安眠의 뜻이다. 첩취는 《진서晉書》 〈산간열전山簡列傳〉에서 양양태수襄陽太守 산간山簡이 고양지高陽池에서 술을 두고서 곧바로 취하고는 했던(置酒輒醉) 고사에서 취한 듯하다.

《진서晉書》에 보면, 동진의 고개지顧愷之가 환온桓溫 막부에 있을 때, 나의 몸 안에는 어리석음과 약삭빠름이 각각 반씩 있는데 합해서 논한다면 공평함을 얻을 수 있다고 했다고 한다. 세속에서는 고개지에게 재절才絶·화절畵絶·치절癡絶의 세 가지 뛰어난 것이 있다고 했다. 치절은 세속과 어울리지를 못하는 것을 말한다. 또 원나라 때 화가 황공망黃公望(1269-1354)은 상숙常熟 사람으로 자는 자구子久, 호는 일봉一峯 혹은 대치도인大痴道人이라 했다. 부춘산富春山에 숨어서 산수를 그렸으며, 왕몽王蒙·예찬倪瓚·오진吳鎭과 더불어 원나라 말 4대가가 되었다.

小癡 조선 말의 화가 허련許鍊(1809-1892)은 황공망의 대치大痴라는 호를 피해 소치小癡라고 자호했다. 본관은 양천陽川, 자를 마힐摩詰이다. 당나라 왕유王維의 이름을 따라 허유許維라 개명하고, 왕유의 자를 따라 자신의 자를 마힐이라 했다. 관지에는 수치叟痴·노치老癡·칠십노치七十老癡·팔질노치八耋老癡·석치石癡·연옹蓮翁 등을 사용했다. 대흥사 초의草衣의 소개로 1839년 김정희를 만났다. 헌종의 배려로 1848년 고부古阜의 감시를 거쳐 친림 회시 무과에 급제했고, 지중추부사에 올랐다. 1856년 진도로 돌아가 운림산방雲林山房에서 기거했다. 1867년 《몽연록夢緣錄》(《소치실록小痴實錄》)을 저술했다.[188] 소치의 치는 결국 고개지의 치절癡絶과 관련이 있다.

❸ 시사·아집의 호

과거에는 호를 지어 주고 호를 부르는 행위가 심리적 공명을 촉발했다.

계유정난이 있기 직전 안평대군 이용李瑢은 조정 인사들과 결탁하기 위해 시

188 김상엽, 《소치 허련: 조선 남종화의 마지막 불꽃》, 돌베개, 2008.

모임을 자주 가졌다. 즉, 스스로 시가詩家라 칭탁하고, 이현로李賢老·이승윤李承胤·이개李塏·박팽년朴彭年·성삼문成三問 등은 문하門下라 칭하면서 서로 굳게 결탁했다. 안평대군은 그들을 위해 도서圖書의 헌호軒號를 지어 불러주고 이현로 등은 안평대군을 사백詞伯이라 하고 또 동평東平이라고도 했다. 동평은 후한 광무제光武帝의 여덟 째 아들인 동평왕 유창劉蒼으로, 인품이 선하고 학문에 뛰어났다.[189] 김종서는 안평대군에게 글월을 보낼 때 맹말盟末이니 맹로盟老라고 자칭하여 젊은 대군을 시사詩社의 동료로 대했다.[190]

1797년(정조 21) 11월 12일의 《정조실록》 기사에 강이천姜彝天(1768-1801) 비어飛語 사건과 관련해 강이천 등의 공초와 정조의 판결문이 실려 있다. 김이백金履白 공초에 이런 말이 있다.[191]

> 강이천은 매양 인재를 맞아들이는 데에 마음을 두었습니다. 괴산槐山의 김종억金宗億과 신창新昌의 이주황李周璜이 그 심복이 되었고, 전의全義의 김정신金廷信과 덕평德坪의 최우문崔遇文이 항상 강이천의 집에 머물렀습니다. 강이천은 또 남의 호를 잘 지었습니다. 자기를 일컬어 중암重菴이라 하고, 김선金鐥을 일컬어 연소衍繅라 하며, 김건순金健淳을 일컬어 가귤嘉橘이라 하고, 김종억을 일컬어 동천주인洞天主人이라 하며, 김신국金信國을 일컬어 중인中人이라 하고, 서진일徐鎭一을 일컬어 수남장인水南丈人이라 하며, 해미海美의 이언길李彦吉을 일컬어 해상인海上人이라 했습니다.

정조는 "강이천은 형신을 엄히 가하고 섬에 유배해서 스스로 새로워지고 다시 살아날 방도를 도모하게 하고, 김이백은 형신을 엄히 하고 사형을 감면해 정배하며, 김려金鑢(1766-1822)는 정배하고, 김예·김신국 등은 방면해 내보내라" 라고 판결했다.

호는 시사詩社나 아집雅集에서 동호인 사이에 상대방을 부르는 호칭으로 기

---

189 《後漢書》卷72〈光武十王列傳· 東平憲王蒼〉.

190 《단종실록》 권6, 단종 원년(계유, 1453) 5월 19일(을해) '惠嬪密啓'; 심경호, 《안평》, 알마, 2018, p. 720.

191 《정조실록》 권47, 정조 21년(정사, 1797) 11월 12일(정축).

능했다. 18세기에는 특히 동호인 집단이 각 지역마다 발달하여 시사詩社 활동이 이루어졌다.

순조조 노론계 문인 심능숙沈能淑은 14세 때인 1795년 무렵에 남동시사南洞詩社에 참여했는데, 이 시사는 모두 29명이었다. 15~18세 때는 홍의洪漪·이종필李鍾弼·이년수李年秀·이익모李翊模 등 노소 문음文蔭 14인이 모인 남사南社에 가입했다. 이 시사는 다시 칠칠회七七會로 발전했다. 남사에는 박지원朴趾源도 참여했으며, 심능숙이 최연소였다. 1811년 이후에는 동사東社를 새로 열었고, 1834년 이후에는 북사北社에 참여했다. 또한 서유영徐有英의 《운고시선雲皐詩選》에 〈초하에 북둔에서 김죽하장(기서), 황능산(기천), 심소남(능숙), 심영교(두영), 이박옹(석어) 등을 모시고 도화를 감상하고(初夏北屯陪金竹下丈箕書黃菱山基天沈小楠能淑沈永橋斗永李泊翁石五賞桃花)〉라는 시가 있다.[192] 심능숙은 붕우들과 양금洋琴을 타고 항성抗聲으로 '진루월秦樓月·양양가襄陽歌'를 노래하다가 또 그 곡에 맞춰 빈 퉁소를 불었으며, 운자를 뽑아 시를 짓는 아희雅戲와 국수와 함께 술을 마음껏 마시는 모임을 가지고는 했다. 다음과 같은 긴 제목의 시가 있다.

> 2월 초나흘 저녁에 쌍수雙樹와 엽산葉山이 왔고 이어서 창명滄溟과 현거玄居(임긍수林肯洙)가 뒤따라 자리했다. 조금 있다가 백거白居와 금사錦沙가 손잡고 함께 방문했고, 이운怡雲도 왔는데, 취하도록 술마시기를 서너 순배하자, 엽산葉山은 아프다면서 돌아갔다. 벅거白居가 양금洋琴을 내오라 해서는 취흥에 곡조없이 번성繁聲을 쳐대면서 벗들에게 곡을 부르라고 했다. 금사錦沙가 항성抗聲으로 진루월·양양가를 부르니, 음운音韻이 아주 들을 만했다. 쌍수雙樹도 그 곡에 맞추어 노래하는데, 충분히 익힌 것처럼 요조窈窕하다. 현거는 무성無聲의 퉁소簫를 불고 창명은 부채로 박자를 맞추었으며, 이운은 껄껄 웃기를 그치지 않았다. 현거가 퉁소를 불어 입술이 헤질 정도가 되자 비로소 연음鳶音을 내고는 사람들을 돌아보면서 내 퉁소 연주가 어떠하냐고 말하자, 모두 칭찬하며, "소리가 아주 교묘하오만, 내일 비가 오면 어쩌죠?" 했다. 그러고는 서로 웃고, 운자를 골라 함께 시를 지어 한밤의 아희雅戲를 기록했다. 새벽에 남궁南宮

192 장효현, 〈小楠 沈能淑의 詩世界〉, 《우리문학연구》 29, 우리문학회, 2010. 2; 장효현, 《심능숙 문학의 연구》, 고려대학교 민족문화연구원, 2017.

의 홍문紅門 안으로 엽산葉山을 방문하니, 다시 술자리를 펴고 국수를 내왔다. 쌍수가 이때 대취하여 젓가락을 제대로 놀리지 못하고 국수 그릇을 앞에 두고 입을 크게 벌린 채 앉아 있기에 내가 숫가락을 들어서 입안에 국수를 넣어 주는데도 깨닫지 못했다. 금사가 큰 소리로, "국수가 입에 들어갔는데 왜 삼키지 않나?" 하자, 쌍수가 눈을 부릅뜨고 곧바로 삼켰다. 좌중이 "쌍수가 몰치면沒齒麵(이빨 빠지게 만드는 국수)을 먹었군!" 하며 놀렸다.[193]

(5) 호에 관한 기록과 호보號譜

고인은 자호설을 통해 호의 의미를 밝히거나, 타인의 호설, 헌기, 재기 등을 작성해 주는 일이 많았다. 여기서는 그 이외에 호에 관한 기록들로 어떠한 것이 있는지 개괄하기로 한다.

❶ 호에 관한 단편 기록

호의 의미를 알려 주는 자료로, 후인이 연보, 묘지명, 행장, 시장, 서문 등에서 단편적으로 설명한 것들이 있다. 이러한 기록들은 작호의 동기를 기록해 놓지는 않았지만, 호의 의미를 어느 정도 밝혀 줄 수는 있다.

澗松 이현일李玄逸이 조임도趙任道(1585-1664)를 위해 지은 행장에 다음 말이 있다.

계묘년(1603)에 입암공(부친 조식趙埴)이 비로소 향리로 돌아오자 공이 계당溪堂의 옛터에 서실을 짓겠다고 청하여, 서재의 편액을 곤지困知라고 하고 시詩와 잠箴을 지어서 스스로 경계했다. 모두 지식을 극진히 하고 힘써 행하며, 마음을 보존하고 욕심을 적게 하겠다는 뜻이었다. 일찍이 계곡 가에 소나무 두

193 沈能淑, 〈二月初四夕雙樹與葉山而至 繼以滄溟玄居踵席 少頃白居與錦沙, 攜手而訪 怡雲亦至 而醉酒數行 葉山以病而歸 白居叩出洋琴 醉興 自得繁聲無腔 促諸友唱曲 錦沙抗聲 歌秦樓月襄陽歌 音韻殊可聽 雙樹和以歌之 窈窕若熟習者 玄居吹無聲之簫 滄溟以扇節之 怡雲恰恰笑不已 玄居吹簫幾弊唇 纔出鳶音 輒顧四座曰 吾簫何如 衆皆贊之曰 聲甚高妙 而奈明日雨何 因相與笑 卜韻共賦 以記終宵雅戲 曉後復訪葉山於南宮紅門之內 復張酒設麵 雙樹時大醉 手不運箸 但向麵器 張口而坐 余擧匙納麵於口 猶不醒 錦沙大聲曰 麵已入口矣 何不呑之 雙樹因瞪目直呑之 座皆葫蘆曰 雙樹喫沒齒麵云〉,《松史內篇》卷4.

그루를 손수 심고는 자호를 간송澗松이라고 하고서 오언절구와 칠언절구 각각 한 수씩을 지어 그 뜻을 담았다. "계곡 가의 소나무를 사랑하는 까닭은, 추위가 와도 모습을 바꾸지 않아서일세"(爲愛澗邊松, 天寒不改容)라는 구절과 "봄여름에 기특한 절조가 없다고 싫어하지 마라, 추운 겨울이 오면 바야흐로 정정貞正함을 보리라"(莫嫌春夏無奇節, 到得歲寒方見貞)라는 구절이 있다.[194]

조임도의 본관은 함안, 초자는 치원致遠, 자는 덕용德勇으로, 조려趙旅의 5대손이며, 입암立巖 조식趙埴의 아들이다. 함안군 검암리劒巖里(지금의 가야읍伽倻邑 검암리)에서 태어났다. 임진왜란 대 부친을 따라 영천榮川과 일선一善 등으로 피난을 갔다가, 의성현義城縣에서 장현광張顯光을 배알했다. 1603년(선조 36) 부친을 모시고 함안군 검암리로 돌아와 곤지재를 짓고 간송이라 자호했다. 곤지는 《논어》의 '곤이지지困而知之'에서 취한 것이다. 〈자전自傳〉에서 조임도는, 시냇가에 두 그루 소나무가 있으므로 그에 따라 호를 삼았다고 밝혔다. 도연명이 다섯 그루 버드나무가 있어서 오류선생五柳先生이라는 호를 사용한 것과 유사하다. 조임도는 진晉나라 손작孫綽이 〈수초부遂初賦〉를 지어 산림에 숨어 살려는 뜻을 천명한 일을 이으려 했다.

너무 가난해 청고淸苦를 견디느라 목숨을 보존하기 어려울 정도였지만, 마음은 진실로 광달曠達해서 근심스레 얼굴을 찡그린 적이 없다. 중년에는 칠원의 내내柰內에 은둔해 살면서 정자를 봉상翔鳳이라 호했다. 만년에는 다시 용화산龍華山 기슭에 집을 짓고 그 대臺를 연어鳶魚라 이름 붙였다. 종일 한가하게 거처하면서 담박하여 아무 경영도 하지 않고, 다만 시문 짓고 쓰는 일을 즐겼으며, 산수에 흥을 부치고 사물 바깥에 소요해서 늙음이 이르러 오는 것도 잊었다고 한다.[195]

조임도는 이 〈자전〉에서, 1618년 가을 함안 칠원현 내내柰內(현재의 칠서면 계

194 李玄逸, 〈工曹佐郎贈司憲府持平澗松趙公行狀〉, 《葛庵集》 別集 卷6 行狀.

195 趙任道, 〈自傳〉, 《澗松先生文集》 卷3 雜著; 심경호, 《나는 어떤 사람인가—선인들의 자서전》, 이가서, 2010, pp. 39-49; 허권수, 〈《간송집澗松集》 해제解題: 퇴계학退溪學과 남명학南冥學을 아우른 학자〉, 한국고전번역원 해제, 2015.

내리)로 어머니를 모시고 이사를 갔다가 1633년 봄에 기강岐江(지금의 용산리)으로 이사한 사실, 만년에 용화산 기슭으로 이주한 사실을 언급했다.[196]

衢隱 이만도李晚燾가 이헌순李獻淳(1754-1833)의 일생을 서술한 〈구은이공행장衢隱李公行狀〉은 이헌순이 여러 번에 걸쳐 개호한 상황을 간명하게 서술했다.[197] 이헌순은 이황의 손자인 이영도李詠道의 후손이다. 정조 연간에 족숙 과재寡齋 이진동李鎭東 등이 영남인의 무함(이인좌 난과의 관계를 의심받음)을 신원하려고 할 때 만인상소를 주도했다. 자는 학선學先, 초명은 관순觀淳, 본관은 진보眞寶이다. 구은緱隱 이귀경李龜敬의 후취 선성 김씨宣城金氏의 소생으로, 노포蘆浦의 외가에서 태어났다. 16세에 이상정李象靖을 찾아가 수학했으며, 조술도趙述道의 가르침을 듣고 월란암月瀾庵으로 올라가《맹자》를 천 번 읽었다.[198] 1793년 풍기豐基 고로촌古老村으로 이사했다. 1796년(정조 20) 종제 이지순李志淳이 특은을 입어 영유 현령永柔縣令에 제수되자, 이황의 신주를 모시고 갔다. 1802년 토성土城으로 이사했는데, "그곳이 사방으로 통하는 큰길(通衢) 곁에 있었으므로 구은衢隱이라고 자호했다." 1812년(임신) 봉암鳳巖으로 이사하고, 돌을 쌓아 담장을 두르고 집을 토암土广이라 이름 짓고 또 암소巖巢라고 했다. 1830년(경인) 〈자만시自挽詩〉를 지었다. 고을 동쪽 사의동思義洞에 묻혔다.

그러나 행장에 이와 같이 작호의 의미를 분명하게 밝힌 것은 행장의 글쓰기로서는 오히려 예외에 속한다.

❷ 좌목座目

명종은 재위 15년인 1560년 9월 19일(임오) 서총대瑞葱臺에서 곡연曲宴을 행했다. 이 곡연에 참석한 인물들의 좌목座目이 전하는데, 각 인물마다 호가 명시되어 있다. 서총대는 연산군 때 창덕궁 후원의 영화당映花堂 동남쪽, 지금의 춘당대春塘臺 동편에 쌓은 석대이다. 이날 명종은 율시로 지은 어제御題를 내리고 좌우에게 화운시를 지어 올리도록 하고, 또 무신에게 과녁을 쏘게 하여, 차등 있

196 趙任道, 〈望母庵記〉, 《澗松集》 別集 卷1.

197 李晚燾, 〈衢隱李公行狀〉, 《響山集》 卷17 行狀.

198 이만도는 족숙 이귀복李龜福·이귀성李龜星 및 집안 사람 8, 9명과 더불어 채제공蔡濟恭과 정범조丁範祖를 찾아가서 상소 문제를 논의했다.

게 상을 내렸다. 다음 날 영의정 상진尙震(1493-1564)은 국왕의 은혜에 감사하는 전箋을 올렸다. 〈상사서총대사연전上謝瑞葱臺賜宴箋〉이라는 제목으로 문집 《범허정집》에 전한다. 곡연 참석자들은 당시의 성사를 그림으로 그려 보관했다가, 1564년 예조에 부탁해 축軸으로 장황(표구)했다. 이 그림을 〈서총대인견도瑞葱臺引見圖〉, 혹은 〈서총대친림사연도瑞葱臺親臨賜宴圖〉나 〈서총대시연도瑞葱臺侍宴圖〉라고 한다.[199] 《범허정집》 부록에 〈서총대사연좌목瑞葱臺賜宴座目〉이 있는데, 후대인이 정리하면서 73인의 본관과 호도 밝혀두었다. 그런데 조신朝臣이라도 호가 통행하지 않는 예가 있으며, 무신은 호를 가진 예가 매우 적었음을 알 수 있다. 숭록대부와 숭정대부만 보면 다음과 같다.

- 대광보국숭록대부 의정부영의정 겸 영경연홍문관춘추관관상감사 세자사世子師 상진尙震. 호 범허정泛虛亭.
- 대광보국숭록대부 의정부좌의정 겸 영경연사 감춘추관사 세자부世子傅 이준경李浚慶. 호 동고東皐.
- 대광보국숭록대부 의정부우의정 겸 영경연사 감춘추관사 세자부世子傅 심통원沈通源. 호 □□

  보국숭록대부 영돈녕부사 겸 오위도총부도총관 청릉부원군青陵府院君 심강沈鋼
- 숭정대부 의정부좌찬성 겸 지경연춘추관사 세자이사世子貳師 홍섬洪暹. 호 인재忍齋.

  숭정대부 행이조판서 겸 판의금부사 광평군光平君 김명윤金明胤

조선 시대의 사연좌목賜宴座目이나 수계록修禊錄 좌목에는 호를 밝는 일이 많았다. 성세창成世昌이 이황·나세찬 등의 호당(독서당) 수계 명부를 작성한 〈가정계묘嘉靖癸卯(1543) 호당수계록〉은 그 한 예이다.[200] 당시 〈동호수계도첩東湖修禊圖帖〉이 별도로 있었다.

199 "甲子孟夏既望 崇政大夫 議政府左贊成 原任弘文館大提學 藝文館大提學兼知經筵 春秋館事 洪暹 謹識"로 되어 있다. 尙震, 《泛虛亭集》 卷9 附錄 〈瑞葱臺賜宴座目〉; 심경호, 《국왕의 선물》 1, 책문, 2012. 6, pp. 408-419.

200 羅世纘, 《松齋先生遺稿》 卷4 附錄下 附: 〈湖堂修禊錄〉(嘉靖癸卯, 成世昌所記)

간재艮齋 최연崔演
십성당十省堂 엄흔嚴昕
추파楸坡 송기수宋麒壽
송재松齋 나세찬羅世纘
국간菊磵 윤현尹鉉
죽계竹溪 임열任說
지산芝山 이황李滉
금호錦湖 임형수林亨秀
우암寓庵 김주金澍
상덕재尙德齋 정유길鄭惟吉
급고재汲古齋 이홍남李洪男
호학재好學齋 민기閔箕
담재湛齋 김인후金麟厚

이 수계록에 이황의 호가 지산芝山으로 나온다. 지산은 안동 영지산靈芝山을 말한다.《선성지宣城誌》에 따르면, 영지산은 예안 오악禮安五岳의 하나로, 선성현의 진산鎭山이다. 이 산의 남쪽 꼭대기에 영지정사靈芝精舍가 있었고, 북쪽 기슭에는 지산와사芝山蝸舍가 있었다. 영지정사의 곳에 암자가 있었는데, 이황이 어려서 왕래하며 독서했다. 농암聾巖 이현보李賢輔는 1543년 벼슬을 그만두고 돌아와 암자 터에 정사를 신축했다.[201]

선조 연간에는 교정청校正廳을 두어 경전을 언해했는데, 경전 가운데 가장 늦

---

201 李賢輔, 〈題靈芝精舍并序〉(癸卯).《聾巖先生文集》券1 詩. "靈芝, 本龍頭支脉, 在家北數里, 不甚高大, 而峯巒稍峻, 延袤亦遠, 名存載籍, 非他尋常丘垤之比也. 舊有佛庵, 歲久破亡, 中間有僧, 鳩材重營, 隘陋低微. 觀者惜其地位高爽, 而制構不稱, 未久而又爲回祿所灾. 壬寅秋, 余以年老, 致仕來家, 家饒泉石, 非無臺榭遊覽之所, 而塵紛世念,不能無惱於其間. 乃募素款僧人, 稍有幹才, 名爲祖澄者, 助給資財, 營構精舍數間于此, 不數月而舍成. 遂因赴京之友, 求中原善筆, 寫其扁額而來,.不曰菴而曰舍者, 懼其緇流多接, 雜亂香火, 只令澄僧, 往來消遣, 作我頤養之地也. 舍南百步外, 有峯斗起松樹羅生, 除地爲臺, 是山之洞門也. … 旁築高臺, 亦令坐歇, 客至于此, 則騶從皆除, 而杖屨單行, 不使喧鬧於舍門. 因名其階曰捨馬, 臺曰杜妄, 用〈北山移文〉語也. 此其大略矣. … 抑又有一說焉. 昔李德裕晩構平泉庄, 耽玩花石, 作記戒之曰: '有以一木一石, 與人者, 非吾子孫也.' 余之經營此舍, 亦甚勤且勞也. 其有年少之徒, 呼朋引類, 羣遊侶戱, 毁瓦晝墁, 使同於郵館院舍, 是深懼也. 吾亦以是, 戒吾兒曹, 吟詩二絶, 令孫壻黃俊良和之, 寄示景明兄弟云."

게《주역언해周易諺解》가 이루어진 후 선온宣醞이 있었다. 그 행사를 그림으로 그린 선온도宣醞圖에도 물론 좌목이 있었다.《주역》은 1601년(선조 34) 진강進講이 시작되었고 그 해에 언해본을 편찬령이 내렸다. 수반首班은 윤근수尹根壽였는데, 이듬해 임인본壬寅本《주역언해》가 이루어졌다. 강녕전 구결康寧殿口訣이《정전程傳》에 의거한 것을 개정하여, 임인본은 현토에서《정전》과《본의本義》를 절충하는 방안을 따랐다. 1603년 정월 21일 교정상격校正賞格에 관한 선조의 비망기備忘記가 내렸다. 허성許筬의 문집 부록에 〈선언도좌목宣醞圖座目〉이 실려 있다.[202] 이 좌목에는 각 인물의 자와 호를 병기해 두었다. 이것은 임진·정유 전쟁 이후 선조 말의 진신록搢紳錄이다.

광국공신보국숭록대부 해평부원군 윤근수尹根壽 자고子固 월정月汀 해평인海平人.
숭정대부 행의정부좌참찬 홍진洪進 희고希古 퇴촌退村 남양인南陽人.
숭정대부 행의정부좌참찬 심희수沈喜壽 백구伯懼 일송一松 청송인青松人.
숭정대부 행의정부좌참찬 김수金晬 자앙子昂 몽촌夢村 안동인安東人.
정헌대부 의정부우참찬 정창연鄭昌衍 경진景眞 수죽水竹 동래인東萊人.
정헌대부 지중추부사 예문관대제학 이호민李好閔 효언孝彦 오봉五峯 연안인延安人.
정헌대부 예조판서 유근柳根 회보晦夫 서경西坰 진주인晉州人.
정헌대부 지중추부사 성영成泳 사함士涵 우천愚川 창녕인昌寧人.
자헌대부 예조판서 이정귀李廷龜 성징聖徵 월사月沙 연안인延安人.
자헌대부 이조판서 송언신宋言慎 과우寡尤 호봉壺峯 여산인礪山人.
자헌대부 이조판서 기자헌奇自獻 사정士靖 만전晩全 행주인幸州人.
가의대부 행홍문관부제학 박홍로朴弘老 응소應邵 이호梨湖 죽산인竹山人.
가의대부 행홍문관부제학 김우옹金宇顒 숙보肅夫 동강東崗 의성인義城人.
가의대부 행첨지중추부사 최립崔岦 입지立之 간이簡易 통천인通川人.
가선대부 한성부우윤 홍가신洪可臣 흥도興道 만전당晩全堂 남양인南陽人.
가선대부 행성균관대사성 정광속鄭光績 경훈景勛 남파南坡 하동인河東人.

202 성호 이익의 집에도 〈선온도좌목〉이 전했다. 許筬,《岳麓先生文集》附錄 [摭遺] 〈周易校正廳宣醞圖座目〉; 李瀷, 〈周易校正廳宣醞圖記〉,《星湖先生全集》卷53 記.

가선대부 이조참판 허성許筬 공언功彦 악록岳麓 양천인陽川人.
가선대부 호조참판 신식申湜 숙정叔正 용졸用拙 고령인高靈人.
가선대부 행용양위부호군 정구鄭逑 도가道可 회연檜淵 청주인淸州人.
가선대부 이조참판 윤돈尹暾 여승汝昇 죽창竹窓 남원인南原人.
가선대부 행승정원도승지 겸 경연참찬관 예문관직제학 이상의李尙毅 이원而遠 서산西山 여주인驪州人.
가선대부 호분위상호군 겸 예문관제학 신흠申欽 경숙敬叔 상촌象村 평산인平山人.
통정대부 이조참의 황섬黃暹 경명景明 만오晩悟 창원인昌原人.
통정대부 홍문관부제학 이수광李睟光 윤경潤卿 지봉芝峯 전주인全州人.
통정대부 병조참의 이상신李尙信 이립而立 호산청은湖山淸隱 여주인驪州人.
통훈대부 승문원판교 홍경신洪慶臣 덕공德公 녹문鹿門 남양인南陽人.
통훈대부 군기시정軍器寺正 김순명金順命 정수正受 월봉月峯 강릉인江陵人.
통훈대부 사도정司導正 한백겸韓百謙 명길鳴吉 구암久菴 청주인淸州人.
통훈대부 행홍문관전한 유몽인柳夢寅 응문應文 간암艮菴 흥양인興陽人.
통훈대부 행홍문관전한 강첨姜籤 공신公信 사봉沙峯 진주인晉州人.
통훈대부 행사간원사간 김대래金大來 희태希泰 낙남洛南 안동인安東人.
통훈대부 행사간원사간 정곡鄭穀 회이晦爾 송포松浦 초계인草溪人.
통훈대부 행사간원사간 송응순宋應洵 공신公信 춘호春湖 은진인恩津人.
중훈대부 세자시강원보덕 구의강具義剛 자화子和 해문海門 능성인綾城人.
중훈대부 성균관사성 윤의립尹義立[뒷날 義를 毅로 고침] 지중止仲 월담月潭 파평인坡平人.
통훈대부 행의정부사인 정협鄭協 화백和伯 남록南麓 동래인東萊人.
통훈대부 행홍문관부응교 조정립趙正立 여직汝直 쌍죽雙竹 횡성인橫城人.
통훈대부 행홍문관교리 이담李湛 자신子信 직봉直峯 완산인完山人.
통훈대부 이조정랑 유희분柳希奮 형백亨伯 화남華南 문화인文化人.
조봉대부 행이조정랑 강주姜籒 사고師古 채진采眞 진주인晉州人.
봉정대부 행형조정랑 강복성康復誠 명지明之 송담松潭 신천인信川人.
조봉대부 행사헌부지평 김광수金光睟 이회而晦 취곡翠谷 순천인順天人.
승의랑承議郞 수사헌부지평 이선복李善復 백길伯吉 북촌北村 전의인全義人.
통훈대부 행홍문관교리 유간柳澗 노천老泉 후촌後村 진주인晉州人.
중훈대부 행홍문관부교리 박진원朴震元 백선伯善 북촌北村 밀양인密陽人.

봉렬대부 행홍문관부교리 이정겸李廷謙 사훈士薰 석천石泉 경주인慶州人.
통훈대부 행홍문관수찬 조탁曺倬 대이大而 후촌後村 창녕인昌寧人.
통덕랑 행홍문관수찬 이광윤李光胤 극휴克休 양서瀼西 경주인慶州人.
통선랑 행이조좌랑 권태일權泰一 수지守之 장곡藏谷 안동인安東人.
봉직랑 행이조좌랑 이지완李志完 양오養吾 두봉斗峯 여주인驪州人.
통선랑 행홍문관부수찬 목장흠睦長欽 우경禹卿 고석孤石 사천인泗川人.
선교랑 홍문관부수찬 정호선丁好善 토우士優 지곡芝谷 나주인羅州人.
승의랑 형조좌랑 윤효선尹孝先 치영治永 기천沂川 남원인南原人.
승의랑 공조좌랑 장현광張顯光 덕회德晦 지재止齋 인동인仁同人.
선무랑宣務郎 수형조좌랑 이덕윤李德胤 극흠克欽 서계西溪 경주인慶州人.
돈용교위敦勇校尉 행용양위부사과行龍驤衛副司果 윤광계尹光啓 경열景悅 귤옥橘屋 당악인棠岳人.
선무랑 행홍문관정자 민경기閔慶基 선여善餘 갈천葛川 여흥인驪興人.
봉직랑 행홍문관정자 송석조宋碩祚 홍남弘南 오남梧南 은진인恩津人.
승의랑 행홍문관정자 금개琴愷 언강彦康 동간東澗 봉화인奉化人.

1629년(인조 7) 6월 5일 숭례문 앞 남지南池 부근의 홍사효洪思斅(1555-1632) 집에서 기로회耆老會가 열렸는데, 그 계회도의 좌목에도 호가 기록되어 있다.[203] 남지기로회는 상련회賞蓮會나 연지회蓮池會라고도 불렸다. 조선 시대에는 서울의 주산이 오행의 화火에 해당하므로 화기를 눌러야 한다고 여겨, 모화관과 숭례문 밖에 못을 파 두었다. 이날 이귀李貴(1557-1633), 이호민李好閔(1553-1634) 등 70세 이상의 전현직 관료 11인이 남지가 바라보이는 홍사효의 집에 모였는데, 홍사효가 이 해(1629) 5월 17일 가선대부에 오른 것을 기념하는 의미를 겸

203 〈남지기로회도〉는 원본과 이모본을 합쳐 모두 6점이 전한다고 한다. 부산 동아대학교 석당박물관 소장 〈남지기로회도〉는 이모본이다. 서울대학교박물관 소장본이 도화서 화원 이기룡李起龍이 그린 원본이라고 추정된다. 상단에 '남지기로회南池耆老會'라는 표제가 있고, 그림, 장유張維의 발문, 좌목이 3단의 축으로 이루어져 있으며, 그 좌우에 이경직李景稷의 서문이 붙어 있다. 이경직의 서문은 기로회가 있었던 6월 5일의 날짜로 되어 있으나, 서문 찬술의 명을 받은 날짜를 기록한 것으로 보인다. 이기룡은 자字가 군서君瑞, 호는 궤은几隱이며, 본관은 경주이다. 도화서 교수를 지냈다. 윤진영, 〈李惟侃(1550-1634)의 〈蓮池會始終事實〉과 南池耆老會圖의 傳承來歷〉, 《장서각》 8, 한국학중앙연구원, 2002, pp. 55-91; 심경호, 《옛 그림과 시문》, 세광출판사, 2020, pp. 348-357.

했다. 이귀가 도회 제작을 제안하자, 이유간李惟侃(1550-1634)이 아들 예조판서 이경직李景稷(1577-1640)에게 화첩을 제작하게 했고, 그 아우 좌부승지 이경석李景奭에게 좌목을 작성하게 했으며, 또 이경직에게 서문을 쓰게 했다. 그림은 도화서 화원 이기룡李起龍(1600-?)이 그렸다. 6월 29일 기로첩耆老帖 12본의 장황粧績을 마쳤다. 유순익柳舜翼(1559-1632)은 참석하지 못했으나, 이미 약조가 있었으므로 그림에 끼워 넣었고 좌목에 이름을 올렸으며, 도회가 완성된 후 계축도 나누어 받았다. 이 날의 기로회는 고려 최당崔讜의 해동기로회海東耆老會에 연원을 두었다. 또 당나라 백거이의 향산구로회香山九老會에 일흔이 못 된 적겸모狄兼謨가 참여한 일이나, 송나라 때 문언박文彦博이 주도한 낙양기영회洛陽耆英會에 일흔이 못 된 사마광이 참여한 일을 본받아, 68세의 심논沈惀도 참여했다. 참석자의 자리 배치는 연령순을 따랐다.

가선대부 동지중추부사 송계松溪 이인기李麟奇, 81세. 청해인.
가선대부 파흥군坡興君 수심水心 윤동로尹東老, 80세. 파평인.
절충장군 첨지중추부사 우곡愚谷 이유간李惟侃, 80세. 전주인.
보국숭록대부 연릉부원군 오봉五峯 이호민李好閔, 77세. 연안인.
통훈대부 행공조정랑 두곡杜谷 이권李勸, 75세. 전의인.
가선대부 행부호군 석호石湖 홍사효洪思斅, 75세. 남양인.
가의대부 한성부우윤 시암是庵 강인姜絪, 75세. 진주인.
보국숭록대부 병조판서 묵재默齋 이귀李貴, 73세. 연안인.
숭록대부 행의정부좌참찬 약봉藥峯 서성徐渻, 72세. 달성인.
절충장군 행사정行司正 난곡蘭谷 강담姜紞, 71세. 진주인.
가의대부 한성부좌윤 지강芝岡 유순익柳舜翼, 71세. 진주인.
가선대부 청평군靑平君 오창梧窓 심논沈惀, 68세. 청송인.

기로회의 12인은 1623년 인조 반정의 주역이거나 반정을 묵인한 원로들이다. 이를테면 이귀와 유순익은 임오년(1582) 사마시에 함께 합격한 동방同榜이자, 정사공신靖社功臣이다. 이호민은 구신舊臣으로 우대를 받았고 이권과 이인기는 광해군 말년에 은둔했다가 반정 후 다시 환로에 올랐다. 좌목에는 기로 12인의 자제로서 배종한 이들의 명단도 작성해 두었다. 이인기의 장남 이중로李重老(1577-1624)는 정사공신이되 이괄의 난 때 전사했지만 배종 자제로 이름을 올려 두었다.

기로연의 좌목에는 호가 명시되어 있는 예가 많다.[204] 또한 종유제현從遊諸賢의 인명록에도 거주지와 호를 상세히 명기해 두었다.[205] 이러한 자료들은 급문록及門錄과 사숙록私淑錄 등과 함께 역사적 인물의 호가 실제로 어떤 시기에 어떤 방식으로 통용했는지 알려주는 중요한 자료이다.

❸ 회인시懷人詩와 개주開注

조선 시대에는 가족친지, 노비겸인, 동호동류를 그리워하면서 그들의 생평生平을 약술略述하고 재덕을 간평簡評하는 연작聯作/連作 회인시懷人詩가 많이 나왔다. 연작 회인시는 한 문인-학자의 인적 관계와 교유 범위를 파악할 수 있게 해주는 중요한 자료인데, 상호간의 호칭의 실상도 엿볼 수 있게 한다. 이때 작호의 동기와 호의 의미를 알려주거나 암시하는 경우도 있다. 조선후기에는 허균許筠의 〈전오자시前五子詩〉와 〈후오자시後五子詩〉는 초기의 시사-동호인 회인시의 예에 속한다. 김신겸金信謙(1693-1738)이 1722년(경종 원년) 백부 김창집金昌集과 일족이 처형되고 본인은 함경도 안변安邊으로 유배가서 지은 〈백육애음百六哀吟〉은 만시挽詩/輓詩 혼재 회인시의 예에 속한다.[206] 박제가朴齊家(1750-1805)는 청나라 왕사정王士禎[왕사진王士禛(1634-1711)]의 칠언절구 연작 〈세모회인절구歲暮懷人絶句〉 60수를 모방하여 〈희방왕어양세모회인戲倣王漁洋歲暮懷人〉 60수와 〈속회인시續懷人詩〉 18수를 짓고 장사전蔣士銓(1725-1784)의 오언육구 연작 〈회인시懷人詩〉 20수, 〈회인시懷人詩〉 48수, 〈후회인시後懷人詩〉 19수를 본떠 〈회인시, 방장심여懷人詩仿蔣心餘〉 50수를 지었는데, 이 연작은 조선·중국·일본 인사들을 망라하여 지식세계의 지형도를 그려 보인 예이다.[207] 소론의 학

---

204 柳尙運,《約齋集》冊6 耆筵遺蹟〈座目〉.

205 朴旨瑞,《訥菴先生文集》卷7 遺事〈從遊諸賢遺事〉.

206 김남기,〈金信謙 百六哀吟에 대하여〉,《한국한문학연구》22, 한국한문학회, 1998.1, pp. 343-369.

207 박종훈,〈조선 후기 연작회인시의 사적 흐름과 제 양상〉,《온지논총》58, 온지학회, 2019,

자 서유본徐有本(1762-1822)은 젊은 시절 절친했던 인물 10인을 추억하며 〈감구시 십수 병서感舊詩十首幷序〉를 남겼다. 경화세족 출신의 남병철南秉哲(1817-1863)은 문과에 급제한 이후 26세 때까지 외가의 옥호정사玉壺精舍에서 열린 백련사白蓮社에 참여하고 1842년 여름 작성한 〈회인시삼십이수 懷人詩三十二首〉는 당색을 망라한 사대부 및 여항인에 대한 논시論詩 형식의 회인시이다.[208] 박제가 이후로는 연작 회인시 제작이 유행으로 되었다.[209] 이들을 이어, 조면호趙冕鎬(1803-1887)는 70세 되던 1872년에 회인시 〈감시절구感詩絶句〉 59수를 지어, 59인의 인물을 논평하고 자주自註를 붙였다.[210] 그 가운데는 호의 의미나 개호改號 사실을 언급한 예만을 살펴보면 다음과 같다.

05. 김노경金魯敬(1766-1837): "백척 누대에 올라가 누울 기세를 지녔던 진원룡(진등陳登)을 후대에 이은 사람으로서, 만당에 금옥 관자를 띤 자제들이 있어 모두가 정신을 그대로 빼어났도다. 하늘로 솟구치는 능소화가 피어나 제품을 더 할 것이 없거늘, 소유산과 대유산같은 청산에 봄날이 적막하여라"(百尺元龍後代人, 滿堂金玉盡精神. 凌霄花發無題品. 二酉青山寂寞春).

"김노경 상서는 호가 유당酉堂으로, 추사秋史와 산천山泉[김명희金命喜(1788-1857)]의 대인(부친)이다. 풍고楓皐(김조순)의 절친한 벗으로, 일시에 권귀들의 세력이 극성하여 시론이 그리로 쏠렸으므로 마침내 접질리고 곤혹을 치러서, 오랫동안 고금도古今島에 유배되었다가 사면을 받고서 다시 벼슬

pp. 55-85.

208 한영규, 〈南秉哲 懷人詩 연구〉, 《한문교육연구》 31, 한국한문교육학회, 2008.12, pp. 431-467.

209 박제가朴齊家는 청나라 왕사정王士禎(1634-1711)의 〈세모회인절구歲暮懷人絶句〉 60수 칠언절구 연작을 모방하여 〈희방왕어양세모회인戲倣王漁洋歲暮懷人〉 60수와 〈속회인시續懷人詩〉 18수를 짓고, 청나라 장사전蔣士銓(1725-1784)의 〈회인시懷人詩〉 20수 오언육구 연작, 〈회인시懷人詩〉 오언육구 48수 연작, 〈후회인시後懷人詩〉 19수 오언육구 연작을 본떠 〈회인시 방장심여懷人詩仿蔣心餘〉 50수 오언육구 연작을 지었다. 대상 인물은, 조선, 중국, 일본의 인사들이다. 박종훈, 〈조선 후기 연작 회인시聯作 懷人詩의 사적 흐름과 제 양상〉, 《온지논총》 58, 온지학회, 2019, pp. 55-85.

210 趙冕鎬, 〈感詩絶句 幷序〉, 《玉垂先生集》 卷16 詩. "喟! 余生晩, 猶及白社典型謦欬于諸老宿, 頤頞纔竪, 附尾同輩, 極有生世之娛. 今遲暮瓠落, 烟霜禪而山河邈, 每中夜寤歎, 纏綿悱惻, 繹其津筏之始, 象其旗鼓之列, 幷繫詩境, 一同岑大, 不可以不記也. 遂有夐澼之什, 與元遺山·王漁洋論詩絶句, 亦近時人懷人絶句一例語也. 略有開注, 無忘前時偉迹, 不以詩事詩論相關者不與焉. 亦編序不以窮達尊卑, 特尙其齒而已, 讀之可詳. 凡五十九首. 壬申小重陽, 玉垂冕鎬自題, 時年七十."

길에 나갔으나, 죽은 이후로도 여전히 앙화의 기미가 남았다. 대개 그 기우氣宇가 걸출했기 때문이었다. 거처 길양실吉羊室에 능소화가 아주 높고 컸다. 지금 그 저택은 모두 철거되어 민가의 집으로 되었다."(유당은 이유산의 집이란 뜻이고, 이유산은 곧 서적을 많이 비장한 산이란 말이다. — 역자 주)

08. 김조金照(1754-1825): "태평성대의 청금의 유생으로 문학이 울연했으니, 김생의 이름과 자는 남조 송나라의 포조鮑照(자 명원明遠) 참군과 같아라. 봄 시에는 여기저기 복사꽃 뜬 물이 가득한데, 뒷짐 지고 한가히 가다가 흰 구름을 바라보네."(盛際青衿蔚有文，金生名字宋參軍．春溪遍是桃花水，負手閒行看白雲)

"김조의 자는 명원明遠, 호는 석한石閒으로, 푸른 깃의 옷인 유생의 옷을 걸치고 성균관의 반수 뜰에서 울연히 기세를 날렸다. 충문공 풍고(김조순)가 옥호동玉壺洞 어구에 초가를 하나 사서 그에게 주었다. 석한은 눈썹이 성글고 눈동자가 시원하며, 키는 5척에 차지 않았으나 기개는 드세고도 산뜻했다. 시의 풍채는 마치 무기고를 사열하듯 하면 어떤 기구든 없는 것이 없듯이 했다. 술을 잘 마시고, 담론을 마치 물이 콸콸 흐르듯이 한다. 늘 시냇가에서 뒷짐을 지고 있어, 마치 어디론가 갈 곳이 있는 듯이 한다."(석한은 수석 사이에 한가롭다는 뜻이다. — 역자 주)

13. 김선金鐥(1772-1833): "맹원(가회동嘉會洞 북쪽 고개인 맹현孟峴)의 시안에 서원이 연좌되니, 아가위꽃 꽃받침같이 우애 있는 형제들이 풍상을 겪은 일에 세상이 모두 억울해 하네. 만년에 청나라와 일본으로 사행 나가 그간 잠들어 꾸었던 꿈을 어루만져 위로하고, 삼청동 시냇물에서 작시의 수원이 나오누나."(孟園詩案坐犀園，棣蕚風霜世所寃．晚使北隣撫睡夢，三淸溪水出詩源)

"서원犀園 김 선생의 이름은 선鐥으로, 담정蕈庭(김려金鑢)의 아우이다. 신유년(1801)의 옥사가 일어나던 날, 요망한 강이천과 백하白下(백악 아래)에 노닐었는데, 공은 전혀 알지 못하고, 맹원에 올라가서 '지당에 봄풀이 나고, 맹원에 새 울음소리 바뀌었네'(池塘生春草，園樹變鳴禽)라고 읊었다. 강이천이 함정에 빠뜨려 거의 죽게 되었다가, 고문을 받고 초산楚山으로 유배되었다. 뒤에 사면을 받고 돌와와 음직에 보충되었고, 얼마 있다가 크게 현달해서, 관직이 대사성에 이르렀다. 삼청동 집청대集淸臺에 집을 두고, 시문으로 후생을 계도했다. 후생들이 지금에 이르러서도 감화받고 있는 것은 공의 힘이다."

16. 김난순金蘭淳(1781-1851): "경성루가 보현봉을 마주하니, 벽곡의 시정이 짙푸르게 진득하다. 이웃에서 당시 재상들이 모여, 한밤에 등불 켜고 담소하며 나름대로 한가한 것와 비교하여 어떨른지?"(竟成樓對普賢峰, 碧谷詩情蒼翠濃. 何似比隣時宰會, 夜燈談笑自從容)

벽곡碧谷 김난순金蘭淳 상서는 만년에 시를 좋아해서, 보현봉普賢峰 아래 밭을 사고 동산에 경성루를 만들고, 날마다 소인騷人(시인)들과 그 사이에서 노닐면서 시를 읊었다. 지위와 은우가 이미 융성한데도 늘 관직이 없는 산인散人과도 같다."(벽곡의 경성루는 '마침내 이루었다'는 뜻을 지니는데, 벽로수정碧老水亭이라고도 했다. —역자 주)

19. 권돈인權敦仁(1783-1859): "퇴촌에서 전답 경영하는 곳에 강 다락이 굽어보고 있으니, 이와같은 풍광의 곳에서 늦게서야 비로소 쉬려 했구나. 금석으로 교분 맺은 이들이 죽은 뒤로는 할 일이 없었지, 하늘 가까운 초목들만 순흥의 가을에 새로웠네."(退村經濟俯江樓, 如此風烟晩始休. 金石交亡無一事, 近天草木順興秋)

"이재彛齋 권 상공의 이름은 돈인敦仁으로, 문순공文純公 수암遂庵(권상하權尙夏) 선생의 손자이다. 일찍이 경술을 온축하고 문예가 발군이었으며, 금석과 서화에 공교로워 삼매의 경지를 많이 얻었다. 추사 김 선생 및 황산黃山 김유근金逌根과 당시에 막역한 사이였다. 시는 극도로 맑은 경지에 나아가서 근대 사람들 가운데 미치는 이가 거의 없을 정도였다. 순흥順興에 유배되어 있는 동안 〈등고登高〉의 작품이 있어, '높은 산의 초목은 하늘에 가까워 향기롭다'라고 했으니, 대개 자신을 비유한 말이다. 뒤에 유배의 문건에서 이름이 씻겨졌다. 퇴촌의 별업(별장)이 있어 경치가 아주 기특했는데, 일찌감치 물러나 쉬려고 했으나 뜻을 이루지 못하고 영원히 사직하고 말았다. 관직은 영의정에 이르렀다."

22. 김정희金正喜(1786-1856): "한번의 견문으로 동방의 몽매함을 힘껏 벽파했으니, 김 추사가 출현하여 난초향기 주름잡았네. 완운대(완원)와 담계(옹방강)의 석묵지학(석각탁본학) 분신이 여기 있어, 천고의 정신이요 만 리의 구름이라네."(力劈東蒙一見聞, 金秋史出御蘭芬. 阮覃石墨分身在, 千古精魂萬里雲)

"추사 김정희는 젊은 나이에 총명과 기예가 절륜하여, 국조 500년 이래 거의 처음 있는 인물이다. 대인 유당酉堂(김노경)을 따라 연경에 갔는데, 동인 가운데 옹담계翁覃溪(옹방강)와 교분을 맺은 것은 추사 한 사람뿐이다. 압록강 서쪽 사람도 그를 창견刱見의 이재異才라고 여겼다. 시·서·화 세 분야에서 비교할 이가 없을 정도로 모두 뛰어난 데다가, 궁극에까지 연찬해서 앞 사람이 아직 발견하지 못한 것을 발견한 데다가, 고금의 서적에 두루 달통한 것은 서경(전한/서한)·동경(후한/동한)의 예서 서법에 공교로웠다. 만년에는 완운대阮雲臺(완원阮元)과 계합하여, 마침내 호를 완당阮堂이라고 했다. 이 이후로 해동의 석묵지학石墨之學(금석학)이 홍황鴻荒의 국면을 한바탕 깨게 되었다. 탐라에 유배되었다가 또 북청에 유배되었다."

26. 김상희金相喜(1794-1861): "옥이 부서지고 금이 자잘한 것은 따질 것이 없고말고. 검단산 아래에서 손자를 길렀지. 홀연 적삼과 나무신을 수습해내니, 시가 삼 년 동안 해석촌에 있었네."(玉碎金零不要論, 黔丹山下養兒孫. 忽然收拾衫韈出, 詩在三年海石村)

"김상희의 호는 금미琴糜로, 추사의 아우이다. 집안이 영락한 이후로 검단산 아래에 물러나 거처했다. 음보로 선발되어 탁지랑이 되었다. 해장海藏 신석우申錫愚, 석농石農 이종우李鍾愚와 함께 시로 모임을 가져 흥취가 넘쳐난 것이 서너 해이다."

28. 김응근金應根(1793-1863): "바둑 판국 같은 정국에서 손 거두고 돌아와, 춘풍 아래 삼인대에 모여 시를 지었지. 조선의 과거에는 본시 뜻이 없었으니, 청헌공은 재상의 재질이었다네."(棋局傍邊斂手廻, 春風會賦三人臺. 朝鮮科目元無意, 淸獻先生宰相材)

"의석宜石 김응근 상서는 춘산春山(김홍근金弘根) 상공의 중제이다. 덕행을 두터이 쌓고 검약하여 재상의 기국과 도량을 지니고 있었다. 일찌감치 거업擧業을 그만두고, 음보로 벼슬길에 올라 방백方伯을 거쳐 판서에 이르렀다. 증시는 청헌淸獻이다. 동곽(동대문 밖)에 작은 집을 지었으니, 삼인대三人臺이다. 자주 해장 신석우와 내게 간찰을 보내어 초청하여, 삼인대의 이름을 실질에 맞게 하여 시를 지었다."

29. 김우하金宇夏: "침 내뱉듯 시어가 풀풀 붓 끝에서 날아, 장안의 팔만 집이 모두 푸른 깃발 내건 주점이었네. 동천을 떠난 후 호중에서 묵으니, 그 사람이 효성스럽고도 청렴함을 알았네."(咳唾輕輕飛筆尖, 長安八萬盡青帘. 洞天去後壺中宿, 自識其人孝且廉)

"춘수春叟 김우하는 한미한 사람인데, 시를 잘하고 글씨를 잘썼으므로 세상에서 그를 단지 춘수라고 불렀다. 또 술을 잘 마셨는데, 일찍이 조동천趙

洞天(조병황趙秉璜)의 곳에 손님이 되어 있다가 조동천이 죽자 돌아갈 곳이 없었으므로 풍고(김조순) 선생이 가엽게 여겼다. 언젠가 옥호산방玉壺山房에서 풍고 선생을 모시고 묵게 되었는데, 토할 정도로 취하게 마시는 자리를 벌여 극도로 환락했으므로 좌우 사람들이 모두 놀랐으나 선생은 괴이하게 여기지 말라고 했다. 선생이 춘수를 위해 〈아학시雅謔詩〉를 지어, '춘수 김생은 자와 호를 겸했으니, 장안의 팔만 집이 모두 푸른 깃발 내건 주점이었네'(春叟金生字號兼, 長安八萬盡靑帘)라고 했다."

32. 정환표鄭煥杓(1784-?): "호랑나비 훨훨 가녀린 풀밭에 날듯, 고운 시 한바탕 부르는 이가 정황파였네. 갓난 아이 씻길 운계의 물이 있다만, 김건옹이 죽었으니 대체 어이 하랴."(胡蝶翩翩細草多, 艶詩一唱鄭黃坡. 洗兒秖有雲溪水, 金健翁歸奈爾何?)

황파黃坡 정환표는 시를 잘 했는데, 건옹健翁 김양순金陽淳 시랑 댁에 늘 손님이 되었다. 김씨가 그 사이에 화를 만나자, 황파는 백운계의 누대를 빌려 거처하면서 아이를 낳았다. 내가 불쌍하게 여겨, 세아전洗兒錢 300냥을 보낸 적이 있다. 그의 시를 논할 때 끝에 가서 아학雅謔의 말을 하여, '가녀린 풀에 호랑나비처럼 오묘하다'(如細草胡蝶爲妙) 운운했다.

33. 김준연金駿淵: "인암의 고체는 집안의 전통을 얻었으니, 한·위의 문중에서 참으로 힘써 구했도다. 금일은 난초가 푸르고도 우아한데, 창산이란 별검 또한 명류이로다."(寅菴古體得箕裘, 漢魏門中眞力求. 今日種蘭蒼雅色, 倉山別檢又名流)

"인암寅盦 김준연金駿淵은 서원犀園(김선金鐥)의 아들이다. 가정에서 학문을 이어받고 시를 잘 지었으며, 또 고체 짓는 것을 좋아했다. 나와 한 집에서 살았는데, 애석하게도 일찍 죽어서 뜻을 펼 수 없었으므로 슬프다. 그 아들 김기수金綺秀는 호가 창산倉山으로, 후배들 가운데 영걸이다. 바야하로 음보로 별검이 되어 있는데, 뒷날 큰 인물이 되리라 기대할 만하다."(인암의 寅은 敬의 뜻이고, 盦은 庵/菴과 같은 글자이다—역자 주)

34. 이수민李壽民(1783-1839): "마음으로 출가한 매도인은, 곤궁해도 여전히 완당의 손님이었건만, 중원의 문묵이 안개 구름처럼 인멸하고, 이수민도 아산으로 완전히 떠났구나."(心出家爲梅道人, 窮來猶是阮堂賓. 中原文墨烟雲滅, 一去牙山李壽民)

"시초詩樵 이수민은 나의 손님이 된 지 50여 년인데, 동려桐廬라고 자호했다. 시초가 그 사이에 추사의 손님이 된 적이 있었는데, 추사가 '심출가매도인心出家梅道人'이라고 일컬었다. 마음으로 출가했다는 것은 몸뚱이 이외에 딸린 식구가 없다는 뜻이다. 매도인이라 한 것은 동려산(본래는 절강성浙江省 동려현桐廬縣 부춘산富春山)이라면 매화 30만 그루를 심을 수 있기 때문이었다. 언젠가 나의 계부 행인幸人 선생의 서대書臺에서, '서기書記로서 연경에 들어갔을 때 사귄 인물들 가운데 명사가 많았소. 이를테면 옥수玉水 조강曹江, 추음秋吟 장시蔣詩, 난설蘭雪 오숭량吳嵩梁, 운객雲客 웅앙벽熊昂碧, 묘교卯橋 정태丁泰, 다심茶心 여동훈厲同勛, 용방蓉舫 서상용徐上鏞, 오교五橋 마광규馬光奎 같은 사람들과 모두 수증酬贈(수창)이 있었소'라고 했다. 시문과 서화를 사랑하여 목숨같이 여겼다. 나이 70세에 복성卜姓(같은 성을 피하여 첩을 얻음)했는데, 병이 위독해지자 서화의 완상물들이 우화羽化(사라짐)하고 말았으니 애석해 할 만하다. 하관한 이후에 나는 둘째 아우 및 막내아우와 함께 재물을 내어, 마침내 선영이 있는 아산牙山 영인산靈仁山 아래로 귀장하게 했다. 아아, 슬프다!"

36. 송계신宋啓新: "옷깃도 나란히 의상을 서로 잡아끌 때는 아직 검은 머리였지, 회화 노랗게 피어날 때 남쪽 도성길에서 두 유생으로 노닐었다네. 부성(현 청주군 청천면)의 저녁 비 속에 나귀 타던 길손이, 정계를 건너지 않은 지 벌써 40년."(聯襟掎裳尙黑頭, 槐黃南陌二生游. 釜城暮雨騎驢客, 不渡晶溪四十秋)

"상산象山 송계신宋啓新은 나의 종이從姨(이종사촌 누이)의 남편으로, 동춘同春 송 선생(송준길)의 후손이다. 젊어서 재주와 기예가 호우湖右(현 충청남도)에서 으뜸이었다. 정계晶溪 이형보李馨溥와 막역한 관계였으니, 이형보 또한 호우의 명류였다. 일찍이 도하(한성)에 노닐어, 성대한 풍류를 극도로 즐겼으며, 부성기려객釜城騎驢客이라고 자호했다. 내가 젊었을 때 그와 창수했는데, 이루 다 기억할 수 없을 정도로 시가 많다."

39. 김좌근金左根(1797-1869): "충문공의 통서에 형 문정공(김홍근金弘根, 이후 문익文翼으로 개시改諡)의 가르침으로, 탄탄히 익혀 집안에 전하여 대대로 독실했도다. 대자사에서 다시 시 지을 겨를이 없어, 밤낮으로 붉은 충성의 마음을 승평에 두었다네."(忠文遺緖及文貞, 服習傳家世篤誠. 無暇更題大慈句, 丹心日夜在升平)

"하옥荷屋 김좌근 상국은 충문공忠文公 김조순金祖淳의 아들이다. 시절이 어려운 때를 만나, 부담이 이미 무거웠으나, 단심이 순수하였으며 독실함은 신령에게 물어도 의심할 나위가 없었다. 아직 급제하기 전에 음보로 벼슬을 살아 여러 고을의 수령이 되었는데, 고양군高陽郡에 있을 때 날마다 손님들과 함께 대자사大慈寺에 가서 당나라 시인의 율법律法(율격)을 정밀하게 익혔으므로, 그가 지은 시는 왕왕 이속俚俗의 말이 없다."

40. 김수근金洙根(1798-1854): "인왕동 옛 청산 아홉 구비에, 초목의 참 향기가 풍기니 세월이 돌와왔지. 또한 별도로 한 건곤이 여기에 있어, 춘풍에 사람들이 칠푼 가량 한가로웠다네."(仁東九曲舊靑山, 草木眞香歲月還. 又一別乾坤在此, 春風人得七分閒)

"정문공正文公 계산溪山 김수근 공은 기상이 충담하고 온화하여, 남과의 사이에 테두리를 치지 않았다. 평소 자양紫陽(주희)의 책을 좋아했다. 언젠가 내게 '내가 안동을 다스리게 되어 부府로 갔는데, 부는 늘 다스리기 어렵다고 일컬어져 왔네. 부의 유학자들이 관아에서 행하는 정치의 득실을 논하는 것이 아주 가혹하기 때문이었지. 내가 부임하여 보니 책상에 주자서 한 질이 있기에 곧바로 큰 소리로 읽었더니, 부의 선비들이 모두 쏠리듯이 하더군. 이 이후로 다시는 향교에서 자산子産(정나라 대부 공손교公孫僑)과 비교하며 논하지를 않더군'이라고 했다. 공은 계산溪山에 노닐 뜻이 있어서, 계산노초溪山老樵라고 자호했다. 또 늘 '우일별건곤又一別乾坤' 다섯 글자를 벽에 가로로 걸어두었다. 만년에 인왕동仁旺洞 속의 옛 집을 중건했다. 공이 졸하게 되자, 공의 초상화를 방에 걸어두고, 매달 초하루마다 분향했다."

41. 홍재철洪在喆(1799-?): "일백 겁의 연하와 서리가 미처 재로 되지 않았을 뿐 차가울 때, 한양 남쪽을 위무하고 영자令字 깃발이 돌아왔다만, 삼각산 물과 서강 물은, 포도가 갓 발효한 것과는 같지 않았도다."(百劫烟霜冷未灰, 漢南慰撫令旗回. 三峰之水西江水, 不似葡萄初醱醅)

"보국輔國 후재厚齋 홍재철은 젊어서 묘당(조정)의 인재로 일컬어져서, 내직과 외직에서 두루 관직을 맡아 보았으나, 세상사를 여러 차례 겪으면서 집안에 기쁜 일도 있었고 슬픈 일도 있었다. 만년에는 양주楊州의 삼봉三峯(삼각산)에 거처하고, 또 서강西江의 물가에 거처했는데, 가난하여 술을 줄곧 마실 수가 없었다. 병인년의 양요로 배가 지나나는 곳에는 백성들이 잔폐되었으므로, 왕명으로 위무사를 차출했는데, 스스로 먹을 것을 지참하고 영자기令字旗 한 쌍을 앞에 세웠을 따름이었다. 당시의 창황한 사정은 차마 말하지 못하겠다."

45. 홍재혁洪在赫(1802-?): "취구는 온 힘을 쏟아서 진정으로 참된 경지 이르러, 율법이 정밀하고 엄하여 정말로 새로웠다. 계산의 무궁무진한 글자를 기억하며, 침상에 함께 누워 보소진을 말하네."(醉裘篤力到眞眞. 律法精嚴絶復新. 記取溪山無盡字. 卧床猶說寶蕪塵)

"취구醉裘 홍재혁은 후재厚齋(홍재철)의 아우이다. 시와 문에 독실하게 공을 쏟아, 같은 무리들 사이에서 특이하게 빼어났다. 그러다가 병으로 삼청동 시냇가 집에 누워 있게 되자, 내게 예서 글자를 부탁했다. 나는 왕석곡王石谷(청나라 상숙인常熟人인 왕휘王翬)의 〈무진도無盡圖〉 뜻을 취하여 '계산무진溪山無盡' 네 글자를 쓰고, 부지附識 서너 말을 가로로 썼다. 당시 취구의 병은 이미 위태로운 상태였다. 내가 병 문안을 가자, 취구가 벽의 글자를 손으로 가리키면서 '그대도 담계覃溪(옹담계, 옹방강)처럼 그르친 사람인 것을 면하지 못했구려'라고 했다. 며칠 있다가 죽었다."(취구는 갖옷 입은 가난한 자로서 술에 늘 취해 있다는 뜻이다. — 역자 주)

46. 조병황趙秉璜: "파리한 학의 형모와 정신을 지닌 조동천은, 사람들은 애석해하여도 귀신만은 시기했도다. 문장이 다하였다고 통곡하더니 정말로 참언이 되었구나, 운근 아래 몰했을 때도 여전히 소년이었네."(瘦鶴形神趙洞天, 雖人愛惜鬼猜偏. 文章慟哭成眞讖, 沒到雲根尙少年)

"동천거사洞天居士 조병황은 형모가 파리한 학과 같으며, 정신과 풍채가 청고했다. 시에서 삼매경을 얻었다.[211] 일찍이 시를 지어 '궁한 길에서 통곡하니 문장이 다하였도다'(窮途慟哭盡文章)라고 했다. 또 거처의 벽에 온통 바닷물을 그려서, 문은 열면 마치 물이 콸콸 흘러나올 것 같았다. 구句(2구 1연)가 있어, '곁엣 사람아 문 열기를 쉬이 하지 마오, 갑작스런 파도가 그에게 미칠까 아주 두려우이'(傍人開戶休容易, 深恐橫波漏及他)라고 했다. 둘다 결코 길어吉語가 아니었다. 동천거사가 요절한 것은 이것이 아무래도 빌미가 되었으리라! 동천거사는 우당羽堂(조병현趙秉鉉)의 아우이다.

47. 김영작金永爵(1802-1868): "소정이 일 없이 강가에 누워 있으면서, 구름이 예나 지금이나 한가함을 파악했네. 납衲 자에 화운하여 선명하고 고운 시어를 이루었으니, 우범이 인장을 만든 것은 또 동심의 사람을 인가해서였다네."(邵亭無事卧江潯, 領取閒雲自古今. 和衲曾成明縝語, 雨帆印亦印同心)

---

211 필사본에 '于詩得三時'로 되어 있으나 '于詩得三昧'의 잘못인 듯하다.

"김영작의 호는 소정邵亭으로, 지위가 가선대부 제학提學에 이르렀으며, 강관講官에 선발되어, 시독侍講할 때마다 부연하고 진술할 때 조리 있고 창달하며 긴절했다. 강가 집에 휴가를 얻어 지냈는데, 날마다 쓸쓸하게 보내며 아무 하는 일이 없었다. 우연히 병에 걸렸기에, 내가 서찰로 문후하자 답서가 정중했건만, 열흘 만에 타계하고 말았다. 슬프다! 지난 해 내가 납衲 글자의 운자로 고체시 여러 편을 얻어 나누어 위촉하자 마음에 계합하는 시를 보내온 사람이 많았지만, 소정의 화답시가 아주 선명하고 고왔다. 소정은 중주中州 이우범李雨帆과 막역했다. 소정은 늘 사인私印을 사용했는데, 그 가운데 '범정신교인帆亭神交印'이 있다."

50. 홍종응洪鍾應(1783-?) : "숙세에 옥산의 홍작약이었던 몸이라, 비취빛 난초와 갈대 잎마냥 온통 정신이 살아있었지. 이후로는 문장 때문에 곤혹당하리란 말을 믿지 않나니, 비단같이 고운 말이 부귀의 사람에게서 나오니."(夙世玉山紅藥身, 蘭苕翡翠盡精神. 從今不信文章困, 綺語生於富貴人)

"이부상서 홍종응은 나와 같은 계해년 출생이다. 약관에 만나자마자 허여했다. 옥같은 외모에 얼음같은 근골을 지녀, 남을 강렬하게 쏘았다. 일찌감치 과거에 급제하여 내직과 외직의 영화롭고 현달한 자리를 두루 거쳐 지위가 일 품에 이르렀다. 그 시는 천연으로 이루어져, 마치 도리화가 봄에 피어나고 비단 수실이 반짝반짝 빛나듯이 했다. 시장詩場에서의 연제聯題는 보는 이들이 관지나 호명을 확인하지 않고도 그의 시임을 알았다. 젊어서 청하靑霞라고 자호했다. 하루는 꿈에 어느 산에 이르렀는데, 산의 이름이 옥산玉山이었고, 홍작약이 많았다. 한 노인이 손가락으로 가리켜 말하길, '이것으로 일컬을 말하다'라고 했다. 깨어나 기이하게 여겼다. 마침내 호를 작옥芍玉으로 고쳤다. 이것은 아무래도 숙세의 인연이 아니겠는가!"

51. 조민식趙敏植(1803-?): "담연한 이를 근시재에서 찾으니, 만년에 지은 시가 또한 바늘로 수놓은 듯했네. 지난날 백문의 쇠약한 버느나무 아래에서, 나의 동심인을 바람결에 곡했다네."(澹然近是齋頭尋, 晚境爲詩亦繡鍼. 昨日白門衰柳下, 臨風慟哭我同心)

"담인澹人 조민식의 자는 경눌景訥로, 본관은 함안咸安이다. 관아재觀我齋 조영석趙榮祏의 손자이다. 독실하게 공부하고 힘써 실천하여, 실지實地를 밟아나간 인물이다. 평소에 가난해서 몸을 보존할 수가 없었으나, 정성과 효심이 하늘에 뿌리를 두었으며, 성품이 개결해서 구차한 일을 하지 않았다.

단양협丹陽峽에 유락하였다가, 만년에 백문白門 바깥의 집에 세들었는데, 도하의 식자들이 많이 어울렸다. 대원군 각하가 그의 행실을 듣고, 전가銓家(이조의 관리)에게 선발하게 해서 남부도사南部都事로 차임하고, 또 집 살 돈을 하사했으므로, 일시의 사람들이 감격했다. 담인이 일찍이 꿈에 무이武夷에 이르러 자양부자紫陽夫子(주희)를 알현하고 하사받은 것이 있어서, 근시재近是齋라고 일컬었다. 내가 기문을 써 주었다."

56. 홍종서洪鍾序(1819-?): "절르 냇물 빛이 아름답거늘 새벽 달빛까지 더한다고, 유재의 지난날 자신을 그대로 베껴내었지. 인간세계에서 시절을 우려하는 눈물을 한움큼 흘리나니, 운대(저승)의 몇 번 째 층에 뿌리려나?"(自在川華曉月仍, 悠齋寫出自家曾. 人間一掬憂時淚, 灑到雲臺第幾層)

"유재悠齋 홍종서는 나의 매서妹壻이다. 자태가 맑고 간엄하고 정치했다. 젊은 날 한껏 공부하여 뜻이 악착스럽지 않았으며, 남들이 그의 온화하면서도 늠름함을 잘 알았다. 일찍이 나, 해장海藏 신석우申錫愚, 위사韋史 신석희申錫禧, 이우산李迂山과 함께 석경루石瓊樓에서 가을 풍광을 감상하며 여러 날을 머물렀다. 그의 〈효계曉溪〉 구에 '지뢰가 이미 많거늘 가을바람 또한 불어오고, 냇물 빛이 절로 아름답거늘 새벽 달마저 비추누나'(旣多地籟秋風又, 自在川華曉月仍)라고 했다. 나는 자기 자신의 기상을 그림으로 그려냈다고 여겼다. 지위가 높아져서도 개연히 절조가 있어, 일찌감치 퇴휴하려는 뜻을 번번이 지녔다. 얼마 있다가 병이 들어 서너 달을 앓다가 죽었다. 슬프도다! 이부(이조)의 일을 맡아보고 남릉군南綾君을 습봉襲封했으며, 혜민국惠民局의 재부를 관장했다. 즉 작옥芍玉(홍종응洪鍾應)의 아우이다."

57. 남병철南秉哲(1817-1863): "강설이 달의 옆구리와 하늘의 심장을 꿰뚫고 나왔으니,[212] 경릉(헌종)께서 승하하신 것을 평생 한스럽게 여겼다네. 소년 시절 오봉루의 객이 되어, 뭇 경전을 손수 베껴내고 바둑을 한바탕 두었지."(月脇天心絳雪姿, 景陵松栢恨生時. 少年五鳳樓中客, 手寫羣經著一棊)

"규재圭齋 남병철의 젊어서의 호는 강설絳雪이다. 우리 집과는 여러 대에 걸쳐 교분이 있었다. 타고난 자질이 아주 빼어나서, 일찌감치 경릉景陵(헌종)의 은우를 입었다. 호서의 관찰사로 나가려던 참에 헌종의 붕어하자 부

212 황보식皇甫湜이 〈고황집서顧況集序〉에서 한유韓愈를 칭찬하여, "하늘의 심장을 꿰뚫는 듯, 달의 옆구리를 찢고 나오는 듯, 의표 밖으로 사람을 놀라게 하는 말들은, 보통사람이 미칠 수 있는 바가 아니다"(若穿天心出月脇, 意外驚人語, 非尋常所能及)라고 한 말을 차용했다.

임할 수가 없었다. 인산因山을 당하여 평생의 한이 맺혔다. 그러다가 문형을 맡게 되었는데, 그 때가 철묘哲廟(철종) 초였다. 한가하게 거처하며 나날이 글을 짓고, 여러 경전들을 교감했다. 〈의기집설儀器輯說〉·〈해경세초해海鏡細草解〉·〈추보해推步解〉, 경의經義 약간 조항이 있다. 또 바둑의 기법이 아주 절묘했다. 내가 지난날 그의 외숙인 황산黃山 문정공文貞公[김유근金逌根(1785-1840)]과 자리를 함께 했을 때, 공이 국기國棊인 그와 바둑을 두어 보라고 명했다. 그가 다팔머리에 옥 같은 손가락으로 바둑알을 똑똑 놓았으므로, 공이 아주 기특하게 여겼다."

경자년 세모(양력으로는 1901년 정월)에 47세의 황현黃玹(1855-1910)은 5언 장편고시의 연작시 〈세밑에 여러 사람을 생각하며 지음(歲暮懷人諸作)〉을 남겼다.[213] 서울에서 종유하던 인사들, 남녘에서 함께 공부하던 친구들, 사찰에서 만났던 승려 등 20인을 한 사람 한 사람 손꼽고 그들에 대해 논평한 회인시이다. 각 인물에 대한 평어 일부를 보면 다음과 같다.

01. 창강滄江 김택영金澤榮: "신령한 숭악(개성)에 상서로운 새가 있어, 그 깃이 오색을 갖추었다만, 온 사방에 가을바람만 쓸쓸하여, 대나무 열매를 구할 수가 없네"(神崧有祥禽, 毛羽具五色. 四海秋蕭瑟, 竹實不可得).
02. 단농丹農 이건초李建初: "키는 작은데 재주는 어찌 그리 좋은가, 지은 글이 많아서 무릎 높이를 넘었네. 홀로 남명의 사책을 끌어안고, 계산의 달을 보며 긴 휘파람 불었지"(身短才何長, 著書高過膝. 獨抱南明史, 長嘯桂山月).
03. 하정荷亭 여규형呂圭亨: "순식간에 종이 백 장에 휘호하여, 두 손으로 쓸 수 없음을 한했네. 얼근하게 취하여 눈을 번쩍 뜨고, 세상 만물을 슬프게 바라보네"(頃刻掃百紙, 恨不雙手寫. 酒酣閃大眼, 萬彙困悲咤).
04. 무정茂亭 정만조鄭萬朝: "새 법제가 방축된 신하에게 가혹하여, 육지에 사는 것을 허락하지 않았지. 뱃사람들이 사는 음울한 곳으로, 줄줄이 의관 입은 친구들이 귀양을 갔네"(新制嚴逐臣, 未曾許陸處. 陰陰蜑蜃鄉, 累累冠裳侶).
05. 경재耕齋 이건승李建昇: "지난해 한 번 만났는데, 나를 동포 물가에서 전송

213 黃玹, 〈歲暮懷人諸作〉, 《梅泉集》 卷3 詩·庚子稿; 심경호, 〈황현의 교유관계—특히 강화학파와의 교유를 중심으로〉, 《애산학보》 46, 애산학회, 2019, pp. 47-119.

했지. 물가 석 자 되는 바위 낚시터엔, 햇볕 받아 노는 고기비늘이 붉었네. 스스로 말했지 고향에 돌아온 뒤로, 날마다 낚시질만 하고 있다고"(上年一相見, 送我東浦水. 水邊三尺磯, 映日游鱗紫. 自言還鄕後, 日來治綸餌).

06. 남사南史 홍건洪楗(1838-?) "슬프다, 갑오 을미년 교체기에, 하늘까지 물이 차올라 수문이 터져 버렸다. … 장군이 나서서 방패 손잡이에 먹을 가니, 역도 토벌하자는 차자에 서리가 펄펄 날았지"(噫吁甲乙交, 滔天河決閘. … 將軍盾鼻墨, 霜飛討逆箚).

07. 취당取堂 이원긍李源兢(1849-?): "십 년을 우환으로 보낸 뒤인데도, 두 볼이 불그스레 홍옥처럼 빛이 났지. 비로소 알았네 달자의 안목은, 세상을 장난거리로 삼는다는 것을"(十年憂患餘, 雙臉紅玉粲. 始知達者眼, 把世供戱玩).

08. 겸산兼山 백낙륜白樂倫: "문관 관리도 일자무식인데, 무관 장부가 책을 일만 권이나 읽었다니. 그렇게 겸산 늙은이를 시켜, 한림 선비들을 부끄러워 죽게 하려는가?"(文吏眯一丁, 武夫呑萬卷. 坐令兼山老, 愧死金閨彦).

09. 회당晦堂 이성렬李聖烈: "풍운의 꿈을 품은 스물세 살에, 화살이 금마문의 책략을 격파했지. … 그러다 하루아침에 초심을 노래하며, 쓸쓸히 은둔하여 빗장을 걸었네"(風雲二十三, 射破金門策. … 一朝賦遂初, 蕭然鎖巷陌).

10. 호산瓠山 박문호朴文鎬: "우뚝한 이택당에서, 갓 높게 쓰고 꼿꼿이 앉아 글을 읽으니, 작은 시골 고을 회인현은, 경내에 거문고 소리 글 소리 넘쳤지"(峩峩麗澤堂, 危冠竦佔畢. 十室懷仁縣, 境隘絃誦溢).

11. 경재經齋 오한응吳翰應(1854-?)(본관 보성, 거주지 전의): "죽근이라는 마을 이름이 참 좋은데, 사람들의 맑음도 대나무 못지않네. 만사를 다 잊고 강호에 누워, 십 년 동안 서울을 떠나 사누나"(竹根村名好, 人淸不讓竹. 萬事臥江湖, 十年辭輦轂).

12. 남파南坡 성혜영成蕙永: "사해에 이름 있는 강고환(강위姜瑋)이, 천추에 훌륭한 제자를 얻었구나. 두 글자 정과 한으로, 오묘함을 깨달아 진제를 전했다. … 부재처럼 산을 사들이지 못했고, 나은처럼 애당초 급제하지 못했도다"(四海姜古歡, 千秋得高弟. 二字情與恨, 妙悟傳眞諦. …符載未買山, 羅隱初下第).

13. 석정石亭 이정직李定稷: "정미하게 연구하니 밤에도 눈이 반짝이고, 게으름을 떨어내니 새벽에도 등이 꼿꼿했네. … 두어 치《연석산방고》를, 보배 구슬처럼 받들고 지내네"(硏精夜眸炯, 警惰晨背竦. … 數寸燕石稿, 自珍雙璧拱).

14. 해학海鶴 이기李沂: "근래엔 망언을 지어서,[214] 굽혀서 신불해申不害와 상앙

商鞅의 대오에 나아가, 늘그막에 벼슬 한 자리 얻었으나, 관모 벗어 땅바닥에 내동댕이쳤다"(近著妄言書, 屈就申商伍. 歲暮得一官, 脫帽踏作土).

15. 이산二山 유제양柳濟陽: "당시를 작은 공책에 베껴 적어서, 항상 그것을 손에서 놓지 않았네. 벽을 아름다운 산수 그림으로 채워 놓고, 누워 감상하며 여생을 마치리라"(唐詩寫小本, 一篇長在手. 滿壁佳山水, 臥游終吾壽).
16. 소천小川 왕사찬王師瓚(1846-1912)(본관 개성, 자 贊之): "금오산 아래 석 자 쌓인 눈에, 대나무도 넘어지고 골목이 썰렁하리라"(金鰲三尺雪, 竹倒幽巷淨).
17. 유당酉堂 윤종균尹鍾均: "겸산(백낙륜白樂倫)은 손에 눈동자가 달려 있어, 어두운 곳 더듬어 발탁했다고 자랑했네. 아침저녁으로 감당나무 아래에서, 둘이 마주 앉아 시학을 토론했지"(兼山手有瞳, 暗摸誇拔擢. 朝暮甘棠下, 相對証詩學).
18. 염암念菴 윤병수尹秉綬: "석재(윤행임尹行恁, 1762-1801)가 훌륭한 손자를 길러 내어, 젊은 나이에 공보의 그릇으로 추대되었지. … 기억하는가, 종현의 정자에서, 납촉이 다 타도록 서로를 베고 잤던 일을"(碩齋養佳孫, 早推公輔器. … 記否鍾峴榭, 燭跋相枕睡).
19. 염재念齋 송태회宋泰會: "뜻밖에 서쪽에서 편지가 왔는데, 갑자기 제염의 반찬이 생각났다네. 물려받은 집과 몇십 이랑 농토 있어, 파산에서 밭을 갈며 만족하고 살겠다고"(夢外西來信, 遽縻虀鹽饌. 先廬數十畝, 自足耕灞滻).
20. 경월대사擎月大師 혜근惠勤: "왕년에 나의 유람을 인도할 때에는, 석장 짚고 하늘 날듯 앞장을 섰었고, 늦가을에 적벽의 물가에서, 함께 다니며 들밥을 얻어먹었지"(往年導吾游, 凌空一錫健. 窮秋赤壁磯, 相隨乞野飯).

韶濩 김택영金澤榮(1850-1927)의 본관은 화개花開, 자는 우림于霖, 호는 창강滄江, 당호는 소호당주인韶濩堂主人이다. 개성부분감역 김익복金益複의 아들이다. 《소호당집》이 1922년 중국 남통 한묵림서국翰墨林書局에서 간행되었다. 소호당은 만물을 생성해 약동케 하는 하늘의 유희를 자신이 순임금의 음악처럼 멋진 시문으로 표현해 보려 한다는 뜻을 지닌 당호이다. 소韶는 순舜임금의 음악, 호

214 이기는 48세 되던 1895년(고종 32) 탁지부 대신 어윤중魚允中의 초청으로 상경하여 토지 정책의 자문을 맡았다. 이때 어윤중에게 〈전제망언田制妄言〉을 올려, 두승斗升의 규정을 정할 것, 공사公私의 세금을 정할 것, 공매公買의 길을 열 것, 사전賜田을 엄금할 것을 주장했다.

濩는 탕湯임금의 음악이다.《서경》〈익직益稷〉에 "순임금의 음악이 아홉 번 연주되자, 봉황새가 와서 춤을 추었다"(簫韶九成, 鳳凰來儀)라고 했다.[215]

丹農 이건초李建初의 자는 태린泰鄰, 호는 단농이며, 본관은 전주이다. 그의 부친 오당晤堂 이상수李象秀는 명나라 의종毅宗 17년(1644) 이후의 남명의 일사를 채집하여 편년체로 엮어《정강王綱》이라 했고, 그 뒤 아들 이건초가 보완했다.[216] 한원진韓元震의 학통을 이은 호론湖論에 속했다.

荷亭 여규형呂圭亨(1848-1921)의 본관은 함양, 자는 사원士元, 호는 하정荷亭이다. 1882년(고종 19) 별시문과에 병과로 급제했다. 1894년 동부승지가 되었으나 초도椒島에 유배됐다가 통감부가 설치되면서 풀려났다. 대동학교 교사로 있다가 관립한성고등학교 주임교수로 한문과를 담당했다.[217]

茂亭 정만조鄭萬朝(1858-1936)의 본관은 동래, 자는 대경大卿, 호는 무정茂亭이다. 정기우鄭基雨의 아들이다. 회현방에 거처했다. 1889년 알성문과에 병과로 급제했다. 1895년 8월 역변과 10월 무옥에 관련되어 이듬해 4월 전라도 진도에 유배되었다가 1907년 순종의 즉위로 사면되었다. 1926년 경성제국대학 강사, 1929년 경학원대제학으로서 명륜학원 총재를 겸했다. 일제 때《고종실록》·《순종실록》편찬을 주재했다.[218] 무정의 무는 무실務實의 뜻과 통한다. 한유韓愈의 〈답이익서答李翊書〉에 "그대가 장차 옛 작가의 경지에 이르려고 한다면, 빨리 이루어지기를 기대해서도 안 될 것이요, 권세와 이익의 유혹에 넘어가서도 안 될 것이다. 우선 뿌리를 길러서 열매 맺기를 기다리고, 기름을 부어서 광채가 나기를 기대해야 할 것이니, 뿌리가 무성해야 열매가 여물고 기름이 풍성해야 광채가 날 것이다"(根之茂者其實遂, 膏之沃者其光曄)라고 했다.

耕齋 이건승李建昇(1858-1924)은 호를 경재耕齋라 했는데, 문집은《해경당수초海耕堂收艸》이다. 강화江華 사기리沙器里에서 태어났다. 병인양요 때 음독 자결

215 심경호,《내면기행》, 민음사, 2018, pp. 603-613.
216 李南珪,〈李東浦畫帖重摹序〉,《修堂集》冊6 序.
217 박영미,〈하정 여규형 문학 일고찰〉,《한문학논집》21, 근역한문학회, 2003, pp. 79-104.
218 이종묵,〈일제강점기의 한문학 연구의 성과〉,《한국한시연구》13, 한국한시학회, 2005, pp. 421-445; 친일반민족행위진상규명위원회,《친일반민족행위진상규명보고서》, 2009; 정은진,〈茂亭 鄭萬朝의 친일로 가는 思惟〉,《대동한문학》33, 대동한문학회, 2010, pp. 133-190.

한 이시원李是遠의 손자이다. 1891년 진사가 되었으나 글 읽고 농사에나 힘 쓰겠다고 결심해서 경재라 자호했다. 1910년 국치 이후 만주로 망명했다. 1918년(무오) 〈경재거사 자지耕齋居士自誌〉를 남겼다.[219] 안동현 접리촌接梨村에서 숨져 고국으로 반장되었다.

退菴 이성렬李聖烈(1866-?)의 본관은 예안禮安, 호는 퇴암退菴이다. 1885년(고종 22) 관학유생 응제應製에 입격하여 연기 현감燕岐縣監이 되었다. 1888년 무자년 별시別試에 급제하고, 궁내부 특진관宮內府特進官 등을 역임했다. 고향 온양溫陽 외암촌에서 왜인들에게 살해된 이남규李南珪의 시신을 거두어 염습했다. 을사조약 후 여주로 낙향하여 민종식閔宗植·이시영李始榮 등과 함께 의병을 규합하기로 하고 군자금을 전달했다. 그러나 일본군에게 의병 명부를 압수당하여 많은 의병이 붙잡히자, 단식으로 자결했다.[220]

瓠山 박문호朴文鎬(1846-1918)의 본관은 영해寧海, 자는 경모景模, 호는 호산壺山/瓠山·풍산楓山·노초老樵 등이다. 충청도 보은報恩 화북면 눌곡리에서 생장했다. 1872년 눌곡리에 풍림정사楓林精舍를 지었다. 어당峿堂 이상수李象秀(1820-1882)의 학맥을 이었으며, 1882년(고종 19)《여소학언해》를 엮었다. 40세 때는 이택당麗澤堂을 지어 학도를 가르쳤다.[221] 문집《호산집》,《논어집주상설論語集註詳說》·《맹자집주상설》 등을 남겼다. 풍림정사에《호산집》 판본과 목활자 일부가 남아 있다.[222] 호의 풍산은 보은의 산 이름에서 따왔다.

石亭 이정직李定稷(1841-1910)의 본관은 신평新平, 자는 형오馨五, 호는 석정石亭이다. 27세 때인 1869년에 중국으로 가는 사신을 수행하여 북경에 머무르면서 의약·성력星曆·지리·묵화 등을 연구하고, 귀국 후에는《연석산방미정문고燕石山房未定文藁》 9책을 남겼다.[223] 연석은 보통의 돌멩이란 말이다.《후한서》

---

219 李建昇, 〈耕齋居士自誌〉,《海耕堂收艸》; 심경호,《내면기행》, 신판, 민음사 2018, pp. 626-636.

220 국가보훈처,《대한민국 독립유공인물록: 1949-1997년도 포상자》, 1997.

221 李建昌, 〈麗澤堂記〉,《明美堂集》卷10 記; 王性淳 原初集,《麗韓十家文鈔》卷10.

222 박문호는 후성영당後聖影堂에 주자朱子, 이이李珥, 송시열宋時烈, 한원진韓元震 등의 영정을 봉안했다.

223 심경호, 〈석정石亭 이정직李定稷과《시경》〉,《국제어문》 43, 국제어문학회, 2008, pp. 37-67. 이정직의 문집으로는 1923년에 영인본《석정집石亭集》 7권 3책이 나온 이후 영인본《석정선

〈응소열전應劭列傳〉의 주注에 보면, 송나라의 어리석은 사람이 연석을 애지중지하다가 주周나라의 나그네에게 비웃음을 당한 고사가 나온다. 이정직은 양계초梁啓超의《음빙실문집飮氷室文集》에 근거하여 칸트와 베이컨의 서양철학 사상을 유학 사상과 비교했다. 1897년 음력 4월 구례 만수동 구안실苟安室로 황현을 만나러 가서 〈매천서실기梅泉書室記〉를 써 주었다. 그 자신도 지리산에 은거하며 어버이를 봉양했다. 만년에는 백석방白石坊 요교장蓼橋庄에 거처했다.[224] 1923년 영인본《석정집》이 나왔다.[225]

海鶴 이기李沂(1848-1909)의 본관은 고성固城, 자는 백증伯曾, 호는 해학海鶴·재곡梓谷·질재質齋·효산자曉山子·남악거사南嶽居士 등이다. 전라도 만경萬頃에서 태어났다. 1896년(건양 원년)에 안동부 관찰사 이남규李南珪의 부좌府佐로서 모병募兵과 군사 조련을 맡았다. 1906년 장지연·윤효정과 대한자강회를 조직하고《호남학보》에 논설을 발표했다. 자신회自新會를 조직해서 을사오적을 죽이려다가 진도珍島로 유배되어 겨울에 풀려났다. 해학은 요해학遼海鶴 즉 요동학의 뜻인 듯하다. 태산泰山 계곡에 살면서 그곳에 가래나무가 많은 것을 보고 재곡이라고 자호하고 〈자서自序〉를 남겼다.[226] 외진 곳에 있는 가래나무가 때를 만

생문집》(한국문집편찬위원회, 1990, 단 5권까지만 영인)이 나왔다. 그 뒤《연석산방미정문고》를 저본으로 삼은 역주본《석정이정직유그》(김제문화원, 2001)가 나왔다.

224 黃玹, 〈韻海內存知己天涯若比鄰十字, 寄壽石亭老友〉, 《梅泉集》卷3 詩○庚子稿.

225 이건방의《난곡존고蘭谷存稿》에 실린 〈이석정유집서李石亭遺集序〉는 1923년 영인본《석정집》의 권수에 수록된 서문과 약간 차이가 있다. 李建芳, 〈李石亭遺集序〉, 《蘭谷存稿》卷3 文錄 序. "李石亭定稷, 馨五, 新平人. 少聰慧絶倫, 長益肆力於詩古文, 博涉羣籍, 至於陰陽占候曆筭樂律[영인본에는 律呂 — 인용자 주. 이하 같음] 醫藥之類, 皆深究其故[영인본에는 而著于篇의 네 글자가 더 있음], 蓋以一物不知爲耻, 而將以備夫用也, 不僅以詩文見者. 嘗縱遊燕中[薊], 燕中士咸推賞之. 及歸隱智異山中, 躬薪釣以供親[*親, 영인본은 오자], 晩居蓼橋庄, 皓首劬經, 若窘學秀才, 環堵蕭然, 至窮空也, 而不肯少貶以事干謁游譽. 由是世無知者. 以余寡蕪[*陋], 鮮交當世士, 而尙能耳其名, 至如君名, 且不得聞, 尙安所得見之哉? … 石亭之詩若文, 誠過絶人, 然而猶非其至者. 蓋其所志所學, 未嘗一日忘斯世, 而世竟莫能知, 亦莫能用也. 此吾所以悲石亭, 而吾與之生幷時居同國, 迄未得一相見, 以上下其論, 則不亦重可慨歟? 雖然, 微石亭之詩若文, 吾又安從以知石亭哉? 玆所以必有待而後當者, 非歟? 書此以遺之, 俾列卷端, 以見士之相知在於心, 而不在於見, 且以慰吾思見石亭之心也."

226 李沂, 〈梓谷自序〉(丁卯), 《李海鶴遺書》卷7 文錄5 序. "余嘗自號梓谷. 夫梓者可用之材也, 谷者幽而難見之地也. 以可用之材, 居幽而難見之地, 固非人之常情, 而吾獨有取者, 抑有微意存焉. 夫古之君子, 懷才抱德, 潛居於巖穴之幽, 以待其材之成, 而不敢輕用. 柔者養而至於剛, 虛者養而至於實. 三十而後仕, 五十而爵. 凡玆所用者, 莫非前日已成之材. 故其文章功烈之盛, 常非貪位躁進之輩

나면 유용하게 쓰이듯이, 군자라면 함부로 쓰이는 것을 경계하고 외진 곳에서 스스로를 닦아나가야 한다는 뜻을 가탁한다고 했다. 이기는 또 '문채를 버리고 질로 나아가려고'(去文而就質) 재호를 질質로 하겠다고 밝혔으나, 이건창李建昌은 〈질재기質齋記〉에서 질에만 편향하지 말고 문과 질이 어우러진 문질빈빈文質彬彬의 경지를 이루라고 격려했다.[227] 이건창은 이기의 문장이 '광염光艶'이 대단하므로 그가 문질빈빈의 경지로 나아갈 것이라고 축수했다.

二山 유제양柳濟陽(1846-1922)의 본관은 문화文化, 자는 낙중洛中, 호는 난사蘭榭·쌍봉雙峰·이산二山 등이다. 구례군 토지면 오미리에 있는 99간 운조루雲鳥樓의 주인이다. 1776년 낙안군수를 지낸 유이주柳爾胄가 금구몰니형金龜沒泥形 명당에 운조루를 지은 이후, 그와 그의 후손들은 '타인능해他人能解(누구나 열 수 있음)'의 뒤주를 통해 가난한 이들에게 쌀을 제공했다. 1870년 왕사각 등 10여 인과 함께 일기회一器會라는 시회를 결성하고, 1900년에는 왕사찬·황현 등과 함께 남호아집南湖雅集을 결성했다. 《쌍봉시집》·《이산시고二山詩稿》가 있고, 일기 《시언是言》을 남겼다.[228]

酉堂 윤종균尹鍾均(1861-1940)의 본관은 해남, 자는 태경泰卿, 호는 유당酉堂이다. 1906년(광무 10) 순천 승명학교昇明學校에서 교편을 잡았다. 황현 사후 묘원卯園 허규許奎와 함께 매천시파의 좌장 역할을 했고, 1913년 남파南坡 김효찬金孝燦, 순천 군수順天郡守 이병휘李秉輝와 함께 난국음사蘭菊吟社를 열었다. 제자 김종필金鍾弼이 구례군求禮郡 광의면光義面 지천리芝川里에 마련해 준 수죽헌水竹軒에서 81세로 생애를 마쳤다. 《유당시집》이 있다.[229]

念菴 윤병수尹秉綬(1850-?)의 본관은 남원南原, 자는 경조景組, 호는 염암念菴

所可企及, 而其或不遇, 至於老死, 終不得用而止耳, 亦自不憫然也. 吾雖愚而不敏, 疏而不學, 自度終不得以用於世. 然若又用之蚤, 則懼其材之愈不能成, 此吾所以有取於梓谷也."

227 李建昌, 〈質齋記〉, 《明美堂集》 卷11 記; 송희준, 《조선의 마지막 문장》, 글항아리, 2008, pp. 31-35. 《논어》 〈안연〉에 보면, 위衛나라의 대부 극자성棘子成이 "군자는 질박하기만 하면 된다"(君子質而已矣) 하자, 자공子貢은 "문도 질과 같은 것이며, 질도 문과 같은 것이니, 범이나 표범의 털 벗긴 가죽은 개나 양의 털 벗긴 가죽과 같은 것이다"(文猶質也, 質猶文也. 虎豹之鞹, 猶犬羊之鞹也)라고 했다.

228 국립문화재연구소, 《조선시대 개인일기 4 — 충청·강원·전라·경남》, 2018.

229 윤종균, 《譯註 酉堂詩集》, 진인호·허근 역편, 순천문화원, 2003.

이다. 윤행임尹行恁의 후손이다. 1888년(고종 25) 별시문과에 병과로 급제했으며, 1789년 윤행임이 편집한 《대방세가언행록》이 1900년에 목활자로 간행될 때 발문을 썼다.[230] 중추원 의관, 궁내부 특진관 등을 역임했다. 1905년 을사늑약을 체결한 박제순朴齊純 등을 처벌해야 한다고 상소를 올렸다.

念齋 송태회宋泰會(1872-1942)의 본관은 여산礪山, 자는 평숙平叔, 호는 염재念齋이다. 전라남도 화순 출신으로, 1888년(고종 25) 진사시에 입격했다. 1909년 《대한매일신보》 기자로 활동하다가, 1910년 일제의 강제합방 후 낙향했다. 1920년 전라북도 고창 오산고등보통학교吾山高等普通學校(현 고창중고등학교) 한문 교사로 초빙되었다. 1922년 제1회 조선미술전람회 동양화부에서 입선한 후 글씨와 사군자에서 모두 9회에 걸쳐 입선했다. 〈매천선생진찬〉을 지었다.[231] 《염재유고》가 있다.[232]

❹ 호보

우리나라의 호보號譜는 1790년(정조 14) 안광우安光宇(1753-?)가 엮은 《청구호보青邱號譜》가 그 시초인 것으로 알려져 있다. 초간본의 소장처를 알 수 없고, 속수본의 1924년 목활자본(和順: 慕華齋 간행)이 여러 도서관에 소장되어 있다.[233] 종래 각 문중마다 호보를 작성하기도 했다. 근세의 자료이지만, 유치웅兪致雄(1901-1998) 편, 《기계문헌杞溪文獻》의 경우, 기계유씨杞溪兪氏 호보에 225명을 등재해 두었다.[234] 또한 각 당파마다 호보를 작성하거나, 문과 합격자의 호보만을 만들기도 했을 것으로 추정된다. 그러나 목판이나 목활자로 간행된 사례는 발견되지 않는다. 그런데 1910년대 후반, 한국 지식인이나 일본학자 및 일제

230 尹秉綬, 〈帶方世家言行錄跋〉, 《帶方世家言行錄》, 목활자본.

231 宋泰會, 〈梅泉先生眞贊〉, 黃玹, 《梅泉集》 贊詞追補.

232 송태회, 《염재유고》 상하, 김재월·백원철·송영대·김성인·이선옥·심홍섭 역, 화순군청, 2013.

233 《續修青邱號譜》 安光宇(조선)편, 목활자본 3권 3책, 和順: [慕華齋], 1924. 고려대학교 아세아문제연구소 소장. 四周單邊, 半郭 24.5×16.0cm, 10행 24자 小字雙行, 內向黑魚尾; 29.7×19.7cm. 序: 歲甲子(1924)…延安李僡 序. 舊序: 歲在庚戌(1790)…延昌安光宇序. 跋: 歲甲子(1924)仲春…洪祐鏞 書, 歲甲子仲春…文中煥書. 刊記: 大正13년(1924) 3월 30일 발행.

234 兪致雄 編, 沈慶昊·魯耀翰 譯註, 《(국역) 기계문헌》 1-6, 서울: 기계유씨대종회·부운장학회, 2014.

촉탁 지식분자들이 한국의 구 문헌들을 정리하기 시작하면서, 인쇄 형태의 호보가 족출하기 시작했고, 전사본이나 첨가수정의 필사본도 제작되었다.[235] 안광우 편찬본의 속수본이 간행된 것도 이 시기이다. 1917년에는 이긍수李肯洙 편《조선문헌당호보朝鮮文獻堂號譜》 목판본 2책과 이회원李會元 편《조선문헌당호보》 목활자본 1책이 간행되었다. 두 책은 서명이 같다. 일제강점기에 간행된 호보의 대표적인 예는 다음과 같다.

- 이긍수李肯洙 편,《조선문헌당호보朝鮮文獻堂號譜》 목판본 2책, 1917.[236]
- 이회원李會元 편,《조선문헌당호보朝鮮文獻堂號譜》 목활자본 1책, 1917.[237]
- 김정은金貞隱 편,《조선인물호보朝鮮人物號譜》, 연인판鉛印版 2책, 이헌구李憲求 발행, 문화서관文化書館, 1924. 1924년 한산韓山 李舜珪《호보서號譜序》.[238]
- 염익수廉益壽,《동현호록東賢號錄》, 1927.
- 조선총독부 중추원中樞院 간행,《조선인명사서朝鮮人名辭書》(1937년) 부록.

그런데 기왕의 호보는 호를 그 형식구조에 따라 분류하고자 시도했다.

김정은의《조선인물호보》(문화서관, 1925, 국립중앙도서관 위창古2503-3)는 각 인물의 호를 씨족별, 연대별로 편차한 것이 특징이다. 상권에는 전주이씨全州李氏부터 시작해서 경주김씨慶州金氏·풍양조씨豊壤趙氏·밀양박씨密陽朴氏·남양홍씨南陽洪氏·파평윤씨坡平尹氏·동래정씨東萊鄭氏 등등의 각 인물을 본관별로 수록하고, 하권은 문화유씨文化柳氏부터 아산장씨牙山蔣氏에 이르기까지 각 인물을 본관별로 수록했으며, 각 성씨의 첫머리에는 당대當代에 가장 명망 있었던 본관

---

235 주요한 필사본으로는 다음과 같은 것들이 있다. 한국학중앙연구원 장서각 소장《號譜》[편자미상] 4책 347면 필사본; 한국학중앙연구원 장서각 소장《號譜》[편자미상] 6책 362면 필사본; 프랑스 동양언어문화학교도서관 소장《號譜》8권 4책 필사본.

236 李肯洙 編,《朝鮮文獻堂號譜》, 목판본 2책, 1917. 국립중앙도서관 조선총독부구장(古朝57). 四周單邊. 半郭 21.1×15.7cm, 10행 20자 註雙行. 內向二葉花紋魚尾; 29.9×119.0cm 識: 彊圉大荒落(1917)…李肯洙. 識: 彊圉大荒落(1917)…李啓華.

237 李會元 編,《朝鮮文獻堂號譜》, 木活字本 1책 70장. 국립중앙도서관 소장(古2513-181). 四周單邊, 半郭 21.5×15.7cm. 界線. 10행 20자, 註雙行. 內向三葉花紋魚尾; 29.5×19.0cm. 序: 彊圉大荒落(1917)…趙東鎬. 表題: 文獻堂號譜.

238 上卷과 下卷 말미에는 정오표正誤票·오판誤版·참고표參考票를 달아놓았다.

의 인물들을 제시했다. 그 뒤에 〈불가명선부佛家名禪部〉는 승려의 호號·명名·일호一號·본성관本姓貫·연원淵源·행적行績 등을 기록하고, 〈시가여사詩家女史〉는 여류 문장가의 호號·명名·신적身籍·성관姓貫·행적行績 등을 기록했다. 부록 〈명세총고名世叢考〉는 선계璿系·상신록相臣錄·장신록將臣錄·국조문형록國朝文衡錄·호당록湖堂錄(독서당 피선발자와 추천자)·청백록淸白錄·공신록功臣錄·유림록儒林錄·제현록諸賢錄(사화희생유학자)·절의록節義錄(순국순절자)·시가록詩家錄·화가록畫家錄 등으로 구성했다. 각 인물마다 호號·성씨姓氏·휘諱·본관本貫·파계派系·역직歷職·행적行績의 순으로 서술했는데, 해당 인물의 지志·업業·언言·행行의 대강을 주석으로 달았다. 또한 호는 없더라도 당대의 명망가를 망라하여 수록했고자 했다.

필사본《호보號譜》3책(국립중앙도서관 일산古2513-42)은 천天 책에 암巖 자 호의 남암南巖 강구만姜九萬을 시작으로 사史 자 호의 추사秋史 김정희金正喜까지의 약 800인, 지地 책에 2자와호二字窩號의 매죽와梅竹窩 노극성盧克誠부터 가촌嘉邨 유포柳砲까지 약 800인, 인人 책에 당堂·재齋·암菴·정亭·헌軒 자 호의 쌍청당雙清堂 안종원安宗源부터 회헌晦軒 한여해韓汝海까지 약 800명을 수록했다. 각 개인마다 호·성명·자·본관·부조명등과 최고직·작위·시호 등을 기록했다.

국립중앙도서관 위창문고(위창古 2503-2)의 필사본《호보號譜》6책은 편저자를 알 수 없으나, 각종 호를 호 표기구조에 따라 분류한 것이 큰 특징이다.[239]

제1책: 당호堂號·재호齋號 등.

제2책: 암호庵號·정호亭號·헌호軒號 등.

제3책: 암호巖號·석호石號·곡호谷號·동호洞號·주호州號·야호野號·해호海號·명호溟號·강호江號·호호湖號·포호浦號·탄호灘號·주호洲號·정호汀號·저호渚號·애호涯號·천호川號·계호溪號 등.

제4책: 간호磵號·간호澗號·천호泉號·연호淵號·담호潭號·당호塘號·지소파랑호池沼波浪號·사호沙號·기교호磯橋號·지명호地名號·음양호陰陽號·초목호草木號·금수호禽獸號·천일호天日號·기용호器用號 등.

239 박문열, 〈호보 해제〉, 한국국립중앙도서관 제공.

제5책: 와호窩號·창호窓號·누호樓號·각호閣號·실옥호室屋號·촌호村號·이호里號·원호園號·포호圃號·오호塢號·전호田號·소거호所居號·은호隱號·옹호翁號·수호叟號·노호老號·부호夫號·자호子號·거사호居士號·처사호處士號 등.

제6책: 산인호散人號·산인호山人號·노인호老人號·주인호主人號·도인호道人號·동주호洞主號·은호隱號·수호叟號·옹호翁號·노호老號·객호客號·선호仙號·원주호院主號·포의호布衣號·향도호香徒號·야인호野人號·진인호眞人號·우호友號·민호民號·우수호迂叟號·잡호雜號·산수호山水號·잠호岑號·강호岡號·악호嶽號·고호皐號·애호厓號·구릉호丘陵號 등.

해방 이후 1980년대까지 인명사전에는 호를 명기했으며, 국사사전이나 백과사전에도 호보를 부록으로 붙이기도 했다.[240] 특수 호보로, 정동초鄭東樵 등의 《영평호보永平號譜》 상하 2책(나주 석판본, 1956년)[241]이 있다. 회화 관련 인명사전으로는 《근역서화징槿域書畵徵》(1928년), 《한국서화인명사서韓國書畵人名辭書》(1959년), 《한국회화대관韓國繪畵大觀》(1969년), 《(영남판)청구서화가명자호보青丘書畵家名字號譜》(맹인재孟仁在 편, 통문관, 1978년), 《한국서화가인명사전韓國書畵家人名事典》(2000년) 등이 이어져 오고 있다.

---

240 金舜東 편, 《한국고사대전》(회상사, 1965) 부록; 을유문화사 편, 《한국학대백과사전》 제3책(1972) 부록; 千寬宇 편, 《한국사대계 VII》(삼진사, 1973) 편람便覽; 이홍직 편, 《국사대사전》(개유사, 1978) 부록; 신구문화사 《한국인명대사전》(1983) 부록.

241 '歲柔兆涒灘(1956)'의 임학재任鶴宰 서序와 '歲丙申(1956)'의 홍기황洪起晃 발跋이 있다.

제3장

호설의 문체

옛사람의 호는 의미를 알기 어려운 것도 있고, 심지어 그것이 호인지 불분명한 예도 있다. 이를테면 신라 때 최치원崔致遠의 자는 고운孤雲, 해운海雲, 해부海夫라고 알려져 있다. 하지만 고운, 해운, 해부가 모두 자가 아니라 호일 가능성이 있다. 그런데 어떤 인사들은 호의 의미를 밝히는 글을 남겼다. 설說이라는 문체를 주로 이용했지만, 찬贊·명銘·서序·기記·자전自傳·자찬비지自撰碑誌·전傳 등의 문체를 활용하기도 했다. 제문·비지문碑誌文·서발문, 그리고 시 속에서 호의 뜻을 언급하기도 했다. 여기서는 호설號說의 성격을 지닌 대표적인 글들을 살펴보기로 한다.

(1) 설說의 호설

호에 대한 글 가운데 가장 일반적인 것은 설의 문체를 취한 호설이다. 자신의 호에 대해 쓴 호설과 타인의 호에 대해 쓴 호설의 두 가지가 있다.

泰村 고상안高尙顔(1553-1623)의 본관은 개성開城. 자는 사물思勿이다. 1573년(선조 6) 진사가 되고 1576년 식년문과에 병과로 합격하고 함창현감·풍기군수 등을 지냈다. 1592년 임진왜란 때 향리인 경상도 상주 함창에서 의병대장으로 추대되었다. 이후 울산판관을 지낸 후, 벼슬을 그만두고, 금수錦水 서쪽 쌍잠雙岑 아래 전원에 지내며 태촌거사泰村居士라고 자호했다. 지금 개성고씨 신천군수공 종중 원모재遠慕亭가 있는 곳이다. 산양山陽(경북 문경) 영빈潁濱의 별장 남

쪽에 반석이 있어 또 호를 남석노인南石老人이라 했으며, 정자에 남석南石이라고 편액하고, 서재를 이재頤齋라고 했다. 그후 상산商山 북쪽 90여 리의 초동草洞에 은둔했다. 고상안은 태촌에 거처할 때 〈태촌자설泰村自說〉을 지어, 이른 나이에 소과와 대과에 합격해 여러 고을 수령으로 나가 부모를 영광스럽게 하고 또 봉양할 수가 있었고, 무한의 겁회를 겪었는데도 옛 모습을 보존할 수 있어 다행이라 여겨, 집의 편액을 태泰라고 했다고 밝혔다.

> 어떤 객이 힐난했다. "태泰의 뜻은 한 가지가 아니오. 《주역》에서 '큰 것(양)이 온다'라는 뜻의 태인가? 공자께서 태산에 올랐다는 그 태인가? 위공魏公[북송의 한위공韓魏公 즉 한기韓琦]이 조안措安[나라를 안정시킴]했다는 태인가?" 나는 대답했다. "그대가 말한 태는 모두 감당할 수가 없소. 내가 말한 태에도 세 가지가 있소. 대대로 이 마을에 거처하면서 자성子姓이 번성해 비색否塞[운수가 막힘]에는 이르지 않아, 옛 이름 태를 유지하고 있소. 벼슬을 살지만 현달을 구하지 않고 농사에 분수를 맡겨 늙을 때까지 유유자적하기에 나는 태를 숭상한다오. 집이 대대로 가난해 도시락밥과 표주박 물도 자주 차지 않는 형편이지만 아무 일 없는 듯이 지내므로 내 마음도 역시 태라 하오. 나의 이 세 가지 태를 모아 호를 삼았으니, 스스로 제목을 잘 붙인 것이 아니겠소?" 객은 웃고는 떠나갔다.[1]

東州 이민구李敏求(1589-1670)의 본관은 전주全州이고 자는 자시子時이다. 《지봉유설》의 저자 이수광李睟光(1563-1628)의 아들이다. 1609년(광해군 원년) 증광사마시의 생원시에서 2등 1위(6/100), 진사시에서 장원을 했다. 1612년(광해군 4) 증광문과에서 장원급제했다. 1631년(인조 9) 관해觀海라 자호했다가 1635년 강원도 철원鐵原에 거처하면서 그 옛 지명을 따서 호를 동주東州로 바꾸었다. 경승지를 두루 돌아보겠다는 뜻을 붙인 것이 관해라는 호였던 것을 고려하면, 중원 동쪽 조선 땅에서 나고 죽은 사람이라는 뜻을 담은 것이 동주라는 호일 수 있다. 〈동주산인설〉에서 이민구는 이렇게 말했다.

---

1 高尙顔, 〈泰村自說〉, 《泰村集》 卷3 說.

> 나는 동국에서 태어나 한도(한양)에서 자라면서, 근교로도 나가본 적이 없었다. 벼슬길에 들어선 뒤 조정의 명령으로 국토의 사방을 두루 다니면서 우리나라 동서남북의 외지고 먼 곳이나 매우 뛰어난 곳까지 두루 살펴보지 않은 지역이 없다. 비로소 관해라고 호를 삼았다. 신미년(1631) 관아에서 휴가를 주어 동쪽으로 유람을 떠나게 되었는데 철원鐵圓의 산에서 승경을 얻었으니 바로 옛 동주이다. 결국 호를 동주로 바꾸었다. 이후 을해년(1635) 관동 지역을 담당하게 되었을 적에 횡성 오슬산五瑟山 기슭에 무덤 자리를 정했는데 이 역시 동주였다. 그러자 나의 지팡이와 신발이 이른 지명을 가지고 일시에 우연히 일컬었던 것이 마침내 내가 살아 있든 죽었든 바꾸지 않을 호로 되었으니, 그 기미와 전조가 먼저 발했던 것 역시 특이하다 할 수 있겠다. 우리나라와 중원의 관계는 서주와 동주와 같다. 그렇다면 살고 있는 지역에 근거해서 동주라고 칭하는 것이 진실로 의당하고, 죽은 뒤에는 땅에 묻혀 동주의 흙이 될 것이므로 동주라고 칭하는 것이 그 또한 의당하다. 족성族姓이 번성한 뒤 오래되어 근본과 지파가 뒤섞이는 폐단이 있으면, 내 후손들은 아마도 스스로 그 나뉨이 동주로부터 시작되었음을 알게 될 것이므로, 이 또한 불가할 것이 없다. 장차 나의 무덤에 '동주산인이 묻힌 곳'이라 각명刻銘하고자 한다.[2]

이민구는 병자호란 때 강도검찰부사가 되어 인조를 모시고 강화로 향하다가 배편을 제대로 마련하지 못해 49세 되던 1637년(인조 15) 아산으로 유배되었다가 영흥(영변) 철옹성에 유배되어 7년이나 보내야 했다. 효종 즉위년(1649)에 해배되었다.

久堂 박장원朴長遠(1612-1671)은 서울 황화방皇華坊 거처의 동쪽에 5간 집을 짓고 구당久堂이라 이름하고 구옹久翁이라 자호했다.[3] 본관은 고령高靈, 자는 중구仲久, 시호는 문효文孝이다. 호를 습천隰川이라고도 했다.[4] 1627년(인조 5) 생원시에 합격하고 1636년 별시문과에 을과로 급제하고 1653년(효종 4) 승지로 있을 때 남인의 탄핵으로 흥해興海에 유배되었다가 이듬해 풀려났다. 현종 때 개

---

2 李敏求, 〈東州山人說〉, 《東州先生文集》 卷4 說; 심경호, 《나는 어떤 사람인가 — 선인들의 자서전》, 이가서, 2010, pp. 472-480.

3 朴長遠, 〈久堂說〉, 《久堂先生集》 卷15 說. "久翁定居街西之皇華坊, 久矣. 乃占屋之東偏隙地, 結茅六楝, 一室一軒, 以爲燕居之所, 扁以久堂."

4 尹拯, 〈吏曹判書久堂朴公神道碑銘〉, 《明齋遺稿》 卷42 神道碑銘.

성유수에 부임, 재직 중에 죽었다. 구당은 편모를 오래 모실 수 있기를 바라는 기원의 뜻을 담은 당호이다. 남송의 여조겸呂祖謙이 부모를 섬길 때는 하늘을 잠시도 떠날 수 없듯이 잠시도 부모의 곁을 떠나서는 안 된다고 한 말과 관계가 깊다.[5] 박장원은 〈구당설〉을 지어, 자신이 석 달 동안이나 오래 인을 어기지 않은 안회를 감히 배우고자는 하는 것은 아니라고 했다. 또 자사子思가 《중용》에서 말한 그침이 없는 정성을 본받을 처지도 못 된다고 했다. 《논어》 〈옹야雍也〉에서 공자는 "안회는 그 마음이 석 달 동안 인仁을 어기지 않았다"(回也, 其心三月不違仁) 했고, 《중용》 제26장에는 "그러므로 지극한 성은 쉼이 없으니, 쉬지 않으면 오래가고, 오래가면 징험이 나타난다"(故至誠無息, 不息則久, 久則徵) 했다. 박장원은 자신의 뜻은 하루속히 벼슬을 그만두고 편모의 봉양을 극진히 하고 초야에 있으면서 임금을 잊지 못하는 묘충畝忠을 다하려는 데 있다고 했다. 묘畝는 밭두둑을 뜻하는 견묘畎畝의 준말이다. 송나라 진덕수眞德秀가 은퇴한 승상 정소선鄭昭先을 위해 그의 사당을 묘충당畝忠堂이라고 이름 짓고 〈묘충당기畝忠堂記〉를 지어 주었는데, 거기에 보면 정소선은 "차마 우리 임금님을 잊을 수 있겠는가! 내가 일개 서생으로 이 자리까지 올라왔으니, 지금 목숨을 바치더라도 은혜를 갚을 수가 없다. 지금 시골에 물러나 엎드려 있어도 해바라기처럼 해를 향하는 마음은 항상 임금님 계신 곳에 가 있다"라고 했다고 한다.[6] 박장원은 구옹과 객의 문답 형식을 통해 자신의 작호에 대해 해명했다.

> "벼슬살이를 오래하는 것은 나의 뜻이 아니오. 나는 능력이 옅고 재주가 부족하면서 시절을 잘 만나 지위를 훔쳐서 내직과 외직을 두루 거쳤지만 얻은 것은 그저 먹고 마시는 것뿐이기에, 이 시대의 사람들에게 견책을 받고 선조에게 욕을 끼치지 않을까 두려울 따름이라오. 차라리 몸을 받들고 물러나서 황량하고 적막한 경지에 스스로를 놓아두어, 힘써 밭을 갈고 농사에 복무해서,

5 朴長遠, 《久堂先生集》 卷18 劄錄 上. "呂侍講曰: 爲人子者, 視於無形, 聽於無聲, 未嘗頃刻離親也. 事親如天, 頃刻離親則有時而違天, 天不得而違也. 余著久堂說, 已適披閱伊洛淵源錄, 呂侍講原明此語, 有會於心故記之."(戊子)

6 眞德秀, 〈畝忠堂記〉, 《西山文集》 卷24. "吾以一書生驟致此位, 雖卽死, 無以報上恩. 今雖退伏田里, 葵藿之心, 終在帝所."

모친의 봉양에 대비하고 관아에 납세하며, 서너 간 집을 지어 두고 가만히 진덕수의 묘충畝忠의 집에 견주면서, 당의 이름을 구久라 하고 나의 남은 목숨을 마치고자 하는 것이 나의 바람이오…" 객이 말했다. "그렇다면 주인의 뜻은 내가 잘 알겠소. 잠시 이 당에 그런 이름을 붙이는 것은 바로 벼슬에 나아감에 오래되는 것을 경계하고 물러나길 오래 하겠음을 뜻해서군요. 벼슬살이를 할 때 오래 있을 만하면 오래 하고 그칠 만하면 신속하게 그만두는 것은 그대가 아니면 내가 누구와 함께 귀착하겠소?" 구옹이 멍하니 정신이 나갔다가 한참 만에야 안정이 되었고, 객은 웃으면서 떠나갔다. 마침내 그 내용을 적어 설로 삼는다.[7]

옛사람들은 다른 사람을 위해 호설을 써 주는 일이 많았다.

乃翁 고려 말 이곡李穀(1298-1351)은 배윤견裵允堅에게 〈내옹설乃翁說〉을 써 주었다. 배윤견은《고려사》에 입전立傳되지 않은 인물이다. 이곡은 성균관 시절부터 배윤견을 알았는데, 1337년(정축, 충숙왕 복위 6) 정동성征東省 막좌幕佐로 중국에 나가 보니, 배윤견은 원나라 과거에 급제해 있었다. 그리고 1343년(충혜왕 복위 3) 이곡이 원나라에서 중서사 전부中瑞司典簿로 있을 때 배윤견은 고려 천수절 사행의 한 사람으로 연경으로 왔다. 배윤견은 원나라 상도 난경灤京(평요平遙 고성)에 머물다가 연경으로 돌아와 고려 사행이 돌아간 뒤에도 홀로 머물렀으나, 서너 달 지난 어느 날 꿈에 어버이를 뵈웠다면서 귀국할 뜻을 말했다. 그리고 어깨가 구부정하고 키가 크다고 해서 사람들이 내옹乃翁이라 부른다면서 호설을 지어 달라고 했다. 이곡은 그러한 사연을 밝힌 후 다음과 같이 논했다.

글자가 물건에 의하여 생긴 것이지, 물건이 글자에 의하여 생긴 것은 아니다. 그러므로 글자처럼 생긴 물건은 매우 적다. 뒤늦게 생긴 물건은 그에 해당하는 글자가 없기도 하다. 더구나 사람이나 물건의 형체를 가지고 이것을 글자의 점과 획에 맞추려 하는 것 또한 잘못이 아니겠는가? 그렇지만 파巴 글자처럼 세 지류가 휘돌아가는 물을 파강巴江(중국 낭주閬州 서쪽으로 흐르는 가릉강嘉

7 朴長遠, 〈久堂說〉, 《久堂先生集》卷15 說.

陵江)이라 하기도 했으니, 내乃 글자처럼 허리가 구부정하고 키가 큰 사람을 보고 내옹乃翁이라 한다고 해서 나쁠 것이 어디 있겠는가! 또 그것이 어조사라 해서 의미 없는 것이 아니며, 따라서 쓸모없는 것이 아니다. 문장에 조사가 들어가지 않으면 문장을 이룰 수 없으니, 날줄만 있고 씨줄이 없으면 군주의 보불黼黻 무늬 옷을 짜지 못하는 것과 같다. 또 내乃 글자의 본뜻이 난사難辭이고 이여爾汝이므로, 말을 함부로 하기 어려움을 알고 함부로 발하지 않고, 남이 자기를 '이여爾汝'(너)라 하더라도 받아들인다면, 스스로 겸손하게 처신하는 것이 될 것이다.[8]

내乃 글자는 '난사難辭'와 '이여爾汝'로 풀이한다. '난사'는 말을 어렵사리 이어나가는 접속사란 뜻인데, 이곡은 '말을 함부로 하기 어렵다'라는 뜻으로 바꾸었다. 《서경書經》〈홍범洪範〉에 "왕이 마침내 말하기를, '아! 기자여, 하늘이 속으로 하민을 안정시켜 거처하는 것을 도와 화합하게 하시니, 나는 그 병이와 인륜이 펴지게 된 이유를 알지 못한다'라고 했다"(王乃言曰: 嗚呼箕子! 惟天陰騭下民, 相協厥居, 我不知其彝倫攸敘)라는 구절이 있다. 원나라 오징吳澄은 《서찬언書纂言》에서 "내乃는 난사難辭"라고 주석을 달았다. 또 《상서》〈대우모大禹謨〉에 보면 우禹가 "임금이 임금됨을 어렵게 여기며 신하가 신하됨을 어렵게 여겨야 정사가 비로소 다스려져서 여민黎民이 덕德에 속히 교화될 것입니다"(后克艱厥后, 臣克艱厥臣, 政乃乂 黎民敏德)라고 말한 대목이 있다. 송나라 채침蔡沉은 《서집전書集傳》에서, "공자는 '군주가 되기 어렵고 신하가 되기 어렵다'라고 했으니, 바로 이 뜻이다. 내乃란 것은 난사難辭이다"라고 했다. 한편 '이爾와 '여汝'는 대화문의 2인칭이다.[9] 이색은 '말을 함부로 하기 어려움을 안다'와 '남이 자기를 너라고 가

---

8 李穀, 〈乃翁說送裵君允堅東歸〉, 《稼亭先生文集》 卷7; 李穀, 〈乃翁說送裵君允堅東歸〉, 盧思愼·徐居正 等, 《東文選》 卷96 說.

9 '乃'자가 2인칭이라는 사실은 내옹乃翁이 '너의 아버지'란 뜻이라는 점에서 알 수 있다. 《통감절요通鑑節要》 권卷2에 보면, 항우가 유방劉邦의 아버지 태공太公을 높은 도마 위에 올려놓고 "지금 속히 항복하지 않으면 내가 태공을 삶아 죽이겠다" 하자, 유방이 "나와 항우는 함께 북면하고 회왕懷王을 섬겨 형제가 되기로 맹약했으므로, 나의 아버지가 바로 너의 아버지다. 네 아버지를 삶으려거든 내게도 그 국을 한 그릇 주면 고맙겠다" 했다. 항우가 태공을 죽이려 했으나 항백項伯의 만류로 그만두었다. 유방이 한 이 말을 보면 그가 오패五伯(五霸)보다 훨씬 못하여 인의仁義를 모르는 인물이었음을 알 수 있다고 하겠다.

리켜도 순순히 받아들인다'는 두 사항을 가지고, 자겸自謙(스스로 겸손하게 처신함)의 태도를 권면했다. 그리고 오吳나라와 촉蜀나라 사람이 국명國名을 가지고 서로 흠 잡은 일이나, 사씨謝氏와 석씨石氏가 성씨를 가지고 서로 시비 건 일을 들어서, 자신은 그러한 언어유희는 하지 않겠다고 했다. 앞의 이야기는《삼국지三國志》〈오지吳志·설종전薛綜傳〉에 처음 나온다.[10] 즉, 촉蜀나라 장봉張奉이 오나라에 사신으로 가서 손권孫權의 신하 감택闞澤의 이름을 두고 놀리자, 감택이 답하지 못했다. 이 때 오나라의 설종이 장봉에게 술을 따르면서, "촉蜀이란 무엇인가? 견犬이 있으면 독獨이고 견犬이 없으면 촉蜀이다. 눈을 옆으로 비끼고(橫目) 몸을 구부려(句身) 벌레(虫)가 그 배 안에 있는 것이지" 했다. 장봉은 "오吳에 대해서는 말하지 못하겠지?" 했다. 그러자 설종은 "입(口)이 없으면 천天이고 입(口)이 없으면 오吴이니, 군주가 만방에 처하므로 천자의 도읍이오" 했다. 이에 장봉이 아무 대꾸도 못 했다고 한다. 사씨와 석씨가 성씨를 가지고 서로 헐뜯은 이야기는 출전을 알 수 없다. 이곡은 한 사람의 이름이나 호는 그 사람의 실질과 긴밀하게 연결되어 있다고 강조하고 이렇게 덧붙였다.

> 옛날 제齊나라의 부로父老가 소를 길렀는데 소가 송아지를 낳자는 그 송아지를 팔아서 망아지를 사 왔다. 그러자는 젊은 사람이 소는 망아지를 낳지 못한다면서 망아지를 데리고 갔으므로, 이웃 사람들이 그 부로를 우공愚公이라고 불렀다는 고사가 있다. 이 부로가 스스로 해명하지 못할 것도 없을 텐데도 우공이라는 이름을 그냥 받아들이고 피하지 않은 이면에는 뭔가 깊은 뜻이 있을 것이다.[11]

이곡은 한漢나라 유향劉向의《설원說苑》〈정리政理〉에 나오는 '우공곡愚公谷' 고사를 인용했다.[12] 본래, 제나라 환공이 사냥을 갔다가 그 골짝의 이름을 바보

---

10 《예문유취藝文類聚》卷25〈조희嘲戱〉,《태평어람太平御覽》〈변상辯上〉,《태평광기太平廣記》〈설종薛綜〉,《산당사고山堂肆考》卷119에 계속 전재되었다.

11 李穀,〈乃翁說送裵君允堅東歸〉,《稼亭先生文集》卷7; 李穀,〈乃翁說送裵君允堅東歸〉, 徐居正等,《東文選》卷96 說.

12 齊桓公出獵, 逐鹿而走入山谷之中, 見一老公而問之, 曰: "是爲何谷?" 對曰: "爲愚公之谷." 桓公曰: "何故?" 對曰: "以臣名之." 桓公曰: "今視公之儀狀, 非愚人也, 何爲以公名?" 對曰: "臣請陳

골이라 일컫게 만든 장본인을 만나 자초지종을 듣고 돌아와 관중에게 말하자 관중이 정치를 쇄신했다고 한다. 한 노인이 암소를 망아지로 바꾸어 오자 어떤 불량배가 암소는 망아지를 낳을 수 없다고 하면서 노인의 망아지를 탈취해 갔다. 관중은 그 이야기를 듣고, 나라에 옥송獄訟이 제대로 처리되지 않으므로 노인이 저항하지 못했다는 식으로 이해했다. 이에 비해, 이곡은 노인이 우공(바보)이라는 조롱을 받아들인 것을 두고, 이름과 실질 사이에 불가분의 관계가 있다는 사실을 알 수 있다고 풀이했다.

西坡三友 조선 세종 때 경상도 영천永川에 유배되어 있던 유방선柳方善은, 이안유李安柔가 10년간의 벼슬살이에서 물러나 영천 서파리西坡里(영천 쌍계동)에 살면서 서파삼우西坡三友라는 별호를 사용하자 〈서파삼우설〉을 지어 주었다. 이안유의 본관은 영천, 자는 이립而立으로, 1405년(태종 5) 식년문과에 급제했다. 1412년 헌납으로 승진했으나, 1418년 강상인姜尙仁 옥사에 연루되어 직첩이 몰수되고 경북 경산으로 귀양 갔다. 9년 만에 고향으로 돌아와 서파 마을에 자리 잡았다. 이안유가 말한 삼우란 부싯돌, 뿔 술잔, 쇠칼이다. 이안유는 사람들이 자신과 교유하려 하지 않고 자신도 남들과 교유하려 하지 않으므로 이 셋을 벗으로 삼는다고 했다. 양수는 불 피우는 것을 맡고 뿔 술잔은 술을 담으며, 칼은 생선을 회 뜨는 데 쓰므로, 스스로 술 붓고 스스로 마시면서 취해 배부르게 살아 태평성대를 구가하려 한다고 했다.《논어》에 익자삼우益者三友란 말이 나온다. 백거이는 44세 때 현실을 비판하는 시를 썼다가 고관의 미움을 받아 구강사마九江司馬로 좌천되자 거문고, 술, 시를 '북창삼우北窓三友'라 했다.[13] 이안유의 서파삼우西坡三友도 특정 물건을 사랑하는 마음을 호로 표현한 것이다. 〈서파삼우설〉에서 유방선은, 이안유의 말이 겸사일 뿐이라고 하면서 다음과 같이 부연했다.

之. 臣故畜牸牛, 生子而大, 賣之而買駒. 少年曰: '牛不能生馬.' 遂持駒去. 傍隣聞之, 以臣爲愚, 故名此谷爲愚公之谷." 桓公曰: "公誠愚矣! 夫何爲而與之?" 桓公遂歸. 明日朝, 以告管仲. 管仲正衿再拜曰: "此夷吾之愚也. 使堯在上, 咎繇爲理, 安有取人之駒者乎? 若有見暴如是叟者, 又必不與也. 公知獄訟之不正, 故與之耳. 請退而修政." 孔子曰: "弟子記之. 桓公, 霸君也, 管仲, 賢佐也, 猶有以智爲愚者也, 况不及桓公管仲者與?"

13 백거이는 〈북창삼우北窓三友〉 시에서 "거문고를 뜯다가 술을 마시고, 술을 마시다 문득 시를 읊으니, 세 친구가 번갈아 서로를 끌어 주어, 돌고 돎이 끝이 없구나"라고 노래했다.

생각건대 양수는 불을 취하는 기구이다. 한번 그 불을 얻어 꺼지지 않게 하면 그 빛이 비치지 않는 곳이 없어서, 마치 마음의 밝은 덕을 한번 밝혀서 그치지 않게 하면 그 밝음이 다하지 않는 것과 같다. 이 불을 취하는 자가 이러한 생각을 가지면 반드시 날로 새롭고 또 새로워지는 공이 있을 것이니, 어찌 화덕에 불을 피우는 일에 그치겠는가? 뿔 술잔을 뿔 술잔이게 하는 것은 바로 뿔에 있어, 안(마음)을 비우고서 아래로 향하여 아래(아랫사람)에 임하는 도가 있으니, 거기에 들어가는 것이 맑든 흐리든 품물을 포용하는 아량을 지니고 있다. 그 그릇을 쓰는 자가 그 덕을 생각하면 반드시 도를 즐기고 선을 좋아하는 마음이 들 것이니, 어찌 (《시경》〈빈지초연賓之初筵〉에서 말했듯이) 술 석 잔을 마시고 기억하지 못하게 될 우려가 있겠는가? 칼이라는 것은 쇠이다. 그 기운은 가을에 배합하고 그 덕은 예리한 데 있다. 그 예리함을 물체에 써서 진평陳平은 고기 썰기를 매우 가지런히 했고, 그 예리함을 정치에 써서 두여회杜如晦는 사건 처리에 결단을 잘했다. 이 칼을 잡고 그 쓰이는 바를 잘 살피면 칼 쓰기를 여유 있게 할 것이니, 저가 어찌 감히 나의 옳은 말을 당하겠는가? 안으로 스스로 몸을 닦는 방법과 밖으로 백성에 임하는 도리가 실로 이 세 가지 에 갖추어져 있다. 공자가 말한 '유익한 벗(益友)'과 맹자가 논한 '옛사람을 벗한다(尙友)'는 말이 본래 이에 지나지 않는 것이다. 이러한 사람으로서 이러한 벗을 얻었으니, 벗을 취하는 법을 안다고 이를 만하다. 그 취해 잘 쓰는 바가 어찌 작겠는가?[14]

玄眞子 정약용이 강진에 유배되어 있을 때 알게 된 정여주鄭汝周는 골계스러운 현묘한 이야기를 잘했다. 1814년 3월 14일, 정약용은 그의 호 현진자玄眞子에 대해 〈현진자설〉을 지어 주었다. 당나라 은자 장지화張志和의 호가 현진자여서, 현진자라 하면 대개 은둔자를 뜻한다. 정여주의 호는 천진한 사람이란 뜻이다. 정약용은 그 글 끝에 "다산초부茶山樵夫가 송풍암松風菴에서 써서 오연午演에게 준다"라고 했다. '오연'은 미상이다.

정여주鄭汝周의 자는 숙현叔玄인데, 현묘하면서 이치 있는 이야기를 좋아하되,

---

14 柳方善, 〈西坡三友說〉, 盧思愼·徐居正 等, 《東文選》 卷98.

일을 할 때는 진실을 추구했으므로, 사람들이 현진자玄眞子라고 호칭했다. 젊어서 가난하여 사방으로 떠돌아다니며 판매를 해서 차분히 붙어 있기를 폐했으므로, 산천, 도리, 민요, 물속을 두루 알았다. 때때로 아름다운 산수를 만나면 역시 시를 적어 자취를 남겼다. 아들이 있어 효성스러워 약초를 팔아서 봉양했으므로 중년에는 이것으로 생활했다. 언젠가 추워 떠는 이에게 말했다. "자네는 두꺼비란 벌레를 보지 못했는가? 이마에 뿔이 없고 입에는 단단한 이빨이 없으며, 온몸에 날카로운 손톱이 없지. 백로의 절기가 되면 구멍을 팔 수 있는 부드러운 흙을 찾아서 흙을 등지고 앉아서는 꼬리를 들이밀어 문질러 대어, 날마다 문질러 대어 날마다 깊이 들어가 추워질수록 더욱 깊이 들어가서, 서리가 내리고 얼음이 얼면 그 깊이가 서너 자에 이르게 되어 얼지 않게 된다네. 어째서 이런지 아는가? 일을 헤아리는 것이 예지적이고, 마음을 쓰는 것이 부지런해서라네. 자네는 이 벌레를 스승으로 삼지 않고, 어이해 덜덜 부르르 떨고 있단 말인가?" 언젠가 산에 노닐다가 시를 지어, '신발이 가을 빛 속을 지나가고, 마을은 석양 아래 멀구나' 했다. 듣는 이들이 찬미하자, 현진자는 씩 웃으며 말했다. "이것은 굼벵이가 껑충 뛰는 것과 같소. 호랑이는 한 번에 다섯 장을 넘게 뛰지만 잘 뛴다고 칭송되지 않는 것은 그 용기가 평소에 구비되어 있기 때문이오. 굼벵이도 썩은 흙 속에서 나와 분노하여 펄쩍 뛰면 능히 그 꼬리를 땅에서 떨어뜨릴 수 있거니와, 이때 둘러 서서 곁에서 보던 이들이 모여들어 시끄러이 떠들면서 그 펄쩍 뛰는 것을 보고 찬탄하는데, 그것은 그 본바탕이 본래 연약하기 때문이오. 나는 글을 잘 하지 못하기 때문에 이런 찬미를 얻은 것이오." 그 골계스러움이 대개 이처럼 한이 없었으나, 오로지 추연鄒衍·여불위呂不韋·곽박郭璞·관로管輅의 조박을 믿었지, 견백堅白의 설은 아무리 변론해도 깨닫지를 못했다. 이것이 그의 부류이다.[15]

---

15 예술의 전당,《정약용 250》, 2012. "鄭汝周, 字曰叔玄, 好爲玄妙有理之談, 作事, 務眞實, 人號之曰玄眞子. 少貧困, 游四方, 販粥, 廢著. 以故山川道里, 民謠物俗, 得周知焉. 時遇佳山水, 亦題詩留跡. 有子孝, 買藥以養之, 故中年生焉, 嘗謂寒者曰: '爾見之蝦蟇之蟲乎? 額無角, 口無硬齒, 四體無利爪. 白露旣零, 行求柔壤可穴者, 背壤而坐, 內其尻而磨之, 日磨日深, 隨寒隨深, 霜而氷則其深數尺, 得無凍焉. 何者? 其慮事豫, 其用心勤也. 爾獨不以之蟲爲師, 胡爲是波波吒吒顫顫者耶?' 嘗游山, 有詩曰: '屨經秋色裏, 村遠夕陽時.' 聞者美之. 玄眞子哂曰: '是唯蠐螬之躍也. 夫虎一超五丈, 不以躍見稱, 其勇素具也. 蠐螬出腐壤之中, 怒而躍, 能使尾離地, 於是, 繞而觀者, 羣譟而讚其躍, 爲其質素蝡[輭]也. 余唯不文也, 故得斯美也.' 其滑稽不窮, 皆類如此. 唯深信鄒呂樸輅之羨餘, 雖堅白苦辨, 而莫之曉悟, 是其類也. 嘉慶甲戌三月幾望, 茶山樵夫, 書於松風菴中, 以貽午演."

(2) 자해自解

옛 인물 가운데는 타인의 오해를 풀기 위해 '자해'의 글을 지은 사람이 있다. 주객의 설을 대비시켜, 타인의 관점을 부정하고 자신의 관점을 제시하거나, 반대로 타인이 자신의 처음 견해를 부정하도록 만들어서 세간의 오해를 불식하는 방법이다.

東邱 심대윤沈大允(1806-1872)은 〈동구자해東邱自解〉에서 호 일반에 관한 생각과 자호 동구東邱에 대해 풀이하면서 자신의 내면을 조금 드러냈다. 본관은 청송, 자는 진경晉卿, 호는 백운白雲·석교石橋·동구자東邱子이다. 경기도 안성 가곡佳谷(현 용인시 원삼면 가좌리)에서 출생하여, 안읍安邑(충북 옥천) 동리東里에서 아우들과 반상盤床 제작 공방을 운영하고 약방을 운영했다.[16] 정약용의 《흠흠신서欽欽新書》를 비판한 《흠서박론欽書駁論》을 저술하고, 천주학에 대응할 수 있는 유가적, 민중적 도덕 지침을 제시한 《복리전서福利全書》를 저술했다. 28세에 동리에 거처를 마련하자 지우들이 서찰의 봉면封面에 '동리東里 시좌侍坐'라 써 보냈다. 동리는 본생증조부 심악沈鑵의 호이기에 혐의로워 하자, 이원휘李元暉가 리里와 통하는 구邱로 글자를 바꾸어 주었으므로 결국 동구를 불가피하게 자신의 호로 삼게 되었다고 해명했다.

> 주나라 사람은 이름을 혐의해서 피하여 자字를 만들어 불렀는데, 후대에는 자를 혐의해서 피하여 호를 만들었으니, 오래전의 일이 아니다. 나는 세상 사대부가 분분하게 호의 명칭을 바꾸어 세우는 것을 염려해서, 글을 쓰거나 시를 읊거나 한 끄트머리에 자를 썼지 호를 적지 않았다. 내 나이 스물여덟에 안읍安邑의 동리東里에 집터를 정하자, 지우들 가운데 서찰을 보내오는 자들이 의례껏 '동리시좌東里侍坐'라고 봉면에 써서 보냈는데, 동리는 나의 증조부의 호였으므로 이것을 혐의롭게 여겨, 동구라고 보냈으니, 초평草坪 이원휘李元暉(이희영李曦榮)로부터 시작되었다. 대개 《장자》에 '구리邱里'라는 글귀[〈칙양則陽〉에 '구리지언丘里之言'의 논의가 있다]가 있고 경전經傳에도 구邱와 리里를 통용

16 김대중, 〈신체유물론적 시각에서 본 심대윤의 노동옹호윤리학〉, 《민족문화연구》 88, 고려대학교 민족문화연구원, 2020, pp. 253-307.

하는 것이 많다. 구邱란 것은 리里의 언덕이다. 리里란 것은 구邱의 거처지이다. 거처는 반드시 언덕에 의지해야 하고, 언덕은 반드시 리里에 가깝다. 이것이 이원휘가 구邱로 리里를 바꾼 뜻이다. 그 후 차츰차츰 본받고 따라해서, 서찰의 봉면에 적기만 하는 것이 아니라 앞에 두고 부르는 경우도 많아졌으나, 스스로 편안히 받아들일 수는 없었다. 자고로 호로 칭하는 사람들은 모두 명현과 준걸이거늘, 나처럼 보잘것없는 존재는 '야, 너'를 면하면 다행이지, 어찌 감히 별호를 스스로 만들어서 명현과 준걸의 반열에 낄 수 있겠는가? 더구나 나는 후생의 젊은이이거늘 나를 선생이라고 칭한다는 것은 더욱 실질에서 벗어난 것이 심하다. 내가 평소 심히 미워하는 것은 허명이거늘, 스스로 어질지 못하는 것을 알면서 현자의 명칭을 훔치려고 도모하겠는가? 남의 경우에는 염려하면서 자기 경우에는 그 짓을 하겠는가? 후생이거늘 선생이라고 일컬어지고, 서리로 이사온 지 오래되거늘 여전히 동구라고 일컬어지는 것은 모두 당시 사람들이 실질을 잘못 파악하고 있는 것이지, 내가 스스로 그러는 바가 아니요, 또 내가 감히 편안히 받아들이는 바도 아니다. 더 나아가, "공자에게 견주려고 하여 스스로 동구라고 칭한다"[공자가 니구尼丘에서 태어났으므로 하는 말임] 운운하는 것은 모함을 꾸며내어 남을 속이는 간사한 무리들이나 하는 짓이기에, 본시 변론을 할 것도 못 된다. 견식이 있는 사람이라면 부디 이 점을 의심하지 말기 바라며, 또 나에 대해 별호나 선생을 일컫지 말기를 바란다. 가령 내가 명망과 행실을 얼추 세워서 실제로 존중할 만한 면이 있어 미래의 사람들이 호나 선생이라고 일컫는 일은 혹 있을 수 있겠지만, 지금 당대의 동료들 사이에서 그렇게 일컬어지는 것은 실질이 아니다. 개를 용이라고 부른다고 해도 개가 어찌 용이 되겠는가? 개와 용이 둘 다 실질을 잃어버릴 따름이다. 삼대(하·은·주) 이후로 이름과 실질이 서로 어그러짐으로써 허위가 계속 이어져 내려와, 뭇 난리의 근본이 항상 여기에서 유래되었으므로, 나는 매번 생각을 하면서 길게 탄식했거늘, 뜻밖에도 오늘 내 자신이 그 짓을 하여 면하지 못하고 말았다. "온 세상이 어리석은 자와 어진 자를 구분하지 않으니, 우주 혼돈 이후로 번번이 이와 같도다. 꽃은 피고 꽃은 떨어져 아무 생각 없나니, 오로지 그루와 뿌리만이 억만년 하리라"(동개東介의 시에 화운했다).[17]

17 沈大允, 〈東邱自解〉, 《白雲集》. "周人諱名, 作字以號之, 後又諱字而作號, 則非古也. 僕患時世士大夫紛紛更立號名, 每於書詠之尾, 署字而不署號. 僕年二十八, 卜居安邑之東里, 知友歸之書尺者, 例當以'東里侍坐'題面, 而東里乃僕曾祖號也, 爲是嫌焉. 故易以東邱, 自草坪李元暉始之. 盖莊

정인표鄭寅杓의 《춘경대집春耕臺集》 하下에 수록된 〈동구선생서술〉에 따르면 심대윤의 증조부는 교관을 지낸 심발沈鈸이며, 교관공의 둘째형 심악沈鍔은 호가 동리인데 이분이 심대윤의 본생 증조부라 했다. 정인표는 17세에 심대윤을 좇아 시를 배웠으나, 다음 해 심대윤이 타계한 후 족조인 송오松塢 정기하鄭基夏에게서 배웠다. 정기하는 심대윤의 고제였다. 동개東介는 심대윤의 지우인데, 관향과 이름을 알 수 없다. 혹 '똥개'라고 하여, 스스로를 익살스럽게 가리키는 말이었는지도 모르겠다.

(3) 명찬銘贊의 호설

명찬銘贊의 문체는 운어韻語를 사용하는 잠언箴言이다. 이 문체로 호설을 작성한 예도 적지 않다.

雙梅堂 고려 말 조선 초 이첨李詹(1345-1405)의 호는 쌍매당雙梅堂이고, 문집은 《쌍매당협장집雙梅堂篋藏集》이다. 본관은 신평新平, 자는 중숙中叔으로, 1365년(공민왕 14) 진사시에 2등을 하고 1368년 행구재幸九齋(송산松山) 친시방親試榜에서 장원급제했는데, 1375년(우왕 원년) 우헌납으로서 이인임李仁任을 탄핵했다가 10년간 유배되었다. 1388년 지신사에 올랐으나 감시를 맡아보다가 김진양金震陽이 이성계를 제거하려다가 실패한 사건에 관련되어 결성結城으로 귀양갔다. 조선 건국 후 1398년(태조 7) 이조전서吏曹典書에 기용되고, 1402년(태종 2) 지의정부사에 올라 등극사로 명나라에 다녀와서 정헌대부가 되었다. 고려

子有邱里之文, 經傳亦多邱里之通用. 邱者, 里之阜也. 里者, 邱之居也. 居必依於阜, 阜必近於里. 此元暉以邱易里之意也. 其後轉相傚倣, 不獨爲書尺之題面, 而亦多臨前號之者, 僕不能止之, 而非敢自安也. 自古以號稱者, 皆名賢傑士, 如僕闒茸, 免於爾汝, 幸矣, 何敢自作別號, 厠於名賢傑士之列哉? 况以僕之後生小子而稱之爲先生, 則又其矦實甚矣. 僕平生所甚惡者虛名耳, 豈其自知不賢而圖竊賢者之名稱乎? 豈其在人則患之, 而在己則爲之乎? 後生而稱爲先生, 移居西里久矣而猶稱東邱, 皆時人之失實也, 非僕之所自爲也, 亦非所敢安也. 至謂欲比擬孔子故自稱東邱云云者, 此姦賊好搆諂誣人之類爲之耳, 本不足置辨者也. 苟有見知者, 幸勿以此相疑, 亦望勿以別號及先生相號也. 假令僕能粗立名行, 實有可尙, 來世之人, 稱號及先生, 容或可也, 在當世儕流而稱之, 則非其實也. 謂狗爲龍, 狗豈爲龍? 並與狗而兩亡之耳. 三代以降, 名實舛戾, 而虛僞相蒙, 衆亂之本, 恒由於是, 僕每念而長歎, 不意今日身自爲之而不免也. 生世不分愚與賢, 鴻荒以後視如前. '花開花落都無意, 惟有根株億萬年.'"(和東介詩).

말 이첨이 지은 〈쌍매당명병서雙梅堂銘幷序〉는 다음과 같다.

> 이름은 실상과 상대되므로 이름이 실상에 당치 않을 때에는 고쳐야 한다. 내가 일찍이 사는 집의 서편에 당堂을 지었는데, 당에 소나무 두 그루가 있으므로 쌍송으로 이름했고, 동년同年 친구 이지중李止中(이달충李達衷, 1309-1384)이 글을 지어 주었다. 서울에서 벼슬하다가 수년 만에 돌아오니 소나무는 이미 없어져 버리고, 매화 두 그루만 남아 있었다. 나는 곧 당의 이름을 쌍매라 고쳤다. 처음에는 있는 것(소나무)을 가지고 이름했다가 이름한 그것이 없어졌으므로 또 있는 것(매화)으로 고치는 것이 어찌 잘못이랴? 눈앞에 있는 것을 보고 이름을 붙이기 때문에 이름 짓는 것이나 고치는 것이나 지극히 쉽다. 옛날 도연명은 집 가에 버들 다섯 나무가 있으므로 오류선생五柳先生이라고 자호했으니, 그것은 마침 맞게 그런 것이다. 내가 당을 이름 짓는 것도 이와 같다. 이름을 바꾸었지만 당으로서는 얻는 것도 없고 잃는 것도 없다. 명銘은 다음과 같다.
>
> 매화 두 그루가 대치해 뿌리를 당에 의탁해서
> 얽힌 가지마다 찬란해 봄기운에 진작 감응했나니
> 눈서리에도 혼을 응취하므로 그 향기를 가리지 못하도다.
> 덕을 지켜 사심이 없어 행실이 백이에게 비할 만하기에
> 설만하게 다루어선 안 되고 사랑하며 공경해야 하리라.
> 내 말이 의심스럽거든 이 명사銘辭를 보시게.[18]

四吾 권필權韠(1569-1612)의 본관은 안동, 자는 여장汝章, 호는 석주石洲이다. 선조 말년 현석강玄石江(서울 현석동의 한강 가)에 칩거하며 이안눌李安訥·이춘영李春英·조위한趙緯韓 등과 내왕하던 시기에 석주라고 자호한 듯하다. 광해군

---

18 李詹, 〈雙梅堂銘幷序〉, 盧思愼·徐居正 等, 《東文選》 卷49 銘. "名與實對, 苟不當其實, 則可以改矣. 余嘗作堂于居第之西, 堂有兩株松, 因號爲雙松, 同年友李止中記之. 從宦京師數年, 乃還, 則松已仆而惟梅兩株存耳. 余卽改扁堂, 名曰雙梅. 始以所有名之, 而所名者廢, 又改以所有, 何不可之有? 以其取義於目前, 故名之與改之, 甚易也. 昔陶淵明宅邊有五柳樹, 因自號五柳先生, 偶然爾. 余之取義, 亦猶是也. 名雖易之, 殊無得喪於堂也. 銘曰: 有梅雙峙兮托根于堂, 交柯璀璨兮夙感稚陽, 雪霜凝魂兮不揜其香. 秉德無私兮行比伯夷, 不可褻玩兮愛而敬之, 謂余不信兮視此銘辭."

초 임숙영任叔英이 유희분柳希奮의 방종을 책문策文에서 공격하다가 과거 합격자 명단에서 제외되자 권필은 〈궁류시宮柳詩〉를 지어 외척의 발호를 풍자했다. 1612년 김직재金直哉 무옥에 연루된 조수륜趙守倫의 집에서 〈궁류시〉가 발견되어 심문을 받고 해남으로 귀양 가다가 동대문 밖에서 폭음하고는 죽었다.[19] 《석주집》을 남겼다. 생전의 권필은 당호를 '사오'라 하고 〈사오당명四吾堂銘〉을 지었다. '사오'는 자신이 안분지족을 느끼는 네 가지를 열거한 것인데, 당나라 원결元結이 창시한 바 있다.

> 나의 밭에서 나오는 것을 먹고, 나의 샘에서 나오는 물을 마시며
> 나의 천성을 지키고, 나의 연수를 마치련다.[20]

峿 이호민李好閔도 권필을 위해 〈사오당명〉을 지어 주었다. 이호민은 호를 어옹峿翁이라고 했는데, 이것도 원결元結의 뜻을 이어, '울퉁불퉁할 어峿' 자를 '나의 산'이란 뜻으로 풀이한 것이다(이에 대해서는 어당峿堂 이상수李象秀의 호를 풀이할 때 자세히 서술하겠다). 서설에 이어지는 명銘만을 보면 다음과 같다.

> 이 밭을 밭으로 삼고, 이 샘을 샘으로 삼아
> 나는 거기에서 먹고 마실 따름이지, 내가 독차지하는 것은 아니다.
> 하물며 삶의 길고 짧음은 조물주의 권한이기에,
> 끝내거나 시작하는 해를 내가 정할 수 없는 것을.
> 그렇다면 내가 일삼는 바는 어디에 있는가, 오로지 나의 천성이로다.
> 성성惺惺하게 깨어 있어 어둡지 않아서, 정신을 불러일으켜
> 희로애락이 발동하기 이전을 살펴,
> 이 본성으로 삼는 것이 온전함을 확인해야 하리라.
> 지난날 장횡거(장재)는 "살아서 나는 일에 순응하고, 죽어서 나는
> 안녕하리라"했으니, 원컨대 그대와 함께 힘쓰고자 하노라.[21]

---

19 尹拯, 〈童蒙敎官贈司憲府持平權公行狀〉, 《明齋先生遺稿》 卷43 行狀; 宋時烈, 〈石洲權公墓碣銘 幷序〉, 《宋子大全》 卷172 墓碣.

20 權韠, 〈四吾堂銘〉, 《石洲集》 外集 卷1 文. "食吾田, 飮吾泉. 守吾天, 終吾年."

21 李好閔, 〈四吾堂銘〉, 《五峯先生集》 卷8 贊 銘.

六吾 송시열宋時烈의 인척으로 회화에 능했던 정경흠鄭慶欽(1620-1678)은 서울 취현동聚賢洞에 살며 밭을 서곽 밖에 두었다. 본관은 하동, 자는 선숙善叔이다. 정인지鄭麟趾의 후손으로, 31세인 1620년(광해군 12) 증광사마시의 진사시에 합격했다. 그는 "나는 이미 나의 밭의 것을 먹고 나의 샘물을 마시니 이와 같이하여 나의 천 년을 다할 뿐이요, 이와 같다면 나는 외부에서 구하는 것이 없는 사람이고 사람도 또한 나에게서 구하는 것이 없다"(我旣食吾田飮吾泉, 則如斯而足以盡吾年矣. 如是則吾旣無求之人, 而人亦無求於吾矣)라 하고, 또 "하늘이 리를 사람들에게 균등하게 부여하여 부족함이 없으니, 나에게 있는 것이 어찌 나의 천명이 아니랴?"(天以理均賦於人而無不足焉, 則其在我者, 豈非吾之天乎?)라고 하여, 서실을 육오당六吾堂이라 했다. 송시열이 〈육오당기〉를 써 주었다.[22] '吾'를 6회 사용하고 육오라 했지, 나의 것 6종을 헤아리고 육오라 한 것은 아니다.《육오당일기》와《황여고실皇輿攷實》을 남겼다.

醒齋 신익상申翼相(1634-1697)도 호가 육오당이다. 본관은 고령, 자는 숙필叔弼이며, 또 다른 호는 성재醒齋, 시호는 정간貞簡이다. 1662년(현종 3) 정시문과에 병과로 급제했다. 충청도 아산에 은거했다가 1680년(숙종 6) 경신환국 때 도승지에 올랐다. 1689년 민비 폐위의 부당함을 논하고 경기도 양주로 퇴거했다. 갑술환국 후 공조판서를 거쳐 우의정에 이르렀다.《성재집》을 남겼다. 성재는 굴원屈原 〈어부사漁父詞〉의 독성獨醒(홀로 술에서 깨어 있음)이란 말에서 가져 온 호이다.

十吾 남용익南龍翼(1628-1692)은 〈십오당시十吾堂詩〉를 지었다.[23] 나의 열 가지는 이렇다.

> 나의 밭엣것을 먹고(食吾田) 나의 샘물을 마시며(飮吾泉)
> 나의 집 서까래를 엮고(結吾椽) 나의 밭두둑에 의지하며(依吾阡)
> 나의 시편을 읊고(吟吾編) 나의 거문고를 타며(鼓吾絃)

---

22 宋時烈, 〈六吾堂記〉,《宋子大全》卷143 記; 朴冠圭, 〈尤庵 宋時烈의 記文 硏究〉, 고려대학교 국어국문학과 석사학위논문, 2002. 6. pp. 88-92.
23 南龍翼, 〈十吾堂詩〉.《壺谷集》卷5 五言律詩.

나의 현묘한 도를 지키고(守吾玄) 나의 잠을 편안히 자며(安吾眠)
나의 천성을 즐기고(樂吾天) 나의 연수를 마친다(終吾年).

뒤에 보듯이, 영조도 권필의 사오와 남용익의 십오를 참조해 자신의 당을 육오六吾라고 이름 지었다.

厚 김간金榦(1646-1732)의 자는 직경直卿, 호는 후재厚齋이다. 본관은 의성이다. 1681년(숙종 7) 황간黃澗의 냉천冷泉으로 가서 송시열을 뵙고, 이후 〈후명厚銘〉을 지었다. 그 뒤로 사람들이 그를 후재선생厚齋先生이라 불렀다. 《후재집》이 있다. 〈후명〉은 이러하다.

품질이 엷으므로 두텁고자 하고
품성이 가벼우므로 두텁고자 한다.
안으로는 친척에 대해 나는 두텁고자 하고
바깥으로 붕우에게 나는 두텁고자 한다.
일에는 두터워도 마음은 그렇지 못한 것은 내가 두텁지 못해서요
처음에는 두터워도 끝내 그른 것은 내가 두텁지 못해서다.
내가 마땅히 두터워야 할 바에는 두텁지 않음이 없기를
짐짓 스스로 경계해 좌석 오른쪽에 적노라.[24]

丸窩/屛谷 권구權榘(1672-1749)의 본관은 안동, 자는 방숙方叔, 호는 병곡屛谷·환와丸窩이다. 《병곡집》을 남겼다. 이현일李玄逸의 문인으로, 과거를 단념하고 안동 족적동足積洞에서 사창社倉을 열고 향약을 실시했다. 1716년(숙종 42) 안동의 병산屛山 서쪽 적곡跡谷에 집을 짓고, 마을 이름이 속되다며 병곡으로 바꾸고 또 자신의 호로 삼았다. 동고東皐로 거처를 옮겼다가 52세 되던 1723년(경종 3) 지곡枝谷으로 돌아와 지명을 또 병곡으로 고쳤다. 서실에는 환와라는 편액을 걸고 〈환와〉 시를 썼다. 환丸을 태허의 경지로 비유했다.[25] 환와는 작은 집이

24 金榦, 〈厚銘〉, 《厚齋集》 卷40 銘. "稟質之薄欲其厚, 賦性之輕欲其厚. 內而親戚我欲厚, 外而朋友我欲厚. 事厚心非匪吾厚, 始厚終否匪吾厚. 凡吾當厚罔不厚, 聊以自警書座右."
25 權榘, 〈丸窩〉, 《屛谷集》 卷2 詩. "산데 숨어 사는 촌 늙은이 오두막, 인간세상 아니고 태허 속

란 뜻이다. 소옹邵雍이 서실을 안락와安樂窩라 한 것에서 유래하며, 후인들은 안락와를 환와라고도 불렀다. 1728년(영조 4) 이인좌 난에 연루되었다고 의심되어 친국을 받았으나 풀려 나왔다. 그의 〈환와명〉은 다음과 같다.

> 정수리와 발뒤축까지를 용납하기 어려우니
> 그 크기가 탄환만 하다만
> 애오라지 스스로 편안히 쉬나니
> 하늘과 땅 사이처럼 드넓구나[26]

지곡을 병곡이라 개칭한 것에 대해서는 〈병곡기〉를 지었다. 권구는 자신이 어리석고 키가 작아 세상에서 병기屛棄된 점, 세상에 구차하게 부합시킬 수가 없어 스스로 병퇴屛退한 점, 자취를 궁한 골짝에 거두어 병장屛藏한 점, 이것이 서로 원인이 되어 병屛 자가 자신을 따르고 있으므로, 땅은 달라도 저곳과 병의 뜻에는 차이가 없다고 변론했다.

> 수석의 사이에 병적屛跡하고 감암嵌巖의 아래에 병식屛息해서, 외물과 자아가 서로 얻어서 그것과 하나로 되었는데, 내가 이곳에 와서 병적(병식)하면서부터, 푸른 강과 비췻빛 벽의 승경, 아침 안개와 저녁 비의 태깔이 나의 심흉에 들어오고 안목에 삼연하니, 한 구역의 병산이 마치 문병門屛의 사이에 있는 것과 같아, 이 몸이 병산에 있는 것인지, 병산이 이 땅에 있는 것인지를 모를 정도라오. 병곡이란 이름은 비록 나 때문에 얻어진 것이지만, 병산에서 병屛을 취한 것도 족히 하나의 뜻이라고 할 수 있으니, 내가 어찌 딴 말을 하겠소?[27]

찬은 인물의 행적을 찬송하는 양식으로, 사진寫眞(초상화)에 써넣는 진찬眞贊, 자서전의 계보에 속할 자찬自贊 등이 있다. 내면의 수양을 중시하는 유교 사상

에 있다네. 황홀한 음양이 시작하기도 전, 홍몽한 천지가 처음 모습을 드러내누나. 머리 위에 해와 달 한가히 오가고, 눈앞엔 바람과 연기 모이고 흩어지네. 마음에 아무 일 없음을 깨달으니, 이 늙은이 신세 너무도 거침없어라."(林居野老一蓬廬, 不在人間在太虛. 倪惚陰陽無始際, 澒濛天地有形初. 頭邊日月閒來往, 眼底風煙自卷舒. 漸覺胸中無一事, 此翁身世太狂疎.)

26 權榘, 〈丸窩銘〉, 《屛谷集》 卷8 銘. "劣容頂趾, 其大如丸. 聊自偃息, 天地其寬."

27 權榘, 〈屛谷記〉(甲辰), 《屛谷集》 卷8 記.

에 뿌리를 두고 있지만, 유교의 교조적 틀을 벗어나기도 했다.

臞髯子/支離子 장유張維(1587-1638)의 〈구염자자찬臞髯子自贊〉은 자신의 초상에 붙인 자찬이다. 장유는 〈지리자자찬支離子自贊〉도 지어, 산수에 거처하여 양생하는 삶에 만족해했다.[28] 구염자나 지리자는 장유의 별호이다. 〈구염자자찬〉에서 장유는 스스로의 모습을 "자부심 넘치면서 바짝 마른 그 모습은 병든 학 축 늘어져도 곡식 쪼아먹진 않듯이 하고, 잿빛 수염으로 뒤덮인 얼굴은, 겨울 소나무 홀로 서서 온갖 풍상 겪은 듯하구나"(昂然而臞者, 如病鶴低垂不啄稻粱. 蒼然而髯者, 如寒松獨立飽更風霜)라고 묘사하면서, 세간과 결별한 정신 태도를 드러냈다.

點离 안도징安道徵(1616-1678)의 본관은 순흥順興, 자는 태화泰和, 호는 죽계자竹溪子·점리와點离窩로, 《점리와집》을 남겼다. 정경세 문하에서 수학했다. 1667년(현종 8) 축성竺城(경북 예천군 용궁면) 남촌南村으로 이주하고 홍여하洪汝河에게 청하여 〈점리와명點离窩銘〉을 받았다. 점리點离는 이괘离卦를 점철點鐵한다는 뜻이다. 이괘는 건괘의 가운데로 음효가 들어간 형상인데, 이 이괘의 가운데 음효를 연결함을 마치 철鐵을 연결하는 것과 같이 한다고 하여, 자신의 학문 태도로 삼았다. 홍여화는 "사람이 처음에는 온전한 본성을 지닌 건乾이지만, 나중에는 사욕私慾이 그 가운데서 싹터 본성이 벌어지는 이離가 되고, 그것이 붙으면 다시 본성이 온전한 건乾이 되어 처음을 회복합니다. 학문을 해서 성현에 이르면, 섭생攝生하여 장수하는 것과 나라를 다스리고 장수를 기원함이 모두 한가지 이치입니다"라고 해설했다.[29]

靜坐窩 정좌법은 본심을 보존하는 유력한 방법이었으므로, 북송의 정이는 정좌해 있는 사람을 보면 공부를 잘한다고 탄복했다고 한다. 심조沈潮(1694-1756)의 본관은 청송, 자는 신부信夫, 호는 정좌와靜坐窩이다. 서울 남정동藍井洞 외가에서 태어났다. 권상하權尙夏의 문인이다. 중간에 마호麻湖로 이주하고, 용호龍湖에서 자연도紫燕島로 이사했으며, 1718년(숙종 44) 금릉金陵[경기도 김포]

---

28 張維, 〈支離子自贊〉, 《谿谷集》 卷2 贊.

29 洪汝河, 〈點离窩銘 并序〉(安泰和齋號), 《木齋先生文集》 卷6 銘. "人之初, 乾也. 私欲萌於其中而爲離, 點之則復爲乾, 而復其初矣. 爲學而至於聖賢, 攝生而延年, 治國而祈命, 皆一理也."

고산高山의 옛집으로 이거했다. 1728년(영조 4)에는 동강東岡에 서실을 지었다. 1731년 금릉 고산 아래 정좌와를 지었는데, 한원진韓元震이 〈정좌와명靜坐窩銘〉을 지어주었다.[30] 1747년 동몽교관에 제수되었으나 병을 이유로 사직했다. 《정좌와집》이 있다.

古古 김치인金致仁(1716-1790)의 본관은 청풍, 자는 공서公恕, 호는 고고정古古亭·고정古亭, 시호는 헌숙憲肅이다. 노론 벽파 김재로金在魯의 아들이다. 1748년(영조 24) 춘당대문과에서 장원을 했다. 1766년 좌의정을 거쳐 영의정이 되었다. 1772년 당파 조성의 죄로 직산현稷山縣에 유배되었다가 영중추부사로 서용되었다. 정조 즉위 후 고부 겸 승습주청사로 청나라에 다녀왔다.[31] 죽은 후 소래蘇來(인천仁川) 안현鞍峴에 묻혔다. 조카 김종후金鍾厚가 그의 정원의 작은 정자를 고고古古라고 명명했다. 《맹자》 〈진심·하〉에서 금장琴張·증점曾點·목피牧皮 같은 광자狂者들에 대해 "그 뜻이 효효하여 '옛사람이여, 옛사람이여!' 한다"(其志嘐嘐然曰: 古之人古之人)라고 한 것을 따왔다. 김종후는 〈고고정명〉을 지어, 공자나 맹자도 군자를 얻지 못하면 옛 도리를 존중하는 광자(미치광이)라도 취하겠다고 하지 않았으냐고 반문했다.[32]

下廬 황덕길黃德吉(1750-1827)의 본관은 창원昌原, 자는 이길耳吉, 호는 회산檜山·하려下廬·두호斗湖이다. 안정복安鼎福을 사사했다. 28세 되던 1777년(정조 원년)부터 서울 남대문 밖 만천蔓川 좌측 도저桃渚 부근의 유북柳北에 거처하다가 1783년 파릉巴陵으로 옮겼다. 파릉은 현재의 서울 강서구 양천구(난지도 앞 공암진)을 말한다. 양천陽川·공암孔巖·양원陽原·양평陽平·재차파의齊次巴衣·제양齊陽 등의 이칭이 있다. 옛 평양平陽 땅으로, 그곳 서북쪽에 있는 산을 파산巴山이라 했고, 그곳에 효령대군孝寧大君 초정草亭의 유적이 있었다. 1787년 이곡理谷으로 이주하고, 집을 하려라고 이름지었다.[33] 높이 오르려면 아래에서 시작해

---

30 韓元震, 〈靜坐窩銘 幷說〉(辛亥), 《南塘先生文集》 卷32 銘.

31 金鍾秀, 〈從叔父古古亭府君墓誌銘幷序〉, 《夢梧集》 卷7 墓誌.

32 金鍾厚, 〈古古亭銘幷序〉, 《本庵集》 卷6 銘. "吾叔父領議政公, 爲小亭園中, 命余使名. 名之曰古古, 盖取孟子之稱狂士嘐嘐然曰:古之人古之人也. 念余之於公, 有所勸勉也. 公則曰: '此古道也. 今何得行?' '有規其非也.' 公則曰: '古則不可, 於今可, 率多如是. 此余所以請名斯亭者也.' 因爲之銘曰: '天古天, 地古地. 人生其間, 亦惟古人之心與理. 惟古天地之是戴是履, 而曰吾非古之人耶? 此狂者所以爲孔子與之, 孟子申之也歟!'"

야 한다는 뜻이다. 문집의 서명도《하려집》이다. 호의 회산은 본관 창원의 옛 지명을 빌려 온 것이다. 48세 된 1797년(정조 21) 두호정사斗湖精舍가 완성된 이후, 호를 두호라고 했다. 두호는 평양平陽(파릉) 선두암仙逗巖 아래 강을 말한다.[34] 황덕길 스스로 〈하려명下廬銘〉을 남겼다.

일인逸人이 마침내 거처를 하려라고 했으니, 어떤 뜻을 취한 것인가?《서경》(태갑太甲·하)의 가르침에 '높이 오르려면 반드시 아래에서 시작해야 한다'(若升高, 必自下) 했다. 노자(《도덕경》 제61장)의 말에 '천하의 암컷은 고요함으로써 (수컷을 이기고 고요함으로써) 자신을 낮춘다'(牝常以靜勝牡, 以靜爲下) 했다. 주周나라 사람의 명銘에 '천하는 위로 올라갈 수 없다는 것을 알므로 아래에 처한다'[35] 했다. 높이 오르려면 반드시 아래에서 시작해야 한다는 것은 덕의 나아감을 말한다. 천하의 암컷이 고요함으로써 자신을 낮춘다는 것은, 세상에서 숨어서 알려지지 않아서 후회가 없음을 말한다. 천하가 위로 올라갈 수 없다는 것을 알기에 아래에 처한다는 것은 겸손하고 겸손하여 스스로를 기름을 말한다. 그러므로 군자는 아래에 처할 줄을 알아서 아래에 거처하여, 예법을 갖추어 남보다 아래로 내려가며, 아래에 있어도 윗사람을 잡아당기지 않으며, 아래부터 배워서 위로 도달하니, 아래로 낮추는 도가 지극하도다. 나는 잘한다고는 할 수는 없지만 부디 이 점을 배우고자 하니, 그러면 하우下愚의 상태는 면하지 않겠나 싶다.

명銘은 이러하다.

지혜에 가깝고 인에 가까우며, 허물이 적고 후회가 적도록, 학문에서 하처下處하노라.

미치광이도 아니고 고집통이도 아니며, 백이伯夷도 아니고 유하혜柳下惠도 아니도록, 지기志氣를 낮추노라.

해롭게 굴지도 않고 탐욕 부리지도 않아, 그저 옳다는 것도 없고 그저 안

33 黃德吉, 〈理谷精舍十二詠〉(丁未移寓理谷) '下廬', 《下廬先生文集》 卷1 詩. "雲亭與葛廬, 世以稱賢者. 何似郭南翁, 于于而在下?"

34 黃德吉, 〈斗湖精舍記〉, 《下廬先生文集》 卷10 記.

35 《어정연감유함御定淵鑑類函》 권282 인부人部 41 근신謹愼 5 증명增銘에 수록된 〈금인명金人銘〉에 "군자는 천하보다 위로 올라갈 수 없다는 것을 알기 때문에 아래로 처하고, 뭇사람보다 앞설 수 없다는 것을 알기 때문에 뒤로 처진다"(君子知天下之不可上也故下之, 知衆人之不可先也故後之)라고 했다.

된다는 것이 없이, 재지才智를 내리노라.

누가 훼손하며 누가 영예롭게 만들랴, 혐오함도 없고 싫어 함도 없도록, 견식을 내리까노라.

번민도 없고 허물도 없이, 여기에 거하고 여기에 처하니, 아래로 낮춘다고 하지 않으랴?[36]

晦窩/幼石 곽종석郭鍾錫은 1919년 김창숙金昌淑(1879-1962)을 상해로 보내어 유림 137인 서명의 독립청원서를 파리강화회의에 발송하도록 했다. 그 일이 발각되어 일제로부터 2년형을 언도받았으나 병 보석으로 나와 여독으로 죽었다. 경상도 단성丹城 출신으로, 본관은 현풍玄風, 아명 석산石山, 자 명원鳴遠, 호 면우俛宇·유석幼石이다. 주희의 회암晦庵이란 호를 본떠 당호를 회와晦窩라고 했다. 주희의 관례 때 부집父執(부친의 친우)인 병산屛山 유자휘劉子翬가 주희의 자字를 원회元晦라 짓고 "나무가 뿌리를 숨기면 봄에 아름답게 펴지고, 사람이 몸을 숨기면 신명이 안에서 기름지게 된다"(木晦於根, 春容曄敷, 人晦於身, 神明內腴)라는 축사祝詞를 내려주었다. 이에 주희는 호를 회암이라 했다. 곽종석의 문집은《면우집》인데, 면우란 처마가 낮아 머리를 숙여야 하는 작은 집을 일컫는 말이다. 22세 때 단성을 떠나 역동嶧洞의 역고재繹古齋에서 기거하고, 33세 되던 1878년(고종 15)부터 이 호를 사용했다.[37] 1883년 안동부 춘양春陽(현재 경북 봉화군 춘양면) 학산촌(일명 성산筬山)으로 옮겼다가, 1896년 거창의 다전茶田으로 이주했다. 1901년(고종 38) 가을 문인들과 사천泗川으로 가서 남해를 유람하고, 유석幼石이라 자호했다. 1910년 경술국치를 당하자 도잠陶潛과 김이상金履祥의 성을 따서 이름을 만들어 도鋾라 하고 도잠의 자인 연명淵明과 김이상의 자인 길보吉父의 앞 글자를 따서 자를 연길淵吉이라 했다. 유석이란 자호는 아명이 석石

---

36 黃德吉, 〈下廬銘 幷序〉, 《下廬先生文集》 卷12 銘. "逸人乃名其居曰下廬. 何居? 《書》之訓曰: '升高必自下.' 老氏之言曰: '天下之牝靜爲下'. 周人之銘曰: '知天下之不可上也, 故下之.' 升高必自下, 德之進也. 天下之牝靜爲下, 遯世不見知而無悔也. 知天下之不可上也故下之, 謙謙以自牧也, 故君子知下而下之, 以禮下於人. 在下不援上, 下學而上達, 下下之道至矣. 非曰能之, 願學焉, 則庶免夫下愚云. 銘曰: 近知近仁, 寡尤寡悔, 學問下. 非狂非獧, 不夷不惠, 志氣下. 不忮不求, 無適無莫, 才智下. 誰毁誰譽, 無惡無斁, 見識下. 無悶無咎, 爰居爰處, 奚其不曰下?'

37 《俛宇先生年譜》 석판본; 河謙鎭, 〈郭鍾錫行狀〉, 《晦峯遺書》 卷47.

인데서 가져온 것으로, 곽종석은 "어려서 바위처럼 완고하고 늙어서 나무처럼 썩을 따름이다"(幼而石頑, 老將木朽而已)라고 자탄했다.[38] 〈화석찬畵石贊〉에서 그는 아래와 같이 말했다.

> 내가 어려서 이름이 석石이었는데, 선친께서 주신 것이다. 대개 용모가 추한 데다가 장차 장수하길 바라셔서 그러신 것이다. 어려서 홀로 되어 선친의 가르침을 받지 못하게 되었으니, 단지 외모만 추한 것이 아니라 온갖 행위가 더욱 추하게 되었다. 나이가 오십을 넘어 육십이 되려 하므로 장수하지 못했다고는 할 수 없다만, 선친의 뜻을 추념하면 매번 절절이 서글퍼져 목이 메지 않을 수 없기에, 마침내 스스로를 유석幼石이라 불러, 불초자의 느낌을 부쳤다. 금년 봄에 남쪽으로 금해錦海(남해)를 유람하고 돌아오다가 곤남昆南(곤양)의 덕동德洞에 이르렀더니, 호를 사석師石이라 하는 조맹언趙孟彦 군이 나를 위해 괴석怪石 한 장을 그려 주었는데, 창경蒼勁하고 담고澹古해서, 바라보면 공경할 만했으므로, 이에 더욱 내가 추하다는 사실을 깨달았다. 좌우에 걸어 두고 어르신처럼 바라보면서, 이것과 더불어 백세까지 살며 어그러지지 않고자 할 따름이다. 찬은 다음과 같다.
>
> 너를 현포玄圃의 노적가리 속에 놓아두니 완고하고도 개결하고
> 너를 초남楚南의 돌무더기 속에 던져두니 맑고도 특이하다.
> 어이해 너의 간담을 부드럽게 하지 않는 것이냐?
> 어이해 네 안색을 곱게 꾸미지 않는 것이냐?
> 산이 그 모습이고 구름이 그 위의로니
> 일만 번을 물어도 끝내 묵묵해라.
> 추한 품물이 나의 곁을 지켜
> 옛부터 잘아는 자 같구나.
> 부디 천성을 보존해
> 천억 년 장수하길.[39]

---

38 郭鍾錫, 〈答金致受〉(辛丑), 《俛宇集》 卷28 書. "承諭吾黨衰老, 良可太息. 所謂幼石者, 幼而石頑, 老將木朽而已. 雖欲爲培塿不可得, 况於喬泰乎? 受言兢恧, 奈奈何何?"

39 郭鍾錫, 〈畵石贊並引〉(辛丑), 《俛宇集》 卷144 贊. "鍾錫幼名曰石, 先人錫也. 盖爲其貌醜而且欲壽也. 孤露失教, 不但醜於貌, 而益醜於百爲. 年逾五十而將六十, 固不爲不壽矣. 追惟先志, 每切哽愴, 遂自呼曰幼石, 以寓不肖之感. 今年秋, 余南遊于錦海, 歸抵昆南之德洞. 趙君孟彦號師石者, 爲余

(4) 서序의 호설

문집의 서문이나 증서류의 서문에는 간혹 호의 의미를 밝힌 것이 있다. 문집의 서문은 대개 후대에 작성되므로 호주(號主: 호의 주인, 호의 당사자)의 사후에 추론한 내용이 대부분이지만, 증서류 서문은 호주도 동의한 내용이 대부분이다. 두 부류의 호설에 대해 몇몇 예를 살펴보기로 한다.

醉吃 유몽인의 조카 유숙柳潚(1564-1636)은 대북파의 인물이다. 본관은 흥양興陽, 자는 연숙淵叔, 호는 취흘醉吃이다. 1588년(선조 21) 생원이 되고 1597년 정시문과에 병과 4위(08/09)로 급제했다. 1598년 승문원정자로 있을 때 영의정 류성룡柳成龍을 비판했다. 1608년(광해군 즉위) 호당에 선발되었다. 1613년(광해군 5) 형조참판·병조참판을 역임했으며, 이이첨을 비판하기도 했지만 계축옥사에 가담했다. 1623년 인조반정 후 이이첨의 심복으로 지목받아 유배되었다. 7세손 유영보柳榮輔가 시문을 모아《취흘집》을 간행했는데, 1839년 이조판서 신재식申在植(1770-1843)이 그의 부탁으로〈취흘집서〉를 작성하면서 유숙의 호를 '침명(혼암)에 자취를 가탁하고 묵용(함부로 말을 하지 않아 자신을 보전함)에 훈계를 부친'(托跡沈冥, 寓戒默容) 것으로 보았다. 곧, 유숙이 광해조의 실정失政에 침묵할 수밖에 없어서 술에 취하고 입을 다물었다는 것이다. 그리고 유숙의 숙부 유몽인이 정절을 지킨 점에서 알 수 있듯이, 그의 가문은 청의淸議를 고수해 왔다고 칭송했다.

> 공은 목릉성세(선조 말의 태평시대)를 만나 젊은 나이에 수레를 발진하듯 해서 청음淸陰 김상헌金尙憲, 학곡鶴谷 홍서봉洪瑞鳳과 함께 호당(독서당)에서 노닐었으며, 또 사한(외교문)으로 거듭 중국에 사신으로 나가 임무를 수행했기에, 장차 밝은 시절의 조정에서 위엄을 차리고 군주의 계책에 협찬하리라 생각되었다. 하지만 불행히도 광해군의 세상을 만나서 인륜이 무너지는 상황을 목도해서 사간원의 상소문으로 가장 먼저 이이첨 등 역적이 당여를 심고 권력을

畵怪石一面, 蒼勁澹古, 望之可敬, 於是乎愈覺余之醜也. 將揭之座右, 視之爲丈人, 與之壽百齡而無斁云爾. 贊曰: 置汝於玄圃之積而頑而介, 放汝於楚南之磊而淸而特. 胡爲其不軟爾肝膽也? 胡爲其不媚爾顔色也? 山其貌而雲其儀, 萬叩之兮終默默. 有醜在傍, 如舊相識. 維全其天, 壽之千億."

휘두르는 것을 논척해서 우뚝하기가 마치 콸콸 무너지는 파도 속의 지주산과 같았으니, 저 호랑이가 엿보고 물여뀌가 해를 끼치는 때에 해분葅粉(처참한 죽음)만 면해도 다행이라고 할 만했다. 이러한 역경을 만나 호서의 전야로 물러나 경작하며, 감개하고 격앙하고 울적하고 우울해서 술에 취해 스스로 즐기며 변론하려다가 말을 잊었으니, 말 술도 많다 할 수 없었고 삼함三緘(함구)으로 경계를 보였다. 취흘醉吃로 호를 삼은 것이 슬프지 아니한가? 일찍이 시로 드러낸 것은 조탁을 일삼지 않았으되 빼어난 기운이 저절로 드러나서 마치 그 마음 그 태도와 방불하니, 뒤에 공의 시를 보는 자들도 역시 마땅히 공의 시대를 생각하면서 공의 뜻을 슬퍼할 것이다. 계해년의 개옥(반정)에 이르러 공의 숙부 어우 공(유몽인)이 죽더라도 후회하지 않아, 세상에서 역시 그 정절을 인정하고 있다. 공 집안의 청의淸議는 이이첨 등 역적과는 향풀·악풀의 차이처럼 향취가 다르니, 백세 이후라도 할 말이 있을 것이다. 교화와 정치로 청명한 세상을 가져온 처음에, 조정에서 공이 평소 올곧음을 다잡아 온 것을 칭송해서 아름다운 고명誥命이 줄 이었으나, 상전벽해의 여러 겁을 거치고 나이도 이미 고령이어서, 공의 취기(醉)가 끝내 깨질 못했고 공의 어눌하여(吃) 제대로 변론을 하지 못했으니, 너무도 슬프도다![40]

狂隱 18세기 경상도 창녕 선비 하석징河錫徵은 호를 광은狂隱이라 했다. 권덕수權德秀(1672-1759)는 단계丹溪에서 처음 하석징을 만나보고 20년 후 청성원재靑城院齋에서 다시 만났다가 이별에 임하여 〈광은자를 전송하며(送狂隱子)〉라는 글을 지어 주었다. 하석징의 처신은 포초鮑焦와 신도반申屠蟠과 비슷하면서도 그들과는 달랐다. 포초는《장자》〈도척〉에 나오는 주나라 은둔자로, 농사 짓고 살면서 아내가 만든 옷이 아니면 입지 않았다. 산속에서 허기가 져서 대추를 따 먹었을 때 어떤 사람이 "이 대추도 그대가 심은 것인가?" 묻자, 먹던 것을 뱉어

---

40 柳潚,《醉吃集》,〈醉吃集序〉(申在植). "公生逢穆陵盛際, 妙齡發軔, 與淸陰金公尙憲, 鶴谷洪公瑞鳳, 共遊湖堂, 亦嘗以詞翰, 屢儐皇華, 思將羽儀明時, 黼黻皇猷, 而不幸遇光海之世, 目見其彝倫將斁, 諫院尺紙, 首斥爾瞻諸賊之植黨專權, 屹若頹波之砥柱, 顧彼虎耽蜮射, 得免其葅粉, 猶云幸耳. 由是坎坷, 退耕湖田, 所以感慨激昂鬱悒侘傺, 取醉自怡, 欲辯已忘, 則一斗不多, 三緘示戒. 醉吃之爲號, 不亦悲乎? 所嘗發諸吟哦者, 不事雕刻, 逸氣自露, 尙彷彿乎其意態, 後之覽公之詩者, 亦當念公之時而悲公之志矣. 逮夫癸亥改玉, 公之叔父於于公[缺]死而靡悔, 世亦許其貞節. 公之一門淸議, 曾與爾瞻諸賊, 薰蕕異臭, 其將百世有辭矣. 化理淸明之初, 朝廷奬公之平日秉直, 華誥聯翩, 而閱劫滄桑, 年已耆艾, 公之醉遂不得醒矣, 公之吃遂不得辯矣, 尤可悲也!"

내고 말라 죽었다 한다. 신도반은《후한서》열전에 나오는 인물로, 당고黨錮가 일어나자 산속으로 들어가 뽕나무를 마룻대로 삼아 집을 짓고 살면서 하진何進과 동탁董卓 등 권세가들이 불러도 벼슬에 나아가지 않았다. 포초는 세상이 평화스러울 때 세상을 버린 사람이다. 곧 과망果忘(과감하게 세상을 잊음)의 잘못을 범한 사람이다. 신도반은 세상이 혼란스러울 때 세상을 버린 인물이다. 권덕수는 지금 세상이 평화스럽거늘 하석징이 은둔한 것은 발탁해 줄 인물을 만나지 못했기 때문이라고 지적했다.

> 고금 사람들 가운데 미치광이라는 이름을 지닌 사람들을 보면 스스로는 미치지 않았다고 하거늘 그대는 스스로 미치광이임을 미치광이 짓이라고 인정하고 있으니, 남들이 미친 것과 다르다고 해야 할 것이다. 혹 그대가 세상에 대해 분개하고 세속을 미워하는 것이 지나치게 과한 것을 두고 포초와 신도반에게 견준다면 역시 그대를 깊이 안다고 할 수가 없다.[41]

澤齋 김창립金昌立(1666-1683)의 본관은 안동, 자는 탁이卓而, 호는 택재澤齋이다.[42] 18세로 요절한 후 홍유인洪有人·유명악兪命岳·최동표崔東標가《택재유타澤齋遺唾》의 발간을 추진했다. 형 김창흡金昌翕이 시를 산정해서, 1684년 서사書肆의 활자로, 1700년에는 운관(芸館, 운각芸閣)의 활자로 간행했다.[43] 묘는 양주楊州 설곡리雪谷里(율북리栗北里)에 썼다. 현재 경기도 용인시 원삼면 죽릉리로 이전되어 있다. 택은 중택重澤괘인 태괘兌卦를 말한다. 최석정崔錫鼎의 제후題後에서 그 사실을 알 수 있다.

> 옥 지닌 자는 다스리고, 농사짓는 자는 먹으리로니, 아아, 중택이여!
> 박옥이되 조탁하지 않았고, 꽃을 피우고도 열매를 맺지 못하도다!
> 뜻이 이르는 곳에 시도 역시 지극한 수준에 이르렀으며

41 權德秀, 〈送狂隱子〉, 《逋軒集》 卷4 序.

42 金昌協, 〈六弟墓誌銘幷序〉, 《農巖集》 卷27 墓誌銘.

43 서문은 식암息菴 김석주金錫冑가 썼고, 발문은 문곡文谷 김수항金壽恒, 삼연三淵 김창흡金昌翕, 우암尤庵 송시열宋時烈, 호곡壺谷 남용익南龍翼, 서포西浦 김만중金萬重 등이 썼다.

어진 부형이 있음을 즐거워하여 나아가, 그치는 것을 보지 못했도다.
아아 중택이여![44]

중택괘 즉 태괘는 두 못이 붙어 있는 이택(麗澤)을 상징하여, 벗들이 모여 강습하는 것을 의미한다. 《주역》 태괘兌卦 상사象辭에 "붙어 있는 못이 태이니, 군자가 이것으로 인하여 벗들과 강습한다"(麗澤, 兌. 君子以, 朋友講習)라고 했다.

小山 성호 이익은 친우 홍중달洪重達(1680-?)이 고을 수령으로 부임했다가 도연명이 그랬듯이 80일 만에 직을 내놓고 충추 월탄장月灘莊으로 돌아가 서너 칸 집에 소산초려小山草廬의 편액을 걸자, 그를 위해 서문을 써 주었다. 홍중달의 본관은 풍산豐山, 자는 일겸一兼이다. 1705년(숙종 31) 증광사마시의 생원시에 합격한 후 벼슬길에 들었다. 소산이란 산모롱이가 덩이덩이 쌓인 듯하고 고기비늘 늘어선 듯하면서 울퉁불퉁, 구불구불 이어지는 것을 말한다. 한漢나라 회남왕 유안劉安이 학자들을 불러 모아 《회남자》를 엮을 때 학자들을 대산大山·소산小山으로 나누었던 일이 있는데, 소산의 무리들은 산중의 선비들에게 세상에 나오라고 권하여 〈초은사招隱士〉를 지었다. 한편 초려는 좁은 골목에 올망졸망 모여 있는 집을 말한다. 후한 말 제갈량이 회남 남양南陽의 초려에 은거해 있을 때, 유비劉備가 그의 초려로 세 번이나 찾아간 일이 있다. 홍중달의 소산초려는 와룡(제갈량)의 초려와 같다. 이익은 자신이 성호星湖의 집에 소산초려란 이름을 붙였으면 좋았을 터인데, 홍중당에게 선수를 빼앗겼다며 해학을 했다.

홍 공은 이 집에 거처하면서 장차 계수나무 가지를 잡고 무릎을 끌어안아 길이 휘파람 불고 한가로이 산보하며 심신에 부족함이 없을 것이니, 고인이 곧 나이고 내가 바로 고인인 줄을 다시 알지 못하리라. 사방 천리의 땅을 지닌 제후에 대해서 두려워하는 뜻이 없고 일만 명이나 되는 상대라도 반드시 대적하겠다는 기상이 있으므로, 이른바 이름을 붙이면 반드시 말할 수 있고 말하면 반드시 행할 수 있다는 것이 이런 것이 아니겠는가! 나 또한 성호에 터를

44 崔錫鼎, 〈書澤齋遺唾後〉, 《明谷集》 卷12 題跋. "有玉者制諸, 有稼者食諸! 噫乎重澤, 其璞而未琢, 秀而不實乎! 志之所至, 詩亦至焉. 樂有賢父兄而進, 未見其止. 吁嗟乎重澤!"(琢, 一作雕).

잡아 언덕에 의지해 집을 짓고 지붕을 이엉으로 덮어 그늘을 만들었는데, 본디 아름다운 칭호를 붙여 주고자 했으나 감히 하지 못했다. 이제 실제가 있는 바에 이름이 따라서 돌아가는 것이니, 천하가 그것을 아방궁이라 부른들, 이는 초한 전쟁 때 먼저 관중關中에 들어가는 자가 관중을 차지하기로 했던 것과 같은 격이다. 만일 다시 무릎쓰고 따라한다면 서시西施의 이웃 추녀가 억지로 서시처럼 가슴 움켜잡은 모습을 지어내는 것에 불과하니, 어찌 할 수 있겠는가! 공에게 양보할 뿐이다.[45]

六堂 서의 형식으로 이루어진 호설 가운데 김윤식金允植이 최남선崔南善(1890-1957)의 호를 해설한 〈육당서六堂序〉가 있다.[46] 최남선의 본관은 동주東州, 자는 공륙公六, 아명은 창흥昌興, 세례명은 베드로이다. 독립선언문 초안을 작성한 민족대표 48인 중 한 사람이지만, 광복 후 친일 반민족 행위자로 기소되었다. 육당이란 호는 구양수歐陽脩의 육일六一[47]이나 장재張載의 육유六有[48]와 관계가 없다. 《주역》 비괘否卦 단전彖傳에 "소인을 안에 있게 하고 군자를 밖에 있게 하니, 소인의 도가 자라나고 군자의 도가 없어진다"(內小人而外君子, 小人道長, 君子道消也)라고 했듯이, 유교가 쇠퇴해 가고 있지만 발흥하는 마음까지 잊어서는 안 된다는 점에서, 그리고 순음純陰의 때에 처하여 회복할 때를 기다리겠다는 뜻에서, 육六이라 했다. 또 육六은 복괘復卦의 "그 길을 반복하여 7일 만에 와서 회복한다"(反復其道, 七日來復)와 관련이 있다. 건효乾爻가 곤효坤爻로 다 변하면 그 수가 6인 순음으로 되지만 1양이 생겨나기에, 복괘復卦 단전彖傳에 "복괘는 천지의 마음을 보인 것인가 보다!"(復, 其見天地之心乎)라고 했다.

---

45 李瀷, 〈小山草廬序〉, 《星湖全集》 卷52 序.

46 金允植, 〈六堂序〉, 《雲養集》 卷10 序.

47 구양수歐陽脩는 호를 육일거사六一居士라고 했다. 구양수의 〈육일거사전六一居士傳〉에, "우리 집에 책 1만 권이 있고, 삼대 이래의 금석유문 1천 권을 모았고, 거문고 하나, 바둑판 하나가 있고 항상 술 한 병이 놓여 있다. … 나 한 늙은이가 이 다섯 가지 물건 사이에 늙어 가니 어찌 여섯 가운데 하나가 되지 않겠는가?"(吾家藏書一萬卷, 集錄三代以來金石遺文一千卷, 有琴一張, 有棋一局, 而常置酒一壺 … 以吾一翁, 老於此五物之間, 是豈不爲六一乎?)라고 했다.

48 장재張載(1020-1077)의 《정몽正蒙》 〈유덕有德〉에, "말에는 가르침이 있고 행동에는 법도가 있게 하며, 낮에는 행함이 있고 밤에는 깨달음이 있으며, 숨 한 번 쉬는데도 함양하고 눈 깜짝하는 순간에도 마음을 간직하라"(言有敎, 動有法, 晝有爲, 宵有得, 息有養, 瞬有存)라고 했다.

(5) 기記의 호설

실·당·헌·누·정의 건축을 기념하여 써 주는 글을 기記라고 한다. 건물에는 이름을 붙였으므로, 기는 자연히 건물 이름의 뜻을 해설했다. 실·당·헌·누·대·정 의 이름은 호로도 이용되었으므로 건물의 기는 호설의 성격을 띠기도 했다. 이를테면 조선 성종 때 문형을 잡은 서거정徐居正(1420-1488)은 처사, 사대부, 종실, 승려를 위해 기를 써 준 것이 많았다. 현존《사가집四佳集》에 수록된 예만 보아도 다음 쪽의 〈표1〉과 같다.

〈표1〉 가운데 〈사우당기〉의 예를 보기로 한다. 사우당은 임원준任元濬(1423-1500)의 호이다. 그의 본관은 풍천, 자는 자심子深, 시호는 호문胡文이다. 연산군 때 간신 임사홍任士洪의 부친이다. 효령대군의 농장에서 일하던 신분이었으나 세종이 그의 글솜씨에 탄복해 동반의 직을 주었다고 한다. 1456년(세조 2) 식년 문과에 을과 1위로 장원급제해 집현전부교리가 되었고, 다음 해 중시에서 병과 2위로 합격했으며, 1466년 발영시와 등준시에서도 합격했다. 1471년(성종 2) 좌리공신 3등으로 서하군西河君에 봉해졌다. 월악산月岳山에서 발원한 물이 달천獺川과 합쳐 금탄金灘이 되고 앙암仰岩을 지나 섬수蟾水와 만나 세찬 흐름이 넓어져 여강驪江이 되는데, 강 서쪽에 마암馬岩이 있어 황려黃驪(현재의 여주) 고을을 보호한다. 그곳 너른 들판에 임원준의 별장이 있었다. 임원준은 밭갈이, 가축 치기, 나무하기, 고기잡이 등 네 가지에서 뜻을 취해 별장에 사우당이라는 편액을 걸었다. 1486년(성종 17) 서거정은 〈사우당기〉를 적어 임원준이 "비록 공훈이 높고 명망이 무겁지만, 마음을 비우고 겸허한 자세로 지족止足의 경계를 거울 삼고 과감히 은퇴하려는 마음을 품은 지가 하루 이틀이 아니었다"라고 칭송했다. 그리고 다음 말을 덧붙였다.

> 고금의 고인高人과 운사韻士들을 두루 보건대, 도연명이 국화를 벗 삼고 왕자유王子猷(왕희지)가 대를 벗 삼은 일이나 화정和靖(임포)이 매화를 벗 삼고 주염계(주돈이)가 연꽃을 벗 삼은 일은, 혹자는 그 향기로운 덕을 취하고 혹자는 그 맑은 절개를 취하여, 마음으로 벗을 삼아 외물과 나 사이에 아무런 간격을 두지 않은 것이다. 근래에는 김경지金敬之(김구용金九容, 1338-1384) 선생이 여강

표1. 《사가집》 현전본 수록 서거정 작성 기

	제목	대상	작성 시기	수록권수	
1	無盡亭記	花山權公		권2	
2	七休亭記	孫舜孝(南郭先生)		권2	
3	友菊齋記	南陽洪侯		권2	
4	牛溪堂記	李紹生(이종형)		권2	
5	養性堂記	漆原尹君		권2	
6	竹堂記	申叔胥(본관은 평산). 1451년(문종 원년) 신미 증광시에 급제했고 《성종실록》 9년(1478) 1월 11일 기사에 제천 현감으로 나옴.	1467년(세조 13)경부터 1484년(성종 15)경까지 지성균관사 재임 시절	권2	속동문선 제13권
7	終慕堂記	辛柱		권2	
8	漁隱記	金漢生. 세조 13년(1467) 온양군수. 化嶺 별서.		권2	
9	默軒記	玄機上人		권2	
10	虛谷記	六通	1475년(성종 6)	권2	속동문선 제13권
11	孝友亭記	李宗儉·李宗謙	1478년(성종 9)	권2	속동문선 제13권
12	清遠亭記	權混		권2	
13	洗心亭記	李欑(銀川君)		권2	속동문선 제13권
14	歸來亭記	申末舟(자 子楫)	1479년(성종 10)	권2	
15	通津縣大浦谷梁判書別墅落成記	梁誠之(南原君)	1475년(성종 6)경	권2	
16	雙溪齋記	金紐(上洛)	1481년(성종 12)	권2	
17	逍遙亭記	權綸	1484년(성종 15)	권3	
18	四友堂記	任元濬(西河)	1486년(성종 17)	권3	

에 거처하면서 그 집을 사우당이라 했는데, 이는 눈, 달, 바람, 꽃에서 뜻을 취한 것이었다. 뒤에 강과 산을 더하여 육우六友라 했다. 그 벗 삼은 것이 또한 어찌 아무 생각 없이 그렇게 한 것이겠는가? 그러나 그들이 숭상한 바는 모두

선생이 벗 삼은 것보다 못한 것이다. 선생이 벗한 바는 인륜과 일용의 상도常道에 있고 형색과 완호玩好의 말단에 있지 않다. 벗을 취하는 도리가 여기에서 극진하다 하겠다. 나도 사가四佳라고 정자 이름을 지었다. 사가라는 것은 춘하추동을 이르며, 원형이정元亨利貞으로 군자의 사덕四德이 갖추어져 있다. 사덕을 실천한 군자의 뒤를 따라, 위로 그들을 벗하고자 하니, 사四를 벗하는 데에 있어서는 응당 선생에게 양보하지 않으리라.[49]

雙淸 쌍청雙淸은 바람도 맑고 달도 맑다는 뜻이다. 생각과 행동이 깨끗한 것을 이른다. 두보의 〈병적屛迹〉 시에 "명아주 지팡이 백수를 따라오는데, 마음과 자취 둘 다 깨끗함을 기뻐하네"(杖藜從白首, 心跡喜雙淸)라고 했다.

송유宋愉(1389-1446)는 12세에 부사정副司正의 무관직을 받았는데, 이듬해 1432년(세종 14) 신덕왕후神德王后 강씨康氏의 위패를 태조묘에 부묘하지 않는 일을 한탄하며 글을 지었다. 1432년 회천懷川, 즉 회덕懷德 백달리白達里로 낙향했다. 현재 대전광역시 대덕구 중리동 71번지에 있다. 송유는 거실 동쪽에 사당을 짓고 사당 동쪽에 따로 7간의 당을 세웠다. 앞에는 느릅나무와 버드나무를, 뒤에는 소나무와 대나무를, 계단과 뜰에는 화훼와 식물을 심었다. 1443년 가을 박연朴堧(1378-1458)이 유성儒城에서 목욕하려고 가다가 이 당을 쌍청이라 이름하고, 사언四言을 지어 주었다. 안평대군도 화운和韻했다. 박팽년의 〈쌍청당기〉는 다음과 같다.

천지의 사이에 바람과 달이 가장 맑다. 사람의 마음도 그것들과 다름이 없지만 형기形氣에 얽매이고 물욕에 더럽혀지는 까닭에 그 몸을 오로지 할 수 있는 자가 드물다. 대개 연기와 구름이 사방에서 모여들어 천지가 어둑하다가도 맑은 바람이 쓸어 내고 밝은 달이 공중에 뜨면 위와 아래가 통명해 털끝만 한 찌꺼기도 없게 되니, 그 기상은 진실로 형용하기 어려우나, 그 마음을 온전히 해서 더럽힘이 없을 수 있는 사람이라면, 감당하여 스스로 즐길 수 있다. 그러므로 황노직黃魯直(황정견)은 이로써 용릉舂陵[주돈이周敦頤]에 견주었고['광풍제월光風霽月'로 주돈이의 인품을 비유함], 소강절邵康節(소옹)도 또한 청야淸夜의

49 徐居正, 〈四友堂記〉, 《四佳集》 文集 卷3 記類.

시[〈청야음淸夜吟〉에 "달은 하늘 가운데 떠 있고 바람은 수면에 불어온다"(月到天心處. 風來水面時)로 도의 경지를 비유함]를 지었으니, 그 맛을 아는 자가 적음을 한탄한 것이다. 요즈음 세상에도 그 낙을 아는 이가 있단 말인가![50]

1444년(세종 26) 봄, 송유는 부친상으로 풍천楓川에 와 있는 김수온金守溫(1410-1482)에게 기記를 적어 달라고 청했다. 1446년 3월 김수온은 〈쌍청당기〉를 지어 쌍청의 의미를 더 분명하게 밝혔다.

> 천지가 있은 이래로 풍월이 있었고, 풍월의 즐거움을 즐긴 자 역시 얼마인지 알 수 없을 정도로 많다. 하지만 이것에서 얻으면 저것을 잃어버리고는 했다. 송옥宋玉은 부賦를 지어 웅풍雄風의 위대함을 극도로 묘사했지만, 삼오양명三五揚明(8월 15일의 보름달이 밝은 빛을 드날림)의 설[소식蘇軾 〈적벽부赤壁賦〉의 시상]에는 미치지 못하여, 바람에 전념했지 달은 빠뜨리고 말았다. 위魏 무제(조조)의 노래(〈단가행短歌行〉)는 공작이 남쪽으로 날아가는 슬픔을 형상화했지만 손이고물巽二鼓物(전설 속 바람의 신 손이가 생명 있는 것들을 고동시킴)의 성대함을 몰라서 달에만 편중하고 바람은 생략했다. 소공蘇公(소식)의 적벽赤壁 유람은 바람과 달 두 가지의 취향을 거의 갖추었지만, 주즙舟楫(배)의 위태로움은 당계堂階의 편안함만 같지 못하니, 몽학夢鶴의 기이한 일(소동파의 〈후적벽부〉에서 꿈에 학이 도사가 되어 나타난 일)에 어찌 책준冊樽(술동이 둔 곳 아래에 서책을 두어, 술이 깨면 서책을 펼쳐 봄)의 즐거움이 있었겠는가? 그렇다면 공의 즐거움을 이룸은 지금 세상에서 짝을 구하더라도 짝이 전혀 없을 뿐 아니라 옛날 사람들을 개관해도 그 비류가 매우 드물다.[51]

孚飮 광해군 정권을 성립시킨 정인홍鄭仁弘(1535-1623)의 본관은 서산瑞山, 자는 덕원德遠, 호는 내암來庵·부음정孚飮亭이다. 경상도 합천陜川 상왕산象王山 남사촌南嵔村에서 태어났다. 1573년(선조 6) 학행으로 천거되어 6품직에 올랐고, 1589년 정여립 옥사 이후 북인의 영수가 되었다. 왜란 때 영남의병장의 호를 띠기도 했다. 1612년(광해군 4) 우의정이 되고 1613년 이이첨李爾瞻과 함께

50 朴彭年, 〈雙淸堂記〉, 徐居正 等, 《東文選》 卷82 記.
51 金守溫, 〈雙淸堂記〉, 《拭疣集》 卷2 記類.

계축옥사를 일으켜 좌의정에 올랐으며, 1618년 인목대비를 유폐시키고 영의정에 올랐다. 1623년 반정으로 참형되었다.《내암집》이 있다. 부음의 부는《주역》에서 취한 것이다. 정인홍이 스스로 〈부음정기〉를 남겼다.

> 희경(주역)의 한 효사를 취하여 일신이 처해야 할 경지로 삼았다. 대개 술이면서 술이 아니고 마심이면서 마심이 아니다. 하늘에 기대하는 바 없고 남에게 구하는 바가 없어, 세간의 경연을 이미 반성했으므로 마음이 절로 한가하고 편안한 것이 마심의 경지이다. 한가하고 고요하여 스스로의 덕을 길러, 남이 알아주지 않아도 원망하지 않으면서 푸성귀 먹고 물을 마시면서 진미를 원하지 않는 것이 마심의 맛이다. 옛사람의 책을 읽고 선현들의 말과 행실을 알며, 친구가 오면 더불어 학덕을 연마하는 것이 마심의 자원이다. 푸른 하늘에 밝은 태양이 떠 있고 낮이 가면 밤이 오고 추위가 가면 더위가 오는 때가 마심의 시각이다. 산의 구름과 강물이 뜬 달, 흐렸다가 개어 물상이 변화하는 자태가 마심의 안주이다. 겨울의 소나무와 외론 대나무, 날아가는 솔개와 물에 뛰는 물고기가 마심의 이웃이다. 마심이란 애당초 (왕적王績이나 유령劉伶이 그랬듯이) 술지게미에 가탁하여 혼명함으로 도망가는 것에 비할 바가 아니다.[52]

畸庵 장유張維는 경상도 오천烏川(영일迎日)에 거처하던 정홍명鄭弘溟(1592-1650)이 헌호를 기암이라 이름하자 〈기암기畸庵記〉를 지어 주었다. '畸'는 '奇'와 같아서, 양陽을 가리킨다. 정홍명은 정철의 아들로, 본관은 연일, 자는 자용子容, 호는 기암畸庵·삼치三癡, 시호는 문정文貞이다. 1616년(광해군 8) 증광문과에 병과로 급제하고 1646년 대제학이 되었다. 정홍명은 기암이라는 호를 사용하는 이유에 대해 이렇게 말한 바 있다.

> 작고한 나의 부친(정철)께서는 몸가짐을 정결하게 지키며 말 한마디 행동 하

---

52 鄭仁弘, 〈孚飮亭記〉, 《來庵先生文集》 卷12 記. "取羲經中一爻辭, 以爲一身自處之地. 蓋酒而非酒, 飮而非飮也. 無望於天, 無求於人, 營爲旣省, 心自閑安者, 飮之地也. 閑靜自牧, 不怨不知, 飯蔬飮水, 膏粱不願者, 飮之味也. 讀古人書, 識前言往行, 有朋友來, 相與爲麗澤者, 飮之資也. 至於靑天白日, 晝夜寒暑, 飮之時也. 山雲水月, 陰晴變態, 飮之肴羞也. 寒松孤竹, 飛鳶躍魚, 飮之隣也. 其爲飮也, 初非托麴糱逃昏冥之比云云."

> 나도 허투루 내놓은 적이 없으셨고 조정에서는 강직한 면모를 보이며 털끝만큼도 국가를 등진 일이 일찍이 없으셨거늘, 거꾸로 세상의 엄청난 비난을 한 몸에 뒤집어쓴 채 억울하게도 신원되지 않은 지 지금 벌써 20년이 되었습니다. 불초인 나는 부친께서 끼치신 가르침을 받들어 문학에 정진하면서 밤이고 낮이고 게으름을 피우지 않았으므로, 견문은 넓지 못하다 할지라도 어느 정도는 세상 사람들 사이에 끼일 수 있으리라 여겼거늘, 시대의 버림을 받은 채 불우한 처지에 빠져 고난 속에서 허덕이고 있는 실정입니다. 남들이 함부로 배척하고 무책임하게 유린하는 가운데 사귀던 사람들은 뿔뿔이 흩어지고 친척마저 돌아보지 않게 된 나머지, 뜨내기처럼 떠돌아다니면서 스스로 편히 쉴 곳을 찾지 못하고 있으니, 이 세상에서 기畸의 인물치고 나만큼 혹독한 처지에 빠진 경우는 없을 것입니다.[53]

장유는 〈기암기〉에 정인홍의 이 말을 옮겨 적은 후, 선비는 궁窮과 통通의 어느 경우에도 유유자적해야 한다고 말하고, 정인홍이 문채와 지절을 지니고 있는 데다가 몸가짐을 단속해서 집안의 공적을 실추시키지 않았으므로 군주가 곧 발탁하리라고 기원했다. 이어서 《장자》〈대종사大宗師〉의 "기인畸人이란 세속과는 맞지 않지만 하늘과는 화합하는 사람이다"라는 말을 인용하고, 세속과 맞지 않아도 하늘과 조화한다면 안도해도 좋으리라고 위로했다.

無號 정약용과 죽란시사竹欄詩社를 같이 했던 윤필병尹弼秉은, 앞서 말했듯이, '백정이나 비단장수도 모두 호를 가지게 된' 세태를 비판하고, 자신은 '무호'를 주장했다. 본관은 파평坡平, 자는 이중彝仲이다. 서울 정동貞洞에 살았으며, 계안와計安窩 윤기경尹基慶의 손자이다. 1765년(영조 41) 생원시에 합격하고 1767년 정시 문과에 병과로 급제했으며, 1786년 친림춘당대 중시에 병과로 급제했다. 이후 동래부사로서 4년간 재직했다. 정약용은 1799년에 〈무호암기〉를 지어, 이름을 피하려는 윤필병의 뜻이 널리 인정되어 결국 무호無號가 그의 호로 널리 알려질 것이라고 해학적으로 말했다.[54] 당시 정약용은 여유당거사與猶堂

53 張維, 〈畸庵記〉, 《谿谷集》 卷8 記.

54 이보다 앞서 윤필병은 시종신의 직을 버리고 가족을 이끌고 용진강龍津江에 귀은하고 정자를 분호分湖라고 했다. 사헌부 지평 권이강權以綱이 이곳에 복거卜居하고는 윤필병을 불러 강의 남쪽과 북쪽에 나누어 살자고 했으므로 분호라고 하게 된 것이다. 채제공蔡濟恭의 〈분호정기分湖

居士를 자처했다.

> 공의 뜻은 이름을 피하려고 하는 것입니까? 옛날에 어려서 집을 떠난 사람이 있었는데, 그의 성을 알 수 없자, 사람들이 서로 말하길 "저 사람은 하성何姓(성이 무엇인가)인가?"라고 하다 보니, 결국은 하何로 성을 삼아 버렸다고 하는데, 그것이 성이 아닌 것은 아니지요. 또 예를 좋아하는 무식쟁이가 그의 아들의 관례를 행하면서 축복해 '고보某甫'라고 말했더니, 결국 모보가 자로 되었다 하는데, 그것이 자가 아닌 것은 아니지요. 지금 공이 무호로 이 집의 호를 삼았으나 그 또한 호가 아닌 것이 아닙니다. 또 세상에서 집에 호를 붙이는 것은 대략 관례가 있습니다. 집에 앉아서도 남산을 볼 수 있으면 호를 유연悠然이라 하고, 바위 빛이 문에 임해 있으면 호를 읍취挹翠라 하며, 강물 빛이 난간에 들어오면 호를 영파映波라 하고, 세속을 멀리하고자 하는 사람은 호를 돈와遯窩라 하고, 말을 적게 하고자 하는 사람은 호를 눌재訥齋라 합니다. 이와 같은 호는 사람이 늘 보아 눈에 익숙하고 늘 들어 귀에 익숙하기 때문에 그를 대하면 호를 부르지만 뒤돌아서면 잊어버리게 됩니다. 그러므로 이 같은 것은 이름을 피하지 않아도 이름이 따라붙지 않습니다. 지금 공은 이 몇 가지 호들과 달리 특출하게 무호라고 호를 지었는데, 사람들은 공의 새로운 발견에 놀라 기이하게 여겨 집에 돌아가서도 기억에 남아서 죽을 때까지 잊지 못할 것입니다. 곧 공은 이름을 피하고자 하지만 이름이 더욱 따르게 될 것이니, 선생의 호는 훌륭하지 않습니까? 이름을 드러내기 좋아하는 실질이 없는데 이름을 피한다는 이 이름을 거짓으로 가진 것입니까? 나는 알 수가 없소이다.[55]

정약용이 힐난하자, 윤필병은 웃으면서 이렇게 사과했다.

> 내가 어찌 이름을 피하겠소? 내가 어찌 이름을 좋아하겠소? 나는 세상 좋아하는 작태를 미워해서 바로잡으려고 한 것인데, 그대의 말처럼 내가 세상 사

亭記〉가 채제공의 문집《번암집樊巖集》권34에 실려 있다. 그리고 윤필병은 1799년 무렵 병조참판을 지낼 때 '무호'를 주장하여 정약용이 이 〈무호암기無號菴記〉를 지어 주었다. 훗날 허전許傳(1797-1886)의 〈무호암윤공행장無號庵尹公行狀〉이 문집《성재집性齋集》에 전하는데, 분호정이나 무호암에 관한 언급은 없다.

55 丁若鏞,〈無號菴記〉,《與猶堂全書》第1集 詩文集 第13卷.

> 람들을 허물하면서 도리어 그들을 본받는 것이 되지나 않았는지 모르겠소. 그만이오, 그만이오. 내가 호를 지니고 말았구려!

1800년 정조가 승하하고 이듬해 당국자들이 신유사옥을 일으키자, 윤필병은 호군의 직책으로 척사소를 두 번이나 올렸으며, 1802년 이가환李家煥·이승훈李承薰의 가족을 노비로 삼아야 한다고 주장하는 등 서학 배척에 힘썼다. 그러나 파직되고 문외출송되어 경기도 포천으로 돌아가 여생을 보냈다.

必有 서형수徐瀅修(1749-1824)는 부친 서명응徐命膺(1716-1787)의 학문을 이어받고자 했고, 또 자손 중에 학문 좋아하는 사람이 반드시 있으리라 기대한다는 뜻에서 서재를 필유당必有堂이라 했다.[56] 본관은 달성, 자는 유청幼淸·여림汝琳, 호는 명고明皐이다. 서명응의 손자로 서형수의 조카였던 서유본徐有本(1762-1822)은 서형수의 장남 서유경徐有檠(1771-1835)의 부탁으로 〈필유당기必有堂記〉를 써 주면서, 군자의 학문은 가학보다 좋은 것이 없다고 했다.

> 내가 듣기에, 군자의 학문은 가학보다 좋은 것이 없다. 양한(서한·동한)의 성대한 시기에 유학자들은 각기 전문과 실적을 두어, 아비가 밭을 개간하고 자식이 일구는 식으로 서로 이어나가 끊임이 없었다. 한영韓嬰의 시경학詩經學이나 구양생歐陽生의 상서학尙書學은 6, 7대에 걸쳐 이어졌으며, 그 아래 여러 장인들의 온갖 기예도 모두 그러하지 않음이 없었다. 반맹견班孟堅(반고)이 "선비는 덕을 쌓은 선조의 이름을 먹고, 장인은 삼대(증조·고조·부)의 규구規矩를 사용한다"라고 말한 것이 바로 이를 가리킨다. 대개 일용의 사이에 배우고 익히기 때문에 가르침이 쉽게 들어가고 집의 뜰 안에서 손수 가르치기에 전하는 내용이 틀리지 않는 것이다. 옛날의 군자가 학문이 이루어지고 명성이 확립되어 대대로 유종儒宗이 되었던 것은 대개 이 때문이다. 또한 효자라면 부모를 섬겨 음식이나 기호의 작은 것이라 해도 감히 잊지를 않거늘, 하물며 마음을 두어 이루어낸 저술에 대해서야 더 말해 무엇하겠는가? 하찮은 한 가지 기예나 한 가지 일이라 해도 감히 폐기할 수 없거늘, 하물며 도를 보존해 둔 학

56 徐瀅修, 〈必有堂記〉, 《明皐全集》 卷8. "前後所得四部, 經類爲十九種, 史類爲三十種, 子類爲二十五種, 集類爲三十四種, 摠一百單八, 錦帊芸香, 次第鱗比, 斂之一堂, 顔曰必有. 取于丁顗所謂:'必有好學者, 爲吾子孫'之語也."

문에 대해서야 더 말해 무엇하겠는가?[57]

自然經室 서명응의 손자이자 서유본의 아우였던 서유구徐有榘(1764-1845)는 앞서 보았듯이 젊어서 당호를 풍석암楓石庵이라 하고 자호를 풍석자楓石子라 했다. 이후 그는 번계樊溪의 서실을 자연경실自然經室이라 했다. 자는 준평準平, 시호는 문간文簡이다. 1786년(정조 10) 생원시에 합격하고 1790년 증광문과에 병과로 급제해 관직에 나아갔다. 서유구는 시문을 적을 때도 '풍석암서실楓石庵書室'이나 '자연경실장自然經室藏'이라고 쓰인 사가私家 원고지를 사용했다.[58] 서유구는 자연경실의 명명 이유를 〈자연경실기自然經室記〉에서 밝혔는데, 지리지《수경주水經注》에 인용된 〈숭고산기嵩高山記〉)의 "소신산少室山에 자연경서自然經書가 있다"라는 말을 취하여 문설주에 '자연경실'이라 써 붙였다고 했다.

> 어떤 객이 그 뜻을 물었다. "아, 자연경실이란 말은 빈말이군요. 그렇지만 어째서 기記를 지어 사실로 굳히지 않는게요?" 풍석자가 말했다. "이미 기를 지었는데 못 보았소?" 객이 말했다. "못 보았소." 풍석자가 병풍·탑상·병화·골동품 등 앞에 잡다하게 놓여 있는 것을 손가락으로 가리키면서 말했다. "이것이 내 기記라오." 객이 눈을 둥그렇게 뜨고는, "무슨 말이오?" 했다. 풍석자가 말했다. "그대가 내 방에 들어올 때 무늬나무 병풍을 보고는 어떠했소?" "교묘하더군요, 처음엔 인공人工이라 의심했소." "병화는 어땠소?" "역시 교묘하더군요, 처음엔 천공天工이라 의심했소."
>
> 풍석자가 말했다. "무늬나무를 인공이라 여긴 것은 천공이 이렇게 교묘할 줄 미처 생각지 못해서요. 병화를 천공이라 여긴 것은 인공이 이렇게 교묘할

57 徐有本, 〈必有堂記〉, 《左蘇山人文集》 卷7 文. "余聞之, 君子之學, 莫尙乎家學. 兩漢盛時, 儒者各有顓門實功, 父菑子畬, 承承未艾, 如韓嬰之詩, 歐陽生之尙書, 歷六七代相繼, 而下至百家衆技, 莫不皆然. 班孟堅所謂: '士食舊德之名氏, 工用高曾之規矩,' 是也. 盖服習於日用之間, 故其敎易入, 指授於庭闈之內, 故其傳不差. 古之君子, 學成名立, 代爲儒宗, 率由是也. 且夫孝子之事親也, 雖飮食嗜好之微, 猶不敢忘, 而況於心之所存乎? 雖一藝一事之末, 亦不敢荒墜, 而況於道之所存乎?"

58 자연경실장에 있던 서적들은 대부분 일본 메이지 시기의 수집가 사토 로쿠세키佐藤六石에 의해 일본으로 옮겨져 현재 일본 오사카부립도서관에 소장되어 있고, 일부는 미국 버클리대학교 동아시아도서관 아사미 린타로淺見倫太郞 구장본으로 흘러 들어가 있다. 일제강점기 박영철朴榮喆에 의해 출판된 박지원의《연암집》은 자연경실장본을 대본으로 삼았다고 한다.

줄 미처 생각하지 못해서였소. 하늘의 교묘함이 낫다고 하겠소, 사람의 교묘함이 낫다고 하겠소? 하늘의 공교함과 사람이 공교함이 모두 뛰어나니, 사람에게서 이루어진 저 죽간과 칠서를 하늘이 유독 못 만들겠소? 북방 사람이 닭은 늘 봤으나 꿩은 한 번도 못 봤는데, 하루는 남방으로 가서 꿩을 보고는 그 꿩이 시간을 고하기를 기대했으니, 이는 관습에 눈이 먼 것이오. 그러므로 무늬나무를 인공이라 여기는 것은 사람이 그린 그림에 눈 먼 것이고, 병화를 천공이라 여기는 것은 천화天畵에 눈 먼 때문이라오. 자연경을 빈말이라 여기는 것은 그대가 익숙히 보아 온, 성인이 만들고 현인이 조술한 경經에 눈이 먼 때문이었소. 그대는 어찌하여 그대의 멀어 버린 눈을 씻고 그대의 가려진 막을 걷어 내고 그대의 형체를 버리고 총명을 토해 내어 소실산에서 놀면서 그 책을 펼치고 그 글을 읽으며 장차 웃으며 정신이 노닐게 하지 않는단 말이오? 또한 그대가 무늬나무를 인공이라고 의심한 것은 새기고 그린 것이 그림 같아서일 뿐이었소. 그런데 그림에는 또한 비슷하게 하려는 그 대상이 있으니, 그림에서 비슷하게 하려는 대상이 곧 참이라오. 앞서 말한 주름진 봉우리와 원앙의 참모습은 과연 누가 새기고 누가 그린 것이오? 그렇거늘 그대는 의심하지 않고, 무늬나무가 꼭 닮은 것을 한 번 보고는, 흘끗흘끗 보면서 신묘하다 뭉뚱그렸소. 심하구려, 미혹됨이! 육경의 글이란 것도 성인이 만물의 진정을 잘 그려 낸 것이오. 그대는 어찌하여 육경을 도화圖畫로 여기고 만물을 원앙새로 여기며 자연경을 무늬나무 병풍으로 여기고, 다시 내 말을 돌이켜 보아 장차 흡족히 마음에 맞게 하지를 않는단 말이오? 내가 듣기에 경經은 말을 의지하여 이루어진 것이오. 말은 뜻을 의지하고 뜻은 마음을 의지하며 마음은 도道를 의지하오. 그러므로 도가 있는 곳이 곧 경이 있는 곳이라오. 도는 분분하게 작용하지 않는 것이 없고 조밀하여 깃들어 있지 않은 것이 없소. 기와·벽돌에도 있으며 똥·오줌에도 있거늘, 하물며 벼루·안석·골동 솥·술잔등이야 더 말해 무엇하겠소? 그대도 벼루·안석·골동 솥·술잔에서 도를 구한다면, 기記를 기다리지 않아도 알게 될 것이오. 이것이 자연경이란 이름이니, 이것을 자연의 기記라 한다오."[59]

---

59 徐有榘, 〈自然經室記〉,《金華知非集》卷5. "客有詢其義者曰: '噫, 其虛言與! 雖然, 盍記以實之?' 楓石子曰: '吾固已有記, 子未見邪?' 客曰: '未見也.' 楓石子指屛榻甁花硏彝之雜陳於前者曰: '此吾記也.' 客瞠曰: '何謂也?' 楓石子曰: '子之入吾室也, 見吾文木之屛, 奚若?' 曰: '巧哉! 始吾疑爲人工矣.' 楓石子曰: '見吾甁花, 奚若?' 曰: '亦巧哉! 始吾疑爲天工矣.' 楓石子曰: '謂文木人工者, 不意天工之若是巧也. 謂甁花天工者, 不意人工之若是巧也. 將謂天之巧勝乎, 將謂人之巧勝乎? 天

성인이 만들고 현인이 조술한 경經만이 진리를 담고 있는 것이 아니라 생활세계의 자연물이나 인공물이 모두 진리를 담고 있다. 벼루·안석·골동 솥·술잔 같이 문방사우와 골동물품에만 진리가 있는 것이 아니라《장자》가 말했듯이 기와·벽돌·똥·오줌에도 진리가 있다. 자연경은 천공과 인공을 포괄하는 개념이며, 일상의 미적 완상물과 하찮은 물품을 모두 포괄하는 개념이다. 즉, 본질을 주체의 감각기관에 그대로 드러내는 모든 물품을 뜻한다. 경經은 도道에 의지하고 도는 만물에 깃들어 있으므로, 경이라는 것이 만물과 구별된 별스러운 것이 아니라는 것이다.

한편, 기의 당호설 가운데는 기와 시가 복합되어 있는 형식도 있다.

十足堂 조귀명趙龜命이 충청도 보은報恩의 처사 고령인 신필성申必渻[60]을 위해 작성한〈십족당기 병시十足堂記幷詩〉가 그 예이다. 여기서 시는 신필성의 10수에 차운한 것이다. 인간의 욕망을 식食·미味·의衣·거居·흥興·한閑·취趣·경景·담談·청聽의 10종으로 열거하고, 그 모든 욕망이 나의 정신을 외물에 속박당하게 만드는 것이므로 그 욕망들로부터 벗어나는 방법을 모색해야 한다고 말했다.

올빼미는 쥐를 좋아하고 지네는 뱀을 달게 먹지만, 지렁이는 스스로를 양성

與人交相勝也, 則彼竹簡漆書之成於人者, 天獨不能爲乎? 北方之人, 慣雞而未見鷲. 一日南行, 見鷲焉而求時夜者, 瞖於慣也. 故謂文木人工者, 人畵爲之瞖也. 謂瓶花天工者, 天畵爲之瞖也. 謂自然之經虛言者, 子所慣聖作賢述之經爲之瞖也. 子何不刮子之瞖, 去子之蔽, 墮子形體, 吐子聰明, 以遊乎少室之山, 而披其袟, 讀其文焉, 將無洒䩄然而釋於神邪? 且子之疑乎文木者, 以其雕鏤點綴之似畵耳. 然畵又有所似, 畵之所似者, 眞也. 向所謂皴峰瀏鶒之眞者, 果孰雕鏤之? 孰點綴之? 而子曾是之不疑. 一見夫文木之肖其形, 則洒覰覰然該以爲神. 甚矣, 其惑也! 今夫六經之文, 亦聖人所以善畵萬物之情者也. 子何不以六經爲圖畵, 以萬物爲瀏鶒, 以自然之經爲文木之屛, 而反觀于吾言, 將無乃犁然而契於心耶? 蓋吾嘗聞之, 經者待言而成者也. 言待於意, 意待於心, 心待於道. 故道之所在, 卽經之所在也. 道之爲物也, 紛乎其無不爲也, 密乎其無不寄也. 在於瓦甓, 在於屎溺, 而况乎硏几鼎彝之屬邪? 子又求諸硏几鼎彝, 則將有不待記而知者. 是其名也, 謂之自然之記'."

60 신필원申必源·신필청申必淸(1647-1710)·신필혼申必混(1657-1745)·신필징申必澄·신필성申必渻·신필창申必昌·신필렴申必濂·신필량申必湸의 8형제는 본관이 고령高靈이다. 신집申潗의 아들이고, 신숙주申叔舟의 후손이다. 신필청은 성호 이익의 장인이다. 신필혼의 호는 현암玄巖으로, 1740년(영조16) 수직壽職으로 첨지중추부사에 제수되었다. 이 형제들은 지금의 충청북도 청원군淸原郡 낭성면琅城面 현암리玄巖里 하곡夏谷에 세거했다. 그곳을 현암이라고 일컬었다. 李瀷,〈司諫院正言申公墓碣銘〉,《星湖全集》卷59.

하여 아래로 샘물을 마시고 위로 흙을 먹는다. 샘과 흙이 쥐와 뱀에 대하여 갖는 관계는 필수로 삼는 바가 다르지만, 만족하지 않아 만족을 구하는 것은 한가지일 뿐이다. 지금 저 갈포옷, 나물밥, 풍월, 송죽은 외물 가운데 만족하기 쉽고 해가 없는 것이지만, 만족하기에 족하다고 한다면 부족하여서는 장차 부족하다고 할 것이고, 만족하기에 즐겁다고 한다면 부족하여서는 장차 즐겁지 못하다고 할 것이다. 만약 이와 같다면 저 세속에서 만족을 구하는 것과 무슨 차이가 있겠는가? 이 때문에 옛날의 지인至人은 외물들에 대하여 만족을 보지 않는 동시에 부족도 보지 않으며, 우연히 만족하여도 족하다고 여기지 않으며 우연히 부족하여도 부족하다고 여기지 않아, 만족함도 없고 부족함도 없었거늘, 어찌 즐거움이 있고 즐겁지 못함이 있었겠는가? 이러한 연후에야 천하의 그 어떤 외물도 나를 부릴 수 없어, 나는 항상 우유優游하고 초탈超脫하여, 홀로 갔다가 홀로 와서, 바야흐로 진정으로 얽매임이 없게 될 것이다. 천산天山[보은 내북면에 속했다가 현재 산외면에 속함]의 신 처사가 당을 십족十足이라 하고 나에게 기記를 써 달라고 청했다. 나는 이상과 같이 말하고 아울러 그 십영十詠에 차운한다.[61]

무엇으로 내 먹는 것을 만족하나? 보리죽과 조밥이지.
보리 조도 때로 다할 때가 있으나, 침 삼키면 신기가 평온해지네.

何以足吾食? 麥粥與粟飯, 麥粟有時罄, 嚥津神氣穩.

무엇으로 내 입맛을 만족하나? 산나물과 물고기이지.
나물 안 캐고 고기 안 잡아도, 의리는 고기처럼 기름지네.

何以足吾味? 採山與釣水, 不採亦不釣, 義理芻豢膩.

무엇으로 나의 의복을 만족하나? 여름엔 삼베요 겨울엔 솜옷이지.
삼베와 솜옷 없어도 좋으니, 실오라기 하나도 어깨에 걸치지 않네.

何以足吾衣? 夏麻與冬綿, 麻綿無亦可, 一絲不挂肩.

61 趙龜命, 〈十足堂記〉, 《東谿集》 卷2. "鴟鴉嗜鼠, 蝍且甘帶, 而蚓之爲養也, 下飮泉上食壤. 泉壤之於鼠帶, 所須固殊矣, 其未足而求其足則一而已. 今夫布褐·菜糲·風月·松竹, 物之易足而無害者, 而其足以謂之足, 則其不足而將謂之不足, 謂之足而樂, 則謂之不足而將不樂. 如是則與夫世俗之求其足者 奚間哉? 是故, 古之至人, 於凡外物, 不見其足, 亦不見其不足, 適然而足而不以爲足, 偶然而不足而不以爲不足, 無足也, 無不足也, 又焉有樂與不樂? 然後天下之物, 皆無能以役吾, 而吾常優游超脫, 獨往獨來, 方爲眞無累矣. 天山申處士, 名其堂曰十足, 而求余記之. 余以是說復焉, 仍次其十詠."

무엇으로 나의 거처를 만족하나? 시원한 처마와 따뜻한 온돌이지.
하늘이 덮어주고 땅이 실어주니, 무릎 들이기 어려워도 근심 않아라.
何以足吾居? 凉軒與溫堗, 天覆而地載, 不愁不容膝.

무엇으로 나의 흥취를 만족하나? 걸쭉한 막걸리와 졸렬한 시이지.
어느 곳이 더 진의일까? 짐작도 않고 음영도 하지 않는 곳이라네.
何以足吾興? 濁醪與拙詩, 底處尤眞意? 不斟不吟詩.

무엇으로 나의 한가함을 만족하나? 바둑 두기와 거문고 연주이지.
도연명의 무현금과 산골노인 바둑이, 비결은 예나 지금이나 같아라.
何以足吾閑? 圍碁與彈琴, 陶絃巖老局, 妙訣無古今.

무엇으로 나의 취향을 만족하나? 서리 맞은 대와 눈 덮인 솔이지.
소옹과 달라 천산교에 꽃이 피지 않았어도, 안락와의 뜻은 먼저 짙어라.[62]
何以足吾趣? 霜竹與雪松, 天津花未發, 安樂意先濃.

무엇으로 나의 경치를 만족하나? 맑은 바람과 밝은 달빛이지.
청풍 그치고 명월이 져도, 하늘과 땅은 갖가지로 아름다워라.
何以足吾景? 淸風與明月, 風止月又落, 乾坤種種色.

무엇으로 나의 담론을 만족하나? 시골 노인과 늙은 농부라네.
손님 떠나면 편안히 말을 잊으니, 세상일일랑 가슴에 두질 않노라.
何以足吾談? 村翁與野老, 客去儋忘言, 了無事在抱.

무엇으로 나의 청취를 만족하나? 농민의 민요와 목동의 젓대이지.
노래 멎고 피리소리 잦아들어도, 하늘의 소리는 적막하지 않아라.
何以足吾聽? 農謳與牧笛, 謳歇笛聲收, 天籟還不寂.

외물에서 만족을 추구한다면, 인간이 접하는 외물이란 끝이 없고 또 외물에

62 천진은 천진교天津橋를 말한다. 지금의 하남성 낙양시 서남쪽에 있던 다리이다. 천진교 남쪽에 송宋나라 소옹邵雍(1011-1077)이 만년에 거처한 안락와安樂窩가 있었다.

대한 인간의 욕망도 끝이 없기에, 끝내 완전한 만족에 이를 수 없고 오히려 근심이 가득하게 된다. 탈연무루脫然無累한 사람이 추구하는 별개의 순수한 욕망을 따라가면 외물에 의존하지 않을 수 있다고 설파했다.

(6) 자술自述·자서自序·자전自傳·자찬비지自撰碑誌의 호설

자술自述·자서自序·자전自傳과 자찬비지自撰碑誌는 근세 이전에 자아의 내면을 드러내는 중요한 문체였다. 과거의 독서인들은 이 문체들을 이용해 자신의 삶을 개괄했는데, 이때 자호의 의미에 대해 풀이하는 내용을 삽입해 두기도 했다.

猊山農隱 1323년(충숙왕 10) 벼슬에서 물러난 최해崔瀣(1287-1340)는 경주 성남 사자산獅子山에 들어가 갑사의 토지를 빌려 경작하던 때 〈예산은자전〉을 지었다. 예산은 지금의 경주 사자산으로, 예산농은猊山農隱이란 말은 예산에서 농사지으며 숨어사는 사람이란 뜻이다. 이후 충숙왕, 충혜왕, 충숙왕 복위 기간 내내 은둔해 있다가, 54세를 일기로 타계했다.

> 늘그막에 갑사岬寺의 승려를 스승으로 따르며, 밭을 빌려 경작하고 동산을 만들어 취족取足이라 하고, 스스로 예산농은이라 호했다. 좌우명으로 다음과 같이 적었다.
>
> 너의 밭과 너의 동산은
> 삼보(불·법·승, 곧 불교)의 두터운 은혜.
> 취족하길 어디에서 하는지
> 부디 잊지 말기를.
>
> 은자는 평소 부도(불교)를 좋아하지 않았으나 끝내 절의 전호佃戶가 되고 말았다. 대개 젊은 날의 뜻이 손상된 것을 스스로 꾸짖어서, 스스로 익살을 부린 것이다.[63]

예산농은은 거인국 후손이거늘, 갑사의 밭을 빌려 경작하는 전호로 전락하

63 崔瀣, 〈猊山隱者傳〉, 《拙藁千百》 卷2; 심경호, 《나는 어떤 사람인가—선인들의 자서전》, 이가서, 2010, pp. 290-297.

고 말았다. 그래도 자족의 삶을 살자고 마음 고쳐먹고는, 동산의 이름을 취족원取足園이라 했다. '취족'은 쓸 만큼만 취한다는 뜻이다. 한나라 때 은준자는 상장向長(자는 자평子平)은 호사가가 재물을 주면 쓸 만큼만 취하고 나머지는 돌려주고는 했다. 최해도 동산을 가꾸면서 땅에서 나는 것 가운데 쓸 만큼만 취하고 더 이상의 욕심을 부리지 않겠다고 밝힌 것이다.

鶴沙耄翁 김응조金應祖(1587-1667)는 호를 학사모옹鶴沙耄翁이라 했다. 본관은 풍산, 자는 희징希徵, 또다른 호는 아헌啞軒이다. 류성룡·장현광의 문인으로, 1613년(광해군 15) 계축 증광사마시의 생원시에 합격하고 1623년 계해 알성문과에서 병과로 급제했다. 선산 도호부사, 인동 도호부사, 예조 참의, 공조 참의 등을 역임했다. 《학사집》이 있다. 정해년(1587)에 태어났는데 고조도 정해년(1467, 세조 13)에 태어났으므로 이름을 응조應祖라 하고 자를 효징孝徵이라 했다. 관직을 그만두면 학가산鶴駕山 북쪽 사천沙川의 학사정사로 돌아왔으므로 호를 학사鶴沙라고 했다. 1664년(현종 5) 담양에서 사들인 쌀의 품질이 좋지 않다고 사간원이 탄핵하여 고신을 빼앗겼다. 이 해 〈학사모옹자명鶴沙耄翁自銘〉을 지었다.

> 나는 본래 책 보기를 좋아해서 무한한 취미를 지니고 있지만 눈이 어두워서 마음껏 찾아 나가 옛사람이 끼친 끄트머리나마 엿볼 수가 없으니 이것이 첫 번째 한스러움이다. 또 평소 산수유람에 취미가 있어서 만년에 학사에 마치 신선이라도 살 듯한 집터를 두고 그곳에 이를 때마다 번번이 흥이 일어나 즐거워서 주림도 잊어버리지만, 속인에게는 그 즐거움을 말하기 어렵고 또 그 속에서 늙어 죽을 때까지 항시 거처해 세월을 보내지도 못하니 이것이 두 번째 한스러움이다. 손님 좋아하기를 주리고 목마른 사람이 물과 음식을 구하듯 하는 정도에 그치지 않고 더 심하게 하거늘, 집이 가난해서 기장 넣은 닭요리를 대접하지 못하고 흰 망아지를 문간에 묶어 둘 수도 없으니 이것이 세 번째 한스러움이다.[64]

64 金應祖, 〈鶴沙耄翁自銘〉, 《鶴沙先生文集》 卷7 墓碣銘; 심경호, 《내면기행》, 민음사, 2018, pp. 190-197.

晦隱 앞서 보았듯이, 남구만의 아들 남학명南鶴鳴의 호는 회은晦隱이다. 이민서의 사위인데, 중년에 수락산 서쪽 회운동晦雲洞에 은둔했다. 용인 화곡花谷에 선영이 있었다. 최석정崔錫鼎이 서재를 회은재晦隱齋라고 이름 지어 주었다. 남학명은 60대 말에 〈회은옹자서묘지晦隱翁自序墓誌〉를 지어, 회은재를 호로 삼지는 않았다고 했다. 하지만 회은이 호로 불리게 된 듯하다.

> 중년에 수락산 서쪽 회운동에 꽃과 과실 천 그루를 씨 뿌려 두고, 서너 칸 집을 쌓으니, 계수와 골짝의 아름다움을 차지하게 되었다. 상국 최석정이 억지로 이름을 회은재라고 붙여 주었으나, 감히 그것으로 호를 삼으려 하지는 않았다. 일반 서적과 역사서와 금석문과 저서를 쌓아 두는 데 탐닉해, 도서가 근 1만 축에 이르렀다. 세간에서 말하는 성색聲色과 취미臭味에 대해서는 담백하여 관심이 없고, 아름다운 산수를 좋아해서 혹은 노새를 타고 술병을 들고 나가서 노닐어 돌아오는 것을 잊었다. 조상을 받들고 종족들을 돈독하게 하는 일에 대해서는 감히 소홀히 하지 않았다. 이것으로 일생을 마치려고 한다. 지금 일흔 살에 가까운데, 겨울잠 자는 벌레처럼 문을 닫아걸고 있다.[65]

西溪樵叟 박세당朴世堂(1629-1703)의 본관은 반남, 자는 계긍季肯, 호는 잠수潛叟·서계西溪, 시호는 문절文節이다. 젊어서 호를 잠수라고 했다.[66] 1660년(현종 원년) 증광사마시에서 생원이 되고 그해 증광문과에서 갑과 1위로 장원을 했다. 1668년 이조좌랑에 임명되었으나 취임하지 않아 장형을 받았다. 이해 동지서장관으로 청나라에 다녀온 뒤, 당쟁에 혐오를 느껴 경기도 양주楊州 수락산水落山 석천동石泉洞 다락원으로 물러나 있으면서 서계초수西溪樵叟라고 자호했다.[67] 석천동은 경기도 양주목 둔야면芚夜面 장수원리長壽院里(현 경기도 의정부시 장암동)로, 석림사石林寺 계곡에 해당한다. 이곳은 박세당의 아버지 박정朴炡

---

65 南鶴鳴, 〈晦隱翁自序墓誌〉, 《晦隱集》 第4 墓文; 심경호, 《내면기행》, 민음사, 2018, pp. 271-277.

66 朴世堂, 《西溪集》 卷1 詩 ○潛稿 注. "선생이 소싯적에 잠수潛叟라 자호自號하고 시고를 잠고라 했다."

67 박세당은 1702년 이경석李景奭을 위한 신도비명에서 송시열을 비판했고, 1703년 《사변록》을 저술해 주자학을 비판해 사문난적의 낙인이 찍혀 관작을 삭탈당하고 유배 도중 옥과玉果에서 죽었다.

(1596-1632)이 인조반정에 참여한 공으로 받은 사패지였다. 박세당이 들어가 살게 된 이후 장자울長者谷로 일컬어지다가 훗날 장암동이라고 바뀌었다. 박세당은 산등성이를 동강東岡, 시내를 동계東溪, 개울물을 잠수潛水, 집 뒤 언덕을 잠구潛丘라 했다. 석천동은 도성의 동쪽에 해당하므로 그곳 곳곳에 '동東'자 이름을 붙였으나, 뒷날 이곳이 수락산 서쪽이라는 뜻에서 동계를 서계西溪로 고치고 호로 삼았다.[68] 박세당은 스스로 〈서계초수묘표西溪樵叟墓表〉를 적어, 쟁석爭席을 실천했다고 밝혔다. 쟁석이란 말은 《장자》〈우언〉에 나온다. 곧 춘추 시대 양자거陽子居가 여관에 묵을 적에 다른 사람들이 그를 조심스럽게 대했으나 그가 소탈한 태도를 보이자 다른 사람들이 그와의 신분 차이를 잊고 그와 윗자리를 다툴 정도로 친숙해졌다고 한다.

> 서른 둘의 나이인 현종 원년(1660)에 과거에 응시해 벼슬길에 나아가 8, 9년간 봉직했다. 하지만 스스로 재주가 짧고 능력이 부족해 세상에 무슨 일을 하기에는 모자란다고 생각했다. 또 세상은 자꾸 무너져 가서 바로잡을 수 없는 상태였다. 이에 관직을 내놓고 물러났다. 동문 밖 도성에서 30리 떨어진 수락산 서쪽 골짝에 터 잡고 살면서 그 골짝을 석천동이라 이름 붙이고, 그 김에 스스로 서계초수라 일컬었다. 물가에 작은 집을 지었는데 울타리는 만들지 않고 복숭아·살구·배·밤나무 등을 집 둘레에 심었다. 오이를 심고 논을 갈았으며 땔나무를 팔아 생계를 꾸렸다. 농사철이 되면 언제나 밭에 있으면서, 가래 멘 사람들과 앞서거니 뒤서거니 함께 행동했다.[69]

聾巖 이광언李光彦(1780-?)은 본관이 벽진碧珍으로, 경상도 칠곡漆谷 월방에 거처했다. 호가 농암聾巖으로, 〈농암거사전聾巖居士傳〉을 지어, 청풍명월의 주인이 되어 넉넉한 삶을 살아간다는 자부심을 밝혔다.

밤에 용두강龍頭岡에 오르면 온 강을 비추는 내 낀 달의 빛이 농암의 한 구역

68 김학수, 〈학술과 문화의 씨를 뿌리다 — 서계종택〉, 《예던길》 종가탐방 19, 한국국학진흥원 소식지 2014년 봄(통권 제27호).

69 朴世堂, 〈西溪樵叟墓表〉, 《西溪集》 卷14 墓表; 심경호, 《내면기행》, 민음사, 2018, pp. 228-238.

을 전부 에워싸니, 욕계欲界와 선도仙都의 구별이란 이것을 두고 하는 말이다. 하늘을 우러르고 땅을 굽어보며 흥을 타서 소선蘇仙(동파 소식)의 〈적벽부〉와 〈후적벽부〉를 외고, 또 이적선李謫仙(이백)의 "청풍명월은 돈이 필요 없다네"(淸風明月不用錢)의 구절을 외면, 세인으로부터 소외되어 고독하기도 하고 양양洋洋(생기가 불끈 일어남)하기도 해서, 세상을 버리고 티끌로부터 벗어난 듯한 상상이 들었다.[70]

則止軒 유언호兪彦鎬(1730-1796)의 본관은 기계, 자는 사경士京, 호는 즉지헌則止軒이다. 1761년에 정시문과에 병과로 급제했고 춘궁관으로서 왕세손(정조)을 보호했다. 정조 즉위 후《명의록名義錄》편찬을 주관하고, 우의정에 올랐다. 경종과 희빈 장씨를 옹호한 조덕린趙德鄰이 복관되자, 이를 신임의리에 위배되는 것으로 공격했다. 이에 탕평책을 부정한다는 죄목으로 제주도 대정현大靜縣에 유배되었다가 3년 뒤 방송되었다. 1795년 잠시 좌의정에 올랐고 다음 해 사망했다. 문집으로《연석燕石》이 있다. 연석은 하찮고 볼품없다는 뜻이다. 앞서 보았듯이, 송나라 사람이 연석燕石을 보옥인 줄 알고 애지중지하다가 주周나라의 어떤 나그네에게 비웃음을 당한 고사가《후한서》〈응소열전應劭列傳〉의 주注에 나온다. 유언호는 〈자지自誌〉에서 즉지헌則止軒의 호에 대해 "한번은 사람을 시켜 일생의 길흉을 점쳐 뇌천雷天 대장大壯괘를 얻었는데 그 단사彖辭에 '곧은 것이 이롭다'고 했다. 그래서 '크게 장대하면 그친다大壯則止'는 뜻을 취하여 그 집에 편액하고 자호로 삼았다"라고 밝혔다.[71] 유한준兪漢雋도 〈즉지헌기〉를 써 주었다.[72]

(7) 잡체전雜體傳의 호설

근대 이전의 한문 문체 가운데는 사람의 일생을 서술하는 양식으로 전장체傳狀

---

70 李光彦, 〈聾巖居士傳〉, 《聾巖集》.

71 兪彦鎬, 〈自誌〉(甲辰), 《燕石》 冊6 墓誌銘; 심경호, 《내면기행》, 신판, 민음사, 2018, pp. 456-471.

72 兪漢雋, 〈則止軒記〉(辛丑), 《自著》 卷18 記.

體 산문이 있다. 이것은 역사서 속의 열전과 단편單篇의 잡체전雜體傳으로 나뉜다. 잡체전은 사외전史外傳이라고도 한다. 외전外傳·보전補傳·잡전雜傳·행장行狀·일사장逸事狀·사략事略 등이 그것이다. 잡체전은 일생 사적을 서술하는 것이 목적이므로 호의 의미를 상술하지는 않지만, 잡체전 가운데 소형의 양식들은 간혹 호의 의미를 풀어 보이기도 한다. 잡체전 가운데 자전에 대해서는 이미 위에서 언급했다.

清風子 안동이 본관으로 이현일의 문도였던 권두인權斗寅(1643-1719)은 전문傳聞에 의지해서 정윤목鄭允穆(1571-1629)을 위해 〈청풍자전清風子傳〉을 지었다. 정윤목은 경상도 예천 고평리 불우실 출신이다. 본관은 청주, 자는 목여穆如로, 정탁鄭琢의 셋째 아들이다. 1589년(선조 22) 부친을 따라 중국으로 가서, 말을 타고 양자강 남쪽으로 갔다가 파릉巴陵과 악양루岳陽樓를 구경했다고 한다. 임진왜란 후에는 예천군 서쪽 해압산海鴨山 아래 노곡蘆谷에 살면서 노곡거사蘆谷居士라고 자호했다. 1616년 소촌찰방召村察訪으로 나아갔으나 곧 그만두고 장야평으로 돌아왔다. 그 후 몽촌夢村으로 옮겼다가 풍양면 삼강리에서 여생을 보내다가 병으로 죽었다.《청풍자집》이 전한다. 권두인은 〈청풍자전〉에서 정윤목을 소요인으로서 그려 보였다.

> 특히 눈 구경을 좋아해, 눈이 온 뒤에는 노새 한 마리를 타고 소백산과 태백산으로 달려 들어가서 마음껏 은 바위산의 안개 낀 경색을 구경하고는 홀연 홀로 돌아왔다. 대개 맹호연孟浩然의 풍모가 있었던 것이다. 눈 오는 밤에 달빛을 타고 선동仙洞으로 양서瀼西 이광윤李光胤(1564-1637)을 찾아갔다가 흥이 다해 그대로 돌아오면서, 시를 벽에 쓰기를, "눈빛 달빛 함께 휘황한 밤, 맑은 바람을 타고 대취해 왔다가, 표연히 흥 타고 떠나니, 천년 속세 먼지를 끊었다"(雪月交輝夜, 清風大醉來. 飄然乘興去, 千載絶塵埃)라고 했다. 신선 세계의 사람이 아닌가 의심될 정도였다. … 예천군에 거처했는데, 대개 용주현龍洲縣 북쪽에 살았다. 집 뒤에 초가 서너 칸을 지어 두고 마을의 자제들을 가르쳐 싫증내지 않았다. 만년에는 소촌召村의 독우(찰방)에 제수되었으나, 일단 부임한 후에 얼마 안 되어 사직하고 돌아왔다. 대개 두류산(지리산)의 묵은 빚을 청산하려고 그런 것이었지, 뜻한 것은 아니었다.[73]

권두인은 이 뒤에 찬贊을 붙여, 청풍자가 세상을 잊는 데 과감한 것도 아니고 《장자》에 나오는 위왕魏王의 박처럼 쓸모없는 것도 아니었다고 했다. 청풍자는 임진왜란 때 의주로 선조를 호종할 만큼 군신의 의리를 중하게 여겼고 천하의 일을 강개하게 논하고는 했다. 따라서 그 재주를 당세에 시험할 수 있었다면 어떤 그가 어떤 일이든 할 수 있었으리라고 아쉬워했다.

白雲子 한편 권두인은 자신의 족조이되 서얼이었던 권상원權尙遠을 위해 〈백운자전白雲子傳〉을 지었다. 권상원은 영가永嘉 사람인데, 자는 원유遠游이다. 약관에야 발분해서 서적을 읽었으며, 임숙영任叔英(1576-1623)에게서 《사기》를 배웠다. 1626년 명나라 조사詔使가 와서 모문룡毛文龍이 주둔한 가도椵島로 사열하러 가자, 접반사 김류金瑬(1653-1719)의 종사관으로 따라간 일도 있다. 권두인은 전문傳聞을 기초로 다음과 같이 백운자의 삶과 인품을 개괄했다.

> 백운자는 과거공부를 하지 않았는데, 때때로 장옥에 노닐면 크게 취해 드러누워 구상도 하지 않았으므로 장옥에서 나올 때마다 번번이 빈 답안지를 냈다. 사람들이 눈짓을 하면서 비웃었으나, 백운자는 태연해하며 조금도 개의치 않았다. 경오년(1630)에 진사시에 합격하고는 다시는 대과에 응하지 않았다. 누군가 권하는 사람이 있으면, "과거에 합격을 해서 권귀權貴에게 절개를 꺾어 멍에 젊어진 준마처럼 얽매이기보다는 차라리 포의로서 질탕하게 내 뜻대로 사는 것이 낫다" 했다. 집이 아주 가난하여, 거친 옷과 죽정이 곡식도 충분하지 않았고 서적만 시렁에 가득했을 따름이다. 죽은 후 그 아들들이 모두 아버지의 사업을 계승하지 않은 데다가 장남은 후사가 없이 일찍 죽어서 백운자의 귀신이 제삿밥을 얻어먹지 못하게 되었으니 슬프도다.[74]

권두인은 찬贊을 지어. "백운자의 그 뜻과 행실은 비록 중정中正의 도에 부합하지는 않았지만 그래도 속되지 않고 굳세었다 할 만했으니, 어찌 잠부潛夫(후한의 왕부王符)의 무리가 아니겠는가? 애석하게도 우리 동방의 풍속이 야박하고

73 權斗寅, 〈淸風子傳〉, 《荷塘集》 卷3 雜著.

74 權斗寅, 〈白雲子傳〉, 《荷塘集》 卷3 雜著; 金南馨, 〈白雲 權尙遠의 生涯와 詩〉, 《한국학논집》 19, 계명대학교 한국학연구원, 1992. 12, pp. 177-195.

협애해서, 문벌을 숭상하고 서얼을 천시하매, 백운자로 하여금 불우하게 끝마치게 했나니, 슬프도다"라고 신분차별의 세상을 한탄했다.[75]

謙山 고종 때 이건창李建昌은 막내아우 이건면李建冕(1863-1894)의 호를 겸산謙山이라 지어주었는데, 이건면 스스로 〈겸산별호설〉을 지었다. 본관은 전주, 자는 수경垂卿이다. 겸산은 《주역》 겸괘謙卦의 뜻을 취한 것이다. 지산地山 겸謙괘(간하곤상艮下坤上)는 산이 굽어서 땅의 아래에 멈추어 있는 형상이고, 많은 것에서 덜어 내어 적은 것에 보태기도 하고 높은 것에서 덜어 내어 낮은 것을 돋우기도 해서 균형을 맞춘다는 의미를 지닌다. 1894년(고종 31) 6월, 이건창은 이건면이 남긴 《정일록正一錄》을 처음으로 본 뒤에 〈겸산고협서전謙山篋藁敍傳〉을 지었다. 글의 처음은 이러하다.

> 겸산은 내 아우 건면으로, 자는 수경이다. 처음 태어난 지 12년에 할아버지 충정공(이시원李是遠, 1790-1866)이 《주역》의 겸괘를 취해 권려하면서 축복했다. 아우가 후에 《주역》을 읽고는 겸謙을 호로 하겠다고 청했다. 내가 그를 명명하기를 겸산이라고 했다. 아우는 어려서부터 이미 뛰어나고 시원시원했으므로 충정공이 늘 어루만지면서 "이 아이는 무武의 기상이 있다" 하셨다. 나이 19세에 장가를 들고, 곧이어 선친을 안의安義의 임지로 따라갔다. 당시 나는 벼슬을 살아서, 시종의 직에 있은 지 오래되었다. 중제 보경保卿(이건승李建昇, 1858-1924)은 공령(과문)을 연마해서 제생들 사이에 노닐었다. 오로지 아우만이 아침저녁으로 부모의 슬하에 있어, 마치 아이처럼 즐겁게 해드렸다.[76]

(8) 시부詩賦의 호설

시에도 호의 뜻을 부연한 예들이 있다.

蟻庵 고려 공민왕 때 윤택尹澤(1289-1370)은 율정栗亭이란 호가 잘 알려져 있으나, 한때 의암蟻庵이라 자호했다. 자는 중덕仲德이고 본관은 전북 고창 무송茂

75 權斗寅, 〈白雲子傳〉, 《荷塘集》 卷3 雜著. "白雲子其志行, 雖不合中正, 抑可謂骯髒不俗矣, 豈潛夫之流歟! 惜吾東國俗薄隘, 尙門閥而賤庶孽, 使白雲子不遇而終也. 悲夫! 而負才藝, 逃昏冥, 若白雲子者. 又何可勝道哉! 然白雲不困窮, 惡能工於詩若是乎!"

76 李建昌, 〈謙山篋藁叙傳〉, 《明美堂集》 卷15.

松이다. 1317년(충숙왕 4) 문과에 급제하고, 1334년 검열이 되었다. 충숙왕으로부터 셋째 아들 강릉대군 기祺(훗날의 공민왕)를 후계자로 삼아 달라는 부탁을 받았다. 1348년 충목왕이 죽었을 때 이승로李承老와 함께 원의 중서성에 글을 올려 강릉대군을 왕으로 삼으려고 했으나 실패했다. 충정왕이 즉위한 후 광양 감무로 좌천되었다. 하지만 1351년 공민왕이 즉위한 후 밀직제학에 임명되었다. 1363년 첨의찬성사가 되었으나 이듬해 고향에 은퇴했다. 의암을 호로 삼았을 때, 맥陌운의 입성 운자를 사용한 시를 지었다. 개미굴같이 작은 집이지만 그 속에서 안분하며, 남들이 집이 좁다 비평해도 개의치 않고 드넓게 여긴다고 했다. '누실명陋室銘'의 계보에 속한다.

> 아침 해에 동창이 밝더니, 석양에 서창이 희끄무레.
> 그 속에 한 노인 누워, 낮에도 고요하군 문에는 손님 없고.
> 여생을 그렇게 보낼 수 있거니, 무어 정신을 수련하랴.
> 다만 술이 없나 걱정할 뿐, 그 누가 넓다 좁다 구설하랴.[77]

稼亭 고려 말의 학자는 이곡李穀(1298-1351)의 본관은 한산韓山, 초명은 운백芸白, 자는 중보仲父, 호는 가정稼亭이다. 이색李穡의 아버지이다. 가정의 호는 《시경》〈대아大雅·상유桑柔〉의 "이 가색(농사)을 좋아하여, 백성들과 함께 가색하여 녹식祿食(봉급 받아 먹는 일)을 대신하니, 가색이 농사보배로워, 녹식을 대신함이 좋은 일이로다"(好是稼穡, 力民代食, 稼穡維寶, 代食維好)에서 따왔다. 이곡의 문집 《가정집》 권말의 〈가정잡록稼亭雜錄〉에 수록된 왕사정王思誠의〈《시경》 구절을 뽑아서 가정에 제하다(節毛詩句題稼亭)〉에 "집안이 대대로 가색을 좋아하여, 녹식 대식하는 이것을 보배로 여겼다"(家世好稼穡, 代食維寶此)라는 말이 있다. 본래 이곡은 한산韓山에 거주하다가, 경상도 함녕현咸寧縣(현재의 경상북도 함창咸昌) 김씨의 데릴사위가 되어 함녕현 관아에서 10리쯤 서쪽에 있는 감암監巖 마을에 거처했다. 석전石田 몇 백 이랑이 있어 몸소 농사를 지었으며, 단壇을 쌓

77 尹澤, 〈蟻庵(自號)〉, 盧思愼·徐居正 等編 外, 《東文選》 卷4 五言古詩. "朝日東窓明, 夕陽西窓白. 中臥一老人, 晝靜門無客. 足以送餘生, 何須鍊精魄. 但慮酒有無, 誰寬復誰隘."

고 나무를 심어 가정이라 불렀다.[78] 1337년(충숙왕 복위 6) 원나라에서 유림랑儒林郞 정동행중서성征東行中書省 좌우사원외랑左右司員外郞에 제수되었는데, 9월 보름에 중국 국자감박사 왕기王沂에게 〈가정기〉를 받고, 사단謝端에게서 〈가정사稼亭詞〉를 받았다.[79] 사단이 지은 〈가정사〉에는 다음과 같은 노래가 첨부되어 있다.

> 동쪽 바다 땅은, 그대의 농사짓는 곳
> 해 뜨면 일어나고 해 지면 쉬며, 풍년을 즐거워하리라
> 임금님 힘이 아니고서야, 어떻게 내가 편안하리오
> 저 군자여, 하는 일 없이 먹지 않는다네.[80]

이곡은 맏아들의 이름을 색穡(즉 목은 이색)이라 했고, 그 손자·증손·현손도 가정의 이름을 부연하여 이름에 모두 수예樹藝(농사)의 뜻을 담게 하여 음덕을 끼쳤다.

陽村 권근權近(1352-1409)의 본관은 안동, 자는 가원可遠, 사숙思叔, 시호는 문충文忠이다. 고려 말 옥사에 연좌되어 충주 양촌陽村에 유배되자, 그 지명을 호로 삼았다. 지금 음성군 생극면 방축리에 묘소가 있는 것으로 보아, 충주는 음성군을 말한다. 1379년(우왕 5) 권근의 스승 이색이 〈양촌기〉를 지어 주고, 정도전이 〈양촌부陽村賦〉를 지어 주었다. 권근이 양촌이라는 호를 사용한 이유를 이색에게 밝히자, 이색은 일양一陽을 복괘福卦의 '다시 살아나는' 양陽의 뜻으로 해석했다.

---

78 조선 후기에 외손인 선산부사善山府使 안응창安應昌과 인동부사仁同府使 손홍록孫興祿, 개령현감開寧縣監 손해관孫海寬이 비석을 세우기로 하여, 목재木齋 홍여하洪汝河에게 글을 지어 주길 부탁했다. 洪汝河, 〈高麗贊成事李文孝公稼亭碑記〉, 《木齋集》卷6 記.

79 李穀, 《稼亭集》稼亭雜錄 〈稼亭記〉(王沂); 李穀, 《稼亭集》稼亭雜錄 〈稼亭詞〉(謝端). 노군魯郡 왕사성王思誠도 이곡이 원나라에 있을 때 〈《시경》 구절을 뽑아서 가정에 제하다(節毛詩句題稼亭)〉 시를 써 준 듯하다. 왕사성의 시과 같은 제목으로 경사京師 송경宋褧, 조군趙郡 소천작蘇天爵, 안성安成 유문劉聞, 정익程益, 무위武威 여궐余闕, 동평東平 왕사점王士點, 남양南陽 성준成遵이 각기 다른 시형식과 각기 다른 운자로 시를 지어 주었다. 그것들이 모두 '가정잡록'에 들어 있다.

80 李穀, 《稼亭集》稼亭雜錄 〈稼亭詞〉(謝端). "東海之壖, 子所田兮. 出作入息, 樂有年兮. 非帝之力, 孰我安兮. 彼君子兮, 不素餐兮."

저는 선생의 문하에서 나이가 제일 적은 데다가 학식도 가장 낮습니다. 하지만 항상 사모하며 힘써 지향하는 바는 비근한 곳에서 출발하여 고원한 경지에 이르려는 일입니다. 그래서 저의 자字를 가원可遠이라 했습니다. 천하에서 비근하면서도 고원한 것을 찾아보면, 안으로는 성誠이 바로 그것이요, 밖으로는 양陽이 바로 그것이라고 할 수 있습니다. 저 성은 오직 군자의 덕이 갖추어진 뒤에야 실천할 수 있는 반면에 이 양은 아무리 어리석은 사람이라도 모두 알고 있는 사실입니다. 말하자면 태양이 봄날에는 따뜻하게 해 주고 여름에는 겁이 나게 했다가 가을에는 바짝 말려 주고 겨울에 다시 온기를 느끼게 해 주는 것이 바로 이것으로, 이렇게 해서 한 해의 모든 일이 제대로 이루어져 백성들이 삶을 영위할 수 있습니다. 가만히 생각해 보건대, 성인이 인재를 교화시켜 이루어 주려 했던 것도 이와 같지 않았나 합니다.[81]

한편 정도전은 4개의 운자를 환운하여 〈양촌부〉를 지어 주었다.

아! 거룩해라 이 양이여, 열리자면 꼭 먼저 내도다.[82] 하늘보다 높은 것이 달리 없어, 일월과 오성이 여기에 달려 있네. 깊은 땅보다 깊은 것이 달리 없어, 중연重淵에 잠겼구나. 많고 많은 만물이, 어떤 것인들 아니 그러하랴. 때는 마침 봄·여름이라, 생명의 뜻으로 몽오리 벌고 꽃이 피네. 오직 군자인 사람은, 다잡은 마음이 강명하도다. 도심의 한 마음은 은미해도, 측은지심이 싹 트기에, 넓고 넓은 온 누리에, 백성들 평화로워라. 잘게는 호망(터럭 끝)에 들고, 크게는 유형의 만물을 감싸서, 혼융해서 틈새 없고, 열어젖혀 다함없으며, 앞이라도 처음이 없고, 뒤라도 마침이 없도다. 누가 이를 주장하랴? 도가 그 종지로다. 누가 그 묘리를 얻었는가? 양촌 권공이로다. 널리 만상을 관찰해, 요약해 일중一中에 이르니, 조심조심 이를 지켜서, 내 몸을 재계하면, 멀지 않아 돌아와, 그 끝이 면면하리라. 넓혀서 채워 가면, 샘 흐르듯 하고 불타듯 해서, 하루에 천하 일이 이루어지리니, 남이 아니라 나를 말미암는다네.[83] 체體 받자면

81 李穡, 〈陽村記〉, 《牧隱集》 文藁 卷3 記; 盧思愼·徐居正 等編 外, 《東文選》 卷73 記; 魚江石, 《牧隱李穡文學研究》, 한국학중앙연구원 한국학대학원 어문고전전공 박사학위논문, 2004. pp. 166-168.

82 《예기禮記》〈공자한거孔子閒居〉에, "하고자 하는 바의 일이 장차 이르려면 반드시 먼저 징조가 있다"(嗜欲將至, 有開必先)라고 했다. '유개필선'이란 성인이 왕천하王天下하고자 할 적에는 신神이 길을 열어 반드시 먼저 그를 위해 어질고 지혜 있는 보좌를 미리 낳게 한다는 뜻이다.

어찌하랴? (《주역》에서 말하듯) 종일건건終日乾乾할 따름이로다.[84]

月軒 정수강丁壽崗(1454-1527)의 본관은 나주, 자는 불붕不崩, 호는 월헌月軒이다. 황해도 배천군白川郡 내지內至에서 태어났다. 1474년(성종 5) 진사시에 합격하고 1477년 식년문과에 을과로 급제했다. 1504년 갑자사화에 연루되어 부제학에서 파직당했다가, 1506년 중종반정 후 원종공신 일등에 책록되었다. 1521년(중종 16) 봄, 아들 정옥경丁玉卿이 얻어온 '월헌月軒' 두 글자를 벽에 걸었는데, 주헌酒軒 김준손金俊孫의 권고로 이를 자호로 삼았다. 이듬해 김준손 시에 화운해서 〈주헌의 영월헌시에 화운함. 병서(和酒軒詠月軒詩幷序)〉를 지어, 호를 갖게된 경위와 호의 의미를 진술했다.[85] 맑은 달빛을 사랑하되 차고 기우는 달을 보면서 성만盛滿을 경계하는 뜻을 부치려 한 것이다. 1526년(중종 21) 〈칠십삼자서七十三自敍〉를 지었고, 배천군 토당리土堂里에 묻혔다.[86] 《월헌집》이 있다.

適庵 조신曺伸(1454-1528)의 본관은 창녕, 자는 숙분叔奮, 호는 적암適庵이다. 울진현령 조계문曺繼門의 얼자로 태어났다. 경상도 김산金山(김천) 출신으로, 조

---

83 《논어》〈안연顔淵〉에, "하루에 극기복례하면 천하가 인으로 돌아온다. 인을 함은 자기를 말미암지 남을 말미암을 것인가?"(一日克己復, 禮天下歸仁焉. 爲人由己而由人乎哉?) 라고 했다.

84 鄭道傳, 〈陽村賦〉, 《三峯集》 卷1. "於瀏惟陽, 有開必先. 莫高匪天, 象緯是懸. 莫深匪地, 潛于重淵. 萬物林林, 無適不然. 時焉春夏, 生意發榮. 人惟君子, 秉心剛明. 一念之微, 惻然其萌. 四海之廣, 熙熙者氓. 細入毫芒, 包乎有形. 混兮無間, 闢兮無窮. 前無其始, 後無其終. 孰主張是? 道爲之宗. 孰得其妙? 陽村權公. 博觀萬殊, 約至一中. 謹而守之, 齋戒吾身. 不遠而復, 其端綿綿. 擴而充之, 泉達火燃. 一日天下, 而不由人. 體之如何? 惟乾乾兮."

85 丁壽崗, 〈和酒軒詠月軒詩幷序〉, 《月軒集》 卷2 詩 七言絶句. "吾家隘陋僅容膝, 而有西堂二楹, 以爲接客之所, 無寓目寬曠之地. 但天形全露乎南面, 而稍及東西. 無冬無夏, 月色長臨. 余乃於此焉徘徊翫賞, 今幾五十年矣. 然少學識鄙人, 何敢有名軒之意? 去辛巳春, 子玉卿偶得半幅紙, 上大書月軒二字於友人家, 持以貼于壁上. 經年尙無恙, 至壬午三月日, 酒軒先生臨門問病, 顧見壁上, 謂余曰: '盍以此名君軒乎?' 余辭不敢當. 先生勸之力而辭去, 後因惠詩, 有言及月軒者. 余潛念夫人誰不愛月, 余之愛月有甚於他, 而偶有貼壁之異, 亦有先生之敎. 此豈非前定之號? 玆不得強避. 遂以此意通于酒軒曰: '若得先生之詩, 弁諸板上, 因以索和於諸賢, 懸于壁上, 則瓊葩玉屑, 可與明月爭輝, 豈不爲軒中之勝事乎? 惟先生照採.' 先生送詩曰: '淡月高懸照太淸, 如嫌自滿有虧盈. 主人心地應相似, 借此名軒寄此生.' 枕流堂李君度聞之, 和送曰: '素魄東昇逼骨淸, 當軒三五更盈盈. 主人有酒身無事, 長對姮娥過一生.' 僕亦和之曰: '小軒贏得月光淸, 惟恐樽中酒不盈. 欲與嫦娥分羿藥, 休言百歲是人生.'"

86 丁範祖, 〈十代祖贈崇政大夫議政府左贊成行嘉善大夫兵曹參判兼同知成均館事公墓誌文〉, 《海左先生文集》 卷32 誌文.

위靑偉의 아우이며, 김종직의 처남이다. 의원과 역관을 업으로 했다. 두 번 명나라 서울에 조회했고, 두 번 대마도에 사절로 갔다 왔다. 신숙주를 따라 대마도에 사절로 가게 되자 허백당虛白亭(함허涵虛) 홍귀달洪貴達이 장편의 〈적암부適庵賦〉를 지어 전송했다. 《백년록百年錄》과 《소문쇄록謏聞瑣錄》, 《이륜행실도》 찬시贊詩 등을 저술했다. 홍귀달의 〈적암부〉는 함허자가 적암(조신)의 "한 몸이 여러 재주의 부림을 받아, 날마다 동서와 남북으로 다니는"(一身衆技之所使兮, 日東西與南北) 처지를 언급하면서 '합당할 적'을 호로 삼는 것의 부당함을 지적하는 내용이 첫 부분, 적암이 스스로의 삶에 만족하며 유유자적의 뜻을 강변하는 내용이 둘째 부분, 함허자가 적암의 긴 여행을 축원하는 내용이 마지막 셋째 부분이다. 둘째 부분은 이러하다.

> 적암자가 빙그레 웃으며, 눈썹을 들며 나아와
> 함허자에게 대답하기를, 아, 나는 가는 곳마다 자적하다오.
> 신분이 천하므로 작은 벼슬도 영광이요, 집이 가난하므로 박봉이라도 만족하오.
> 거처하는 곳은 화려할 필요 없이, 무릎이나 용납하면 그만이요
> 음식은 별난 반찬 없더라도 , 배만 부르면 좋으며
> 술이 있으면 마시고, 없으면 그만두고
> 혼자면 자작하고, 둘이면 대작한다오.
> 시는 잘 지어 무엇하리, 뜻을 말하면 그만인 걸.
> 글도 탐독하지 않고, 노곤하면 잠들 뿐
> 이것이 모두 나의 자적이라오.
> 북으로 중국에 노닐 때는, 말을 오래 타야 하는 수고가 있고
> 동으로 부상국을 빙문할 때는, 배를 오래 타야 하는 걱정이 많아
> 적適이 아닌 듯하나, 그것도 걱정 않으니, 내게 무슨 어려움 있겠소?[87]

87 洪貴達, 〈適庵賦〉, 《虛白亭集》 卷3 雜著; 申用漑 等編, 《續東文選》 卷1 賦. "適庵子莞爾而笑, 盱衡而前, 復于涵虛子曰: 噫! 吾無往而不自適也. 身賤故官雖小而亦榮, 家貧故俸雖薄而易盈. 居不必華屋兮, 苟容膝則安也. 食不必兼味兮, 惟果腹之取歡. 有酒則飮, 無酒則休, 獨則自酌, 偶則相酬. 詩不要好, 聊言吾志, 書不耽讀, 體倦則睡. 皆吾之適也. 若夫北遊乎中國, 有鞍馬之劬, 東聘于扶桑, 多舟楫之虞. 似非吾之適兮, 然不以爲虞, 則亦何有於吾?"

본래 '적適'이란 어떤 상황을 만나든 편안히 여기면서 순응하는 것을 말한다.《장자》〈양생주〉의 다음 대목에서 나왔다. "마침 그때 태어난 것은 선생이 올 때가 되었기 때문이요, 마침 이때에 세상을 떠난 것은 선생이 갈 때가 되어 순응했기 때문이다. 자기에게 닥친 시운을 편안히 여기고서 그 도리를 순순히 받아들인다면, 슬프고 기쁜 감정이 들어올 수 없다. 옛날에 이것을 일러 상제가 매달려 있는 것을 풀어 주었다고 한다."(適來, 夫子時也. 適去, 夫子順也. 安時而處順, 哀樂不能入也. 古者, 謂是帝之懸解)

否 한편《언문지諺文志》와《문통文通》의 저자 유희柳僖(1773-1837)는 27세에 자신의 삶을 돌아보며 〈비옹칠가否翁七歌〉를 지었다. 유희는 본관이 진주, 자는 계중戒仲으로, 사주당師朱堂 이씨의 아들이다. 경기도 용인에서 생장하고 만년에도 용인에서 보냈는데, 중간에 경기도 광주, 충청도 단양에도 거처했다. 53세 되는 1825년(순조)에야 생원이 되었다. 남악南岳·서파西陂·방편자方便子·관청농부觀靑農夫 등의 호를 사용했다. 경기도 관청은 용인의 지명이다. 처음 이름은 경儆이었으나 희僖로 바꾸었다. 농사를 짓는 한편, 유의儒醫로 생계를 꾸렸다. 비옹의 비는《주역》의 괘명으로, 안에 소인이 있고 바깥에 군자가 있어 소인의 도가 자라나고 군자의 도는 소멸됨을 상징한다. 태괘泰卦와 반대이다. 태괘는 양인 군자가 안에 있고 음인 소인이 바깥에 있어, 군자의 도가 자라나고 소인의 도가 소멸됨을 비유한다. 〈비옹칠가〉의 첫째 수인 서시序詩에서 유희는 성취한 것이 없음을 한탄했다.

사람아 사람아 비옹이라는 호의 사람아
그 뜻과 그 자취가 어이 같지 않느냐?
동해의 큰 자라 낚으려고 긴 끈을 잣고
오 땅의 큰 돼지 베려고 날카로운 칼날을 벼리듯
남아라면 반드시 저렇게 목소리와 낯빛을 엄히 해야 하거늘
어찌 구구하게 반딧불이 같은 미충을 쫓아다니랴?(시문에 골몰한단 말인가?)
온갖 일 이루어지지 않은 것도 꽤 되었으니
소년의 나이에 백발이 부스스하기도 하구나!
아아 첫 번째 노래여, 노래하길 격렬하게 하나니

큰 들판에 북풍은 끊임 없이 불어오네.[88]

(9) 자서自敍·자술自述의 호설

옛사람들은 자서전의 한 형식으로 대장편의 〈자서自敍〉나 〈자술自述〉을 짓기도 했는데, 그 속에 호에 관해 언급한 부분이 간혹 있다.

夢 이자李耔(1480-1533)는 한산 이씨의 명인으로, 이예견李禮堅(1436-?)의 아들이다. 서울에서 태어났으며, 경상도 용궁龍宮에 약간의 전토가 있었다. 1501년(연산군 7) 생원시와 진사시에 모두 합격하고 1504년 식년문과에 장원했다. 1506년 중종반정 이후 언관직에 발탁되었다. 1516년(중종 11) 10월 부친상을 마칠 무렵 선산이 있던 경기도 용인시 기흥읍 기곡리(지곡리) 두암斗巖에 조광조趙光祖·조광보趙光輔·조광좌趙廣佐와 함께 사은정四隱亭을 지었다. 이자와 조광조는 선산이 용인에 있었다. 이자는 1519년 우참찬이 되었으나 기묘사화가 일어나자 사림파로 지목되어 파직되고, 기곡리 선산 아래 사암思庵(현재의 음애 고택)으로 퇴거했다가 음성(음성군 소이면 비산리 음애동)으로 옮겨 음애陰崖라 자호했으며, 바위에 '탁영선탑濯纓仙榻'의 네 글자를 새겨 두었다.[89] 50세 되던 1529년 충주 토계兎溪(즉 달천의 상류) 검암劒巖 부근으로 옮기고, 몽암夢庵을 짓고 호를 몽옹夢翁 또는 계옹溪翁이라 했다. 이 자리에는 뒤에 계옹 이자와 탄수灘叟 이연경李延慶(1484-1548)을 주벽으로 하는 계탄서원溪灘書院(검암서원)이 세워지고, 1672년(현종 13) 팔봉서원八峯書院의 사액을 받게 된다. 이자는 1530년 섣달그믐에 〈자서〉를 지어, 몽암이라 자호하게 된 연유를 밝혔다.

> 다시 깊이 들어가 종적을 끊으려고 토계로 집터를 옮겼다. 사람의 자취가 완전히 끊어지고 마을의 밥 연기가 드물며, 산은 높고 시내는 깊어서, 종일토록

---

88 柳僖, 〈否翁七歌〉, 《晉州柳氏西陂柳僖全書 II》, 韓國學資料叢書 38, 한국학중앙연구원, 2008.7. "有人有人號否翁, 其志與迹何不同? 欲釣巨鰲繰長絲, 欲剸封豨淬利鋒. 男兒必若厲聲色, 孰肯區區逐微蟲? 百事無成已多時, 少年白髮何鬖鬆! 嗚呼一歌兮歌激烈, 大野北風不斷絶."; 심경호, 《나는 어떤 사람인가 — 선인들의 자서전》, 이가서, 2010, pp. 594-613.

89 '음애동陰崖洞'이라는 각자刻字가 있다. 정만조, 〈음애 이자의 발자취를 찾아서〉, 정만조·이근수·정옥자·이성규, 《음애 이자와 기묘사림》, 지식산업사, 2004, pp. 349-359.

배회하며 물새나 들짐승과 더불어 지내면서 기심을 잊고 왕래하니, 성글고 조야한 습성이 은둔해서 살려던 기약에 마침 부합했다. 또 이탄수李灘叟(이연경李延慶)와는 거처가 멀지 않아서 맑은 바람이 불고 통랑한 달이 뜨면 문득 작은 배로 서로 만나 바위에 앉아 시를 읊으며, 신선의 자취를 높이 흠모하고 맑은 시내 속에서 달을 낚시하며, 가을 산에서 물고기를 나무에 꿰어 구워먹으니, 흥취가 옅지 않았다. … 옹은 토계에 새로 살 곳을 가린 이후에 호를 몽암이라 하고 그 김에 몽옹이라고 자호했다. 옹의 성품은 두루 사랑하되 남들이 친하게 여기지 않았고 후하게 베풀되 뭇사람들이 옹을 덕 있다고 여기지 않았다. 선을 좋아하길 독실하게 하지 않고 악을 미워하길 용맹하지 않아서, 한 세상을 그렁저렁 보내고 하루하루를 허랑하게 지냈으며, 그러는 사이에 세월이 흘러 51세가 되고 말았다.[90]

이자는 54세 되던 1533년 12월에는 〈몽암관화유문夢庵觀化遺文〉을 짓고 몽암에서 작고했다.[91]

玄翁 신흠申欽(1566-1628)의 본관은 평산, 자는 경숙敬叔, 호는 경당敬堂·백졸百拙·남고南皐·현헌玄軒·상촌象村·현옹玄翁·방옹放翁이다. 1585년(선조 18) 생원시와 진사시에 모두 합격하고 이듬해 별시문과에 병과로 급제한 후 청요직을 역임했다. 1599년 장남 신익성申翊聖이 선조의 딸 정숙옹주의 부마(동양위)로 간택되자 자신은 동부승지에 발탁되었다. 47세 되던 1613년(광해군 5) 계축옥사 때, 영창대군의 보필을 부탁받은 유교칠신의 한 사람이라고 해서 방축되어 1616년 10월까지 김포에서 생활하고, 1616년 인목대비가 폐위되고 김제남에게 가죄될 때 노량에서 대죄하다가 이듬해 정월 춘천에 부처되었다. 1621년 5월 사면을 받아 김포로 귀환하여 금촌金村 상두산象頭山 아래 전장에 정착해서, 호를 상촌거사象村居士라고 했다. 이때 〈현옹자찬〉을 짓고 그것을 〈현옹자서玄翁自敍〉에 함께 실었다. 현옹은 대자유인을 뜻하며 방옹과 뜻이 통한다.[92]

---

90 李耔, 〈自敍〉, 《陰崖集》 卷3 雜著; 심경호, 《나는 어떤 사람인가—선인들의 자서전》, 이가서, 2010, pp. 124-134.

91 李耔, 〈夢庵觀化遺文〉, 《陰崖集》 卷4 附錄 行狀(盧守愼).

92 申欽, 〈玄翁自敍〉, 《象村稿》 卷21 序; 심경호, 《나는 어떤 사람인가—선인들의 자서전》. 이가서, 2010, pp. 172-183.

도연명은 〈귀전원거歸田園居〉 시에서 전원생활의 자적함을 노래하여, "남산 아래에 콩 심으니, 풀은 무성하고 콩 싹은 드문드문하다. 새벽에 일어나 잡초를 김매고, 달빛 띠고 호미 메고 돌아오네. 좁은 길에 초목이 자라나니, 저녁 이슬이 옷을 적시네. 옷 젖는 것이야 아까울 것 있으랴, 농사만 잘 됐으면 바라노라"[93]라고 했다. 이 시의 여러 어휘들이 후대에 호로 쓰였다.

鋤歸 조선 중기 학자인 정윤해鄭允諧(1553-1618)는 호를 서귀자鋤歸子라 하고, 시문집 《서귀자집》에 스스로의 삶과 정신세계를 개괄한 〈자서〉를 남겼다. 서귀는 호미를 쥐고 돌아온다는 뜻으로 바로 도연명의 〈귀전원거〉에 나오는 말이다. 정윤해의 본관은 청주로, 정탁鄭琢의 장조카이다. 임진왜란 때 태조의 영정을 수호한 공로로 원종공신 3등이 되었다. 광해군 때 벼슬 살려는 뜻을 단념했다. 그는 〈자서〉에서 이렇게 말했다.

> 마음과 몸이 자적하고 자락하며, 느긋하게 소요하면서 평생을 마치게 되었다. 그러니 감히 당시 현실에 짓눌려 근심근심한 적이 있었던가? 술을 즐기지는 않았지만 술을 짝으로 삼기를 좋아했는데, 조금밖에 마시지 않고도 얼굴이 발갛게 된 뒤에는 성정을 그대로 드러내어, 세상을 버리고 홀로 우뚝 서려는 뜻이 있었다. 도정절(도연명)과 소강절(소옹) 두 분을 만나 보았으면 하고 늘 바라서, 그들 시를 외면서 자신도 모르게 발을 구르고 춤을 추어, 마치 정신이 합하고 마음이 융화하는 듯했다. 아아, 자기의 시대를 개혁할 뜻을 두었으나 일생 마치도록 이름을 드러내지 못했으며, 성현을 흠모했으나 초목과 함께 썩게 되었으니, 누가 이 사람이 어떤 자인지를 알아주랴![94]

(10) 제권題卷의 호설

海夫 김홍도金弘道(1745-?)의 〈수하오수도樹下午睡圖〉는 변치화卞穉和, 즉 변지순卞持淳에게 준 그림이다. "복사꽃은 다시 밤비를 머금어 붉고, 버들가지는 아

93 陶潛, 〈歸田園居〉. "種豆南山下, 草盛豆苗稀. 晨興理荒穢, 帶月荷鋤歸. 道狹草木長, 夕露沾我衣. 衣沾不足惜, 但使願無違."

94 鄭允諧, 〈自敍〉, 《鋤歸子集》; 심경호, 《나는 어떤 사람인가—선인들의 자서전》, 이가서, 2010, pp. 172-183.

침 아지랑이를 띠며 한층 푸르다. 그림을 그려서 변치화에게 주다. 단옹"(桃紅復含宿雨, 柳綠更帶朝煙. 寫與卞穉和. 檀翁)이라고 그림에 쓰여 있다. 인용 시구는 당나라 시인 왕유王維의 육언절구 〈전원락田園樂〉 7수 가운데 제1수의 두 구절이다. 변지순은 해부海夫·옥해도인玉海道人·남석南石의 호를 사용했다. 경상도 동래 출신으로 무과에 합격한 무인이었다. 변지순은 박영원朴永元·조병상趙秉常·윤공규尹公圭·김유헌金裕憲 등과 시사를 결성했다.[95] 홍석주洪奭周가 〈제해부시권題海夫詩卷〉을 남겨, 그의 존재에 대해 말했다.

> 변치화 군은 동래에 집을 두었는데, 동남방으로 큰 바다와 접하고 있다. 바닷가 사람들 가운데 물고기와 조개를 잡아 생계를 삼는 자를, 사람들은 해부海夫(바닷놈)라 부르는데, 대개 천하게 부르는 칭호이다. 변 군이 그 말을 듣고, '이 이름이 아주 내게 적절하다' 하고는 마침내 스스로 해부라고 호를 했으며, 이에 해부가 마침내 가명嘉名(아칭)으로 되었다. 해부의 집은 나와 900리나 떨어져 있으므로 나는 해부가 어떤 인물인지 알 수 없었으나, 다만 그의 시는 잘 알았다. 해부는 시를 아주 대단히 좋아해서, 두소릉杜少陵(두보)이 아니면 입에 올리려 하지 않았다. 그러므로 그의 시는 용의用意가 아주 깊고 조어造語가 너무 괴로우며, 침울하고 은악隱約(함축적임)해서, 하나의 주의主意가 백 번이나 꺾였다. … 나는 일찍이, 해부가 과거 급제를 한 지 수십 년이 지났어도 한 되, 한 말의 작은 봉급도 얻지 못하고 바닷가 물굽이 가에서 늙어가는 것을 괴이하게 여겼는데, 지금 그 시로 징험해 보니 해부가 늙을수록 곤궁한 것이 정말 마땅하다. 서울에 노닌 지 서너 해에, 시절을 만나지 못하고 떠나야 했다. … 천하의 물은 한기를 만나면 얼음이 되지 않는 것이 없으며, 장강이나 황하나 회수나 한수 같은 큰 강물도 장마에는 불어나고 가뭄에는 줄어들지 않는 것이 없다. 오직 바다만은 그렇지 않다. 해부가 해(바다)로 스스로의 호를 삼은 것은 아마도 이에 뜻을 두었기 때문이리라! 그렇지만 해상의 지아비는 그 물과 작살의 사이에서 몸을 마치면서 방어나 잉어나 자라와 신기루(조개)를

95 趙寅永, 〈家姪秉龜, 步唐人張若虛春江花月韻, 詠上元月, 邀卞海夫持淳, 同賦作詩社, 一佳事, 余亦口占戲次之〉, 《雲石遺稿》 卷2 詩; 朴永元, 〈南棠錄 寒碧堂聯句〉, 《梧墅集》 冊二; 이성훈, 〈海夫 卞持淳과 19세기 전반 동래 지역 화단〉, 《미술사학연구》 278, 한국미술사학회, 2013. 6, pp. 97-123.

잡는 것으로 스스로 만족하되, 고래와 곤어와 교룡과 이무기를 능히 잡을 수 있다고는 듣지 못했다. 두소릉은 시에 있어서 역시 바다와 같은 존재이다. 지금 해부가 이미 터득한 한 것은 과연 고래, 곤어, 교룡, 이무기인가? 아니면 방어, 잉어, 자라, 신기루에 그칠 것인가? 해부가 비록 늙기는 했지만, 내가 그의 뜻을 보건대, 작은 성공에 구애받지 않을 것이다. 짐짓 이 글을 써 주어 간곡히 고하고자 한다.[96]

(11) 서찰의 호설

드문 예이기는 하지만 서찰 속에도 호에 관련한 언급이 들어 있는 경우가 있다.

雨念 이봉환李鳳煥(?-1770)은 시문이 뛰어났으나 1770년(영조 46) 사도세자 사건인 경인옥사에 연루되어 고문을 받던 중 죽었다. 본관은 전주, 자는 성장聖章, 호는 우념재雨念齋이다. 일본 통신사행 때는 제암濟巖이라는 호를 사용했다.[97] 1733년(영조 9) 진사시에 2등 1위(06/100)로 합격하고 홍봉한洪鳳漢의 천거로 관직에 나아가 양지현감陽智縣監에 이르렀다. 아들 이명오李明五(1750-1836)와 손자 이만용李晩用(1792-1863)도 시문이 뛰어났다. 이만용의 자는 여성汝成, 호는 동번東樊으로, 조부의 문집《우념재시고》를 간행하기 위해 많은 노력을 기울였다. 이만용은 김유근金逌根(1785-1840)에게 서찰을 보내, 조부의 문집 간행에 도움을 청하고, 조부의 신원을 부탁했다. 이 서찰 속에 조부 이봉환의 일생 의

---

96 洪奭周,〈題海夫詩卷〉,《淵泉集》卷20 題跋(上). "卞君稺和, 家東萊, 東南與大海爲際. 海上人捕魚蛤爲生者, 人號之曰海夫, 盖賤稱也. 卞君聞之曰: '是名也甚宜於我.' 遂自號海夫. 於是海夫遂更爲嘉名. 海夫家與余相去九百里, 余不能詳海夫爲人, 惟頗識其詩. 海夫於詩自喜甚, 非杜少陵, 不肯置頰牙間. 以故其爲詩, 用意至深, 造語甚苦, 沉鬱隱約, 一意百折. … 余嘗怪海夫取科第數十年, 不得升斗之稍, 以老於海曲. 今以其詩驗之, 固宜海夫老益窮. 遊京師歲餘, 將無所遇以去.… 天下之水, 莫不遇寒而冰, 雖江河淮漢之大, 亦莫不增縮於潦旱者. 唯海獨不然. 海夫以海自號, 殆有意於是歟! 雖然, 海上之夫, 終身於羅擉之間, 而獲魴鯉鼈蜃, 自以爲足矣, 未聞有能得鯨鯤蛟螭者也. 少陵之於詩, 亦猶海也. 今海夫之所已得者, 其果爲鯨鯤蛟螭歟? 抑將止於魴鯉鼈蜃已乎? 海夫雖老矣, 余觀其志, 非苟於小成者也. 聊書是以諗之."

97 李明五,〈奉贐泊翁詞伯日本之行並小引〉,《泊翁詩鈔》卷5 詩 辛未海行錄 附贐章數則. "泊翁先尊公濟庵[雨念渡海時號也], 戊辰渡和. 今泊翁又能趾美, 與辛卯行壺谷太學士子南聖重泛叟, 百餘秊僅二人. 辛卯有和刻槎客通筒集, 戊辰有二邦連璧錄. 錄中源東郭與濟庵最多酬唱, 其子四明秊十七, 亦能屬和. 今如在者, 年當八旬矣. 泊翁必訪之也."

리가 우념재 호에 담겨 있다는 사실을 밝힌 부분이 있다. '우념'은 송나라 장식張栻이 지은 〈양정방을 전송하며(送楊廷芳)〉 제3수의 "평소 비바람 치는 밤에, 번번이 절조 지키기 어려움을 생각하노라"(平生風雨夕, 每念名節難)에서 취해 왔다.

> 조부는 진사시를 거쳐 양지현감으로 있었습니다. 이때에 간신이 세자를 모함하자 조부는 장차 변고가 있으리란 것을 알고 인끈을 버리고 귀향하셨는데, 얼마 있다가 다시 광흥창 주부主簿에 임명되셨습니다. 다음 해 임오년에 세자가 마침내 화를 당하시자, 조부가 스스로를 탄핵하고 물러나서는 다시는 벼슬살이를 않고, 주자(장식張栻의 잘못)의 "평소 비바람 치는 밤에, 누워서 절개 지키기 어려움을 생각하노라"(平生風雨夜, 臥念名節難)라는 말을 취해, 서정西汀이란 호를 우념재로 바꾸었습니다. 일찍이 조정의 대소 신료들 가운데 어느 누구도 세자의 일을 감히 말하는 사람이 없자, 자나 깨나 비통해 하여 상소문을 지었는데, 표현이 아주 간절했으니, 세손궁으로 하여금 세자의 원소園所에 전배展拜하도록 명하실 사 청하는 내용이었습니다. 당시 간관 최익남崔益男(1724-1770)은 조부와 사제의 의리가 있는 데다가 이웃에 거처하고 있었는데, 이 상소문이 있는 것을 알고 한 본을 등출해 마침내 자기의 뜻을 덧붙여서 상소했습니다. 상소문이 들어가자 영묘(영조)께서 친국하셨는데, 최익남이 공초에서 조부를 끌어들여 조부도 나입되었습니다. 조부는 국문에 임해 얼굴을 쳐들고 말하길, "아무 해 일은 전하의 처분이 만만 부득이한 거조에서 나온 것이오니, 세손궁의 경우에는 천리의 인정상 어찌 선친의 원소에 전배하는 성효가 없을 수 있겠습니까?" 했습니다. 상께서 한참 묵묵히 계시다가, "내가 이미 세손으로 하여금 성묘하게 했다" 하시고는, "이 아무개는 다시 국문할 단서가 없으므로 사형의 죄를 특별히 감해 해남으로 정배하고 최익남은 제주로 정배하라" 하교하셨습니다. 당시는 경인년(1770년) 7월이었습니다. 그 4개월 뒤 간신이 상께서 병환이신 틈을 타서 왕명을 사칭하여 국청을 설치하고 추국하니, 이에 조부가 최익남과 함께 체포되어 서울로 이르렀습니다. 간신이 조부에게 전에 상소문을 초한 일이 누구의 사주였느냐고 묻자, 조부는 강개하게 대답하길, "이것은 인륜의 존성이 시킨 일이지, 어찌 다른 사람이 명절名節을 세우라고 권해 한 일이겠습니까?" 했습니다. 마침내 최익남과 함께 같은 날 장폐杖斃되고, 다섯 아들은 모두 남쪽과 북쪽의 극변으로 각각 유배되었습니다. 그 3년 뒤 임진년(1772년)에 상께서 차대次對에서 당시의 재

> 상에게 여쭈시길, "내가 도류徒流의 문서를 보았는데, 이 아무개의 여러 아들들이 어째서 흩어져 유배되었는가? 이 아무개는 지금 아직 해남에 있는가?" 하셨습니다. 김상복金相福(1714-1782)과 원인손元仁孫(1721-1774) 두 재상이 아뢰길, "지난 경인년 추국 때 이 아무개는 장폐되고 그 아들들은 모두 흩어져 유배되었습니다" 하자, 상께서는 놀라 탄식하시며, "그 상소는 결단코 다른 뜻이 없다는 것을 나는 알았으므로 이미 세손에게 전배하게 했다" 하시고, 즉시로 다섯 아들을 방환하라고 명하셨습니다. 당시 사람들이 비로소 경인년 겨울의 옥사가 상의 뜻이 아니었음을 알았습니다.[98]

정조는 이봉환이 죽은 후 그의 전장이 있던 김포 청수동의 그림을 '산거도山居圖'로 그리게 하고는, 그것이 위야魏野의 '유거제화간幽居帝畫看'과 통한다고 했다. 위야는 북송 진종眞宗 때 인물로, 섬주陝州 동쪽 교외의 초당에 살며 초당거사로 자칭했다.[99] 진종이 불렀으나, 왕흠약王欽若이 정권을 농단하고 있으므로 그대로 초야에 살게 해 달라고 청했다. 진종이 사람을 보내 그의 거처를 그림으로 그려 오게 하자, 위야는 시를 지어 '유거제화간幽居帝畫看'이란 구를 썼다.[100] 정조는 이 구를 끌어와 권념眷念의 뜻을 있다고 밝힌 것이다.[101] 한편 생전

---

98 李晚用, 〈與黃山金公(逌根)書〉, 《東樊集》 卷4 文. "先祖由進士, 仕爲陽智縣監, 當是時, 奸臣搆世子, 先祖知將有變, 解印而歸. 旣而復除廣興倉主簿. 明年壬午, 世子竟遇禍, 先祖自劾而退, 不復仕宦, 取朱子詩'平生風雨夜, 臥念名節難'之語, 改號西汀, 曰雨念齋. 嘗以大小廷臣, 無一敢言世子事者, 痦寐悲慟, 作一疏, 辭甚懇切, 卽請命世孫宮展拜世子園者也. 時諫官崔益男, 與先祖有師弟之誼, 且居比鄰, 知有此疏, 謄出一本, 遂附己意以上疏. 疏入, 英祖親鞫之, 崔供引先祖, 先祖被拿入. 臨鞫, 抗顏語曰: '某年事殿下處分, 出於萬萬不獲已之擧. 至於世孫宮, 天理人情, 豈得無展拜先園之誠孝乎?' 上默然良久曰: '予業使之省墓矣.' 下敎曰: '李某別無更問之端, 特爲減死, 定配海南. 崔益男, 定配濟州.' 時庚寅七月也. 後四月, 奸臣乘上不豫, 矯設推鞫, 於是先祖與崔, 俱被逮至京. 奸臣問先祖前草疏爲誰之指使, 先祖慷慨對曰: '此是彝性所使, 豈有他人勸立名節而爲之哉?' 遂與崔同日杖斃, 五子皆散配南北極邊. 後三年壬辰, 上問於次對時相曰: '予見徒流案, 李某之諸子, 何爲散配? 李某今尙在海南歟?' 金相福·元仁孫二相奏曰: '年前庚寅推獄, 李某杖斃, 其子皆散配.' 上驚嗟曰: '其疏之斷斷無他, 予知之, 故已使世孫展拜矣.' 卽命放還其五子. 時人始知庚寅冬獄, 非上意也."

99 자는 중선仲先이다. 《송사宋史》 卷457 〈은일전隱逸傳〉에 입전立傳되어 있고, 《고문진보古文眞寶》 前集 卷4에 〈심은자불우尋隱者不遇〉 시가 전한다.

100 퇴계 이황은 〈북산이문北山移文〉이 비난했던 주옹周顒처럼 위야가 슬그머니 은자의 대열에 끼었다고 비판했다. 남조 제齊나라 공치규孔稚珪가 거짓 은자를 질책한 〈북산이문北山移文〉에 "동로東魯의 은둔을 배우고 남곽자기南郭子綦의 은거를 익혀, 초당에서 몰래 젓대 부는 대열에 끼고 북악北岳에서 참람하게 은자의 두건을 착용했다"(學遁東魯, 習隱南郭. 竊吹草堂, 濫巾北岳)라는 말이 있다.

의 이봉환이 '우념'의 뜻을 취해 왔던 장식의 〈양정방을 전송하며(送楊廷芳)〉 제3수는 이러하다.

> 평소 비바람 치는 밤이면
> 번번이 명절 지키기란 참 어렵다고 생각해 왔소만,
> 한겨울에 온갖 풀 이울었을 때
> 손수 낭간죽을 심다니.
> 그대의 대책문 삼십 본은
> 글자마다 세 번 경탄하지 않을 수 없구려.
> 어찌 남에게 알려지길 바라서겠소
> 바로 일심의 단충에서 우러나온 것이지.
> 부디 그만두오, 석인碩人의 시를 읊어
> 고반考槃을 즐거워하는 일은.[102]

'석인'의 시는《시경》〈위풍衛風·고반考槃〉을 가리킨다. "고반이 시냇가에 있으니, 현자의 마음이 넉넉하도다"(考槃在澗, 碩人之寬)라고 했는데, 장식은 그 구절을 이용하되, 고반에 머물리 말라고 했다. 이에 비해 이봉환은 장식의 이 시를 읽으면서 명절과 충심을 다잡았다.

---

101 시는 '주자'의 시가 아니라 주자의 친우 장식張栻이 지은 것인데 이만용이 잘못 인용했다. 인용한 부분은 〈양정방을 전송하며(送楊廷芳)〉 3수 가운데 제3수의 제1, 2구이다. 제1구는《사고전서四庫全書》본에 '平生風雨夕'이라 되어 있으나 이만용은 ''平生風雨夜'로 적었다. 제2구는 '每念名節難'인데, 이만용은 '臥念名節艱'으르 적었다.

102 張栻, 〈送楊廷芳〉,《南軒集》卷1. "平生風雨夕, 每念名節難. 窮冬百草歇, 手自種琅玕. 吾子三十策, 字字起三歎. 豈欲求人知, 正自一心丹. 請哦碩人詩, 匪爲樂考槃."

제4장

신분 계층과 호

(1) 문인 지식인의 권회卷懷 사상과 작호

이념을 현실에서 실현하는 것을 목표로 삼았던 옛 지식인들은 '용사행장用舍行藏'을 늘 화두로 삼았다. 《논어》〈술이述而〉의 "써 주면 도를 행하고, 버리면 은둔한다"(用之則行, 舍之則藏)는 가르침에 충실하고자 했다. 북송의 전약수錢若水는 한 도승이 그의 관상을 보고 '급류 속에서 용감하게 물러날 수 있는 사람이다"(是急流中勇退人也)라고 평했듯이, 추밀원부사에 이르렀을 때 40세의 젊은 나이로 용감하게 관직에서 물러났다. 구양수歐陽脩는 〈귀전사시낙춘하歸田四時樂春夏〉 2수에서, "농가의 이 즐거움을 뉘가 알랴? 나는 알고도 일찍 귀거래를 못했구나. 사직 청하길 강건했을 때 해야 했거늘, 접질리곤 하다가 이미 늙었다니!"(田家此樂知者誰? 我獨知之歸不早. 乞身當及彊健時, 顧我蹉跎已衰老)" 했다.[1]

❶ 은隱

조선 후기에는 7인의 은둔자를 시로 읊거나 그림으로 그려두고 권회卷懷의 뜻을 가탁했다. 앞서 보았듯이 칠은이란 매복梅福, 서치徐穉, 곽태郭泰, 신도번申屠蟠, 방덕공龐德公, 도연명陶淵明, 사공도司空圖 등을 말한다. 고인들은 벼슬을 살더라도 몸이 강건할 때 은둔하고자 하여 호에 '은隱' 자를 하자下字로 사용한 예가

1 歐陽脩,〈歸田四時樂春夏〉二首,《歐陽文忠公集》卷8.

많다. 고려 중엽까지는 '은' 자 호가 많지 않았으나, 고려 말에 이르러 삼은三隱 이외에도, 최해는 농은農隱, 이인복李仁復(1308-1374)은 초은樵隱, 전녹생田綠生(1318-1375)은 야은野隱, 이색李穡은 목은牧隱, 이숭인李崇仁은 도은陶隱, 정몽주鄭夢周는 포은圃隱, 길재吉再는 야은冶隱이라 했다.

壄隱 전녹생田祿生(1318-1375)의 본관은 담양, 자는 맹경孟耕, 호는 야은壄隱이다. 고려 충혜왕 때 과거에 급제하고 이후 정동성 향시에 합격했다. 문하평리門下評理에 이르러 추충찬화보리공신推忠贊化輔理功臣의 호를 받았다. 1375년(우왕 원년) 간관 이첨李詹과 전백영全伯英이 이인임李仁任·지윤池奫을 주살할 것을 왕에게 청했다가 국문을 받았는데, 그들의 공초에서 이름이 나와 귀양을 가다가 죽었다.[2]《야은일고壄隱逸稿》가 있다.

牧隱 이색李穡(1328-1396)은 목牧에 숨는다는 뜻에서 목은牧隱이라 자호했다. 본관은 한산, 자는 영숙穎叔이다. 1341년(충혜왕 후 2년) 진사시에 합격하고 1353년(공민왕 2) 문과(계사방)에 장원급제했다. 1377년(우왕 3) 우왕의 사부가 되었다. 조선 개국 후 출사 종용을 거절하고 1396년 여강驪江으로 가다가 죽었다. 이색은 19세 때 평주平州(황해도 평산) 모란산牧丹山에서 공부를 한 일이 있어[3] 그 산의 이름에서 호의 '목'자를 따왔다고 한다.[4] 조선 정조 때인 1785년(정조 9) 11월 경기 유생 심제권沈濟權 등 957인이 채귀하蔡貴河를 동양서원東陽書院에 병향竝享하게 해 줄 것을 청할 때 그 상소에서 언급했다.

고려 때 호조 전서戶曹典書를 지낸 채귀하는 세신世臣으로서 일찍 귀하게 되어

---

2 田祿生,《壄隱先生逸稿》卷6 附錄〈有明高麗國推忠贊化輔理功臣匡靖大夫門下評理藝文館大提學知春秋館事兼司憲府大司憲壄隱先生田公家狀〉(後孫田萬英撰).

3 李穡,〈讀書處歌 幷序〉,《牧隱集》詩藁 卷17. "韓山崇井山, 予生二歲, 父母歸于鄕. 八歲以後所居也. 喬桐華蓋山, 十四歲所居也. 漢陽三角山, 十七歲春所居也. 見州紺嶽山, 其秋所居也. 青龍山, 其冬所居也. 西州大芚山, 十八歲所居也. 平州牡丹山, 十九歲所居也. 大都國子監, 始於戊子, 終於辛卯. 其間有省親之行, 前書七山, 後書璧雍, 所以收七山之成功, 而進於大學也. 歌之何? 示子孫也. 暫寓僧舍, 亦且不少. 然不及者, 非忘之也. 不足以關學業之成虧也. 名山勝境, 能養人物, 以變氣質, 古今人稱道之不置, 予故歌之. 將以播之樂府, 傳之無窮耳. 當世之能詩者, 其有以從歎之哉!"

4 이색은〈모란산〉3수 시를 지을 정도로 모란산 산사에서 동료들과 모여 공부하던 시절을 추억했다. 魚江石,〈牧隱李穡文學研究〉, 한국학중앙연구원 한국학대학원 박사논문, 2005, pp. 45-46.

공적이 일찌감치 드러났는데 고려의 국운이 다한 뒤 뜻을 같이하는 사람들과 두문동杜門洞으로 들어가서 지게문을 닫아걸고 소나무로 울타리를 둘러쳐 칩거한 채 인간 세상과 교통하지 않으려고 했습니다. 그리고 얼마 있다가 문정공文靖公 이색李穡과 함께 평산平山의 모란산牧丹山 아래에서 지내며 탁영대濯纓臺를 세우고 영귀정詠歸亭을 지은 뒤 다의당多義堂이라 자호했습니다. 이색이 목은牧隱이라 호를 지은 것은 산 이름에서 비롯되었고 촌 이름을 다의多義라 한 것은 채귀하의 호 때문이었습니다.[5]

단, 목은의 호는 지명에서 유래한 것만은 아닐 듯하다.《주역》겸괘謙卦 초육初六 상전象傳의 "겸손한 군자는 몸을 낮추어 자신의 덕을 기른다"(謙謙君子, 卑以自牧也)의 '자목自牧'과도 관련이 있을 듯하다. 그런데 이색은, 삼한에서는 은隱이란 글자를 자기 호로 삼은 사람이 드물었다고 지적하고, "출사하는 것이 그들의 뜻이었기 때문에 '숨을 은' 자를 말하는 것 자체가 부끄러워서였을까? 아니면 은거하는 것이 일상적인 일이었기 때문에 구태여 '숨을 은' 자를 가지고서 자신을 드러내려 하지 않아서였을까?" 반문했다.《주역》곤괘坤卦 육사六四 문언전文言傳의 "천지가 막히면 어진 이가 숨는다"(天地閉, 賢人隱)를 인용하여, 지금은 밝은 임금과 어진 신하가 허심탄회하게 국정을 논하고 있으므로 산림의 수재들이 모두 조정으로 나오고 있다고 진단했다.[6] 숨을 은을 지향하는 것이 혹 천지가 막혔기 때문은 아닌지 우려한 듯도 하다.

실제 은둔하지 않으면서 은 자를 사용했다면 실상과 맞지 않는다고 비판할 수 있다. 다만, 은둔의 층위와 방식은 여러 가지이다.

圃隱 정몽주鄭夢周(1337-1392)의 본관은 영일, 초명은 몽란夢蘭·몽룡夢龍, 자는 달가達可, 시호는 문충文忠이다.[7] 경상도 영천군永川郡 우항리愚巷里에서 태어

---

5 《일성록》 정조 9년(을사, 1785) 11월 24일(경오). 1650년(효종 원년) 지방 유림의 공의로 신숭겸申崇謙과 이색李穡을 추모하기 위해 평산에 서원을 창건하여 위패를 모시고, 1687년(숙종 13) '동양東陽'이라는 사액을 받았다.

6 李穡, 〈陶隱齋記〉, 《牧隱》 文藁 卷4 記.

7 어머니 이씨가 난초 화분을 품에 안고 있다가 땅에 떨어뜨리는 꿈을 꾸고 낳았기 때문에 초명을 몽란夢蘭이라 했다가, 뒤에 몽룡夢龍으로 고쳤고, 성인이 되어 다시 몽주夢周라고 했다. 몽주는 주공周公을 꿈에 본다는 뜻이다. 공자가 꿈에 주공을 보았던 고사가 있다. 공자와 같은 성인의 경지에 이르라는 지향을 담은 이름이다.

나, 개성 화원花園 북쪽에 거처했다. 포은이란 호는 화원과 관계가 있는 듯하다. 1357년(공민왕 6) 진사시에서 1등 3위를 하고 1360년 문과(경자방)에 장원급제했다. 이성계 파의 조준趙浚·남은南誾·정도전鄭道傳을 제거하려 했으나 이성계 병문안을 갔다 오다가 선죽교에서 조영규趙英珪(?-1395)에게 살해되었다.[8] 문집은《포은집》이다.

陶隱 이숭인李崇仁(1347-1392)의 본관은 성주, 자는 자안子安, 호는 도은陶隱이다. 경상도 성주 출신이다. 1360년(공민왕 9) 진사시에 합격하고 1392년 문과(임인방)에 병과 2위(5/33)로 급제했다. 창왕 때 박천상朴天祥·하륜河崙과 함께 영흥군 환環의 진위를 변론하다가 우봉현牛峯縣으로 유배되었다. 지밀직사사·동지춘추관사에 이르렀으나 정몽주 당이라 하여 유배되고, 끝내 장살되었다. 《도은집》이 있다. 생전에 이색李穡이 〈도은재기〉를 작성해 주었다.[9] 이색은 이숭인이 "문장의 폐단이 필시 주周나라 말처럼 될 것을 알고서, 위로 거슬러 올라가 도복도혈陶復陶穴의 바탕에서 찾아보기로" 했으며, 오늘날의 제도 가운데 상고 시대의 질박한 풍조가 가장 드러나 있는 진흙 굽는 일에 주목해서 질그릇 도 자를 호로 삼았다고 했다. 도복도혈이란 주나라 초에 땅을 파서 도기처럼 만들고 혈거생활을 한 것을 가리킨다.《시경》〈대아大雅 면綿〉에 "고공단보古公亶父(태왕)는 (기산에서) 땅을 파고 혈거했을 뿐, 번듯한 집이라곤 없었다"(古公亶父, 陶復陶穴, 未有家室)라고 했다. 이색은 이숭인의 이름에 있는 어질 인仁 자를《논어》〈안연〉에서 공자가 "나를 이기고 예에 돌아가는 것이 인이다"(克己復禮爲仁)라고 말한 대목과 연결시켜, "인 가운데에서 편안히 여겼고 또 질그릇으로써 거처하는 집을 이름하니, 참으로 그 예의 근본으로 돌아감이로다. 천하가 그의 인을 허여할 것이 분명하니, 이것은 현달함이요 숨은 것이 아니다"라고 매듭지었다.

冶隱 길재吉再(1353-1419)는 호를 야은冶隱·금오산인金烏山人이라 했다. 본관 해평海平, 자는 재보再父, 시호는 충절忠節이다. 경상도 선산부善山府 속현 해평海

---

8 함부림咸傅霖은 〈행장〉을 지어, "공이 절개를 지켜 일생을 마쳤다"(公伏節以終)라고만 적었다. 鄭夢周,《圃隱先生集》, 行狀(咸傅霖).

9 李穡, 〈陶隱齋記〉,《牧隱集》文藁 卷4 記.

平 사람으로, 선산 봉계鳳溪에서 태어났다. 조선 건국 후 1400년(정종 2) 이방원이 태상박사에 임명했으나 고향 선산善山에 머물렀다. 죽은 후 금오산金烏山 동쪽, 낙강洛江 서쪽 서오포西烏浦에 묻혔다.[10] 《야은집》이 있다. 금오산인은 금오산에서 취한 호로, 산인山人은 정치의 장과 거리를 둔 일민逸民, 야인, 은둔자의 뜻이다.

大隱 이숙인李淑仁(1510-1584)의 본관은 예안禮安, 자는 극기克己, 호는 대은大隱이다. 부친 이영李英은 1519년 기묘사화 때 경상도 풍산읍 하리리로 들어와 입향조가 되었다. 이숙인의 아들은 이공李珙이다. 1534년 식년사마시에 진사가 되었다. 집현전 참봉을 제수받았으나 부임하지 않았다.[11]

篤隱 조선 말의 김종기金種驥는 별호가 독은篤隱이다. 진주 사람으로 독산篤山에 거주했는데, 김택영金澤榮(1850-1927)과는 먼 친척 간으로, 김택영의 《한사韓史》 교정에 도움을 주었다. 김택영이 그를 위해 〈독은별호설〉을 지어, 상류의 은둔을 실행하라고 권했다.

> 위야魏野·임포林逋의 무리는 구준寇準·한기韓琦·범중엄范仲淹 등 여러 사람이 등용되어 있던 세상에서 자신의 재주가 그 사람들에 미치지 못함을 알고 벼슬을 살지 않았으니, 이것은 은둔의 하류이다. 매복梅福·관녕管寧의 무리는 왕망王莽·조조曹操에게서 차마 모욕을 받을 수 없어서 각각 왕사산王笥山과 요동 들판에 피신했으니, 이것은 은둔의 중류이다. 장유후張留侯(장량張良)는 한韓의 멸망을 아파해서 만금 재물을 흩어 역사力士를 모집해 진시황을 격살하려 했으나 실패하자 한漢에 귀의해서 계책을 세워 마침내 진나라를 멸망시켰고, 만년에 이르러서는 신선의 벽곡술辟穀術에 가탁해 몸을 보전했으니, 이는 은둔의 상류이다. 하류의 경우는 그대에게 부합하지 않으므로 말할 것이 못 된다. 중류의 경우는 그대에게 부합하지만, 그 일이 자신의 몸만 잘 보전한 것에 그치므로 그대로 하여금 본받으라 할 만하지 않다. 그대는 재물을 가벼이 여기고 의리를 좋아하므로 본받을 만한 것은 유후(장량)에 있지 않겠는가? 공자는 "인仁을 행할 때에는 스승에게도 양보하지 않는다" 했다.[12]

---

10 吉再, 《冶隱先生言行拾遺》 卷上 年譜.

11 서주석, 《안동문화산책》, 이화문화출판사, 2001.

12 金澤榮, 〈篤隱別號說〉, 《韶濩堂集》 借樹亭雜收 卷2 甲子文錄. "如魏野·林逋之流, 當寇準·韓

그보다 앞서 숙종 때 이민서李敏敍(1633-1688)는 〈육은시六隱詩〉를 지어, 소부세이巢父洗耳·저닉우경沮溺耦耕·상산채지商山採芝·동강수조桐江垂釣·녹문채약鹿門採藥·곡구경전谷口耕田의 사실을 차례로 노래했다. 이 시의 병서는 은둔 개념을 풀이하면서《주역》의 설을 인용했다. 곤괘坤卦 문언전文言傳에서는 "천지가 변화하면 초목이 무성하고 천지가 닫히면 현인이 은둔한다"(天地變化, 草木蕃, 天地閉, 賢人隱) 했고, 정이의《이천역전》은 "천지가 막히고 닫히면 만물이 이루어지지 못하고 군신의 도가 끊기어 현자가 은둔한다"라고 했다. 고괘蠱卦 상구上九에 "왕후를 섬기지 않고 그 일을 고상하게 한다"(不事王侯, 高尙其事) 했고, 정이의《이천역전》은 "이는 현인과 군자가 세상을 만나지 못하여 고결함으로 스스로 지켜서 세상의 일에 얽매이지 않는 자이다"라고 했다. 이민서는《이천역전》의 설을 성세盛世에도 극복하여, 은둔하는 이들이 있다는 사실에 주목하면서, 역대 은둔자들의 처지를 고찰했다.

> 전傳에 "왕과 제후를 섬기지 않고 그 뜻을 고상하게 지닌다" 했고, 또 "천지가 닫히면 현인이 숨는다" 했다. 이것을 근거로 검토해 보니, 선비 가운데 혹 보물을 품고 기이한 재질을 싸두고, 망망하게 천하를 마음에 두지 않고 만물의 바깥에 홀로 서 있는 이가 있다. 이것은 정말로 시기와 운명에 매인 것이 아니다. 말기의 시대로 와서 암혼한 군주가 위에 있자 명철의 현자가 나날이 멀리 떠났고, 창과 방패로 쟁탈을 해 생령이 도탄에 빠지자, 지혜로운 자는 군주의 안색을 살펴 떠나고 현명한 자는 자취를 멀리했다. 이러한 부류는 일일이 헤아릴 수 없다. 사람 무리를 떠나 새 짐승과 뒤섞여 적료하게 벗도 없이 메말라서 멀리 숨으니, 어찌 사람이 즐거워하는 바이겠는가? 역시 부득이한 면이 있어서이다. 그렇기는 하지만 요堯가 군주이거늘 허유許由는 도망했고, 후한 광무제가 친구이거늘 엄릉嚴陵은 나아가지 않았다. 이로써 보면 역시 각각 뜻을 달리했다. 인간세계를 헌신 벗어던지듯 해 연하에 뜻을 부치고 지극한 도

琦·范仲淹諸人登庸之世, 自知其才之不及諸人而不之仕, 此隱之下也. 如梅福·管寧之流, 不忍受汚於王莽·曹操, 而避居于玉笥山及遼東之野, 此隱之中也. 張留侯痛韓之亡, 散萬金之財, 募力士擊秦皇不得, 歸漢畫策, 竟以滅秦, 至其晩年, 托於神仙辟穀之術, 以全其身, 此隱之上也. 下焉者, 於君非其倫也, 不足言. 中焉者, 於君爲其倫. 然其事止於獨善其身, 則不足以使君效之. 以君之輕財好義, 所可效者, 將不在留侯哉? 孔子曰: '當仁不讓於師'."

에 깊이 침잠하고 신선 적송자赤松子와 왕자교王子喬를 자나깨나 잊지 못해, 홀로 조물자와 함께 해서 세간의 자분滋氛을 획득하지 않으니, 이것은 그 즐거움이 어찌 헌면軒冕과 종정鍾鼎을 벌려 두는 정도에 그치겠는가? 그렇다면 성스러운 군주를 피할 수 있거늘, 하물며 혼란의 군주에야 더 말해 무엇하겠는가? 종정도 사절할 수 있거늘, 하물며 칼과 톱 같은 형구로 모욕을 당하는 일이야 더 말해 무엇하겠는가? 이렇기에 장자莊子는 초나라 재상을 사양하고 한유韓愈는 이원李愿의 반곡盤谷으로의 귀향을 장대하게 여겼다. 지혜·용기·변별력은 천하가 현명하게 여기는 바요, 영화·권세는 천하가 흠모하는 바이다. 하지만 재주가 있거나 없거나 하는 것은 천명에 달려 있고, 얻느냐 못 얻느냐는 시기에 달려 있으니, 모두 억지르 가져올 수 있는 것이 아니다. 만약 일을 일삼지 않고서 그저 뜻만을 높인다면, 범용한 사람이라도 백이伯夷나 허유許由와 변별할 길이 없다. 의리는 힘써 할 수 있으나 재주는 행운으로 지닐 수 없는 것이다. 하물며 일을 주고 공적을 시험하는 사람은 성공이냐 실패이냐에 따라 상과 벌을 내린다. 일하는 바가 없으면 행하는 바가 없고 행하는 바가 없으면 성공과 훼멸도 없다. 더구나 출사하는 사람은 움직이고 은거하는 사람은 조용하며, 움직이는 사람은 수고롭고 조용한 사람은 안일하며, 움직이는 사람은 위태롭고 조용한 사람은 편안하다. 편안하고 안일함을 버리고 수고롭고 위태로움으로 나아가는 것은 지혜로운 자라면 하지 않을 것이다. 나는 이에 은둔자 여섯 명을 취해 각각에 대해 시를 지어 그 취향을 완상하고자 한다.[13]

근세 이전의 지식인은 우환의식과 책임의식을 강하게 지녔다. 특히《대학》을 실천 기준으로 삼아 정치에 간여했다. 하지만 이념과 실제가 괴리할 때, 지

13 李敏敍,〈六隱詩幷序〉,《西河集》卷1 五言古詩. "傳曰: '不事王侯, 高尙其志.' 又曰: '天地閉而賢人隱.' 蓋嘗以是求之, 士或有懷寶蘊奇, 窅然不以天下爲意, 而獨立於萬物之表. 是固不繫於時命矣. 至若叔季之世, 昏君在上而明哲日遠, 或干戈爭奪而生靈塗炭, 智者色擧, 明者遠跡. 若此類者, 亦不可勝數. 夫離人群, 混鳥獸, 寂寥而無朋, 枯槁而遐遁, 豈人之所樂哉? 蓋亦有不得已焉. 雖然以堯爲君而許由逃之, 以光武爲故人而嚴陵不就. 由是觀之, 亦各其志. 方其脫屣人間, 寄意煙霞, 沈冥至道, 寤寐松喬, 獨與造物者俱, 而不獲世之滋氛, 此其樂豈直軒冕鍾鼎哉? 然則聖君可避, 況昏亂哉? 鍾鼎可辭, 況有刀鋸之辱哉? 此莊周所以辭楚相, 而韓子所以壯李愿也. 夫智勇辯力, 天下之所賢也. 榮華勢利, 天下之所賢也. 然才不才, 命也. 得不得, 時也, 皆不可強而致者. 若不事事而徒尙志, 則雖庸人, 與夷·由無辨矣. 義可勉而才不可幸者也. 況授事試功者, 有成有敗而賞罰隨之. 無所事則無所爲, 無所爲則無成與毁矣. 且出者動, 處者靜, 動者勞, 靜者逸, 動者危, 靜者安. 去安逸而就勞危, 智者所不爲也. 余於是得隱遁之士六人, 各爲之詩, 以賞其趣云."

식인은 독선기신獨善其身에 주력했다. 《논어》〈위령공〉에서는 "바야흐로 세상에 도가 있으면 벼슬에 나아가고 도가 없으면 감추고 나타내지 않는다"(方有道則仕, 方無道則可卷而懷之)라고 하여 권회卷懷를 언급했다. 권회는 수장收藏이나 도회韜晦라고도 한다.[14] 단, 과망果忘(세상을 과감하게 잊음)하지는 않았다. 《논어》〈헌문〉에 보면, 위衛나라의 삼태기 멘 은자가 공자의 경磬 연주 소리를 듣고는 세상을 잊지 못하는 마음이 있음이 있어 비루하다고 탄식했다. 하지만 공자는 "과감하구나! 그렇게 한다면 어려울 것이 없겠구나!"라며 탄식했다. 남송 때 나대경羅大經은 《학림옥로鶴林玉露》에서, 산림으로 귀거래하지 않더라도 속세간의 영리를 벗어나 있다면 그것이 곧 권회요 도회라고 할 수 있다고 했다.

> 도연명의 〈진군 참군으로 부임하며(赴鎭軍參軍)〉 시에, "구름 바라보면서 높이 나는 새에게 부끄럽고, 물에 임하여 유영하는 물고기에게 창피하다. 참다운 생각이 흉금에 있거늘, 형적에 구애된다고 누가 말하랴!" 했는데, 이렇다면 흉금이 어찌 바깥의 영예에 물들었겠는가? 왕형공(왕안석)은 재상에 임명된 날 벽에 시를 적기를, "종산사에 서리 맞은 소나무와 눈 덮인 대나무, 만년을 투탁하여 돌아가 이 생애를 맡기리라" 했다. 견식과 취향이 높아서, 부합하면 머물고 부합하지 않으면 소매를 떨치고 떠나 다시 구속받지 않았던 것이다. 황산곡(황정견)은 "옥을 차고도 마음이 마른 나무 같고, 조정에 서 있어도 뜻이 동쪽 산에 있다" 했으니, 역시 이 뜻이다.[15]

권회하는 인사들은 은사隱士라고도 하고[16] 일사逸士·일민逸民이라고도 한다.

---

14 《논어》〈태백泰伯〉에서는 "위태로운 나라에는 들어가지 말고, 어지러운 나라에는 살지 말아야 한다. 천하에 도가 있으면 자신을 드러내어 벼슬을 하고, 도가 없으면 숨어야 한다"(危邦不入, 亂邦不居. 天下有道則見, 無道則隱)라고 했다. 《주역》〈계사전 하〉에서는 "군자는 기미를 보고 떠나면서 하루가 다하기를 기다리지 않는다. 예괘豫卦 육이六二에 '돌처럼 견고해서 하루가 다하기를 기다리지 않으니, 정하고 길하다'라고 했다. 절개가 돌과 같으니 어찌 하루가 다하기를 기다리겠는가. 이를 통해서 군자가 결단하는 것을 알 수 있다"(君子見幾而作, 不俟終日. 易曰: 介于石, 不終日, 貞吉. 介如石焉, 寧用終日, 斷可知矣)라고 했다.

15 羅大經, 《鶴林玉露》 卷5. "士陶淵明赴鎭軍參軍詩曰: '望雲慙高鳥, 臨水愧游魚. 眞想初在襟, 誰謂形迹拘.' 似此胸襟豈爲外榮所點染哉? 荊公拜相之日, 題詩壁間曰: '霜松雪竹鍾山寺, 投老歸歟寄此生', 只爲他見趣高, 故合則留, 不合則拂袖便去, 更無拘絆. 山谷云: '佩玉而心若槁木, 立朝而意在東山', 亦此意也."

16 '은사'란 말 자체는 《순자》〈정론正論〉에서 부정적인 의미로 나온다. "세속의 논자들은 말하

은사는 정신적 자유를 얻은 인사를 가리키는 말이고, 일민은 정치권력으로부터의 자기를 소외시킨 인사를 가리키는 말이다.《후한서》〈일민전逸民傳〉을 보면, 일민들은 벼슬살이를 하지 않음, 사직하고 떠남, 기복하지 않음, 불러도 오지 않음, 숨어 사는 삶을 통해 정계와 단절했다. 조선에서도 임억령林億齡(1496-1568)·이희안李希顔(1504-1559)·엄충정嚴忠貞·황응규黃應奎(1518-1598)·이몽규李夢奎(1510-1563)·권호문權好文(1532-1587)·이덕민李德敏(1543-1588) 등을 일민으로 꼽아, 성해응成海應이 그들을 〈일민전〉에 입전했다.[17] 그런데 은사는 산림에만 있는 것이 아니다. 벼슬을 살되 세속에 얽매이지 않는 조은朝隱, 군중이 모여 생활하는 저자에 거처하면서도 탈속한 삶을 사는 시은市隱도 인정된다. 조정에 몸을 숨긴 자로는《시경》에 나오는 영관伶官과 한나라 때의 골계滑稽를 들 수 있다.《시경》〈패풍·간혜簡兮〉의 모서毛序에 "위衛나라의 현자가 영관 벼슬에 자신의 몸을 숨겼다" 했는데, 영관은 궁중의 악관이다. 또《사기》〈골계열전〉에서는 한나라 무제 때 골계지웅滑稽之雄이었던 동방삭東方朔이 스스로를 '조정 사이에 숨어서 세상을 피하는 자'라고 규정하고, "궁전 속에서도 세상을 피하면서 몸을 온전히 할 수가 있는데, 무엇 때문에 깊은 산속에 들어가서 오두막 생활을 할 필요가 있겠는가!"라고 했다. 저자에 몸을 숨긴 자로는 연燕나라의 도구屠狗와 촉蜀 땅에서 매복賣卜하던 이가 바로 그들이다. 전국시대 말 자객 형가荊軻는 연나라 태자 단丹의 부탁으로 진왕秦王 영정嬴政을 죽이러 갔다가 피살당했는데,《사기》〈자객열전〉을 보면 "그가 연나라에 있을 때 개백정(屠狗)이나 축筑의 명인 고점리高漸離와 어울려 노닐었다"라고 했다.《한서》열전을 보면, 전한(서한)의 술사 엄준嚴遵(君平)은 촉 땅 성도成都에서 시내에서 점복으로 생

길, '요임금과 순임금은 천자의 지위를 선양했다고 말하는데, 이는 그렇지 않다. 천자란 권세와 지위가 지극히 존귀해서 천하에 필적할 자가 없거늘, 누구에게 양도하겠는가? 도와 덕이 순수하게 갖추어져 있고 지식과 지혜가 매우 밝으며 남면하여 정치를 처리하면, 천하의 생민들은 모두가 두려워 떨며 복종하여 교화되어 순종하게 되므로, 천하에는 숨어 있는 선비가 없고 버려져 있는 선한 이가 있을 수 없다. 동조하는 사람은 옳고 어기는 사람은 잘못이거늘, 어찌 천하를 선양하겠는가?"(世俗之謂說者曰: 堯舜擅讓, 是不然. 天子者, 執位至尊, 無敵於天下, 夫有誰與讓矣! 道德純備, 智惠甚明, 南面而聽, 天下生民之屬, 莫不振動從服以化順之, 天下無隱士, 無遺善, 同焉者是也, 異焉者非也, 夫有惡擅天下矣?)

17 成海應,〈逸民傳〉,《研經齋全集》卷53.

활하면서 하루에 100전만 벌면 방 안에 들어앉아 《노자》를 연구했다고 한다. 진晉나라 초에 청담淸談으로 세월을 보냈던 완적阮籍·혜강嵇康·산도山濤·왕융王戎·유령劉伶·완함阮咸·상수向秀 등 죽림칠현은 술에 숨었고, 송나라 말 호자胡仔는 고기잡이에 숨어 자호를 초계어은苕溪漁隱이라 했다. 당나라 시인 이상은李商隱과 나은羅隱은 아예 이름에 '은隱' 자를 사용했다.[18]

❷ 회晦 · 잠潛 · 돈遯 · 이頤

은隱은 회晦와 통한다. 조선의 이언적李彦迪(1491-1553), 권춘란權春蘭(1539-1617), 조한영曺漢英(1608-1670), 이인엽李寅燁(1656-1710), 윤양래尹陽來(1673-1751), 윤지술尹志述(1697-1721), 신체인申體仁(1731-1812), 민재남閔在南(1802-1873), 장석영張錫英(1851-1929) 등이 호에 회晦 자를 사용한 것도, 주자의 회암 호를 연상시키면서 은둔의 지향을 드러낸 것이다.

그리고 은隱은 《주역》의 돈遯(遁)괘 및 '잠潛'의 뜻과 깊이 연관되어 있다. 《주역》 건괘乾卦 초구 효사에는 "잠복 중인 용이니 활용은 금물이다"(潛龍勿用) 했고, 《서경》 〈홍범洪範〉은 정직正直과 강剛과 유柔 등 삼덕에 대해 말하면서 "물속에 가라앉듯 소극적인 사람은 강한 방법으로 대처해야 한다"(沈潛剛克) 했다. 건괘는 때(時)를 두고 말했고 〈홍범〉은 재주를 두고 말했다.

潛 이명준李命俊(1572-1630)의 본관은 전의, 자는 창기昌期, 호 잠와潛窩·진사재進思齋이다. 이제신李濟臣의 아들이며 신흠의 처남이다. 1601년(선조 34) 진사시에 합격했으나 1602년 양천陽川 운당곡篔簹谷에 우거했다가 1603년 정시문과에 장원을 하고 벼슬길에 나아갔으나 1613년(광해군 5) 계축옥사 때 서제 이경준李耕俊에게 연좌되어 영덕盈德으로 유배되었다. 1623년 인조반정으로 장령에 복직하고 1630년(인조 8) 병조참판에 이르렀으나 사직하고 별서의 집을 잠와라 했다. 이해 죽은 후, 양근군楊根郡 수회리水回里에 묻혔다. 《잠와유고》가 있다. 이명준이 별서의 집을 잠와라 했을 때 장유가 〈잠와기〉를 써 주었다. 양웅揚雄은 "하늘에 침잠하면 하늘이 되고 대지에 침잠하면 대지가 된다" 했으며 "중

18 李穡, 〈陶隱齋記〉, 《牧隱集》 文藁 卷4 記.

니는 문왕에 침잠했고 안연顔淵은 중니에 침잠했다"고 주지시키고 후한 때 왕부王符가 정사의 득실을 논한《잠부론潛夫論》은 비루하다고 비판했다. 〈잠와기〉의 일부는 다음과 같다.

> (《장자》〈지북유〉에서 말했듯이) 밝은 것은 어두운 곳에서 생겨나고 (《주역》〈계사전 상〉에서 말했듯이) 감통은 적연寂然에 근본하는 것으로서, 은복隱伏이야말로 현현顯現의 기초가 되고, 조용히 있는 것이야말로 움직임을 좌우하는 주재자가 된다. 그러므로 (《주역》〈계사전·하〉에서 말했듯이) 자벌레도 몸을 구부리지 않으면 펼 수 있는 방도가 없고, 뱀도 칩거하지 않으면 어떻게든 몸을 보존할 수가 없다. 군자가 도를 행하는 것 역시 이와 같다. 안으로 마음을 쓰는 과정에서 드러나지 않게 속으로 감출지언정 분명하게 밖으로 나타나게는 하지 않는 법인데, 급기야 때가 이르게 되면 아무도 몰래 닦아 온 실력이 사해에 펼쳐지고 마음속으로 수렴해 두었던 경지가 천지의 표준으로 확립되는 것이다.[19]

또한《주역》돈(둔)괘遯卦는 상괘가 하늘을 뜻하는 건괘乾卦, 하괘가 산을 뜻하는 간괘艮卦로, 은둔을 의미한다. 괘상은 소인이 차츰 성하여 군자가 피하는 형상이다. 구사·구오·상구의 효사에 각각 호둔好遯·가둔嘉遯·비둔肥遯이라 했는데, 각각 '좋아함에도 불구하고 자발적으로 은둔함', '멈추고 행할 때를 알아 고상하게 은둔함', '표연히 멀리 떠나 여유 있게 처함'이다. 상구 효사에는 "비둔이니 이롭지 않음이 없다"(肥遯 無不利) 했고, 이를 두고《이천역전》은 "멀리 떠나가서 매이고 지체하는 바가 없는 것이 선하다"라고 풀이했다.[20] 정약용은 1801년 경상도 장기長鬐로 유배 갔을 때, 벽계檗溪 북쪽 미원薇源의 은사 심씨에 관한 이야기를 〈미원은사가〉로 노래하면서, 심씨 '비둔'을 이롭게 여겨 조물주의 은택을 입었다고 부러워했다.[21] 미원은사는 심석귀沈錫龜(1695-1742)의 두 아들 심유沈鍒와 심순沈錞 가운데 한 사람이었을 것이다.[22]

19 張維,〈潛窩記〉,《谿谷先生集》卷8 記.

20 충청남도 논산시 연산면連山面에 있는 비둔서원은 1634년(인조 12) 김장생金長生을 추모하기 위해 건립됐다. 이후 김집金集·송준길宋浚吉·송시열宋時烈을 추가로 배향했다.

21 丁若鏞,《與猶堂全書》第1集 詩文集 第4卷〈薇源隱士歌〉自註. "距余門巖莊三十里"; 심경호,《다산 정약용 한시 역주》, 네이버 지식백과.

22 심석귀는 소북에 속하는 임희성任希聖의 연척이었는데, 1727년(영조 3) 생원시에 합격하고,

은隱의 지향은 정신을 기르려는 이양頤養의 목표와 연계되었다. 《주역》 이괘頤卦에 "이頤는 정貞하면 길하니 남을 기르는 도를 살피며 자신을 기르는 도를 추구해야 한다" 했고, 그 단彖에 "관이는 길러짐을 보는 것이요, 입에 들어갈 음식을 스스로 구함에서 스스로 기름을 본다"(觀頤, 觀其所養也, 自求口實, 觀其自養也) 했다. 조선 후기의 학자 황윤석黃胤錫(1729-1791)이 재호를 이재頤齋라고 한 것은 바로 《주역》의 뜻을 취한 것이다.

❸ 졸拙 · 우愚 · 광狂 · 치癡(痴) · 나(난)懶 · 노魯 · 둔鈍 · 우愚 · 우迂 · 용傭

은隱에의 지향에서 현실의 상흔을 치유하면 온유돈후溫柔敦厚의 마음을 유지하지만, 상흔을 치유하지 못한 경우에는 자신의 졸拙·우愚·광狂·치癡(痴)·나(난)懶·노魯·둔鈍·우愚·우迂·용傭을 자각하게 된다. 이를테면 조선 중기의 안동 처사 권기權紀(1546-1624)는 자기 처지를 체념諦念하는 현실을 긍정하는 마음의 평화를 졸拙·우愚·광狂이라는 말로 표현했다.[23] 본관은 안동, 자는 사립士立, 호는 용만龍巒이다. 권호문權好文의 문인으로, 1568년(선조 원년) 향시 등 초시에 16차례나 합격했지만 최종 합격을 하지 못했다. 그는 〈자지自誌〉의 명銘에서 "남들은 나를 선비라 하지 않았지만, 자처하기는 선비라 했네. 남들은 나를 어리석다 하지 않았으나, 스스로 행한 일은 어리석었네. 남들이 나를 알아주지 않고, 나 홀로 나를 알았도다"라고 했다.[24] 사실 졸拙의 뜻은 《상서(서경)》와 《장자》에서 다르게 나타난다. 《서경書經》 〈주서周書 주관周官〉에서는 "덕을 행하면 마음이 편안하여 날로 아름다워지고, 거짓을 행하면 마음이 수고로워 날로 졸렬해진다"(作德, 心逸日休. 作僞, 心勞日拙)라고 했다. 이때의 졸은 부정적인 뜻이다. 한편 《장자》 〈소요유〉에서는 장자에게 혜시惠施가 자신에게 아주 큰 박이 있지만 얕고 평평하여 물그릇으로도 쓸 수 없는 등 아무 쓸모가 없어 부숴 버렸다고 말하자, 장자가 "선생은 참으로 큰 것을 쓰는 데 졸렬합니다"(夫子固拙於用大矣)라

이듬해 성균관의 권당 사건 때 재임을 맡으라는 명에 불응하고 가족을 이끌고 미원에 은둔했다가 역병으로 죽고 말았다. 任希聖, 〈成均生員沈公墓誌銘幷序〉, 《在澗集》 卷4.

23 李鍾虎, 〈朝鮮中期 安東處士의 典型과 現在的 意味〉, 《안동한문학논집》 6, 안동한문학회, 1997.12. p. 265. "人不謂我儒, 而自處卽儒. 人不謂我愚, 而自爲卽愚. 人莫知我, 我獨知吾."

24 權紀, 〈自誌〉, 《龍巒集》 卷2.

고 하고는, 큰 박이 있다면 그것으로 큰 술통 모양의 배를 만들어 강이나 호수를 떠다닐 생각을 하라고 했다. 여기서는 졸이 '크게 쓰임'으로 전화轉化한다. 나아가 졸수拙守나 수졸守拙이라고 하면 졸의 미덕을 지킨다는 뜻이다. 도연명의 〈전원귀거田園歸居〉 시에서, "잘못해 티끌 그물 속에 빠져, 잠깐 사이에 30년이 지났구나. 매인 새는 옛 숲을 사모하고, 연못의 물고기는 옛 못을 그리워하는 법. 남쪽 들판 끝에 거친 땅을 일구고, 전원으로 돌아가 졸렬함의 미덕을 지키노라"(誤落塵網中, 一去三十年. 羈鳥戀舊林, 池魚思故淵. 開荒南野際, 守拙歸田園)라고 했다. 북송의 주돈이周敦頤는 다른 사람으로부터 졸하다는 말을 듣고는 기뻐하면서 〈졸부拙賦〉를 지어, "교묘한 자는 말을 잘하고 졸렬한 자는 입을 다물며, 교묘한 자는 수고롭고 졸렬한 자는 편안하며, 교묘한 자는 남을 해치고 졸렬한 자는 덕을 베풀며, 교묘한 자는 흉하게 되고 졸렬한 자는 길하게 된다. 아아! 천하 사람이 다 졸렬하면 형법과 정령이 투명해져서, 윗사람은 편안하고 아랫사람은 순종하여, 풍기가 맑아지고 악폐가 단절되리라"(巧者言, 拙者默, 巧者勞, 拙者逸, 巧者賊, 拙者德, 巧者凶, 拙者吉. 嗚呼! 天下拙, 刑政徹, 上安下順, 風清弊絶)라고 했다. 북송 휘종徽宗 대관大觀 4년(1110) 정승에 임명된 장천각張天覺은 채경蔡京을 미워하여 스스로를 계교가 없어 졸렬한 사람이라고 했다. 주희의 《주자대전》 권50 〈답정정사答程正思〉에 보면, "혹인이 '채원장은 상공께서 지극히 합당가기는 하지만 다만 계교와 술수가 부족하다고 했습니다' 하자, 장천각이 '채경은 머리를 베고 배를 갈라야 하는 놈이다. 나에게 만약 계교와 술수가 있다면 도리어 그와 한가지가 될 것이다' 했다"(或告之曰 : 蔡元長說相公極正當, 只是少些機數. 張應之曰 : 蔡京, 斫頭破肚漢. 我若有機數, 却與你一般也)라고 언급했다. 한편, 소식蘇軾은 〈가난한 집에 마당을 깨끗이 청소하고(貧家淨掃地)〉 시에서 "가난한 집은 바닥을 깨끗이 쓸고, 가난한 여성은 머리를 곱게 빗듯이. 낮은 선비가 늘그막에 도를 듣고서, 애오라지 졸拙로써 자신을 수양하리"(貧家淨掃地, 貧女好梳頭. 下士晩聞道, 聊以拙自修)"라고 했다. 줄여서 문도졸수聞道拙修라고 한다. 《주자어류》 권120에 보면, 주희는 임중삼林仲參이 학문의 수용처를 묻자, "허름한 의자나 탁자가 집에 있으면 유용하게 쓰이지만 바깥으로 욕심을 내어 높은 산이나 깊은 계곡에 있게 되면 아무짝에도 쓸모없는 물건이 된다"라고 대답한 후 소식의 이 시를 인용했다. 주희는 임천태수臨川太守 조경명趙景明을 위해 〈졸재기拙齋記〉를 지어 주어, "천하의 이理는 하나일 따름이어서 궁구해 그 하나에 통하고자 하고 지켜서 굳게 안주하고자 한다. 하나로서 굳건하므로 이것은 졸에 가깝다. 그 말을 궁극에까지 미루어 말한다면 '의리를 바로 하되 이익을 꾀하지 않고 도리를 밝히되 공효를 계산하지 않는다'(正其誼不謀其利, 明其道不計其功)는 것이니, 이것도 졸拙일 따름이다"라고 했다.

(2) 문인 시식인의 지명 우탁 호

옛사람들은 지명을 호로 삼은 예가 상당히 많다. 거주지의 지명은 물론, 본관의 지명, 출생지의 지명, 일시 정착지의 지명, 유배지의 지명 등 다양하다. 서울의 벌열가나 중인·서얼 식자층, 지방 거주자로서 서울에서 관료생활을 하는 사대부가 상당히 많아, 서울의 지명을 호에 사용하는 경우도 적지 않았다. 게다가 선대부터 조신朝臣으로 있어 왔으면 대부분 서울 근교에 별업을 두고 있어서, 그곳의 지명을 호에 채용하기도 했다. 나아가, 반드시 장기 거주지나 임시 거주지가 아니더라도, 본관이나 선산의 지명을 사용하여 수구불망首丘不忘의 태도를 확인하고, 과거의 특별한 거주지를 지명에 사용하여 회억의 감정을 가탁하기도 했다. 주돈이周敦頤는 여산廬山에서 노년을 보내면서 옛 고을 이름인 용릉舂陵에서 호를 취했고, 거처의 시내를 염계濂溪라고 명명한 까닭에 해서 염계선생이라고 일컬어졌다. 남송의 주희는 건양建陽 숭안崇安에 거주하면서 선조들이 살았던 무원婺源 자양산紫陽山에 서당을 열고 호를 자양이라 했다. 이러한 예들은 지명을 호로 사용할 때 특히 주요한 선례가 되었다. 또, 출생지 및 거주지의 지명과 관련해서는 '우리 집 산'(吾家山)의 이름이 호에 시용되었다. 그런데 지명을 호로 사용할 때는 지향과 의미를 특별히 가탁하는 일이 많았다. 여기서는 몇몇 사례만을 제시한다

❶ 본관의 지명을 호로 사용한 예

옛사람 가운데는 본관의 지명, 혹은 본관의 옛 이름을 호로 사용한 예가 있다.

근본을 잊지 않겠다는 뜻에서 그러한 호를 사용한 것이다. 김인후金麟厚의 호 하서河西가 본관 울진의 옛 이름이란 사실은 앞서 말했다.

月川 김길통金吉通(1408-1473)의 본관은 청풍淸風, 자는 숙경叔經, 호는 월천月川, 시호는 문평文平이다. 별호는 사열沙熱이다. 부친은 김효례金孝禮이다. 1429년(세종 11) 생원시에서 장원하고 1432년 식년 문과에 을과로 급제했다. 1454년(단종 2) 황주목사를 지냈으나, 사육신이 화를 입자 이천利川 수남리水南里에 은거했다. 하지만 1458년(세조 4) 전주부윤이 되고, 성종 초 호조판서에 올라, 1471년 좌리공신佐理功臣 4등으로 월천군月川君에 봉해졌다. 《월천집》이 있다. 본관의 청풍은 충북 제원군의 옛 지명으로, 신라 경덕왕 때 청풍으로 고쳤다. 군 서쪽 40리에 월천이 있어, 부덕산夫德山에서 나와 충주忠州 진포辰浦로 흘러 들어간다. 김길통의 월천 호는 본관의 지명을 따온 것이다.[25] 경기도 이천시 신둔면 수광리에 불천지묘가 있어, 월천재라고 한다.

花山 화산은 경상도 안동의 옛 이름이다. 권주權柱(1457-1505)의 본관은 안동, 자는 지경支卿이다. 1480년(성종 11) 친시문과에 갑과로 급제했다. 1504년 갑자사화 때, 앞서 윤비에게 사약을 가지고 갔던 죄로 평해平海로 유배되고 이듬해 교살되었다.[26] 《화산유고》가 있다. 화산은 본관의 지명을 호에 쓴 것이다.

檜山 회산은 경상도 창녕의 옛 이름이다. 정환丁煥(1497-1540)의 본관은 창원, 자는 용회用晦이다. 조광조의 문인으로, 1516년(중종 11) 진사시에 합격하고 1528년 별시문과에 을과로 급제했다. 1540년 경상도도사를 지낸 후 귀향했다.[27] 아우 정황丁熿(1512-1560)과 함께 남원 영천서원寧川書院에 제향되었다. 문집은 《회산집》인데, 회산은 창녕의 고호를 호에 사용한 것이다. 창녕 황씨의 학자인 황덕길黃德吉의 호도 회산이다.

竹溪 안상安瑺(1511-1579 이후)의 본관은 순흥, 자는 계진季珍, 호는 죽계竹溪이다. 죽계는 곧 순흥의 옛 이름이다. 1565년(명종 20) 중화군수中和郡守가 되고,

---

25 金佐明, 《歸溪遺稿》 卷下 〈淸風金氏世系考〉.

26 李惟樟, 〈贈資憲大夫議政府右參贊行嘉善大夫禮曹參判永嘉權公碣陰銘〉, 《孤山先生文集》 卷8 墓碣銘; 李玄逸, 〈嘉善大夫禮曹參判贈資憲大夫議政府右參贊權公神道碑銘幷序〉, 《葛庵先生文集》 卷23 碑.

27 李恒福, 〈故都事丁公墓表〉, 《白沙先生集》 卷3 墓表.

판결사를 거쳐, 함경도 덕원부사에 이르렀다. 1561년 장악원첨정으로 근무하며 악사樂師들과 함께 《금합자보琴合字譜》를 편찬해서, 1572년(선조 5) 그 책이 간행되었다.[28]

鵝溪 이산해李山海(1539-1609)의 본관은 한산韓山, 자는 여수汝水, 호는 아계鵝溪이다. 본향 충남 한산에 아계(거위 개울)가 있으므로 그 지명을 호로 삼았다.[29] 1558년(명종 13) 진사시에 합격하고 1561년 식년문과에 병과로 급제했다. 1590년 영의정이 되고, 종계변무[30]의 공으로 아계부원군에 봉해졌다. 이듬해 정철이 건저 문제를 제기하자 아들 이경전李慶全을 시켜 탄핵했다. 이이첨·정인홍·홍여순洪汝諄과 함께 대북파를 이루었다. 1600년 다시 영의정에 올랐으나 탄핵을 받고 이듬해 충남 신창新昌 시전촌柹田村으로 내려갔다. 서울 장통방長通坊에서 타계했다.[31]

汾西 박미朴瀰(1592-1645)의 본관은 나주羅州, 자는 중연仲淵, 호는 분서汾西이다. 1603년 선조의 5녀 정안옹주貞安翁主와 결혼, 금양위錦陽尉에 봉해졌다. 이항복에게 수학하고 장유와 교유했다. 금양군錦陽君으로 개봉되었다.[32] 《분서집》이 있다. 분汾은 진주의 남강南江을 일컫는다. 중국 분수汾水가 춘추 시대에 진晉나라에 속했기 때문에 그렇게 말한다. 분서는 곧 남강의 서쪽 나주를 가리킨다.

---

28 최선아, 〈안상의 가계와 생애 및 《금합자보》 편찬 과정〉, 《한국음악사학보》 49, 한국음악사학회, 2012, pp. 559-596.

29 아계鵝溪의 유래에 대해서는 조선에 사신으로 온 적이 있는 명나라 허국許國이 준 다음 시詩를 통해 유추해 볼 수 있다. "중국의 회계산에 아지鵝池가 있고, 조선의 한산에 아계가 있네. 시냇가에는 거위 무리가 보이고, 붓 아래에는 무지개가 펼쳐져 있도다. 어찌 꼭 새장 속에 넣겠는가? 드넓은 모래밭에서 제 멋대로 살게 하리."

30 종계변무宗系辨誣는 조선 태조 이성계가 명나라의 《태명회전大明會典》에 여말 역적 이인임李仁任의 사자嗣子라고 잘못 기록된 것을 변명해 바로잡은 일을 말한다. 태종 때부터 제기되어 수십 차례에 걸쳐 중국에 변무사辨誣使를 보내 수정을 요구했으나 해결을 보지 못하다가, 선조 때에 와서 수정된 《대명회전》을 얻어 옴으로써 일단 해결되었다. 선조는 당시 사신으로 다니면서 공을 세운 황정욱黃廷彧·유홍兪泓·윤근수尹根壽 등에게 광국공신光國功臣 훈호를 내렸다. 《燃藜室記述》 〈宣祖朝故事本末〉 '宗系辨誣'에 자세하다.

31 심경호, 〈아계 이산해의 시 세계〉, 심경호 외, 《아계 이산해의 학문과 사상》, 지식산업사, 2010.10. pp. 437-481.

32 이성민, 〈汾西朴瀰文學硏究〉, 성균관대학교 박사학위논문, 2008.

瑞石 서석은 광산(전라도 광주)의 산 이름이다. 김만기金萬基(1633-1687)는 문집이 《서석집》인 것으로 보아 호를 서석瑞石이라고 했다. 본관은 광산, 자는 영숙永叔이며, 시호는 문충文忠이다. 1652년(효종 3) 증광사마시의 생원시와 진사시에 합격하고 1653년 별시문과에 을과로 급제했다. 1671년(현종 12) 딸이 세자빈이 된 후 1674년 숙종이 즉위하자 국구로서 영돈녕부사가 되어 광성부원군光城府院君에 봉해졌다. 경신환국 때 훈련대장으로서 공을 세워 보사공신 일등이 되었다.[33]

玉山 장한종張漢宗(1768-1815)의 본관은 인동仁洞, 자는 광수廣叟, 호는 옥산玉山이다. 영조 때 화원으로 벼슬이 수원감목관에 이르렀다. 1795년(정조 19) 김득신金得臣·이인문李寅文 등과 함께 《원행을묘정리의궤園幸乙卯整理儀軌》 제작에 참여했다. 수원감목관의 정당을 열청재閱淸齋라 하고, 1812년 《열청재어수신화閱淸齋禦睡新話》를 집필했다.[34] 옥산은 본관의 인동을 가리킨다.[35]

❷ 세거지, 선산, 탄생지 지명의 호

향촌 공동체를 기반으로 중앙 정계에 진출한 사람들은 세거하던 향촌의 거주지를 자신의 호로 삼았다. 향촌 거주지는 또한 선영을 둔 곳이기도 했다. 옛사람들은 시묘살이를 하면서 효를 다했으며, 부모의 은덕을 잊지 않기 위해 선영의 지명을 호로 삼기까지 했다. 세거지, 선영, 탄생지는 일치하는 경우가 많았다.

耘谷 원천석元天錫(1330-?)의 본관은 원주, 자는 자정子正, 호는 운곡耘谷이다. 원주 원씨의 중시조이다. 1360년(공민왕 9) 진사가 되었으나 원주 치악산雉嶽山에 은둔했다. 이방원의 좌주座主였지만, 조선 왕조에 벼슬 살지 않았다.[36]

---

33 宋時烈, 〈光城府院君金公神道碑銘 并序〉, 《宋子大全》 卷158 碑.

34 김영준 역, 《완역 어수신화》, 보고사, 2010.

35 인동 장씨仁同張氏는 인동仁同을 관향으로 하며, 상장군 장금용張金用계, 직제학 장계張桂계, 문숙공 장순손張順孫계, 안동 장씨 장수명張壽命계, 홍성 장씨 장연좌張延佐계, 안동 장씨 장용서張龍瑞계의 6계통으로 시조가 각각 다르다. 상장군 장금용계 인동 장씨는 아들 장선張善이 1072년(고려 문종 26) 금오위 상장군에 올라 후손들이 옥산玉山에 정착하여 본관을 옥산으로 했다. 조선조에 옥산이 인동으로 개칭되어 인동을 관향으로 삼았으나 일부는 옥산을 본관으로 사용하고 있다.

36 태종이 찾아갔으나 만나지 못하고 계석溪石에 올라 그 아들을 현감에 임명했는데, 이 계석을 태종대太宗臺라 부른다. 《야사野史》 여섯 권을 저술했으나 국사와 저촉되는 점이 많아 증손이 불살랐다고 한다. 許穆, 〈耘谷先生銘〉, 《記言》 卷18 中篇 丘墓(二); 元天錫, 《耘谷行錄》 事蹟錄

《운곡행록耘谷行錄》이 있다. 운곡은 치악산의 골짝을 말한다.

石灘 이존오李存吾(1341-1371)의 본관은 경주, 자는 순경順卿, 호는 석탄石灘·고산孤山이다. 1360년(공민왕 9) 문과(경자방)에 동진사로 급제했다. 1366년 우정언으로 있을 때 신돈을 탄핵하다가 장사감무長沙監務로 좌천되었다. 그 후 고향인 공주 석탄에 은둔했다.[37]

別洞 윤상尹祥(1373-1455)의 본관은 예천醴泉, 초명은 철哲, 자는 실보實夫, 호는 별동別洞이다. 향리 윤선尹善의 아들로, 예천군 별동리別洞里에서 태어났다. 조용趙庸이 조선 건국에 반대하다가 예천에 유배되어 있을 때 조말생趙末生·배강裵杠과 함께 문하에서 공부했다. 1392년(태조 원년) 진사시에 합격하고 이듬해 생원시에 합격했으며 1396년(태조 5) 식년문과에 동진사同進士 2위로 급제했다. 1448년(세종 30) 예문관제학으로서 성균관박사가 되어 세손(단종)에게 학문을 강의했다. 문종 초 벼슬을 그만두고 별동으로 돌아갔다.[38]《별동집》이 있다. 경북 예천군 보문면 미호길에 불천위 사당이 있다.

丹溪 하위지河緯地(1412-1456)의 본관은 진주, 자는 천장天章·중장仲章, 호는 단계丹溪·적촌赤村, 시호는 충렬忠烈이다. 1438년(세종 20) 식년문과에 을과 1인으로 장원급제했다. 1453년(단종 원년) 집의를 사직하고 경상도 영산靈山 온정으로 내려갔다. 1454년(단종 2) 집현전부제학으로 복직, 이듬해 예조참의로 전임되었으나, 정난이 일어나자 선산에 퇴거했다. 이후 예조참판으로 세자우부빈객을 겸했으나 1456년(세조 2) 단종 복위 운동이 드러나 처형되었다.《단계유고》가 있다. 단계는 단성丹城으로, 본관이라는 설도 있다.[39] 적촌은 단계의 옛 이

〈石逕墓所事蹟〉(許穆).

37 李存吾,《石灘集》, 年譜(撰者未詳).

38 尹祥,《別洞先生集》卷3 附錄 〈墓碣銘〉(林霽光). "文廟初, 以其身老致仕還鄉, 令所居官月致食物, 退老宰相致食物, 自此始. 居別洞田墅, 教授子弟."

39 《국역승정원일기》 고종 42년 을사(1905, 광무9) 3월 22일(을미, 양력 4월 26일) 좌목 〈충절공 하위지의 사손에 대해 망언한 이면주를 처벌할 것 등을 청하는 종2품 박해철 등의 상소〉. "충문공의 유집에는 '고령高靈 신숙주申叔舟, 적촌赤村 하위지와 진관사津寬寺에서 글을 읽었다' 했는데 적촌은 바로 단계의 고호입니다. 그들이 각각 관향을 쓸 때에 충렬공만이 어찌 호號를 썼겠습니까.《동국여지승람》에 단성현丹城縣의 고호는 적촌과 단계라고 한 것이 있고 단성丹城의 각 성을 기록한 것 가운데 하나의 하씨河氏가 있는데 '하' 자는 아래에 진주晉州라고 분주分註했으니, 이는 진주를 본관으로 하면서 단계에 사는 사람인 것입니다. 그 아래 단계의 각성을 기록한 것 가

름이다.

三灘 이승소李承召(1422-1484)의 본관은 양성陽城, 자는 윤보胤保, 호는 삼탄三灘, 시호는 문간文簡이다. 이온李蒕의 아들이다. 1438년(세종 20) 진사가 되고 1447년 식년문과에 을과 1인으로 장원급제했다. 세조 즉위 후 원종공신 2등에 책록되었다. 1471년(성종 2) 순성좌리공신 4등에 책록되고 양성군으로 봉해졌다. 1480년 이조·형조 판서를 거쳐, 1483년 지중추부사로 옮겼다.[40]《삼탄집》이 있다. 삼탄은 현 충청북도 충주시 산척면 명서리 제천천 하류의 계곡이다. 이승소는 그 부근에서 생장하여 삼탄을 호로 삼았다.

錦南 최부崔溥(1454-1504)의 본관은 강진康津, 자는 연연淵淵이며, 호는 금남錦南이다. 1477년(성종 8) 생원시와 진사시에 모두 합격하고 1482년 알성문과에 을과 1위(탐화랑)로 급제했으며 1485년 문과중시에 을과 1위(아원)로 급제했다. 1487년 추쇄경차관으로 제주에 갔다가 이듬해 초 부친의 부음을 듣고 바다를 건너던 중 명나라 태주부台州府 임해현臨海縣에 표착했다. 북경을 거쳐 송환된 후 왕명에 따라《금남표해록》을 엮었다.[41] 무오사화 때 함경도 단천으로 유배되어 6년간 지내다가 갑자사화 때 처형되었다.《금남집》이 있다. 금남은 나주의 옛 이름이다.

青蘿 김극성金克成(1474-1540)의 본관은 광산, 자는 성지成之, 호는 우정憂亭·청라青蘿·나헌蘿軒, 시호는 충정忠貞이다. 1496년(연산군 2) 생원시에 장원, 진사시에 급제하고 1498년 별시문과에 장원 급제했다. 1506년 반정에 가담해서 분의정국공신奮義靖國功臣 4등에 녹훈되었다. 1531년(중종 26) 흥덕興德에 유배되었다가 이듬해 김안로金安老가 죽자 풀려나 우의정이 되었다.[42]《김선생우정집》이 있다. 청라는 세거지인 보령 청라리를 말하며, 나헌은 청나헌의 줄임말이다. 우정憂亭의 우憂는 부모에 대한 우척憂惕의 심경을 뜻한다. 충청도 보령 목충리睦忠里(목충면睦忠面) 마산馬山에 선산이 있었다.[43]

운데 또 하나의 하씨가 있는데 분주는 없으니, 이는 단계를 본관으로 한 것으로, 바로 충렬공의 하씨입니다."

40 李承召,《三灘集》,〈三灘行狀〉.

41 崔溥 저, 박원호 역,《漂海錄 譯註》, 고려대학교출판부, 2006; 심경호,《여행과 한중일 고전문학》, 고려대학교출판부, 2011, pp. 73-92.

42 金克成,《金先生憂亭集》卷5 附錄 神道碑銘(李廷龜); 徐廷文,《憂亭集 해제》, 한국고전번역원.

43 金克成,〈曾祖護軍公墓碣〉,《金先生憂亭集》卷4 雜著.

花潭 서경덕徐敬德(1489-1546)의 본관은 당성唐城, 자는 가구可久, 호는 복재復齋·화담花潭, 시호는 문강文康이다. 1519년(중종 14) 현량과에 수석으로 추천을 받았으나 사양하고, 개성 화담에 거처했다. 1531년 모친의 요청으로 생원시에 응시하여 2등 7위로 급제했지만 벼슬을 단념했다.《화담집》이 있다.

冶川 박소朴紹(1493-1534)의 본관은 반남, 자는 언주彦胄, 호는 야천冶川, 시호는 문강文康이다. 김굉필에게 수학했다. 1519년(중종 14) 생원시에서 1등 2위를 하고 식년문과에 장원했다. 1530년 사간으로 있으면서 전한 조종경趙宗經과 함께 훈구파를 탄핵하려 했으나, 허항許沆이 김안로에게 알려 사성으로 좌천되었다. 파직당하고 고향 합천陜川 야로현冶爐縣 화양리華陽里로 내려갔으며, 그곳에서 죽어 화양동華陽洞 괘산掛山 남쪽 언덕에 묻혔다.[44]

溫溪 이해李瀣(1496-1550)의 본관은 진보, 자는 경명景明, 호는 온계溫溪, 시호는 정민貞愍이다. 이황의 형이다. 1525년(중종 20) 진사시에 합격하고 1528년 식년문과에 병과로 급제했다. 인종 즉위 후 대사헌으로서 이기李芑의 우의정 탁용을 반대했다. 명종 즉위 후 사간 이무강李無疆의 탄핵을 받아 구수담具壽聃 일파로 몰려 갑산으로 귀양 가다가 양주에서 병사했다.[45]《온계일고溫溪逸稿》가 있다. 온계는 안동군 예안면 온계리溫溪里를 말한다.

石川 임억령林億齡(1496-1568)의 본관은 선산, 자는 대수大樹, 호는 석천石川이다.[46] 1516년(중종 11) 진사가 되고 1525년 식년문과에 병과로 급제했다. 송순·김인후·정철과 더불어 호남가단을 이루었다. 해남海南의 해리海里가 고향으로, 그곳의 석천을 자신의 호로 삼았다.

葛川 임훈林薰(1500-1584)의 본관은 은진恩津, 자는 중성仲成, 호는 자이당自怡堂·고사옹枯槎翁·갈천葛川, 시호는 효간孝簡이다. 천거로 벼슬길에 나아가 광주목사를 지냈다.[47]《갈천집》이 있다. 안의현安義縣 고현면古縣面 역동嶧洞과 강천薑川에는 반씨潘氏가 세거하고, 그 이웃 북상北上의 갈천葛川(갈계葛溪)에는 임씨가

---

44 朴淳, 〈冶川朴公神道碑銘并序〉,《思菴先生文集》卷4 碑誌.

45 李滉, 〈嘉善大夫禮曹參判兼同知春秋館事五衛都摠府副摠管李公墓誌銘并序〉,《退溪先生文集》卷47 墓碣誌銘.

46 朴世采, 〈江原道觀察使林公墓表〉(六月十九日),《南溪先生朴文純公文集》續集 卷22 墓表.

47 林薰,《葛川先生文集》卷4 附錄 行狀(鄭惟明).

세거했다. 갈천의 임씨는 석천石泉 임덕번林德蕃과 갈천 임훈, 첨모당瞻慕堂 임운林芸 등이 배출하여 명문이 되었다.[48]

蘆洞 임운林芸(1517-1572)의 자는 언성彦成, 호는 첨모당瞻慕堂·노동蘆洞, 본관은 은진이다. 임훈의 동생이다. 경사를 비롯하여 성력·지리·율려·산수에 통달했다. 만년에 참봉을 지냈다.[49] 형 임훈과 함께 효자로 생전에 고향에 정문이 세워졌다. 저서로는《첨모당집》이 있다. 첨모는 돌아가신 부모를 사모한다는 뜻이고, 노동은 고향의 지명을 딴 것이다.

岐峯 백광홍白光弘(1522-1556)의 본관은 수원, 자는 대유大裕, 호 기봉岐峯·잠양희재岑陽希齋이다. 현재의 전남 장흥군 안양면 기산리에서 태어났다. 아우 백광안白光顔·백광훈白光勳, 종제 백광성白光城 등 모두 문장으로 이름이 났다.《기봉집》이 있다. 기봉은 곧 기산이다. 옥봉은 기봉의 다른 이름인 듯하다. 〈시산잡영詩山雜詠〉에서는 '잠양희재'의 호를 사용했다.[50] 잠양은 충남 서산 해미의 옛 이름으로, 자신의 본관을 호에 이용했다. 희재는 효심을 표현한 말이다.

八谷 구사맹具思孟(1531-1604)의 본관은 능성, 자는 경시景時, 호는 팔곡八谷, 시호는 문의文懿이다. 인조의 생모인 인헌왕후의 아버지로, 능성부원군에 봉해졌다가 능안부원군綾安府院君으로 개봉되었다. 1549년(명종 4) 진사시에 합격하고 1558년 식년문과에 병과로 급제한 후 관로에 올랐다. 1602년 맏아들 구굉具宏이 유배되자 사직했다. 선조 때 신진 사류를 따르지 않아 탄핵을 받았다.《팔곡집》이 있다. 서울의 교거는 송현리松峴里에 있었다. 경기도 양주楊州 동쪽 군장리群場里 팔곡산八谷山 선산에 묻혔다.[51] 팔곡의 호는 선산의 지명을 따랐다.

梧陰 윤두수尹斗壽(1533-1601)의 본관은 해평, 자는 자앙子仰, 호는 오음梧陰, 시호는 문정文靖이다. 오음이란 호는 경기도 연천군 백학면白鶴面 오음리梧陰里

48 임씨는 모리재某里齋 및 용천정사龍泉精舍의 향사享祀를 주도했다. 부근의 역천서원嶧川書院은 초계 정씨草溪鄭氏가 주도했다. 강천리薑川里와 갈계리葛溪里 중간에 거창 신씨居昌愼氏 세거지 황산黃山 마을이 있다. 이들은 읍신邑愼과 구분해 황산신씨黃山愼氏라 별칭했다. 황산 신씨는 모리재某里齋 및 역천서원嶧川書院의 운영에 관여했다.

49 許穆,〈瞻募堂林先生墓碣銘〉,《記言》別集 券25 丘墓文.

50 시산은 충청남도 예산군 대술면 시산리詩山里나 전라북도 정읍시 칠보면 시산리詩山里를 가리키는 듯하다.

51 具思孟,《八谷先生集》附錄〈左贊成贈領議政綾安府院君具公行狀〉(具宬).

에서 따왔는데, 오동나무 오梧는 고결한 품성을 중의한다. 오음리는 임진강 상류에 있으며, 일부는 북한 장풍군 오음리이다. 아산공牙山公 윤춘수尹春壽(1521-?) 묘소가 이곳에 있었다.[52]《오음유고梧陰遺稿》가 있다.

栗谷 이이李珥(1536-1584)의 본관은 덕수, 아명은 현룡見龍, 자는 숙헌叔獻, 호는 율곡栗谷·석담石潭·우재愚齋, 시호는 문성文成이다. 강릉부江陵府 북평촌北平村 외가에서 태어나 서울 수진방壽進坊에 거처했다. 1564년(명종 19) 생원시에 1등 장원, 진사시에 3등 12위를 하고, 식년문과에 갑과 1등으로 장원을 했다. 1574년 대사간을 지낸 후 1576년(선조 9) 동서분당 때 조제보합調劑保合을 주장하다가 양측의 원망을 사자 파주 율곡과 해주海州 석담石潭에 머물며 청계당聽溪堂을 지었다. 우참찬에 이르렀다. 서울 대사동大寺洞에서 죽어, 파주 자운산紫雲山 선영에 묻혔다.[53]《율곡전서》가 있다. 호의 율곡과 석담은 지명에서 유래한다. 율곡은 현재의 경기도 파평면 율곡리이다.

栢谷 정곤수鄭崑壽(1538-1602)의 본관은 청주, 초명 규逵, 자는 여인汝仁, 호는 백곡栢谷·경음慶陰·조은朝隱, 봉호는 서천부원군西川府院君, 초시는 충민忠愍, 개시는 충익忠翼이다. 경상도 성주星州 남산리南山里 유촌柳村 외가에서 태어나 1543년(중종 38) 서울 호현동好賢洞에서 자랐다. 1548년(명종 3) 소리재素履齋 이중호李仲虎의 가숙에서 배웠다. 1567년(선조 즉위년)에 진사시에 합격하고 1576년 별시문과를 치러 정유길鄭惟吉 장시掌試의 전시에서 장원을 했다. 1592년 형조참판에 이르렀다. 1597년 사은 겸 변무진주사로 중국에 갔다 왔다. 죽은 후 장단長湍 임진현臨津縣 진동명津東面 백곡栢谷 선산에 묻혔다.《백곡집》이 있다.

---

52 윤두수尹斗壽는 1589년 종계변무의 공을 세워 1595년 해원부원군에 봉해졌다. 1597년 정유재란 때 영의정 류성룡과 함께 난국을 수습했고 이듬해 좌의정이 되고 영의정에 이르렀으나 대간의 탄핵으로 사직하고 남파南坡로 물러났다. 1605년 호성공신 이등에 봉해졌다. 남파는 청파리靑坡里로, 그 집에 선지당先志堂과 애산당愛山堂이 있었다. 최립崔岦이 기문을 지었다. 또 다른 집은 반송방 동자동에 있어 충효당忠孝堂이라 했다. 崔岦,〈議政府領議政具兼職海原府院君尹公神道碑銘并序〉,《簡易集》文集 卷9 稀年錄.

53 李珥,《栗谷先生全書》卷34-35 附錄 1-2 年譜 上下. 이이는 구도장원공九度壯元公이라 일컬어진다. 그것은 생원과(초시와 복시)와 진사과(초시·복시) 장원, 문과(초시·복시·전시) 장원을 하였고, 13세 때인 1548년(명종 3) 서울에서 진사 초시에 해당하는 진사해進士解에 1등을 하고, 1558년 겨울 별시문과 초시애 1등을 했기 때문이라고 한다. 하지만 적어도 진사시는 3등 12위이므로 복시의 장원이 아니다.

백곡은 선산의 지명이다. 남악南嶽(남산) 아래 거처하면서 호를 경음이라고도 했다.[54] 인경산引慶山 북쪽이란 뜻이다.

嶧陽 정유명鄭惟明(1539-1596)의 본관은 초계草溪, 자는 극윤克允, 호는 역양嶧陽이다.[55] 1573년(선조 6) 식년사마시에서 진사가 되었다. 임진왜란 때 김면金沔이 경상도 고령·서창·현풍에서 의병을 일으키자, 안음安陰에서 기병유사로 활약했다. 호는 오늘날의 경남 거창군居昌郡 위천면渭川面 강천리薑川里에 있는 역천에서 딴 것이다. 강천리의 옛 이름이 감음현感陰縣(이후의 안음현, 안의) 역동리嶧洞里이다. 정유명의 둘째 아들 정온鄭蘊도 1569년(선조 2) 역동리에서 태어났다. 그런데 역양은 역양고동嶧陽孤桐과 관련 있다. 즉, 중국 연주兗州(산동성) 추현鄒縣에 있는 '역산의 남쪽 언덕'에서 자라는 오동나무는 금琴의 최상급 재료로 전해 온다. 《서경》〈우공〉에 "역산 남쪽에서 오동나무가 우뚝이 자라고, 사수 가에 경쇠 돌이 지표면에 드러나 있다"(嶧陽孤桐, 泗濱浮磬)라는 말이 있다. 고동이란 특출하게 잘 자란 오동이란 뜻이다.[56]

梧里 이원익李元翼(1547-1634)의 본관은 전주, 자는 공려公勵, 호는 오리梧里, 봉호는 완평부원군完平府院君, 시호는 문충文忠이다. 서울 유동楡洞 천달방泉達坊(현재의 동숭동)에서 태어나서 동부 건덕방建德坊에 거처했다. 1564년(명종 19) 생원시에 합격하고 1569년(선조 2) 별시문과에 병과로 급제했다. 광해군 때 영의정으로 있다가 신율申慄의 고변으로 체직되었다. 1615년(광해군 7) 폐모론에 반대했다가 홍천洪川에 부처되고 1619년 방귀전리되자 여강驪江 앙덕리仰德里에 우거했다. 1623년 인조반정 후 영의정이 되었다.[57] 경기도 금천衿川 소하리所下里 오리동梧里洞에 있는 선영의 지명을 호로 삼았다.[58] 《오리집》을 남겼다.

楸灘/土塘 오윤겸吳允謙(1559-1636)의 본관은 해주, 자는 여익汝益, 호는 추

---

54 鄭崑壽,《栢谷先生集》卷4 附錄〈行狀〉(趙絅謹狀).

55 鄭蘊,〈贈嘉善大夫吏曹參判兼同知義禁府事成均進士府君墓誌〉,《桐溪先生集》文集 卷4 墓誌; 金墪,〈有明朝鮮國贈嘉善大夫吏曹參判八溪鄭公神道碑銘并序〉,《北渚先生集》卷8 碑銘.

56 당나라 왕발王勃의〈한오서봉부寒梧棲鳳賦〉에 "벽오동은 역양의 진귀한 나무이고, 봉황은 단혈의 신령한 새 새끼일세"(梧則嶧陽之珍木, 鳳則丹穴之靈雛)라고 했다.

57 李元翼,《梧里先生集》續集 附錄 卷1 年譜(撰者未詳).

58 鄭蘊,〈東萊郡夫人鄭氏墓誌銘并序〉,《桐溪集》卷4 拾遺. 동래군부인 정씨는 곧 이원익李元翼의 모친이다.

탄楸灘·토당土塘, 시호는 충간忠簡이다. 1585년(선조 15) 진사시에 합격하고 평강현감으로 있던 1597년 별시문과에 병과로 급제했다. 1618년 폐모론 정청에 불참하고 경기도 광주 토당土塘으로 물러났다. 토당은 선산의 지명이다. 1633년 좌의정에 재임되었다.[59] 인조의 생부 정원군을 원종으로 추숭하려는 논의에 반대해서 김류·김상헌과 함께 노서老西의 중심이 되었다. 《추탄집》이 있다. 추탄은 광주廣州에 속했으며, 지금의 동구 하일동 한강 여울가에 있던 마을이다. 가래나무가 많이 있어 가래여울·가려울이라 하고 한자로 추탄이라 표기했다.

天坡 유희분柳希奮 문하 팔학사의 한 사람 오숙吳䎘(1592-1634)은 호가 천파天坡이다. 본관은 해주, 자는 숙우肅羽로, 서울집은 청파靑坡 만리현萬里峴에 있었다. 1610년(광해군 2) 진사가 되고 1612년 증광문과에 병과로 급제했다. 1625년 사은 겸 주청부사로 명나라에 다녀왔으며, 1633년(인조 11) 황해도 관찰사로서 가도椵島의 분쟁을 수습했다. 이듬해 명나라 사신 황손무黃孫武의 접반사가 되었다가 송도松都에서 죽어, 경기도 양성陽城(안성) 천덕산天德山에 반장되었다.[60] 《천파집》이 있다. 천파는 선산이 있는 천덕산을 가리키며, 은지당恩止堂을 두고 용퇴의 곳으로 삼으려 했었다.[61]

桐溪/嶧陽 정온鄭蘊(1569-1641)은 정인홍의 관계가 문제시되었지만 인조반정 후 광해군에 대한 절의를 지킨 인물로 추앙되었다.[62] 1606년(선조 39) 진사가 되고 1610년(광해군 2) 별시문과에 을과로 급제했다. 병자호란 후 1638년 봄 덕유산 자락 모리某里(이름 없는 마을)에 은둔하고, 〈모리구소기某里鳩巢記〉를 지었다. 생가는 경상도 안음현(옛 감음현, 안의) 역동리인데, 제주도 유배에서 돌아온 뒤 창평倉坪에 거처했다. 부모의 선영과 묘소는 현재의 거창居昌 용산龍山에 있

59 金尚憲, 〈議政府領議政楸灘吳公墓碣銘并序〉, 《淸陰先生集》 卷32 墓碣銘.

60 崔錫鼎, 〈觀察使贈左贊成天坡吳公神道碑銘〉, 《明谷集》 卷22 碑銘.

61 吳䎘, 〈恩止堂〉, 《天坡集》 第2. "松徑通先隴, 巖谿近弊廬. 容僧居一半, 招友勸三餘. 病物宜終老, 塵緣卽掃除. 風花與雪月, 佳興問何如?"; 吳䎘, 〈宿龍仁漾碧亭次壁上韻〉(時自淸州以姜王兩天使製述官承召上京), 《天坡集》 第2. "久識茲亭勝, 探看已萬般. 通池溪水細, 照檻夕陽殘. 行役身將老, 詩篇意亦闌. 天台新卜築, 忽復隔重巒."(恩止堂在天坡).

62 1607년 정인홍이 건저 문제를 둘러싸고 소북의 유영경柳永慶을 탄핵하다가 처벌을 받자는 정온은 정인홍을 변호하는 상소를 했다. 그 후 정언으로 있으면서 임해군 옥사에 대해 전은설을 주장하고, 영창대군을 살해한 강화부사 정항鄭沆의 처벌을 주장했다가, 국문을 받고 제주도에 10년 동안 위리안치되었다.

다. 본관은 초계草溪(팔계八溪) 자는 휘원輝遠이다. 호가 동계桐溪 혹은 고고자鼓鼓子인데, 둘을 합해 동계고고자桐溪鼓鼓子라고도 했다.[63] 《동계집》이 있다. 본래 역동은 고조 정응서鄭應瑞(1557-?)의 묘소가 있는 곳이다. 정온의 5대조 정제안鄭齊安(1390-1457) 때 동자정리童子井里에 정착하고 정옥견鄭玉堅(1450-1526)이 학담鶴潭 주위에 거주하다가 정온의 조부 정숙鄭淑(1501-1563)이 비로소 역동에 복거했다. 위에서 보았듯이 정온의 부친 정유명鄭惟明은 호를 역양嶧陽이라 했는데, 정온은 '역양고동嶧陽孤桐'의 뜻에서 동계桐溪라 자호했다.[64] 또한 동계라고 하면 동강桐江(동계桐溪)의 지조를 아울러 뜻한다. 중국 부춘현富春縣에 동강이 있는데, 후한의 엄광嚴光(엄자릉)이 광무제의 출사 요청을 물리치고 낚시로 여생을 보낸 곳이다. 고고자는 제주도에 위리안치되었을 때 사용한 호로, 세속일에 '어리석은 자'라는 뜻이다.

陽谷 오두인吳斗寅(1624-1689)의 본관은 해주, 자는 원징元徵, 호는 양곡陽谷, 시호는 충정忠貞이다. 1648년(인조 26) 진사시에 합격하고 1649년 별시문과에 장원급제했다. 1689년 형조판서로 재직 중 기사환국이 일어났는데, 지의금부사에 취직하지 않아 삭직당했다. 5월 인현왕후가 폐위되자 이세화李世華·박태보朴泰輔와 함께 반대소를 올려 국문을 받고 의주로 유배 도중 파주에서 죽었다. 경기도 양성陽城 천덕산天德山(현 안성시 양성면 덕봉리)에 묻혔다.[65] 《양곡집》이 있다. 양곡은 양성의 선산을 가리킨다.

星湖 이익李瀷(1681-1763)의 본관은 여주, 자는 자신子新, 호는 성호星湖이다. 성호는 안산 첨성리瞻星里의 바다를 말한다. 부친 이하진李夏鎭이 경신환국 때 평안도 운산에 유배되어 있던 1681년 10월에 태어나, 이듬해 6월 부친이 운산에서 사망한 후 모친과 함께 선영이 있는 첨성리로 돌아왔다.[66] 첨성리는 광주

---

63 鄭蘊, 〈鄭贊甫滿月堂記〉, 《桐溪集》 卷2 記. 이 글에서 정온은 동계고고자桐溪鼓鼓子라고 자칭했다.

64 鄭蘊, 《桐溪集》 附錄 〈文簡公桐溪先生年譜〉.

65 金昌協, 〈刑曹判書贈領議政諡忠貞吳公神道碑銘并序〉, 《農巖集》 卷28 神道碑銘.

66 1706년(숙종 32) 둘째 형 이잠李潛(1660-1706)이 왕세자(경종) 모해 세력을 제거해야 한다는 강경한 상소를 올렸다가 죽음을 당했다. 이익은 둘째 형 이잠(섬계)에게서 수학했고 크면서 그의 셋째 형 이서李漵(1662-1723)와 종형 이진李溍(1654-1727)과 함께 공부해 가학을 전수받았다. 이익의 묘지는 이병휴李秉休가 짓고, 묘갈명은 채제공蔡濟恭이 지었다. 蔡濟恭, 〈星湖李先生墓碣

속현으로, 과천·금천을 건너뛰어 안산에 있던 비래지飛來地이다.

南塘 한원진韓元震(1682-1751)의 본관은 청주, 자는 덕소德昭, 호는 남당南塘·양곡暘谷, 시호는 문순文純이다. 권상하 문하의 강문팔학사 가운데 한 사람이다. 1717년(숙종 43) 학행으로 영릉참봉이 되었다. 1725년(영조 원년) 경연관으로 뽑혀 《맹자》의 '신시군여구수臣視君如仇讐'를 인용해 소론을 배척하다가 삭직되었다.[67] 《남당집》이 있다. 남당은 충청도 임천林川 남당포南塘浦, 즉 백마강白馬江이 서남쪽으로 흐르다가 가림군加林郡 남쪽 지점에 이르러 남당강南塘江이 되는 곳을 말한다. 양곡은 《서경》 〈요전(堯典)〉의 "희중에게 따로 명하여 동쪽 바닷가에 살게 하니 그곳이 바로 해 뜨는 양곡인데, 해가 떠오를 때 공손히 맞이하여 봄 농사를 고르게 다스리도록 했다"(分命羲仲, 宅嵎夷, 曰暘谷, 寅賓出日, 平秩東作)라고 한 데서 나온 말이다.

牧谷 이기진李箕鎭(1687-1755)의 본관은 덕수, 자는 군범君範, 호는 목곡牧谷, 시호 문헌文憲이다. 권상하의 문인이다. 1717년(숙종 43) 진사시에 합격하고 또 정시문과에 병과로 급제했다. 1728년 이인좌 난 때 대사성에 임명되었다. 1749년 동지사로 청나라에 다녀왔다. 1751년 광주부유수를 지내고 판돈녕부사에 이르렀다. 지평砥平 목곡의 묘사墓舍에서 죽었다.[68] 《목곡집》이 있다.

永湖 조엄趙曮(1719-1777)의 본관은 풍양, 자는 명서明瑞, 호는 영호永湖이다. 1752년 정시문과에 을과로 급제했다. 1763년(계미) 통신사로서 일본에 다녀왔다. 1776년 정조 즉위 후 홍국영洪國榮(1748-1781)이 그가 벽파 홍인한洪麟漢·정후겸鄭厚謙(1749-1776)과 결탁했다고 무고해서 파직되고 평안도 관찰사 재임 시의 부정 혐의[69]로 장리贓吏라 지목되어 평안도 위원渭源으로 유배되었다.[70] 선산이 있는 영평永平 광석리廣石里의 지명을 따서 호로 삼았다.

椒園 하곡 정제두의 학풍을 이은 이충익李忠翊(1744-1816)은 본관이 전주,

銘〉, 《樊巖先生集》 卷51 墓碣銘.

67 尹鳳九, 〈南塘韓公(元震)行狀〉, 《屛溪先生集》 卷59 行狀.

68 金元行, 〈牧谷李公墓誌銘幷序〉, 《渼湖集》 卷15 墓誌銘.

69 1770년 평안도관찰사로 파견되어 감영의 공채 30여 만 냥을 일시에 징수하는 등 적폐를 해소했으나, 토호들의 반발로 탐학했다는 모함을 받았다.

70 金羲淳, 〈吏曹判書贈左贊成趙公諡狀〉, 《山木軒集》 卷14 諡狀.

자는 우신虞臣이다. 호는 초원椒園·수관거사水觀居士·폭포암주인瀑布庵主人이다. 1755년(영조 31) 을해옥사에 연루되어 생부 이광현李匡顯은 영남 기장機張으로, 양부 이광명李匡明은 갑산甲山으로 유배되자, 남북으로 오가며 봉양했다.[71] 한때 불교에 심취하여 강화江華 마니산摩尼山 망경대望京臺에 승려 혜운慧雲과 함께 암자를 짓고 폭포암주인이라고 자호했다. 저서로《초원유고椒園遺稿》가 있고, 노자를 풀이한《담로談老》가 있다.[72] 죽은 후, 강화江華 선도포仙都浦 길상산吉祥山에 묻혔다. 초원은 강화도 초피봉 아래의 집을 지칭한다. 수관거사는 강화의 바다를 바라보는 거사라는 뜻이다.《관무량수경觀無量壽經》의 16관 가운데 하나로 수상관水相觀이라는 말이 있다. 수면의 맑고 깨끗한 것을 보면서 얼음을 상상하고 얼음의 투명하고 빛나는 형상을 보면서 극락정토의 유리지琉璃地를 관상觀想하는 것을 말한다.

竹里 김이교金履喬(1764-1832)의 본관은 안동, 자는 공세公世, 호는 죽리竹里이다. 부친 김방행金方行은 충청도 예산군 대흥大興 출신이다. 1789년(정조 13) 식년문과에 병과로 급제했다. 1831년 우의정에 올랐는데, 영의정과 좌의정이 공석이었으므로 국정을 도맡았다. 묘는 충남 예산군 신양면 죽천리竹川里 선산에 있다. 본래 대흥군 거변면에 속한 지역이다. 죽리의 호는 선산이 있는 죽천리를 말한다.

鼓山 임헌회任憲晦(1811-1876)의 본관은 풍천, 초명은 헌귀憲龜, 자는 명로明老, 호 고산鼓山·전재全齋·희양재希陽齋, 시호는 문경文敬이다. 1868년(고종 5) 부모의 묘소를 충청도 공주 명가동鳴珂洞(명강동明剛洞) 동고산動鼓山으로 이장하고 고산노부鼓山老夫라고 자호했다. 6년 뒤 금지金池 노장리蘆長里로 이사하고 거처를 망운루望雲樓라 했다. 당나라 적인걸狄仁傑의 고사를 본뜨고, 거처를 망운이라고 했던 스승 홍직필에 대한 존경심, 한양 궁궐을 향한 충정을 가탁한 것이다.[73] 1876년(고종 13) 2월 공주 삼기三岐로 이사하고, 마을 이름을 성전星田이라

---

71 申綽,〈椒園公墓表〉,《石泉遺稿》卷3 雜著.

72 심경호,〈椒園 李忠翊의《談老》에 관하여〉, 李鍾殷 편,《한국 도교문화의 초점》, 아세아문화사, 2000. 11, p. 437-749.

73 任憲晦,〈望雲樓自記〉(甲戌),《鼓山集》續集 卷1上 記. 적인걸의 고사란, 적인걸이 병주幷州 법조참군法曹參軍으로 있을 때 태항산太行山에서 하양河陽을 바라보다가 흰 구름을 보고 "어버이

했으며, 그곳에서 죽었다.《전재문집》이 있다. 전재全齋는 선친 묘의 분암(여막)에 붙인 이름이다. 조병덕趙秉悳(1800-1870)은 전재의 뜻에 대해, 이이의《성학집요》효경장孝敬章에서 "사랑이 인을 온전히 하는 데 이르고 공경이 의리를 온전히 하는 데 이른다"라고 한 말을, 송시열의〈기축봉사己丑封事〉에서 "부모가 온전한 성명을 나에게 끼쳐 주었으므로 인욕을 없애고 천리를 회복해 부모가 끼쳐 준 몸을 늘 청명정대한 영역에 세워 두어야 한다"는 말과 연관시켜 해설했다.[74] 희양은 자양紫陽(주희)과 화양華陽(송시열)을 본받는다는 뜻으로, 친구 이종직李鍾直(자 晦授)이 지어 주었다.[75]

❸ 별업 관련 호

별업의 지명이나 별업을 연상시키는 산수자연의 이름을 호에 사용한 예도 있다. 단, 별업의 위치는 선산이 있는 곳일 경우가 많았다.

柳巷 한수韓脩(1333-1384)의 본관은 청주, 자는 맹운孟雲, 호는 유항柳巷, 시호는 문경文敬이다. 1347년(충목왕 3) 15세로 문과(정해방)에 을과 3위(3/33)로 합격했다. 우왕 때 공민왕 시해에 간여한 한안韓安의 친척이라는 이유에서 유배되었다가 1378년 배소에서 돌아와 상당군에 봉해지고 수충찬화공신輸忠贊化功臣이 되었다. 청성군淸城君에 개봉되고 1383년 판후덕부사判厚德府事에 이르렀다. 죽은 후 임진현臨津縣 서곡瑞谷 선산에 묻혔다.《유항집》을 남겼다. 호의 유항은 거처하던 마을 이름이다.[76]

사시는 곳이 저 구름 밑에 있구나"(吾親所居, 在此雲下)라고 슬퍼한 일화이다.

74 趙秉悳,〈答任明老〉,《肅齋集》卷8 書. "近見尤菴己丑封事, 有曰: 父母以性命之全遺我, 而性命之中, 萬善畢具, 一善未明, 非孝也, 一善未行, 非孝也. 必須盡去人欲而盡復天理, 使父母遺體, 常立於淸明正大之域. 雖父母沒, 此心不衰, 然後父子之倫, 方可謂盡矣.[《宋子大全》五之十二修身齊家條有'不可不爲老兄全齋'之全字註脚者.] 此盖本於栗谷《聖學輯要》孝敬章. 而其曰: 愛至於全其仁, 敬至於全其義. 又曰: 直至踐其形而無歉焉, 然後本體全矣云者, 卽其義也. 此二言, 雖爲二先生責難於君者, 而實通乎上下. 幸望老兄, 更考于栗尤文字, 以爲全字註解焉. 何必待愚陋無用之贅言乎? 又嘗聞退溪言行錄, 有曰: 心無儆省之實, 則箴書滿壁, 亦何益哉? 愚於平日, 每誦念而悚懼也. 未知如何?"

75 任憲晦,〈名堂室記〉(丙午),《鼓山集》卷9 記.

76 權近,〈柳巷先生韓文敬公脩文集序〉, 徐居正 等編,《東文選》卷90 序; 성범중·박경신,《한수韓脩와 그의 한시》, 국학자료원, 2004.

芝川 황정욱黃廷彧(1532-1607)의 본관은 장수, 자는 경문景文, 호는 지천芝川, 시호는 문정文貞이다. 1552년(명종 7) 생원시에 합격하고 1558년 식년문과에 병과로 급제했다. 임진왜란 때 순화군을 배종해 회령에 갔다가 국경인鞠景仁에 의해 안변 토굴에 감금되었다. 이때 가토 기요마사로부터 선조에게 보내는 항복 권유문을 쓰도록 강요받아, 아들 황혁이 대신 썼다. 이듬해 왜군의 부산 철수 때 풀려났으나 길주에 유배되었다. 1597년(선조 30) 특명으로 풀려났다. 별업이 경기도 영평永平 지천에 있었는데, 지천 한가운데 거석이 있어 독석獨石이라 했다. 황정욱은 지천에서 호를 취하고, 아들 황혁은 지천의 독석에서 호를 취했다.[77] 황정욱의 문집은《지천집》, 황혁의 문집은《독석집》이다.

獨石 황정욱의 아들 황혁黃赫(1551-1612)의 자는 회지晦之, 호는 독석獨石이다. 기대승의 문인이다. 1570년(선조 3) 진사시에 1등 2위를 하고 1580년 별시문과에 장원으로 급제했다. 임진왜란 때 왜군의 포로가 되어 항복 권유문을 썼다. 1612년 순화군의 아들 진릉군 이태경李泰慶을 왕으로 추대하려 했다는 무고로 투옥되어 옥사했다. 교하交河 금승리金蠅里에 묻혔다. 영평의 지천에 있는 독석에서 호를 취했다.[78]《독석집》이 있다.

左蘇 서유본徐有本(1762-1822)의 본관은 달성, 자는 혼원混原, 호는 좌소左蘇이다. 서호수徐浩修의 장남이다. 서철수徐澈修에게 양자로 나간 서유구徐有榘와 친형제간이며,《규합총서》의 저자 빙허각 이씨憑虛閣李氏의 부군이다.[79] 1783년(정조 7) 생원시에 합격한 후 1805년(순조 5) 음보로 동몽교관이 되었다. 1806년 중부 서형수徐瀅修가 해도로 귀양 갈 때 연루되어 관직을 빼앗겼다. 삼호三湖(마포)의 행정杏亭에 세 들어 살았다.[80]《좌소산인문집》이 있다. 좌소는 경기도 장단長湍의 옛 이름으로, 일족의 장원이 있던 곳이다.

---

77 金壽恒,〈獨石集序〉, 黃赫,《獨石集》卷頭. "公家別業, 在永平之芝川. 余屢訪永平山水, 觀所謂獨石, 卽川中一巨石也. 芝川公與公自號, 蓋取諸此."; 黃赫,《獨石集》卷頭,〈獨石集序〉(金壽恒).

78 김문준,〈독석 황혁의 시대상황과 생애〉,《한국사상과 문화》100, 한국사상문화학회, 2019, pp. 1017-1037.

79 박지원朴趾源은〈증좌소산인贈左蘇山人〉시에서 의고擬古와 창신創新의 문제를 논했다. 朴趾源,〈贈左蘇山人〉,《燕巖集》卷4 映帶亭雜咏詩.

80 徐有榘,〈伯氏左蘇山人墓誌銘〉,《金華知非集》卷7 墓誌銘.

경북 안동이나 경남 진주 지역은 다른 곳보다 인맥과 학맥의 결속력이 강했다. 그곳 출신의 학자들은 세거지의 지명을 호로 삼는 일이 많았다.

聾巖 이현보李賢輔(1467-1555)의 본관은 영천永川, 자는 여경餘慶·비중棐仲, 호는 농암聾巖·소주도병燒酒陶甁·설빈옹雪鬢翁, 시호는 효절孝節이다. 《농암집》이 있다. 1495년(연산군 원년) 생원시에 합격하고 1498년 식년문과에 급제했다. 1546년(명종 원년) 자헌대부, 1554년 지중추부사가 되었다.[81] 안동시 도산면 분천리(분천동, 부내)에 거처했는데, 1975년 안동댐 건설 때 종택이 도산면 가송리로 이전되었다. 농암은 분천리 옛집의 바위를 말한다.

葛峯 김득연金得研(1555-1637)의 본관은 광산, 자는 여정汝精, 호는 갈봉葛峯이다.[82] 《갈봉유고》가 있다. 유일재惟一齋 김언기金彦璣(1520-1588)의 세 아들 가운데 큰아들로, 현재 안동 와룡면 가구리에 유일재 종택이 있다. 김득연은 류성룡·구봉령具鳳齡·정구鄭逑의 문하에서 수학했고, 임진왜란 때 안동 주둔 명나라 경리 양호楊鎬의 군량미 보급에 힘썼다. 58세 때인 1612년(광해 4) 사마 양시에 급제했다. 선영에 지수정止水亭과 성분암成墳菴을 두었다.[83] 1618년 〈지수정기〉를 작성하여 지수란 '지어지선止於至善'의 뜻임을 밝혔다.[84]

> 오호라, 사군자로 이 세상에 태어나 진실로 원하는 바는 임금을 섬기고 백성을 윤택하게 하는 것이지만, 나아가 그 원하는 것을 얻지 못하면 물러나 산림에 처하는 것이 마땅하다. 산림은 선비가 머물며 궁구하고 수양해야 하는 곳이다. 평생 배운 것이 실질을 추구함이니, 산림에서 궁구하고 수양하는 것이 어찌 그저 경치를 즐기기 위함이겠는가? 대臺와 소沼에서 이름을 돌아보고 의

---

81 李賢輔, 《聾巖集》, 〈聾巖先生年譜〉(撰者未詳).

82 〈청량산유록淸凉山遊錄〉을 남겼으며, 한글로 쓴 가사 〈지수정가止水亭歌〉와 64수의 한글 시조가 있다. 김용직, 〈止水亭歌의 작가와 작품〉, 《한국문학의 흐름》, 문장사, 1980; 이구의, 〈葛峯 金得研의 止水亭 詩와 止水亭歌 考〉, 《남명학연구》 12-4, 경상대학교 남명학연구소, 2002, pp. 95-119.

83 지수정에는 북애北厓 김기金圻, 계암溪巖 김영金坽, 수정재守靜齋 금발琴撥, 옥산玉山 권위權暐, 노천蘆川 권태일權泰一, 금역당琴易堂 배용길裵龍吉, 호양湖陽 권익창權益昌, 도헌陶軒 유우잠柳友潛, 석남石南 이경준李敬遵 등이 출입했다.

84 金得研, 〈止水亭記〉, 《葛峯集》 卷4; 이구의, 〈葛峯 金得研의 止水亭詩와 止水亭歌 考〉, 《남명학 연구》 12, 경상대학교 경남문화연구원, 2002. 2, pp. 95-118.

미를 생각해서 임경臨鏡·소심小心·자비自卑·향상向上으로부터 요산樂山·요수樂水와 양성養性·낙천樂天에까지 이르렀으니, 경敬에 그침과 효孝에 그침과 신信에 그침이 어찌 나의 분수 안에 있는 일이 아니겠는가? 그러므로 이 정자는 단지 물을 그치게 하기 위함이 아니다. 그칠 곳을 알아서 안정됨이 있고 그 그침에 능히 편안함으로써 지선至善의 경지에 그친다는 것 또한 이로써 이룰 수 있다.

❹ 출생지 환기의 호

조선 시대 양반사대부들은 태어난 곳이 세거지인 경우가 많았다. 향촌의 경우도 그러했지만 서울의 경우도 교거가 아니라 세거지인 예가 적지 않다. 단, 부친이나 조부의 부임지에서 태어나거나 외가에서 태어나는 경우, 변란 등 특수한 상황에서 타지에서 태어나는 경우도 있었다. 이때 출생지에 각별한 의미를 부여하여 그 지명을 호로 사용한 예도 있다.

駱村 박충원朴忠元(1507-1581)은 1541년 영월군수로 나가서 노산군(단종)을 천장한 인물이다. 본관은 밀양, 자는 중초仲初, 호는 낙촌駱村·정관재靜觀齋, 시호는 문경文景이다. 외삼촌 기준奇遵에게 수학했고, 1528년(중종 23) 생원시에 장원, 진사시에 1등 2위를 하고 1531년(중종 26) 식년문과에 을과로 급제하여 옥당(홍문관)에 들었다. 1567년(선조 원년) 예조판서가 되고, 이후 이조판서와 우찬성을 지냈다. 낙초는 서울 중부 숭신방崇信坊 쌍계동雙溪洞, 즉 지금 종로구 이화동 낙산駱山(타락산駝駱山) 아래이다. 태어난 곳의 지명을 호로 삼았다.[85]

錦湖 임형수林亨秀(1514-1547)의 본관은 평택, 자는 사수士遂이며, 호는 금호錦湖이다. 전라도 나주 출생으로, 호는 나주의 옛 이름 금남에서 따왔다. 1531년(중종 26) 생원시에 합격하고 1535년 별시문과에 을과로 급제했다. 1545년(명종 즉위) 을사사화로 제주목사로 쫓겨났다가 파면되었다. 1547년(명종 2) 양재역 벽서 사건이 있자 대윤 윤임의 일파로 몰려 위리안치된 뒤 사사되었다.[86] 《금

85 朴鳳圭 編著, 《駱村先生事蹟叢錄》(2015年補正版), 密陽朴氏延安公派宗親會·密原文化研究所, 2015년 보정.

86 金壽恒, 〈錦湖林公墓碣銘幷序〉, 《文谷集》 卷28 墓碣銘, 《남명학연구》 12, 경상대학교 경남문화연구원, 2002. 2, pp, 96-118.

호유고》가 있다.

月川 조목趙穆(1524-1606)의 본관은 횡성橫城, 자는 사경士敬, 호는 월천月川·동고東皐이다. 경상도 예안현禮安縣 월천리月川里에서 태어났다. 이황의 고제이다. 1552년(명종 7) 생원시에 합격했으나 대과는 포기했다. 1576년 봉화현감, 1594년 군자감주부로 잠시 있었다. 제자로 이광윤李光胤(1564-1637)·김중청金中淸(1567-1629) 등이 있다. 부용산芙蓉山 남쪽에 묻혔다.[87] 《월천집》과 《곤지잡록困知雜錄》을 남겼다. 월천은 현재의 안동시 도산면 원천리 내살미의 월란정사月瀾精舍가 있는 곳을 가리킨다.

錦溪 노인魯認(1566-1622)의 본관은 함풍咸豐, 자는 공식公識이며, 호는 금계錦溪이다. 전라도 나주羅州 노안면老安面 하의리荷衣里에서 태어났다. 1582년(선조 15) 진사시에 합격했다. 정유재란 때 남원성이 함락되면서 일본에 잡혀가 억류되었다가 중국 차관差官 임진혁林震虩의 배편으로 기효순奇孝淳과 함께 명나라로 탈출하여 1599년 귀국했다. 1602년 무과 급제 후 황해수사黃海水使로 있다가 정인홍의 탄핵을 받아 군산群山으로 좌천했다. 광해군 즉위 후 귀향했다. 1604년 진용교위로 있으면서 당포唐浦의 잔류 왜적을 격파했다.[88] 《금계집》이 있다. 나주 출신이므로, 나주의 옛 지명 금남을 연상시키는 호를 취했다. 현재 문평면 동원리 무학산 기슭에 노인을 기리는 거평사居平祠가 있는데, 이곳이 금계였다고 한다.

洛洲 구봉서具鳳瑞(1596-1644)의 본관은 능성, 자는 경휘景輝, 호는 낙주洛洲, 시호는 경헌景憲이다. 경기도 장단長湍 낙하洛河에서 태어나 서울에서 자랐다. 1618년(광해군 10) 생원시에 1등 2위로 합격하고 1624년(인조 2) 증광문과에 병과로 급제했다. 인조의 사친私親 추숭에 반대했다. 평안도 관찰사로 재직 중에 죽었다.[89] 호의 낙주는 출생한 곳인 낙하의 지명에서 따왔다.[90] 낙하는 낙포洛浦

---

87 趙穆, 《月川先生集》〈月川先生年譜〉(金澤龍).

88 任憲晦, 〈錦溪魯公墓碣銘并序〉, 《鼓山先生文集》 卷12 墓碣銘; 심경호, 《여행과 한중일 고전문학》, 고려대학교출판부, 2011, pp, 73-92.

89 李景奭, 〈平安道觀察使具公墓誌銘〉, 《白軒先生集》 卷49 文稿 墓誌; 宋時烈, 〈平安監司具公神道碑銘并序〉, 《宋子大全》 卷167 碑.

90 1624년(광해군 2) 증광문과에 병과로 급제했다. 1631년 이조좌랑으로 있으면서 인조의 정원군 추숭을 반대하다가 체직되었다. 이계李烓가 조선이 명나라와 밀통한 사실을 청나라에 고해

라고도 했다.

芝湖 이선李選(1631-1692)은 세종의 별자 광평대군 이여李璵의 후손으로, 이후원李厚源(1598-1660)의 아들이다. 본관은 전주, 자는 택지擇之이며, 호는 지호芝湖·소백산인小白山人이다. 《지호집》이 있다. 송시열의 문인이다. 1657년(효종 8) 진사시에 합격하고 1664년(현종 5) 춘당대문과에 병과로 급제했다. 1679년(숙종 5) 송상민宋尙敏의 상소에 연루되어 귀성龜城에 유배된 뒤 〈지호거사자지芝湖居士自誌〉를 남겼다.[91] 세상 사람은 술에 취해 있지만 나만은 깨어 있겠다는 뜻에서 유배지 거처를 성와醒窩라 했다. 장지로 안산 초지호草芝湖를 정했으나 경영하지 못하고, 부친이 호서 단양군수로 있을 때 그곳에서 태어난 사실을 잊지 않으려고 그 두 지명을 한 글자씩 따와 지芝와 호湖를 합쳐 호로 삼았다.

柏谷 김득신金得臣(1604-1684)의 본관은 안동, 자는 자공子公, 호는 백곡柏谷·백곡노인柏谷老人·백곡병부柏谷病夫·괴강노옹槐江老翁·구석산인龜石山人이다. 충무공 김시민金時敏의 손자이자, 남봉南峯 김치金緻(1577-1625)의 장남이다. 어머니는 사천 목씨泗川睦氏로 목첨睦詹의 딸이다. 1642년(인조 20) 진사시에 합격하고 뒤늦게 1662년(현종 3) 증광문과에 병과로 급제했다. 80세로 가선대부에 올라 안풍군安豐君을 습봉했다.[92] 문집으로《백곡집柏谷集》이 있고, 시화집《종남총지終南叢志》를 남겼다. 문과 급제하던 해 충북 괴산군 능촌리의 세거지에 취묵당醉墨堂을 세우고 괴강노옹이라 자호했으며 취묵당에서 죽었다. 백곡이란 호는 또 다른 세거지인 목천木川 백전리栢田里에서 딴 것이다.[93]

❺ '우리 집 산'의 호

향촌 공동체를 기반으로 생활한 지식층은 향촌의 뒷산이나 문필봉을 '오가산吾家山'으로 간주하고 산 이름을 자신의 호로 삼았다. 오가산은 주희가 임대춘

사세가 급박해지자는 사태를 진정시켰고, 청나라에 붙어 권력을 휘두른 정명수鄭命壽의 종제를 목 베었다. 평안도관찰사로 재직 중 죽었다.

91 李選, 〈芝湖居士自誌〉, 《芝湖集》 卷7 墓誌; 심경호, 《내면기행》, 신판, 민음사, 2018, pp. 239-251.

92 金得臣, 《柏谷先祖集》 附錄 〈嘉善大夫同知中樞府事安豐君金公墓碣銘并序〉(李玄錫).

93 신범식, 《백곡 김득신의 문학론과 문학세계》, 박문사, 2010.

林大春을 전송하며 준 시(〈送林熈之詩〉) 5수 가운데 제5수의 '우리집 길'(吾家路)이란 개념과 관련이 있다. 주희는 그 시에서 "낡은 거울 갈고닦음은 옛 방법이 좋거니와, 거울 환히 밝아지면 태양과도 빛을 다투어, 내 집 앞 어둡던 길을 밝디 밝게 비춰 주리니, 잠시 거처하던 병주를 고향으로 삼지 마소"(古鏡重磨要古方, 眼明偏與日爭光, 明明直照吾家路, 莫指幷州作故鄕)라고 했다. 이황의 《중마방重磨方》도 서명을 이 시에서 차용했다. '내 집 앞의 길'은 '오도吾道'(유가의 도)를 비유한다. 병주를 고향으로 삼지 말라는 것은 당나라 가도賈島가 〈상건나루를 건너며(渡桑乾)〉 시에서 "병주 고을 타향살이 십 년에, 내 고향 함양을 밤낮없이 그리다가, 이제 다시 하릴 없이 상건나루 건너게 되어, 병주 땅 바라보니 저곳이 곧 고향인 듯하다"[94]라고 말한 심경을 부정하라고 말한 것이다. 곧, 마음이 오랫동안 물욕에 가려 있었더라도 본체의 밝은 모습을 되찾았다면 전일의 어두운 마음을 본체로 여기지 말라는 뜻이다. 조선의 지식인들은 본체의 밝은 모습을 되찾을 수 있는 곳으로 고향이나 세거지 등의 구체적인 장소를 상상했다. 그래서 '오가'를 '오가향'으로 해석하고, 고향의 산을 '오가산'으로 간주했다. 권두경權斗經(1654-1725)은 고향의 승경을 읊은 〈유곡잡영酉谷雜詠〉에서 간잠艮岑을 노래하여. "간잠은 우리 집 산이니, 수려한 산색이 지붕 위에 있다. 한 집안이 간잠 주위를 에워싸 거처하며, 대대로 높은 산을 우러른다네"[95]라고 했다. 이황의 9세손 이야순李野淳(1775-1831)은 자하紫霞를 오가산이라 했다.[96]

松齋 이황의 숙부 이우李堣(1469-1517)의 자는 명중明仲, 호는 송재松齋이다. 경상도 안동부 예안현 온혜리溫惠里(현 경북 안동시 도산면 온혜리)에서 태어나 경상도 봉화군 명호면 북곡리의 청량산에 정자를 세웠다. 이것을 청량정사라고 한다. 이우는 이 정자에서 조카 이해李瀣·이황李滉, 조효연曺孝淵, 오언의吳彦毅를

---

94 賈島, 〈渡桑乾〉, 高棅 撰, 《唐詩品彙》 卷52. "客舍幷州已十霜, 歸心日夜憶咸陽, 無端更渡桑乾水, 却望幷州是故鄕."

95 權斗經, 〈酉谷雜詠四十五首 倣輞川體〉, 《蒼雪齋集》 卷7 詩. "艮岑吾家山, 秀色在屋上. 一門繞岑居, 世世高山仰."

96 李野淳, 〈紫霞山詩帖後識〉, 《廣瀨集》 卷7. "紫霞, 吾家山也. 玆山之爲吾祖探奇占勝, 粤自嘉靖乙巳丙午年間, 而將有專壑藏書之志, 後以地近禁欝爲嫌, 搆舍卽撤. 然疑漱石一亭, 則只是偶然未遑, 如陶麓小亭之力不及而已. 固未嘗以不稱而捨之者也. 暇時登遊, 輒稱其奇麗絶景. 今就而考之, 發諸詩文語言者, 非止一再, 其不入錄中者, 想又多也."

가르쳤다.[97] 1667년(현종 7) 고향 사람이 온혜리에 청계서원淸溪書院을 세워 이우를 제향했다. 청량정사의 당堂은 오산吾山, 헌軒은 운루雲樓, 요寮는 지숙止宿이며, 문門은 유정幽貞이다. 일명 '오산당'으로 부르기도 한다.

오언의는 청량정사에서 이우로부터 수학했고, 이우의 딸을 부인으로 맞았다. 본관은 고창高敞, 자는 인달仁達이다. 1531년(중종 26) 진사시에 합격하고 천거로 벼슬이 현감에 이르렀다.[98] 경상도 함안 산익리山翼里의 모곡茅谷에 우거했다. 오언의의 아들 오수영吳守盈(1521-1606)의 자는 겸중謙仲, 호는 춘당春塘·도암桃巖이다. 1555년(명종 10) 진사시에 합격하고, 1605년(선조 38) 수직壽職으로 용양위부호군이 되었다. 온혜리에서 졸하여 양평羊坪에 묻혔다. 《춘당집》이 있다.

鶴峰 김성일金誠一(1538-1593)은 호를 학봉鶴峰이라 했는데, 고향 안동의 학가산鶴駕山에서 따왔다. 본관은 의성, 자는 사순士純, 시호는 문충文忠이다. 1564년(명종 19) 진사시에 합격하고 1568년(선조 원년) 증광문과에 병과로 급제했다. 임진왜란이 일어나자 1590년 통신부사로서의 복명에 대한 책임으로 파직되어 서울로 소환되어 오던 중 류성룡의 변호로 직산稷山에서 경상우도초유사에 임명되었다. 1593년 경상우도순찰사를 겸해 독전하다가 병으로 죽었다.[99] 학가산은 경북 예천군 보문면, 안동시 북후면·서후면에 걸쳐 있다.

西山 김성일의 주손胄孫인 김흥락金興洛(1827-1899)의 자는 계맹繼孟, 호는 서산西山이다.[100] 경북 안동시 서후면 금계리金溪里 검제 마을에 세거했다. 검제

---

97 이우李堣는 1498년(연산군 4) 3월 식년문과에 병과로 급제했다. 1506년 동부승지로 입직하던 날 중종반정이 일어나자 이에 협력하여 그 공로로 정국공신 4등에 녹훈되고 청해군靑海君에 봉해졌다. 1512년(중종 7) 정월 어머니 봉양을 위해 벼슬을 버리고 고향으로 돌아왔다. 1514년 반정의 밤에 불미스러운 행동을 했다는 이유로 동료 승지들과 함께 대간의 탄핵을 받아 훈적이 삭탈되자, 〈자명소自明疏〉를 올렸다. 이듬해 안동부사로 부임해서 치적이 있어 가선대부의 직첩을 돌려받았으나 겨울에 병으로 관아에서 세상을 떠났다.

98 李滉, 〈朝散大夫行全義縣監吳君墓碣銘 幷序〉, 《退溪先生文集》 卷47 墓碣誌銘.

99 金誠一, 《鶴峯先生文集》 附錄 卷1 〈年譜〉(撰者未詳); 金誠一, 《鶴峯先生文集》 附錄 卷2 行狀(鄭逑); 金誠一, 《鶴峯先生文集》 附錄 卷3 〈神道碑銘幷序〉(鄭經世); 金誠一, 《鶴峯先生文集》 附錄 卷3 墓傍石 〈明朝鮮鶴峯金先生士純之墓〉(鄭逑); 金誠一, 《鶴峯先生文集》 附錄 卷3 〈墓碣銘幷序〉(金坽).

100 李晩燾, 〈西山先生金公(興洛)墓碣銘幷序〉, 《響山集》 卷15 墓碣銘.

는 금제金堤·금계金溪·금제琴堤라고도 한다. 지세가 거문고와 같다고 해서 금지라 했는데, 김성일이 이곳으로 옮겨와 검제로 고치고 한자로 금계金溪라 적었다. 김흥락은 유치명柳致明에게 수학했다.[101] 1878년 집 서쪽 복병산伏屛山에 서산재西山齋를 지었다.《서산집》이 있다.

鶴山 김흥락의 문하에서 글을 배운 김준호金峻鎬(1851-1923)는 학가산에서 취하여 호를 학산鶴山이라 했다. 자는 덕무德懋이다.《학산문집》이 1974년 간행되었다.[102]

오가산의 관념은 안동 지역에만 국한된 것이 아니었다. 박시원朴時源(1764-1842)은 〈덕암만영德巖謾詠〉에서, 병자호란 이후 대대로 경상도 영주榮州 연화산蓮花山 상인리上仁里에 거처하며 덕암德巖을 '오가산'으로 삼아 왔다고 했다.[103]

酉峯老人 윤증尹拯(1629-1714)의 본관은 파평, 자는 자인子仁, 호는 명재明齋·유봉酉峯, 시호는 문성文成이다. 윤선거尹宣擧(1610-1669)의 아들이자 성혼의 외손이다. 젊었을 때 윤선거의 아우 동토童土 윤순거尹舜擧가 손수 '명재明齋' 두 글자를 써서 주었는데, 배우는 자들이 그것을 호칭으로 삼았다. 또 충남 논산論山 니성尼城의 유봉酉峯에 살았으므로 '유봉노인'이라 자칭했다.[104]

活山 남용만南龍萬(1709-1784)은 경주 명활산明活山이란 지명에서 따와 활산이라는 호를 사용했다. 본관은 영양, 초명은 해만海萬, 자는 붕로鵬路이다. 화계花溪 유의건柳宜健(1687-1760)의 사위이다. 1756년(영조 32) 생원시에 합격했다. 홍양호洪良浩가 경주부윤으로 있을 때 학궁 선생으로 초빙해서 명활산 남쪽 덕계德溪에 서당을 만들어 주고 활산이란 편액을 했다.《활산집》의 권두에 정범조丁範祖·홍양호의 서문이 있고,[105] 부록의 묘갈명은 홍양호가 찬했다. 남용만에게

---

101 柳致明,〈金宗壽墓碣銘〉,《定齋集》卷29,

102 金峻鎬 著, 金東燦 編,《鶴山文集(幷)附》, 石印本, 大田, 1974.

103 朴時源,〈德巖謾詠〉,《逸圃集》卷1 詩. "蓮花山下里, 有巖名以德. 得名何所因, 不自言素蓄. 愛爾厚重質, 平穩不峭刻. 其體似德人, 整坐無外飾. 又是最高巖, 巖頭噴靈液. 古來稱藥泉, 三庚閙薰沐. 其用似德人, 利澤及人博. 其德也如此, 名言儘不忒. 緬吾先德厚, 猗歟蘊三樂. 丙子虜氛腥, 謝世此來卜. 案頭崇禎曆, 茅椽架幽壑. 上仁里攸廬, 巖名由是得. 仍爲吾家山, 世世衣冠宅. 春秋霜露感, 不忍踐斯石. 愧余不肖輩, 先猷盡墜落. 否德慚是巖, 聊爾共幽獨."

104 尹拯,《明齋遺稿》〈明齋先生年譜〉卷2.

105 洪良浩,〈活山集序〉,《耳溪集》卷10 序. "余尹東都, 竊有志於興學造士. 聞有進士南鵬路, 爲一邑之望, 嶺以左皆傾, 於是以禮聘之, 延置學宮, 爲多士師, 課之以文藝, 講之以經術, 期年而斐然有

명활산은 '우리 집 산'이었다.

臺隱 권경權璟(1604-1666)의 본관은 안동, 자는 경옥景玉, 호는 대은臺隱이다. 김시양金時讓(1581-1643)의 문하에서 수학했다.[106] 《대은집》이 있다. 현재 경상북도 영덕군 영해면 괴시리 583에 있는 번호댁樊湖宅은 상대산上臺山 기슭에 남향으로 자리 잡은 권경의 집터에 18세기 말 건립된 것이다. 대은은 상대산의 지명에서 따왔다.

靈長山客 안정복安鼎福(1712-1791)의 본관은 황주黃州, 자는 백순百順, 호는 순암順菴·한산병은漢山病隱·우이자虞夷子·상헌橡軒이다. 충청도 제천堤川 출신이다.[107] 경기도 광주 경안면慶安面 영장산靈長山 아래 덕곡리德谷里(광주廣州 기동基洞)에 거처하면서 영장산객靈長山客이라 자호하고 자전을 남겼다. 순암의 순은 "천하의 일은 순리일 뿐이라"라는 뜻이다.[108] 1774년 동궁 보양관으로 있을 때는 광릉廣陵의 산거山居에 거처했다.[109]

鳶山子 강한姜瀚(1719-1798)의 본관은 진주이지만, 안동 봉화군 법전면에 세거해서 법전 강씨라고 불린다. 병자호란 때 봉화로 은거한 태백오현의 한 사람인 강흡姜洽의 고손자로, 강윤姜潤·강완姜浣·강한 삼형제를 두었다. 집 앞 동남쪽 연자봉鳶子峯을 문필봉으로 간주해 산의 이름을 자호로 삼았다. 〈연산자전鳶山子傳〉을 지었다.[110]

成材矣. 學者乃就明活山之下, 德谿之上, 構書堂, 羣聚而肄業焉. 余乃題其扁而贈以序. 及余還朝, 鵬路亦膺道薦, 以寢郞徵, 不就, 彈琴著書以終老."

106 金夏九, 〈贈通善郞司憲府持平臺隱權公墓碣銘幷序〉, 《梊菴集》 卷6 墓碣銘.

107 1748년 이익李瀷의 추천으로 동몽교관이 되었다가 만녕전참봉이 되고, 1754년(영조 30) 사헌부감찰로 옮겨져 통훈대부에 올랐다. 부친이 황달로 세상을 떠나자 낙향했다가 1772년 익위사익찬이 되어다. 1779년(정조 3) 목천현감에 임명되었다가 곧 체임되었다. 1790년(정조 14) 동지중추부사에 오르고 광성군廣成君에 봉해졌다.

108 安鼎福, 〈靈長山客傳〉, 《順菴集》 卷19; 심경호, 《나는 어떤 사람인가—선인들의 자서전》, 이가서, 2010, pp. 396-403.

109 朴旨瑞, 《訥菴先生文集》 卷7 遺事 〈從遊諸賢遺事〉.

110 姜瀚, 〈鳶山子傳〉; 姜瀚, 〈鳶山子傳〉, 姜瀚 著, 姜珪元 編, 《柳川集》, 坊刻木活字, 奉化: 姜大元家, 1936, 국립중앙도서관 소장; 심경호, 《나는 어떤 사람인가—선인들의 자서전》.

❻ 장기 거주 지명의 호

옛사람들은 은둔하거나 강학하기 위해 오래 지낸 곳의 지명을 호로 삼기도 했다.

西河 고려 중엽의 임춘林椿은 본관이 예천, 자는 기지耆之, 호는 서하西河이다. 아버지 임광비林光庇와 큰아버지 임종비林宗庇는 모두 한림원학사를 지냈다. 1170년(의종 24) 무신의 난 이후 경상도 상주 개령開寧으로 가서 7년 동안 유락했고, 경기도 적성積城의 감악산紺嶽山 장단長湍 가에 초당을 짓고 우거했다. 요절한 후 김포金浦 가련산佳連山 아래 남압사南鴨寺 동구에 묻혔다.[111] 이인로가 문집《서하선생집》을 엮었다. 서하는 장단의 우거지를 가리킨다.

三峯 정도전鄭道傳[1337(1342)-1398]의 본관은 봉화, 자는 종지宗之, 호는 삼봉三峯이다.《삼봉집》이 전한다. 정도전의 생평에 대해서는 언급할 필요가 없을 것이다. 삼봉이란 호는 정도전이 장기 거주한 현 서울의 삼각산을 가리키는 것으로 보아야 한다.[112]

龍灘 이연경李延慶(1484-1548)의 본관은 광주廣州, 자는 장길長吉, 호는 탄수灘叟·용탄자龍灘子, 시호는 정효貞孝이다. 1504년 갑자사화로 조부 이세좌李世佐는 연산군 생모(폐비 윤씨)에게 사약을 전달한 일로 자살의 명을 받았고 부친 이수원李守元은 참수되었다. 그도 해남海南에 유배되었다가 1506년 중종반정으로 풀려나 1507년(중종 2) 생원시에 합격했다. 1518년 현량과로 공조좌랑이 되었지만 1519년 기묘사화로 고신을 빼앗기고 충주 북촌 용탄龍灘(목행동과 종민동 사이의 여울)에 은거했다.[113] 탄수와 용탄자는 기묘사화 이후 은거한 충주 용탄의 지명을 딴 것이다. 노수신盧守愼·강유선康惟善·심건沈鍵이 사위들이다.

眉巖 유희춘柳希春(1513-1577)의 본관은 선산, 자는 인중仁仲, 호는 미암眉巖·연계漣溪, 시호 문절文節이다. 전라도 당악현堂岳縣 곧, 해남현海南縣에서 태어났다. 당악현의 진산 금강산 아래 미암眉巖의 지명을 호로 삼았다. 최부의 외손이며, 김인후와는 사돈지간이다. 최산두崔山斗, 김안국金安國의 문인이다. 1537년

---

111 김건곤,《고려시대의 문인과 승려》, 파미르, 2007.

112 심경호,《삼봉집》, 한국고전번역원, 2013.2.

113 李滉,〈李延慶墓碣銘〉, 편자미상,《國朝人物考》卷9 儒學.

(중종 32) 생원시에 합격하고 1538년 별시문과에 병과로 급제했다. 1547년(명종 2) 양재역 벽서 사건에 연루되어 제주도에 유배되었다가 함경도 종성에 안치되어 19년을 보냈다. 1565년 충청도 은진에 이배되었다가 1567년 선조가 즉위하자 석방되었다. 이조참판에 이르렀다.[114] 허균의 두 형 허성許筬과 허봉許篈이 그에게 수학했다. 1575년(선조 8) 담양潭陽 수국리水國里에 집을 짓고 문앞의 개울을 연계漣溪라 이름했다.[115]《미암집》이 있다.

芝山 조호익曺好益(1545-1609)의 본관은 창녕, 자는 사우士友, 호는 지산芝山이다. 시호는 정간貞簡이었으나, 뒤에 문간文簡으로 바뀌었다. 1592년 임진왜란 때 소모관으로서 공을 세웠다. 55세 되던 1599년 경상도 영천永川 도촌陶村에 터를 잡았다가 1603년(선조 36) 영천 대창면 용호리(현 경북 영천시 대창면 신광리 지산 고택)로 이사했다. 광해군 원년에 망회정忘懷亭에서 생을 마쳤다.[116]《지산집》이 있다. 지산은 용호리의 지명이다.

牛山 안방준安邦俊(1573-1654)의 본관은 죽산, 자는 사언士彦, 시호는 문강文康이다. 전라도 보성寶城 오야리梧野里(보성군 보성읍 우산리)에서 태어났으며, 초년에는 고결한 지조를 숭상하여 빙호자氷壺子라 자호했다. 경기도 파산坡山(파주)에 가서 성혼을 배알하고, 정철과 조헌의 문하에 출입했으며, 임진왜란 때 의병을 일으켰다. 서울 낙산駱山의 매동梅洞(매계동) 옛집에 우거하다가, 1614년(광해군 6) 보성 북쪽 우산牛山에 들어가서 우산병복牛山病覆이라 자호했다.[117] 보

---

114 許筬, 〈有明朝鮮國資憲大夫行弘文館副提學知製敎兼經筵參贊官春秋館修撰官同知成均館事贈崇政大夫議政府左贊成兼判義禁府知經筵春秋館事眉巖柳先生神道碑銘幷序〉, 《岳麓先生文集》卷2 墓碣銘.

115 柳希春, 《眉巖集》卷13 日記 을해년(1575, 선조 8) 12월. 담양군 대덕면 장산리 213에 미암사당이 있다.

116 용호리 강학처에는 1612년(광해군 4) 조호익의 학덕과 충의를 기리는 지봉서원芝峯書院이 건립되고, 1678년(숙종 4) 도잠서원道岑書院으로 사액되었다. 현 영천시 대창면 용호리 140 외2필에 해당한다.

117 안방준의 〈우산전사기牛山田舍記〉에 의하면, 보성 송산松山에서 서울 매계동梅溪洞으로 이사하기 전 정미년(1607) 꿈 속에서 우산을 얻었다고 했다. 마을을 둘러싸고 있는 산이 와우臥牛의 형국이라서 우산(쇠뫼)이라고 한다. 1895년까지 보성군 문전면文田面에 속했다가 1914년 보성군 문덕면 한천리寒泉里로 명칭이 변경되었고, 그 후 1973년 7월 행정구역의 개편에 따라 승주군 송광면에 편입되면서 다시 우산리로 개칭되었다. 주암호 건설로 마을의 원형을 거의 잃었다. 안동교, 〈은봉隱峰 안방준安邦俊의 진유적眞儒的 삶의 여정旅程〉, 《향토문화》 18, 향토문화개발

성강 순호蓴湖로 흘러드는 시내 이름을 따서 왈천거사曰川居士라고도 했다. 이후 능주綾州 쌍봉동雙峯洞과 복천富川 용안연龍岸淵에서 거처하다가 우산으로 갔다. 1646년(인조 24) 11월 우산에서 쌍봉동으로 돌아와 초가를 짓고 당호를 은봉암隱峯庵이라 했다. 《효종실록》 1654년 11월 13일의 졸기에 의하면, 포은圃隱(정몽주)과 중봉重峯(조헌)을 사모하여 은과 봉을 한 글자씩 떼어 은봉隱峯이라 자호했다고 한다. 매환옹買還翁·대우암大愚庵 등의 호도 사용했다. 문집은 《은봉전서》이다.

孤山 윤선도尹善道(1587-1671)의 본관은 해남, 자는 약이約而, 호는 고산孤山·해옹海翁이다. 1612년(광해군 4) 증광사마시의 진사시에서 1등 2위를 했다. 1628년(인조 6) 별시문과 초시에 장원으로 합격한 후 봉림대군·인평대군의 스승이 되고, 1633년(인조 11) 증광문과에 병과로 급제했다. 1634년(인조 12) 성산현감星山縣監으로 좌천되었다가 이듬해 파직되어 해남으로 돌아갔다. 병자호란 소식을 듣고 제주도로 들어가던 중 보길도甫吉島 부용동芙蓉洞에 정착하고 격자봉格紫峰 아래 낙서재樂書齋를 두었다. 하지만 왕에게 문후를 드리지 않았다는 죄로 1638년(인조 16) 경북 영덕盈德으로 귀양 갔다가 이듬해 풀려났다. 그 후 10년 동안 부용동과 새로 발견한 금쇄동金鎖洞에서 생활했다. 1652년(효종 3) 예조참의가 되었다가 서인의 공격으로 사직하고 경기도 양주 고산孤山에 은거하게 되면서 고산이라 자호했다. 〈몽천요夢天謠〉를 지었다. 1659년 효종 사후 예론 문제로 서인의 탄핵을 받아 삼수에 유배됐다. 1667년(현종 8) 부용동에서 살다가 그곳 낙서재에서 죽었다.[118] 윤선도가 고산이란 호를 사용하게 된 동기는 1612년 증광진사과 복시覆試에서 과시科詩 〈모설방고산시冒雪訪孤山詩〉로 합격했던 사실과도 관련이 있을 듯하다.[119] 당시의 시제는 임포林逋의 고산 은거

협의회, 1998.2, pp. 15-41.

118 許穆, 〈海翁尹參議碑〉, 《記言》 別集 卷19 丘墓文; 洪宇遠, 〈贈資憲大夫吏曹判書兼知經筵義禁府事弘文館大提學藝文館大提學知春秋館成均館事五衛都摠府都摠管行通政大夫禮曹參議孤山尹公諡狀〉, 《南坡南先生文集》 卷9 諡狀; 尹善道, 《孤山遺稿》 附錄 〈贈資憲大夫吏曹判書兼知經筵義禁府事弘文館大提學藝文館大提學知春秋館成均館事五衛都摠府都摠管行通政大夫禮曹參議尹公諡狀〉(洪宇遠); 李瑞雨, 〈贈吏曹判書諡忠憲孤山先生尹公神道碑銘并叙〉, 《松坡集》 卷14 神道碑.

119 尹善道, 〈冒雪訪孤山〉, 《孤山遺稿》 卷6上 別集 詩.

고사를 소재로 했다.[120]

주천이란 지명은 충청도, 전라도, 경상도에 모두 있다. 전라도의 경우 임실현任實縣 관촌리館村里에 주천리가 있다. 오원천烏源川이라고도 부른다.[121] 또 충주의 용탄을 주천이라고도 했다.

舟川 강유선康惟善(1520-1549)은 본관은 신천信川, 자는 원숙元叔, 호는 주천舟川이다. 대대로 선산善山에서 살다가 1537년(중종 32) 생원시와 진사시에 모두 합격한 후 용탄 이연경李延慶의 사위가 되어 충주에서 살았다.[122] 1545년 인종 즉위 후 성균관 유생들과 함께 조광조의 신원·복작을 요구하는 상소를 올려 관철시켰으나, 1549년 이홍남李洪男 형제의 옥사에 연루되어 장살되었다.[123] 《주천유고》가 있다.

舟川 성여훈成汝薰(1583-1662)의 본관은 창녕, 자는 형숙馨叔으로, 청죽聽竹 성남成灠(본 이름은 협浹인데 계축옥사 관련자의 이름과 같아 고침)의 아들이다. 외가가 있는 경상도 상주에서 성장했다. 인조 반정 후 역옥逆獄에 연루되었다는 죄목으로 강계江界로 유배되고 해주海州로 양이量移되었다가 석방되었다. 병자호란 후 한산 군수韓山郡守에 제수되었다. 말년에 경상도 상주 주천舟川에 집을 짓고 서강노수西岡老叟라고 자호했다.[124] 상주시 내서면 신촌리에 그를 추모하는 첨모재瞻慕齋가 있다.

沙溪 방응현房應賢(1523-1589)의 본관은 남양, 자는 준부俊夫, 호는 사계沙溪이다. 남원 출신으로, 조식·이항李恒의 문하에 출입했다. 전라도 남원시 주생면 사계천沙溪川 가에 집을 짓고 소요했다.[125] 손자 방원진房元震이 제작한 〈사계정사도沙溪精舍圖〉가 전한다.[126] 방원진은 임진왜란·정묘호란·병자호란 때 의병을

---

120 金東錫, 《朝鮮時代試券硏究》, 韓國學中央硏究院韓國學大學院 古文獻管理學專攻 博士學位論文, 2013.

121 임실군 관촌면 덕천리의 오원천烏源川 가 사선대四仙臺에 있는 운서정雲棲亭은 일제강점기 부호였던 김승희金昇熙가 부친 김양근金瀁根의 유덕을 추모하기 위하여 1928년부터 6년에 걸쳐 지은 것이라고 한다.

122 李中悅, 《乙巳傳聞錄》〈康惟善傳〉.

123 康復誠, 〈舟川先生行狀〉, 신천강씨대종회 사진; 盧守愼, 〈康上舍碣銘幷序〉, 《穌齋先生文集》 卷10 碑碣.

124 權尙夏, 〈郡守成公(汝櫄)墓碣銘 幷序〉, 《寒水齋先生文集》 卷26 墓碣.

125 李廷龜, 〈沙溪房君墓碣銘幷序〉, 《月沙先生集》 卷46 墓碣·上.

일으켰다.

湖陽 권익창權益昌(1562-1645)은 안동 권씨 부정공파 늪실 입향조로, 자는 무경茂卿이다. 이황의 제자 조목趙穆(1524-1606)에게 배웠다. 처음에 안동의 영호映湖 북쪽에 살다가 나중에 연곡淵谷에 살았으나, 옛 거처의 이름을 따서 호를 호양자湖陽子라 했다. 〈호양자자전湖陽子自傳〉에서 그는, 생활에 필요한 물건들은 '가까스로 완비될' 정도에서 만족한다고 했다. '가까스로 완비되었다'는 말은 구완苟完으로 적으며, 본래《논어》〈자로〉에 나온다.[127] 문집으로《호양집》이 있다.

遲川 최명길崔鳴吉(1586-1647)의 본관은 전주, 자는 자겸子謙, 호는 지천遲川·창랑滄浪, 시호는 문충文忠이다. 1605년(선조 38) 증광사마시에서 생원, 진사가 되고, 같은 해의 증광문과에 병과로 급제했다. 1614년(광해군 6) 병조좌랑으로서 명나라 사신 일행과의 접촉을 둘러싼 물의로 관직을 삭탈당했다. 1623년 인조반정 후 정사공신靖社功臣 일등으로 완성부원군에 봉해졌다. 정묘호란과 병자호란 때 강화를 주장했다. 영의정이 되어 청나라에 사신으로 가서 명나라 정벌을 위한 징병 요구를 거절했다. 1642년 다시 영의정이 되었다가 임경업의 명나라 내통 사실로 청나라에 불려갔다가 돌아왔다.《지천집》이 있다. 지천은 광해군 때 은둔해 있던 가평 대성리 원천동의 지천(더디내)을 말한다.[128] 창랑은 굴원屈原의 〈어부사漁父辭〉에서 "창랑의 물이 맑거든 나의 갓끈을 씻을 것이요, 창랑의 물이 흐리거든 나의 발을 씻을 것이로다"(滄浪之水淸兮, 可以濯吾纓. 滄浪之水濁兮, 可以濯吾足)"에서 취한 것이다.

炭翁 권시權諰(1604-1672)의 본관은 안동, 자는 사성思誠, 호는 팔음재八吟齋·

---

126 申欽, 〈書沙溪精舍圖後〉, 《象村稿》卷36 題跋.

127 權益昌, 〈湖陽子自傳〉, 《湖陽先生文集》卷2 雜著; 심경호, 《나는 어떤 사람인가—선인들의 자서전》, 이가서, 2010, pp. 30-39.

128 최병직·정양완·심경호 역, 《증보역주 지천선생집》, 선비, 2008; 심경호, 〈《지천유집遲川遺集》·《지천속집遲川續集》과 별본 《지천유집遲川遺集》(잔본)에 수록된 최명길의 증답수창시에 대하여〉, 《韓國詩歌硏究》 제20집, 韓國詩歌學會, 2006. 5, pp. 63-103; 심경호, 〈17세기 초반 지성사의 한 단면: 지천 최명길과 월사·상촌·계곡·택당〉, 《한문학보》 18, 우리한문학회, 2008. 6, pp. 337-365; 심경호, 〈지천 최명길의 문학과 사상에 관하여〉, 《한국한문학연구》 42, 한국한문학회, 2008.12, pp. 187-222.

탄옹炭翁이다. 36세 되던 1639년(인조 17) 신身·가家·국國·천하天下·난亂·기飢·질역疾疫·도道에 대하여 각각 칠언절구를 지어 〈팔음八吟〉이라 하고, 서실을 팔음재라 했다.[129] 1641년(인조 19) 경상도 문경聞慶 호암산皓巖山 아래로 들어가 사위 윤증尹拯, 외조카 한오복韓五福, 아들 권기權愭와 함께 학문을 했다. 그 후 충청도 공주 유성현儒城縣 천내면川內面 탄방촌炭坊村으로 이주하고 호를 탄옹이라 했다. 1659년 현종 즉위 후 가선대부에 올라 종2품의 한성부우윤에 임명되었다. 이듬해 1660년(현종 원년) 3월 우윤으로서 윤선도를 구원하다가 폐고되었다. 또한 허목許穆(1595-1682)과 함께 기년설을 주장했다가 탄핵을 받자 광주 소곡素谷(蘇伊谷)의 선산에 머물렀다. 1669년(현종 10) 탄방으로 내려가 거처하다가 세상을 떴다.[130]

楮谷病隱 이휘일李徽逸(1619-1672)의 본관은 재령載寧, 자는 익문翼文, 호는 존재存齋·저곡병은楮谷病隱이다. 이현일李玄逸의 형이다. 13세 때 외조부 장흥효張興孝으로부터《맹자》의 존심양성存心養性 설을 배웠다. 호 존재는 존심양성에서 따온 듯하다. 문집도《존재집》이다. 43세 되는 1661년(현종 2) 경상도 영해寧海(경북 영덕군) 창수면蒼水面 등운산騰雲山 아래 오촌梧村의 저곡(닥실)으로 옮겨 거처를 명서冥棲라 하고 저곡병은이라 자호했다.[131] 1664년 오촌에서 남탁이南卓爾·한경유韓景愈와 함께 오촌동계를 맺었다.[132]

雲麓 한경유韓景愈(1619-1675)의 호는 운록옹雲麓翁인데, 줄여서 운옹雲翁이라고도 했다. 본관은 서원西原(청주), 자는 산두山斗이다. 경상도 청송靑松에 세거했다. 무과 출신 한인풍韓仁豐의 아들로, 이휘일·이현일 형제와 교유했다. 박륵朴玏의 곳에 묵으면서 공부하다가 박륵이 죽은 이후 경상도 영해 장수면 오촌의 저곡에 들어가 공부했다. 이휘일이 저서楮墅(즉, 저곡) 명서암冥棲庵으로 피신했을 때 종유하고, 1664년 남탁이·이휘일과 함께 오촌동계를 맺었다.《역대편고歷代便考》를 엮었으나 전하지 않는다.[133]

---

129 權諰,〈八吟〉(先生亦號八吟齋),《炭翁先生集》卷1 詩.

130 權諰,《炭翁先生集》附錄 家狀(權愭).

131 이때 시조〈전가팔곡田家八曲〉을 지었다. 權純會,《田家時調의 美的 特質과 史的 展開 樣相》, pp. 76-87.

132 李徽逸,〈梧村洞稧序〉(甲辰五月),《存齋集》卷4 序.

丈巖 정호鄭澔(1648-1736)의 본관은 연일, 자는 중순仲淳, 호는 장암丈巖, 시호는 문경文敬이다. 1682년(숙종 8) 증광사마시에서 진사가 되고, 1684년 정시 문과에 병과로 급제했다. 1689년(숙종 15) 병조좌랑이 되었다가 기사환국 때 경성판관鏡城判官으로 좌천되었다. 1690년 겨울 대간의 탄핵으로 사판에서 삭거되자, 충청도 연풍현延豐縣 장암丈巖의 계정溪亭에 우거했다.[134] 1721년 신임사화로 강진에 유배되었다가 1725년(영조 원년) 우의정에 특진, 좌의정을 거쳐 영의정이 되었다. 영중추부사에 이르렀다.[135] 43세 되던 1690년에 처음 장암으로 내려간 이후, 관직에서 물러날 때마다 이곳으로 가서 강학을 했다. 문집은 《장암집》이다. 세거지는 충주시 중앙탑면(구 가금면) 누암리이고, 묘는 충북 괴산군 불정면 지장리에 있다.

霞谷 정제두鄭齊斗(1649-1736)의 본관은 영일, 자는 사앙士仰, 호는 하곡霞谷, 시호는 문강文康이다. 정몽주의 후손이며, 박세채朴世采의 문인이다. 1680년(숙종 6) 영의정 김수항의 천거로 사포서 별제에 임명되고 1688년 평택현감이 되었다. 1709년 강화도 하일리霞逸里 하곡霞谷으로 이주했다. 1710년 9월 강원도 관찰사에 임명되었지만 부임하지 않았으나 1711년 7월 1일에 회양도호부사淮陽都護府使에 임명되자 응했다. 1726년(영조 2) 이정박李廷撲이 양명학을 한다고 탄핵했으나 영조가 보호했다. 1736년 세자이사에 이르렀다.[136] 《하곡집》이 있다. 하곡은 강화도 하일리의 지명에서 따온 호이다.

三淵 김창흡金昌翕(1653-1722)의 본관은 안동, 자는 자익子益, 호는 낙송자洛誦子·삼연三淵, 시호는 문강文康이다. 서울 수표교 동쪽(현재의 을지로 3가 입정동笠井洞, 수표동水標洞, 시금동詩琴洞 부근)에 거처했으며, 백악白岳 기슭에 낙송루洛誦樓를 두었다. 1673년(현종 14) 진사시에 1등 3위로 합격했다. 1675년(숙종 원년) 부친 김수항이 윤휴를 탄핵했다가 영암으로 귀양 가고 1678년 철원으로 이배

133 李栽, 〈兩韓翁傳〉, 《密菴集》 卷16 傳.

134 1715년 유상기兪相基가 조부 유계兪棨의 《가례원류》를 간행할 때 권상하가 서문을 쓰고 정호鄭澔가 발문을 쓰면서, 윤증이 스승 송시열을 배반했다고 비난했다. 숙종은 정호가 유현을 배척했다 해서 부제학의 직을 파직시키고 발문을 없애 버렸으나 이듬해 정호는 대사헌이 되고 발문도 회복되었다.

135 李栽, 〈領議政丈巖鄭公行狀〉, 《陶菴先生集》 卷49 行狀(三).

136 鄭齊斗, 《霞谷集》 卷10 〈墓表〉(申大羽).

되자 배종했다. 이듬해 철원 삼부연三釜淵에 집을 짓고 살면서 삼연이라 자호했다. 1680년 경신대출척 이후 부친이 영의정에 임명되자 이듬해 서울로 돌아왔다가 1689년 기사환국으로 부친이 사사되자 청평산, 설악산, 영평永平 백운산白雲山, 양근楊根의 국연菊淵과 벽계蘗溪를 전전했다. 1694년 갑술옥사 이후 설악 곡백담曲百潭의 벽운정사碧雲精舍, 강원도 인제의 겨영시암永矢菴·완심루玩心樓, 설악산 용대리의 갈역정사葛驛精舍 등으로 옮겨 다녔다. 1714년 김화金化 수태사水泰寺, 평강平康 부석사浮石寺, 춘천 곡운동谷雲洞 곡구정사谷口精舍에 거처했으며, 1718년 다시 설악으로 들어갔다. 1722년(숙종 46) 신임옥사로 맏형 김창집金昌集이 죽임을 당하자 김언겸金彦謙의 가구당可久堂에서 지내다가 죽었다.[137] 후학들은 김창흡의 삼부연 은둔을 추모해서 그를 연로淵老·연옹淵翁·연농淵農이라고 불렀다.

芝村 이희조李喜朝(1655-1724)의 본관은 연안, 자는 동보同甫, 호는 지촌芝村·간암艮庵·지사재志事齋, 시호는 문간文簡이다.[138] 서울 관동館洞에 살았는데, 숙종 초 송시열이 귀양 가자 경기도 양주현 풍양豐壤의 영지동靈芝洞에 은둔했다. 부친 이단상李端相도 1664년(현종 5) 양주 동강東岡 즉 영지동으로 퇴거한 바 있다. 이희조는 그 지명을 따서 지촌이라고 자호했다.[139] 1680년(숙종 6) 경신환국 후 유일로 천거되었고, 1689년 송시열이 사사되자 영동 흡곡歙谷에 은거했다가 이후 해주목사에 이르렀다. 1719년 두 번째로 대사헌이 되었으나, 1721년(경종 원년) 목호룡睦虎龍의 고변으로 신임사화가 일어나 노론 4대신이 죽을 때 문외출송되고, 1723년 영암으로 유배되었다가 이듬해 철산으로 이배되던 도중 정주定州에서 사망했다.《지촌집》이 있다.

冠陽 이광덕李匡德(1690-1748)의 본관은 전주, 자는 성뢰聖賴, 호는 관양冠陽이다. 이경석의 현손, 이진망李眞望의 아들이다. 어머니는 박세채의 딸이다. 1710년(숙종 36) 증광사마시에서 진사가 되고 1722년(경종 2) 정시문과에 을과로 급제했다. 송인명宋寅明·조문명趙文命·정석삼鄭錫三과 함께 완소 탕평론을 주

137 金昌翕,《三淵集》拾遺 卷32 附錄〈行狀〉(金亮行).

138 李宜顯,〈吏曹參判芝村李公墓誌銘 幷序〉,《陶谷集》卷17 墓誌銘.

139 朴弼周,〈芝村李先生行狀〉,《黎湖先生文集》卷29 行狀.

장했다. 1741년 아우 지평 이광의李匡誼가 위시僞詩 사건에 연루되어 국문을 받자, 이에 연좌되어 유배되었다. 이듬해 풀려나 관악의 남쪽인 과천에 은거했다.[140] 《관양집》이 있다. 관양은 관악의 남쪽을 가리킨다.

丹陵 이윤영李胤永(1714-1759)의 본관은 한산, 자는 윤지胤之, 호는 단릉丹陵·담화재澹華齋이다. 이기중李箕重의 아들이며, 판서 이태중李台重의 조카이다. 단양 귀담龜潭에 정자를 짓고 그곳에서 지내며 호를 단릉丹陵이라 했다. 《단릉유고》와 《단릉산인유집丹陵山人遺集》이 전한다. 이윤영의 은둔은 중부 이태중의 행적과 관련이 깊다. 이태중은 1735년(영조 6) 지평으로 노론 4대신의 신원을 주장하다가 탄핵을 받아 흑산도에 위리안치되고 이듬해 영암으로 이배되었으며, 1740년 다시 지평이 되어 유봉휘柳鳳輝·조태구趙泰耉의 관작 추탈을 주청했다가 갑산에 유배되었다.[141] 담화재는 고요한 못에 태화(달)가 날아간다는 뜻이다.[142]

燕巖 박지원朴趾源(1737-1805)의 본관은 반남潘南, 자는 미중美仲·중미仲美, 호는 연암燕巖·연상煙湘·열상외사洌上外史이다. 서울 반송방盤松坊 야동冶洞에서 출생했다. 정조 초 홍국영이 권세를 잡자 노론 벽파의 그는 황해도 금천金川 연암협燕巖峽으로 은거했다. 연암 호는 이 지명에서 유래한다. 해방 직후 황해도 금천군金川郡 토산면兎山面 연람리燕巖里라 했고, 현재는 북한 황해북도 토산군兎山郡 귀래동歸來洞이다.

舫山 허훈許薰(1836-1907)의 본관은 김해, 자는 순가舜歌, 호는 방산舫山이다. 경상도 선산부善山府 임은리林隱里(선산군 임은, 즉 구미시 임은동) 출생으로 허위許蔿(1855-1908)의 형이다. 29세 때 허전許傳의 문하에 들었다. 1867년(고종 4) 개

140 李是遠, 〈大提學冠陽李公行狀〉, 《沙磯集》 冊5 行狀.

141 김종수金鍾秀가 작성한 묘표에는 이윤영이 과거에 뜻을 두지 않고 산수와 문묵을 즐겼다고 되어 있다. 하지만 청의 지배라는 시대적 상황과 영조의 당평에 반대하는 의미도 내포되어 있다. 이윤영은 윤심형尹心衡에게 배웠고, 노론의 김종수·김상묵金尙默·오찬吳瓚·이인상李麟祥·김순택金純澤·이유수李惟秀 등과 교유하며 서호西湖(서대문 밖 모화관 근처)에서 문회를 결성했다. 李胤永, 《丹陵遺稿》 卷15 附錄 〈墓表〉(金鍾秀).

142 李胤永, 〈會澹華齋分韻〉, 《凌壺集》 卷1 詩. "短檐陰樾薄炎暉, 留客傾壺興不微. 栽得綠蕉聽雪卧, 掃來白石取醒歸. 日長花度延門盡, 潭靜雲移太華飛. 卽此已存濠濮想, 潛魚游鳥與忘機."(度一作落).

령開寧 지천芝泉 방암산舫巖山 아래에 집을 짓고 방산이라 자호했다. 방암산(방산)은 경남 김해시의 대동면 예안리·괴정리·초정리에 걸쳐 있는 산으로, 흔히 백두산이라 부른다. 1894년 동학 농민항쟁이 있자 허훈은 진보眞寶 흥구리興丘里로 이주했다가, 1900년 진보眞寶 광덕동廣德洞으로 이사했다. 진성眞城(진보) 우사寓舍에서 죽어, 진보군 서쪽 이촌理村에 묻혔다.[143]《방산집》이 있다.

❼ 귀양지 지명의 호

앞서 보았듯이 권근은 고려 말 옥사에 연좌되어 충주로 유배당해 양촌에 살았기 때문에 그 지명을 호로 삼았다. 이색李穡이 〈양촌기〉를 지어 주었다. 혹은 양촌이 출생지였을 가능성도 있다.

陰崖 앞서 살펴보았듯이 기묘사화 때 고초를 겪은 이자李耔(1480-1533)는 호를 음애陰崖·몽옹夢翁·계옹溪翁이라고 했다. 1518년 종계변무주청부사로 북경에 갔을 때 정사 남곤南袞이 병 들자 지성으로 간호했다. 기묘사화가 일어나 조광조·김정金淨과 함께 옥에 갇혔으나, 남곤의 도움으로 화를 면했다. 하지만 12월에 관작을 삭탈당하자, 음성陰城의 음애에 우거하면서 음애陰崖라고 자호했다.[144]

水北 김광현金光炫(1584-1647)의 본관은 안동, 자는 회여晦汝·회여晦如, 호는 수북水北이다. 서울 사직동社稷洞에서 태어났다. 1612년(광해군4) 증광사마시의 양과에 모두 합격하고 1625년(인조 3) 정시문과에 병과로 급제했다. 1634년 부제학이 되어 대사간 유백증兪伯曾의 인조 사친 추숭 옹호를 탄핵하다가 삼수三水로 유배당했다가 다음 해 방면되어 돌아왔다. 1637년 정월, 아버지 김상용이 강화도에서 순절하자, 수원水原 용성龍城에 우거하다가, 1638년(인조 16) 정월 태안泰安으로 이주하고, 1639년 정월, 상복을 벗고 충청도 홍주洪州(홍성) 오두鰲頭(오촌동鰲村洞)에 거주했다. 1646년 소현세자빈 강씨가 사사되자, 강빈의 오빠 강문명姜文明이 사위였던 까닭에 순천부사로 좌천되고 이듬해 울분 끝에 죽었다.[145]《수북유고》가 있다. 수북은 삼수 유배 시절 자호인 듯하다.

---

143 許薰,《舫山先生文集》卷23 附錄〈家狀〉(許埔).

144 金堉,《己卯錄》補遺 卷上.

寒沙 강대수姜大遂(1591-1658)는 경상도 합천 출신으로, 1610년(광해군 2) 생원시와 진사시에 합격하고 1612년 증광문과에 을과로 합격했다. 1614년 영창대군 처형을 반대한 정온을 구하려다가 정인홍의 탄핵으로 삭탈관직되고 강원도 회양淮陽에 유배되었다. 1623년 인조반정으로 풀려나 전주부윤 등을 지냈으며 1635년(인조 13) 공청도 암행어사로 파견되었다.[146] 호는 춘간春磵·한사만은寒沙晩隱·정와靜窩이다. 한사만은의 한사는 유배지였던 회양 귀출산龜出山 한사리寒沙里에서 따왔다. 《한사집》이 있다.

東溟 김세렴金世濂(1593-1646)의 본관은 선산善山, 자는 도원道源, 호는 동명東溟, 시호는 문강文康이다. 김효원金孝元의 손자, 김극건金克鍵의 아들로, 어머니는 허봉의 딸이다. 1615년(광해군 7) 생원시에 합격하고 진사시에 1등 2위로 합격한 후, 1616년(광해군 8) 증광문과에 장원급제했다. 1617년 정언으로 있으면서 폐모론에 반대하여 곽산郭山으로 유배되었다가, 뒤에 강릉으로 이배되자 동명東溟이라 자호했다. 다음 해 풀려났다. 1623년 인조반정으로 재기용되었다. 도승지를 거쳐 호조판서에 이르렀다.[147] 《동명집》이 있다.

水村 오시수吳始壽(1632-1680)의 본관은 동복, 자는 덕이德而, 호는 수촌水村이다. 서울 남부 낙선방樂善坊에서 태어났다. 1648년(인조 26) 진사시에 합격하고 1656년(효종 7) 별시문과에 병과로 급제했으며, 1666년 중시문과에 병과 1위(탐화랑)으로 급제했다. 1679년 우의정에 올랐으나 1680년 경신대출척으로 삼수三水에 유배되었다가, 앞서 청나라 사신에게 왕약신강설王弱臣强說을 허위 보고했다는 이유로 탄핵받고 사사되었다. 공주公州 월굴月窟 선산에 귀장되었다. 《수촌집》이 있다. 수촌은 유배지 삼수를 가리키는 듯하다.

西浦 김만중金萬重(1637-1692)의 본관은 광산, 아명은 선생船生, 자는 중숙重淑, 호는 서포西浦, 시호는 문효文孝이다. 김익겸金益謙의 유복자이다. 광성부원

---

145 金尙憲, 〈大司憲金公神道碑銘幷序〉, 《淸陰先生集》 卷29 碑銘; 金光炫, 《水北遺稿》 附錄 〈年譜〉; 김은정, 〈수북水北 김광현金光炫의 생애와 한시 연구〉, 《한국한시연구》 25, 한국한시학회, 2017.10, pp. 43-75.

146 許穆, 〈承政院右承旨姜公墓碣銘〉, 《記言》 別集 卷24 丘墓文; 柳疇睦, 〈通政大夫承政院右承旨兼經筵參贊官春秋館修撰官知製敎寒沙先生姜公行狀〉, 《溪堂先生文集》 卷14 行狀.

147 金世濂, 《東溟先生集》 附錄 〈資憲大夫戶曹判書兼弘文館提學世子左副賓客贈諡文康公金公行狀〉(許穆).

군 김만기金萬基의 아우, 숙종의 초비 인경왕후仁敬王后의 숙부이다. 어머니는 윤지尹墀의 딸이고, 장인은 이은상李殷相이다. 1652년(효종 3) 증광사마시에서 진사가 되고 1665년(현종 6) 정시문과에 장원 급제했다. 1686년(숙종 12) 대제학이 되었으나 이듬해 장숙의張淑儀를 둘러싼 언사에 연루되어 관서의 선천부宣川府로 유배되었다가 1688년 11월 풀려났다. 1689년 극변에 안치되었다가 남해南海에 위리안치되어, 그곳에서 죽었다.《서포집》이 있다. 서포는 선천에 유배되었을 때의 자호이다.[148]

茶山 정약용은 일생 여러 호를 사용했는데, 그 가운데 다산茶山은 귀양지의 지명을 딴 호이다. 전라도 강진군 도암면 만덕리 귤동 마을 뒷산 다산에 처사 윤단尹慱의 초당인 다산초당이 있었는데, 정약용이 이쪽으로 옮겨 살면서 다산이라는 호로 불리게 되었다.《사암선생연보俟菴先生年譜》에 다음 기록이 있다.

> 봄(1808)에 다산으로 옮겨 거처했다. 다산은 강진현 남쪽에 있는 만덕사라는 절의 서쪽에 있는데, 처사 윤단尹慱의 산정山亭이 있는 곳이다. 다산공은 다산으로 옮긴 뒤, 대臺를 쌓고, 못을 파고, 꽃나무를 열 지어 심고 물을 끌어다 폭포를 만들고, 동쪽 서쪽에 동암東菴과 서암西菴 두 암자를 짓고, 서적 1천여 권을 쌓아두고 글을 지으며 스스로 즐겼다. 바위 절벽에 정석丁石 두 글자를 새겼다.[149]

❽ 열력지 지명의 호

고인 가운데는 세거지나 주거지는 아니지만 한때 다녀온 지역에 특별한 의미를 부여해서 그 지명을 호로 사용한 사람이 있다.

德谷 주택정朱宅正(1651-1727)의 본관은 전주, 자는 정이靜而, 호는 덕곡德谷이다. 함흥 출신으로, 1679년(숙종 5) 식년문과에 병과로 급제했다. 1689년 기사환국으로 삭직을 당했다가 1694년에 갑술옥사 이후 직강으로 복직, 이어 병조정랑이 되었다.[150] 덕원으로 송시열을 배알한 후, 덕원의 지명에서 따와 호를

148 金鎭圭,〈叔父崇政大夫行禮曹判書兼判義禁府事 知經筵事弘文館大提學藝文館大提學 知春秋館成均館事 五衛都摠府都摠管 西浦先生府君行狀〉,《竹泉集》卷35 行狀.

149 丁奎英, 송재소 옮김,《다산의 한평생— 사암선생연보》, 창비, 2014.

덕곡이라 했다.

震澤/白澤 신광하申光河(1729-1796)의 본관은 고령, 자는 문초文初, 호는 진택수震澤叟·백택白澤이다. 충청도 한산 출신으로, 서천 바닷가에서 방풍防風을 캐어 생활했다. 1756년(영조 32) 진사시에 합격했다. 1784년, 조카가 함경도 경성鏡城의 판관으로 나가자 음력 8월 무산茂山에 이르러 등반대를 결성해서 백두산에 올랐고, 무산으로 하산해서 서울로 돌아왔다. 1786년 조경묘 참봉이 되고, 그 후 첨지중추부사, 인제현감을 역임했다. 64세 되던 1792년(정조 16) 식년 문과에 병과로 급제했다. 이후 좌승지에 이르렀다. 진택수震澤叟나 백택白澤의 호는 모두 백두산 이름에서 따왔다.[151] 《진택문집》이 있다.

❾ 지명 개환의 호

고인 가운데는 거처하게 된 곳의 지명을 스스로의 처지와 지향에 따라 고치고 그것을 호로 사용하는 예도 있었다.

退溪 이황은 퇴계退溪·퇴도退陶·도수陶叟·청량산인清涼山人 등의 호가 있다. 앞서 보았듯이 퇴계는 생장지 경상도 예안현 온계리(현 안동시 도산면 온혜리)으로 돌아가 토계兎溪라는 이름을 바꾼 것이다.

愚伏 정경세鄭經世(1563-1633)의 본관은 진주, 자는 경임景任, 호는 하거河渠·승성자乘成子·석총(중)도인石潨道人·송록松麓·우복愚伏, 시호는 문장文莊이다. 1582년(선조 15) 진사시에 1등 2위로 합격하고 1586년 알성문과에 을과 2위(탐화랑)로 급제했으나 고향에 돌아갔다. 1610년(광해군 2) 동지사로 명나라에 갔다 왔다. 인조 때 이조판서, 양관대제학을 역임했다. 《우복집》이 있다. 젊었을 때의 호는 하거荷渠이고, 또 다른 호는 승성자乘成子였다. 만년에 우북산于北山 속에 별업을 지은 다음 우북于北을 우복愚伏으로 고치고서 이로 호를 삼았다. 호는 지명에서 따온 것이지만 어리석어 칩복해 있다는 '우'와 '복'의 뜻을 중의한

---

150 李宜顯, 〈兵曹正郎朱君墓表〉, 《陶谷集》 卷19 墓表; 李縡, 〈正郎朱公墓誌〉, 《陶菴先生集》 卷43 墓誌(四).

151 김동준, 〈18세기 북방 여행의 배경과 신광하의 백두산 기행〉, 《이화어문논집》 32, 2014. 4, pp. 35-68.

다. 정경세는 석총(중)도인石潨道人이나 송록松麓을 칭하기도 했다.[152] 승성이란 말은《장자》〈대종사大宗師〉의 "조물자가 내 이마에 가해진 묵형墨刑의 흔적을 없애 주고 나의 베어진 코를 보완해 주어 완전한 인간의 몸으로 선생의 뒤를 따르게 해 주지 않을 줄 어떻게 알겠는가?"(庸詎知夫造物者之不息我黥而補我劓, 使我乘成以隨先生耶?)에서 가져왔다.

瀼西 이광윤李光胤(1564-1637)의 본관은 경주, 자는 극휴克休, 호는 양서瀼西이다. 충청도 청주淸州 석화촌石花村 종가에서 태어났다. 17세에 합천이씨를 부인으로 맞았는데, 처가가 경상도 예천醴泉 금곡金谷에 있어서, 그곳에 거처하게 되었다. 1585년(선조 18) 진사시에 합격하고 1594년 별시문과에 병과로 급제했다. 1607년 서천군수舒川郡守와 부제학을 지냈다. 그 후 선무원종공신宣武原從功臣에 녹훈되었다. 초계군수草溪郡守, 성주목사星州牧使에 이르렀다.《양서집》이 있다.[153] 예천과 청주의 가운데 지점인 문경현聞慶縣 가은서면을 헐마장歇馬庄(잠시 쉬어가는 집)으로 삼고, 그곳의 이름을 두보의 피난처였던 서촉의 양서瀼西에 견주어 같은 이름으로 불렀다. 그리고 호를 그 지명에서 취했다.[154] 양수는 사천성四川省 봉절현奉節縣 산간에 흐르는 냇물 이름인데, 두보가 기주夔州에 노닐 때 양수의 동쪽, 서쪽 등으로 세 번이나 이사했다고 한다. 두보의 〈기주가夔州歌〉에 "양수 동쪽 양수 서쪽은 집이 일만 가호요, 강 북쪽 강 남쪽은 봄이나 겨울이나 꽃이로다"(瀼東瀼西一萬家, 江北江南春冬花)라고 했고, 〈양서 형비로부터 동둔 모옥으로 이거하려고 하면서自瀼西荊扉且移居東屯茅屋〉 시에는 "양수 동쪽에 살다가 다시 양수 서쪽, 한결같이 맑은 시냇가에 사노라. 오거나 가거나 모두 초가이니, 머물러 논두둑을 개간하리라"(東屯復瀼西, 一種住淸溪. 來往皆茅屋, 淹留爲稻畦)

---

152 鄭經世,《愚伏先生集》別集 卷4 附錄 〈年譜〉 1(宋浚吉).

153 찬자 미상의 연보가 문집의 권수에 있다. 연보 말미에 '英宗大王八年壬子[1752년] 士林奉安位版于仁山象賢祠'라 되어 있어 정조 이후 간행된 것으로 추정된다. 부록에 김응조金應祖가 찬술한 이광윤李光胤 묘갈명墓碣銘 1편이 있다. 이별李鼈의 육가六歌를 한역한 〈번장육당육가졸제飜藏六堂六歌拙製〉를 남겼다. 金應祖, 〈贈都承旨行弘文校理瀼西李公墓碣銘 幷序〉,《鶴沙先生文集》卷7 墓碣銘.

154 李光胤,《瀼西先生文集》卷首 〈瀼西先生歇馬庄雜詠題目〉. "敝庄在聞慶任縣加恩西面, 而別無村名, 余刱名以瀼西者, 以蜀之瀼西乃杜甫避亂羈寓之地. 所謂瀼字, 卽澗水橫通山谷之義也. 是庄距西原醴泉, 各百里, 兩地往來, 彼此道里皆均, 設庄中間, 非徒愛其山水, 聊以爲晩年兄弟相從之計爾."

라고 했다.

潛谷 김육金堉(1580-1658)의 본관은 청풍, 자는 백후伯厚, 호는 잠곡潛谷·회정당晦靜堂, 시호는 문정文貞이다. 서울 마포(마포구 마포동)에 있는 한양조씨 외가(외조부 조희맹趙希孟의 집)에서 태어났다. 조신창趙新昌의 집이란 설도 있다. 서울 우사寓舍는 종남終南 아래 회현방(현 서울 중구 회현동)에 있었다. 1590년(선조 23) 조부 김비金棐가 죽은 후 부친 김흥우金興宇가 경기도 양주 삼패동 평구리平邱里(양주楊州 치소 동쪽治東 금촌리金村里, 현 남양주시 양정동)의 청풍김씨 문의공파文毅公派 묘역에서 여묘살이를 했다. 이때 부친에게서 글을 배웠으나, 1594년 15살 때 부친을 잃었다. 1600년 모친마저 잃었으나, 1605년 증광사마시 생원시에 합격했다. 1609년 성균관에 있으면서 김굉필·정여창·조광조·이언적·이황 등의 문묘 향사를 건의하는 청종사오현소請從祀五賢疏를 올리고, 이듬해 성균관 재임齋任으로 있으면서 정인홍鄭仁弘의 유적儒籍을 삭제한 사건이 문제가 되어, 1611년 성균관을 나와 1613년 경기도 가평 잠곡 청덕동淸德洞(현재의 청평면) 화개산 남쪽에 아은거하면서, 지명을 잠곡리라고 바꾸었으며, 잠곡이라고 자호했다. 《홍범황극내외편洪範皇極內外篇》으로 점을 쳐서 일지삼一之三의 수守라는 수數를 얻었다. 수守는 《주역》 복괘復卦와 유사하다.[155] 점사에 "군자는 그렇기 때문에 숨어 살면서 조용히 기다린다"(君子以晦處靜俟)라고 했으므로, 집의 이름을 회정당이라고 했다. 장유張維는 〈회정당기〉를 지어, "숨기는 것이 막바지에 달하면 반드시 드러나게 마련이다"라는 원리를 환기시켜 앞날을 축복했다.[156] 1623년 인조 반정 후 의금부도사에 임명되었으며, 이듬해 음성현감으로서 증광문과에 장원급제했다. 1643년 겨울 원손보양관이 되어 소현세자를 배행하여 심양으로 갔다가 이듬해 귀국했다. 1649년 9월 우의정, 1651년 영의정에 임명되었다.[157] 대동법의 보급과 동전의 통용(行錢)에 주력했다.[158] 만년의 김

155 채침蔡沉의 《홍범황극내외편》은 《서경》 〈홍범洪範〉에 의거해서 《주역》과 비슷하게 만든 것으로, 81개의 범수範數가 있다. 그 가운데 세 번째로 나오는 I의 III이 수守이다. 이것이 다시 81개의 형태로 분류되어 있다. 수守는 복괘復卦와 유사하다. 하나뿐인 양이 여러 음의 아래에 있어 기운이 미세해 위태로운 상태를 상징한다.

156 張維, 〈晦靜堂記〉, 《谿谷集》 卷8 記 十九首.

157 趙絅, 〈領議政潛谷金公墓誌銘并序〉, 《龍洲先生遺稿》 卷14 誌; 李敏求, 〈議政府領議政諡文貞金公行狀〉, 《東州先生文集》 卷6 行狀; 李景奭, 〈領議政文貞金公神道碑銘〉, 《白軒先生集》 卷42

육은 평구리에 은거했다. 그곳에서 부친에게 글을 배우던 1591년 여름 도연명의 〈오류선생전〉과 〈귀거래사〉를 본떠 〈육송처사전六松處士傳〉과 〈귀산거부歸山居賦〉를 지었는데, 〈육송처사전〉에서 육송정에 기거하는 육송처사를 가공으로 형상화한 일이 있다. 60년이 지나 여섯 그루의 소나무가 완연하여 비통한 감정을 느낀다고 했다.[159]

谷雲 김수증金壽增(1624-1701)은 본관은 안동, 자는 연지延之, 호는 곡운谷雲이다. 1650년(효종 원년) 증광사마시의 생원시에 합격하고 1652년 선마洗馬(세마)가 되었다. 1670년(현종 11) 강원도 화천군 사내면 영당리에 땅을 마련하고 농수정사籠水精舍를 지었다. 숙종 초 효종비 인선왕후의 상복 문제로 형 김수항이 유배되자 성천부사를 그만두고 농수정사로 돌아갔다. 이때 화악산 북쪽 실운實雲 계곡을 곡운谷雲으로 고치고 자신의 호로 삼고 곡운구곡谷雲九曲을 경영했다. '실운'의 '실'이 골짝을 뜻하는 우리말이므로, 같은 훈의 한자 '곡谷'으로 바꾼 것이다. 하지만 '곡운'은 주희가 거처했던 '운곡雲谷'이란 지명을 의식한 것이기도 하다. 주희는 62세(송나라 광종 소희 2년, 1191년) 이후 건양建陽 숭태리崇泰里 노봉산蘆峰山 한천정사寒泉精舍에 거처하며 그곳을 운곡이라고 했다. 김수증은 주희의 무이정사武夷精舍를 본떠 3칸 초당을 지어 곡운정사라 하고 농수정籠水亭과 가묘도 세웠다. 1689년 기사환국으로 송시열과 동생 김수항이 죽자, 곡운정사에서 4-5리 북쪽 화악산華嶽山 아래 화음동華陰洞에 들어가 정사를 지었다. 1694년 갑술옥사 후 다시 관직에 임명되었으나 사퇴한 뒤 화음동에 은둔했다.[160]

錦陽 이현일李玄逸(1627-1704)의 본관은 재령, 자는 익승翼昇, 호는 갈암葛庵·

文稿 神道碑.

158 이헌창, 《김육평전—대동법을 완성한 조선 최고의 개혁가》, 민음사, 2020.

159 金堉, 〈歸山居賦竝序〉, 《潛谷先生遺稿》 卷1 賦.

160 김수증 〈곡운기〉의 앞부분은 다음과 같다. "곡운은 화악의 북쪽 산기슭, 춘천부 서북 80리에 있다. 《동국여지승람》에는 '사탄史呑'이라 했는데 내가 이 우리말을 고쳐서 '곡운'이라 했다. 대개 평강平康 땅 분수령에서 백여 리 달려온 산이 꺾이어 김화金化의 대성산大聖山(현재는 大成山)이 되고 또 20여 리 달려서 수리산守里山 한 줄기가 되며 남쪽으로 5리쯤 구불구불 가서 큰 계곡에 임해 산을 이루어 멈추어 선다. 그 산의 속명이 아름답지 못하다고 여겨, 내가 청람산靑嵐山(영당리 뒷산으로 해발 485미터)이라고 고쳤다." 심경호, 《다산과 춘천》, 강원대학교출판부, 1996.

금양錦陽이다. 경상도 영해寧海 인량리仁良里(현 경북 영덕군 창수면 인량리)에서 태어났다. 1689년 산림山林에게 제수되는 사업司業에 임명되었다. 1694년 4월 갑술환국 때 조사기趙嗣基(1617-1694)를 신구하다가 함경도 홍원현으로 유배되고, 서인 안세징安世徵(1639-1702)의 탄핵을 받아 종성에 위리안치되었다. 1697년 호남 광양현으로 유배지가 바뀌고 1698년 갈은리葛隱里로 이배되었으며 1699년 방귀전리되어 1700년 안동 임하현臨河縣 금소역琴詔驛(현 경북 안동시 임하면 금소리)에 이거했다가 북쪽 금양에 집을 짓고 강학을 했다. 이때 호를 금양이라고 했다. 1704년 인덕리로 이거했다가 돌아와 금양에서 세상을 떠났다.[161]

錦翁 김학배金學培(1628-1673)의 본관은 의성, 자는 천휴天休, 호는 금옹錦翁이다. 경북 안동시 임하면臨河面 천전리川前里에서 태어났다. 김시온金是榲의 문인이다. 1651년(효종 2) 생원시에 합격하고 1663년(현종 4) 식년문과에 병과로 급제했다. 1671년 예조좌랑으로서 춘추관기사관을 겸했다가 5월 고성현감에 제수되었다. 문집은《금옹집》이다.[162] 김학배는 고성현령으로 있던 중 3개월간 병을 앓았는데, 이때 금소琴韶 역사 북쪽에 집을 짓고 고을 이름을 금리錦里라고 고치고 금옹이라 자호했다. 이현일이 그 사실을 행장에서 밝혔다.

> 군은 평소에 가슴이 결리는 병을 앓았는데, 이때에 이르러 수토水土[신장과 비위]에 손상되어 병이 더욱 심해졌다. 그리하여 집 안에 누워 있으면서 직무를 보지 못한 것이 3개월이나 되었다. 매번 당나라 위소주韋蘇州(위응물韋應物)의 "몸에 질병 많으니 고향 생각이 나고, 들에 유리하는 백성들 있어 봉록받기 부끄럽네"(身多疾病思田里，野有流亡愧俸錢) 시구를 외우면서, "이 시는 참으로 지금의 나를 위해 준비된 것이다" 하고는, 거듭 사대使臺(감사나 사신으로서 풍기를 단속하는 직무나 사헌부 관헌의 직무를 겸한 사람)에게 간청하여 마침내 파면되어 돌아왔다. 군은 금소의 아름다운 산수를 좋아했는데, 이때에 이르러 역사(역원) 북쪽에 터를 닦아 집을 짓고 고을의 이름을 금리로 고쳤다. 그리고

161 아들 이재李栽(1657-1730)가 〈밀암자서〉에서 부친의 유배 이후 귀향 사실을 밝혔다. 李栽, 〈密菴自序〉,《密菴先生文集》卷23 行狀. 묘소는 금양 북록에 있었으나 1705년(숙종 31) 영해 신사동新寺洞으로 이장, 1833년(순조 33) 영해 서인량리(현 경북 영덕군 창수면 인량리) 행정杏亭으로 다시 이장했다.

162 1732년(영조 8) 김성탁金聖鐸의 교열을 거쳐 김학배의 아들 김세용金世鏞이 편집·간행했다.

이에 따라 금옹이라고 자호하면서 노년을 보낼 계책으로 삼았다.[163]

永安 이홍인李弘仁(1630-?)은 1680년(숙종 6) 경신환국 이후 경상도 밀성密城 밀치현密治縣 산골에 은둔하며 그 산골을 영안永安이라 이름을 바꾸었다. 그리고 살면서, 절름발이에 한쪽 눈을 보지 못하는 밀성 박씨(박상천朴相天의 딸)에게 장가들어 두 아들을 낳고, 돌밭 서너 마지기를 얻어 생계를 꾸렸다. 〈월호자서月湖自敍〉를 남겼다.[164] 지명 영안을 호로 사용하지는 않았으나, 월호는 부근의 시내를 가리킨다.

農巖 앞서 보았듯이 김창협金昌協의 호는 삼주三洲 또는 농암農巖이다. 기사환국으로 부친 김상헌이 사사되자 사직하고, 전에 기거하던 거처의 동쪽에 있는 응암鷹巖으로 내려갔다. 이곳은 속칭 농암籠巖이라 했는데, 일생 밭두둑 사이에서 지내겠다는 뜻을 가탁해 농사 농農 자로 바꾸었다. 그리고 서실 3칸을 짓고 당 앞에 두 개의 네모난 못을 판 후, 방을 관백실觀白室, 마루를 호월헌壺月軒이라 하고, 집 전체를 이름해 농암수옥農巖樹屋이라 했다.[165] 김창협은 1680년부터 1689년까지 관직에 있던 때를 제외하고는 주로 강호에 은거해 왔다. '수옥'은 신도반申屠蟠의 나무를 기둥 삼아 집을 지었던(因樹爲屋) 고사에서 나온 말이다.

華泉 이채李采(1745-1820)의 본관은 우봉牛峯, 자는 계량季良, 호는 화천華泉, 시호는 문경文敬이다. 1774년(영조 50) 진사시에 합격했다. 1800년(순조 즉위) 세자익위사 위수衛率와 사어司禦를 거쳐 경연관이 되었다. 이후 동지중추부사로 부총관을 겸했다. 묘소는 충청북도 충주시 엄정면 신만리 독작골에 있다. 호의 화천에서 '華'는 세거지인 고양군(현 高陽郡) 화전花田의 '花'와 통하는 글자이고, '泉'은 조부 이재李縡가 은거하던 용인현龍仁縣 한천寒泉을 가리키는 글자로, 그 두 글자를 합해서 호로 삼았다.[166] 유한준兪漢雋이 〈화천재기華泉齋記〉를

163 李玄逸, 〈奉列大夫禮曹佐郎錦翁金君行狀〉, 《葛庵集》 卷28 行狀.

164 李弘仁, 〈月湖自敍〉, 李相洛 等編 《月湖堂實記》, 석판본, 1971; 심경호, 《나는 어떤 사람인가—선인들의 자서전》, 이가서, pp. 208-203.

165 金昌協, 《農巖集》 卷35 附錄 年譜 上(撰者未詳).

166 兪漢雋, 〈華泉齋記〉(乙丑), 《自著》 續集 冊二. "三州李季亮賢士, 余所畏也. 余嘗問: '季亮子亦有號乎?' 曰: '無有.' 余曰: '子而不號, 誰爲號者?' 季亮笑曰: '無已則其華泉哉!' 余問: '其義何居?' 曰: '華, 花也. 今高陽郡有花田. 我李自先世世居花田, 華取於此. 泉, 寒泉也. 泉在龍仁縣. 吾祖

지어 주었다.

> 《예기》에 "예는 그 근본을 잊지 않고 악은 그 태어난 유래를 즐거워한다"라고 했는데, 계량(이채)에게는 이 둘이 다 있다. 그리고 그 의미에 근거해서 부연해 다음과 같이 설명했다. 산에는 화산이 있고 산에는 예천이 있다고 하지 않았던가? 화산은 오악 가운데 하나로 그 험준함의 특징을 모두 모아 지닌 산이다. 예천은 뭇 물들 가운데 그 근원이 아주 다르다. 험준하므로 그 덕이 두텁고, 다르므로 그 물이 달다. 사람에게 비유하자면, 화산처럼 높은 적덕을 선조에게서 수립해 그 자손이 그 발걸음을 이어 조상의 뜻을 잇고 사업을 펴 나가 아름다운 이름을 대대로 드러내는 것이, 마치 샘물의 특별한 근원을 받들어 그 물이 단 것과 같다. 계량의 집 저 위로는 말하지 않아도, 만회공晩悔公[이유겸李有謙]은 유학으로 드러났고 의정공[이숙李肅]은 효로 사류와 대신들 사이에 드러났으며 도암선생[이재李縡]에 이르러서는 도학과 문장, 절조와 언론으로 당대의 유종儒宗이었으므로, 이에 더욱 높았으니, 이것이 대대로 산으로 말하면 화산과 같은 것이다. 계량은 어질어 선조의 집을 지키면서 그 선세의 덕업을 실추하지 않으니, 물로서 보자면 예천인 것이 어이 기이하랴? 이는 또한 화천의 별도의 의미임에 해되지 않을 것이다![167]

洌水 정약용은 1822년 자신의 무덤에 묻을 묘지와 문집에 실을 묘지를 따로 작성했다. 무덤에 묻기를 바란 자찬묘지는 경기도 조안면 능내리 다산 유적지 내에 게시되어 있다. 정약용은 묘지에서 자신의 호를 열수洌叟라 했다. 그는 강진 유배 시절 자신의 호를 열수洌水라고 하여, 황상黃裳(1788-1863) 등 제자에게 보낸 서찰에서 이 호를 사용했다. 열수는 본래 고조선의 강역을 가로질러 흘렀다고 하는 강물 이름이다. 정약용은 한강을 고조선의 열수로 확신했다.[168] 정약

陶菴先生邁軸之地, 而吾又守先廬以終老焉, 泉取於此. 合而名之以華泉, 而吾以扁吾室也'."

167 兪漢雋, 〈華泉齋記〉. "'記所云: 禮不忘其本, 樂樂其所自生者, 季亮有之矣.' 乃因其義而演而爲說曰: '不曰山有華, 山有醴泉乎? 華山居五嶽之一, 其聚絶峻. 醴泉在衆水之中, 其源殊別. 峻故其德厚, 別故其水甛. 猶之乎人, 樹高如華山之積德於先祖, 而其子孫繩其武, 而繼志述事, 以世其令名, 如承泉水殊別之源而其水甛也. 季亮家以上不說, 卽晩悔公以儒學顯, 議政公蔚爲孝顯間士類大臣, 而至陶菴先生, 則道學文章, 風節言議, 爲世儒宗, 於是益高. 此其世以山則猶華山也. 季亮賢而守先廬, 以不墜其世, 又何異以水而爲醴泉也? 此又不害爲華泉之一義也歟!'"

용은 자신의 저술에 대해 각각의 저술들의 성격에 따라 저술 형태를 구분하고, 이를 각 권 첫 부분에 저자는 이름과 함께 적어 놓았다. 신조선사본《여유당전서》에서는 일괄적으로 '열수 정약용 미용 저洌水丁若鏞美庸著'라고 표기했다.

橘山 이유원李裕元(1814-1888)은 1882년 전권대사로서 일본 공사 하나부사 요시모토花房義質와 제물포조약을 체결한 인물이다. 본관은 경주, 소자는 육희六喜, 자는 경춘景春, 시호는 충문忠文이다. 호는 귤산橘山·묵농墨農·임하노인林下老人이다. 1837년(헌종 3) 진사시에 합격하고 1841년 정시문과에 병과로 급제했다. 처음에 귤산(남산)에 거처하여 귤산퇴사橘山退士라 자호하고[169] 스스로의 시문을 엮어《귤산문고橘山文藁》라 했다. 귤산은 본래 중국 종남산終南山의 이칭이다. 지폐地肺·진산秦山·남산南山·주남산周南山이라고도 한다. 이유원은 1864년(고종 원년) 별위사의 임무를 맡아, 철종의 승하를 조문하러 왔던 화색본和色本 등 청나라 사신들을 영접했는데, 화색본은 '귤산의원橘山意園'이라는 액자를 써서 선물했다. 만년에는 유양維楊, 즉 경기도 양주楊州 천마산天摩山 아래 가오곡嘉梧谷, 즉 가오동嘉梧洞에서 지냈다. 55세 때인 1868년 양주 가오곡에 집을 짓자 고종은 '귤산가오실橘山嘉梧室' 5자를 써 주었다. 이유원은 성은에 보답하는 의미에서 문집 이름을 '가오고략嘉梧藁略'이라고 했다.[170] 1882년(고종 19) 이후 가오곡(가오실)의 임하려林下廬에 있으면서《임하필기》를 엮었다. 1882년 가을부터 1884년 봄까지 와병 중에 부인을 잃자, 자신의 묏자리를 정하고 〈자갈명自碣銘〉을 짓기도 했다. 귤산이란 호를 애용했는데, 그 이유를 이렇게 말했다.

> 역사책에 보면 "종남산은 일명 귤산이라고도 한다. 달이 을방乙方에 있으면 귤월橘月인데, 종남산이 을방에 가깝기 때문에 그 산을 태을산太乙山이라고도

---

168 《아방강역고我邦疆域考》에서 정약용은,《사기집해史記集解》 인용의 장안張晏의 설에서 고조선의 한가운데를 흘렀다고 하는 열수를 한강漢江, 습수濕水를 남한강, 산수汕水를 북한강으로 비정했다. 심경호,《다산과 춘천》, 1996.

169 《임하필기》 제25권 춘명일사春明逸史 서序. "귤산퇴사橘山退士의《임하록林下錄》은 신미년(1871, 고종 8) 늦가을에 기초起草해 조금 기록하다가 금세 그만두어 맹동孟冬에 궁궐에 입직入直할 때에 이르러서야 기록을 마쳤다. 대체로 기록한 방식은 차서次序를 따지지 않고 일에 따라 그때그때 기록했다. 모두 6책이다."

170 李裕元,〈御書恭記〉,《林下筆記》卷26 春明逸史.

한다" 했다. 이는 (중국 남북조 시대 송나라 뇌차종雷次宗의) 《오경요의五經要義》(《한위총서漢魏叢書》 수록)에 자세하다. 내가 그것을 자호를 삼았다.[171]

實佑成齋 조선 후기의 성영일成靈一은 성주산聖周山 시루재(甑城)에 서실을 마련하고 헌호를 실우성재라고 했다. 실우성이란 '실로 성씨를 보우한다'는 뜻이다. 표제表弟 이남규李南珪가 〈실우성재기實佑成齋記〉를 지어 주었다.[172] 산 이름이 본래 증성甑城인데, 또 시루성詩樓城이라 하고 옛날에 시루詩樓가 있었다고도 전했다. 방언에서 '증甑'을 '시루'라 하기 때문에 그런 말이 있게 된 듯하다. 성城이라 부르는 이유는 원근의 산봉우리와 골짜기 물이 모두 이 마을을 둘러싸고 있기 때문인 듯하다. 성영일은 산 이름의 독음讀音은 그대로 둔채 글자만 바꾸어 실우성재라고 편액을 걸었다. 자신의 성姓을 표출標出한 것이다.

조선의 지식인들은 선친이 독서하던 곳의 지명을 그대로 자신의 서재명으로 사용하고 또 자신의 호로 삼기도 했다. 이것은 전례가 있었다. 주희의 아버지 주송朱松은 안휘성安徽省 흡현歙縣에 있는 자양산紫陽山에서 독서했는데, 주희가 뒤에 복건성福建省 숭안崇安에서 살면서 자신의 청사廳事(서재)를 자양서당이라 했다. 자양紫陽은 주희의 호가 되었고, 후세 사람이 흡현에 자양서원을 세웠다.

西岡 조선 말 윤경첨尹敬瞻은 안동 춘양春陽(현 경북 봉화군 춘양면)의 남산 아래 집을 짓고 서강西岡이라는 편액을 걸었다. 본관이 예천으로, 윤상尹祥(1373-1455)의 후손이다. 안동 북쪽 고을에 거처했고 근처에 남산이 있거늘 편액을 서강이라고 한 것은, 세거지 양양襄陽(예천)의 서강을 돌아보면서 연연해하는 뜻을 담은 것이다. 곽종석郭鍾錫은 〈서강편기西岡扁記〉에 윤경첨의 말을 옮겼다.

> 안동은 동이란 글자가 들어 있고 안동의 북쪽 고을에 살며 산은 남산이므로, 동이면서 북이고 또 남이니, 어찌 서쪽만 없을 수 있겠습니까? 세 모퉁이를 보여 주면 나머지 한 구석을 알아야 한다고 하지 않았습니까? 사람의 정리는 잘 보는 것에는 익숙하고 보지 못하는 것에는 도리를 잃는 법입니다. 보이는 것에서 말미암아 보이지 않는 것에까지 이르러 간다면 숨은 것과 드러난 것,

171 李裕元, 〈橘山之稱〉, 《林下筆記》 卷27 春明逸史.

172 李南珪, 〈實佑成齋記〉, 《修堂集》 卷6 記.

정밀한 것과 거친 것을 모두 통달하게 됩니다. 무릇 천하의 사물은 근본이 없는 것이 없으니, 이것은 말하자면 동쪽, 북쪽, 남쪽과 같습니다. 그런데 남산이 이어져 내려온 것은 태백산에서 근본하지 않습니까? 태백산은 동국에서 바라보이는 것으로 교남嶠南의 진산입니다. 저것이 우람하게 북쪽 협곡의 여러 산악이 얽혀 있는 곳에 홀로 빼어나서 맑게 엉긴 기운을 잉태하고 문명을 길러서 나뉘어 깔리고 쏟아져 모이며 빙 둘러 호위하고 둘러쳐 합하여 우리 추로鄒魯의 땅을 조성했는데, 춘양은 그 처음 열리는 구역에 해당해서 산 아지랑이와 비췻빛이 서로 이어지고 바람과 기운이 교대로 뿜어나옵니다. 제가 남산의 아래에 기거하고 먹고 쉬고 하여 정신과 상상, 내쉼과 들이마심이 태백과 통하지 않는 것이 없습니다. 태백이란 본래 서전西躔의 별인데, 남산에 즉해 서강에 걸려 있는 것입니다. 근본을 요령으로 삼으면, 근본이 서고 지말도 망라되므로, 그 볼 수 있는 것은 말하지 않더라도 이미 깨우치게 됩니다. 이것이 저의 독서하는 방법입니다. 또한 우리 집은 양양襄陽(안동)의 별동선생(윤상)에게서 일어났는데, 학술과 도의로 성스러운 왕조의 사문을 창도한 사람이 이 분이십니다. 지금 먼 후예들이 멀리 바라보고 산처럼 우러러보아 오매불망하는 것이, 어찌 양양을 서쪽으로 돌아보며 연연해하는 일에 담겨 있지 않겠습니까? 저는 가만히 주부자(주희)의 자양紫陽의 뜻에 의거해 서강이라 편액을 한 것이니, 참월할지도 모르겠습니다."[173]

윤경첨은 정신적인 연원이 서쪽에 있음을 들어서 거처에 서강이라 편액을 붙였다고 했다. 곽종석은 그 뜻을 아름답게 여기고 다음 말을 덧붙였다.

> 서쪽이란 태兌의 방향이다. 강岡이란 간艮의 산山이다. 《주역》에서 태兌가 위에 있고 간艮이 아래에 있는 것이 함괘咸卦인데, 그 대상전에 "군자는 이 괘를 본받아 자신을 비우고 남을 받아들인다"(君子以虛受人) 했다. 또 간艮이 위에 있고 태兌가 아래에 있는 것이 손괘損卦인데, 그 대상전에 "군자는 이 괘를 본받아 분노를 참고 욕망을 막는다"(君子以懲忿窒慾) 했으니, 군자의 도에 있어서 지극하다고 할 것이다.

173 郭鍾錫, 〈西岡扁記〉(庚子), 《俛宇先生文集》 卷138 記.

⑩ 중의의 지명 호

옛 사람들은 지명을 이용하더라도 글자의 의미를 생각하거나 그 지명에서 연상되는 전거나 고사를 관계시켜 이중의 의미를 포함시켰다. 따라서 지명의 호는 대부분 중의를 지닌다. 여기서는 몇몇 예만을 든다.

鶴峰 김성일金誠一(1538-1593)은 학가산鶴駕山의 산 이름을 따서 호를 학봉鶴峰이라 하고, 문집도《학봉집》이라 했다. 풍산 사람 김응조金應祖는 호를 학사모옹鶴沙耄翁이라 했다. 관직에 있지 않을 때는 학가산 북쪽 사천沙川(내성천乃城川)의 학사정사鶴沙精舍로 돌아왔으므로 호를 학사鶴沙라고 했고, 문집도《학사집》이다. 이들의 호에 사용한 학은 모두 지명에서 따온 것이지만, 동시에 학의 고결한 이미지를 겸대하고 있다고 보아야 할 것이다.

漢陰 이덕형李德馨(1561-1613)은 선조·광해군 때 이원익李元翼·이항복李恒福과 함께 삼이三李로 추앙된 명재상이다. 본관은 광주, 자는 명보明甫, 호는 한음漢陰·쌍송雙松·포옹산인抱雍散人, 시호는 문익文翼이다. 1580년(선조 13) 별시문과에 을과 1위(아원)로 급제했다. 1598년 38세로 우의정이 되고, 1602년 영의정에 올랐다. 1613년(광해군 5) 폐모론에 반대했다가 관작을 삭탈당하고 용진龍津으로 물러나 있다가 병으로 죽었다.[174] 북인의 영수 이산해李山海의 사위였기 때문에 중간노선을 지키다가 결국 남인에 가담했다. 이덕형은 한강 이북에 살기 때문에 한음漢陰이란 호를 사용한다고 했지만 이 호는 다음 두 가지의 고사와 관련이 있어, 기심을 잊어버리고 산다는 뜻을 지닌다.

> 한음: 송나라 강하江夏 사람 두감杜淦은 한음노인이라 자호했다. 사수泗水 부근에 은거하면서 농사를 지어 15년 만에 부자가 되었는데, 그는 사람들에게, "수모를 견디고 벼슬하는 자들은 대부분 처자를 먹여 살리기 위해서이다. 그들은 수모를 견디고 나는 노력을 한다. 모두 먹여 살리기 위한 것이지만 그에

---

174 李德馨,《漢陰先生文稿》附錄 卷1-2〈漢陰先生年譜〉上下; 李恒福,〈效忠奮義炳幾翼社奮忠秉義决幾亨難功臣大匡輔國崇祿大夫議政府領議政兼領經筵春秋館弘文館藝文館觀象監事世子師漢原府院君李公墓誌〉,《白沙先生集》卷3 墓誌; 趙絅,〈領議政漢陰李公神道碑銘幷序〉,《龍洲先生遺稿》卷18 神道碑; 심경호,〈한음 이덕형의 문학세계〉, 심경호 외 9명,《한음 이덕형의 학문과 사상》, 해드림출판사, 2017. 10, pp. 369-462.

비하면 내가 낫지 않은가?"라고 했다.[175]

한음의 망기忘機: 《장자》〈천지〉에서, 자공子貢이 진晉나라로 돌아오다가 한음에서 밭을 관리하는 어떤 노인을 만나 기계의 사용에 대해 이야기를 나눈 고사에서 나왔다. 노인은 땅굴을 파고 우물로 들어가 항아리에 물을 담아 들고 나와서 물을 주었는데, 힘을 무척 많이 들였는데도 효과는 적었다. 자공이 "기계를 사용해 보지 않으시렵니까?" 했다. 그러자 노인은 비웃으면서, "내가 우리 선생에게 들은 바로는, 기계를 가진 자는 반드시 기계를 쓸 일이 있게 되고, 기계를 쓰는 일이 있는 사람은 반드시 기계에 의존하는 마음쓰임(機心)이 있게 되고, 기심이 가슴속에 있게 되면 순백함이 갖추어지지 않게 되고, 순백함이 갖추어지지 않으면 정신과 성격이 불안정하게 된다. 정신과 성격이 불안정한 사람에게는 도가 깃들이지 않는 법이다. 나는 알지 못해서 하지 않는 것이 아니라 부끄러워서 하지 않는 것이다" 말했다. 자공은 부끄러워서 몸을 구부린 채 아무 말도 못 했다.

근폭芹曝이라 하면 정성은 있지만 보잘것없는 물건을 말하며, 군주에 대한 충성을 비유한다. 《열자》〈양주楊朱〉에 보면, 옛날 송나라 농부가 미나리 맛이 기막히다면서 군주에게 바치려 했다는 이야기가 나온다. 미나리 근 자를 사용하는 지명을 호로 사용할 때, 역시 근폭의 뜻을 중의하게 된다.

芹谷 이관징李觀徵(1618-1695)의 본관은 연안, 자는 국빈國賓, 호는 근옹芹翁·근곡芹谷, 시호는 정간貞簡이다. 1639년(인조 17) 생원시에 합격하고 1653년(효종 4) 별시문과에 병과로 급제했다. 1674년 숙종 즉위 후 남인이 집권하고 이듬해 대사성·대사헌을 지냈다. 이조판서를 지내고 행판중추부사로 치사했는데, 1694년 갑술옥사가 일어나 기사-환국의 발계인으로 지목되어 삭출되었다.[176] 《근곡집》이 있다.

모령茅嶺은 도정백陶貞白 즉 도홍경陶弘景의 은둔처이고, 절강성浙江省 동려현

---

175 李賢·彭時 等 奉勅撰, 《明一統志》 卷59.

176 李萬敷, 〈祖考致政府君墓誌〉, 《息山先生集》 續集 卷6 丘墓文; 李沃, 〈先考輔國崇祿大夫行判中樞府事兼吏曹判書判義禁府事知經筵春秋館事世子左賓客致仕奉朝賀府君行狀〉, 《博泉先生文集》 補遺 卷2 行狀; 蔡濟恭, 〈輔國崇祿大夫行判中樞府事兼吏曹判書判義禁府事知經筵春秋館事世子左賓客致仕奉朝賀芹翁李公諡狀〉, 《樊巖先生集》 卷41 諡狀.

桐廬縣의 동강桐江은 엄자릉嚴子陵 즉 엄광嚴光의 은둔처이다. 따라서 지명에 모茅나 동桐이 들어간 것은 은둔의 뜻이 가탁되어 있다. 후한 광무제의 친구 엄광嚴光이 부춘산富春山 동강 칠리탄七里灘에서 낚시로 소일한 고사가《후한서》〈일민열전逸民列傳 엄광嚴光〉에 있다. 명나라 장무章懋는《풍산어록楓山語錄》에서, 엄광의 지조가 선비들의 기개를 높여 주어 후한의 국운을 유지하게 했다는 뜻에서 "동강의 낚싯줄 하나가 한나라의 구정을 붙들어 매었다"(桐江一絲, 扶漢九鼎)라고 했다.

茅洲 김시보金時保(1658-1734)의 본관은 안동, 자는 사경士敬, 호는 모주茅洲이다. 장북산長北山(서울 북악산) 아래에서 태어나, 1679년(숙종 5) 형 김시걸金時傑과 함께 보령현保寧縣 북쪽 모도茅島 전장田莊으로 이거했다. 김창협의 문인이다. 음보로 관직에 나가 무주부사茂朱府使, 고성군수高城郡守 등을 거쳐 돈녕부도정에 올랐다.[177] 충청도 홍주洪州(홍성)에 많은 논밭과 토지를 지녔으며, 서울 북악산 자하문紫霞門 가까이 저택을 두었다.《모주집》이 있다. 모주는 김시보의 부친이 복거했던 모도를 말하는데, 아들 김시보는 선친을 영구히 사모하는 뜻을 가져 이곳에 영사암永思菴을 두었다.[178]

桐江 이석李澳(1701-1759)은 이안눌의 후손으로, 호는 동강桐江이다.《동강유고》를 남겼다. 자는 사호士浩, 본관은 덕수이며,[179] 초명은 척滌이다. 윤동수尹東洙·홍중성洪重聖의 문인이다. 사후에 청주淸州 고학동孤鶴洞에 묻혔다. 지금의 중랑천과 한강이 만나는 지역을 옛날 동호東湖 또는 동강東江이라고 했는데, 혹 동강桐江으로 불렀을 수 있다.

고인들은 호에 지명을 이용하더라도 글자의 의미를 생각하거나 지명에서 연상되는 전거나 고사를 연계시켰다.

稚川 윤방尹昉(1563-1640)의 본관은 해평, 자는 가회可晦, 호는 치천稚川이다. 윤두수尹斗壽의 아들이다. 1582년(선조 15) 진사시에 합격하고 1588년 식년문과에 병과로 급제했다. 1601년 동지사로 명나라에 다녀와서 해평부원군을 습

177 金履坤,〈茅洲府君行狀〉,《鳳麓集》卷4 行狀.
178 金時保,〈永思菴記〉,《茅洲集》卷9 記.
179 李澳,《桐江遺稿》墓表(洪良浩).

봉했다. 1618년 폐모론 정청에 불참해 탄핵을 받고, 노화동蘆花洞(노동蘆洞. 현 서울 노원구 중계동 납대納大울 마을)에 은둔했다. 인조반정 후 좌의정을 거쳐 1627년(인조 5) 영의정이 되었다. 병자호란 때 종묘의 신주를 모시고 강화로 피했으나 잘 봉안하지 못했다는 탄핵을 받았다. 1639년 연안에 유배, 전리방귀되었다가 다시 영중추부사에 기용되었다.[180] 호의 치천은 노화동의 시내인 듯한데 진晉나라 사람인 갈홍葛洪의 자字가 치천인 것과 관계가 있다. 갈홍은 나부산羅浮山에서 선약을 만들어 먹고는 신선이 되었다고 한다.

博泉 이옥李沃(1641-1698)의 본관은 연안, 자는 문약文若, 호는 박천博泉이다. 1660년(현종 원년) 현종 즉위 증광문과에 병과로 급제했다. 1678년 복제 고묘와 송시열 처벌 문제로 남인이 분열되자, 허목·윤휴 등과 함께 청남에 속했다가 탁남 영수 허적許積의 반대로 삭직되어 북청北靑에 유배되었다. 1689년(숙종 15) 기사환국으로 풀려나서 1693년 고양군수가 되었으나 이듬해 그만두고 서호西湖의 족한정足閒亭에 우거寓居했다. 1698년 경상도 상주로 이거했으나, 이해 죽었다.[181] 《박천집》이 있다. 박천은 거처의 개울을 가리킨 말이지만, 아들 이만부李萬敷가 밝혔듯이 '뭇 서적을 박람하는'(博極羣書) 풍모가 있었으므로 '박'의 뜻을 중의로 가탁한 듯하다. 족한정은 서강나루에서 신정동으로 가는 지점에 있었다. 족한은 육소형陸紹珩의 '늙기 전에 한가로움을 얻으니 바로 이것이 한가로움이네'(未老得閒方是閒)와 관련이 있는 듯하다.

완구宛丘는 둥글고 낮은 산을 말한다. 진陳나라 도읍지도 완구였는데, 법도가 없어서 풍속이 방탕했다. 《시경》 진풍陳風 〈완구宛丘〉에 "그대의 방탕함이여, 완구의 위에서 하는도다"(子之湯兮, 宛丘之上兮) 했다. 하지만 송나라 소식蘇軾의 〈희자유戱子由〉에 "완구 선생은 산처럼 체구가 큰데, 완구의 학사는 작기가 배만하네. 늘 머리 숙이고 책을 읽다가, 홀연 기지개를 켜면 천장에 머리 부딪친다"(宛丘先生長如丘, 宛丘學舍小如舟, 常時低頭誦經史, 忽然欠伸屋打頭)"라고 했다. 따라서 완구는 가난한 독서인이 거처하는 곳을 상징한다.

---

180 尹新之, 〈先君領議政行狀〉, 《玄洲集》 卷8 行狀; 李植, 〈領議政海昌君尹公神道碑銘幷序〉, 《澤堂先生集》 別集 卷7 碑銘.

181 李萬敷, 〈先府君家狀〉, 《息山先生文集》 卷22 行狀.

宛丘 신대우申大羽(1735-1809)의 본관은 평산, 자는 의보儀夫, 호는 완구宛丘이다. 신택하申宅夏의 손자, 신성申晟의 아들이다. 정제두의 증손자사위로, 1781년(정조 5) 처외가가 있는 강화도 옹일리에 초가를 짓고 용안실容安室이라 이름 지었다. 용안실은 도연명의 〈귀거래사〉에서 따왔다. 강화도 옹일리에 살 때는 옹일전수翁逸田叟라는 호를 사용했다. 1801년(순조 원년) 3월 문음 발탁의 예에 따라 통정대부에 오르고 우부승지에 발탁되었으며, 1803년 정월 형조참의에 임명되었다. 이후 서울 집을 동촌 기대企岱, 즉 신대申岱(현 이화장 부근)에 두고 세거지를 경기도 광주 사촌社村(사마루)에 마련했다.[182] 《완구유집》이 있으나, 완구는 실제로 어느 곳을 가리키는지 확실하지 않다. 그러나 소식 시에서 말한 완구선생의 형상을 취한 것임은 상상할 수 있다.

茶山 목대흠睦大欽(1575-1638)의 본관은 사천泗川, 자는 탕경湯卿, 호는 다산茶山·죽오竹塢이다. 1601년(선조 34) 진사시에 1등 1위로 합격하고 1605년 별시문과에 병과로 급제했다.1632년 예조참의가 되고 이듬해 강릉부사가 되었다.[183] 《다산집》이 있다. 선산이 양주楊州 금촌리金村里(현재의 남양주 평내동)에 있다. 다산이란 지명은 현 남양주 사천목씨 묘역이 있는 평내동을 가리키는 듯하다. 또한 다산의 '다'는 자 탕경의 탕湯과 의미상 연결된다.

黔澗 조정趙靖(1555-1636)의 본관은 풍양, 자는 안중安中, 호는 검간黔澗이다. 《검간집》이 있다. 조운흘趙云仡의 후손으로, 정구鄭逑·김성일金誠一의 문인이다. 임진왜란 때 의병을 일으켰다. 1605년(선조 38) 증광문과에 병과로 급제하고, 김제 군수, 봉상시정 등을 역임했다.[184] '검'은 경기 광주廣州의 검단산黔丹山을 말한다. 하지만 이 '검'은 검루黔婁의 달관한 삶을 연상시킨다. 검루는 달관의 삶을 살았던 인물인데, 그 아내가 실은 더욱 달관한 인물이었다. 유향劉向의 《고열녀전》 권2에 보면, 검루의 아내는 남편이 죽었어도 시신을 덮을 천조차 없을 만큼 가난했으나, 증자가 조문하러 가자 그녀는 "빈천하다고 투덜대지 않고 부

---

182 申綽, 〈事狀〉, 《石泉遺稿》 卷1.

183 許穆, 〈茶山睦公墓碣銘〉, 《記言》 別集 卷25 丘墓文.

184 趙靖, 《黔澗先生文集》 卷4 〈黔澗先生年譜〉(撰者未詳); 李光庭, 〈黔澗趙先生行狀〉, 《訥隱先生文集》 卷16 行狀; 趙靖, 《黔澗先生文集》 卷4 〈墓表〉(鄭蘊); 趙靖, 《黔澗先生文集》 卷4 〈墓誌〉(曹挺融).

귀하다고 기뻐하지 않는다"(不戚戚于貧賤, 不忻忻[欣欣]于富貴)라고 말했다. 도연명은 〈오류선생전五柳先生傳〉의 찬贊에서. "검루의 아내는 '빈천하다고 투덜대지 않고 부귀를 악착스레 추구하지 않는다' 했는데, 그 말을 궁극에까지 밀고 간다면 이러한 인간 유형으로 될 것이다!"라고 했다.

北渚 김류金瑬(1571-1648)의 본관은 순천, 자는 관옥冠玉이며, 호는 북저北渚, 시호는 문충文忠이다. 1569년(선조 29) 정시문과에 을과 1위(아원)로 급제했다. 1623년 인조반정 때 거의대장擧義大將에 추대되고 반정 후 정사공신 일등으로 승평부원군에 봉해졌다. 1633(인조 11) 우의정으로 있으며 인조의 정원군 추숭에 반대해 파직되었다. 1644년 심기원沈器遠 모역 사건을 평정한 공으로 영의정이 되고 영국공신 일등에 녹훈되면서 순천부원군에 봉해졌다.[185] 《북저집》이 있다. 북저는 서울 성북동의 옛 이름인 북저동北渚洞과 관련이 있다. 혜화문 밖 북쪽의 이곳은 복숭아꽃이 만개한다고 해서 도화동桃花洞, 복사동이라고도 했다.[186] 또한 남송 때 육유陸游의 〈북저北渚〉를 연상시킨다.

> 북저에 이슬이 짙자는 잎사귀들 시들고
> 남당에 비 지나가니 연잎사귀 드물어졌다.
> 가을이 점점 가까워 매미소리 더욱 요란하고
> 석양은 잠겼건만 갈까마귀 돌아가지 않누나.
> 구리거울에 비친 얼굴 근심으로 약도 효험 없고
> 옥문관에서 공적 세우기는 마음과 어긋나네.
> 도롱이 하나 삿갓 하나에 내 생활 있으니
> 푸른 이끼 옛 낚바위에서 취하노라.[187]

이 시는 우국의 열정이 사라졌다고는 할 수 없지만 뜻을 실현할 전망이 희미하게 된 상황을 일반적으로 비유했다. 김류의 북저라는 호에는 이러한 우국지

---

185 李景奭, 〈領議政昇平府院君金公諡狀〉, 《白軒集》 卷39 文稿 諡狀.

186 《신증동국여지승람》에 따르면 북저동은 북저동北笛洞이라 불리기도 했다. 어영청의 성북둔城北屯이 이곳에 있었다.

187 陸游, 〈北渚〉, 《劍南詩藁》 卷14. "北渚露濃蘋葉老, 南塘雨過藕花稀. 新秋漸近蟬更急, 殘日已沉鴉未歸. 銅鏡面顔無藥駐, 玉關勳業與心違. 一蓑一笠生涯在, 且醉蒼苔舊釣磯."

정이 숨어 있다.

朽淺 황종해黃宗海(1579-1642)의 본관은 회덕, 자는 대진大進, 호는 후천朽淺이다. 충청도 천안 목천木川 출신으로, 정구鄭逑를 스승으로 섬겼다. 1613년(광해군 5) 인목대비 유폐 이후 학문에 몰두했다. 문인들이 후천선생朽淺先生이라 불렀다. 후천은 그의 관향인 회덕懷德의 옛 이름이되,[188] 이는 또한 재주와 기량히 후천하다는 겸손의 뜻을 담고 있다.

葛庵 영남학파 이현일李玄逸(1627-1704)의 호는 갈암이고, 문집 이름도《갈암집》이다. 갈암은 또한 제갈량의 초암이라는 의미도 지닌다. 제갈량은 출사하기 이전 융중隆中에 거처하며 포슬음抱膝吟(무릎을 껴안고 읊음)을 했다고 한다. 주희는 제갈량을 흠모해 〈와룡암무후사臥龍菴武侯祠〉 시에서 "포슬음 한 번 길게 읊으며, 신교를 아득한 고인에게 부치노라"(抱膝一長吟, 神交付冥漠) 했다. 따라서 갈암은 칡덩굴로 얽은 집이라는 뜻과 웅지를 품고 은둔하는 집이라는 뜻도 지닌다. 이현일의 본관은 재령, 자는 익승翼昇이다. 이재李栽의 부친이다. 11세 되던 1637년(인조 15) 겨울 한밭大田의 조부 이함李涵(1633-?) 묘 아래로 가서 살았다. 경북 영덕군盈德郡 창수면蒼水面 갈천리葛川里에 해당한다. 52세 되던 1658년(효종 9) 가을 〈갈암기〉를 지어, '갈'의 의미가 복합적임을 밝혔다.

> "나의 사용私用을 넉넉히 하고 나의 분수에 맡겨 둘 뿐 남에게 도움을 바라지 않으며 순진하고 소박한 천성을 지니고서 그럭저럭 자족한 삶을 살 뿐이니, 이러한 상태를 극도로 미루어 간다면 거의 갈천씨葛天氏의 무리일 것이다. 그래서 나의 집 이름을 삼고 싶은 것으로는 그 의의가 칡보다 더 큰 것이 없다. 내가 이 때문에 다른 좋은 것들을 다 제쳐 놓고 이 칡을 취했던 것이다." 그러자 객이 말했다. "그대는 의도가 있을 것이다. 옛날 주부자(주희)께서 여산廬山 폭포 아래에서 와룡담臥龍潭을 발견하고 그 곁에 와룡암이란 초가집을 짓고는 그 집 이름의 뜻으로 인해 제갈무후(제갈량)의 사당을 모셨으니, 이름에 따라 의의를 담는 것은 이미 옛날부터 있었던 터이다. 이에 집 이름을 갈암이라 했으니 어찌 제갈무후 유상遺像을 구해서 벽에 그려 둠으로써 그대의 아득한 고인에 대한 회포를 부쳐 보지 않는가?"[189]

188 許穆,〈黃徵君行狀〉,《記言》別集 卷26 行狀.

이현일은 1673년(현종 14)에 지금의 창수면 오촌리梧村里 229에 집을 두었다.[190] 1694년(숙종 20) 갑술환국 때 조사기趙嗣基를 구원하다가 함경도 홍원현洪原縣으로 유배되고 종성鍾城에 위리안치되었으며 1697년 호남 광양현光陽縣으로 이배되었다. 이때 광양현의 지명이 갈은葛隱이라서, '갈'의 뜻과 통하는 것을 기이하게 여겨 다음과 같이 긴 제목의 시도 남겼다.

> 내가 예전에 칡으로 띠풀을 엮어서 초암을 만들고 이어 갈옹葛翁이라 자호했는데, 유배되어 남쪽으로 내려오니 우거하는 마을 이름이 또 갈은葛隱이었다. 내가 내심 괴이쩍어하며, '인간 만사는 모두 미리 정해지는 것인가 보다'라고 생각했다. 마침 동인同人 권천장權天章(권두경權斗經, 1654-1725)이 찾아왔기에 내가 짧은 글로 이 사실을 기록해 주길 청했더니, 천장이 '적요寂寥 운운' 하는 몇 줄의 글과 칠언절구 한 수를 지어 주었으므로 그 시에 차운해 그 뜻에 답했다.
>
> 띠 이엉을 칡덩굴로 묶고 갈암이라 이름하니
> 위남의 훈업을 어디 사모한 적이 있었으랴?
> 지금 뇌락(너글너글함)은 내 몸이 되려 누가 된 탓이니
> 뇌우가 상담에서 일어나길 어이 바라랴?[191]

이현일은 위남의 훈업을 흠모하지 않는다고 했다. 위남은 당나라 이극용李克用이 반란군 황소黃巢와 하루에 서 번 싸워 세 번 승리했던 곳이다. 이현일은 자신이 죄망에 걸린 것을 한탄했다. 두보의 〈몽이백夢李白〉 시에서 "뉘라서 하늘 그물 엉성하다 했던가, 늘그막에 몸이 외려 누가 되었느니"(孰云網恢恢, 將老身反累)라고 문망(법망)이 촘촘함을 한탄한 일에서 따왔다. 결국 상담에 빠져 죽었던 굴원처럼, 뇌우가 일어나 사면받기는 어려우리라고 슬퍼했다. 뇌우가 일어

---

189 李玄逸,〈葛庵記〉,《葛庵先生文集》卷20 記.

190 이현일이 1673년(현종 14) 오촌리 마을을 처음 개척했을 당시 지은 집이라고 전한다.

191 李玄逸,〈余嘗用葛 編茅以爲庵仍自號葛翁 及貶逐南來 所寓村名又號爲葛隱 余竊怪之以爲人間萬事莫非前定 適權同人天章見訪 余請一言以識之 天章遂以寂寥數行語及七言一絶句見贈 仍次韻以答其意云〉,《葛庵集》卷1 詩. "茅束葛偶名庵, 勳業何曾慕渭南? 牢落如今身反累, 豈望雷雨起湘潭?"

난다는 것은《주역》해괘解卦 상전象傳의 "뇌우가 일어나는 것이 해解이니 군자가 이를 본받아 허물과 죄를 관대히 용서한다"라는 말에서 나온 것으로, 사면령이 내리는 것을 말한다.

漢濱 윤심형尹心衡(1698-1754)의 본관은 파평, 자는 경평景平, 호는 한빈漢濱·임재臨齋, 시호는 청헌淸獻이다. 윤봉소尹鳳韶의 아들이다. 1721년(경종 원년) 진사시에 합격하고, 정시문과에 장원하여 벼슬길에 올랐다. 하지만 신임사화로 삭직당하고 병계屛溪에 은퇴했다. 1724년 영조가 즉위한 후 관직에 나갔으나 1728년 정미환국으로 작은아버지 윤봉조尹鳳朝가 귀양갈 때 같이 파직당했다. 이듬해 기유 처분에서 노론 4대신의 신설이 고르지 못한 것에 불만을 품고 낙향했다.[192] 서울에 있을 때 현재의 한남대교 부근에 거처해서 한빈이란 호를 사용했다. '한음의 망기'라는 의식이 호에 들어 있다고 생각된다.

櫟泉 송명흠宋明欽(1705-1768)의 본관은 은진, 자는 회가晦可, 호는 역천櫟泉, 시호는 문원文元이다. 송준길의 현손, 이재李縡의 문인이며, 김원행의 이종사촌이다. 서울 제생동濟生洞에서 태어났다. 1718년(숙종 44) 생조부 송병익宋炳翼의 상을 당하여 충청도 회덕懷德 송촌松村의 추곡楸谷으로 갔다. 1748년(영조 24) 추곡楸谷에 정침正寢을 짓고 역천櫟泉이라 개명했다. 1755년(영조 31) 7월, 옥천 현감玉果 縣監에 제수되었다. 1756년 9월, 모친상을 당하여 11월, 역천으로 돌아왔다.[193] 1759년 4월, 화양동華陽洞을 거쳐, 부친 송요좌宋堯佐가 문경 농암에 마련한 영롱정玲瓏亭으로 돌아가 그곳을 병천정사甁泉精舍라 했다.[194] 1763년(영조 39) 찬선으로서 상소한 내용이 당론이란 이유로 폐서인이 되어 전리로 방축되었다.《역천집》이 있다. 역천의 호는 추곡의 지명에서 따온 것인데, 역櫟은《장자》에서 말한 무용지용無用之用의 뜻을 함축한다.

素谷 윤광소尹光紹(1708-1786)의 본관은 파평, 자는 치승稚繩, 호는 소곡素谷이다. 동토童土 윤순거尹舜擧의 현손으로, 서울 도화동桃花洞 외가에서 태어났다.

---

192 南有容,〈尹景平墓碣銘幷序〉,《雷淵集》卷22 墓碣; 尹鳳九,〈堂姪嘉善大夫禮曹參判兼同知經筵義禁府事尹君(心衡)行狀〉,《屛溪先生集》卷59 行狀; 南公轍,〈禮曹參判贈吏曹判書兼大提學臨齋尹公神道碑銘〉,《潁翁藁》續藁 卷4 神道碑銘.

193 宋明欽,《櫟泉先生文集》卷19 附錄〈年譜〉(撰者未詳).

194 부강면지발간위원회 편,《부강면지芙江面誌》, 세종: 부강면지 발간위원회, 2016.

1726년(영조 2) 생원시에 합격하고 1740년 증광문과에 병과로 급제했다. 1776년(정조 즉위) 정후겸의 일파로 몰려 유배되었다가 복직되었다. 1786년 자헌대부 지돈녕부사가 되었다.[195] 소곡은 충청도 노성魯城(논산)의 지명이다. 윤광소는 젊어서 홍산鴻山 수소守素에 거처하여 수소재라고 편액했고, 만년에 노魯(노성, 논산)로 돌아와, 소곡素谷에 거처하면서 소와素窩라고 편액했다. 68세 되던 1775년(영조 51)에 〈소와소기素窩小記〉를 지었다.《주역》〈이괘履卦 초구初九〉의 "본분대로 행하면 허물이 없으리라"(素履往, 無咎)와《중용》14장의 "군자는 현재의 위치에 따라 행하고, 그 밖의 것을 원하지 않는다"(君子素其位而行 不願乎其外)에서 뜻을 취해, "나의 본분대로의 행실을 보전하고 나의 문호를 보전하겠다"(全吾之素履, 保吾之素門)라고 희망한 것이다.[196]《소곡유고》가 있다.

下枝 이상진李象辰(1710-1772)의 본관은 예안(안동), 자는 약천若天인데, 호가 하지下枝이다. 안동 풍산에서 태어났다. 1738년(영조 14) 두역痘疫을 피하여 석두촌石頭村으로 이거했다. 1765년 호원통독회虎院通讀會에 참석했다.《하지유집》이 있다. 하지는 안동의 옛 이름이다. 이는 또한 재주와 기량이 낮다고 겸손해 하는 뜻을 중의한다.[197]

耳溪 홍양호洪良浩(1724-1802)의 호는 이계耳溪로, 문집의 이름도《이계집》이다. 이계의 이는 현 서울 도봉구의 우이牛耳에서 딴 것이다. 우이는 한자의 뜻만 보면 '소귀'로, 그것은 다시 '小歸'와 음이 같다. 홍양호는 우이동에 소귀당을 짓고 〈소귀당기〉를 작성하여, 자신의 교외 거처가 '작은 귀거래'라고 규정했다.[198] 본관은 풍산, 초명 양한良漢, 자는 한사漢師, 시호는 문헌文獻이다. 1747년

---

195 尹光紹,《素谷先生遺稿》卷22 附錄〈行狀〉(族弟尹光顔撰); 尹光紹,《素谷先生遺稿》卷22 之附錄〈墓碑銘〉(門人姜必孝撰); 姜必孝,〈素谷先生墓碑銘〉,《海隱先生遺稿》卷18 墓碑銘; 尹光紹,《素谷先生遺稿》卷22 附錄〈墓誌〉(玄孫尹相爵述).

196 尹光紹,〈素窩小記〉(乙未),《素谷先生遺稿》卷3 記. "余少日寓于鴻也, 其村名守素, 心喜之, 遂取以扁吾堂. 易之素履, 傳之素位, 皆其義也. 已久嫌其標名而去之, 心未嘗忘也. 晩自松湖歸魯, 定居于邑之素谷, 與素字又不期而冥會焉. 余尤喜之, 書素谷精舍四字, 付于壁以自警. 蓋余二十餘年, 橫罹世禍, 歷險阻嘗艱厄, 自謂能守素字之義, 庶幾窮賤不移, 禍福不變, 有以全吾之素履, 保吾之素門, 故深有感於素字也. 一日, 友人權子中, 手書素窩二字以贈, 又欣然揭之不辭. 噫! 余年將七十矣, 苟能不失其素, 游息於斯, 歌哭於斯, 庶俯仰而無愧也. 遂書以見志."

197 金㙆,〈下枝李公墓碣銘幷序〉,《龜窩先生文集》卷11 墓碣銘. "又題草藁曰下枝翁藁. 或問其故, 公笑曰: '我是下等人, 文又枝葉太多, 居在下枝山下故云然.'"

(영조 23) 생원시에 합격하고 1752년 정시문과에 병과로 급제했으며 1774년 등준시에 을과 1위(04/16)를 했다. 1777년(정조 원년) 홍국영의 세도정치가 시작되면서 경흥부사로 밀려났다가, 1781년 홍국영이 실각되고 한성부우윤이 되었다. 1799년 양관대제학을 겸했고 1801년 판중추부사로 물러났다.

峿堂 이상수李象秀(1820-1882)의 본관은 전주, 자는 여인汝人, 호는 오당峿堂, 시호는 문간文簡이다. 충청도 회인懷仁(충북 보은군 회남면 금곡리)에서 생장했다. 1871년(고종 8) 청주 강외면江外面 목과촌木瓜村 연제리蓮隄里(현재의 오송 지역) 광하산廣霞山(속리산) 밑으로 이사하여 그곳에서 죽었다.[199] 한원진韓元震의 학통을 잇는 호론湖論에 속했다. 1882년 임오군란 후 개화정책에 반대하고 실학實學과 실사實事에 힘쓸 것을 주장하는 상소를 거듭 올렸다. 《오당집》이 있다. 오당의 호는 당나라 원결元結(723-773)의 인품을 흠모하여 호로 삼은 것이자, '나만이 홀로 차지한다'는 뜻을 담고 있다.[200] 원결의 자는 차산次山으로, 747년(天寶 6) 낙제 후 상여산商餘山에 귀은했다. 오계浯溪는 호남성湖南省 기양현祁陽縣 서남쪽을 흐르는 하천으로, 그곳에는 원결이 짓고 안진경顔眞卿이 글시를 써서 마애磨崖에 새긴 〈대당중흥송大唐中興頌〉 비碑가 있다.[201] 〈대당중흥송〉에 "상강의 동서쪽 중간에서 오계와 만나는 곳에 돌벼랑이 하늘에 닿을 듯하네. 갈아서 글을 새길 만하기에 이 송가를 새기니 어찌 천만년만 전해지겠는가!"(湘江東西, 中値浯溪, 石崖天齊, 可磨可鐫, 刊此頌焉, 何千萬年)라고 했다.

浯山 배상현裵象鉉(1814-1884)의 호는 오산浯山이다. 본관은 흥해興海, 초명은 상련相璉, 자는 이옥耳玉이다. 배담裵曇의 아들이다. 1847년(헌종 13) 진사시에 합격하고 1849년 정시문과에 병과로 급제했다. 성균직강, 사간원 정언, 황산도찰

---

198 洪良浩, 〈小歸堂記〉, 《耳溪集》 卷13 記.

199 한말의 이건초李建初는 이상수의 아들로, 자는 태린泰隣, 호는 단농丹農이다. 단농의 단은 광하산 지명과 관련이 있다.

200 尹定鉉, 〈峿堂初藁序〉, 《梣溪先生遺稿》 卷4 序.

201 당나라 현종玄宗 천보天寶 연간에 안녹산安祿山이 반란을 일으키자, 현종은 촉蜀으로 몽진蒙塵하고 황태자(숙종)가 즉위하여 군사를 지휘해서 난리를 평정했는데, 당나라를 중흥시킨 공적을 찬양한 것이 〈대당중흥송〉이다(《古文眞寶》 後集 卷2). 한편, 중국 산동山東 안구현安邱縣 서쪽의 거평산巨平山을 오산峿山/浯山이라 한다. 《고소지姑蘇志》 권32에 "오산정峿山亭은 조주대유趙誅大猷가 쌓은 것으로 마안산馬鞍山 남쪽에 있는데, 오두남吳斗南이 원차산元次山이 시내를 오浯라고 이름한 것을 두고, '나만 홀로 차지한다'(吾獨有之)라는 말을 걸어 이름을 삼았다"라고 했다.

방黃山道察訪을 지냈다. 《오산집浯山集》과 《동국십지東國十志》가 있다. 김흥락金興洛이 묘갈명을 썼다. '오浯'는 원결의 어휘를 연상시킨다.

浯涯 김진표金震標(1614-1671)의 호는 오애浯涯이다. 본관은 순천順天, 자는 건중建中이다. 조부는 김류金瑬이고 부친은 김경징金慶徵이다. 김경징은 병자호란 때 강도검찰사江都檢察使로서 방어 실패의 책임으로 사형당하고, 어머니와 할머니 유씨는 자결했다. 1653년(효종 4) 공조좌랑에 임명되고, 그해 별시 문과에 장원 급제했다. 이듬해 1658년 청송 부사에 이르렀다.[202] '오浯'는 원결의 조사措辭와 연관된다.

(3) 학파 당색의 분화와 호

조선 시대에는 학파와 당색이 분화되고 각기 학문적, 정치문화적 분위기를 독특하게 발달시켰다. 그러나 학파별, 당색별로 작호의 방식이 특별한 색채를 지니지는 않았다. 여기서는 상대적으로 소외된 당파인 소북의 예를 들어 주요 인물의 작호 상황을 살펴보기로 한다.

선조 때 동인東人과 서인西人의 분립이 있고 동인은 남인南人과 북인北人으로 분열되었다. 선조 말에 영창대군永昌大君을 세자로 옹립하려 한 유영경柳永慶 등이 소북의 영수가 되고, 1608년 선조가 죽고 광해군이 즉위하면서 정인홍鄭仁弘·이이첨李爾瞻 등 대북이 정권을 잡았다.

春湖 유영경柳永慶(1550-1608)의 본관은 전주, 자는 선여善餘, 호는 춘호春湖이다. 1572년(선조 5) 춘당대문과에 병과로 급제했다. 1599년 남이공南以恭·김신국金藎國이 같은 북인의 홍여순洪汝諄을 탄핵하자, 대사헌이었던 그는 유희분柳希奮과 함께 남이공 당이 되었다. 1602년 우의정에 올라 기자헌·정인홍과 갈등을 빚었으나 1604년 호성공신扈聖功臣 2등으로 전양부원군全陽府院君에 봉해지고 좌의정을 거쳐 영의정이 되었다. 1608년 광해군 즉위 후 유교칠신의 한 사람으로서 이이첨·정인홍 등 대북의 탄핵을 받고 경흥慶興에 유배되었다가 사

202 李喜朝, 〈參議贈參判順寧君金公墓誌銘幷序〉, 《芝村先生文集》 卷22 墓誌銘.

약을 받고 죽었다. 경기도 남양주시 순화궁로에 묘가 있다.[203] 인조반정 후에 복권되었다. 춘호는 남양주 미호渼湖를 가리키는 듯하다.

聽天 초기의 소북 문인으로는 심수경沈守慶(1516-1599)을 들 수 있다. 본관은 풍산, 자는 희안希安, 호는 청천당聽天堂이다. 1543년(중종 38) 생원시와 진사시에 합격하고 1546년(명종 원년) 식년문과에 장원급제했다. 1590년(선조 23) 우의정에 올랐으며, 임진왜란이 일어나자 삼도체찰사가 되어 의병을 모집했다.[204] 《청천당시집》·《청천유한록聽天遺閑錄》이 있다. 심정沈貞의 손자이되 몸가짐을 조심했기 때문에 청현직을 두루 지낼 수 있었다고 한다. 호의 청천은 천명天命을 듣는다는 뜻으로 입명立命의 공부 방법을 말한다.

그 밖에 소북 문인으로, 청송 심씨 심지원沈之源과 심유행沈儒行(1606-1660), 고령 신씨 신득홍申得洪(1608-1653), 심수경의 외손인 창녕 조씨 조문수曺文秀 등이 있다.

晩沙 심지원沈之源(1593-1662)의 본관은 청송, 자는 원지源之, 호는 만사晩沙이다. 피난 중 평안도 의주義州에서 태어났다. 1617년(광해군 9) 진사시에 합격하고 1620년 정시문과에 병과로 급제했다. 족조 심종도沈宗道가 이이첨의 심복이었지만 그는 교하交河나 저도楮島에 우거했다. 1623년 인조반정 이후 청요직을 역임했다. 1652년(효종 3) 형조판서에 올랐다. 이때 아들 심익현沈益顯이 효종의 딸 숙명공주에게 장가들었다. 1659년 좌의정으로 있다가 효종이 죽자 원상이 되었다. 서울 성남城南 필란동筆蘭洞 본가에서 졸하고, 파주坡州 분수원分水院에 묻혔다.[205] 《만사고》가 있다. 만사는 은둔의 의미를 지닌다.

雪汀 조문수曺文秀(1590-1647)의 본관은 창녕, 자는 자실子實, 호는 설정雪汀이다. 광주廣州 비월지인 안산에 세거했다. 심수경의 외손이다. 1609년(광해군 9) 증광사마시에서 진사가 되고 1624년(인조 2) 현감으로 별시문과에 을과 1위

203 柳陽錫 編, 《全陽府院君遺蹟》, 全州柳氏全陵府院君宗中, 2008.

204 임혜련, 〈조선 중기 沈守慶의 관료 활동과 명가〉, 《한국인물사연구》 21, 한국인물사연구회, 2014. 1, pp. 23-53.

205 朴世采, 〈議政府領議政沈公墓誌銘〉(辛未正月二十六日), 《南溪先生朴文純公文正集》 卷79 墓誌銘; 沈之源, 《晩沙遺稿》 附錄 〈行狀〉, 국립중앙도서관 소장 필사본; 장유승, 〈晩沙稿 해제〉, 한국고전번역원, 2010.

(아원)로 급제하여 동부승지가 되었다. 1645년(인조 23) 호조판서로서 하령군夏寧君에 봉해졌다. 1647년 강원도관찰사로 부임하여 원주 감영에서 죽었다. 광주廣州 구포리鳩浦里(경기도 화성시 비봉면 구포리) 선산(화성시 매송면 야목리)에 묻혔다.[206] 《설정시집》이 있다. 설정은 구포를 말하는 듯하다.

북인은 1599년(선조 32)과 1600년에 걸친 두 차례의 정쟁을 거쳐 분열되었다. 유영경은 같은 소북인 남이공南以恭과 불화하여 탁소북濁小北으로 분파했다. 1623년 인조반정으로 대북이 몰락할때 소북 역시 정계에서 물러났다. 1657년(효종 8) 9월 10일, 사과司果 배상일裵尙一의 집에서 전평부원군全平府院君 유심柳淰을 중심으로 소북동일회의 원초 모임이 결성되었다. 이후 소북은 28성姓 69가家가 《북보北譜》를 엮었다. 소북에는 소북칠학사, 소북팔문장, 소북오군자로 일컬어지는 문인들이 이어졌다. 그 인사들 가운데 한국문집총간에 문집이 영인 수록된 인물은 정창주鄭昌胄·신유申濡·강백년姜柏年 3인에 불과하다. 여기서 각 인물의 자호와 간단한 이력을 소개하면 다음과 같다.

소북칠학사: 송일宋馹, 최동립崔東立, 박경업朴慶業, 박이서朴彝叙, 남이공南以恭, 이필형李必亨, 김신국金藎國

소북팔문장: 심제沈𪗆, 강백년姜柏年, 임한백任翰伯, 박수현朴守玄, 정창주鄭昌胄, 이휴징李休徵, 남선南銑, 신유申濡

소북오군자: 엄경수嚴慶遂, 송질宋瓆, 윤휘정尹彙貞, 이정작李庭綽, 엄경하嚴慶遐

伴鶴 송일宋馹(1557-1640)의 본관은 여산礪山, 자는 덕보德甫, 호는 반학옹伴鶴翁이다. 1576년(선조 9) 진사시에 합격하고 1595년 별시문과에 병과로 급제했다. 1612년(광해군 4) 해주 목사, 1617년 나주 목사, 1614년 황해도 관찰사를 지냈다.[207]

杏園 최동립崔東立(1557-1611)의 본관은 삭녕朔寧, 자는 탁이卓爾, 호는 행원杏園·행우杏雨이다. 1585년 진사시에 합격하고 1592년 임진왜란 때 용만龍灣

206 曺夏望, 〈曾王考工曹參判夏寧君行狀〉, 《西州集》 卷10 行狀.

207 李肯翊, 《燃藜室記述》 卷17 宣朝朝故事本末.

(의주義州) 별시문과에 병과로 급제했다. 1596년 병조좌랑이 되어 서장관으로 명나라에 다녀왔다. 1610년(광해군 2) 호조참의를 거쳐 황해도 관찰사로 부임했다.[208]

巖叟 박경업朴慶業(1560-1626)의 본관은 고령, 초명은 승업承業, 자는 응휴應休, 호는 암수巖叟 또는 추탄秋灘이다. 박은朴誾의 증손이다. 1594년(선조 27) 별시문과에 병과로 급제했다. 광해군 때 충주목사와 대간을 역임했다.[209]

泌川 박이서朴彛叙(1561-1621)의 본관은 밀양, 자는 석오錫吾, 호는 비천泌川·동고東皐이다. 숭례문 밖 남지南池 옆 도저동桃楮洞에 거처했다. 1588년(선조 21) 알성문과에 병과로 급제했다. 1596년 보급로가 차단된 고니시 유키나가小西行長가 화의를 요청해 왔을 때 류성룡이 이를 수용하려 하자 극력 반대했다. 이때 이름을 문서文叙에서 이서彛叙(떳떳함을 펴리라의 뜻)로 바꾸었다. 1599년 이이첨과 홍여순 등을 탄핵했다가, 파직 당하여 여주에서 8년간 은둔했다. 1616년(광해군 8) 홍문관 수찬으로 있다가, 유생들의 폐비론 상소를 주도했던 아들 박로朴簹와 함께 마포에 누정을 세우고, 두보의 오언율시 〈달(月)〉의 "한밤 사경에 산이 달을 토해 내니, 남은 밤에 물빛이 누각을 환히 비춰 주네"(四更山吐月, 殘夜水明樓)에서 뜻을 취하여 수명水明이라 편액했다.[210] 1621년(광해군 13) 진위사陳慰使로 북경에 갔다가 귀로에 풍랑으로 익사했다. 경기도 양주시 회정동 비암산에 묘가 있다. 자호로 취한 비천의 위치는 명확하지 않다. 《시경》〈진풍陳風 형문衡門〉의 '형비衡泌'에서 따와 은둔의 지향을 밝힌 듯하다.

雪蓑 남이공南以恭(1565-1640)의 본관은 의령, 초명은 이경以敬, 자는 자안子安, 호는 설사雪蓑이다. 1590년(선조 23) 증광 문과에 장원으로 급제했다. 광해군 때 도승지, 예조 참판 등을 지냈다. 1638년(인조 16) 이조 판서로서 인사권을 남용한다는 이유로 신익전의 탄핵을 받았다. 이때 무호無湖(현재의 미사리 일대 한강)에 몽오정夢烏亭을 개축했다. 꿈에 까마귀를 주살로 쏘았으나 맞추지 못하고

---

208 權得己, 〈通政大夫守黃海道觀察使兼兵馬水軍節度使崔公行狀〉, 《晩悔集》 卷3 行狀; 李廷龜, 〈黃海道觀察使崔公神道碑銘幷序〉, 《月沙先生集》 別集 卷6 神道碑銘.

209 李肯翊, 《燃藜室記述》 卷17 宣朝朝故事本末.

210 李植, 〈吏曹參判泌川朴公墓碑銘〉, 《澤堂集》 別集 卷7. 1758년(영조 34) 이덕무李德懋가 수명정水明亭에서 공부했다는 기록이 있다.

까마귀에게 이유를 물었는데, 까마귀는 급류에서 과감하게 물러났기 때문에 피할 수 있었다고 말했다. 이에 깨달음이 있어 몽오정이라는 이름을 붙였다.[211] '급류' 운운한 것은 시의적절할 때에 과감하게 관직에서 물러남을 가리킨다. 송나라 때 한 도승道僧이 전약수錢若水의 사람됨을 말해 "급류 속에서 용감히 물러날 수 있는 사람이다"(是急流中勇退人也)라 한 말에서 나왔다. 죽은 후 경기도 광주廣州 직동直洞(直谷, 直里, 곧은 골) 선산에 묻혔다.[212] 《설사집》이 있다. 설사는 낚시하는 사람들이 입는 도롱이를 말한다.

이필형李必亨(1571-1607)은 호가 확인되지 않는다. 본관은 광주廣州, 자는 이태而泰이다. 이준경李浚慶의 증손으로, 이사수李士修의 장남이다. 이필영李必榮의 형이다. 1594년(선조 27) 별시문과에서 병과로 급제했다. 1599년 홍문관 교리가 되었으나 소북 당이라 하여 삭탈관작되었다. 8년 후 1607년 교서관 교리에 재임용되었다. 임천군수林川郡守로 재임 중 죽었다.

後瘳 김신국金藎國(1572-1657)의 본관은 청풍淸風, 자는 경진景進, 호는 후추後瘳이다. 김시국金蓍國의 형이다. 1591년(선조 24) 진사시에 합격했다. 1593년 세자 광해군이 전주全州 분조分朝에서 실시한 별시문과에 병과 2위(04/09)로 급제하고, 도원수 권율의 종사관으로 활동했다. 1599년 세자시강원 보덕이 되었으나, 남이공과 함께 홍여순의 대사헌 임명을 반대하다가 파직되었다. 이후 9년간 충주에서 지냈다. 1609년(광해군 원년) 우부승지로 있다가 홍주 목사洪州牧使로 나갔다. 광해군 때 익사공신翼社功臣으로 청릉군淸陵君에 봉해졌다. 인조반정 이후 훈작이 삭탈되었으나, 평안감사로서 후금을 방비했다. 1644년 소현세자를 이사貳師로서 심양에 배종하고, 귀국 후 호조판서를 거쳐 영중추부사에 이르렀다. 묘소는 충청북도 충주시 대소원면 금곡리金谷里 선산에 있다.[213] 김신국의 호 후추後瘳는 선병후추先病後瘳의 준말이다. 큰병을 앓은 후에 처방을 잘 써서 낫듯이, 지난날의 과오가 있었기에 반성하고 개오해서 새로운 사람으로 거듭난다는 뜻이다. 《공총자》에 춘추시대 제나라 양구거梁丘據가 독사에게 물려

211 許穡, 〈夢烏亭記〉, 《水色集》 卷7 文; 李民宬, 〈夢烏亭記〉, 《敬亭先生集》 卷13 記.

212 남풍현 편, 《곧은 골 남씨의 역사기록》, 의령남씨직동문집간행회, 2004.

213 任相元, 〈輔國崇祿大夫領中樞府事金公行狀〉, 《恬軒集》 卷34.

30일 지나서 나았는데도 여러 사람들이 처방을 올렸다. 제나라에 사신 갔다가 돌아온 재아宰我가 공자에게 그 사실을 말하며, 완치된 사람에게 처방을 올리는 것은 이상하다고 했다. 그러자 공자는 "세 번 허벅지가 부러져 보아야 좋은 의사가 될 수 있다. 양구거는 치료가 되었다고는 해도 여전히 질병을 앓는 사람과 매한가지다"라고 했다.[214] 이 고사를 보면 병이 다 나았다고 하여 처방을 버리는 것이 아니라 더 나은 처방을 연구하여야 한다는 말이 된다.

심제沈䃃(1597-1649)의 본관은 풍산으로, 심수경沈守慶의 증손이다. 자는 사천沙川인데, 호는 알 수 없다. 1624년(인조 2) 증광사마시의 생원·진사 양시에 합격하고, 1633년 익위翊衛로 증광별시문과에 병과로 급제했다. 지제교 삼자三字의 직함을 띠고 유장儒將이 되었다. 1646년(인조 24) 중시重試에 합격하고 1648년 전주부윤에 재임 중에 죽었다.[215]

雪峰 강백년姜柏年(1603-1681)의 본관은 진주, 자는 숙구叔久, 호는 설봉雪峰·한계閑溪·청월헌聽月軒, 시호는 문정文貞이다. 1627년(인조 5) 정시문과에 을과로 급제했다. 1646년 부교리로서 소현세자비 강빈의 억울함을 상소했다가 삭직되었으나, 문과중시에 장원급제하고 동부승지가 되었다. 1660년(현종 원년) 동지부사로서 청나라에 다녀왔고, 이후 예조판서에 이르렀다. 죽은 후 충청도 공주公州 의랑리義朗里 도리산道理山(현재의 의당면 도신리)에 묻혔다.《한계만록閑溪漫錄》을 지었으며, 문집은《설봉유고雪峰遺稿》이다. 생전에 거처의 시내를 한계閑溪라고 명명했고, 청월헌聽月軒이라는 헌호도 사용했다.[216] 한閑은 육소형陸紹珩의 '늙기 전에 한가로움을 얻으니 바로 이것이 한가로움이네'(未老得閒方是閒)에서 취한 듯하다.

南谷 임한백任翰伯(1605-1664)의 본관은 풍천豊川, 자는 경익景翼/慶翼, 호는

---

214 "宰我使于齊而反見夫子曰: '梁丘據遇虺毒三旬而後瘳, 衆賓復獻攻療之方. 弟子謂之曰: '所以獻方將爲病也. 今梁丘已瘵矣. 諸夫子乃復獻方, 方將安施? 意欲梁丘大夫復有虺害乎?' 弟子此言何如?' 夫子曰: '非也. 夫三折股爲良醫. 梁丘獲療, 猶有與之同疾者'."

215 김묘정, 〈사천(沙川) 심제(沈䃃)의 시세계 연구〉,《한국고전연구》36, 한국한문고전학회, 2018. 06, pp. 243-274.

216 任相元, 〈崇祿大夫判中樞府事兼知春秋館事同知成均館事藝文館提學 贈大匡輔國崇祿大夫議政府領議政兼領經筵弘文館藝文館春秋館觀象監事世子師雪峯姜公行狀〉,《恬軒集》卷31 墓碑銘.

남곡南谷이다. 임열任說의 증손으로, 부친은 임장任章이다. 1642년(인조 20) 식년 문과에 장원으로 급제했다. 1644년 소현세자가 심양에 갈 때 배종하고, 이듬해 돌아와 지제교의 직함을 지녔다. 1663년(현종 4) 길주목사로 부임했으나 사헌부의 탄핵을 받았다. 충청도 보령군保寧郡 주산면珠山面 금암리金岩里가 풍천 임씨의 대표적 세거지인데, 호의 남곡이 이곳과 관련이 있는 듯하다.

草亭 박수현朴守玄(1605-1674)의 본관은 밀양, 자는 태현太玄, 호는 초정草亭이다. 박이서朴彝叙의 손자, 박토朴簦의 7남 2녀 중 셋째이다. 1624년(인조 2) 증광사마시에서 진사가 되고 1660년(현종 원년) 증광문과에 병과로 급제했다. 1650년 영평 현령永平縣令에 제수되었다가 1654년에 돌아왔다. 《초정유고》가 있다.

晩洲 정창주鄭昌冑(1606-1664)의 본관은 초계草溪, 자는 사흥士興, 호는 만주晩洲·만사晩沙·묵헌默軒·죽헌竹軒이다. 부친은 정시망鄭時望이고, 이산해李山海가 외증왕부이다. 1630년(인조 8) 생원시와 진사시에 합격했고, 1637년 정시문과에 병과로 급제했다. 1642년 성절동지 겸 공행聖節冬至兼貢行 서장관으로 정사 남이웅南以雄, 부사 김시국金蓍國과 함께 연행에 임했다. 1646년 문과중시에 급제하여 시강원 필선에 제수되었다. 1658년(효종 9) 동래부사가 되었다. 《만주집》이 있다. 강호로 돌아갈 뜻이 있어서 만주라고 자호했다.[217]

麻菴 이휴징李休徵(1607-1677)의 본관은 광주廣州, 자는 선세善世, 호는 휴암麻菴이다. 부친은 이필성李必城이며, 처부는 이시익李時翼이다. 1633년(인조 11) 증광사마시에서 진사가 되고 1651년(효종 2) 신묘辛卯 알성문과에 병과 1위(탐화랑)로 급제했다. 1665년(현종 6) 성주목사星州牧使, 1668년 장령掌令이 되었다. 《휴암유고》가 있다.[218] 휴암은 한유韓愈의 〈운주계당시서鄆州谿堂詩序〉에 나오는 "우리를 싫어하여 버리지 않는다면 이곳이 복록을 받을 것입니다"(無我斁遺, 此邦是庥)라는 말에서 가져왔다.

---

217 鄭昌冑, 《晩洲先生集》 〈晩洲先生集序〉(姜鋧); 김묘정, 〈만주晩洲 정창주鄭昌冑의 시세계 연구〉, 《한국문학연구》 59, 동국대학교 한국문학연구소, 2019.04, pp. 55-91.

218 李休徵 저, 李容泰 편, 《庥庵遺稿》, 목활자본 2권 1책, 1914; 《庥菴先生文集》, 한국역대문집총서 2285, 景仁文化社, 1997.

滄溟 남휘南翽(1609-1656)의 본관은 의령, 자는 백도伯圖, 호는 창명滄溟이다. 이름을 '남선'으로 읽기도 한다. 부친은 남두첨南斗瞻, 외조부는 한응인韓應寅, 처부는 권현權晛이다.[219] 1630년(인조 8) 생원시에 합격하고, 1636년 별시문과에 을과 2등으로 급제했다. 1642년 지제교의 직함을 지니고 동부승지가 되었다. 1651년(효종 2) 황해도관찰사가 되고, 승지를 지낸 후 1655년 경상도관찰사로 나갔다. 경기도 광주 직동直洞 선산에 묻혔다.[220] 《창명집》이 있다.

竹堂 신유申濡(1610-1665)의 본관은 고령, 자는 군택君澤이다. 자호는 니옹泥翁이다. 또 대나무 숲 속에 죽당竹堂을 두었고, 세상에서도 죽당을 호로 불렀다.[221] 《죽당집》이 있다. 1630년(인조 8) 진사시에 합격하고 1636년 별시문과에 장원급제했다. 1657년(효종 8) 대사간으로서 국왕을 능멸한 죄로 강계에 유배되었다가 천안으로 옮겨졌다. 현종 초 형조·호조·예조참판을 역임했다. 니옹의 호가 니현泥峴(현 서울 중구 충무로 2가 진고개)과 관계 있는지, 《장자》의 '예미구(曳尾龜, 진흙 속에서 꼬리를 끌고 다니는 거북이)' 고사를 가져와 은거 생활의 자유로움을 말한 것인지는 알 수 없다.

孚齋 엄경수嚴慶遂(1672-1718)의 본관은 영월, 자는 성중成仲, 호는 부재孚齋이다. 부친은 예조판서 엄집嚴緝, 외조부는 김진문金震文이다. 1705년(숙종 31) 진사시에 합격하고 1705년 증광문과에 병과로 급제했다. 1716년 수찬에 보임되었는데, 윤선거·윤증 부자를 규탄하는 향유 신구申球의 소가 있자, 〈조의제문弔義帝文〉을 주석한 유자광柳子光의 음모와 같다고 통박했다. 영의정 김재로의 탄핵으로 관작을 삭출당했다. 1716년 거처인 양천陽川에서 출발해 미호渼湖(미사리)에 이르기까지 한강 연안에 위치한 누정을 차례로 서술한 〈연강정사기沿江亭榭記〉를 작성했다.[222] 부재의 부는 《주역》 혁괘革卦 구오九五의 "대인이 범이 변

---

219 申濡, 〈通政大夫守慶尙道觀察使兼兵馬水軍節度使巡察使南公墓誌銘〉, 《竹堂集》 卷14.

220 남풍현 편, 《곧은 골 남씨의 역사기록》, 의령남씨직동문집간행회, 2004.

221 申景濬, 〈從曾祖禮曹參判竹堂公神道碑銘〉, 《旅庵遺稿》 卷21 碑銘. "漢詔天下, 擧孝廉及可爲良二千石可使絶國者. 漢近乎古, 能知取人之道也. 然而漢之諸臣, 能兼備此者盖尠矣. 求諸我東近世, 泥翁申公有之. 公本高靈縣人, 諱濡字君澤, 泥翁自號也. 堂于竹裏, 扁以竹, 世稱以竹堂."

222 안대회·박진욱·김세호, 〈18세기 한강漢江의 누정樓亭 조사 연구—엄경수嚴慶遂의 〈연강정사기沿江亭榭記〉를 중심으로〉, 《한국전통조경학회지》 35-3, 한국전통조경학회, 2017, pp. 76-93.

하듯 함이니, 점치지 않고도 믿음이 있다"(大人虎變, 未占有孚)와 구오九五 상象의 "'대인호변'은 그 문채가 빛나는 것이다"(大人虎變, 其文炳也)의 뜻을 함의하는 듯하다.[223]

恥菴 송질宋瓆(1676-1741)의 본관은 여산, 자는 중윤仲潤, 호는 치암恥菴이다. 경기도 이천 출신으로, 부친은 송정택宋廷澤이며, 어머니는 윤송尹松의 딸이다. 1710년(숙종 36) 증광사마시에서 생원이 되고 1728년(영조 4) 별시문과에 병과로 급제했다. 1739년 사간·집의가 되었으며, 보덕輔德에 이르렀다. 《치암집》이 있다.[224]

崖西 윤휘정尹彙貞(1676-1754)의 호는 애서崖西/厓西였던 듯하다. 《애서집》이 있다.[225] 본관은 파평, 자는 언길彦吉이다. 조부는 윤집尹鏶, 부친은 병조판서 윤심尹深이다. 1710년(숙종 36) 증광사마시의 진사시에서 1등 3위로 합격하고 1722년(경종 2) 통덕랑으로서 정시문과에 을과 2위(탐화랑)로 급제했다. 1728년(영조 4) 이인좌의 난 때 문경현감으로서 관아를 비웠다는 이유로 탄핵을 받았다.

晦軒 이정작李庭綽(1678-1758)의 본관은 전의全義, 자는 경유敬裕/景裕, 호는 회헌晦軒이다. 1699년(숙종 25) 증광사마시에서 진사가 되고 1714년 증광문과에 을과로 급제했으며, 1727년(영조 3) 문과중시에 장원급제하여 통정대부의 품계에 올랐다. 1732년 진주목사가 되었다. 1752년 도승지를 지내고 이조·형조·공조 등의 참판을 역임했다. 한문소설《옥린몽玉麟夢》을 남겼다.[226] 회헌의 호는 주희의 회암과 뜻이 상관 있는 듯하다.

엄경하嚴慶遐(1678-1740)는 엄경수嚴慶遂의 아우인데, 호를 알 수 없다. 자는 계장季長이다. 온양에 거처했다. 1708년(숙종 34) 진사시에 합격하고 1727년(영

---

223 정이程頤의 전傳에 "대인의 도로써 천하의 일을 변혁하면 마땅하지 않음이 없고, 때에 맞지 않음이 없으니, 지나는 곳이 신묘하게 변화되고 사리가 밝게 드러나서 범의 문채와 같다"라고 했다.

224 宋瓆,《恥庵集》, 芸閣印書體木活字本, 坡平尹坊仲禮 구장, 고려대학교 도서관 소장.

225 1769년에 임희성任希聖(1712-1783)이 윤휘정의 문집《애서집》의 산정刪定을 마치고 지은〈애서집발厓西集跋〉을 작성하여, 그의 문집《재간집在澗集》에 실려 전한다. 1790년(정조 14)에는 임천상任天常(1754-1822)이《애서집》을 교정했다는 기록이 그의《궁오집窮悟集》에 있다.

226 李庭綽,《(懸吐)玉麟夢: 一名永垂彰善記》, 京城: 廣益書館, 日韓印刷所, 1918(大正 7).

조 3) 증광문과에 병과로 합격했다. 1733년 봉산군수鳳山郡守를 지냈다.[227]

소북 문인들의 호를 살펴보면, 소북의 당색이 작호의 경향을 구속하지는 않았음을 알 수 있다.

한편, 소론의 동래정씨에는 강화학파의 맥을 이은 정동유鄭東愈 등이 있다. 하지만 가계와 학맥이 반드시 일치하는 것은 아니다. 여기서 동래정씨 가운데서도 회동 정씨로 일컬어지는 가계의 인물들이 사용한 호를 일별하기로 한다.

陽坡 정태화鄭太和(1602-1673)는《양파연기陽坡年記》[228]를 남겼다. 자는 유춘囿春, 호는 양파陽坡이며, 시호는 익헌翼憲에서 충익忠翼으로 바뀌었다. 정광성鄭廣城의 아들, 정치화鄭致和·정만화鄭萬和의 형이다.[229] 회동檜洞(중구 회현동)에 세거했다. 1624년(인조 2) 진사시에 합격하고 1628년 별시문과에 병과로 급제했다. 인조 말년 우의정을 지냈는데, 소현세자빈 강씨가 사사되는 난국이었으나 처신을 잘했다. 효종 조 좌의정을 거쳐 영의정에 오르면서 송시열과 송준길을 출사出仕하게 했다. 1656년(효종 5) 다섯째 아들 정재륜鄭載崙이 효종의 넷째 딸 숙정공주淑靜公主에게 장가들고 동평위東平尉에 봉해졌다. 현종 조에도 10여 년 동안 영의정의 자리에 있었다. 과천현果川縣 북쪽 관악산冠岳山 아래에 묻혔다. 이름의 태화, 자의 유춘, 호의 양파는 의미상 연계되어 있다. 양파는 과천의 선영을 가리키는 듯하다.

棋洲 정치화鄭致和(1609-1677)의 자는 성능聖能, 호는 기주棋洲이다. 형 정태화의 막내아들 정재륜을 입양했으니, 즉 효종의 부마 동평위이다. 1628년(인조 6) 별시문과에 을과 4위로 급제했다. 1640년 세자시강원 보덕이 되어 심양에서 소현세자를 모셨다. 1667년(현종 8) 우의정이 되고, 1677년(숙종 3) 9월 영중추

227 황재黃梓의《갑인연행록甲寅燕行錄》권1 1734년(영조 10, 갑인) 7월 7일(경진) 기록에, 검수참劒水站에 이르렀을 때 봉산군수 엄경하가 와서 만나보았다고 했다.

228 박세욱 역주,《陽坡實記》, 바이북스, 2008;《陽坡年記》, 東萊會洞鄭氏門中 소장본(건곤본); 한국문집총간 102,《陽坡遺稿》(奎5935).

229 정광필鄭光弼, 정유길鄭惟吉, 정창연鄭昌衍, 정태화鄭太和로 이어지는 동래 정씨의 한 가계는 서울 회동檜洞에 대대로 세거하여 거듭 고관대작을 내었기에 회동정씨라 일컬어진다. 정태화의 맏아들 정대재鄭載岱의 후손이 크게 번성했는데, 정대재는 정덕선鄭德先·정욱선鄭勖先·정각선鄭覺先·정혁선鄭赫先 네 아들을 두었다. 정동유는 정욱선의 손자이다. 정욱선의 장남 정석명鄭錫命이 아들을 낳지 못하고 일찍 죽었기 때문에, 차남 정석경鄭錫慶의 아들 정원순鄭元淳을 후사로 삼았으니, 이가 곧 정동유의 부친이다. 정석경의 장인이 소론의 명가 서종태徐宗泰이다.

부사에 이르렀다. 광주廣州 성달리省達里 선산에 묻혔다.[230] 현재 묘는 경기도 군포軍浦 속달동速達洞 덕고개 마을에 있다.

竹軒 정재륜鄭載崙(1648-1723)은《동평위유고東平尉遺稿》를 남겼다. 자는 수원秀遠, 호는 죽헌竹軒, 봉호는 동평위이며, 시호는 익효翼孝이다. 1670년(현종 11) 6월 진하 겸 사은사로 청나라르 향했다.[231]

淵雷 정극순鄭克淳(1700-1753)은《연뢰유고淵雷遺稿》(《서윤공유고庶尹公遺稿》)를 남겼다.[232] 자는 경인景仁, 호는 연뢰淵雷이다. 생부는 정석부鄭錫敷이되, 숙부 정석징鄭錫徵의 후사로 들어갔다. 정석부는 소론의 거두 조지겸趙持謙의 사위이다. 정극순은 1729년(영조 5) 진사시에 합격하였다. 연뢰는《장자》〈재유在宥〉의 '시연뇌룡尸淵雷龍'에서 온 말이다. 즉, "주검처럼 있어도 용의 모습 드러나고, 연못처럼 침묵해도 우레 소리가 난다"(尸居而龍見, 淵黙而雷聲)에서 가져 와서 인위人爲를 멈추고 겸허하게 지내겠다는 뜻을 표명했다.

정원순鄭元淳(1710-1746)의《유고遺稿》가 일본 교토대학京都大学 가와이문고河合文庫에 있다.[233] 자는 자후子厚이다. 1738년(영조 15) 정시庭試문과에 병과로 급제하고 1742년 예문관 검열이 되었다. 1744년(영조 21) 설서를 겸하고 사간원 정언이 되었으나 재직 중에 죽었다. 생부는 정석경鄭錫慶이지만 그 형 정석명鄭錫銘의 후사로 갔다. 정경순鄭景淳과 정지순鄭持淳의 형이다. 호는 알려져 있지 않다.

修井 정경순鄭景淳(1721-1795)은《수정유고修井遺稿》를 남겼다.[234] 자는 시회時晦, 호는 수정修井이다. 1744년(영조 20) 진사시에 1등 2위로 급제한 후 음서로

230 姜栢年, 〈大匡輔國崇祿大夫議政府左議政兼領經筵事監春秋館事世子傅鄭公墓誌銘〉, 《雪峯遺稿》卷28 墓誌銘.

231 정재륜의《공사문견록公私聞見錄》에 이광좌李光佐가 찬술한 묘표가 있다. 李光佐, 〈東平尉(鄭載崙)墓表〉, 鄭載崙, 《公私聞見錄》附錄, 藏書閣本.

232 조성산, 〈玄同 鄭東愈와《晝永編》에 관한 연구〉, 《한국인물사연구》3, 한국인물사연구회, 2005, pp. 241-270; 이종묵, 〈鄭克淳의 淵雷遺稿〉, 《문헌과해석》통권 36, 문헌과해석사, 2006; 이종묵, 〈鄭東愈와 그 一門의 저술〉, 《진단학보》110, 진단학회, 2010, pp. 301-328.

233 김문경, 〈일본 교토京都대학 가와이河合문고 소장《유고遺稿》저자에 대하여〉, 《대동문화연구》104, 성균관대학교 대동문화연구원, 2018, pp. 459-473.

234 정은진, 〈鄭景淳의 저작과 二辛錄 三辛錄 所載 한시 고찰〉, 《한문학보》15호, 우리한문학회, 2007, pp. 343-381.

관직에 올랐다. 1764년 장성부사, 1765년 광주목사, 1778년(정조 2) 양주목사와 충주목사를 지냈다. 장성부사로 재임중, 전북도 고창군 성내면 조동리 출신 이재頤齋 황윤석黃胤錫(1729-1791)을 계방桂坊(익위사)에 추천했다. 공조판서에 이르렀으나, 정조의 덕을 무함한 족질 정동준鄭東浚이 목숨을 끊던 날 마침 중풍으로 죽었다. 수정은 수치修治한 우물이라는 말이다.《주역》정괘井卦 육사六四 소상전의 "우물에 벽돌을 쌓으면 허물이 없게 되는 것은 우물을 수치하기 때문이다"(井甃无咎, 修井也)에서 가져왔다.

玄同室 정동유鄭東愈(1744-1808)는《현동실유고玄同室遺稿》,《한고동閒古董》,《주영편晝永編》을 남겼다.[235] 이광려李匡呂의 문인으로, 정제두鄭齊斗의 학맥을 이었다. 1777년(정조 원년) 생원시에 합격하고, 관직은 장악원정까지 지냈다. 현동은 물아物我를 구별하지 않음을 말한다. 노자《도덕경》〈현덕玄德〉의 "자신의 빛을 부드럽게 하고 세속 사람과 어울리는 것을 현동이라 한다"(和其光同其塵, 謂之玄同)에서 가져왔다.

蓼庵 정기용鄭耆容(1776-1798)은《요암유고蓼庵遺稿》를 남겼다. 자는 낙첨洛詹, 호는 요암蓼庵이다. 정경순의 손자로, 부친 정동기鄭東驥는 배천군수白川郡守를 지냈다. 정동유가 그의 당숙이다. 정동유는 재호를 현동실이라 했는데, 정기용도 재호를 현동실이라 했다.[236] 요암은 충청도 보령의 지명인 듯하다.

密巖 정우용鄭友容은《밀암유고密巖遺稿》를 남겼다. 생부는 정동유이되, 정동신鄭東紳에게 출계했다. 자는 유효惟孝, 호는 밀암이다. 1805년(순조 5) 증광사마시에서 생원이 되고, 이후 황주 목사, 서흥 부사를 지냈다. 족제 정원용과 함께 훈민정음에 대해 논했다.[237] 밀암은 정확한 위치를 알 수 없다.[238]

---

235 조성산, 〈玄同 鄭東愈와《晝永編》에 관한 연구〉,《韓國人物史硏究》3, 2005; 이종묵, 〈鄭克淳의 淵雷遺稿〉,《문헌과해석》36, 문헌과해석사, 2006; 김동준, 〈18세기 소론계 학통의 다각적 조명; 소론계 학자들의 자국어문 연구활동과 양상〉,《민족문학사학회》35, 2007; 조성산, 〈조선후기 소론계의 東音인식과 訓民正音 연구〉,《한국사학보》36, 고려사학회, 2009.8, pp. 87-118; 이종묵, 〈鄭東愈와 그 一門의 저술〉,《진단학보》110, 진단학회, 2010; 정동유 저, 안대회·서한석·김경희·김보성·이승용·임영걸·임영길 역,《주영편—종횡무진 지식인 정동유, 심심풀이로 조선 최고의 백과사전을 만들다》, 휴머니스트, 2016.

236 정기용의 생애는《요암유고》권수 수록 정동유 찬술의 〈종질학생묘지명從姪學生墓誌銘〉에 자세하다.

237 鄭友容, 〈與族弟左史善之(元容)書〉,《密巖遺稿》卷5, 국립중앙도서관소장 필사본.

(4) 무인의 호

이순신李舜臣은 본관이 덕수, 자는 여해汝諧, 시호는 충무忠武이며, 문집은《이충무공전서》이다. 호는 알려진 것이 없다. 1728년 이인좌의 난 때 청주성에서 순절한 남연년南延年(1653-1728)도 호가 알려진 것이 없다. 남연년의 본관은 의령, 자는 수백壽伯이다. 1676년(숙종 2) 무과에 급제했다. 1728년 좌찬성에 추증되고 이듬해 숭선군崇善君에 추봉되었으며, 충장忠壯의 시호가 내렸다.[239]《남충장공시고》가 전하며, 남충장공 충신문南忠壯公忠臣門이 충북 음성군 원남면 상노리에 있다.

무인 가운데는 후인들이 존경의 뜻으로 부르는 호나 국왕으로부터 하사받은 편호扁號가 있는 인물들이 있다.

赤谷 성삼문의 부친 성승成勝(?-1456)은 호가 적곡赤谷이다. 본관은 창녕, 시호는 충숙忠肅으로, 무과에 급제하고 1455년 도총관이 되었다. 아들 성삼문을 비롯한 박팽년·하위지·이개·유성원·김질 등 집현전 학사들과 유응부·박쟁朴崝 등 무신과 함께 단종 복위를 꾀했다가 실패하고, 1456년 6월 1일 능지처사되었다.[240] 외가인 충청도 홍주 적동리(현 충청남도 홍성군 홍북면 노은리)에서 태어났다. 호는 이 지명과 관련이 있는 듯하다. 묘는 충남 홍성군 홍북읍 대인리에 있으며, 논산시 가야곡면 양촌리에 창녕 성씨 문중 사당이 있다.

舟村 마하수馬河秀(?-1597)의 본관은 장흥, 자는 선천先天이다. 1564년(명종 19) 무과에 합격하고, 선공감주부를 역임했다. 이순신을 도와 거북선 건조에 참여했다. 1597년 이순신이 투옥되자 관직을 사퇴했다가, 이순신이 다시 통제사가 되어 전라도 회령포會寧浦에 이르렀을 때 네 아들 성룡成龍·위룡爲龍·이룡而龍·화룡化龍과 함께 향선鄕船 10여 척을 거느리고 배후에서 도왔다. 9월 명량鳴梁

---

238 밀암이란 지명은 충청도 음성현陰城縣의 밀암산성에도 나타난다. 그리고 아산牙山에 모밀리毛密里가 있어서, 그것과도 관련이 있는지 알 수 없다. 정우용은 친우 윤현로尹顯路(자 文路)가 아산牙山의 모밀산에 토실을 짓고 사는 것에 대해 〈토실기〉를 지어준 일이 있다. 따라서 거처가 모밀산에 있었으리라 추정된다. 鄭友容, 〈土室記〉, 《密巖遺稿》 卷4, 국립중앙도서관 소장.

239 李縡, 〈營將贈判書南公神道碑〉, 《陶菴先生集》 卷30 神道碑(四); 權萬, 〈南延年傳〉, 《江左先生文集》 卷6 傳.

240 正祖 命編, 《莊陵配食錄》 〈正壇三十二人〉, 《弘齋全書》 卷60 雜著(七).

해전 때 적탄을 맞고 전사했다. 호가 주촌舟村이었다고 한다.[241]

德村 최희정崔希汀의 호는 덕촌德村이다. 본관은 전주, 자는 정지汀之이다. 전라도 정읍현 우덕면(현 정읍시 덕천면)에서 출생해서, 후인들이 덕촌을 호로 부른 듯하다. 중종 때 무과에 급제했다고 한다. 여진족 속고내速古乃가 내침하자 종성 판관으로서 토병을 인솔하고 적을 대파했으며,[242] 그 공으로 품계가 올랐고 고향 근처 동축산東竺山 한 구역을 하사받았다.[243] 유고로《덕촌집》이 있다.

白日 무신 이삼李森(1677-1735)의 본관은 함평, 자는 원백遠伯이다. 니산尼山 주곡酒谷에서 태어나, 윤증의 문하에서 공부했다. 병조판서 김구金構의 천거로 1705년(숙종 31) 증광무과에 병과로 급제했다. 앞서 보았듯이, 1727년(영조 3) 훈련대장이 되어 이듬해 이인좌 난 때 관문을 잘 지킨 공으로 분무공신 이등에 책록되고 함은군에 봉해졌다. 1729년 병조판서에 이르렀다.[244] 앞서 보았듯이, 1734년(영조 10) 10월 영조로부터 백일白日(충관백일忠貫白日)의 편호扁號를 하사받았다.《백일헌유집白日軒遺集》이 있다.

무인이면서도 낭중囊中에 붓과 먹을 가지고 다닌 인물은 자호를 사용했다.

問月 오극성吳克成(1559-1616)의 본관은 함양, 자는 성보誠甫, 호는 문월당問月堂이다. 1594년(선조 27) 단독별시單獨別試 무과에 병과 3등으로 급제하여 선전관이 되었다. 1596년 황간 현감이 되고, 1601년 훈련원판관에 이르렀다.[245]《문월당문집》이 있다. 당호는 이백〈파주문월把酒問月〉시의 "청천의 저 달은 언제부터 있었는고, 내가 지금 잔 멈추고 한번 물어보노라"(青天有月來幾時, 我今停杯一問之)에서 취한 듯하다.

逸翁 최희량崔希亮(1560-1651)의 본관은 수성隋城, 자는 경명景明, 호는 일옹逸翁·와룡臥龍, 시호는 무숙武肅이다. 전라도 나주 초동리草洞里에서 태어났다.

---

241 李舜臣,《李忠武公全書》卷14 附錄6紀實(下) 引〈馬氏家狀〉; 洪奭周,〈繕工監主簿馬公墓碣銘〉,《淵泉先生文集》卷26 墓碣銘(上). 단, 두 문헌에 마하수의 호가 주촌이라는 기록은 없다.《호남절의록湖南節義錄》과《충무공전서忠武公全書》에 나온다.

242 李謙臣 等編,《湖南三綱錄》, 목활자본, 1903년(광무 7).

243 金炯觀 編,《東竹書院誌》, 석인본, 1977.

244 李德壽,〈兵曹判書李公行狀〉,《西堂私載》卷12 行狀; 尹東洙,〈兵曹判書李公墓誌〉,《敬庵先生遺稿》卷10 墓誌銘.

245 趙德鄰,〈通訓大夫行黃澗縣監問月堂吳公墓表〉,《玉川先生文集》卷14 墓表.

1595년(선조 28) 별시무과에 병과로 급제했다. 정유재란 때 흥양 현감興陽縣監으로 있으면서 이순신의 휘하에 들어갔다가 1598년 11월 노량 해전에서 이순신이 전사하자 향리로 돌아왔다. 나주 대박산大朴山 삼연三洲 가에 비은정費隱亭을 짓고 은거했다. 1604년 선무원종공신宣武原從功臣 일등에 녹훈되고 가선대부에 올랐다.[246] 일민逸民이란 뜻의 일옹이라 자호하여, 문집의 서명은《일옹집》이다. 이름이 제갈량의 양亮 자를 취하고, 자는 제갈공명의 명자를 따랐으므로, 제갈공명과 같은 공을 세우겠다는 뜻에서 호를 와룡이라고도 했다.[247]

蘆溪 박인로朴仁老(1561-1642)의 본관은 밀양, 자는 덕옹德翁, 호는 노계蘆溪·무하옹無何翁이다. 경상도 영천에서 출생해서 도천리(뒤의 도계서원 자리)에서 성장했다. 1592년(선조 25) 영천의병장 정세아鄭世雅의 별시위로 활약하고, 1598년 강좌절도사江左節度使 성윤문成允文의 막하에 수군으로 종군했다. 1599년 정시庭試무과에 병과로 급제하고, 거제도 조라포助羅浦 만호에 이르렀다.[248] 1611년(광해군 3) 이덕형李德馨이 광주廣州 용진강龍津江 사제莎堤에 은거하고 있을 때 빈객이 되었다.[249] 1628년 장현광張顯光을 따라 입암立巖에 노닐며 시조〈입암 29곡〉과 가사〈입암별곡〉을 지었다. 또 영천 노주에 머물러, 호를 노주盧洲라고 했다. 노계의 호도 이때 사용한 듯하다. 1630년(인조 8) 노인직으로 용양위부호군의 직을 받았다. 1635년(인조 13) 가사〈영남가〉를 지었고, 이듬해〈노계가〉를 지었다.《노계집》이 있다. 죽은 후 영양군 남쪽 대랑산大朗山에 묻혔다.

東溪 조형도趙亨道(1567-1637)는 조려趙旅의 5대손으로 유자이자 무관이다. 본관은 함안, 자는 대이大而·경달景達, 호는 동계東溪이며, 청계도사淸溪道士라 자호했다. 경상도 안덕현安德縣(현 경북 청송군 안덕면)에서 태어났다. 임진왜란 때 심청沈清, 아우 조동도趙東道와 함께 의병을 일으켜 화왕산성火旺山城에서 전공

---

246 宋穉圭,〈逸翁崔公神道碑銘〉,《剛齋先生集》卷8 碑.

247 崔希亮,《逸翁文集》卷2 附錄〈逸翁遺事〉.

248 朴仁老,《蘆溪先生文集》卷2 附錄〈行狀〉(鄭葵陽); 朴仁老,《蘆溪先生文集》卷2 附錄〈墓碣銘幷序〉(李鼎秉).

249 1601년(선조 34) 이덕형이 도체찰사가 되어 영천에 이르렀을 때, 그를 대면하여〈조홍시가早紅柿歌〉를 지었다. 1605년〈선상탄船上歎〉을 지었다. 1611년(광해군) 이덕형을 용진龍津 사제莎堤로 찾아가, 가사〈사제곡沙堤曲〉과〈누항사陋巷詞〉를 지었다. 김문기 역주,《국역 노계집》, 역락, 1999.

을 세웠다. 1594년 단독별시 무과에 병과로 합격했다. 1623년 인조반정 때 군사를 모아 궐문을 지킨 공으로 보성군수가 되었고, 1629년 경주영장이 되어 3년간 재직했다. 병자호란 후 강화 소식을 듣고 울분하다가 죽었다. 하양현河陽縣 팔공산八公山 본사동本寺洞에 묻혔다.[250] 《동계집》이 있으며, 안덕면에 동계정東溪亭이 있다.

壯巖 나덕헌羅德憲(1573-1640)의 본관은 나주, 호는 장암壯巖, 시호는 충렬忠烈이다. 1603년(선조 36) 무과에 급제했다. 1636년(인조 14) 춘신사로 심양에 가서 황제 참칭의 글을 받아왔다는 이유로 탄핵을 받아 백마성白馬城에 유배되었다. 이후 심양에서 항거한 사실이 밝혀져 풀려나 오도총어사에 특진되었으나 1639년 사임하고 나주로 귀향했다.[251] 장암은 전라로 나주 부근의 지명인데, 그것을 호로 사용했다.

晩雲 정충신鄭忠信(1576-1636)은 조부 정석주鄭錫柱 때부터 병영의 직을 지낸 가계로 전라도 광주에서 태어났다. 본관은 금성(나주), 자는 가행可行, 자호는 만운거사晩雲居士, 시호는 충무忠武이다. 임진왜란 때 16세로 광주목사 권율의 휘하에서 종군하면서 병조판서 이항복에게서 사서史書를 배웠다. 1624년(인조 2) 이괄 난 때 도원수 장만張晩의 전부대장으로 활약해서 진무공신 일등 금남군에 봉해지고 충남 서산 일대의 토지를 하사받았다. 현재 광주광역시 구도심의 금남로는 그의 군호에서 따왔다. 포도대장과 경상도 병마절도사를 지내다가 반송방盤松坊 사제私第에서 죽어, 서산군瑞山郡 마힐산摩詰山 지곡智谷(현 충남 서산시 지곡면 대요한우물길)에 묻혔다.[252] 《만운집》이 있다. 기우만奇宇萬의 서문에 의하면, 만운은 '공이 이루어져 몸이 물러나서 신선 적송자를 따르련다'(功成身退, 願從赤松)는 뜻을 담은 호이다.[253]

---

250 趙亨道,《東溪文集》卷5 附錄〈行狀〉(李秉夏); 申楫,〈槐山郡守趙公墓誌銘並序〉(丁丑),《河陰先生文集》卷8 墓誌.

251 洪良浩,〈三道統禦使贈兵曹參判忠烈羅公墓碣銘幷序〉,《耳溪集》卷30 墓碣銘; 黃胤錫,〈折衝將軍京畿水軍節度使兼三道水軍統禦使喬桐都護府使贈嘉善大夫兵曹參判兼同知義禁府事羅公行狀〉(丁酉),《頤齋遺藁》卷18 行狀.

252 李選,〈錦南君鄭公行狀〉(甲子五月),《芝湖集》卷11 行狀.

253 《만운집》은 1894년(고종 31) 정충신의 7대 방손 정봉현鄭鳳鉉이 초간본을 증보하여, 기정진奇正鎭의 손자 기우만奇宇萬의 도움으로 재편하고 기우만에게 서문을 받아 6권 2책의 활자본

柳浦 인조의 외종형 구인후具仁垕(1578-1658)는 무과에 급제한 인물이다. 본관은 능성, 자는 중재仲載, 호는 유포柳浦, 시호는 충무忠武이다. 1603년(선조 36) 정시무과에 을과로 급제했다. 반정 모의에 참여, 정사공신 이등, 능천군綾川君에 봉해졌다. 1644년 심기원 모역을 적발해서 영국공신 일등, 능천부원군에 진봉되었다. 1653년 우의정이 되고 이듬해 사은사로 청나라에 다녀왔다.[254] 유포는 구포鳩浦 및 빈정포濱汀浦와 함께 남양南陽에 속한 포구로, 현재의 화성시 서북쪽 내륙 깊숙한 곳에 있다.

月峰 효령대군의 후손 이서李曙(1580-1637)도 1603년(선조 36) 정시무과에 병과로 급제했는데, 호를 월봉月峰이라 했다. 본관은 전주, 자는 인숙寅叔, 시호는 충정忠正이다. 이유태李惟泰의 부친이다. 광해군 때 폐비의 정청에 참여하지 않고 한사漢師(서울) 남쪽으로 금산錦山(태안泰安)의 유곡柳谷에 이사하여 형 이탁李晫과 함께 소요했다. 1623년 인조반정 때 장단 부사長湍府使로서 관군을 이끌고 참여해 정사공신 일등에 완풍군에 봉해졌으며 호조판서로 승진했다. 1630년(인조 8) 가도椵島의 유흥치劉興治 반란을 진압했다. 1635년 병조판서가 되고, 병자호란 때 인조를 남한산성으로 호종했다가 1637년 1월 군중에서 죽었다. 묘는 경기도 의정부시 고산동에 있다. 《화포식언해火砲式諺解》와 《마경언해馬經諺解》를 저술했다.[255]

孤松 임경업林慶業(1594-1646)의 본관은 평택, 자는 영백英白, 호는 고송孤松이다. 광해군 때 무과에 합격했다고 한다. 1640년 청나라의 금주위錦州衛 공격 때 주사상장으로 파견되었지만 접전하지 않았다. 1642년 청나라로 압송되다가 금교역金郊驛에서 탈출, 회암사에 들어가 중이 되었고, 1643년 명나라 군대의 총병으로 청나라 공격에 나섰다가 포로가 되었다. 심기원 모반 사건으로 1646년 송환되어 친국을 받다가 김자점金自點의 밀명을 받은 형리에게 장살되었다.[256] 고송은 고고한 자태, 우뚝한 절의를 상징한다. 동진의 산도山濤가 혜강

으로 중간했다. 鄭忠信, 《晩雲集》, 〈晩雲集序〉(奇宇萬). "遺集將重刊, 鄭君季老, 致諸宗之意, 問其序次, 因俾弁其卷端, 略書所感于中者如此. 且諗之曰: '公自號晩雲, 功成身退, 願從赤松之意, 約綽可見, 而以公所抱, 優能辦此. 但亂根未祛, 無暇請命耳. 願以晩雲, 名其卷以白其志事."

254 宋時烈, 〈綾川府院君具公神道碑銘幷序〉, 《宋子大全》 卷161 碑.

255 宋時烈, 〈月城李公墓碣銘幷序〉, 《宋子大全》 卷175 墓碣.

嵇康을 평하길 "사람됨이 우뚝하여 마치 고송 같고, 술에 취했을 때는 옥산이 무너지는 듯하다"라고 했던 평어가 참고된다.

梅竹 이완李浣(1602-1674)의 본관은 경주, 자는 징지澄之, 호는 매죽헌梅竹軒, 시호는 정익貞翼이다. 부친은 반정공신 이수일李守一(1554-1632)이다. 1624년(인조 2) 증광무과에 병과로 급제했다. 1640년 황해병사로 있을 때 임경업의 부장으로 출병했다. 1653년(효종 4) 11월, 훈척이 아닌데도 훈련대장이 되고 1666년(현종 7) 8월 판의금부사에 올랐다. 1674년 5월 우의정에 제수되었다.[257] 매죽헌의 헌호는 매화와 대나무의 상징성을 따온 것이다.

野堂 유혁연柳赫然(1616-1680)의 본관은 진주, 자는 회이晦爾, 호는 야당野堂, 시호는 무민武愍이다. 무신 집안 출신으로, 1644년(인조 22) 정시무과에 병과로 급제했다. 1699년(현종 10) 어영대장이 되고, 1670년 공조 판서로서 양국장수兩局將帥를 겸대했으며, 1672년 훈련원지사 겸 어영대장이 되었다. 현종 말년 거처에 야당이라고 편액했다. 당나라 명재상으로 진국공晉國公에 봉해졌던 배도裴度가 환관 득세의 현실에 회의하여 낙양洛陽 남쪽 오교午橋에 꽃나무 만 그루를 심고서 여름 누대와 겨울 집을 짓고 녹야당綠野堂이라 이름을 붙인 뒤, 백거이白居易·유우석劉禹錫 등 문인들과 시주詩酒로 소일한 일을 이상으로 생각한 것이다.[258] 숙종 때 한성판윤·공조판서 등을 역임했으나 1680년(숙종 6) 경신환국으로 경상도 영해로 유배되었다가 사사되었다. 충청도 진잠현鎭岑縣 백목리柏木里에 묻혔다.《야당유고》가 있다.

養浩 유언지兪彦摯(1706-1776)의 본관은 기계, 자는 은경殷卿, 호는 양호재養浩齋이다. 유백기兪伯基의 아들로, 부여에서 생장했다. 1730년(영조 6년) 정시庭試무과에 병과로 합격했다. 이후 홍주 목사洪州牧使를 지내고 가의대부嘉義大夫

---

256 宋時烈,〈林將軍慶業傳〉,《宋子大全》卷213 傳; 李選,〈林將軍傳〉(戊辰九月),《芝湖集》卷13 傳; 權斗寅,〈林將軍慶業傳〉,《荷塘先生文集》卷4 雜著; 李栽,〈林將軍慶業傳〉,《密菴先生文集》卷16 傳.

257 宋時烈,〈右議政李公神道碑銘幷序〉,《宋子大全》卷158 碑.

258 柳赫然,《野堂遺稿》卷2 附錄〈諡狀〉[蔡濟恭]. "己酉, 扈三殿幸溫泉, 以馬砲之殿後放丸, 遭臺評. 上燭其無妄, 乍罷旋仍. 連授漢城判尹, 工刑二曹判書, 久典重任, 憂畏成疾, 扁所居曰野堂, 蓋欲追裵晉公綠野休息之義然. 顯廟之終始倚毗十五年如一日, 公如身不能自有何哉?" 배도의 녹야당은《新唐書》卷173〈裵度傳〉에 나온다.

동지중추부사에 이르렀다.[259] 묘는 충남 부여군 규암면 합정리에 있다.《양호재유고》와《공언만록空言漫錄》,《우묘집설憂畝集說》등이 있다. 양호는 호연지기를 기른다는 뜻이다.

威堂 신헌申櫶(1810-1884)의 본관은 평산, 초명은 관호觀浩, 자는 국빈國賓, 호는 위당威堂·금당琴堂·우석于石, 시호는 장숙壯肅이다. 충청도 진천군 이월면 노원리에 거처했다. 1827년(순조 27) 훈련대장을 지낸 조부 신홍주申鴻周의 후광으로 별군직에 차출, 1828년 무과에 급제한 후 고종 때까지 고위 무반직을 지냈다.[260] 정약용의 민보방위론을 발전시켜《민보집설民堡輯說》·《융서촬요戎書撮要》을 저술하고, 김정희로부터 금석학을 배워《금석원류휘집金石源流彙集》을 엮었다. 또 김정호金正浩의《대동여지도》제작에 조력하고《유산필기酉山筆記》를 집필했다.《태을암집太乙菴集》이 있다. 우석은《주역》예괘豫卦 육이 효사에 '견고함이 돌과 같다(介于石)'에서 뜻을 취했다.

신헌을 제외하면 무신들의 호는 대개 인조반정 이후 이괄의 난과 병자호란 전후 활약한 무신들에게서 집중적으로 살필 수가 있다. 그들의 호는 문신들의 호와 다를 것이 없어, 무신으로서의 특징을 지녔다고는 할 수 없다.

(5) 승려의 호

승려들은 법호 이외에 별호를 가지는 경우가 많았다. 시를 하는 승려인 시승들

---

259 兪致雄 編,《杞溪文獻》卷11, 富雲奬學會, 1963; 심경호·노요한 역,《(국역) 기계문헌》, 기계유씨대종회·부운장학회, 2014.

260 1843년(헌종 9) 전라도우수사로 재임할 때는 해남 대둔사大芚寺의 초의선사草衣禪師와 교유했다. 1849년 금위대장에 올랐으나 7월 헌종이 급서하고 철종이 등극하자 안동 김씨 일파에게 배척받아 정계에서 유리되었다. 또 헌종이 위독할 때 사사로이 의원을 데리고 들어가 진찰했다는 죄목으로 1849년에 전라도 녹도鹿島에 유배되었다가 1853년 무주로 이배되어 1857년에 풀려났다. 고종 초 대원군의 신임을 받아 좌참찬 겸 훈련대장에 임명되었으며 숭록대부에 올랐다. 운양호雲揚號 사건 이듬해 1876년 전권대관全權大官에 임명되어 일본 전권변리대신全權辨理大臣 구로다 기요타카黑田淸隆와 강화도 조약을 체결했다. 1878년 병으로 총융사를 사직하고 노량진 은휴정恩休亭에서 요양했다. 1882년경리통리기무아문사로서 전권대관이 되어 미국 슈펠트(Shufeldt, Robert W.)와 조미수호 조약을 체결했다. 신헌 저, 김종학 역,《심행일기: 조선이 기록한 강화도조약》, 푸른역사, 2010.

은 그들의 독특한 문자선文字禪에 아호를 사용하기를 바랐던 때문일 것이다.

高陽醉髡 《해동고승전》의 편자 각훈覺訓은 일명 각월覺月로, 자호는 고양취곤高陽醉髡이다.[261] 개경의 화엄대찰 흥왕사興王寺와 영통사靈通寺를 중심으로 활동했으며, 1215년을 전후하여 영통사의 주지로 있었다. 이인로李仁老·임춘林椿·이규보와 승려 문선사文禪師, 시랑 조충趙沖(1171-1220) 등과 교유했다. 고양취곤은 한 고조 유방을 수종했던 역생酈生이 자신을 고양취도高陽醉徒(고양 땅에 사는 술마시는 무리)라고 한 것과 유사한 표현이되, 승려이므로 머리를 빡빡 밀었다는 뜻의 곤髡 자를 사용한 것이다.

懶翁 고려 말 임제종을 도입한 혜근惠勤(1320-1376)은 호가 나옹懶翁이다. 속성은 아牙, 속명은 원혜元惠, 시호는 선각禪覺이며, 강월헌江月軒·보제존자普濟尊者라는 별호도 있다. 1352년 원나라 순제順帝에 의해 연경 광제선사廣濟禪寺 주지로 임명되었다가 1358년(공민왕 7) 귀국했다. 1371년 공민왕의 왕사가 되었으나 왕명에 의해 밀양密陽 영원사瑩源寺로 거처를 옮기던 중 여주 신륵사에서 입적했다.[262] 나옹이라는 호는 명찬선사明瓚禪師를 나잔懶殘이라 호칭했던 것에서 따온 듯하다. 명찬선사는 당나라 형악사衡岳寺의 승려이다.《태평광기》에 보면, 나잔은 성품이 게으르고 남이 상을 물리면 남은 음식을 먹었으므로 나잔이라 불렸다. 이비李泌가 절에서 독서를 하다가 그를 비범하게 여겨 한밤중에 찾아가자, 나잔은 쇠똥 화롯불을 뒤적여서 토란을 찾아내어 먹고 있다가, 이비에게 "말을 많이 하지 않으면 십 년간 재상일 수 있소" 했다고 한다.[263]

息庵 고려 말 승려 식암息庵은 경주 김씨의 사족이었으나 12세에 밀교 계통의 신인종神印宗에 귀의하고 여러 절의 주지를 지내다가 나옹선사에게 배웠고 이후 유방遊方을 떠났다. 이숭인李崇仁이 전송하면서 글을 써 주었다.[264] 식암의 문생 김시용金時用과 문답하는 형식을 통해 식息이란 마음을 쉬는 것이며, 조정

---

261 각훈 저, 장휘옥·김윤세·김두재 옮김,《海東高僧傳》, 동국대학교 부설 동국역경원, 2001.

262 李穡,〈普濟尊者諡禪覺塔銘幷序〉,《牧隱藁》文藁 卷14 碑銘.

263 《太平廣記》卷96 異僧10 '懶殘'. "懶殘者, 唐天寶初衡嶽寺執役僧也. 退食卽收所餘而食, 性嬾而食殘, 故號嬾殘也. … 時鄴侯李泌, 寺中讀書, 察嬾殘所爲, 曰: 非凡物也. … 候中夜, 李公潛往謁焉. … 嬾殘正撥牛糞火, 出芋啗之. … 謂李公曰: 愼勿多言, 領取十年宰相."

264 李崇仁,〈送息庵遊方序〉, 盧思愼·徐居正 等編,《東文選》卷88 序.

에 있든 저자에 있든 산림에 있든 마음을 쉴 수 있다면 충분하리라는 뜻을 밝혔다.

寶巖 진상인珍上人은 고려 공민왕 때 5품의 관료였는데 나옹선사에게서 수계를 받으려 했으나 관직에 구애되어 뜻을 이루지 못했다. 공민왕이 서거한 후 산에 들어가 마음을 닦은 지 여러 해 만에 암자를 보암寶巖이라 했다. 권근이 1384년(고려 우왕 10)에 〈보암기〉를 지었다.[265] 유교에서 말하는 인仁은 마음의 전덕全德이고, 현賢·선善은 모두 마음의 나타난 것으로, 사람마다 하늘에서 받아 몸에서 간직하여 마치 옥이 돌 속에 있고 금이 광석 속에 있는 것과 같다. 불교에서도 부처의 미간에 있는 흰 털과 그 털에서 나오는 광채를 가리켜 옥호금색玉毫金色이라 하는데, 이것도 마음을 청정한 보주寶珠에 비하는 것이다. 유교에서 말하는 천·지·인이 삼재이고, 불교에서 말하는 불·법·승이 삼보인데, 결국 삼재나 삼보는 같은 것이 아니냐고 논했다. 권근은 유학의 인仁이나 불교의 청정한 마음이 모두 보寶라고 풀이하고, 청정한 마음을 유지하라고 당부했다.

獨秀 권근은 또한 나옹화상의 문도 여상인汝上人이 자호를 수봉琇峯이라 하자 명銘을 써 주고, 해봉海峯의 도호道號인 독수獨秀를 두고 명을 써 주었으며, 지선志先의 각암覺庵에도 명銘을 써 주었다.[266] 수봉은 자호가 아니라 법호라고도 한다. 권근이 해봉을 위해 지은 〈독수명〉은 다음과 같다.[267]

> 하늘에 오행이 있어, 만물이 화생하나니
> 그 속에서 빼어난 것을, 사람이라 일컫는다.
> 언덕은 조그마한데, 봉우리는 우뚝하고
> 눈서리 모진 추위에도, 송백은 청청하다.
> 이는 품물의 빼어난 것이되, 사람만이 가장 신령하여
> 나 홀로 빼어나려고, 내 덕을 너가 밝히나니
> 어디에서 시작되나, 마음의 정성에서라네.

265 權近, 〈寶巖記〉, 《陽村集》 卷11 記類.

266 權近, 〈琇峯銘〉, 〈獨秀銘〉, 〈覺庵銘〉, 《陽村集》 卷23 銘類.

267 《동문선》 제50권 銘에도 〈獨秀銘〉이라는 제목으로 실려 있다. "天有五行, 萬物化生. 得其秀者, 有人之名. 峼嶁之小, 峯巒亭亭. 霜雪之慘, 松栢靑靑. 此物之秀, 惟人最靈. 我欲獨秀, 我德我明. 其功何自? 曰心之誠. 首出庶物, 天下斯平."

비로소 모든 품물을 내어, 천하가 태평하리라.

千峯 만우卍雨(1357-?)의 처음 법명은 둔우屯雨로, 호를 천봉千峯이라 했다. 출가해 귀곡각운龜谷覺雲의 제자가 되었다. 주지로 있던 보자암普滋菴의 이름은 환암혼수幻菴混修가 지어 주었다. 1394년 8월 무렵, 이색은 와병 중이던 아내 권씨를 위해 만우를 불러 법사를 벌인 후, 만우에게 천봉이란 호를 주고 호설을 지어 주었다.

> 산은 땅에 붙어 있는데 땅의 형세는 서북쪽이 높으므로 천하의 산이 모두 서북쪽에서 일어나 동남쪽으로 달려 중국에 두루 퍼졌다.《상서》〈우공禹貢〉에 세 갈래 산맥을 실어 두고 있는 것을 보면 그 사실을 알 수 있다. 오악五嶽이 비록 높지만 높이 솟아 여러 방면에 위치한 것이 그 외에도 많다. 무릇 멈추어 우뚝 선 것이면 큰 것 작은 것 할 것 없이 모두 봉우리라고 하므로, 봉우리가 천하에 널려 있는 것이 많을 수밖에 없다. 천千이라 한 것은 대충 말해서이니, 일一이라 해서 부족하지 않고 만萬이라 해서 넉넉하지 않다. 스님의 처한 곳은 멋지다. 밝은 달이 위에 뜨면 선정禪定에서 나와 차를 달인다. 스님은 이처럼 맑거늘 왜 청淸이란 글자를 취하지 않았는가? 흰 눈이 아래에 가득할 때면 선정에 들어 면벽한다. 스님은 이처럼 높거늘 왜 고高란 글자를 취하지 않았는가? 도리어 우雨 자를 취한 것은 어째서인가? 우雨란 오吾이다. 내(吾)가 천봉千峯에 있으면서 은택이 사해에 미쳐 싹이 나고 껍질이 터져 초목이 성장한다. 좋은 곡물을 많이 자라게 해서 나라와 백성을 상서롭고 부유하게 하니, 그 이로움이 크고 넓다. 스님이 우雨를 취한 것은 이 때문이리라. 이 때문이고말고! 하지만 비(雨)는 항상 있을 수는 없고 때맞추어 오는 것이 좋다.[268]

月窓 조선 세종 때 집현전 학사들에게 두시杜詩를 전수한 승려 의침義砧의 호는 월창月窓이다. 권근의 중형 권이기權二己와 동문이다. 1380년(우왕 6) 5월 무렵 화엄종 중덕中德이었으며 고려 말 신륵사에 주석했고 1384년 김생사로 돌아갔다. 그리고 1399년(정종 원년) 무렵 도승통으로서 오관산 영통사靈通寺 주지로

---

268 李穡,〈千峯說〉,《牧隱集》文藁 卷10 說; 盧思愼·徐居正 等編,《東文選》卷97 說.

있었으며 1403년(태종 3) 무렵 법왕사에 주석했다.[269]

涵虛 기화己和(1376-1433)는 조선 초의 고승으로, 법호는 득통得通, 당호는 함허당涵虛堂이다. 속성은 유劉, 본관은 중원, 속명은 수이守伊, 초호는 무준無準이다. 성균관 유생으로 있다가 21세에 관악산 의상암에서 출가해서 나옹 혜근의 법계를 이었다.[270] 《금강경오가해설의金剛經五家解說誼》와 《선종영가집과주설의禪宗永嘉集科註說誼》를 엮고, 《현정론顯正論》을 집필했다.[271] 1414년(태종 14) 3월에는 황해도 평산平山 자모산慈母山 연봉사烟峰寺의 함허당에서 3년간 머물렀다. 1420년(세종 2) 오대산 영감암靈鑑菴에서 나옹의 진영을 제향한 날 밤에 신승이 나타나 이름을 기화, 호를 득통이라 지어 주었다고 한다. 기화의 이름은 이미 화했다는 뜻의 이화已和로 보아야 한다는 설도 있다.[272] 한문 전적에서 '己'와 '已'는 통용되는 일이 많으므로 어느 것이 옳은지 알 수 없다. 함허당의 함허는 허백虛白과 뜻이 통한다.

雪岑 김시습金時習은 승려의 행각일 때에는 법호를 설잠雪岑이라고 했다. 1465년에 원각사 법회에 참여하고 경주 남산으로 돌아갈 때 서거정이 그에게 준 시에 잠상인岑上人이라는 칭호를 사용한 것을 보면, 당시 김시습이 설잠이라는 법호를 사용했음을 알 수 있다.[273] 설잠이나 설악은 석존(부처)이 과거세에서 보살도를 닦던 곳으로, 당시 석존은 "제행무상諸行無常, 시생멸법是生滅法, 생멸멸기生滅滅已, 적멸위락寂滅爲樂"의 사구게四句偈를 얻었다고 한다.

虛應 조선 중기에 불교의 전성시대를 이루게 한 보우普雨는 호를 허응당虛應堂·나암懶菴이라 했다. 1548년(명종 3) 명종의 어머니 문정왕후文定王后의 신임을 얻어 봉은사奉恩寺 주지가 되었다. 1551년 선종판사禪宗判事가 되어 권신 윤원형尹元衡·상진尙震의 도움으로 300여 사찰을 공인 정찰淨刹로 만들었다. 뒤에

---

269 심경호, 〈麗末鮮初의 詩僧 — 卍雨와 義砧〉, 《東과 西의 思惟世界》(莊峰金知見博士華甲 紀念師友錄), 民族社, 1991.9. pp. 435-450

270 野夫, 〈行狀〉, 《涵虛堂得通和尙語錄》, 동국대학교불전간행위원회·한국불교전서편찬위원, 韓國佛敎全書 제7책, 동국대학교 출판부 1979.

271 《儒釋質疑論》도 그의 저술로 간주되고 있으나 확실하지 않다. 權好宣, 〈涵虛堂 詩文學의 硏究〉, 고려대학교 국어국문학과 석사학위논문, 1998.

272 李種燦, 〈涵虛의 文學世界〉, 《韓國佛家詩文學史論》, 불광출판사, 1993.

273 심경호, 《김시습평전》, 돌베개, 2003, pp. 48-51.

도대선사都大禪師에 올랐다. 1565년 문정왕후가 죽자 승직이 박탈되고 제주에 유배되었다가 제주목사 변협邊協(1528-1590)에 의해 참형되었다.[274]《허응당집虛應堂集》이 있다.

芙蓉 영관靈觀(1485-1571)은 호를 부용芙蓉·은암隱庵·연선도인蓮船道人이라 했다. 경상도 삼천포 출생이다. 1498년(연산군 4) 덕이산德異山의 신총信聰에게 배우고, 1514년(중종 9) 청평산淸平山의 학매學梅를 찾아가 불법을 터득했다. 1519년 금강산 대존암大尊庵에서 9년 동안 참선한 후, 지리산의 지엄智儼을 만나 불법을 크게 깨달았다. 보우의 법통을 계승해서 이를 휴정休靜에게 전했다.

淸虛 청허휴정淸虛休靜(1520-1604)은 임진왜란 때 승군장이다. 속성은 최씨, 본관은 완산, 아명 운학, 속명 여신汝信이다. 자는 현응玄應, 호는 청허淸虛·서산西山이다. 평안도 안주安州에서 태어났다. 뒤에 묘향산 서쪽에 머물렀으므로 서산대사西山大師라 일컬어졌다. 1534년(중종 29) 진사시에 낙방한 후, 지리산 숭인崇仁의 문하에서 승려가 되었고, 일선一禪에게 구족계를 받고 영관靈觀의 법을 계승했다. 태고화상 보우가 삼각산 중흥사에 태고암을 짓고 〈태고암가〉를 지었듯이, 지리산 내은적암內隱寂庵에 청허당淸虛堂을 짓고 〈청허가〉를 지었다. 본래 청허는 청허동천淸虛洞天, 광한청허지부廣寒淸虛之府로 즉 달나라 궁전이다.[275] 단, 휴정은 청허의 마음을 중시했다. "거문고 안고 큰 소나무에 기댔나니, 큰 소나무는 변하지 않는 마음이로다. 나는 긴 노래 부르며 푸른 물가에 앉았으니, 푸른 물은 맑고 빈 마음이로다. 마음이여 마음이여, 나와 그대로다"라고 노래했다.[276]

騎虛 영규靈圭(?-1592)의 속성은 박, 본관은 밀양이다. 영규는 법명이고, 호는 기허騎虛이다. 휴정休靜의 고제로 공주 청련암에서 수도하면서 선장禪杖으로

---

274 황인규, 〈나암보우(懶庵普雨)의 생애와 불교계 문도〉, 《동국사학》 40, 동국역사문화연구소, pp. 247-282.

275 왕인유王仁裕의 《천보유사天寶遺事》에 "명황이 월궁에서 놀았는데 간판을 보니 광한가 청허부라 되어 있었다"(明皇遊月宮, 見額曰, 廣寒家淸虛之府)라고 했다. 당나라 담용지譚用之의 〈강변추석江邊秋夕〉에 "규룡은 일곱 빛깔로 꽃답고 외론 학은 끼룩 울고 가누나, 어느 때에야 흥에 겨워 청허에 오를 건가?"(七色花虬一聲鶴, 幾時乘興上淸虛?)라고 했다. (元)郝天挺 註, 《唐詩鼓吹》 卷9 수록.

276 淸虛休靜, 〈淸虛歌〉, 《淸虛堂集》 卷1. "君抱琴兮倚長松, 長松兮不改心. 我長歌兮坐綠水, 綠水兮淸虛心. 心兮心兮, 我與君兮."

무예를 익혔다. 임진왜란 때 500명의 승병을 모아 의병장 조헌과 함께 청주를 수복하고, 금산錦山에서 일본군과 격전하다가 조헌 등 700명의 의사와 함께 순국했다.[277]

四溟堂 앞서 보았듯이 유정惟政(1544-1610)은 자통혼제존자라는 사시가 있다. 본관은 풍천豊川, 속성 임任, 속명 응규應奎, 자는 이환離幻이다. 경상도 밀양 출신이다. 유정은 법명이고, 호는 사명당泗溟堂·송운松雲, 별호는 종봉鍾峯이다. 직지사直指寺 주지를 지냈고, 임진왜란 때 의승도대장으로 평양 탈환전에서 공을 세워 선교양종판사가 되었다. 네 차례나 적진에 들어가서 가토 기요마사와 회담했다. 1604년 8월 일본으로 가서 회담하여, 전란 때 잡혀간 3천여 명의 동포를 데리고 1605년 4월 귀국했다.[278] 사명四溟은 사해를 뜻하여, 사해를 운수雲水처럼 행각하겠다는 뜻인 듯하다.

青梅 인오印悟(1548-1623)의 자는 묵계默契, 호는 청매青梅이다. 휴정休靜의 제자로, 1592년 임진왜란 때 3년 동안 의승장으로 공을 세웠다. 부안扶安 요차봉了嵯峯 마천대摩天臺 기슭에 월명암月明庵을 짓고 살다가 지리산 연곡사로 옮겨 말년을 보냈다.[279] 《청매집》이 있다.

春坡 쌍언雙彦(1591-1658)의 성은 최씨, 호는 춘파春坡이다. 안주安州 출신이다. 7세에 서산대사의 제자가 되었다. 1616년(광해군 8) 금강산으로 들어가 응상應祥의 심인心印을 이어받았다. 금강산 유점사楡岾寺에 부도와 탑비가 세워졌는데, 비문은 정두경鄭斗卿이 지었다.[280]

西岳 등한等閒(1692-1774)의 속성은 선宣으로 본관은 승평昇平이다. 자는 지회知悔, 호는 서악西岳이다. 《서악집》이 있다. 순천부사 신경준申景濬(1712-

---

277 黃景源, 〈靈圭大師死節記〉, 《江漢集》 卷9 記; 成海應, 〈錦山殉節諸臣傳〉, 《研經齋全集》 卷60 蘭室史料(三); 朴趾源, 〈靈圭碑〉, 《燕巖集》 卷10 別集 罨畫溪蒐逸碑; 趙寅永, 〈靈圭大師殉義碑銘幷序〉, 《雲石遺稿》 卷12 碑銘.

278 李宜顯, 〈密陽表忠祠松雲大師影堂碑銘幷序〉, 《陶谷集》 卷12 碑銘; 徐瀅修, 〈松雲大師傳〉, 《明皐全集》 卷14 傳; 成海應, 〈僧休靜·僧惟政〉, 《研經齋全集》 卷54 草榭談獻(一); 南公轍, 〈乾鳳禪院泗溟大師紀績碑銘〉, 《金陵集》 卷16 紀績碑.

279 김상일, 〈청매(青梅) 인오선사(印悟禪師)의 생애와 임진왜란 관련 시에 대하여〉, 《불교학보》 62, 동국대학교 불교문화연구원, 2012, pp. 433-454.

280 鄭斗卿, 〈春坡堂禪師碑〉, 《東溟集》 卷16 碑碣.

1781)이 등한의 제자 조계산인 우행宇幸의 부탁을 받아, 1775년(영조 51) 서문을 썼다.[281]

龍巖 체조體照(1713-1779)의 속성은 정씨鄭氏로, 호는 용암龍巖이다. 본래 장성長城의 사족이었는데, 설악산 석임釋稔 문하에서 삭발했다. 백련당白蓮堂 지임智稔 대사에게 구족계를 받았으며, 일암日庵 법사에게서 법호를 받았다.[282]

涵月 해원海源(1691-1770)은 서산대사 법맥의 5대손으로 《천경록天鏡集》 3권을 남겼다. 함경도 함흥 출신으로, 호는 함월涵月이다.[283] 그의 부도비는 김상복金相福(1714-1782)이 비문을 짓고 남유용南有容(1698-1773)과 대제학 황경원黃景源(1709-1787)이 진찬眞贊을 지었다. 문집의 서문은 홍경모洪敬謨(1774-1851)가 썼다. 〈이선경위록二禪涇渭錄〉에서, 여래선如來禪과 조사선祖師禪은 격외선格外禪이고 원돈문圓頓門이 곧 의리선義理禪이라고들 하지만 구분 근거가 다른 이름을 뒤섞는 것이어서 옳지 않다고 했다. 선과 교의 사체事體는 얼음과 목탄처럼 형상이 다르나 그 법체法體는 파도와 물처럼 같다고 보았다.[284]

蓮潭 유일有一(1720-1799)의 속성은 천千, 본관은 화순이다. 출가 뒤의 자는 무이無二로, 호가 연담蓮潭이다. 대혜종고大慧宗杲와 감산대덕憨山大德이 스스로 연보를 찬술한 예를 따라, 78세 때인 1798년(정조 21)에 〈자보행업自譜行業〉을 지었다.[285] 《임하록林下錄》을 남겼다.

雲潭 정일鼎馹(1741-1804)의 호는 운담雲潭이다. 12세에 출가해서 광덕산廣德山 덕총德聰의 제자가 되고, 17세 때 설담雪潭에게 구족계를 받았다. 21세에 나암懶庵에게 《화엄경》을 배운 뒤 설파雪坡에게 인가印可를 얻었다. 1792년(정조 16) 유일有一의 선맥을 잇고, 1793년 대흥사에서 화엄대회를 열었다. 1803년 가을부터 천수주千手呪 10만 편을 외워 15개월 만에 10만 편의 독송을 끝내고 입

281 申景濬, 〈西岳集序〉, 《旅菴遺稿》 卷3 序.

282 李福源, 〈龍巖大師碑銘〉, 《雙溪遺稿》 卷5 碑銘.

283 覺岸 저, 김두재 역, 《동사열전東師列傳》, 동국대학교출판부, 2015.

284 권동순, 〈涵月海源의 思想과 二種禪에 대한 考究〉, 《禪學》 26, 한국선학회, 2010. 08, pp. 46-78.

285 蓮潭有一, 〈自譜行業〉, 《연담대사임하록蓮潭大師林下錄》 卷3; 심경호, 《나는 어떤 사람인가—선인들의 자서전》, 이가서, 2010, pp. 84-104.

적했다.[286] 정일의 제자 인수印璲(생몰년 미상)의 부탁으로 정약용은 정일의 시 108편을 뽑고, 서문을 작성했다.

이 밖에 유학자들의 문집에도 승려들을 위해 암기菴記를 써 준 것이 많다. 이를테면 유언호兪彦鎬는 1758년(영조 34) 나주 금오산金鰲山 동대東臺의 연월법사淵月法師를 위해 암자의 이름을 연월로 정해 주고 암자를 중창하자 기문을 지어 주었다. 1761년 정시庭試문과에 병과丙科로 합격하기 이전, 27세 때의 글이다. 불교의 불이법문과 주희의 추월한수秋月寒水 설을 근거로 그 글을 작성했다. 주희는 〈재거감흥齋居感興〉 20수 가운데 제10수에 "삼가 천 년의 마음을 살피건대, 가을 달이 찬 강물을 비추는 듯하도다. 노수(공자)가 어찌 스승을 한 사람만 정해 두었던가, 성현께서 전해 주신 법도가 모두 스승일세"(恭惟千載心, 秋月照寒水. 魯叟何常師? 刪述存聖軌)라고 했다.

> 법사! 못물은 땅에서 나오고 달은 하늘에 붙어 있으니, 못물과 달은 법사가 차지할 수가 없어요. 차지할 수 없으면서 취하여 스스로를 이름했으니, 정말 미혹했지요. 나는 그것을 취하여 법사의 거처에 이름을 붙였으니, 의혹을 더 불어나게 한 것이 아니겠습니까! 가만히 생각하면, 인간과 품물의 관계는 만일 외물의 관점에서 보면 품물은 품물이고 나는 나입니다. 하늘은 높고 땅은 아래에 있으며, 산은 솟고 물은 흐르며, 초목은 피었다가 시들며, 안개 구름은 말렸다가 펴지며, 새는 날고 물고기는 튀는 것이, 내게 무슨 관계가 있겠습니까? 내가 스스로 나를 보면, 나의 몸도 군더더기(贅)일 따름이니, 몸도 차지할 수 없거늘 외물이야 어떠하겠습니까? 그렇지만 이미 차지하고 있는 것의 관점에서 본다면 천지 사이에 있는 품물치고 내가 본디 차지한 바가 아닌 것이 어디 있겠습니까? 높은 하늘과 넓은 땅은 나의 집이요. 가로로 세로로 열 지은 산과 강은 나의 책상이요, 푸르고 무성한 풀과 나무는 나의 모발이요, 아지랑이 구름, 남기와 비취빛은 나의 기식과 호흡이요, 물고기와 새, 노루와 사삼은 나의 친구이자 반려이니 품물은 곧 나요, 나는 곧 품물입니다. 이것으로 말하면, 못과 달은 법사가 지니고 있다고 말하더라도 좋으며, 가지고 있을 뿐만이 아니라 법사의 몸이 못과 달이라 해도 좋습니다. 스스로 이름하신 것이

286 玩虎倫佑 編,《大芚寺志》, 亞細亞文化社, 1980 영인.

나 당에 이름을 붙인 것은 진실로 미더우므로, 미혹한 것이 아닙니다. 담연湛然하게 맑은 것이 못이요, 교연皎然하게 흰 것이 달이며, 그 사이에 처하여 오염을 제거하고 오묘함을 발하여 무궁무진 비추는 것이 바로 법사입니다. 달과 못을 보면 법사는 못과 달에 있고, 법사를 보면 못과 달이 법사에게 있기에, 누가 법사이고 누가 못과 달인지를 모르겠거늘, 어찌 둘로 보겠습니까? 하지만 못의 맑음과 달의 흰빛은 색상으로 볼 수 있지만, 법사는 사공事功의 행위를 끊었고 지견知見을 세우지 않아 충허冲虛하고 명적冥寂하여 애당초 무어라 말할 색상이 없으니, 어찌 못과 달을 기준으로 우리 법사를 비난할 수 있겠습니까? 그렇지만 도라는 것에는 체體도 있고 용用도 있거늘, 법사는 그저 못과 달의 체만 보고 못과 달의 크나큰 용은 모를 리 있겠습니까? 못은 흘러서 땅을 적시고 물을 윤기 나게 하며, 달은 굴러서 사계절을 이루고 만물을 완수하게 하니, 법사는 여기에서 반성하여 추구한다면, 도의 체와 용에서 아마도 얻는 것이 있어서 선택할 바를 알 것입니다. 만일 그러하다면 다른 날 폭건幅巾과 여장藜杖으로 다시 연월의 암자에 올라 우리 유학자의 추월한수秋月寒水의 심법心法을 강론한다면 또한 즐겁지 않겠습니까! 이렇게 기록합니다.[287]

石顚 박한영朴漢永(1870-1948)의 법명은 정호鼎鎬, 법호는 영호映湖이며, 호는 석전石顚이다. 전북 전주 출신으로, 1895년 순창 귀암사龜岩寺 설유雪乳의 법을 이어 당호를 영호라고 했다. 1910년 해인사의 주지 이회광李晦光이 한국불교를 일본 조동종曹洞宗에 예속시키려 하자, 한용운韓龍雲(1879-1944)과 함께 조동

287 兪彦鎬, 〈淵月菴記〉(戊寅), 《燕石》 冊2 記. "師! 淵出乎地, 月麗乎天, 淵與月, 師不可得以有之也. 旣不得有而取之而自名, 固惑矣. 吾又取之, 而名師之所居, 不其滋惑歟! 窃嘗推之, 人之於物也, 苟以外物而觀, 則物自物也, 我自我也. 彼天高而地下, 山峙而水流, 草木之榮悴, 烟雲之卷舒, 羽鱗之飛躍, 顧何與於我哉? 我自觀我, 我之身亦贅耳. 身且不得以有, 而况物乎? 然而自其固有而觀, 則凡物乎天地間者, 孰非我之所固有哉? 天地之崇廣, 卽吾之室廬. 山川之經緯, 卽吾之几案. 草樹之蒨欝, 卽吾之毛髮. 烟雲嵐翠, 卽吾之氣息呼吸. 魚鳥麋鹿, 卽吾之朋游伴侶. 物是我也, 我是物也. 以是言之, 則淵與月, 雖謂之師之所有, 可也. 不特有也, 雖謂之師之身是淵月, 亦可也. 其所以自名也, 名堂也, 吾知其信也, 非惑也. 夫湛然而淸者, 淵也. 皎然而白者, 月也. 處乎其間而袪濁染發妙闢, 照耀無盡者, 是師也. 見淵月則師在乎淵月矣. 見師則淵月在乎師矣, 將不知孰爲師也. 孰爲淵月也, 則師也淵月也, 又何二焉? 然而淵之淸, 月之白, 猶有色相之可見也, 乃師則功行已斷, 知見不立, 冲虛冥寂, 初無色相之可言也. 若是者, 又豈可以淵與月議吾師也哉? 雖然, 道者有體有用, 師徒見夫淵月之體而不知淵月之用之大乎? 淵之流也, 漑土而潤物, 月之轉也, 成四時遂萬品. 師於是反而求之, 則其於道之體用, 庶有以得焉而知所擇矣. 苟爾則異日幅巾藜杖, 更上淵月之菴, 相與講吾儒秋月寒水之心法, 不亦樂哉! 是爲記."

표1. 조선 후기 승려들의 문집과 저술

《韓國佛敎全書》 수록. 〈 〉는《韓國佛敎撰述文獻總錄》(1976) 저록, ( )는 未傳.

호, 법호(생몰년)	저술
淸虛休靜(1520-1604)	禪家龜鑑 三家龜鑑 心法要抄 禪敎釋 禪敎訣 說禪儀 淸虛堂集 精選四家錄 續眞實珠集 三老行蹟 雲水壇〈回心曲〉
靜觀一禪(1533-1608)	靜觀集
暎虛海日(1541-1609)	暎虛集
浮休善修(1543-1615)	浮休堂集
松雲惟政(1544-1610)	四溟堂大師集 奮忠紓難錄
霽月敬軒(1544-1633)	霽月堂大師集
靑梅印悟(1548-1623)	靑梅集
奇巖法堅(? -1594)	奇巖集
雲谷沖徽(? -1613)	雲谷集
懶庵眞一(? -1636)	釋門家禮抄
逍遙太能(1562-1649)	逍遙堂集
中觀海眼(1567-?)	中觀大師遺稿 (竹迷記) 華嚴寺事蹟 金山寺事蹟
詠月淸學(1570-1654)	詠月堂大師文集
碧巖覺性(1575-1660)	(禪源集圖中決疑) (看話決疑) 釋門喪儀抄
鞭羊彦機(1581-1644)	鞭羊堂集
翠微守初(1590-1668)	翠微大師詩集
虛白明照(1593-1661)	虛白集 僧家儀禮文
白谷處能(? -1680)	白谷集 任性堂大師行狀
枕肱懸辯(1616-1684)	枕肱集
智禪(?-1652)	梵音集
暮雲震言(1622-1703)	華嚴品目問目貫節圖
寒溪玄一	寒溪集
霜峰淨源(1627-1709)	都序分科〈節要科文〉〈水墮寺事蹟〉
栢庵性聰(1631-1700)	栢庵集 淨土寶書 淨土讚 緇門警訓註 四經持驗記 起信論筆削記會編
雲峰大智(? -1686)	心性論
月峰策憲(? -1703)	月峰集
明衍(?-1704)	念佛普勸文
智還(?-1709)	水陸齋儀梵音刪補集
月渚道安(1638-1715)	月渚堂大師集〈佛祖宗派圖〉
楓溪明察(1640-1708)	楓溪集
石室明眼(1646-1710)	百愚隨筆 般若心經略疏連珠記會編 法會禮懺儀式
雪巖秋鵬(1651-1706)	雪巖雜著 雪巖亂藁 都序科評 (節要私記)〈妙香山誌〉
無用秀演(1651-1719)	無用堂遺稿
喚惺志安(1664-1729)	禪門五宗綱要 喚惺詩集
無竟子秀(1664-1737)	無竟集 無竟室中語錄 佛祖眞心禪格抄〈寶鏡三昧〉
影海若坦(1668-1754)	影海大師詩集抄 (文集)
頭輪淸性	(頭輪堂詩集)

聖能(?-1724)	〈仔夔文節次條例〉
虛靜法宗(1670-1733)	虛靜集
南岳泰宇(?-1732)	南岳集
松桂懶湜(1684-1765)	松桂大禪師文集
晦庵定慧(1685-1741)	都序科記 節要私記 (華嚴疏隱科) (諸經論疏句絶)
霜月璽篈(1687-1767)	霜月大師詩集
涵月海源(1691-1770)	天鏡集
箕城快善(? -1764)	請擇法報恩文 念佛還鄕曲
大輝(?-1748)	〈梵音宗譜〉
月波兌律(1695-1771)	月波集
龍潭慥冠(1700-1762)	龍潭集
楓岳普印(1701-1769)	〈楓岳堂集〉
好隱有璣(1707-1785)	好隱集 新編普勸文
雪坡尙彦(1707-1791)	(華嚴淸凉疏隱科) (鉤玄記)
雪潭自優(1709-1770)	雪潭集
野雲時聖(1710-1776)	野雲大禪師文集
鰲岩毅旻(1710-1792)	鰲岩集
龍巖體照(1717-1779)	龍巖堂遺稿
大圓(1714-?)	大圓集
黙菴最訥(1717-1790)	黙菴大師詩抄 諸經會要 (華嚴科圖) (心性論)
秋波泓宥(1718-1774)	秋波集 秋波手柬
蓮潭有一(1720-1799)	都序私記 節要私記 林下錄 釋典類解 (書狀私記) (禪要私記) (楞嚴私記) (起信蛇足) (金剛鰕目) 〈圓覺私記〉(華嚴遺忘) (玄談私記) (拈頌著柄) (諸經會要) (心性論)
獅巖采永(?-1764)	佛祖源流
碧潭讜諶(?-1782)	四溟堂枝派根源錄
振虛捌關(?-1769)	三門直指 振虛集
月城費隱(1778-?)	月城集
括虛取如(1720-1789)	括虛集
沖虛指冊(1721-1809)	沖虛大師遺集
蒙庵箕穎	蒙庵大師文集
道峰有聞	法性偈科註
雲潭鼎日(1741-1804)	〈林間錄〉
鏡巖應允(1743-1804)	鏡巖集
仁嶽義沾(1746-1796)	仁嶽集 〈書狀私記〉〈楞嚴私記〉〈起信私記〉〈金剛私記〉〈圓覺私記〉〈華嚴私記〉〈拈頌記〉
華嶽知濯(1750-1839)	三峰集 (風使錄)
澄月正訓(1751-1823)	澄月大師詩集
玩虎倫佑(1758-1826)	大芚寺志
楓溪賢正(?-1821)	日本漂海錄
海鵬展翎(?-1826)	〈壯遊大方錄〉

白坡亘璇(1767-1852)	禪文手鏡 修禪結社文科釋 作法龜鑑 〈六祖壇經要解〉〈太古庵歌科釋〉〈五宗綱要私記〉〈禪要記〉〈金剛八解鏡〉〈拈頌私記〉
兒庵慧藏(1772-1811)	兒庵遺集
月荷戒悟(1773-1849)	伽山藁
草衣意恂(1786-1866)	禪門四辨漫語1 艸衣詩藁 茶神傳 東茶頌 震默大師遺蹟攷 〈二禪來儀〉
華潭敬和(1786-1848)	八陽經註
鐵船惠楫(1792-1858)	鐵船小艸
暎虛善影(1792-1880)	櫟山集
應雲空如(1794-1826)	遺忘錄
涵弘致能(1805-1878)	涵弘堂集
梵海覺岸(1820-1896)	東師列傳 梵海禪師文集 梵海禪師詩集 (緇門記) (四碑記) (遺敎經記) (四十二章經記)
優潭洪基(1822-1881)	林下錄 禪門證正錄
雪竇有炯(1824-1889)	禪源溯流 山史略抄
涵溟太先(1824-1902)	〈緇門私記〉
竺源震河(1861-1925)	禪門再正錄
奉琪	少林通方正眼
克庵師誠(1836-1910)	克庵集
華曇法璘(1843-1902)	聾默集
鏡虛惺牛(1849-1912)	鏡虛集
混元世煥(1853-1889)	混元集
幻空治兆(?-1870)	淸珠集
正觀承宣(?-1878)	濟衆甘露
華甘知稀	般若心經註解
龍岳慧堅	龍岳堂私藁集
草堂	草堂集
*金大鉉(? -1870) 月窓	禪學入門 述夢瑣言

종을 반대하고 임제종지臨濟宗旨를 주장했다. 1913년에 《해동불교》를 창간했다.[288] 《석림문초石林文鈔》와 《석림수필石林隨筆》를 남겼는데, 제첨題籤을 《석전문초石顚文鈔》라 했다. 〈석전시초후자서石顚詩抄后自敍〉에서 "나는 본시 강호의 춥

288 鄭寅普, 〈石顚上人小傳〉, 《薝園文祿》 卷1; 金映遂, 〈故太古禪宗敎正映湖和尙行績〉, 朴漢永, 《石顚文抄》 卷首; 김상일, 〈석전 박한영의 저술 성향과 근대불교학적 의의〉, 《불교학보》 46, 동국대학교 불교문화연구원, 2007.12, pp. 139-159; 김석태, 〈石顚 鼎鎬의 국토 기행시〉, 《한국시가문화연구》 36, 한국시가문화학회, 2015.8, pp. 57-82; 임해봉(우곡혜봉愚谷慧峰), 《석전 박한영》, 미디어 붓다, 2020.

고 배고픈 무리로서, 구름과 이웃하고 바위에 깃 들이길 이미 오래 했도다(僕本江湖寒窶輩, 隣雲栖石已多時)"라고 밝혔다. 석전은 바위에 깃들인 미친 사람이라는 뜻이다.

寒岩 방중원方重遠(1876-1951)의 본관은 온양, 법호는 한암寒岩이며, 별호는 알려져 있지 않다. 흔히 방한암이라 부른다. 강원도 화천군 김화에서 태어났다. 22세 때인 1897년 금강산 장안사의 행름화상行凜和尙 문하에서 출가했다. 24세 때 성주 청암사 수도암에서 임제선 중흥조 경허성우鏡虛惺牛(1849-1912)의《금강경》설법에서 안광이 열렸다. 1925년 봉은사 조실로 있다가 강원도 오대산 상원사上院寺로 들어갔다. 1929년 석전 박한영 등 7인이 함께 교정敎正으로 선출되고, 1935년 신혜월申慧月·송만공宋滿空과 함께 선학원禪學院의 종정宗正으로 추대되었다. 1941년 조선불교 조계종의 초대 종정으로 추대되었다. 해방 직후 종정에서 물러나고 석전이 교정이 되었다가 석전이 1948년 입적하자 다시 종정으로 추대되었다.[289]

(6) 여성의 호

蘭雪軒 여류시인 허난설헌許蘭雪軒(1563-1589)의 본명은 초희楚姬, 호는 난설헌蘭雪軒·난설재蘭雪齋이다. 본관은 양천, 허엽許曄(1517-1580)의 딸이요 허균의 누이이다. 이달李達(1539-1612)에게서 시를 배웠다. 명나라 주지번朱之蕃이 허난설헌의 작품을 동생 허균에게 받아 갔는데, 그것이 중국에서《난설헌집》으로 간행되었다. 조선에서는《난설재시집》으로 전한다.[290] 호가 경번당景樊堂이며, 경번은 당나라 시인 번천樊川 두목杜牧을 흠모해서 붙인 것이라고 전한다.[291] 1912년에 작성된〈소설헌전략少雪軒傳略〉에 따르면, 역관 허순許蒓의 딸 허경란許景蘭은 호가 소설少雪이다. 허경란은 선조 때 허순이 중국 금릉金陵에서 명나라

---

289 玆玄,《시대를 초월한 성자, 한암—조계종의 초석을 정립하다》, 불광출판사, 2020.

290 1606년 경 경진자체 훈련도감자본이 나오고, 1608년 목판본이 나왔다. 장보웨이張伯偉,《동아시아 한문학 연구의 방법과 실천》, 제4부 '서적의 환류—명·청시대 여성시문집의 동아시아내 환류, 하', 심경호 옮김, 고려대학교출판문화원, 2017, pp. 380-410.

291 朴趾源,〈太學留舘錄〉前篇(乙卯止庚申凡六日),《燕巖集》卷12 別集 熱河日記.

여인과의 사이에 낳은 딸이며, 이름은 난설헌을 사모한다는 뜻의 '경모난설헌景慕蘭雪軒'에서 따오되 난설헌보다 낮추어 '소'라 했다고 한다.[292] 허경란은 허난설헌이 27세에 죽었다는 시참詩讖을 믿어, 27세에 "금년에 죽을 것이다"라고 했으나,[293] 그 해 죽지 않자 광려산匡廬山으로 들어가 여관女冠이 되었다. 허경란이 허난설헌을 추모한 것은 《난설헌집》을 얻어 돌아가 전당錢塘 사람 양백아梁伯雅가 《난설헌집》을 《해동난海東蘭》이라고 이름 붙여 인쇄해서 유포시켰기 때문이라고 한다.[294] 경번를 호로 간주하는 설이나 허경란이 난설헌을 흠모했다는 소설은 여성 비하 심리가 만들어 낸 듯하다.

浩然齋 김호연재金浩然齋(1681-1722)의 본관은 안동, 호가 호연재浩然齋이다. 고성군수 김성달金盛達(1642-1696)의 딸로, 남편은 소대헌小大軒 송요화宋堯和(1682-1764)이다.[295] 생가는 선원仙源 김상용金尙容의 후손, 시가는 동춘당同春堂 송준길宋浚吉의 후손이다.

允摯堂 임윤지당任允摯堂(1721-1793)의 본관은 풍천, 호는 윤지당允摯堂으로,

---

292 《許夫人蘭雪軒集附景蘭集》〈少雪軒傳略〉(1912). "少雪景蘭號也. 夫人姓許氏, 朝鮮譯人蒓之女也. 宣廟時, 許蒓流入中國之金陵, 娶玥女生一女, 名曰景蘭. 天姿丰異, 才藝絶倫. 自七八歲, 能詩文. 因父母俱亡, 就育于其外祖史氏家. 及長, 不肯適人. 常恨以東土遺種, 不得見故國山川, 悱怨之聲, 往往溢於唫咏之間. 大明萬曆丙午, 朱之蕃使朝鮮, 得許夫人蘭雪集以歸, 華人鋟鏤盛行. 景蘭讀而慕之, 續和全什. 錢塘人梁伯雅編之, 曰《海東蘭詩集》名者, 是也. 夫人幼名不知其謂何, 而其曰景蘭者, 景慕蘭雪軒, 而氏貫偶同也. 又自號少雪. 常撫躬自悼曰: '我乃蘭雪軒超生身也.' 年至廿七, 每淨修衣巾, 閉戶焚香, 謂其所居家人曰: '今年吾必謝世矣.' 盖以蘭雪軒三九之讖也(蘭雪軒〈夢中作詩〉有芙蓉三九墮月霜寒之句, 至二十七捐世). 是年無事安過, 反愀然如有所失, 曰: '吾乃凡胎也.' 遂入匡廬山爲女冠, 不知所終云. 今其詩文, 雖不可得見, 而散出於海東蘭草本者爲若干, 故附剟於《蘭雪軒集》中云爾. 壬子仲秋下瀚編者識.'

293 허난설헌의 〈몽중작夢中作〉에서 "푸른 바다 요지에 번지어 가고, 파란 난새는 오색 난새에 어울려 있네. 아리따운 연꽃 스물일곱 송이, 분홍꽃 떨어지고 서릿발은 싸늘하이"(碧海浸瑤海, 靑鸞倚彩鸞. 芙蓉三九朶, 紅墮月霜寒)라고 하여, 27세 나이로 세상을 하직하게 될 것을 예견했다는 설화가 있었기 때문이다.

294 〈소설헌전략少雪軒傳略〉은 친일 출판업자 안왕거安往居/본명 安宅重(1858-1929)가 1912년에 작성한 것이다. 허경란은 실존인물이 아닌 가공인물에 불과하며, 그녀의 전기는 모두 허구이다. 《소설헌집少雪軒集》은 안왕거가 출간한 연활자본 《난설헌시집》(신해음사, 1913)에 '차운시' 형태로 실려 있는 123수의 시를 가리킨다. 원래 서명은 《허부인난설헌집부경란집許夫人蘭雪軒集附景蘭集》이다. 《운곡집雲谷集》은 전남 곡성 나주정씨 집안의 묵용실默容室에서 만들어진 필사본 위서이다. 양승민, 〈문학류 僞書 연구 試論: 《雲谷集》과 《少雪軒集》의 진위 변증을 겸하여〉, 《고전과 해석》 17, 고전문학한문학연구학회, 2014, pp. 83-115.

295 조연숙, 《한국고전여성시사》, 국학자료원, 2011.

강원도 원주시 호저면 무장리 출신이다. 임적任適(1685-1728)의 딸로, 임성주任聖周(1711-1788)의 누이동생, 임정주任靖周(1727-1796)의 누나이다.[296] 1739년 원주 선비 신광유申光裕와 결혼했으나 결혼한 지 8년이 지난 1747년에 남편을 잃었으며, 아이마저 어릴 적에 죽었다. 큰오빠 임명주任命周(1705-1757)가 세상을 떠나자 한문으로 제문을 지었다.《윤지당유고》가 전한다. 이 책의 부록에 의하면, 윤지당이라는 당호는 둘째 오빠 임성주가 지어 주었다. 주희의 〈백록동부白鹿洞賦〉에 "진실로 유신 들판의 이윤의 뜻을 품으며, 삼가 누항의 안연의 조행을 지킨다"(尹莘摯之所懷, 謹巷顔之攸執)라는 말에서 따온 것이다. 신莘은 유신有莘의 땅이고, 지摯는 이윤伊尹의 이름이다. 또《시경》〈대아·대명大明〉에 "지摯나라 둘째 딸인 태임太妊이 은상殷商으로부터 주나라로 시집 와서, 주나라 서울에서 부인이 되었네"(摯仲氏任, 自彼殷商, 來嫁于周, 曰嬪于京)라고 했다. 태임은 왕계王季의 부인으로, 문왕文王의 어머니이다. 임성주는 누이동생이 이윤의 뜻을 품되 태임씨처럼 현모양처가 되라고 권계한 것이다.

師朱堂 사주당 이씨師朱堂李氏(1739-1821)는《태교신기胎教新記》를 저술한 여성 학자이다.[297] 아들 유희柳僖가 음의音義를 달았다. 사주당은 경령군敬寧君 이배李裶의 10대 손이다. 청주에서 태어났다. 조부는 이함부李咸溥, 부친은 통덕랑 이창식李昌植이다. 외조부는 강덕언姜德彦이다. 남편 유한규柳漢奎(1718-1783)는 1755년의 을해옥사 때 백부 유수柳綏의 조카라는 이유로 수감되었다가 풀려났다. 1779년(정조 3, 기해) 6월에 목천현감을 제수받았으나 친혐을 이유로 9월에 돌아와 1783년 6월에 세상을 떠났다. 사주당은 유한규의 네 번째 부인으로, 1남 3녀를 낳았다. 사주당은 49세로 죽으면서, 유언으로 '선비先妣 수간手柬' 두루마리 하나, 부군 유한규의《성리문답性理問答》, 스스로 베낀《격몽요결擊蒙要訣》을 대나무 상자에 갊아 두고,《태교신기》만 남겨 달라고 했다. 생전의 사주당은 이면눌李勉訥과 이양연李亮淵(1771-1853) 등 선비들을 가르쳤다. 사주당은 결

296 任允摯堂,《允摯堂遺稿》遺事(任靖周).

297 심경호,〈유희의 시문 문집과 그 정신세계〉,《진주 유씨 서파 유희 전서 II》, 한국학중앙연구원, 2008 영인, pp. 2-46; 심경호,〈사주당 이씨의 삶과 학문〉,《한국고전여성문학연구》18, 한국고전여성문학회, 2009.6. pp. 241-279.

혼 직후에 당호를 희현당希賢堂으로 했다가 '주자를 배운다'는 뜻인 사주당師朱堂으로 바꿨다. 단, 사주당은 기질지성과 본연지성의 구별을 인정하지 않고 마음을 그 전량에 있어서 용인하는 양명학적 심학과 유사한 논리를 전개했다.

憑虛閣 사주당 이씨의 외조카 빙허각 이씨憑虛閣李氏(1759-1824)도 여류 학자이다. 15세에 남편 서유본徐有本과 결혼했다. 즉, 《보만재총서》를 남긴 서명응徐命膺은 시할아버지, 《해동농서》를 남긴 서호수徐浩修는 시아버지이다. 빙허각은 결혼한 그해에 다섯 살 아래 시동생 서유구徐有榘를 가르쳤는데, 훗날 서유구는 《임원경제지》를 남겼다. 1806년 시댁이 옥사에 연루되어 몰락하자 어려운 집안 살림을 떠맡았으며 생활 경험을 토대로 《규합총서閨閤叢書》를 엮었다. 이 외에 《청규박물지》와 《빙허각시집》 등을 저술했다.[298]

靜一 강지덕姜至德(1772-1832)의 본관은 진주, 호는 정일당靜一堂이다. 충청북도 제천군 근우면 신촌新村의 외가에서 태어났다. 부친은 강재수姜在洙, 모친은 안동 권씨이며, 남편은 윤광연尹光演(1778-1838)이다. 남편이 유문을 편집하여 1836년(헌종 2) 《정일당유고》를 간행했다.[299] 송치규宋穉圭(1759-1838)는 강지덕이 정일靜一의 덕을 보존하여 유가의 도리를 잃지 않았다고 높이 평가했다.[300]

貞一 남정일헌南貞一軒(1840-1922)은 성대호成大鎬의 부인이다. 16세에 예산의 성씨 집안으로 시집와 20세에 남편을 잃었다. 《주역》과 《시경》을 탐독했다. 도고산과 덕봉산 아래 있던 자신의 집을 도운각道雲閣이라 이름 짓고 정일헌貞一軒이라고 편액을 붙였다. 정일貞一은 "사물의 변화는 무궁하나 그 이치는 하나로 돌아간다"라는 《주역》의 구절을 딴 것이다. 1894년 11월, 간양리 앞에서

---

298 박영민, 〈憑虛閣 李氏의 《淸閨博物志》 저술과 새로운 여성지식인의 탄생〉, 《민족문화연구》 72, 고려대학교 민족문화연구원, 2016, pp. 261-295; 박영민, 〈빙허각 이씨의 고증학적 태도와 유서〉, 《한국고전여성문학연구》 36, 한국고전여성문학회, 2018, pp. 5-41.

299 1926년 김석곤金晳坤에 의해 중간되었다. 1998년 성남문화원에서 문집을 영인하고, 일부 번역본을 덧붙였다. 부록에 강원회姜元會가 쓴 행장, 홍직필洪直弼이 쓴 묘지명이 있다. 이영춘 역, 《강정일당姜靜一堂》, 가람기획, 2002.

300 宋穉圭, 〈靜一堂集跋〉, 《剛齋先生集》 卷6 跋. "自古固多有女士之稱, 而女紅之暇, 潛心根究乎聖賢經傳. 其論說操心修身之要, 處事接物之方, 不失儒家正路. 如孺人者, 蓋所未聞. 况其貧病平生, 實有人不能堪者耶? 苟非靜一之至, 何以有是?"

북접 동학군과 관군의 관작리 전투가 벌어지자, 피난을 하면서 원고를 일부 불태웠다. 이후 남은 원고를 모아 1896년경 시문집을 간행하려고 이건창李建昌의 서문까지 받아두었으나 뜻을 이루지 못했다. 사후에 양자 성태영成台永이 어머니의 유고 시를 모아 1923년《정일헌시집》을 간행했다.[301]

三宜 김삼의당金三宜堂(1769-1823)은 260여 편의 한시와 문장을 남긴 양반 여성 문인이다. 본관은 김해金海, 당호는 삼의당三宜堂, 부친은 탁영濯纓 김일손金馹孫의 후손인 김인혁金仁赫이고, 남편은 진양인晉陽人 담락당湛樂堂 하립河湿이다. 전라북도 남원의 서봉방捿鳳坊(현 교룡산 서남 기슭)에서 태어났다. 1786년(정조 10) 18세가 되던 해에 같은 해, 같은 날, 같은 동네에서 출생한 하립과 결혼했다. 32세 되던 1801년(순조 원년) 진안군 마령면 방화리로 이주했다. 당호는《시경》〈국풍·주남周南·도요桃夭〉에서 아가씨가 출가하는 광경을 노래하여, 제1장에서 "저 아가씨 시집가니, 집안이 화락하구나"(之子于歸, 宜其室家), 제2장에서 "이 아가씨의 시집감이여, 그 집안을 화목하게 하리로다"(之子于歸, 宜其家室), 제3장에서 "이 아가씨 시집을 가서 그 집안 식구를 화목하게 하리라"(之子于歸, 宜其家人)라고 노래한 것에서 3개의 의宜 자를 따서 붙인 것이다.[302]

令壽 영수합令壽閤 서씨徐氏(1753-1823)의 본관은 달성이다. 순조 때 영의정에 추증된 홍인모洪仁謨의 부인이며, 당대 재상을 지낸 연천淵泉 홍석주洪奭周, 항해沆瀣 홍길주洪吉周, 부마 영명위永明尉 홍현주洪顯周의 어머니이다. 장녀 유한당幽閑堂 홍원주洪原周는 심의석沈宜奭의 부인이고 차녀는 이현우李顯愚의 부인이다. 영수는 서씨의 거실 이름으로, 남편이 붙여 준 것이다. 홍인모의 시집《족수당집足睡堂集》 권6에 〈부: 영수합고附令壽閤稿〉라는 제명으로 시詩·사辭 192편이 있다.[303] 영수는 부군 홍인모가 붙여 준 당호로,[304] 어질어서 장수하라는 뜻이다.

---

301 남정일헌 저, 문희순 역주,《역주 정일헌 시집》, 예산문화원, 2015. 12.

302 1930년에 장사長沙 김기현金箕現과 승평昇平 정형택鄭逈澤이 원고를 모아《삼의당고三宜堂稿》를 간행했다. 진안군 백운면 덕현리에 남편 하립과의 합장묘가 있다.

303 金呂珠, 〈令壽閤 徐氏論〉, 정양완 외,《조선 후기한시작가론》, 이회문화사, 1998.12.

304 洪仁謨, 《足睡堂集》〈足睡堂集跋〉(洪顯周). "右先稿六卷, 不肖兄弟所共編定, 詩若辭凡八百九十三篇, 文凡十九篇, 附令壽閤詩若辭一百九十二篇, 合以題之曰足睡堂集. 足睡, 先君自號也. 令壽, 吾先妣所居室而先君所命也."

林碧 선취仙醉 유여주兪汝舟(1477-1545)의 후실인 의성김씨義城金氏(1492-1549)는 호가 임벽당林碧堂이다.[305] 충청남도 한산韓山에서 태어났다. 부친은 별좌 김수천金壽千이다. 1519년(중종 14) 기묘사화가 일어나자 남편을 따라 충청남도 서천군舒川郡 비인庇仁으로 들어가 임벽당林碧堂을 지었다. 시가《열조시집列朝詩集》·《명원시귀名媛詩歸》등에 실려 있다.

情靜 황정정당黃情靜堂(1779년경-1849년 이전)은 평해 황준량黃俊良의 후손으로, 인천 채하蔡河의 부인이다. 경상도 옥산에 거처했다. 1858년에 손자 채준도蔡準道(1834-1904)가《정정당일고情靜堂逸稿》를 목활자로 간행했는데, 이에 앞서 1849년에 이황李滉의 10세 종손 이휘녕李彙寧(1788-1861)이 서문을 지었다.[306] 이휘녕은 서문에서 '정정情靜'이란 호가 범순부范淳夫 딸의 의론과 계합한다고 했다.[307] 범순부는 곧 북송의 명신 범조우范祖禹(1041-1098)을 말한다. 그 딸의 논의는《맹자》〈고자 상告子上〉의 '조존操存' 장에 대한 비판을 말한다. 맹자는 "마음이라는 것은 잡아 두면 있고 놓아 버리면 없어지는 것으로서, 나가고 들어오는 것이 일정한 때가 없으며, 어디로 향할지 종잡을 수가 없는 것이다"(操則存, 舍則亡, 出入無時, 莫知其鄕, 惟心之謂與!)라고 했으나, 범조우의 딸은 마음은 애당초 출입하지 않는다고 비판했다.[308] '정정'은 감정을 고요하게 유지하여 본래의 선한 마음을 늘 유지한다는 뜻이다.

淸閑 김청한당金淸閑堂(1853-1890)은 의금부도사 김순희金淳喜의 딸로, 이현춘李顯春의 부인, 소산素山 이응진李應辰(1817-1887)의 며느리이다. 15살에 결혼하고 17살에 남편이 죽은 후 시아버지의 삼년상까지 마친 뒤, 1890년에 양자 경만庚萬 내외, 가족들에게 집안일과 시아버지 문집 간행을 부탁하고 음독자살

---

305 《杞溪兪氏大同譜》(2017)에 생몰년이 기록되어 있다.

306 이휘녕의 본관은 진성, 자는 군목君睦, 호는 고계古溪이다. 아버지는 이승순李承淳인데, 이지순李志淳에게 입양하여 이황의 10세 종손이 되었다 최석금崔石金,〈고계집古溪集〉해제, 한국고전번역원, 2013.

307 李彙寧,〈情靜堂逸稿序〉,《情靜堂逸稿》1858년 목활자본, "其名堂以情靜者, 有契乎范淳夫女'心無出入'之義, 只緣自家情地常自安靜, 則亦不害爲却識情者也."

308 《심경부주心經附註》권3〈우산지목장牛山之木章〉에, "범순부의 딸이 맹자의 '조존' 장을 읽고 '맹자께서 마음을 모르셨도다! 마음이 어찌 출입이 있겠는가'라고 하였는데, 이천 선생(정이程頤)이 이를 듣고 말하기를 '이 여성이 비록 맹자는 몰랐으나 도리어 마음은 알았다'"(范純夫之女, 讀孟子操存章, 曰孟子不識心! 心豈有出入. 伊川先生聞之, 曰此女雖不識孟子, 却能識心)라고 나온다.

했다. 동생 김상오金商五가 1917년에 《청한당산고淸閒堂散稿》를 목활자로 펴내면서 서문을 지어 누이의 당호를 풀이했다. 처음에는 이응진이 '유한幽閑'이란 당호를 주었다. 《시경》〈주남周南 관저關雎〉에 대한 주희朱熹의 《시경집전詩經集傳》에 "궁중에 있는 사람이 태사太姒가 처음 시집올 때에 얌전하고 정숙한 덕이 있음을 보았기 때문에 이 시를 지었다"(宮中之人, 於其始至, 見其有幽閑貞靜之德, 故作是詩)라고 했다. 또 《시경》〈대아大雅 사제思齊〉에는 "엄숙한 태임이 문왕의 어머니이시니, 주강에게 사랑을 받아 경실의 며느리가 되었다"(思齊太任, 文王之母. 思媚周姜, 京室之婦)라고 나온다. 김씨는 자신이 문왕의 부인 태사太姒나 문왕의 모친 태임太任에 견주어질 수 없다고 사양했다. 그러자 이응진이 청한당으로 고쳐 주었다고 한다.[309]

(7) 국왕과 부마의 호

조선 시대의 국왕 가운데는 호를 사용한 사람들이 있다. 태조, 영조, 정조는 대표적인 예이다.

松軒居士 태조 이성계는 1398년 정월, 정도전鄭道傳(1342-1398)에게 작은 서찰과 함께 동옷(유의襦衣)을 보냈다. 태조는 1397년에 정도전을 동북면도선무사東北面都宣撫使로 삼아 군·현의 경계를 정하게 하고 공주의 토성을 석성으로 개축해 경원부를 설치하게 하는 한편, 이왕실의 조상 능묘인 덕릉德陵과 안릉安陵 등을 수리하게 했다.[310] 도선무사는 곧 동북면도선무순찰사東北面都宣撫巡察使이다. 이성계는 서찰의 끝에 송헌거사松軒居士라는 호를 사용했다. 고려 말 이색

309 金商五, 〈淸閒堂散稿序〉, 《淸閒堂散稿》 1917년 목활자본, "淸閑之號, 皇舅素山李先生之所錫, 而初證之任似[姒의 잘못]以幽閑, 請不敢改之, 曰淸閑也."

310 이 서찰은 정도전의 문집 《삼봉집》에는 1398년 정월에 보낸 것으로 되어 있다. 하지만 《태조실록》의 태조 7년(1398) 2월 4일(신사) 기록에, 태조가 좌승지 이문화李文和에게 이르기를, "내가 들으니 전조前朝의 충숙왕이 거사라고 일컬어 예천군 권한공權漢功에게 글을 보내었다. 나도 또한 봉화백奉化伯에게 거사라고 일컬어 글을 보내려고 하는데, 무엇으로 호를 할까?"라고 묻자, 이문화가 "상감의 잠룡 때의 헌호軒號가 어떠합니까?"라고 해서, 태조가 마침내 송헌을 호로 했다고 되어 있다. 봉화백은 곧 정도전의 봉호다. 심경호, 《국왕의 선물》 1, 성안당, 2012, pp. 14-19.

李穡이 지어 준 송헌松軒이란 헌호를 사용했지만, 이때에 와서 송헌거사를 자호로 썼다. 이색은 이성계의 부탁으로 이성계의 첫째 아들(훗날 정종) 이름을 방과로 지어 주었으며 그 내용을 시로 보냈다. 그때 다음과 같은 긴 제목에 사연을 밝혔다.

> 이상의李商議(상의는 이성계가 즉위 전 담당했던 관직)가 자기의 자字와 거실의 이름을 지어 달라고 부탁하면서, 아울러 자기 아들 가운데 일랑一郞(장남)의 이름도 부탁했다. 그래서 나는 "계수나무 꽃은 가을에 희고도 깨끗하다"(桂花秋皎潔)라는 시구(당나라 장구령張九齡의 〈감우感遇〉에 나오는 구절)를 취해서 그의 자를 중결仲潔이라고 지었다. 그리고 계桂의 짝으로는 송松만 한 것이 없고, 또 공이 중하게 여기는 것은 바로 절의節義라고 생각되어, 그의 거실의 이름을 송헌松軒이라고 지었다. 또 삼랑三郞의 이름이 방의芳毅인 점을 감안해서 일랑의 이름을 아무개(조선 제2대 왕 정종의 이름인 방과芳果)라고 지었으니, 이는 과果와 의毅는 그 의미가 서로 배합하면서 의존하는 관계를 지니고 있기 때문이었다. 그러고 나서 다음과 같이 시 한 편을 읊는다.[311]

조선 후기의 이덕무는 이색의 이 시를 인용하면서, 당시 47세였던 이성계가 처음으로 표덕(아호)을 지은 것인지, 아니면 그때 비로소 표덕을 고친 것인지 모르겠다고 했다.[312]

養性軒 영조(1694-1776)는 자가 광숙光叔, 헌호는 양성헌養性軒이다. 이름은 이금李昑이다. 숙종과 화경숙빈和敬淑嬪 최씨 사이에서 태어났다. 비는 서종제徐宗悌(1656-1719)의 딸 정성왕후貞聖王后(1693-1757), 계비는 김한구金漢耉(1723-

311 李穡, 〈李商議問其字及居室名 又請名其一郞 予取桂花秋皎潔 字之曰仲潔 配桂莫如松 且公所重者節義也 故扁其居曰松軒 三郞之名曰芳毅 故名一郞曰某[封註卽我恭靖大王之諱] 果毅相須者也 吟成一篇〉, 《牧隱藁》詩藁 卷29 詩.

312 《풍패지豐沛誌》에는 이성계의 생장에 대해 다음과 같이 적고, 송헌거사는 태조의 자호라고 했다. 이색의 기록과 약간 차이가 있다. "태조가 등극하기 이전에 귀주동歸州洞 환조의 옛집에서 살았다. 그래서 뒤에 태조가 함흥에 옮겨가 살면서 본궁本宮의 옛 유적지에 손수 소나무 여섯 그루를 심고 송헌거사라고 자호했다. 지금도 그 소나무가 본궁의 뒤뜰에 있다. 이 소나무는 전란의 화도 당하지 않았고 새도 서식하지 않았는데, 천계天啓(명나라 희종의 연호) 4년(갑자) 이후로 세 그루는 저절로 말라죽고 한 그루는 절반쯤 말랐으며, 두 그루만 예전과 같다."

1769)의 딸 정순왕후貞純王后(1745-1805)이다. 1699년(숙종 25) 연잉군延礽君에 봉해지고 1721년(경종 원년) 왕세제로 책봉되었다. 만년의 영조는 〈어제자성옹자서御製自醒翁自敍〉를 지어, 단행본으로 인쇄해 배포했다. 영조는 양성주인養性主人이라고 자호하고, 《명심보감》에 나오는 "하루 청한하면 하루 신선이다"(一日淸閑一日仙)라는 구를 취해 헌호를 일한재日閑齋라고 했으며, 궁궐 안 높은 고개에 정사를 마련하고 이름을 육오당六吾堂이라 했다. 권필權韠이 사오四吾를 일컫고 남용익南龍翼이 십오十吾를 일컬었던 것을 참작해 여섯을 칭한다고 했다.

> 아아, 나는 은영恩榮을 표시해서 스스로 양성주인이라고 호하고, 고인의 "하루 청한하면 하루 신선이다"라는 구를 취해, 서평西平[이요李橈, 선조의 7남 인성군仁城君 이공李珙의 증손]에게 일한재 세 글자를 적게 해서, 내사랑內舍廊에 붙이고, '일한'이라고 했다. 또한 고령高嶺에 정사精舍를 마련해서 이름하길 육오당이라 이름 지었다. 이것은 남호곡南壺谷(남구만)이 십오를 칭하고 권석주權石洲(권필)가 사오를 칭했으므로 나는 남호곡에게서 넷을 감하고 권석주보다 둘을 더해 명명한 것이다, 또한 역시 고인 가운데 육일거사六一居士를 본받아 육오거사六吾居士(구양수)라고 스스로 호했다. 그 여섯이란 무엇인가? 곧, 나의 밭에서 나는 것을 먹고 나의 샘에서 나는 물을 마시며 나의 책을 보고 나의 잠을 편안히 자며 나의 본분을 지키고 나의 연수를 즐기는 것이다. 아아, 오늘 이것을 실천할 수 있을지 없을지? 감흥이 여기에 미치자는 오장이 콱 막히는 것 같아서, 잠시 전배展拜하는 곳의 서북쪽에 한 와실窩室을 세워, 자성사自醒舍라 했다. 이것은 주부자(주자)가 기록했듯이 서암화상瑞巖和尙이 날마다 "주인옹主人翁 성성惺惺한가?"라고 물었다는 뜻을 본받은 것이다. 또한 위로 선왕께서 어필御筆로 경복전景福殿 서쪽의 환성각喚醒閣 각명을 쓰신 것을 체현한 것이다. 그러므로 지금 이 자서自敍에서 자성옹이라고 일컫는 바이다.
>
> 내가 즉위한 49년, 80세의 계사년(1773) 윤3월 을유의 날에 쓴다.[313]

弘齋 정조(1776-1800)의 호는 홍재弘齋, 탕탕평평실蕩蕩平平室, 만천명월주인옹萬川明月主人翁, 홍우일인재弘于一人齋 등이다. 세손 시절 정조는 동궁의 연

---

313 英祖, 〈御製自醒翁自敍〉, 임진자본, 한국학중앙연구원 장서각; 심경호, 《나는 어떤 사람인가—선인들의 자서전》, 이가서, 2010, pp. 109-123.

침燕寢에 홍재라는 헌호를 붙였다. 이것은 《논어》 〈태백〉에서 증자가 "선비는 도량이 넓고 뜻이 굳세지 않으면 안 된다. 짐이 무겁고 길이 멀기 때문이다. 인仁으로 자기의 책임을 삼았으니 정말로 막중하지 않은가. 죽은 뒤에야 그만둘 것이니 정말로 멀지 않은가!"(士不可以不弘毅, 任重而道遠. 仁以爲己任, 不亦重乎? 死而後已, 不亦遠乎?)라고 한 말에서 따온 것이다. 또한 정조는 재위 14년, 《서경》 〈홍범〉 '황극' 조항에서 따와 침실을 탕탕평평실이라고 했다. 재위 22년(1798) 12월 3일에는 호를 만천명월주인옹이라고 했다. 국왕이 태극이며, "왕의 나아가는 길이 확 열려 있어 편당도 없고 치우침도 없다"라는 뜻을 취한 것이다.[314] 탕탕평평실의 헌호와 만천명월주인옹의 자호는 왕도정치를 실현하려는 포부를 천명한 것이다. 정조는 재위 24년(1800), 그동안의 저술을 모두 정리해 《홍우일인재전서弘于一人齋全書》로 엮고 규장각에 삼층으로 되어 있는 지장紙欌을 만들고 〈장명欌銘〉을 지었다. '홍우일인'이란 말은 《상서대전》 〈우하전虞夏傳〉의, "해와 달의 광채가 한 사람에 의해 널리 퍼진다"(日月光華, 弘于一人)라는 말에서 따온 것이니, 만천명월주인옹과 의미가 같다.[315]

純齋 순조(1790-1834)의 이름은 공玜, 자는 공보公寶, 호는 순재純齋이다. 창덕궁昌慶宮 집복헌集福軒에서 태어났다. 《순재고》가 있다. 우의정 박종훈朴宗薰이 지은 〈순종대왕행장〉에 의하면, 순재는 순조의 자호이다.[316]

凌虛關 장헌세자莊獻世子(1735-1762)는 영조의 둘째 아들 이선李愃이다. 곧 사도세자이다. 이복형 효장세자가 일찍 죽자 2세 때 왕세자로 책봉되고,

---

314 《국조보감國朝寶鑑》 제75권, 정조조 7 정조 23년(기미, 1799) 12월. "내가 만천명월주인옹으로 자호를 삼았는데, 그 뜻은 자서自序를 보면 잘 알 수 있다. 그 서 가운데 '달은 하나이나 물(水)의 부류는 만 가지이다. 물은 세상 사람이고 달은 태극太極이니, 태극이란 나이다'라는 구절이 있다. 조정 신하 수십 명으로 하여금 각각 써서 올리게 한 다음에 새겨서 연침燕寢의 여러 곳에 걸어 두었는데, 점을 찍고 획을 그은 것을 보면 그 사람의 규모와 기상을 상상할 수 있으니, 이것이 실로 이른바 만천명월이라는 것이다." 심경호, 《국왕의 선물》 2, 성안당, 2012, pp. 344-346.

315 정조는 당시 나이 48세였다. 춘추 시대 위衛나라 거백옥蘧伯玉(蘧瑗)은 나이 50에 49년의 잘못된 것을 알았다고 했다. 정조도 이제 곧 나이 50이 되어 지난 과오를 반성하고 문집도 잘못된 것이 있음을 알게 된다면 다시 편집해야 할지 모르겠다고 했다. 하지만 마음속으로 믿는 것은 이미 의혹됨이 없다는 뜻에서 문집을 엮는다고 했다.

316 《순조실록》 권1, 〈순조대왕행장〉.

1749년 대리청정을 시작했다. 장인 홍봉한의 세력이 커지자 노론과 계비 김씨, 숙의 문씨 등이 세자를 무고했고, 김씨의 아버지 김한구와 노론 준론의 윤급尹汲(1697-1770)이 세자의 폐위를 꾀했다. 나경언羅景彦이 세자의 비행 10여 조를 상소하자 영조는 나경언을 사형에 처하고 세자에게도 자결을 명했다. 세자가 죽은 후 영조는 위호를 복귀시키고 사도思悼의 시호를 내렸다.[317] 정조는 장헌세자라고 개시改諡했고, 고종은 장조莊祖로 추존했다. 문집은《능허관만고凌虛關漫稿》이다.

敬軒 효명세자孝明世子(1809-1830)의 이름은 대旲, 자는 덕인德寅, 호는 경헌敬軒·학석鶴石·담여헌淡如軒 등이다. 시호는 돈문현무인의효명敦文顯武仁懿孝明, 능호는 수릉綏陵, 묘호는 익종翼宗이다. 창덕궁昌德宮 대조전大造殿에서 태어났다.《경헌집》이 있다. 김조순이 묘지문을 작성했다.[318]

誠軒 고종의 호는 성헌誠軒이다. 1774년(고종 11) 3월, 허전許傳이 〈성헌잠誠軒箴〉을 지어 바쳤다.[319]

조선 후기 국왕의 헌호와 문집명의 관계는 다음 표와 같다.[320]

왕대	문집명	권수
영조	영종대왕어제속편	10권 5책
	어제御製	2권 2책
	어제집경당편집御製集慶堂編輯	6권
	어제속집경당편집	6권
	영종대왕어제습유	4권 4책
장조	장헌세자예제莊獻世子睿製	7권 3책
정조	홍재전서弘齋全書	184권 100책
순조	순재과정純齋過庭 순재고純齋稿	7권 6책 20권 10책

317 正祖,〈永祐園碑〉,《弘齋全書》卷15 碑; 正祖,〈顯隆園行狀〉(己酉),《弘齋全書》卷18 行狀; 正祖,〈顯隆園碑〉(己酉),《弘齋全書》卷15 碑; 正祖,〈顯隆園誌〉(己酉),《弘齋全書》卷16 誌.

318 金祖淳,〈孝明世子延慶墓誌文〉,《楓皐集》卷9 應製文.

319 許傳,〈誠軒箴〉,《性齋先生文集》卷17 箴.

320 박용만,〈조선 시대 국왕의 문학〉, 왕실문화강좌 '조선 왕실의 문예', 未定稿; 이형대,《조선 왕실의 문학》, 장서각 조선왕실문화총서 12, 민속원, 2017.04.

익종	경헌시초敬軒詩抄	39장 1책
	학석집鶴石集	63장 1책
	담여헌시집淡如軒詩集	불분권 2책
	경헌집敬軒集	12권 6책
헌종	원헌고元軒稿	4권 2책
철종	중재고中齋稿	6권 3책
고종	주연집珠淵集	40권 20책

조선 초에는 부마를 봉군해서 이성제군부에 소속시켰다. 1434년(세종 16)에 공주·옹주의 배필을 부마라고 일컬어 오던 것을 의빈儀賓이라 개칭하도록 명한 적도 있었는데, 실제로는 부마라는 명칭이 통용되었다. 이후 1484년(성종 15)에 여러 의논을 거쳐 다시 위尉로 개정하고, 그 사실을《경국대전》에 반영했다. 적실의 공주에게 장가든 자는 종1품 위尉, 서실의 옹주에게 장가든 자는 종2품 위를 초수했으며, 왕세자녀인 적실 군주郡主에게 장가든 자는 정3품 부위副尉, 서실 현주縣主에게 장가든 자는 종3품 첨위僉尉를 초수했다. 부마는 실직實職을 갖기 어려웠으나, 재부와 저택을 지니고 조사朝士는 물론 문인·화가 들의 예술 활동을 지원했다. 또한 그들 자신이 일류의 예술가이기도 했으며, 봉호와 함께 아호로 세상에 이름이 통했다.

樂全居士 신익성申翊聖(1588-1644)의 본관은 평산, 자는 군석君奭으로, 신흠申欽의 아들이다. 선조의 딸 정숙옹주貞淑翁主(1587-1627)와 혼인해 동양위東陽尉에 봉해졌으니, 선조의 12번째 부마이다. 임진왜란 때 선무원종공신 일등에 올랐으며 1606년(선조 39) 오위도총부부총관이 되었다. 서울 집은 장악원 남쪽, 지금의 을지로 2가에 거처했다. 광해군 때 폐모론에 반대하여 방축되었다가 인조반정 후 재등용되었다. 병자호란 때 척화오신의 한 사람으로, 1642년 최명길 등과 함께 심양에 억류되기도 했다. 〈낙전거사자서樂全居士自序〉를 지었다.

> 선왕께서 승하하시고 명신과 고로들이 나란히 하옥되었으며 선군(신흠)께서도 쫓겨나서 김포의 선영 아래로 돌아가셨다. 나도 종적을 감추고 선군을 따라가서 농사짓고 낚시질하면서 선군을 봉양했다. 5년 후에 화가 다시 일어나

춘천으로 편관(유배)되었다. 무오년(1618)에 간신들이 폐모를 논의하여 정신廷臣들을 좇아다니며 이를 청했으나 나는 이를 따르지 않아 멀리 귀양 가게 되었다. 다시 5년 후에 반정이 일어나 혼조(광해군조)의 죄적을 깨끗이 씻었고, 우리 부자는 모두 은전을 입었다. 얼마 지나지 않아 선군께서 돌아가셨다. 나는 그때부터 세상살이에 뜻이 없어 조주趙州(선종)의 참법參法을 구했다. 사방의 고승들에게 물으니 모두가 와서 참증했는데 나는 그 참증을 듣고는 참법이 참이 아님을 깨달았다. 정축년 이후에 조정에 편안히 있을 수가 없어 뭇자리 가에 집을 지었다. 땅에는 차조가 풍부하고 물고기·자라가 흔했다. 때때로 물러나 거처해 문을 잠그고 손님을 받지 않았으며 만나는 사람이라고는 촌옹과 야로뿐이었다. 안팎에서 이를 보고서 명나라를 위해 절개를 지킨다고 여겨 심양으로 귀양 가게 되었다. 쇠사슬을 차고 떠나가는데 사람들이 반드시 죽을 것이라 했으나 끝내 죽지는 않았다.[321]

신익성은 광해군 때 부친이 김포의 선산으로 방축되자 그곳에 초당을 지었고, 1628년 부친이 세상을 뜨자 그곳에 전장을 마련했다. 뒤에 부친의 묘소를 광주 사부촌莎阜村 고랑리古浪里에 쓰면서 주변에 전장을 다시 경영했다. 1638년에는 왕손곡에 집을 지었다. 그리고 도성과 동회東淮의 중간인 덕연德淵(현 경기도 남양주시 와부읍 도곡리 덕소고등학교 주변)에 집을 짓고 청백당이라 했다. 2년 후에는 백운봉을 마주한 곳에 백운루를 지었다. 이 전장이 이수二水 부근에 있었으므로, 신익성은 동회거사東淮居士라고 자호했다. 동회의 별장에 대해서는 신익성이 죽은 6년 뒤 1649년(인조27) 그 아우 신익전申翊全이 〈회수의 별장에서 감회가 일어 읊다(淮莊感吟)〉 시에 짧은 서문인 소인小引을 부기해서 퇴락한 모습을 그려 보였다.

기축년(1649, 인조27) 한식에 휴가를 받아 성묘했다. 묘에서 1리쯤 내려오면 형님이 만년에 은거하시던 곳이 나온다. 형님께선 작은 누각을 지어 백운루白雲樓라는 현판을 달고, 강가 경치 좋은 곳에 조그마한 정자를 세워 창연정蒼然亭(양평군 양서면 목왕리, 옛 중은동)이라는 이름을 붙였다. 누각 뒤로 수백 보 떨

321 申翊聖, 〈樂全居士自敍〉, 《樂全堂集》(序); 심경호, 《나는 어떤 사람인가 — 선인들의 자서전》, 이가서, 2010, pp. 200-207.

> 어진 곳에 낙수암樂壽庵이라는 작은 암자가 있는데 이곳에서 소요하셨다. 형님이 세상을 떠난 지 이제 겨우 6년이 지났을 뿐인데, 옛 모습을 찾을 수 없을 만큼 백운루는 기울어졌고, 창연정의 지붕 띠풀도 바람에 다 날아가 버렸다. 이 뿐 아니라 낙수암도 완성되지 못한 채 산승 몇 사람이 지키고 있을 뿐이다. 또 형님이 서울을 왕래할 때 항상 배편을 이용하여 덕연德淵을 뱃길로 삼았는데, 묵어가는 곳에 초가 몇 칸을 지어 놓고 푸른 산과 맑은 물에서 뜻을 취하여 청백당靑白堂(평구 부근)이라 이름을 붙였다. 매년 곡우穀雨 때마다 고깃배를 수리하여 창연정에서부터 청백당까지 배를 타고 고기잡이를 구경하곤 했다. 청백당이 또 창연정처럼 황량하게 되었고 고깃배도 반파되어 물가에 정박되어 있으니, 눈길 닿는 곳마다 옛 일이 생각나 저절로 눈물이 흘러내린다. 이미 절구 한 수로 백운루를 읊었기에 또 이 심정을 펼친다.[322]

신익성과 가까이 지낸 여항시인 최기남崔奇男의 자전 〈졸옹전〉에는 낙헌장인樂軒丈人이 등장하는데, 낙전당 신익성을 지칭하는 듯하다.[323]

(8) 여항인의 호

❶ 궁노 출신 등 소수자의 호

拙翁 여항 문인 최기남崔奇男(1589-1671)은 신익성의 궁노 출신이다. 본관은 천녕川寧, 자는 영숙英叔, 호는 귀곡龜谷·묵헌默軒·졸옹拙翁이다. 74세에 자전 〈졸옹전〉을 지어, 불공평한 차별은 운명의 후박에 따른 것이므로 남들보다 못함을

---

322 申翊全, 〈淮莊感吟 幷小引〉, 《東江遺集》 卷七 七言律詩 小引. "己丑禁節, 休暇省墓, 墓下一里許, 卽伯氏晩年菟裘也. 搆小樓, 扁以白雲, 濱江選勝, 立小亭曰蒼然, 樓後數百步, 有樂壽小菴, 以爲逍遙之所. 伯氏捐館, 今纔六霜, 而不唯雲樓欹側, 不復舊觀, 蒼然茅蓋盡飛, 而樂壽營創未完, 只山僧數人守之. 且伯氏往來京口, 常從木道, 以德淵爲水程, 經宿地, 誅茅數架, 取山靑水白之義, 號以靑白. 每年穀雨節, 理漁舠, 必自蒼然到靑白觀漁. 而靑白荒涼, 又幾於蒼然, 其漁舠半破, 停泊岸上, 觸目感舊, 不覺涔淫涕下. 旣以一絶詠白雲, 又賦此抒懷云爾."; Lee Chang-hun; Park Jin-wook, 〈동회별서東淮別墅의 조영배경 및 공간구조 분석〉, 《Journal of Korean Institute of Traditional Landscape Architecture》 17, 한국전통조경학회, 2019, pp. 11-20.

323 피정희, 《귀곡 최기남의 시세계 연구》, 성신여자대학교 대학원 한문학과 박사논문, 1993, pp. 22-23.

부끄럽게 여길 필요가 없다고 했다.[324]《귀곡시고龜谷詩稿》가 있다.

❷ 서얼의 호

조선 시대의 서얼들은 정치적으로 소외되었으나, 사대부 계층과 문화적 연대를 이루거나 종속관계 속에서 자신들의 위상을 지켜 나갔다. 이때 문화적 집단 내부에서 시문을 교환할 때 호를 사용했다.

守庵 박지화朴枝華(1513-1592)의 본관은 정선旌善, 자는 군실君實, 호는 수암守庵이다. 서경덕의 문도이다. 유·불·도 등에 통했다. 서출이기 때문에 벼슬이 이문학관吏文學官에 그쳤다. 임진왜란 때 정굉鄭宏과 함께 백운산白雲山에 피난했다가 나무에 두보 오언율시 1수를 써놓고 투신자살했다. 진천鎭川 은령銀嶺에 귀장되었다.[325]《수암유고》가 있다.

曳尾 어숙권魚叔權의 본관은 함종咸從, 호는 야족당也足堂·예미曳尾이다. 익대공신으로 좌의정까지 올랐던 어세겸魚世謙(1430-1500)의 손자이지만 어세공魚世恭의 서손庶孫이었다. 1525년(중종 20) 남곤南袞의 요청으로 설치된 이문학관吏文學官의 최세진崔世珍(1473-1542)에게 수업했다. 1540년 교서관校書館의 감교관監校官으로서,《이문제서집람吏文諸書集覽》편찬에 참여하여《이문吏文》·《속이문續吏文》을 편찬했다고 한다. 1541년 김안국의 건의로 설치된 한리과漢吏科에 합격했다. 김안국이 죽은 후 한리과는 폐지된다. 같은 해 하절사를 따라 다시 중국에 다녀왔다. 1554년(명종 9)《고사촬요攷事撮要》를 지어, 영의정 심연원沈連源(1491-1558)과 대제학 정사룡鄭士龍(1491-1570)의 주선으로 주국鑄局에서 인쇄했다. 별묘가 서울 강동구 고덕동에 있다.《패관잡기稗官雜記》를 남겼다. 자호의 예미는《장자》에서 따온 것이다.《장자》〈추수〉에 보면, 초나라에서 죽은 지 3천 년 되는 신령스러운 거북이의 뼈를 묘당廟堂에 모셔 놓았는데, 장자가 이를 빗대어 "죽어서 뼈다귀로 남아 귀하게 되려 하겠는가? 아니면 살아서 흙탕물 속에 꼬리를 끌고 싶어 하겠는가?"(寧其死爲留骨而貴乎? 寧其生而曳尾於塗中乎?)

---

324 崔起南,〈拙翁傳〉,《龜谷詩稿》卷2下; 심경호,《나는 어떤 사람인가—선인들의 자서전》, 이가서, 2010, pp. 337-346.

325 兪莘煥,〈守庵朴公墓誌〉,《鳳棲集》卷7 誌碣.

라고 반문한 말이 있다.

孤青 서기徐起(1523-1591)는 서경덕徐敬德·이중호李仲虎·이지함李之菡을 사사했다. 남악南岳 연곡산燕谷山 절에 들어가 있다가 만년에 세간으로 나왔다. 허목이 〈서고청사徐孤青事〉를 적으면서 박지화朴枝華가 지은 명銘을 첨부했다.[326] 본관은 이천, 자는 대가待可, 호는 고청초로孤青樵老·고청孤青·귀당龜堂·이와頤窩이다. 고청은 충남 고청의 고청봉孤青峰을 말한다. 속명은 가마봉, 꼬침봉이다. 초로는 초동으로서 일생을 마치리라는 권회卷懷의 뜻을 담은 표현이다. 귀당의 '귀龜'는 장육藏六의 뜻, 이와의 '이頤'는 이양頤養의 뜻이다.

龜峯 송익필宋翼弼(1534-1599)의 본관은 여산, 자는 운장雲長, 호는 구봉龜峯, 시호는 문경文敬이다.《구봉집》이 전한다. 부친 송사련宋祀連이 안당安瑭의 서매庶妹 감정甘丁의 아들이었으므로 그와 아우 송한필宋翰弼은 얼자였다. 하지만 성리학을 익혔다. 동서 분쟁 때 이이를 옹호했는데, 이이를 미워한 사류들이 그를 심의겸沈義謙(1535-1587)의 당인으로 지칭하고 1586년(선조 19) 일족을 도로 천민으로 귀속시켰다. 1589년 기축옥사로 정여립鄭汝立·이발李潑 등 동인들이 제거되자 신분이 회복되었으나, 뒤에 조헌의 상소에 관련된 혐의로 유배되었다. 1593년 사면되었다.[327] 생전에 경기도 고양高陽 구봉산(교하 산남리 구봉산. 현재의 심학산) 아래에 거처하면서 호를 구봉이라 했다. 김장생金長生·정엽鄭曄·서성徐渻·정홍명鄭弘溟 등을 배출했다.

雲谷 송익필의 아우 송한필宋翰弼(1539-1599)은 자가 계응季鷹, 호는 운곡雲谷이다. 형과 함께 고등으로 발해發解했으나 생원이나 진사는 되지 못했다. 당화로 귀양갔다가 임진왜란 때 방면되었으나, 이후 동해 가에서 객사했다. 박인로朴仁老·김지백金知白·최대겸崔大謙·박신립朴信立·조호인曺好仁·박준민朴俊民·김상문金尙文 등과 교유했다.[328]

---

326 許穆, 〈徐孤青事〉, 《記言》 別集 卷26 遺事. 朴枝華가 지은 銘은 다음과 같다. "嘻待可, 生于東. 劬墳典, 賁厥躬. 一片石, 守幽宮. 江有月, 山有楓."

327 李選, 〈龜峯先生宋公行狀〉(甲寅九月), 《芝湖集》 卷11 行狀; 宋時烈, 〈龜峯先生宋公墓碣〉, 《宋子大全》 卷172 墓碣; 宋翼弼, 《龜峯先生集》 卷10 附錄 〈墓表陰記〉(金鎭玉).

328 배상현, 〈운곡 송한필의 사상과 시문학고〉, 《한국사상과 문화》 1, 한국사상문화학회, 1998, pp. 271-311.

虛舟 박지원은 〈형언도필첩서炯言挑筆帖序〉에서 그림에 미친 이징李澄(1581-?)의 어릴 적 일화를 소개했다.[329] 이징은 이경윤李慶胤(1545-1611)의 서자로, 본관은 전주, 자는 자함子涵, 호는 허주虛舟이다. 1609년 원접사 수행화원으로 일했으며, 1628년 태조 진영을 개수한 공으로 동반 6품직을 제수받았다. 1627년 〈소현세자가례반차도昭顯世子嘉禮班次圖〉, 1638년 〈인조장렬후가례반차도仁祖莊烈后嘉禮班次圖〉의 제작에 참여했다. 1645년 중국인 화가 맹영광孟永光이 소현세자를 따라오자, 3년 뒤 돌아갈 때까지 가까이 지냈다. 허주라는 호는《장자》에서 가져온 말로, 인생행로의 기복에 무심하리라는 뜻이다. 즉,《장자》〈산목山木〉에 "쪽배를 타고 하수를 건너는데 빈 배가 와서 배에 부딪히면 마음이 좁은 이도 성내지 않는다"(方舟而濟於河, 有虛船來觸舟, 雖有惼心之人不怒)라고 했다.

春洲 김도수金道洙(1699-1733)의 본관은 청풍, 자는 사원士源, 호는 춘주春洲이다. 김우명金佑明(1619-1675)의 측실 소생 김석순金錫順이 아들이다. 음보로 지례현감知禮縣監, 통천군수通川郡守를 지냈다. 서인西人이었으나, 민신閔愼의 대부복상代父服喪 문제를 계기로 남인 허적許積에 동조했다. 그 뒤 남인 윤휴尹鑴와의 알력이 심해지자 벼슬을 그만두었다.《춘주유고春洲遺稿》가 있고,《창선감의록》을 남겼다. 춘천에 유거하며 춘주라는 호를 사용했다.[330]

潛齋 김익겸金益謙(1701-1747)의 본관은 안동, 자는 일진日進, 호는 잠재潛齋이다. 김상헌의 증손 김창국金昌國의 서자이다.[331] 1735년(영조 11) 진사가 되고, 죽기 한 해 전인 1746년 상의원별제를 맡았다. 김익겸 사후 21년 되는 1768년(영조 44) 홍낙인洪樂仁(1740-1777)이 문집《잠재고》의 서문을 썼다.

> 신임사화 이후로 김씨 문중이 쪼개지고 꺾였으니 사람들이 슬퍼했다. 잠재는 이때 영락해서 몸 붙일 곳이 없었으며, 마음이 편치 못하고 할 일이 없어 이리

---

329 朴趾源,〈炯言挑筆帖序〉,《燕巖集》卷7 別集 鍾北小選 ○序.

330 김경숙,〈18세기 전반 서얼문학 연구: 이세원, 신유한, 강백, 김도수를 중심으로〉, 이화여대 박사학위논문, 1999; 김경숙,〈金道洙漢詩硏究—外戚과 庶孼의 二重的自我〉,《한국한문학연구》28집, 한국한문학회, 2001; 김근태,〈지역학으로서의 한문학의 역할과 방향 모색—춘주春洲 금도수金道洙의 춘천春川 유거幽居와 시세계〉,《한문고전연구》22, 한국한문고전학회(구 성신한문학회), 2011, pp. 169-195.

331 문집《잠재고潛齋稿》는 낙은樂隱 강전섭姜銓燮 구장본이 유일본이다.

> 저리 다니는 자취가 산수간에 많이 있었다. 유람하는 일이 많으면 많을수록 저술이 더욱 많아졌다. 한편으로 소전과 대전에도 모두 능했으므로 당시 사대부들이 기뻐하며 위아래로 교유했다. 내가 어려서 아버지 곁에서 잠재를 보았는데 술을 마신 후에 눈을 똑바로 뜨고 하늘을 바라보는 것이 마치 학이 하늘을 보는 것 같고 새매가 사냥꾼의 깍지에 묶여 있는 것 같아, 세상을 가벼이 보고 뜻을 펼치고자는 하는 생각이 양미간에 은은히 서려 있었다. 종이를 펼쳐 글씨를 쓸 때나 글을 지을 때 상상과 어휘가 한껏 넘쳐 나서, 손 가는 대로 흥건하고 뜻하는 대로 가지고 노는 듯해, 무엇이 시가 되고 무엇이 문장이 되는지 살피지 않았으니, 그 뜻과 기상이 호탕함을 알 수 있었다. 잠재 그대가 지닌 재능으로 당세에 말 달리듯 행했으면 누구 못지않았건만 끝내 우승郵丞에 그쳤으니 어찌된 일이냐![332]

寶山子 시서화 삼절로 일컬어진 이인상李麟祥(1710-1760)은 앞서 말했듯이 능호자라고 자호했는데, 재호는 능호관凌壺觀이다. 본관은 전주, 자는 원령元靈, 또 다른 호는 보산자寶山子이다. 고조부는 영의정 이경여李敬輿(1585-1657)이지만 증조부 이민계李敏啓가 서자였다. 경기도 양주군 회암면에서 태어났으며, 그곳 천보산天寶山에서 따와 호를 보산자라고 했다. 천보산은 경기도 양주시 회암동과 동두천시 탑동동·송내동에 걸쳐 있는 산이다. 1735년(영조 11) 진사시에 합격했으며, 음보로 벼슬에 나가 사근역 찰방沙斤驛察訪에 이르렀다. 관아의 동헌에 직접 대전大篆으로 쓴 한죽당寒竹堂 편액을 달았으며, 조그마한 기와 정자를 세우고, 문의현령文義縣令 송문흠宋文欽(1710-1752)이 팔분체로 쓴 수수정數樹亭 세 글자 편액을 걸었다.[333] 왕유王維 〈망천칠원輞川漆園〉의 "옛사람을 닮았지 거만한 관리가 아니기에, 스스로 세상 경영하는 사무를 빠뜨렸네. 우연히 미

---

332 洪樂仁, 〈潛齋詩稿序〉, 《安窩遺稿》 卷5. "一自辛壬之後, 金氏之門, 震剝摧殘, 爲世所悲. 子於是歷落棲遑, 不平無聊, 放散之跡, 多在於山水間. 遊覽日益廣, 著述日益多. 旁及篆籒, 無所不能. 一時士大夫, 喜與之上下徵逐. 余兒時從家大人側, 每見潛齋, 酒後膝席瞪目, 望天如鶴之睨雲, 如鷹之掣鞲, 眉宇間隱隱帶輕世肆志之想. 當其伸紙揮毫, 藻思溢發, 信手淋漓, 隨意簸弄, 殆不省孰爲詩而孰爲文, 其意氣之豪可知. 以子之所有馳騁當世, 伊誰不如, 竟以一郵丞終, 何也? … 歲戊子孟夏, 豊山洪樂仁序."

333 李德懋, 〈寒竹堂涉筆 上〉 '數樹亭'. 《靑莊館全書》 권68. 이덕무는 이인상이 서화와 문사에 종사하면서도 吏治를 잘했다고 예찬했다.

관말직에 기탁해, 두어 그루 나무 아래 너울거린다오"(古人非傲吏, 自闕經世務. 偶寄一微官, 婆娑數株樹)에서 뜻을 취한 것이다. 이인상은 정자 북쪽 기둥에 이 시를 써 두었다.[334] 41세 되던 1750년 음죽현감陰竹縣監이 되었으나, 1752년 관찰사와 다투고 벼슬을 버렸다. 이때 음죽현 설성雪城에 종강모루鍾崗茅樓를 짓고 은거하다가 단양丹陽으로 가서 부용성芙蓉城으로 들어가 귀담龜潭에 다백운루多白雲樓를 지었다. 이후 송문흠과 신소申韶(1715-1755)가 서울 남산南山 아래 집을 사주고, 송문흠이 능호관이라 이름 지어 주었다. 이때부터 이인상은 능호자라 자호했다. 능호관 이름은 이백李白 〈단양 횡산 주유장 처사에게 주다(贈丹陽橫山周處士惟長)〉 시에서 취한 것이라고 송문흠이 〈능호관기〉에서 밝혔다.[335] 이백의 〈단양 횡산 주처사 유장에게 주다〉는 다음과 같다.

> 주 선생은 횡산에 숨어, 문 열면 성 구석에 임했다만
> 연이은 봉우리가 창과 문에 들어와, 경승이 방호보다 뛰어나다.
> 때때로 백저사白紵詞를 지어, 단양 호수에서 목놓아 노래 부르나니
> 물의 색깔은 북극 바다를 압도하고, 강물의 반사광은 부들에 빼어나다.
> 득의한 심경일 때는, 마음이 천지와 함께하여
> 한가한 구름처럼 말았다 폈다 하니, 몸이 있고 없음을 어이 알랴?
> 돌 안고 박옥 바친 이 부끄럽고, 샘물에 들어가 여의주 찾은 일 비웃는다.
> 어이하면 우화羽化하여, 함께 손잡고 청도淸都에 오르랴?[336]

송문흠은, 남산이 방호(방장산)에는 비할 수 없을지 몰라도, 사람으로 하여금 구름과 노을의 끝으로 시선을 내달리고 티끌세상 바깥으로 정신을 노닐도록

---

334 宋文欽, 〈凌壺觀記〉, 《閒靜堂集》 卷7; 심경호, 〈雷象觀集 해제〉, 연세대학교 국학연구원 편, 《연세대학교 중앙도서관 소장 고서해제 V》, 평민사, 2006.9. pp. 141-146.

335 宋文欽, 〈凌壺觀記〉, 《閒靜堂集》 卷7 記. "余取李白題周惟長橫山草堂詩語, 題之曰凌壺之觀. 壺者, 方壺也. 方壺者, 方丈也, 謂橫山之觀, 可以過於方壺云爾. 夫橫山, 域中之山也, 亦卷石之多而已, 草木之生而已. 其所稱美, 不過連峯入牖耳, 未始有佽詭靈異之觀也, 乃謂其過於方壺者, 其必有以矣. 觀於斯者, 騁目雲霞之標, 游神埃之外, 其必得夫所以凌壺者然後, 可比於古人之觀矣. 或疑斯名之夸乎, 則請往觀于橫山而問諸李氏焉."

336 李白, 〈贈丹陽橫山周處士惟長〉, 《李太白集分類補註》 卷9. "周子橫山隱, 開門臨城隅. 連峯入戶牖, 勝概凌方壺. 時作白紵詞, 放歌丹陽湖. 水色傲溟渤, 川光秀菰蒲. 當其得意時, 心與天壤俱. 閑雲隨舒卷, 安識身有無. 抱石恥獻玉, 沈泉笑探珠. 羽化如可作, 相攜上清都."

하리라고 했다. 이인상으 그 말에 수긍했다. 그들은 구름과 노을의 끝으로 시선을 내달리고 티끌세상 바깥으로 정신을 노닐었다.

錦石 박종해朴宗海의 본관은 반남, 자는 사함士涵, 호는 금석錦石이다. 양지 현감陽智縣監을 지냈다. 야승野乘과 사적에서 취하여 인물 열전인《금석사료錦石史料》를 편찬했다. 서유구는《금석사료》를 실학의 서적으로 극찬했다.[337] 1793년(정조 17) 정조가 전조銓曹(이조)에 신칙하여 서얼로서 오랫동안 벼슬길이 막혔던 자들을 살펴 의망하도록 하자, 이병정李秉鼎과 정범조丁範祖가 선발 작업을 하여 박종해 등을 관직에 제수한 기록이 있다.[338]

雪岫 앞서 보았듯이 이희경李喜經의 본관은 양성陽城, 자는 성위聖緯·십삼十三, 호는 윤암綸菴·설수雪岫이다. 선대가 서출이라 일생 포의로 지냈다. 연행사를 따라 중국에 다녀왔다.《설수외사》를 남겼다.[339]

楚亭 박제가朴齊家(1750-1805)는 1779년 규장각 검서관으로 임명되어 13년간 규장각직에 근무했다. 본관은 밀양, 자는 차수次修, 호는 초정楚亭·정유각貞蕤閣·정유거사貞蕤居士·위항도인葦杭道人·위항외사葦杭外史이다. 문집은《정유집》이다. 1793년 소품체를 쓴다는 이유로 정조의 견책을 받고 자송문自訟文으로〈비옥희음송比屋希音頌〉을 지어 바쳤다. 1794년 2월 춘당대 무과에서 장원으로 급제했다.[340] 1801년(순조 원년) 사은사 윤행임을 따라 이덕무와 함께 네 번째

---

337 徐有榘,〈錦石史料序〉,《金華知非集》卷3 序; 徐有本,〈錦石史料序〉,《左蘇山人文集》卷6 文. 서유구는 세속의 학문에 대해 "오늘날 부질없이 메뚜기, 기장, 조 따위를 말하면서 세상에 조금도 도움이 되지 않는 경우는 저술하는 선비가 가장 그러하다. 그 중 용렬한 자는 빚을 내고 새경이나 받고자 남의 집 울타리 밑에 빌붙어 산다. 그 중에 현명한 자는 괴이한 말과 근거 없는 이치로 허위를 일삼아 실용에 절실하지 않는다. 이익이 없는 학문에 정신이 피폐해지면서 오히려 두려워하면서도 재목을 허비하여 책을 찍어 이 시대를 가르치고 먼 훗날 전해질 것을 기대하는 자가 천하에 어찌 한정이 있겠는가!"라고 비판했다.

338 당시 박종해와 함께 윤지형尹之衡·윤재익尹在益·홍탁보洪鐸輔·조종문趙宗汶·김상겸金相謙 등에게 관직을 제수했다. 박종해는 조시위趙時偉의 인척, 홍탁보는 홍인한洪麟漢의 친족, 김상겸은 김상복金相福의 서제였다. 이병정과 정범조가 물러나와 후회하고 올린 연명 상소에서 김상겸의 이름을 정조가 친히 써넣어 비하批下한 것에 대해서만 거론했는데, 정범조가 상소하여 그 일이 잘못되었음을 스스로 인책했다. 5월 27일 서얼의 벼슬 의망 중 갈등을 일으킨 이조판서 이병정과 참판 정범조를 체직했다.《日省錄》정조 17년(계축, 1793) 5월 12일(계묘);《정조실록》권37, 정조 17년 5월 27일(무오).

339 任明杰,〈《북학의北學議》와《설수외사雪岫外史》의 비교 연구〉,《대동문화연구》109, 성균관대학교 대동문화연구원, 2019, pp. 211-239.

연행길에 올랐으나 귀국 후 동남성문의 흉서 사건 주모자인 윤가기尹可基와 사돈이었기 때문에 함경도 종성에 유배되었다. 1805년 풀려나 죽었다. 묘는 경기도 광주에 있다. 경모궁 담 모퉁이에 있던 집의 반송을 정조가 좋아했으므로 이를 어림송御臨松이라 했다. 정유는 반송의 정일貞一한 덕을 말한다. 박제가가 죽은 후 김조순金祖淳(1765-1832)이 지은 애사에서 그 사실을 알 수 있다.[341] 위항은 작은 배를 비유하는 말로, 서재를 배에 비유하는 관습을 따른 것이다. 《시경詩經》〈위풍衛風 하광河廣〉의 "누가 하수가 넓다 말하는가? 한 갈대로 건널 수 있도다. 누가 송이 멀다 말하는가? 발돋움하면 바라보이는 걸. 누가 하수가 넓다 말하는가? 거룻배도 용납하지 못하는 걸. 누가 송나라가 멀다 말하는가? 하루 아침 거리도 다 못 되는 걸"(誰謂河廣? 一葦杭之. 誰謂宋遠? 跂予望之. 誰謂河廣? 曾不容刀. 誰謂宋遠? 曾不崇朝)에서 가져 왔다. 박제가는 1776년에 〈소전〉을 적어, 호 초정이 굴원의 〈이소〉에서 따온 것이라고 밝히고, 검서관으로서의 직분을 다하느라 가정도 잊었노라고 밝혔다.

> 조선이 개국한 지 384년, 압록강에서 동쪽으로 1천여 리 떨어진 곳이 그가 태어난 곳이다. 신라의 옛 땅에서 나와서 밀양을 관향으로 하는 집안이 그가 태어난 가계다. 《대학》에서 제가齊家(집안을 가지런히 함)를 강조하는 본뜻을 취해 제가로 이름을 지었고, 초나라 노래 〈이소〉에 가탁해서 초정이란 호를 지었다.[342]

菱洋 박종산朴宗山(1759-1819)은 영조의 부마인 박명원朴明源의 서자로, 이덕무의 내종제이다. 1792년 정조 때 검서관을 지냈다. 종형이 박종악朴宗岳이다. 처음 호는 우환藕寰, 뒷날의 호는 능양菱洋·치천穉川/稚川이다. 양애陽崖 즉 남양南陽에 거처했다가, 서울 동쪽 안암安巖에 별장을 두었다. 《능양시집》이 있다.[343]

---

340 1798년에는 영조가 친경한 지 회갑 되는 날을 기념하기 위해 널리 농서를 구했는데, 이때 《북학의》의 내용을 골자로 하는 〈응지농정소應旨農政疏〉를 올렸다.

341 金祖淳, 〈哀貞蕤朴齊家〉, 《楓皐集》 卷2 詩. "舊園松鬣尙蕤蒼, 樹下伊人影底忙. 詩會白蓮儀可想, 車迎金水誼難忘. 觀風儘是驚吳札, 在絏應非損冶長. 前月城東何石墜, 或人疑汝小文昌."

342 朴齊家, 〈小傳〉, 《貞蕤閣集》 文集 卷3 傳; 심경호, 《나는 어떤 사람인가—선인들의 자서전》, 이가서, 2010, pp. 21-29.

泊翁 이명오李明五(1750-1836)의 본관은 전주, 자는 사위士緯, 호는 박옹泊翁·서오書娛이다. 경기도 김포군金浦郡에서 태어났다. 1770년(영조 46) 11월, 부친 이봉환李鳳煥이 세손(뒷날의 정조)으로 하여금 사도세자 묘사墓祠에 참배토록 할 것을 청하는 상소를 초草한 일로 최익남崔益男 옥사(경인옥사)에서 장살杖殺되었다. 이명오가 강진康津의 매산梅山으로 유배되는 등, 5형제가 각기 귀양살이를 했다. 1772년에 방환되어 김포 청수촌淸水村의 선산에 거처하다가, 뒤에 김포군 서쪽 감암弇巖의 집에서 기거했다. 순조 때 아버지가 신원되자 1811년(순조 11) 김조순金祖淳의 권유로 통신사 부사의 서기가 되어 대마도에 갔다 왔다. 67세 되던 1816년 진사시에 합격하고, 1832년 수직으로 통정대부에 가자되었으며 오위장에 이르렀다.[344] 아들 이만용이 《박옹시초泊翁詩鈔》를 간행했는데, "대금루편帶琴樓編, 박옹집시초泊翁集詩鈔, 기미인행己未印行"이라 했고 판심 하단에 '서오헌장書娛軒藏'이라 인쇄되어 있다. 대금루는 이만용의 당호이고 서오헌은 김포 청수촌에 있는 이명오의 서재이다.[345] 박옹은 김포에 여박旅泊한다는 뜻을 취한 듯하다.

東樊 이만용李晩用(1792-?)의 자는 여성汝成, 호는 동번東樊·차산此山이다. 이봉환의 손자, 이명오의 아들이다. 1858년(철종 9) 별시문과에 병과 삼등으로 급제하고, 1860년 병조참지에 이르렀다. 《동번집》이 있다. 한양 남산의 거처를 송생산방松笙山房이라 했다.[346] 동번의 호는 남산의 거처를 가리키는 듯하다.

對山 검서관을 지낸 강진姜溍(1807-1858)의 본관은 진주, 자는 진여進汝, 호는 대산對山이다.[347] 강세황의 서증손이다. 삼검서三檢書로 일컬어지던 이덕무·박제가·유득공을 이을 인물로 손꼽혔다. 1833년 가을, 진향정사進香正使 이지연

343 이현일, 〈능양 박종선의 초기 시 연구〉, 《대동문화연구》 99, 성균관대학교 대동문화연구원, 2019, pp. 345-374.

344 임준철, 〈가장假裝된 죽음과 고통의 기억—이명오李明五의 〈자만自挽〉 십이수十二首〉, 《한국시가문화연구》 29, 한국시가문화학회, 2012, pp. 257-284; 임준철, 《나의 장례식—自挽詩, 나의 죽음 소유하기》, 고려대학교출판문화원, 2019.

345 金正喜, 〈寄泊翁壽朝〉, 《阮堂集》 卷10.

346 洪翰周, 〈偕滄湖·雲·芸泉·圭庭·檀樊·石居, 夜會李東樊松笙山房, 共次晁冲之韻. 時南雨村詩老年七十, 亦與焉〉, 《海居翁詩藁》 卷5 雙松館集鈔 上.

347 김영죽, 〈19세기 檢書官 對山 姜溍의 詩자료에 관하여—자료검토와 교유관계를 중심으로〉, 《한국한문학연구》 52, 한국문학회, 2013.

李止淵의 수행원으로 연행을 다녀왔다. 1842년(헌종 8) 규장각 검서관이 되었고, 1852년(철종 2) 안협 현감安峽縣監으로 나갔다. 《대산집對山集》, 《강대산시초姜對山詩鈔》, 《소홍엽루미정초小紅葉樓未定草》가 있다. 대산은 세속을 잊고 산과 상간相看한다는 뜻이다. 이언적李彦迪 시에 "지난날 산수간으로 왕림하여 위로해 주실 때, 한나절 모시고서 즐겁게 담소했지. 산을 대해 술 마시며 진솔한 마음 열고, 종일 술잔 띄우고 시내에서 즐겼었지"(去年臨慰石泉間, 談笑聊陪半日歡. 把酒對山開款悃, 流觴竟日弄潺湲)라고 했다.[348]

❸ 중인 및 아전의 호

중인은 전문 직종을 맡은 지식층을 말한다. 이른바 재학才學을 닦아 국가의 사무에 종사하는 사람들로, 문필에 뛰어났기 때문에 대부분 호를 지녔다. 그리고 아전 가운데도 사대부가의 대수代手를 할 만큼 뛰어난 이들이 있어, 그들은 창수唱酬에서 호를 사용했다.

謹齋 최경崔涇(1430년 무렵-1490년경)의 본관은 탐진, 자는 사청思淸·사청四淸·여청汝淸, 호는 근재謹齋이다. 안산군安山郡 염부鹽夫의 아들이라 관에 예속되었다.[349] 안견이나 마찬가지로 도화원圖畫院 생도로 뽑혔고, 8품직의 도화원 대교待教를 거쳐, 1455년(세조 원년) 12월 정5품 사직司直에 임명되었다.[350] 그 후 도화원 화원으로서 어진화사가 되고 파격적으로 정4품 호군에 이르렀다. 1490년(성종 21) 9월 사과司果의 직에 있으면서 고희의 나이라서 관례에 따라 정3품 절충대부에 가자되었다.[351] 근謹은 신독愼獨의 신愼과 통한다.

蓮潭 도화서 화원으로 교수를 지냈던 김명국金明國의 본관은 안산安山, 자

---

348 李彦迪, 〈挽李訓導族丈〉, 《晦齋先生集》 卷4 七言律詩. 후반부는 다음과 같다. "어렴풋이 십 년 전 일을 회상하려니, 깜빡이는 등잔불이 밤늦도록 차갑구나. 아득한 그 만남이 꿈결 같아라, 그대 그리워도 어디에서 다시 뵐까?"(依依懷抱十年事, 耿耿殘燈半夜寒. 此會杳茫渾似夢, 憶公何處更承顏)라고 했다. 한편, 1796년(정조 20) 유림의 공의로 정경세鄭經世의 학문과 덕행을 추모하기 위해 경북 상주시 외서면 우산리愚山里에 창건한 우산서원愚山書院의 부속 건물도 대산루對山樓이다.

349 《세조실록》 卷30, 세조 9년(계미, 1463) 3월 7일(병신).

350 《세조실록》 卷2, 세조 원년(을해, 1455) 12월 27일(무진)에 세조가 의정부에 전지傳旨를 내어 최경 등을 정5품의 사직司直에 임명했다는 기록이 있다.

351 《성종실록》 卷244, 성종 21년(1490) 9월 20일, 27일, 28일조.

는 천여天汝, 호는 연담蓮潭·국담菊潭·취옹醉翁이다. '金鳴國'으로도 표기한다.[352] 1636년(인조 14)과 1643년 통신사를 따라 일본에 다녀왔다. 1651년(효종 원년) 한시각韓時覺(1612-?)과 함께 현종과 명성왕후明聖王后의 《가례도감의궤》를 제작했다. 조세걸曺世傑(1636-1705?)이 그 화풍을 이어받았다.

滄浪 홍세태洪世泰(1653-1725)의 본관은 남양, 자는 도장道長, 호는 창랑滄浪·유하柳下이다. 종모법에 따라 노奴였는데, 인조의 손자 동평군 이항李杭(?-1701)과 척신 김석주金錫胄(1634-1684)가 속전을 부담해서 노의 신분에서 벗어났다. 23세 되던 1675년(숙종 원년) 식년시 역과에 응시해서 한학관이 되었다. 1682년 통신부사 이언강李彦綱(1648-1716)의 자제군관으로 일본에 다녀왔다. 50세 무렵 천거로 이문학관이 되었다. 임준원林俊元 등과 낙사洛社를 조직했다. 말년에 울산감목관·남양감목관 등을 지냈다. 슬하 8남 2녀와 형제들의 죽음을 겪은 후 71세 무렵 〈자경설自警說〉을 지었다.[353] 창랑은 굴원 〈어부가〉의 창랑지수滄浪之水에 근거한 호이다.

雪蕉 최승태崔承太(생몰 미상)의 본관은 전주, 자는 자소子紹, 호는 설초雪蕉이다. 귀곡龜谷 최기남崔奇男의 아들이다. 낙사시사洛社詩社에서 활동했다.[354] 1682년(숙종 8) 겨울, 사은사 사행을 따라 북경에 갔다가 이듬해 3월 돌아왔다. 이후 병으로 죽었다.[355] 《설초유고》가 전한다. 당나라 왕유王維가 눈 속에 핀 파초를 그린 것이 있어, 설초는 신의神意를 상징한다.

澹翁 경아전을 지낸 박창원朴昌元(1683-1753)의 본관은 밀양, 자는 선장善長, 호는 담옹澹翁이다. 조보朝報를 베끼는 서역書役을 담당하다가, 1721년(경종 원년)과 이듬해 신임사화가 발생하자 "소疏와 계啓는 내용이 더러워 쓰지 못하겠

---

352 鄭來僑, 〈畵師金鳴國傳〉, 《浣巖集》 卷4 傳.

353 洪世泰, 〈自警說〉, 《柳下集》 卷10 文 雜著. "家素貧賤, 急於衣食, 未遑爲大志業. 及其中歲, 屯難阨窮, 東西奔迫, 遂未免廢學, 而遇有牢愁感憤鬱悒不平之氣, 則獨於詩而發之, 人之見者皆謂之能而聊以詩人目之."

354 낙사시사洛社詩社는 숙종 때 이준원林俊元을 맹주로 하여 서울의 중인들이 결성한 모임이었다. 임진왜란 때 유희경劉希慶이 주축이 된 풍월향도風月香徒의 맥을 잇는 여항인 시사詩社이다. 동인으로 최승태崔承太·유경휴庾纘弘·홍세태洪世泰 등이 있다.

355 이국진, 〈설초雪蕉 최승태崔承太의 공주체류기 한시 고찰〉, 《한문고전연구》 39, 한국한문고전학회, 2019, pp. 27-55.

다" 하면서 그만두었다. 이후 해평윤씨 월정月汀 윤근수尹根壽의 후손 윤원尹源의 가숙家塾에서 지내며 자제들을 교육했다.[356] 필운대弼雲臺와 북한산 기슭 등지에서 노닐었으며, 노론의 김원행·유척기兪拓基(1691-1767) 등과 교유했다. 《박담옹집朴澹翁集》이 있다.

華谷 황택후黃宅厚(1687-1737)의 본관은 창원, 초명은 택중宅中, 자는 자화子和이다. 만형자蔓荆子라 자호하다가 뒤에 화곡華谷이라 자호했다.[357] 한성 중부동中部洞에서 태어났다. 최창대崔昌大의 문인이다. 금위영禁衛營 서리書吏로 있다가 1728년(영조 4) 이인좌 난 때 도순무사 오명항의 막하에서 서기로 일하고, 종사관 박문수朴文秀를 따라가 공을 세워 양무원종공신 일등에 책록되었다. 1737년 청나라의 사신을 영접하러 가던 중 병으로 죽었다. 경기도 양주楊州 재궁동梓宮洞 선산에 묻혔다가 양주 신사동新寺洞 향봉香峰 아래 토정촌土亭村으로 이장되었다.[358] 비석을 세운 것으로 되어 있으나 소재지를 알 수 없다.

眉山 서예가 마성린馬聖麟의 본관은 장흥, 자는 성희聖羲, 호는 미산眉山이다. 최윤창崔潤昌·김순간金順侃·천수경千壽慶(1757-1818) 등 중인 문인들과 함께 시문을 즐겼고, 최윤창·김성달金聖達 등과 구로회九老會를 결성했다. 자서전《평생우락총록平生憂樂總錄》을 남겼다.[359]

愚園 임성원林聲遠(1695-?)의 본관은 회진會津, 자는 달천達天, 호는 우원愚園이다. 홍우택洪禹澤·홍우필洪禹弼 형제, 김성진金聲振·민진세閔鎭世 등 여항 4걸과 교유했다.《우원집》이 있다. 〈우원시〉를 지어, 최상집崔尙楫(자 大叔)에게 보내어 호의 뜻이 수졸守拙이라고 밝혔다.[360]

---

356 朴長遠,《朴澹翁集》附錄 〈朴澹翁傳〉(李在徽).

357 黃宅厚,《華谷集》附錄 文 年譜.

358 黃宅厚,《華谷集》附錄 文 〈家狀〉(黃德諄).

359 《안화당사집安和堂私集》 뒷부분에 실려 있는 〈평생우락총록〉은 자찬연보의 형식을 취해 마성린馬聖麟은 태어난1757년부터 72세인 1798년(무오)까지 한 해도 빠짐없이 기록했다. 이는 황덕순黃德諄이 지은 발문에도 확인할 수 있다. "또한 그 생년월일시, 제택, 일생의 슬픔과 기쁨, 길사와 흉사를기록해서 한 해도 빠지지 않은 형식으로 해 연보를 본떴다"라고 했다.

360 林聲遠,〈作愚園詩示大叔〉,《愚園集》冊1 詩. "故人携來小園坐, 問我小園名云胡. 平生愚拙守此園, 此園端可名以愚. 今來辱以一愚字, 使園有知怒我無. 衆樹繁茂終薈蔚, 百草離離但荒蕪. 紛然雜錯少淸絶, 有鳥飛來只亂呼. 吾人處世亦類此, 事業由來付一壺. 題詩何曾泣神鬼? 有身不合趨榮塗. 只可與君坐愚園, 日日呼兒酒頻沽."

風竹 장우벽張友璧의 본관은 인동, 자는 명중明仲, 호는 죽헌竹軒·풍죽헌風竹軒이다. 장혼張混의 부친이다. 가객으로 소요했으며, 매화점법梅花點法을 창안했다. 그가 인왕산仁旺山에 올라가 노래를 부른 곳을 사람들이 가대歌臺라고 불렀다. 장혼은 부친의 일을 회상하여 "오직 거문고와 책만을 사랑하고 소리 내어 노래 부르는 일을 좋아해 묘한 음악의 경지를 깨달았다. 스스로 풍죽風竹이라고 호를 했고, 칡 베옷을 입고 삼으로 삼은 신을 신고 날마다 봉우리와 골짝을 소요하며 80세까지 살았다"라고 했다.[361] 풍죽이란 말은 정이程頤의 풍죽설에서 따온 말이다. 장유張維의 〈풍죽설〉에서 그 사실을 알 수 있다.[362] 《이정외서二程外書》 권7에 정이의 다음 말이 수록되어 있다.

> 풍죽은 곧 감응할 때 무심하다. 만일 남이 나를 노엽게 하여도 흉중에 머물러두지 말아서, 모름지기 바람이 대나무를 움직이듯이 하라. 어떤 사람이 이천에게 "선생은 앞서 너무 에둘러 말하였습니다. 아무래도 지나치지 않습니까?" 했다. 이천이 말했다. "여기에서 힘을 다하고 마음을 다하지 않으면 어디에서 하겠다는 것인가?[363]

蒼巖 김상채金尙彩(1710-?)의 본관은 안산, 초명은 상현尙炫, 자는 경숙敬叔, 호는 창암蒼巖이다. 아들 김제량金濟良이 영·정조 때 시인으로 이름이 있었고, 손자 김종식金宗軾은 장혼과 교분이 있었다. 정5품 통덕랑을 제수받았다. 조엄 등 풍양 조씨 일가에서 서리를 지냈다. 문집은《창암집》이다. 사후인 1772년 가선대부 호조참판 겸 오위도총부 부총관에 추증하는 교지가 내렸다. 양주楊州 우이牛耳에 선산이 있었다.[364] 거처는 북산北山 즉 삼각산 아래였다.[365] 창암은 어느

361 張混, 〈題如存錄〉, 《而已广集》 卷11. "先君性恬, 素以謹約自守. 不屑營於世務, 故未嘗遊貴人富人. 嗜詩律, 謂雕篆, 不屑也. 惟愛琴書, 喜聲歌, 深悟妙旨. 自號風竹, 葛衣麻鞵, 日消遙岑壑間. 享壽八十."

362 張維, 〈風竹說贈崔子謙〉, 《谿谷集》 卷4 說.

363 《二程外書》 卷7. "風竹便是感應無心. 如人怒我勿留胸中, 須如風動竹. 或謂伊川曰: '先生於上前委曲已甚, 不亦過乎?' 曰: '不於此致力盡心而於何所?'"

364 金尙彩, 〈先塋修葺記〉, 《蒼巖集》 卷3.

365 金尙彩, 《蒼巖集》 題跋 〈書蒼巖集後〉(趙寅永); 金尙彩, 〈僦屋〉, 《蒼巖集》 卷2. "城市吾能絶俗緣, 晩來僦屋小溪邊. 林間黃鳥和眠聽, 雲際蒼崖對戶圓. 暮境病懷唯藥物, 閒居事業摠詩篇. 卽今

곳을 가리키는지 알 수 없다.

農叟 최천익崔天翼(1710-1779)의 본관은 흥양, 자는 진숙晉叔, 호는 농수農叟이다. 흥해 아전 최준걸崔俊傑의 아들로, 흥해의 용전龍田에 거처했다. 1750년(영조 26) 식년사마시의 진사시에 급제하고 10여 년간 군리로 생활하고 죽은 후 용전에 묻혔다. 유인복柳寅福·최기대崔基大 등을 배출했다. 초간본《농수고農叟稿》와 중간본《농수집》이 있다. 농수는 전야에 묻힌 야인이란 뜻이다. 스스로는 용전옹龍田翁이라고 일컬은 것과 관계가 있다.[366]

雙柏堂 임광택林光澤(1714-1799)은 당호가 쌍백당雙柏堂이다. 경아전京衙前으로 사복시 서리를 지냈다. 자는 시재施哉, 본관은 보성이다. 송석원시사松石園詩社 시인들과 교제하지 않고, 당대 현실을 시에 담았다. 외손 김진항金鎭恒이 1817년(순조 17) 필사한《쌍백당유고雙柏堂遺稿》가 있다.[367]

東溪 최윤창崔潤昌(1727-?)은 여항 시인 최태완崔泰完의 후손이다. 자는 회지晦之, 호는 동계東溪, 본관은 충주이다. 호조의 계사計士로 시작하여, 비변사 아전으로 30여 년간 있었다. 시한재是閒齋 김순간金順侃, 미산眉山 마성린馬聖麟과 시를 주고받았다.《동계유고》가 있다.[368]

晩翠亭 박영석朴永錫(1735-1801)의 본관은 전주, 자는 이극爾極, 호는 만취정晩翠亭이다. 서울 순화방順化坊 누각동樓閣洞(종로구 누상동·누하동 부근)에 살며 저보邸報 필사를 생업으로 삼았다. 송석원시사의 구성원이었다. 손자 박응모朴膺模도 직하사稷下社를 결성했다.《만취정유고》가 있다.[369] 만취는 소나무를 말한다.

儉巖 범경문范慶文(1738-1800)의 본관은 금성錦城, 자는 유문孺文, 호는 검암儉巖이다. 내의원內醫院 서리書吏를 지내며, 장안 제2교, 즉 광교廣橋 근처에 살았다. 여항의 김시모金時模·김진태金鎭泰·최윤창崔潤昌·마성린馬聖麟·백경현白景炫

塵世淳風薄, 窮巷何妨臥兀然."

366 成大中,〈進士崔君墓誌銘〉,《青城集》卷9 墓誌; 劉在健,《里鄕見聞錄》卷5 文學(一), 亞細亞文化社, 1974 영인.

367 林光澤,《雙柏堂遺稿》〈雙栢堂遺稿跋〉(金鎭恒).

368 서문이 없다. 崔潤昌,《東溪遺稿》 한국문집총간 속 91, 한국고전번역원, 2010.

369 서문이 없다. 朴永錫,《晩翠亭遺稿》, 한국문집총간 속 94, 한국고전번역원, 2010.

과 사귀고, 손아래 천수경 등의 송석원시사 성원들과도 교유했다.《검암산인시집》이 있다.[370] 검암은 지명과 관련이 있으면서 '검'의 덕목을 중시한 것이다. 서울 근교의 검암산으로는 동구릉이 있는 구릉산이 이에 해당한다. 이곳에 거처했는지 알 수 없다.

雲我 이언진李彦瑱(1740-1766)의 본관은 강양江陽, 자는 우상虞裳, 호는 운아雲我·송목관松穆館·창기滄起이다. 서울에서 대대로 역관을 지낸 집안에서 태어났다. 이용휴李用休에게 수학했다. 1759년(영조 35) 역과 식년시에 한학으로 합격해서 사역원주부가 되었다. 1763년 한학압물통사로서 통신사 조엄趙曮을 수행하고 일본에 다녀와 요절했다. 죽기 전 모든 초고를 불사를 때 그의 아내가 보존한 일부가《송목관신여고松穆館燼餘稿》로 편집되어 전한다.[371] 운아는 '이 몸이 구름 같다는 뜻'으로 소식蘇軾 〈복호마부服胡麻賦〉의 "이 몸이 구름 같으니 어디에 일정한 거처에 있으랴, 영원히 살아 죽지 않는 것은 도가 끼친 결과로다"(是身如雲我何居兮, 長生不死道之餘兮)에서 취한 것이다. 창기는 창주에서 몸을 일으킨 사람이란 뜻으로 신선, 은자의 후예임을 가리킨다. 송목은《순화각첩淳化閣帖》 가운데 왕희지王羲之 〈수안화첩嫂安和帖〉(9행 58자)의 목송穆松[372]에서 가져온 듯하다. 이언진은 자신의 화상畫像에, "공봉供奉 이백李白, 업후鄴侯 이필李泌, 옛 선인 이철괴李鐵拐가 모두 창기滄起였다. 고시인古詩人 이백, 고산인古山人 이필, 고선인古仙人 이철괴가 모두 성姓은 이씨이며, 창기는 그들 모두의 자호이다"라고 했고, 그 자영自咏에는 "천인의 안목을 나의 몸에 붙였으니, 신비한 책과 신령한 글의 진가를 가리네. 하나를 일으켜 셋을 포함하니 참으로 유쾌한 일로, 스스로 문호를 열어 새로운 일가를 만드네"(天人眼目寄吾身, 祕冊靈文辨贋眞. 起一函三眞快事, 自開門戶作家新)라고 했다. 곧, 창기는 그 세 사람과 대등하다는 자부심을 담은 호이다.[373]

---

370 范慶文,《儉巖山人詩集》〈儉巖山人詩集序(徐榮輔).

371 박지원의 〈우상전虞裳傳〉, 김조순金祖淳의 〈이언진전李彦瑱傳〉, 조희룡趙熙龍의 〈이상조전李相藻傳〉, 이상적李尙迪의 〈이우상선생전李虞裳先生傳〉 등이 있다. 이덕무李德懋의《청비록淸脾錄》시화詩話에 그의 시에 대한 비평이 다수 나온다.

372 王羲之,〈穆松〉,《嫂安和帖》."伏想嫂安和, 自下悉佳, 松上下至, 乖隔十八年複得一集, 且悲且慰. 何物喩? 嫂疾至篤, 憂懷甚深. 穆松難爲情地, 自慰, 猶小差. 然故勿勿, 冀得涼漸和耳."

373 李德懋,〈李虞裳〉,《靑莊館全書》卷34권 淸脾錄 3.

寬我 역관 김세희(金世禧, 1744-1791)는 본관이 설성雪城이고, 자는 사호士浩이다. 규장각에 아들 김상순金相淳이 엮은 《관아당유고寬我堂遺稿》가 있다.[374] 그 뒤에 〈증판서공연보贈判書公年譜〉가 있다. 한성 남부 미동美洞에서 태어나, 아들의 혼례를 올린 그 해 8월에 한성 남부 수하동水下洞 집에서 죽어, 고양의 선영 아래 묻혔다. 관아는 관아우寬我憂의 준말로, 나의 근심을 누그러뜨린다는 뜻이다. 관아우의 어휘를 사용한 시로, 소식蘇軾의 〈자유가 남도에서 와서 사흘간 회포를 풀다가 이별했다(子由自南都來陳三日而別)〉가 있다. 당시 오대시안烏臺詩案에 걸려 고통스러운 나날을 보내던 소식은 그 시의 첫머리에서 "천자가 축객을 하고도 여전히 초나라 죄수를 불쌍히 여기시는 참에, 200리를 곧장 달려와 나의 근심을 누그러뜨리네"(天子自逐客, 尙能哀楚囚)라고 했다. 김세희의 경우 시문으로 근심을 누그러뜨린다는 뜻에서 당호를 정한 듯하다.

有春 이인문李寅文(1745-1821)의 본관은 해주, 자는 문욱文郁, 호는 유춘有春·고송유수관도인古松流水館道人·자연옹紫煙翁이다. 사자관에 종사하는 중인 집안에서 태어나서 화원이 되어, 주부와 연풍현감을 지냈다. 1795년(정조 19) 〈수원능행도병〉 제작, 1802년(순조 2) 〈순조순원후가례의궤도〉 제작에 참여했다. 유춘 호는 정이程頤의 "마음이 조용해진 뒤에 만물을 보면 모두 봄의 뜻을 지니고 있다"(靜後觀萬物, 皆有春意)라는 말에서 따온 듯하다. 송준길의 호 동춘同春과 뜻이 통한다. 자연옹의 자연紫燕은 신선의 경지를 뜻하는 말로, 이백의 〈망여산폭포望廬山瀑布〉에서 나왔다. 이백의 시에 "햇빛이 향로봉 비추어 자연(붉은 놀)이 생겼는데, 멀리 보니 폭포는 전천이 거꾸로 걸린 듯하네. 삼천 척 높이를 곧장 쏜살같이 내리쏟아라. 은하수가 하늘에서 떨어진 것이 아닐까"[375]라고 했다. 자연암의 지명과도 관련이 있을지 모른다.

兢齋 김득신金得臣(1754-1822)의 본관은 개성, 자는 현보賢輔, 초호는 홍월헌

374 시 공부에도 주력했으나, 남긴 시는 그리 많지 않다. 산문《종가기鐘街記》에서는 종로의 풍경과 물품 교역의 현황에 대해 밝혔다. 옛 고사를 소재로 여러 가지 이치를 따지는 논論, 역관으로서 현안을 올린 정문呈文, 외교 관련 서적의 서序, 남을 전송하는 송서送序, 장모 정씨를 위한 제문, 훈민정음에 대해 질정하는 정문, 사역원 초기草記 등 산문이 각 문체가 다루고 있는 내용이 양반 사대부의 산문과는 상당히 다르다.

375 李白, 〈望廬山瀑布〉, 《李太白集分類補註》 卷21. "日照香爐生紫煙, 遙看瀑布挂前川. 飛流直下三千尺, 疑是銀河落九天."

弘月軒, 뒤의 호는 긍재兢齋이다. 화사군관으로 초도첨사椒島僉使를 지냈다.[376] 도화서 화원 김응리金應履의 아들이며, 김응환金應煥의 조카, 화원으로 첨지중추부사를 지낸 한중흥韓重興의 외손자이다. 김득신의 동생 김석신金碩臣·김양신金良臣, 그리고 아들 김건종金建鍾·김수종金秀鍾·김하종金夏鍾이 모두 화원이었다. 1772년《육상궁시호도감의궤》 제작에 참여했고, 1791년 정조 어진(원유관본)을 그릴 때 이명기李命基·김홍도金弘道·신한평申漢枰(1726-?)과 함께 참여했다. 긍재의 긍은 전전긍긍戰戰兢兢의 뜻이다.

松石 천수경千壽慶(1758-1818)의 본관은 금계金溪, 자는 군선君善이다. 처음 호는 희헌羲軒이었는데, 뒤에 송석원松石園·송석도인松石道人으로 바꾸었다. 인왕산 옥류천玉流泉 송석 아래에 초가집을 마련하고 송석도인을 자처했다.[377] 1786년(정조 10) 여름 송석원시사松石園詩社를 결성한 이후, 옥계시사玉溪詩社·서사西社 혹은 서원시사西園詩社 등이 이어졌다. 1797년《풍요속선》을 간행했다.

秋齋 조수삼趙秀三(1762-1849)은 88세의 수를 누릴 만큼 신선 기골이 있었다. 본관은 한양, 초명은 경유景濰, 자는 지원芝園·자익子翼, 호는 추재秋齋·경원經畹이다. 83세가 되어서야 진사가 되고 고령자에게 예우로 주는 오위장의 벼슬을 받았다.《추재집》을 남겼다. 조수삼은 스스로 경원선생經畹先生이라 하면서 〈경원선생자전〉을 지어, 스스로를 조선의 미친 선비라고 했다. 미쳤다는 것은 광간狂簡의 뜻을 함축한다. 또 경원이란 밭을 경작한다는 뜻인데, 조수삼은 경전들을 밭두둑으로 삼아 일생 경전을 파면서 보내리라고 밝힌 것이다. 전국 시대 종횡가 소진蘇秦이 실각하고 죽게 되자 낙양성 밖의 기름진 밭 두 이랑을 꿈꾸었던 것과 대비된다.

> 경원선생經畹先生은 조선의 미친 선비다. 천성이 글 읽기를 좋아해 흰머리가 되도록 옹알옹알 그치지 않았으나, 끝내 또한 스스로 잊어버려, 다른 사람이 물어보면 멍하니 대답할 수가 없었다. 때로는 억지로 기억해서, 도도하게 일

376 박수희, 〈조선 후기 개성 김씨 화원 연구〉,《미술사학연구》 256, 한국미술사학회, pp. 5-35.

377 劉在建,《里鄉見聞錄》卷6 文學(二).

만 글자는 분량을 외워, 육경을 전부 외울 수 있었다. … 늙어 병이 많고 또 게을러지자, 문을 닫고 찾아오는 손님을 물리치고 종일토록 머리가 지끈거려 자는 듯 누워 있었다. 손님이 오면 모두 사절하고 만나 보지 않았으나 유독 몇몇 사람들과는 교유를 했으니, 곧 깊이 알아주는 사람들이었기 때문이다. 탄식하며. "나에게 십 년이라는 기간이 더 주어져 만일 문장에 진력한다면 역시 태평성대를 위해 격양가 짓기에 충분했을 것이다"라고 했다. 소진蘇秦이 했던 말에 대해 회한을 느껴. "대장부로서 몇 이랑의 밭을 도모함이 가당키나 하겠는가? 나는 마땅히 구경九經을 좋은 밭으로 삼을 것이다"라고 말했다. 이 때문에 스스로의 아호를 경원선생이라 했다.[378]

松月 규장각 서리를 지낸 임득명林得明(1767-1822)의 본관은 회진會津(나주), 자는 자도子道, 호는 송월헌松月軒이다. 최북崔北·임희지林熙之(1765-?) 등과 함께 송석원시사松石園詩社의 일원이었다. 〈서행일천리西行一千里〉(개인 소장) 서화축[379]과 〈송월헌화첩松月軒畫帖〉이 있다. 《송월만록》을 남겼고, 〈홀로 송월헌에 앉아(獨坐松月軒)〉 등 시를 남겼다.[380]

碧山 정민수鄭民秀(1769-1828)의 본관은 월성月城, 자는 기범豈凡, 호는 벽산碧山이다. 여항 시인으로 이정주李廷柱와 친했다. 나이 60에 죽어 양주楊州 쌍문雙門에 묻혔다. 종조카 이상적李尙迪(1804-1865)이 묘지명을 짓고, 그 명에서 다음과 같이 애도했다.

살아서 벽산에서 낮은 벼슬 살고, 죽어서 벽산에 묻히니, 백양나무에서 귀신의 노래를 들을 듯하다.
뒤에 아는 사람이 있다면, 벽산선생의 분묘라 하리라.[381]

---

378 趙秀三, 〈經畹先生自傳〉, 《秋齋集》 卷8 文 ○傳; 심경호, 《나는 어떤 사람인가—선인들의 자서전》, 이가서, 2010, pp. 61-69.

379 이동주, 〈林松月軒의 서행일천리 長卷〉, 《계간미술》 15, 중앙일보사, 1979.

380 林得明, 〈獨坐松月軒〉, 《松月漫錄》 冊5 詩. "橘酒椰杯瀉, 梅詩竹葉書. 山林移几席, 風雪掩茅廬. 調病五禽遞, 養心一鑑虛. 何須羨富貴, 寒素復吾初."

381 李尙迪, 〈鄭碧山先生墓誌銘〉, 《恩誦堂集》 文 卷2. "生署碧山, 死藏碧山, 如聞鬼唱于白楊間. 後有知者, 曰是碧山先生之墳."

存齋 박윤묵朴允默(1771-1849)의 본관은 밀양, 자는 사집士執, 호는 존재存齋이다. 20세로 규장각에서 벼슬을 했다. 상복常服에 두건만 착용한 채 와내臥內에 출입했는데, 정조가 여러 각신들에 내리는 답봉서答封書를 아침마다 대서代書했다.[382] 1819년(순조 19) 곡산부사谷山府使로 나갔고, 1835년(헌종 원년) 평신진첨절제사平薪鎭僉節制使를 지냈다. 서원시사西園詩社를 결성해 지석관池錫觀·김희령金羲齡·박기열朴其悅·홍덕조洪德祚 등과 활동했다. 만년에는 고양高陽 청담리淸潭里 분암墳菴에 거처했다.《존재집》이 있다.

風舞子 금사琴師 김억金檍은 김용겸金用謙에게 풍무자風舞子라는 별호를 붙여주었다. 영희전永禧殿 북쪽 담장 밖 담헌 홍대용의 유춘오留春塢에서 열리던 악회樂會에 김용겸은 존장으로 참여했다. 지금의 남산 밑 저동苧洞 혹은 묵동墨洞 일대에 유춘오가 있었다.[383] 박지원은 "담헌(홍대용)은 비파(琴)를 타고 풍무자는 거문고를 타는데 이국옹李麯翁(국은麯隱 이사석李思奭)은 갓을 벗어던진 채 노래를 한다"라고 했다.[384] 박지원은 홍대용과 김용겸의 연주를, "때론 무언가 의심나듯 멈칫거리다가, 때론 무얼 얻은 듯이 빨리 휘두르는" 왕거미의 포망布網 기술에 비유했다.[385]

雲崖 악공 박효관朴孝寬(1781-1880)의 본관은 알 수 없고, 자는 경화景華, 호는 운애雲崖이다. 가곡의 명인 장우벽張友璧의 법통을 오동래吾東萊를 통해 계승받았다. 1876년(고종 13) 제자는 안민영安玟英과 함께《가곡원류》를 편찬했다.[386] 서울 종로구 필운대弼雲臺 부근에 집을 두어 그 지명에서 호를 취했다고 전한다.

口圃東人《가곡원류》의 저자 안민영安玟英(1816-1885?)의 본관은 광주廣州,

---

382 李裕元,《林下筆記》卷26 春明逸史 '存齋'.

383 洪元燮,〈題湛軒留春塢〉,《太湖集》卷3.

384 朴趾源,〈夏夜燕記〉,《燕巖集》卷3. "湛軒爲瑟, 風舞琴而和之, 麯翁不冠而歌." "梅宕(이덕무의 號), 嘗見簷間老蛛布網, 喜而謂余曰, 妙哉! 有時遲疑, 若有思也, 有時揮霍, 若有得也, 如蒔麥之踵 如按琴之指. 今湛軒與風舞, 相和也, 吾得老蛛之解矣."

385 홍원섭洪元燮의〈서김생화후書金生畫後〉를 보면, 홍대용은 비파를 타고 김생은 거문고를 타는데 홍원섭은 그 옆의 술동이 곁에서 귀를 기울이며 이 연주를 들었다. 洪元燮,〈書金生畫後〉,《太湖集》卷5. "右畫一幅, 布床而瑟者, 湛軒也. 對瑟而琴者, 金生也. 並瑟而踞, 側耳聽于彝尊之旁者, 太和也 … 湛軒爲瑟, 金生爲琴, 太和坐而聽之."

386 허경진,《악인열전—풍류가무를 즐긴 역사 속의 예인들》, 한길사, 2005; 최재남,〈박효관의 필운대 풍류와 이유원의 역할〉,《한국시가연구》36, 한국시가학회, 2014, pp. 175-205.

자는 성무聖武·형보荊寶이다. 호는 주옹周翁인데, 또 다른 호가 구포동인口圃東人이다. 국태공國太公(대원군) 석파 이하응이 지어 준 것이다.[387] 가창을 하는 입으로 생활한다는 뜻에서 지어 준 듯하다.

大山 오창렬吳昌烈의 자는 경언敬言, 호는 대산大山·우매도인又梅道人이다. 독서를 좋아했고, 풀과 나무, 새와 짐승의 이름을 많이 알았다. 만년에는 의업醫業을 닦아 내의원에 들어갔다. 여러 번 승진하여 과천현감果川縣監에 이르렀다. 두 차례 중국에 다녀 왔다. 예순여섯에 죽었는데, 시집 몇 권이 있었다. 아들 셋 가운데 맏아들 오규일吳圭一은 철필鐵筆에 정통했다.[388]

翠苕 박지원이 면천군수沔川郡守로 있을 때 순영巡營의 아전으로서 유업儒業을 닦았던 유한집兪漢緝의 자는 경지慶之, 호는 취초翠苕·취소翠沼, 본관은 면천沔川이다. 1857년(철종 8)《풍요삼선風謠三選》에 5수,《대동시선大東詩選》에 1수의 시가 전한다. 노론 시파의 문인 심노숭沈魯崇은 그의 시를 '서곤선체西崑選體'라고 평했다. 박종채朴宗采의《과정록過庭錄》에 따르면, 박지원은 유한집을 손자 박종채와 교유하게 하고, 글의 초안을 잡도록 시켰다.[389] 유한집의 손자 유기환兪岐煥은 뒷날 면천으로 유배되어 온 운양雲養 김윤식金允植을 위하여 서울 본가로 서한을 전달해 주었고, 유한집의《취초유고》를 보여 주어 서문을 받았다.[390] 심노숭은 1827년에 천안군수로 있을 때 유한집과 만난 사실을 전했다.

> 유한집은 본디 면천 사람으로, 몇 대에 걸쳐서 순영의 아전으로 있어 왔으며, 군리郡吏 오태일吳台鎰과는 동서간이다. 군郡의 시포市浦(면천군 동쪽 범천포泛川浦, 우강)에 살면서 이역吏役에는 응하지 않고 유업儒業을 닦았는데, 일찍이 문사文詞와 재주가 있다는 명성이 있었다. 오늘 나를 만나러 왔기에 함께 이야

387 朴孝寬,〈金玉叢部序〉,《金玉叢部》; 김현식,〈안민영의 가집 편찬과 시조 문학 양상 연구〉, 서울대학교 석사학위논문, 1999.
388 趙熙龍 著, 실시학사 고전문학연구회 譯,〈吳昌烈傳〉,《趙熙龍全集 6·壺山外記》, 한길아트,1999, pp. 145-146; 구본현,〈大山 吳昌烈의 詩論과 시세계〉,《국문학연구》9, 2003.
389 박종채,《역주 과정록》, 김윤조 역주, 태학사, 1997, pp. 170-171.
390 김윤식의《속음청사續陰晴史》1887년 6월 17일자에 김윤식이 지은〈취초유고서翠苕遺稿序〉가 실려 있다. 본인은《취초유선생시집翠苕兪先生詩集》40장본을 소장하고 있다. 심경호,〈아전출신 문인 兪漢緝의《翠苕遺稿》에 대하여〉,《어문논집》37, 안암어문학회,1998, pp. 83-100; 심경호,《한국한시의 이해》, 태학사, 2000 수록.

> 기를 나누어 보니, 그는 마을의 수재秀才 가운데 교초翹楚(뛰어난 자)였다. 그는 김이양金履陽(1755-1845 본관 안동, 초명 金履永) 판서, 김기서金箕書(1766-1822)[본관 광산, 자 치규稚奎, 호 죽하竹下. 배와坯窩 김상숙金相肅의 아들] 등과 교유하였다. 그가 지은 시는 서곤선체西崑選體이다. 지난날의 비리備吏(비변사 아전) 이정희李廷熙와 같은 범주의 인물이다. 영인嶺人 신천능愼千能 부자와 비교하면 비단 어근버근할 정도가 아니다. 과시科詩가 자못 볼 만하여, 매번 과시科試 때마다 경상가卿相家의 대수代手를 하였다고 전한다.[391]

신천능愼千能은 심노숭이 교유한 미천한 신분의 문인들 가운데 한 사람이다. 거창居昌 출신으로 상경하여 심노숭의 집에 기식하면서 과문科文 공부를 했다. 시문에 탁월한 재주를 보였으나 1803년 요절하였다. 박지원이 〈열녀함양박씨전〉에서 열녀 박씨의 사적을 찬撰했다고 언급한 거창 아전 신돈항愼敦恒(愼敦行)의 아들이다.[392]

壽道人 1844년 기인 39명의 전기를《호산외사壺山外史》로 엮었던 조희룡趙熙龍(1789-1866)의 본관은 평양, 자는 치운致雲, 호는 우봉又峰·호산壺山·단로丹老·철적鐵笛·수도인壽道人이다. 벼슬은 오위장의 직에 머물렀다.[393] 처음에 호를 호산壺山이라 했다. 호산은 방호方壺 곧 방장산을 말하며, 단로와 마찬가지로 세속을 떠난 경지를 추구하는 뜻을 담았다. 조희룡은 몸이 약해 장수하리라고는 생각하지 못했다가 70여 세가 되어 안도하면서 수도인이라는 호를 사용했다. 수도인은 수성壽星 곧 남극노인을 인간의 모습으로 상상한 것으로, 머리가 몹시 큰 형상이다. 청나라 양주팔괴揚州八怪의 한 사람인 김농金農도 수도사壽道士라

391 兪漢緝者, 本沔川人, 屢歲巡營吏, 與郡吏吳台鎰爲姊妹. 居郡之市浦, 不應吏役, 爲儒業, 夙有文詞才聲. 今日來見, 與語, 可知其爲村秀中翹楚. 與金判書履陽·金穉奎諸人遊. 所爲詩, 西崑選體, 如昔年備吏李廷熙之類. 其視嶺人愼千能父子, 不啻及. 科時[恐詩之誤]頗有可觀. 每科輒爲卿相家代手云(《孝田散稿》27〈華祝館日錄〉).

392 金榮鎭, 〈孝田 沈魯崇 文學 研究—散文을 中心으로〉, 고려대학교 대학원 국어국문학과, 1996. 12, p. 27, 주 17.

393 이기현, 〈趙熙龍 小品文 研究: 尺牘小品과 題畵小品을 中心으로〉, 고려대학교 대학원 국문학과 석사논문, 2006; 이선옥, 〈붓 끝에 쏟아낸 울분—여항문인화가 조희룡의 삶과 예술〉,《한국인물사연구》19, 한국인물사연구회, 2013. pp. 179-219; 洪剬昆, 〈壺山外記 畵家傳을 통한 조희룡의 회화관 연구〉, 고려대학교 대학원 고고미술사학과 미술사학전공 석사논문, 2017. 8.

고 자호했다.

> 내가 어렸을 때에는 키만 훌쩍 크고 야위어, 옷을 입기에도 힘들 만큼 약했다. 그래서 내 스스로 장수할 상相이 아닌 줄 알았으니, 하물며 다른 사람들이야 말해서 무엇하랴? 13세 때에 어떤 집안과 혼담이 있었는데, 그 집에서는 내가 반드시 일찍 죽을 것이라고 해 혼인을 물리고 다른 집안과 혼인을 했다. 그런지 몇 년이 되지 않아 그 여인은 과부가 되었다. 내가 이제 70여 세가 되었으며 아들딸에다 손자며 증손자까지 많으니, 지금부터는 노인이라고 큰소리를 칠 만하다. 이 때문에 스스로 수도인壽道人이라 호를 지었다.[394]

歗 변종운卞鍾運(1790-1866)의 본관은 밀양, 자는 붕칠朋七, 호는 소재歗齋·경운재耕雲齋이다. 1809년(순조 9) 증광시 역과에 급제했다. 1865년(고종 2) 왜관 동쪽 대청과 서쪽 행랑을 수리한 공로로 감독역관 김계운金繼運, 한역관 이집李執과 함께 가자되고 오위장에 임명되었으나 병으로 체직되었다. 남공철南公轍·윤정현尹定鉉·이유원李裕元과 교유하고, 정약용 외손 윤정기尹廷琦(1814-1879)와도 교류했다. 문집은《소재집》이다.[395] 도잠(도연명)〈귀거래혜사歸去來兮辭〉의 "동쪽 언덕에 올라 휘파람을 불고 맑은 물가에 임하여 시를 짓네"(登東皐以舒嘯, 臨清流而賦詩)에서 '휘파람 불 소嘯/歗'를 호로 사용한 것이다. 경운재의 경운은 송나라 관사복管師復의 말에서 따온 것으로, 은자의 고답적인 생활을 형용한다. 관사복이 숭산崇山에 은거하고 있을 때 어떤 사람이 그에게 "무슨 즐거움이 있느냐?" 묻자. "언덕에 덮인 흰 구름은 갈아도 다함이 없고, 못에 가득한 밝은 달은 낚아도 흔적이 없네"(滿塢白雲耕不盡, 一潭明月釣無痕)라고 답했다.

兼山 유재건劉在健(1793-1880)의 본관은 강릉, 자는 덕초德初, 호는 겸산兼山이다. 조선 개국공신 옥천부원군 유창劉敞(?-1421)의 후손으로, 서리(아전)의 집안에서 태어나 고종 때 상호군에 이르렀다.[396] 규장각에 있으면서《열성어제》

---

394 趙熙龍,《石友忘年錄》, 실시학사 고전문학연구회, 한길아트, 1999.

395 김홍매,《소재 변종운 연구》, 국학자료원, 2020; 오윤숙,〈《소재집小齋集》연구〉,《호남학》69, 전남대학교 호남학연구원, 2021, pp. 79-102.

396 한영규,〈19세기 여항문인 유재건의《古今法語》편찬의식〉,《진단학보》119, 진단학회, 2013, pp. 171-195.

편찬에 참여했다. 여항 문인 최경흠崔景欽과 함께《풍요삼선風謠三選》을 엮었고,《겸산필기兼山筆記》를 남겼다. 겸산은《주역》의 간괘艮卦로, 지지止止(그쳐야 할 데 그친다)의 의미를 지닌다.

蓮坡 김진수金進洙(1797-1865)의 본관은 경주, 자는 치고稚高, 호는 연파蓮坡·벽로재碧蘆齋이다. 아버지 김취우金取禹, 형 김근수金近洙(1786-?, 자는 稚三), 아들 김동훈金東勛(1846-?, 자 美卿)이 모두 천문과天文科에 합격했다. 외가 천령 현씨川寧玄氏와 처가 인동 장씨仁同張氏도 모두 중인 집안이다. 본인은 입격한 기록이 없다.[397] 1832년 연경에 다녀왔는데, 이때《벽로재집》을 엮었다. 별도로《연파시초蓮坡詩鈔》가 있다. 벽로는 벽로방碧蘆舫·벽로음방碧蘆吟舫의 뜻이다. 자하 신위申緯의 서울 장흥방 서실 당호도 벽로음방이다. 벽로음은 '푸른 갈대를 읊는다'는 말로, 세속을 떠나 자연 속에서 유유자적한다는 뜻이다. 속뜻은 강호에 갈 수가 없어 현재의 뜰에서 자라난 푸른 갈대를 읊으며 자연 속의 한가로움을 추구한다는 말이다. '방'은 남송의 시인 방옹放翁 육유陸游(1125-1210) 이래로 여러 문인들이 강호에 은거하고 싶은 마음을 담아 집을 배에 비유한 관례를 따랐다. 벽로 혹은 벽로방의 뜻에 대해서는 신위의〈벽로방碧蘆舫〉시가 참고로 된다. 연작 5수 가운데 제4수는 "강호로 떠난다고 번번이 말하지만, 강호에는 산업이라고는 없구나. 벼슬을 그만두고 세월을 한가지 보내는 것이, 이것이 바로 작은 강호로다"(每說江湖去, 江湖産業無. 罷官閑日月, 此是小江湖)라고 했다. 벽로방은 곧 소강호小江湖라고 할 수 있다.[398]

丹溪 김영면金永冕(1798-?)은 본관이 분성盆城, 자는 주경周卿인데, 호가 단계丹溪이다. 시詩·서書·화畵·금琴에 모두 뛰어났으나 30세로 요절했다. 인왕산 밑

397 박동욱,〈《벽로집碧蘆集》해제〉, 국역《벽로집》, 세종대왕기념사업회, 2018, 한국고전번역원 제공 DB,

398 신위申緯는 서울 장흥방長興坊(현 종로구 적선동과 내자동 일대) 남산 부근의 집을 벽로방碧蘆舫이라 했다. 申緯,〈碧蘆吟〉,《警修堂全藁》冊7 碧蘆舫藁一(己卯九月至十二月); 이종묵,《조선의 문화공간》권4, 휴머니스트, 2006, pp. 232-236. 신위의 벽로음방에는 홍현주洪顯周, 이복현李復鉉(1767-1853), 이만용李晩用(1792-?), 홍우길洪祐吉(1809-1890), 홍성모洪成謨, 정학연丁學淵(1783-1859), 이해원李海遠(1804-1837), 이지형李之衡, 박제철朴齊喆, 박제긍朴齊兢(1807-?), 신명준申命準(1803-1842), 신명연申命衍(1808-1886), 유본학柳本學, 유본예柳本藝(1777-1842), 서미순徐眉淳(1817-?), 한재락韓在洛 등이 함께 시회를 가졌다. 李尙迪,〈菊秋旣望夜雅集紫霞侍郞碧蘆吟舫. 次香蘇館集〉,《恩誦堂集》卷2.

일섭원日涉園 등을 중심으로 서원시사西園詩社의 시인들과 교유했다.[399] 1820년 신위申緯·이인문李寅文·임희지林熙之와 시사 활동을 했다. 조희룡趙熙龍은《호산외기壺山外紀》에서 그를 가리켜 "얼굴 모습은 부인과 같고 숨을 내쉬면 난초의 향기와 같다"고 했으며, "하늘이 재주를 주는 것을 풍부히 했으나 수명을 주는 것은 인색했다"고 애석해했다.

小山 전각에 뛰어났던 오규일吳圭一은 1800년대 초반 오창렬吳昌烈의 첫째로 태어났다. 이유원李裕元의《임하필기林下筆記》에 오규일의 사승관계와 그의 전각에 대한 기록이 있다. "석묵법石墨法을 깊이 터득하고 권돈인權敦仁과 김정희金正喜의 문하에 왕래하면서 그 전각법이 더욱 신채神彩를 띠었다" 했다. 인각印刻에서 정목천程穆倩(정수程邃)와 하설어何雪漁(하진何震)의 묘경에 도달하리라 기대되었다. 하지만 10년이 못 되어 눈이 멀었다. 왕실 주관으로 제작한《보소당인존寶蘇堂印存》에 그의 전각이 상당수 포함되었을 것으로 추측된다.[400] 소산은 부친의 대산에 견주어 겸손하게 자호한 것이다.

斐然 장지완張之琬(1806-1858)의 본관은 인동, 자는 여염汝琰 또는 옥산玉山이다. 호는 침우당枕雨堂·비연斐然이다. 율과 집안의 출신이었으나 위항 시인으로 살았다. 호를 따서 비연시사斐然詩社를 조직했고,《풍요삼선》에 발문을 썼다. 《침우당집》이 전한다. 비연은《논어》〈공야장〉에서 따온 것이다. 공자는 진陳에 있을 때 "돌아가자, 돌아가자! 우리 고을의 소자들은 뜻만 크고 일에는 소략하여 찬란하게 문채만 이루었을 뿐이요 스스로 재단할 줄을 모르도다"(歸歟歸歟! 吾黨之小子狂簡, 斐然成章, 不知所以裁之)라고 탄식했다. 이것은 비연성장斐然成章에 초점을 둔 것이 아니라 광간狂簡을 헐후歇後(뒷부분을 들어서 앞부분을 암시하게 함)한 것이다. 장지완은 이치에 어긋난 정령政令이 내린 것을 들으면 깊은 밤에도 잠을 이루지 못해, 거처의 편액을 침우枕雨라고 했다.[401] 침우라는 말은 소

---

399 趙熙龍 著, 실시학사 고전문학연구회 譯,〈金永冕傳〉,《趙熙龍全集 6·壺山外記》, 한길아트, 1999; 劉在健,《里鄕見聞錄》卷8 書畫篇.

400 李裕元,《林下筆記》, 卷 34,〈金石經鐵筆〉條, 민족문화추진회, 1999. "深得石墨法, 往來彝齋秋史之間, 其法益神, 大內諸刻, 擧皆任之吳手. 初則純正可珍, 漸入佳境, 隨以索隱, 其文不可辨, 行之未十年, 眼廢."; 성인근,〈《보소당인존寶蘇堂印存》의 내용과 이본의 제작 시기〉,《장서각》14집, 한국학중앙연구원 장서각, 2005.

401 張之琬,《枕雨堂集》〈小傳〉(白雲居士李存沼撰). "聞政令之違於理, 若抱隱憂, 夜不能寐. 扁

식蘇軾 시의 '봉창에 높이 베개 베고 누웠노라니 빗방울은 밧줄 굵기'(蓬窗高枕雨如繩)에서 가져왔다.[402]

皎亭 현일玄鎰(1807-1888)의 본관은 연주延州, 자는 만여萬汝, 호는 교정皎亭이다. 이상적李尙迪·정지윤鄭芝潤·송우영宋羽榮·박유성朴逌性·김홍근金興根 등과 교유했다. 1827년(순조 27) 역과 증광시에 장원급제하고, 1834년 교회청敎誨廳 훈상당상訓上堂上에 올랐다. 이후 남양南陽 감목관, 연천 현감漣川縣監, 사역원 한학훈장漢學訓長을 지냈다. 1866(고종 3) 가을, 병인양요가 일어나자 경기도 양주楊州 추곡楸谷의 선산 아래로 피난했다. 1873년 삭녕朔寧을 유람했다.[403] 《교정시집》이 있다. 교정은 세속과 거리를 두어 교교정정皎皎亭亭하겠다는 뜻을 함축한다.

壽銅 정지윤鄭芝潤(1808-1858)의 본관은 동래, 자는 경안景顔, 호는 하원자夏園子·수동壽銅이다. 왜어 역관 집안에서 출생했다.[404] 아들 정낙술鄭樂述도 역과에 합격했다. 김홍근金弘根·김정희·조두순趙斗淳과 교분이 두터웠다. 《하원시초夏園詩鈔》가 있다. 태어날 때 손바닥에 수壽 자 문신이 있었고 이름 지윤의 지芝가 《송서宋書》〈악지樂志〉에 실려 있는 〈상릉곡上陵曲〉의 "감로 초 2년, 영지가 동지(동반銅盤)에서 나고, 선인이 내려와 마셔, 수명을 천년만년 연장했도다"(甘露初二年, 芝生銅池中. 僊人下來飮, 延壽千萬歲)라는 말과 연관된다고 하여 동銅 자를 따서 수동壽銅이라는 별호를 사용했다.[405]

惠庵 황도연黃度淵(1808-1884)은 민간 의방서 《의방활투醫方活套》, 《중정방약합편重訂方藥合編》, 《증맥방약합편證脈方藥合編》 등을 편찬했다. 본관은 창원昌原이며, 호는 혜암惠庵이다. 철종 때부터 고종 초기까지 현 서울 무교동에서 개업했다. 당시에 유행하던 콜레라(vibrio cholerae)에 대해 많은 연구를 하고, 이 병을 서곽란暑霍亂이라 규정했다.[406] 본래 이름은 도순道淳인데, 개명한 것으로 알

其居曰枕雨, 意可知也."

402 蘇軾, 〈萬州太守高公宿約游岑公洞而夜雨連明戲贈二小詩〉 2首 中 第2首, 《蘇詩補註》 卷50. "蓬窗高枕雨如繩, 恰似糟牀壓酒聲. 今日岑公不能飮, 吾儕猶健可頻傾."

403 이현일, 〈교정시집 해제〉, 한국고전번역원, 2013.

404 金澤榮, 〈鄭芝潤傳〉, 《韶濩堂文集定本》 卷9 詩文集 傳.

405 趙斗淳, 〈鄭壽銅傳〉, 《心庵遺稿》 卷30 雜著.

406 김두종, 《한국의학사》, 탐구당, 1966; 이진철, 《〈의종손익醫宗損益〉을 통해 살펴본 황도연

려져 있다. '黃道淵'은 오기라고 한다.[407] 혜는 혜민惠民의 뜻인 듯하다.

笙林 신광현申匡絢(1813-1867?)의 본관은 평산, 호는 수월거사水月居士·생림笙林·생원笙園·대소자大笑子이다.《생림경장笙林瓊章》이 있다.《위항쇄문委港鎖聞》을 지었는데 그 가운데 10편이《이향견문록》에 전재되어 있다.[408] 김희령金羲齡 주관의 서원시사西園詩社 동인이다. 이정리李正履·조만영趙萬永 등 유력자의 책실冊室 일을 했다. 김정희의 추천으로 교서원외랑의 직에 취직했다. 1862년(철종 13) 〈자서애사(自敍哀辭)〉를 지어,《생림경장》에 남겼다. 수월은 불교에서는 관세음보살의 응신應身 개념을 형상한다. 하지만 수월거사의 수월은 소식蘇軾이 〈적벽부〉에서 말한 무진장無盡藏의 자연을 가리키는 듯하다.

小棠 김석준金奭準(1831-1915)의 본관은 선산善山. 자는 희보姬保·소후召侯, 호는 소당小棠·효리재孝里齋·금오산초金烏山樵·열상초자冽上樵子·보추재寶秋齋·난도인蘭道人·동이지인東夷之人·매화서옥주인梅花書屋主人·묵지도인墨指道人·몽련거사夢蓮居士·연백당研白堂이다. 역관 김계운金繼運의 아들, 서도가 김계술金繼述의 조카이다. 현기玄錡와 이상적李尚迪으로부터 시를 배웠다. 김정희金正喜의 말년 제자이다. 송백옥宋伯玉(1837-1887)의 〈소당거사소전小棠居士小傳〉에 따르면, 이름과 자는 주나라 태보太保 소공召公 석奭에서 따온 것이라고 한다. 소당은 소공이 남국을 순시하다가 감당甘棠(팥배나무) 아래에서 민원을 처리해 주어 후세 사람들이 그의 덕을 노래(《시경》〈소남召南 감당甘棠〉)로 칭송했다는 고사에서 따오되, 겸손의 뜻에서 '소'를 붙인 것이다. 김석준은 〈기자호記自號〉를 작성했는데, 여러 글을 종합하면, 금오산초는 선조 김종직을 흠모하는 뜻, 열상초자는 청구靑丘 한강 가의 초동이라는 뜻, 보추재는 김정희의 보담寶覃을 모방하여 추사 글씨를 보물로 보관한다는 뜻, 동이지인과 매화서옥주인은 해학의 뜻을 담은 호, 묵지도인은 지두서指頭書란 말을 빌려와 서예가를 자부하는 뜻이

의 의학사상 연구》, 경희대학교 박사학위논문, 2017.

407 《의방활투醫方活套》 표지에는 "惠菴先生原本 內附鍼線"이라고 되어 있으나 서문에는 '惠庵心書古今三統醫方活套序'라고 되어 있다. 한기춘·서정철·최순화, 〈黃度淵의 號와 이름의 誤記에 대한 연구〉, 《민족의학신문》, 2017.6.3(http://www.mjmedi.com).

408 한영규, 〈19세기 문인 신광현申匡絢의 《위항쇄문委巷瑣聞》 편찬의식〉, 《동방한문학》 50권, 동방한문학회, 2012, pp. 397-427; 한영규, 《조희룡과 추사파 중인의 시대》, 학자원, 2012, pp. 58-88.

다. 거처는 한성부 대평방 하리동下犁洞(현재 중구 수하동, 장교동 일대)에 가까운 종로 원각사 근처에 살면서 당호를 연백당이라 했다. 연백은 송나라 매요신梅堯臣의 〈건주 심둔전이 신차를 보내온 것에 답함(答建州沈屯田寄新茶)〉 시의 "봄차의 싹은 흰 기름덩이를 연마하는 듯하고, 한밤의 불은 붉은 떡을 볶는 듯하네(春芽研白膏, 夜火焙紫餅)"에서 취한 듯하다. 효리재는 김종직의 출생지 경상남도 함양의 효리를 가리켜 조상 추모의 뜻을 담은 재호로, 금오산초와 통한다. 문집은 《효리재일고孝里齋逸稿》이다.[409]

吉雲 변원규卞元圭(생몰년 미상)의 본관은 초계, 자는 대시大始, 호는 길운吉雲·주강蛛舡이다. 역관 출신이다. 1880년(고종 17) 청나라에 파견되어 이홍장李鴻章과 조선국원변래학제조조련장정朝鮮國員弁來學製造操練章程을 체결했다. 원변員弁은 문관과 무관을 아우르는 말이다. 1882년 통리교섭통상사무아문 정각사征推司 참의를 거쳐 1884년 기계국방판器械局幇辦에 이어 지돈령부사·한성부판윤을 역임했다.[410]

白蓮 지운영池雲英(1852-1935)의 본관은 충주, 초명은 운영運永, 호는 설봉雪蓬·백련白蓮이다. 지석영池錫永의 형이다. 왜역관倭譯官 집안 출신이다. 1870년대 말 육교시사六橋詩社에 참여했다. 1880년대 초 통리군국사무아문 주사를 지냈고, 갑신정변 후 김옥균을 암살하러 일본에 건너갔다가 미수에 그치고 강제 귀국 후 1895년까지 유배되었다.[411] 생애 전반기에는 설봉雪蓬이라는 호와 '池運永'이라는 이름을, 후반기에는 백련白蓮이라는 호와 '池雲英'이라는 이름을 사용했다.

松村 지석영池錫永(1855-1935)의 본관은 충주, 자는 공윤公胤, 호는 송촌松村이다. 서울 낙원동 왜역관 집안에서 태어났다. 1880년(고종 17) 제2차 수신사 김홍집의 수행원으로 도쿄東京에 가서 종두 기술을 익히고 돌아와 서울에 종두

409 서한석, 〈김석준(金奭準)과 『효리재일집(孝里齋逸集)』에 대하여〉, 《한문학보》 21, 우리한문학회, 2009. 12, pp. 473-497.

410 李匡呂, 〈吏曹參判曹公墓表〉, 《李參奉集》 卷3 文.

411 최경현, 〈池雲英과 그의 畵風—海上畵派와의 관련을 중심으로〉, 《한국근대미술사학》 15(특별호), 한국근현대미술사학회, 2005, pp. 351-386; 김재한, 〈백련 지운영(1852-1935)의 회화세계 연구〉, 《한국근대미술사학》 21, 한국근현대미술사학회, 2010, pp. 7-25.

장을 개원했다. 1883년 식년문과에 을과로 급제하고 1894년 김홍집 내각에서 형조참의·승지를 거쳐 동래부사를 지냈다. 1899년 의학교 초대 교장이 되었고, 1907년 대한의원의육부 학감에 취임하여 1910년 사직했다. 1908년 국문연구소 위원이 되고 이듬해《자전석요字典釋要》를 엮었다.[412]

(9) 귀화인의 호

조선 시대에는 중국인이나 일본인 가운데 귀화하여 문필 활동을 한 인물이 존재했다.

思庵 천만리千萬里(1543-?)는 중국 영양穎陽 사람으로, 자는 원지遠之, 호는 사암思庵이다. 영양 천씨 후손들이 편찬한《사암실기思庵實記》의 〈자서自序〉와 〈동정사실東征事實〉에 따르면, 명나라 조병영량사 겸 총독장調兵領糧使兼總督將으로서 철기 2만 명을 인솔하고 북경을 출발해 의주에 이르렀다. 아들 천상千祥도 함께했다. 천만리는 왜적과 평양, 곽산郭山, 동래東萊에서 3회에 걸쳐 전투했다. 정유재란 때 울산에서 마귀麻貴와 함께 공을 세우고, 1600년(선조 33) 8월 만세덕萬世德 귀국 때 따라가지 않고 머물렀다. 56세 때 풍양 조씨 조익보趙翼輔의 딸과 결혼하여 왕검고성王儉古城에 거주했다. 광해군은 천만리를 화산군花山君으로 봉하고, 아들 천상을 한성부좌윤에 임명하며, 자손 대대로 녹봉을 받게 했다. 천만리는 〈사암자서思庵自敍〉를 지어, 후손들에게 자신이 고향 그리는 마음을 가졌던 사실을 잊지 말고 또 자신의 증왕고 이하 사적을 잊지 말도록 당부했다.[413] 호의 '사思'는 고향과 조상을 생각한다는 뜻이다. 그런데 임진왜란 전란 무렵의 국내외 문헌에는 천만리 이름을 확인할 수 없다. 더구나《사암실기》〈무완왕묘기武安王廟記〉 부분은 명나라 도량성陶良性의 〈조선창건한전장군관공묘기朝鮮刱建漢前將軍關公廟記〉에 나오는 형개邢玠나 만세덕萬世德의 이름을 천만리

412 이병근,《한국어 사전의 역사와 방향》, 태학사, 2000; 김호,《조선과학인물열전》 휴머니스트, 2003; 하강진,〈《자전석요》의 편찬과정과 판본별 체재 변화〉,《한국문학논총》56. 한국문학회, 2010, pp. 663-728.

413 千萬里, 〈思庵自敍〉, 天鍍敏 編, 《思庵實記》; 심경호,《나는 어떤 사람인가 — 선인들의 자서전》, 이가서, 2010, pp. 147-160.

로 바꾼 위조라고 한다.[414]

慕夏 김충선金忠善(1571-1642)은 조선에 귀화한 일본인이다. 본명은 사야가沙也加인데, 조선에서 본관을 김해로 하고, 자는 선지善之, 호는 모하당慕夏堂이라고 했다. 임진왜란 때 가토 기요마사의 좌선봉장으로 왔다가 경상좌병사 박진朴晉에게 귀순했다. 정유재란의 의령 전투에 참가하여 공을 세웠다. 뒤에 10여 년 동안 변경의 방수防戍에 봉직했다. 1624년(인조 2) 이괄의 난 때나 1636년 병자호란 때도 전공을 세웠다. 1643년 외괴권관外怪權管이 되었지만, 청나라 차사差使가 항의하였으므로 해직되어 대구 녹리鹿里로 돌아갔다.[415]《모하당집》이 있다. '모하'는 '하夏를 사모한다'는 뜻인데, '하夏'는 예의의 나라인 조선을 가리킨다.

---

414 朴現圭,〈《思庵實記》千萬里 사적과 작품의 진위에 대한 고찰〉,《동아인문학》53, 동아인문학회, 2021.12, pp. 267-295.

415 金忠善,《慕夏堂文集》〈慕夏堂年譜〉(撰者未詳); 金忠善,《慕夏堂文集》卷2 附錄〈行錄〉(金敬元).

결론

호, 주인옹의 본명인가 페르소나의 허명인가

1

이 책은 한국의 과거의 인물들이 호를 갖게 된 동기와 호에 의미를 부여하는 방식을 밝히고자 했다. 호에는 문필 생활과 일상의 교유에서 자 이외에 한 개인을 지시하는 이름이다. 특별한 범위 안에서 사용하는 호를 별호別號 혹은 일호一號라고 한다. 하지만 호, 별호, 일호는 구별되지 않는 경우가 많다. 또한 한 개인은 자신의 거처에 편액으로 사용하는 실호室號·헌호軒號·누호樓號·재호齋號·정호亭號·당호堂號 등을 지니는 일이 많았다. 거처의 이름은 문필 생활이나 일상의 교유에서 개인의 인격을 지시하지 않는 경우도 있고, 호와 같은 방식으로 사용되는 경우도 있다. 후자의 경우에는 일반적으로 말하는 호와 구별하기 어렵다. 이러한 호는 현대에 사용하는 필명, 닉네임, 인터넷 ID와는 다르다. 호는 그 호의 주인인 호주號主 자신과 그가 교류하는 사람들이 그 호에 각별한 의미를 부여하고 호주 자신이 그 호를 자신을 되돌아보는 상징으로 사용한다. 현대인의 필명, 닉네임, 인터넷 ID가 근본적으로 한 개인의 인격을 은폐하는 기능을 갖는 것과는 현격히 다르다. 현대의 필명, 닉네임, 인터넷 ID는 진지한 자기반성의 의도를 반영하지 않는다.

다만, 장현광이나 윤필병이 지적했듯이, 근대 이전에 호를 짓거나 호를 사용하는 것도 문화적 관행으로 고착되어, 호가 그 호주의 실질을 드러내지 못하는 경우도 있었다. 독서인들은 대개 호를 지님으로써 '또 다른 나'로 살아갔는데,

일부의 예에서는 호가 내면의 주인옹을 직지하지 못하고 그 인격주체를 겉에서 꾸미는 가면의 기능을 하기도 했다. 호의 세속화는 의미 세계가 타락한 데서 비롯된 일이었다. 그럼에도 불구하고, 많은 독서인들이 호를 재생과 부활의 기호로 사용했다. 한 집단 내에서 타인의 호를 부르거나 한 개인이 호로 불려짐으로써 호는 동류의 지향을 환기시키는 기호로도 기능했다. 독서인들은 일정한 기간 일정한 인간관계 속에서 특정한 호를 사용했으며, 어떤 경우에는 삶의 각 단계마다 각기 다른 호를 사용하기도 했다.

천지간의 사물은 이름이 없는 것이 없다. 사물의 이름을 지을 때는 산출지나 생산자의 이름을 이용하는 일이 많다. 재목은 땅에서 생산되므로 땅으로 이름을 받고, 물건은 사람에게서 이루어지므로 사람으로 이름을 받는다. 그 관계는 포섭, 사용, 소유 등 여러 측면을 띠었다. 본명은 종족 내의 위치를 지정하므로, 사람의 이름은 종족 내의 이름에 의해 규정되었다. 하지만 호는 반드시 포섭, 사용, 소유의 관계를 중시하지 않는다. 형제나 부자 관계에서 같은 글자를 사용하는 예외가 없는 것은 아니다. 자신의 본관이나 생장지, 거주지의 지명을 호에 사용하는 경우는 대단히 빈번했다. 두 경우 모두, 종족 내의 예속을 전면적으로 중시한 것은 아니다.

호를 사용하는 존재는 우선 자신의 몸뚱이에 대해 주인옹의 위치에 있는 자기 자신을 새로운 의미망 속에서 드러낸다. 호는 개념어를 이용하든 지명을 이용하든 그 명칭에 새로운 의미를 부여하고 그것을 주인옹과 긴밀하게 연계시킨다. 주인옹에 대한 참 인식에 기반하여 주인옹을 혁신시키는 행동을 추동하고자 하는 각성의 태도를 반영한다. 주인옹의 참 모습을 직시하지 않고 주인옹의 혁신과는 관련 없이 타자에게 허상을 보이려고 한다면, 그것은 호를 하나의 페르소나로서 활용하는 것이 된다.

성호 이익은 〈이재서伊齋序〉에서 작호의 본래적 활동과 그 반대의 페르소나 조작을 대비시켰다. 이계는 영남의 지명으로, 언덕을 등지고 시내를 앞에 둔 동구이다. 그곳 사람들은 '이伊 부천동阜川洞'이라고 불렀다. 거기에 거주하는 한 인물이 자신의 서재에 이름을 지어 달라고 하자, 이익은 '이재伊齋'라고 편액해 주었다. 어떤 사람이 '이'에 무슨 뜻이 있느냐고 묻자, 이익은 '무의無義'의 뜻을 지닌다고 말했다. '무의'를 강조한 것은 당시 사람들이 사물에 대해 실질과 어긋나는 이름을 붙이는 풍조를 비판했기 때문이었다.

> 지극한 음악은 소리가 없고 지극한 예禮는 사양함이 없으니, 오직 무無인 뒤에야 모든 것이 거기에 존재할 수 있다. 그러므로 무無로 명명하면 사물로 하여금 각각 그 천성을 보전하게 만들지만, 유有로 명명하면 실질이 부합하지 못하게 하여, 더러 천착하는 데 이르게 된다. 나는 이름이 그 실제에 어긋나는 것은 보았으나, 실제가 있으면서 그 이름이 실질과 어긋나는 것을 보았지, 실질이 있으면서 이름에 합당하지 못한 것은 보지 못했다. 천하가 이름을 숭상한 지 오래되었다. 지금 사람들은 완호玩好 하나를 얻거나 경승지 한 곳을 만나도 사랑하여 만족지 않고 남에게 자랑하며 자랑하여 만족지 않고 이름을 과하게 붙여서 과하여서는 날마다 실질과 배치되므로, 이에 고觚가 고답지 못한 일이 있게 된다. 성인(공자)은 이미 오래전 분이다. 지금은 본질이 깎이고 문식文飾이 치성하니, 문식의 폐단 끝에 장차 허황虛荒하고 부화浮華한 것을 쫓다가 목숨을 잃어도 돌아갈 줄 모르는 상황을 보게 될 것이다. 이렇기 때문에 군자는 차라리 있으면서 드러나지 않도록 할지언정 혹시라도 실정과 다르다고 소문나는 것을 두려워한다.[1]

이재 주인은 심상한 땅을 밟고 평이한 행실을 행하며 자연의 흐름에 순종하여 어긋남이 없어 '소박함을 끌어안고 있는 자(抱樸者)'이어야 했다. 아름다움을 지니지 말 것(毋有美), 스스로 만족하지 말 것(毋自多), 스스로 지혜를 사용하지 말 것(毋用智)을 지향해야 했다. 그렇기에 이익은 겸퇴謙退와 수졸守拙을 지향하도록 '이'라는 허사로 재호를 지어 준 것이다.

2

근대 이전의 개인은 생애 전체에 걸쳐, 그리고 심지어 죽은 이후에도 그 자신을 가리키는 이름을 지녔다. 개인은 태어나 살다가 죽어서 타인에 의해 그 존재의

1 李瀷, 〈伊齋序〉, 《星湖全集》 卷52.

흔적이 기억되기에 이르기까지 각 단계마다 여러 이름들을 획득했다. 즉, 본명과 아명(해명), 자, 호(아호, 별호, 일호), 실호·당호·재호·누호·헌호, 묘호와 시호, 존모칭송의 호 등을 생의 각 단계에서 지녔다. 불교에서 인간 구원의 길을 모색한 이들은 법명만 아니라 법호도 지녔고 문자생활에서 일반 독서인들과 같은 호를 사용했다.

한 사람의 정체성을 드러내는 법적인 이름은 본명本名이다. 가보(족보)에 올리는 이름이므로 보명譜名이라고도 했다. 한자 이름이 일반화되고 친족 제도가 중시되면서 본명에 항렬行列을 드러내는 돌림자를 쓰게 되었다. 본명은 태어나면서 갖는 경우가 대부분었으나, 생의 중간에 군주에 의해 하사되거나 변개되기도 하고, 그 개인이 특별한 이유가 있어 바꾸기도 했다. 왕가나 귀족의 여자들은 한자식 본명을 사용했다. 여성들도 이름을 지녔다. 다만 족보를 만들 때 며느리의 이름은 올리지 않았고 딸의 이름 대신 사위의 이름을 올렸다. 출가할 경우에는 그 여성은 남편 가문의 족보에 남편 이름 뒤에 본관과 성씨만 기록하는 것이 관례였다. 개화기 이후에는 딸과 며느리의 이름도 족보에 올리기 시작했다. 또한 아이 적에 본명과는 달리 대개 조부 등 일족의 어른이 아이의 본명 가운데 한 글자를 이용하여 아명兒名을 만들어 부르기도 했다.

본명(보명)은 함부로 부를 수 없었다. 따라서 이름을 함부로 부르지 않는 피명避名, 죽은 분의 이름을 함부로 부르지 않는 피휘避諱의 관습이 있었다. 정약용은 그 둘을 구분해야 한다고 보았으나, 대개 그 둘을 합하여 피휘라고 했다. 군주의 이름, 유현儒賢의 이름, 조상의 이름, 선배 상관의 이름도 피하려고 하여, 같은 글자로 자기와 아랫사람의 이름을 짓지 못할 뿐 아니라, 글에 나오는 글자가 존경할 분들의 이름과 음이 비슷하면 그대로 읽지 못했다. 개화기 이후 일부 사람들은 그 풍습이 중국의 것을 모방하여 온 것이고, 골계스러운 상황을 야기한다고 하여 비판하기 시작했다. 1930년대의 〈피휘와 개명의 희소극戱笑劇〉이란 글에 이런 지적이 있다.

> 대구大丘의 구丘자가 공자의 이름자와 같다 해 대구大邱로 바꿨으며, 김홍집金弘集의 이름자가 청나라 건륭 황제의 그것에 걸린다 하여 김굉집金宏集으로 외

교 문서에 고쳐 실리는 등, 이 같은 예를 들면 한이 없을 것이다. 특히 우리 나라에서는 옛날 그 풍속이 엄하게 시행되던 때 서울과 시골의 아전 벼슬아치들은 일년에도 몇 차례 개명하여, 한 사람의 이름이 대개는 수십 번이 고쳐지니, 그것은 각사各司와 지방관이 이동이 잦고 또, 수효가 많던 때문이다. 가장 우스운 것은 연안 김씨 선조에 이름을 자지自知라 지은 분이 있었다. 평산 신씨 조상에는 신개申槩라는 성명이 있었으며, 또 반남 박씨의 조년兆年이란 이름과 은진 송씨의 요년遙年으로 이름 지은 사람들도 있어서 특별히 그런 줄 잘 알지 못하는 새로 맞아 오는 신부들이 무심코 함부로 시가에서 기르는 개(犬)로 '요놈의 개새끼야' 하고 욕하든가 제집종 아이를 '요년' '조년'이라고 꾸짖지 못하여 이에 따르는 소화가 많았다.

피휘의 관습 때문에 집안이나 지인들 사이에서는 관례 때 갖는 자字를 한 인물의 호칭으로 즐겨 사용했다. 구태의 관습에서는 혼례 직전에 남성은 관례를, 여성은 계례를 올렸다. 관례를 거쳐 성년이 되면 그 사람의 본명을 함부로 부르지 않고 관명冠名을 가졌다. 관례 때 붙이는 이 이 관명을 대개 자字라고도 불렀다. 관명은 항렬을 고려해 짓는 데 비해, 자는 본명이나 관명과 의미상 관계를 연관시키되 항렬을 고려할 수도 있고 그렇지 않을 수도 있었다. 일족의 어른이나 세교 집안의 어른이 자를 지어 주었으며, 자설字說을 작성해서 권계했다. 단, 고려 말, 조선 초에는 관례를 치른 훨씬 뒤에 자를 짓기도 하고, 자를 갖게 된 훨씬 뒤에 친지로부터 자설을 받기도 했다. 성인이 된 한참 뒤에 자를 정하는 관습은 오래 이어졌다. 심지어 어떤 사람은 성인이 되어 스스로 자신의 자를 짓기도 했다. 한 사람의 자는 대개 하나이지만, 둘 이상인 경우도 있었다.

성인 남녀는 일상생활에서 호를 널리 사용했다. 고려 초의 인물들도 호를 사용했을 듯하지만 실상은 잘 알 수 없다. 고려 중엽 이후 지식층이 두텁게 형성되면서 호를 사용하는 것이 일종의 풍조로 되었다. 고려 말을 거쳐 조선 시대에 들어와서 관료와 독서층은 거의 대부분 호를 지녔다. 호는 스스로 짓거나 스승이나 가까운 분에게서 지어 받았다. 호를 정할 때는 거소, 소유물, 체득의 실상, 지향을 고려했다. 또한, 자조적이거나 해학적인 어휘를 일부러 선택하기도 했고, 본명·자와 의미상 연계시키기도 했다. 한편 호는 생전에 불리지 않고 사후에 존경의 뜻으로 한정된 범위에서 일컬어지기도 했는데, 이 경우의 호는 이른바 사시私諡와 같다. 생전에는 호가 있었겠지만, 훗날 전하지 않는 예도 있다. 정치적으로 실각한 이들로서 후대까지 지탄을 받는 인물들도 생전에는 호가 널리 알려져 있었을 터이지만, 후대에 전하지 않는 예가 대부분이다.

근대 이전의 개인은 서재나 거택에 이름을 지어 두고 스스로를 성찰하는 수단으로 삼았다. 실호·헌호·누호·재호·정호·당호 등이 모두 그러하다. 자신의 거처를 겸손하게 표현하거나 그 초라함을 자조하여 암菴/庵이라고도 불렀다. 그런 호를 암호菴號/庵號라 할 수 있겠지만, 실호나 당호에 포괄되면서 뉘앙스만 다르다고 보는 것이 옳을 듯하다. 실호·헌호·누호·재호·정호·당호가 곧 호인 예도 적지 않았다. 누정의 호인 듯하지만 지명인 예도 있다. 주지하듯이, 남송의 주희는 만년에 복건성福建省 건양현建陽縣의 고정考亭에 창주 정사滄洲精舍를 짓고 기거하여 많은 제자들이 모여들였으므로, 세상에서 그들을 고정학파라고 일컬었다. 이때 고정은 정호가 아니라 지명으로 보아야 한다. 남당南唐의 때 황자릉黃子稜이 선친의 묘를 바라보려고 망고정望考亭을 지었는데, 줄여서 고정이라 하며, 그 정자가 있는 마을을 고정촌이라 부르게 되었다.

실호나 당호 등도 경계의 어구, 체득의 실상, 애호하는 물건, 거주지의 이름 등을 사용하므로 실상 호와 동일한 과정에서 만들어지고, 일정한 범위의 사람들 사이에서 한 인물의 인격을 가리키는 칭호로 간주되었다. 단, 거주 공간이나 연식의 곳에 당호를 일일이 명명했더라도 그 모두를 문필생활이나 교유관계에서 호로 사용하지는 않았다. 서재 전체의 재호가 별도로 있더라도 항시 장수藏修하는 서실의 명을 따로 지어, 그 실명을 별호로 삼는 경우도 있었다. 또 공적 건물이나 공간에 명칭을 붙였을 경우 그것을 개인의 호로 사용하지 않았으며, 조상 숭모의 정을 붙여 재실이나 당헌의 이름을 지었을 경우도 호로 잘 사용하지는 않았다. 자자손손 효성을 다할 것을 강조하는 뜻을 담은 당호 등은 특히 개인의 호로 잘 사용하지 않았다. 다만 당호 가운데는 부모에 대한 효성의 뜻을 담은 어휘를 사용하고, 그것을 호로 사용하는 예가 없지 않았다.

국왕의 경우는 서거 후 부묘祔廟될 때 묘호廟號를 지녔다. 이때 조종법에 따라 공이 있는 군주에게는 조祖, 덕이 있는 군주에게는 종宗을 붙였다. 그리고 후

사왕은 선왕의 무덤에 능호陵號를 올리고, 선왕의 공적을 부각시키기 위해 시호諡號를 올렸으며, 추존의 뜻을 담아 별도로 존호尊號를 올렸다. 시호는 조선에서 올린 시호와 중국에서 받은 시호의 두 종류가 있었다.

국가는 공신·무신·학자·순절자 가운데 공적이나 사적이 두드러진 인물에게 시호를 내렸다. 당해 인물의 집안에서는 연시延諡의 예를 행하고 역명지전易名之典을 행했다. 국가에서 시호를 내리지 않고 지역민이나 문도들이 학자에게 사적인 시호를 내린 경우도 있다. 각 가문에서는 조상의 봉호나 시호를 호처럼 사용하기도 했다. 불교의 승려나 신도는 법호法號를 지녔다. 법호는 승려가 망자에게 준 이름, 수계한 승려에게 스승이 주는 이름, 불전이나 사찰의 이름 등을 모두 아우른다. 이 가운데 승려가 망자에게 주는 이름이나 수계한 승려가 스승에게서 받는 이름은 모두 법명法名 혹은 계명戒名이라고 한다. 이 책에서는 수계한 승려가 지니는 이름만 법호라고 불렀다.

호는 문집·화법·법첩·시첩과 같은 문필생활의 과정에서 산출된 품물에 그 독서층의 존재를 지시하는 기표로서 명기되기도 했다. 시문집의 이름은 저자의 호(아호·별호·당호·누호·재호·헌호·실호)를 이용하는 것이 일반적이었다. 한국의 경우, 자字, 직명, 시호를 서명에 사용하는 예는 매우 드물었다. 자신이 자신의 시문을 자편할 때는 원고의 편명篇名·권호卷號에 자신의 호를 사용하는 것이 일반적이었다. 문인이나 자손 등 후대의 인물이 고인의 시문을 편찬하여 간행할 때는 고인이 스스로 묵적墨跡에 사용했던 호를 활용하여 서명을 정했다. 후손이 선조의 시문집을 모아 엮어 유고를 칭할 때 관직명이나 시호를 서명에 사용하기도 했으나, 그러한 예는 매우 적었다. 박팽년의 《박선생유고》와 송시열의 《송자대전》은 작명이 예외적이다. 특히 박팽년은 호가 취금헌醉琴軒이지만 문집은 《박선생유고》라 했다. 계유정난과 단종 폐위 이후로도 관직을 지녔으나, 관직명을 사용하지 않고 '선생'이라 칭함으로써 그의 절의를 존숭하려는 의도에서였다. 송시열은 호가 우암尤庵이지만 문집은 《송자대전》이라는 서명을 사용했다. 문생들이 그 학덕을 존숭하여 '송자'라고 부른 것에 따른 것이다. 호는 또한 화법·법첩·시첩에 서명되어 있는 예가 있는데, 이 경우 문집의 서명에 사용된 호나 일반적으로 후대인들이 알고 있는 호와는 별도의 필명을 사용한 예가 있다.

한 인물의 호는 동시대의 인물과 주고 받은 서찰이나 시고에 주로 사용되었지만, 집합 활동의 기록물의 좌목座目에 나타기도 하고, 여러 인물들의 행적을 추억하여 연작하는 회인시懷人詩 등에서도 나타난다. 조선 후기에는 열람용의 호보號譜가 만들어졌으므로, 그러한 자료를 통해서 한 인물의 호를 확인할 수가 있다.

근대 이전의 독서인들은 호를 풀이하는 호설號說을 자작하거나 타인에게 받음으로써 그 호가 지닌 각별한 의미를 부연하고 권계의 뜻을 가탁했다. 이때 설說의 문체를 활용하는 이외에도, 압운한 산문이라고 할 수 있는 명찬銘贊, 증서체 산문이나 서발체의 산문인 서序, 건물의 영건을 기념하여 적는 산문인 기記, 자신의 일생을 되돌아보면서 약술하는 자전自傳, 스스로의 무덤에 사용할 글을 미리 작성하면서 자기 삶을 되돌아보는 자찬비지自撰碑誌, 역사적 공적이 뚜렷하지 않지만 삶의 궤적이 남들의 전형이 될 만한 인물을 사적으로 입전하는 문체인 잡체전雜體傳, 동류·친척·고인을 그리워하거나 추모하는 가운데 그 인품을 운문 형식으로 논평하는 시부詩賦, 자기 삶을 간단히 서술하는 자서自序·자술自述, 시문이나 시문 편집본에 대해 논평을 부기하는 제권題卷, 안부를 묻고 청탁을 하는 내용을 주로 담는 속에 상대방의 인격을 언급하는 서찰書札 등에도 호의 의미를 해설했다.

이 가운데 호의 의미를 본격적으로 밝히는 완결된 형식의 문체는 호설이다. 호설에는 자신의 호에 대해 쓴 호설과 타인의 호에 대해 쓴 호설의 두 가지가 있다. 명찬은 운어韻語를 사용하여 잠언의 기능을 하는 문체인데, 이 문체가 호설로서 활용되는 일이 적지 않았다. 문집의 서문은 본래 호설의 기능을 온전히 취할 수 없지만, 저자의 사후에 문집을 편집·간행하면서 호의 의미를 추론하거나 관련 전문傳聞을 소개하기도 했다. 증서류 서문 역시 전별餞別 때의 증언贈言으로서 호설의 형식을 취하지 않지만, 그 속에도 호의 의미를 언급하는 예가 있었다. 실·헌·누·정·당 등의 영건 때에 기념하여 써 주는 기記는 건물 이름이 지닌 뜻을 해설하는 것을 목적으로 하는데, 실·헌·누·정·당의 이름이 개인의 호로 통용되는 예가 많았으므로, 그 기記는 저절로 호설의 성격을 띠었다.

한편 자전과 자찬비지는 중세적 자아가 자신의 삶을 되돌아보고 자신의 내면 세계를 서술하는 중요한 문체이다. 독서인들은 자전과 자찬비지를 통해 자신의 삶 가운데 일정 기간의 역정을 개괄하고 자평했는데, 이때 자호의 의미에 대해 풀이하는 내용을 삽입해 두기도 했다. 한국의 자전과 자찬비지에 대해서는 필자가 각각 《나는 어떤 사람인가 — 선인들의 자서전》(이가서, 2010)과 《내면기행》(이가서, 2009/민음사, 2016)에서 집중적으로 다룬 바 있다. 한문 문체 가운데 사람의 일생을 서술하는 전장체傳狀體 산문도 호의 의미를 다룬 부분을 둘 수 있었다. 역사서의 열전과 달리 단편單篇으로 작성하는 잡체전雜體傳 즉 사외전史外傳 가운데서, 자전自傳·소전小傳·별전別傳·외전外傳·보전補傳·잡전雜傳 등은 상당수가 호설의 특성을 포괄했다. 운문 형식인 시부詩賦도 간혹 한 인물의 호를 언급하기도 했는데, 단순한 환기에 그치지 않고 호의 의미를 그 개인의 삶이나 업적에 연계시켜 석명하기도 했다. 정도전이 권근의 양촌陽村 호에 대해 지은 〈양촌부陽村賦〉는 대표적인 예이다. 또 유희柳僖는 27세 때 지난 삶을 돌아보며 운문체 자서전인 〈비옹칠가否翁七歌〉를 지어, 자호 비옹의 뜻을 해명했다. 독서인들은 대장편의 자서自敍나 자술自述을 지어 자기 삶을 회고하기도 했는데, 그 속에서 작호의 동기와 호의 의미에 대해 해설하는 부분을 두기도 했다.

근현대의 경우는 대담 속에서 자신의 호에 대해 설명하기도 했다. 이를테면 《임꺽정》의 저자 홍명희洪命熹(1888-1968)는 1941년 8월의 《조광》 7~8호에 실린 〈홍명희-현기당 대담〉에서, 자호 벽초가 부친의 명에 의한 것이라고 밝혔다. 본래 홍명희는 인초仁樵라는 호를 사용하려 했으나, 그 사실을 부친 홍범식洪範植(1871-1909)이 알고 생장지 충청북도 괴산의 옛 이름인 벽양碧陽을 호로 사용할 것을 권했으며, 이에 인초의 초 자를 바꾸어 써서 벽초라고 호를 하게 되었다고 했다. 홍범식은 1909년 국운이 기우는 것을 보고 순절했으니, 홍명희가 벽초라는 호를 사용하게 된 것은 19세 이전의 일이다. 근세 이전에는 잡지나 신문의 대담과 같은 것이 없었다. 하지만 실록, 《승정원일기》, 《일성록》 등에 보면, 국왕이 호를 내리며 그 의미를 특별히 언술한 기록이 있다. 세종이 안평대군에게 비해당匪懈堂의 호를 내리고, 정조가 오재순에게 우불급재愚不及齋의 호를 내린 사례는 두드러진 예들이다. 호의 뜻을 부연하지는 않았어도 사호賜號의 동기가 군주의 언사 속에 드러나 있다.

근대 이전에 호를 지닌 인물들은 독서를 기반으로 문필생활을 하고 관직활동을 하며 서화를 즐기는 사람들이었다. 즉, 문묵文墨에 종사하는 문인-관료나 중인·서얼 독서층, 무인, 승려, 여성이 모두 호를 적극적으로 사용했다.

문인-관료는 출처행장出處行藏에서 시중時中을 얻는 것을 이상으로 여겼으므로, 권회卷懷의 뜻을 표방하는 개념어나 대체어를 호에 사용하는 일이 많았고, 혹은 거처나 선영, 은퇴의 처소를 표시하여 귀거래의 초지를 확인하는 일이 많았다. 지명을 호에 사용한 경우를 분류하면, 본관의 지명, 선산 혹은 별업 지명, 생탄지 및 '우리 집 산', 선친 존숭의 뜻을 담은 지명, 서울 거처의 지명, 경강京江 우거의 지명, 장기 거주지 혹은 강학처의 지명, 귀양지의 지명, 열력지閱歷地의 지명, 개환한 지명 등등 다양하다. 서울에서 관료 생활을 하는 이들은 서울의 경저京邸·우거寓居·추거僦居, 경강의 별업別業·탐승지探勝地, 교외의 별업別業·세장世庄 등등의 지명을 호에 사용하는 예가 많았다. 이에 비해 지방의 세거지에서 태어나 성장하고 중간에 관직생활을 하더라도 귀향이 잦고 결국 그곳으로 퇴거했던 독서인은 '우리 집 산(吾家山)'의 이름을 호에 사용하는 예가 적지 않았다. 평안도와 함경도는 경제적으로 낙후하여 문사들이 집단을 이루어 활동하기 어려웠기 때문에 그 지역의 지명을 호로 사용한 문사들이 매우 적다. 함경도의 관곡寬谷 김기홍金起泓, 학암鶴庵 최신崔愼, 송암松巖 이재형李載亨, 귀암歸巖 이원배李元培, 평양의 화은和隱 이시항李時恒, 평안도의 봉곡鳳谷 계덕해桂德海 등이 있다.

독서인이 선산과 세거지를 중시한 것과 관련하여, 성혼成渾은 백인걸白仁傑의 아들 백유함白惟咸에게 준 서찰에서, "주희는 고정考亭에 집을 지어 선대의 뜻을 받들었고, 이천伊川(정이)은 하남河南에서 별세했는데 자손들이 대대로 그곳에서 살았으니, 옛사람의 깊은 뜻을 헤아려 보면 고향 마을을 영원히 보전하는 것을 귀중하게 여겼던 것입니다"라고 말했다. 윤증尹拯은 〈우계서실중수기牛溪書室重修記〉에서 성혼의 이 말을 언급하고, 그것이 바로 효의 한 가지 일이라 규정했다.[2] 효를 백행의 근원으로 여겨 절대적 가치를 두었던 독서인들은, 주희의 사례를 본받아, 선친의 독서처에 거처하지 않아도 그 독서처의 지명을 자신의 호에 채용하여 유모孺慕의 정을 그려냈다.

그런데 옛사람들은 지명을 개환하는 일이 많았다. 이황은 퇴계退溪·퇴도退陶·도수陶叟·청량산인淸凉山人 등의 호가 있는데, 이 가운데 퇴계와 퇴도는 경상도 예안현 온계리(현 안동시 도산면 온혜리)로 돌아가 토계를 퇴계라고 개환한 것이다. 지명을 개환하면서 호에 사용한 예도 적지 않다. 또한 지명의 호는 상징 의미를 동시에 환기시키는 경우가 대부분이다. 이를테면 윤선도는 현재의 구리시에 일시 거처할 때 그곳의 지명 고산에서 호를 취했는데, 그 호는 반드시 지명만을 취한 것이 아니었다. 북송의 임포林逋가 은둔했던 서호西湖 고산이 지니는 의미를 함축하고 있다. 고산은 서호의 이호裏湖와 외호外湖 사이에 위치한 낮은 구릉으로 매치梅峙라고도 한다. 임포는 그곳에서 매화를 심고 학을 기르며 도성으로 발걸음을 옮기지 않아 매처학자梅妻鶴子라는 말이 있게 했다. 윤선도의 고산 호는 세속으로부터의 자기 소외를 표징한다. 그런데 지명이 환기시킬 또 다른 의미는 호를 사용하는 그 독서인이 스스로 중의를 밝힌 예가 많지 않으므로 그 인물의 행적 등을 고려하여 유추할 수밖에 없다.

한편 문인-관료들은 학파와 파당을 이루어 서로 경쟁하고 대립했는데, 각 학파나 당색마다 작호의 방식에 특별한 구속성이나 연속성을 게시하지는 않았다.

조선 후기에는 여항의 문인들이 독자적으로 문회文會를 갖거나 관료-문인들의 시사詩社에 출입하는 일이 잦았다. 즉, 서얼과 중인의 문인들은 사대부 계층과 연대를 이루거나 일종의 종속관계 속에서 자신들의 위상을 확보해 나가기도 하고, 자신들만으로 구성된 시회나 사대부 관료-문인과 공동으로 구성한 집단 내에서 시문이나 서화를 교환했다. 이때 호를 사용하고 상대를 호로 불렀다.

한편 무인, 승려, 여성들도 문묵에 종사하는 경우에 호를 사용했다. 조선 중기에는 문무관이 시문을 주고받는 일이 적지 않아서, 무인이면서 호를 활용한

---

2 尹拯, 〈牛溪書室重修記〉, 《明齋先生遺稿》 卷32 記. 1673년(현종 14) 성혼의 증손 성희주成熙冑의 요청으로 지은 글이다. 〈명재연보明齋年譜〉에 의하면, 우계서실은 임진년(1592, 선조25)과 병자년(1636, 인조14)의 병화兵火에도 화를 면했는데, 성희주가 서실을 중수하고 기문記文을 부탁했다고 한다.

이들이 나타났다. 그리고 고려 말 시승詩僧의 계보가 성립하더니, 조선 후기까지 문묵에 뛰어난 승려들이 줄을 이었으며, 문인들과 교섭이 잦았던 승려는 법호 외에 별도의 아호를 가졌다. 그리고 조선 중기에 이르러 시에 뛰어난 사대부 여성이나 기생들은 관료-문인들과 교류하고나 독자적인 문학세계를 형성할 때 호를 사용했다. 이를테면 허난설헌은 동생 허균이 그 시를 명나라 주지번朱之蕃에게 보여 주어 이후 중국에서《난설헌집》이 간행되었고, 이를 계기로 조선에서도《난설헌시집》이 간행되었다. 이때 '난설헌'의 헌호가 시집의 서명으로 사용되었다.《태교신기》의 저자 사주당師朱堂 이씨李氏는 주자를 스승으로 삼는다는 뜻을 자호에 표시했다. 난설헌과 사주당은 각각 그들의 지향을 잘 드러내 주는 호이다.

국왕은 문인들과 갱재賡載를 하거나 비교적 사적인 서찰을 작성하면서 호를 사용하기도 했다. 태조 이성계나 영조, 정조도 호를 사용했다. 한편 국왕은 신하들에게 호를 하사하기도 했다. 이 사호도 곧 일종의 증여로, 신하들의 충성을 요구하는 행위였다. 정조는 사호가 상대적으로 빈번했다. 한편 부마들은 한 시대의 문화를 성숙시키는 데 큰 역할을 했는데, 그 스스로 시문을 지을 때 호를 사용했다. 특수한 사례이기는 하지만, 중국인이나 일본인으로서 귀화하여 시문을 남긴 이들이 있어, 그들도 호를 사용했다. 명나라 군사의 일원으로 왔다가 화산군을 봉해 받았던 천만리, 임진왜란 때 일본의 병졸이었다가 귀화한 김충선이 그 예이다.

3

이 책은 근대 이전의 작호 방식과 의미, 호의 중의적 코드화 방법을 일부 사례를 통해 예시했다. 본래 구체적인 예를 가능한 한 망라하여 유형에 따라 분류해서 설명한 원고를 작성했으나, 각론에 해당하는 그 부분은 별도로 편집할 계획이다. 여기서는 예비적으로 몇가지 원리를 밝혀둔다.

(1) 자연물의 이름을 사용한 호는 방위명, 계절 이름, 식물 상징어, 동물 상징어, 기상어 및 자연 물명의 호 등으로 나뉠 수 있다.

사계절 이름 가운데서는 '춘春'과 '추秋'를 많이 사용했다. 《주역본의》에 따르면, 만물을 처음 내는 원元이 계절로 보면 봄, 사람에게 있어서는 인仁에 해당한다. 《논어》〈옹야〉에서 공자는 안회(안연)에 대해 "그 마음속으로 석 달 동안이나 인을 어기지 않았다(其心三月不違仁)"라고 칭찬했는데, 정호程顥는 안회에 대해 춘생春生의 덕을 소유한 분이라고 했다. 춘 자의 호는 대개 이러한 의미를 함축한다. '추'는 추색秋色의 깨끗한 이미지를 환기시킨다. 김정희金正喜는 추사秋史, 조수삼趙秀三은 추재秋齋, 구한말 강위姜瑋는 추금秋琴이라 했다.

몇몇 식물은 그 속성이 인간의 고결한 덕목을 상징하는 것으로 간주되었다. 대표적인 예들이 송백松柏·연하蓮荷·매란국죽梅蘭菊竹, 동桐·율栗·귤橘·지芝·三秀·유柳·오梧·태苔·근芹·향薌·손蓀·계桂·규葵·우藕·풍楓·능양菱洋 등이다. 또한 사우四友·팔우八友 등 복수의 완호물을 열거할 때에도 식물을 꼽았다. 이를테면 소나무의 특립독행特立獨行하는 자태를 흠모하면 송松 자의 호를 사용했는데, 그 글자를 호의 위 글자로 쓰는 예, 아래 글자로 쓰는 예, 특수한 전고에 따라 3자 호를 이룬 예 등이 있다. 또 소나무를 관상하는 주체의 관점에서 볼 때, 독립된 소나무에 주목한 예, 소나무와 주체의 관계에 주목한 예, 소나무가 있는 곳의 거처를 표방한 예, 송 자가 들어간 지명을 사용한 예, 소나무와 다른 자연물을 연관시킨 예, 소나무 있는 곳에서의 은둔을 강조한 예, 솔바람 소리인 송뢰松籟에 주목한 예, 소나무와 연관된 시문을 상기시킨 예 등등 작호의 방식이 다양하다. 즉, 독송獨松·고송孤松·일송一松, 팔송八松·육송六松, 우송友松·무송撫松, 간송澗松·한송寒松, 송재松齋·송암松庵·송소松巢·송와松窩·송당松堂·송정松亭·송오松塢·송원松園·송포松圃, 송산松山·송암松巖·송강松岡·송만松巒·송계松溪·송사松沙·송파松坡·송애松厓·송담松潭·송계松溪·송천松川·송천松泉·송호松湖·송강松江·송곡松谷·송교松郊·송봉松峯·송서松西, 송죽松竹·송월松月·송석松石, 송은松隱, 청송聽松·송목관松穆館 등등이 그 예에 속한다. 그리고 범질范質의 〈조카를 경계한 시(戒從子詩)〉에 근거하여, 소나무의 취색翠色에서 따온 만취晩翠·삼취三翠·몽취夢翠·삼벽三碧·정유貞蕤 등도 있다.

호 가운데는 동물 상징을 이용하는 예와 동물명의 지명을 이용하는 것들이 있다. 학鶴(보객報客)·귀龜(장육藏六 혹은 육은六隱)·봉鳳(구포九苞)이 길상의 동물들로서 그 상징이 호에 이용되었다. 지명 가운데도 학鶴·귀龜·봉鳳의 이름을 지닌 예들이 있고, 그 지명은 호에 이용되었다. 이를테면 김성일金誠一은 생장지 안동의 학가산鶴駕山에서 학봉의 호를 취했다. 그런데 지명을 호에 사용하는 예가 많지만, 작호와 동시에 지명을 그 호에 맞게 명명하는 예도 있었다. 기상어 및 자연 물명 가운데 일부는 상징어나 비유어로 전용되어 호에 사용되었다. 제霽·쌍청雙淸·읍취挹翠·석천石泉·석운石雲·산수山水·운雲·설雪·월月 등이 그 예들이다. 그리고 신체 특징을 호에서 환기시켜 자조하거나 지향의식을 가탁하기도 했다. 김진양의 동두童頭, 권근의 소오자小烏子, 김응기·송인수·임기의 수호자垂胡子, 허목의 미수眉叟, 강세황의 표암豹菴 등이 그 예들이다. 강세황의 예에서 알 수 있듯이, 신체의 특징을 호로 삼더라도 그 글자에 중의를 가탁했다.

(2) 호에는 고전의 어휘를 취하는 예들이 많다. 반드시 단일 원전에 근거하는 것이 아닐 경우도 있다. 이를테면 지止의 호는《주역》의 감지坎止에서 기본 뜻을 취해 오더라도《대학》의 '지어지선止於至善'과 연계시킴으로써 그 함의를 확장할 수가 있다.

《주역》의 괘명·괘사·효사·상전象傳·계사전의 어휘에서 취해 온 예가 적지 않다. 광해군 때 이식이 경기도 지평에 은거하면서 당호를 택당澤堂이라 한 것은 널리 알려진 예이다. 64괘별로 호에 사용된 글자들을 살펴보면 일부 괘의 괘효사로 수렴한다. 즉, 잠潛·무민無悶·용庸·척惕·척약惕若(이상 건괘乾卦), 흡翕(곤괘坤卦), 준屯(준괘屯卦), 몽蒙·과果·양정養正(몽괘蒙卦), 우교于郊·운양雲養(수괘需卦), 태泰(태괘泰卦), 겸謙·광光(겸괘謙卦), 개介(예괘豫卦), 관觀·관아觀我(관괘觀卦), 지趾·비지賁趾·비수賁需(비괘賁卦), 복復(복괘復卦), 이頤(이괘頤卦), 택풍澤風(대과괘大過卦), 항恒·구久(항괘恒卦), 돈遯·비肥·비돈肥遯·천산天山(돈괘遯卦), 진晉(진괘晉卦), 동이同異(규괘睽卦), 손損·산택山澤(손괘損卦), 익益(익괘益卦), 간艮·겸산兼山·지止·즉지則止(간괘艮卦), 풍豐(풍괘豊卦), 여旅(여괘旅卦), 손巽(풍괘風卦), 택澤·이택麗澤(태괘兌卦), 절節(절괘節卦), 부孚·부음孚飮(중부괘中孚卦) 등등이다. 역리易理와 관련된 어휘가 호에 차용된 예로, 완역玩易·양陽·삼양三陽·기畸·정貞·형亨·복伏·정靜·습정習靜·만정晩靜·간이簡易 등이 있다.

《시경》 어구의 호로는 복服(사복思服)·경絅(의금경의衣錦絅衣)·재간在澗(고반재간考槃在澗)·담락湛樂(소아〈상체常棣〉)·익익翼翼(소심익익小心翼翼)·임여臨汝(상제임여上帝臨汝)·용容(역유사용亦有斯容)·율수聿修(율수궐덕聿修厥德) 등이 있다.《시경》〈진풍陳風·동문지지東門之池〉의《시집전》주 '유인柔韌'에서 인韌 자를 취한 예도 있다.《서경》의 어구로는 소호韶濩(소소구성簫韶九成)·인寅(《서경》〈무일無逸〉)·직稷(《서경》〈군진君陳〉) 등이 확인된다.《예기》에서 취한 예로는 유游(《예기》〈학기學記〉와《논어》〈술이述而〉)·화和(《예기》〈제의祭義〉)·불이不已(《예기》〈표기表記〉)·구瞿(《예기》〈단궁·상〉) 등이 있다. 기초祈招는《춘추좌씨전》소공昭公 12년의 '기초지암암祈招之愔愔'에서 취하고, 경승敬勝은《대대례大戴禮》〈무왕천조武王踐阼〉수록〈단서丹書〉에서 취해 온 것이다.

사서의 어구에서 취한 호는 상당히 많다.《대학》의 예로 신新·구苟·수修(경수警修·만수晩修)·정定·정정定靜·격格·구矩·성誠·심心·신독愼獨·신愼(근謹)·독獨 등이 있고,《중용》의 예로 계구戒懼·구懼·회悔(만회晩悔)·고顧·후厚·소은素隱·곤困·면勉·백천百千·용勇 등이 있다. 사서 가운데 작호에 채용된 어구가 가장 많은 것은《논어》이다. 경敬·임연臨淵·임臨·연淵·긍兢·강剛·의毅·목木·눌訥·인仁·극克·성극省克·성省·삼성三省(십성十省·삼신三愼)·문도聞道(만문晩聞)·가可·인忍·만구晩求·낙樂·표瓢·회晦·호고好古·탄坦·직直·물勿(팔물八勿)·재사再思·서恕·일관一貫·구사九思·공恭·과過·우尤·불우不憂·습習·열悅·근近·중重·급及·검儉·유시有是·후조後彫·백후柏後·세한歲寒·홍弘·시時·학포學圃·일포逸圃·노포老圃·포음圃陰·농農(가휴可畦)·만포晩圃·농포農圃·한포寒圃·반포伴圃·관포灌圃·노가老稼·가稼·독篤·외畏·이요二樂·치恥 등이 그것들이다. 한편《맹자》의 예로는 관란觀瀾·관수觀水·해관海觀·호浩·양정養正·선양善養·양직養直·양심養心·존存·존양存養·양養·확擴·약約 등이 있다.

제자백가와 역사서 어구의 호로는 척瘠(《한비자》〈유로喩老〉), 현弦·위韋(《한비자》〈관행觀行〉), 신信(동중서董仲舒), 여餘(《관자管子》), 가이可以·후추後瘳(《공총자孔叢子》), 묵默(《사기》〈만석장숙열전萬石張叔列傳〉), 석음惜陰(《진서晉書》〈도간전陶侃傳〉), 담澹·담인澹人(제갈공명〈계자서戒子書〉), 최最(《동몽선습童蒙先習》) 등이 확인된다.

(3) 정주학자를 존숭하는 뜻이 호에 담긴 예도 상당히 있다. 도학가의 어구

를 채용한 호, 주희 흠모의 뜻을 담은 호, 그 밖의 성리학자를 흠모하는 뜻을 표명한 호 등으로 세분된다. 소옹 관련의 관물觀物·무명無名, 장재 관련의 영寧·순順, 정호 관련의 명미明美·사가四佳·탁拓, 정이 관련의 이양二養·근시近始·일두一蠹·두蠹, 주희 관련의 회晦·모한慕寒·경한景寒·차백嗟白·미락彌樂·활수活水·활活·병甁 등등이다. 주희의 창계병수滄溪病叟를 연상시키는 창계의 호도 있다. 활活은 주희 〈관서유감觀書有感〉의 "어째서 그렇게 맑을 수 있는가 물으면, 살아 있는 물로서 흘러나오는 근원 있어서라네(問渠那得淸如許, 爲有源頭活水來)"에서 따오되, 《맹자》 〈이루·하〉의 "근원 있는 물은 철철 흘러 밤낮을 그치지 않아 웅덩이를 가득 채운 뒤에 나아가 사해에 이른다"로 소급된다.

고인이 남긴 조박糟粕이라고 할 고인의 시문·언사에서 단서를 구한 호들도 있다. 도연명 시어와 도연명 흠모의 호, 《이소》 및 《초사》 어구의 호, 제자백가와 역사서 어구의 호, 고전시문 차용의 호 등등을 들 수 있다. 퇴은의 사상을 표방할 때 귀래歸來·귀휴歸休·귀歸, 이안怡顔·이안易安, 남창南窓·애려愛廬·동리東籬, 유연悠然·기寄, 소심素心·소素·양소養素 등 도연명의 어구를 차용하는 식이다. 굴원의 〈어부가漁父歌〉에서 성醒·완이莞爾·탁영濯纓·탁계濯溪·창랑滄浪, 굴원의 《이소離騷》에서 초初, 완적阮籍의 〈위정충권진왕전爲鄭沖勸晉王箋〉에서 창주滄洲·창계滄溪·만주晩洲, 이백李白의 〈단양 횡산 주처사 유장에게 주다(贈丹陽橫山周處士惟長)〉에서 능호凌壺·호壺, 한유韓愈의 〈조장적調張籍〉시에서 장음長吟, 백거이의 〈한망閑忙〉에서 건健·급건及健을 치용했다. 송나라의 범중엄范仲淹의 〈악양루기岳陽樓記〉에서 이우二憂, 호자胡仔의 《초계어은총화苕溪漁隱叢話》에서 사우四雨, 소식의 〈복호마부服胡麻賦〉에서 운아雲我, 황정견黃庭堅의 〈소이화고목도사부蘇李畫枯木道士賦〉에서 산목山木, 왕백대王伯大의 말에서 사류四留, 설선薛瑄의 《독서록讀書錄》에서 수遂·제制·마경磨鏡, 방효유方孝孺의 말에서 옥오玉吾(환瓛)를 차용했다.

《노자》·《장자》의 어휘나 불교어를 골라 유가의 관점에서 다시 해석해서 호에 사용하기도 했다. 《도덕경》에서 차용한 예로 현玄·부현鮒玄·허虛·통허洞虛·지止·지지知止·지족知足·이지二知·연초燕超·퇴退·퇴사退思·퇴우退憂·만퇴晩退·지퇴知退 등이 있고, 《장자》에서 고른 예로 사시謝施·어우於于·소요逍遙·저樗·영泠·

남명南冥·예미曳尾·심深·식영息影·허백虛白·지지止止·허虛·허주虛舟·고주孤舟·염恬·담淡·역櫟·행명涬溟·무하無何·보葆·보진葆眞·둔芚·화化 등이 있으며,《열자》에서 고른 예로 원교員嶠·圓嶠·두기杜機·부훤負暄 등이 있다. 노장 사상과 연관이 깊은 어휘로 사양四養·곤륜昆侖·오산五山·봉래蓬萊·청하靑霞·창하蒼霞·창명滄溟·부사浮査·선仙·연객煙客·烟客·구臞·구癯·수색水色·복伏·하의荷衣·우선藕船·무위無爲·우寓·몽夢·수몽守夢·몽관夢觀·몽오夢悟·취몽醉夢·태허太虛·태화泰華·능허凌虛·범허泛虛·항해沆瀣·소嘯 등이 채용되고, 불교와 연관이 깊은 어휘로 무설無說·설수雪岫·무주無住 등이 채택되었다.

(4) 귀거래의 지향을 분명히 드러내기 위해서 은隱 자를 사용하거나 은둔 지향을 명시한 글자를 호에 끌어오는 예도 적지 않았다. 전자의 예로는 어은漁隱·성은城隱·요은鬧隱·촌은村隱·야은埜隱·야은野隱, 탄은灘隱·남은南隱·조은釣隱·소은蘇隱·청은淸隱·노은老隱, 와은臥隱·동은峒隱·벽은薜隱·만은晩隱·좌은坐隱·영은瀛隱 등을 들 수 있다. 후자의 예로는 귀록歸鹿·초로樵老·포객逋客·퇴어退漁·휴休·사휴四休, 삼휴三休·만휴萬休·퇴휴退休·일휴逸休·만휴晩休·만晩, 만오晩悟·만각晩覺·궁오窮悟, 식암息·안식安息·경耕 등을 들 수 있다.

은둔의 표지를 담은 호, 퇴은의 뜻을 표명한 호, 처사풍 주거를 표지로 삼아 자겸·퇴은의 뜻을 가탁한 호도 기조가 같다. 석문石門·야촌野村·궁촌窮村·고담孤潭·망일望日, 동상東湘·동강東岡·동고東皐·명고鳴皐, 약포藥圃·우교于郊·치서菑墅·임곡林谷, 어계漁溪·어촌漁村, 괴담槐潭·삼족당三足堂 등이 그 좋은 예이다. 동고東皐의 호는 특정 지역의 동쪽 언덕임을 표시하면서, 도연명의 〈귀거래사〉에서 구가된 유유한적悠悠閑寂의 정신상태를 중의重義로 지닌다.

또한 산림처사풍의 주거를 꾸미거나 상상하면서 주거의 호를 사용했다. 호의 아랫자에 암菴/庵을 사용하는 것은 그러한 뜻을 지니지만, 호의 위 글자에도 소박한 주거를 연상시키는 글자를 즐겨 사용했다. 토정土亭·죽옥竹屋·초당草堂·초당草塘·야당野塘·야암野庵, 하당荷塘·임당林塘·등암藤庵·운소雲巢·산당山堂·산재山齋, 월당月塘·약헌藥軒·석당石堂·모암茅菴·하정荷亭·일환재一丸齋, 원정猿亭·주암舟庵·운와芸窩·운창芸窓·동원東園·산향재山響齋, 남당南塘·증소橧巢·구소鳩巢·서소書巢·율헌栗軒·한훤당寒暄堂, 두실斗室·두암斗庵·배와坯窩·초루草樓 등이 그 예들이다.

(5) 호 가운데는 은둔의 뜻이 아닌 별도의 지향·의지를 노출시킨 예도 있다. 고인 흠모의 뜻을 표명하는 호, 성취하려는 지향을 현시한 호, 화광동진和光同塵의 지향을 가탁한 호, 효성이나 형제 우애의 뜻을 담은 호 등등이다. 이때 개념어를 사용하는 방식과 대용어를 사용하는 방식의 둘이 있다. 희현希賢·희希·기企·고옥古玉·대大·대산大山, 소산小山·후산后山·금대錦帶·자암自菴·형炯, 한정閒靜·낙한樂閑·소한所閑·소한素閒, 결청潔淸·저암著菴·대관大觀·일한日閑·족한足閑, 급고汲古·연려실燃藜室·연경硏經·명관冥觀·옥국玉局·족수足睡·기하실幾何室, 녹차綠此·강좌江左·해좌海左·해사海槎·해사海士, 만전晩全·만헌晩軒·공백拱白·석농石儂, 우당于堂·규圭·우정優丁, 후재後齋·후재後材, 소암所菴·팔오헌八吾軒·소호자所戶子 등의 호가 그 예라고 할 수 있다. 또한 주희 이외의 구체적 인물을 흠모하는 마음을 호에 담은 예도 있다. 안락顏樂·희락希樂·제월霽月·경렴景濂·경연景淵·사영思穎·경운景雲·가주家州·초려草廬, 단원檀園·소치小癡·상고尙古·사명四名·일완一阮 등이 있다. 부모의 사랑을 생각하고 부모를 공경하는 마음을 잊지 않기 위해 효심을 드러내는 글자를 호에 사용한 예도 상당히 많다. 모慕·사思·영모永慕·첨모瞻慕·만모晩慕·영사永思·유회有懷·수종守宗·수재壽齋·백원百源·감수感樹·의술蟻述·효전孝田·백화白華·시와是窩·상유자桑楡子 등이 그 예들이다.

자신의 단점을 제어할 방안을 생각해서 그것을 자신의 호로 삼은 예도 있고, 선배나 스승이 그러한 호를 지어 주기도 했다. 호의 위 글자로 제濟·정正·질質·응凝·인訒·팔사八斯·안安·안분安分·능안能安·지안知安·본本·면俛·수守·지수知守·성惺·성成·유심有心·청천聽天·십청十淸·일一·숙肅·숙야夙夜·시是·과過·실實·보백寶白·장밀藏密·오寤·무茂·내耐·사내四耐·낙천樂天·이소履素·체소體素·함涵·혜환惠寰·정좌靜坐·동안動安·밀密·성性·솔率·일逸·일로佚老·평平·삼관三觀·통通·경耕·삼희三稀·퇴우退憂·이우二憂·망忘·망우忘憂·충冲·원圓·부앙俛仰(면앙) 등을 채용한 호들이 그러하다.

매우 적은 사례이기는 하지만, 독서인들이 자신의 신세를 병인病人에 비유하거나 하찮은 물건에 비유하여 자조하기도 했다. 병추病醜·식우拭疣, 오수聱叟·오한聱漢·오아재聱齖齋, 기기재棄棄齋·기재棄齋·자유헌自濡軒·만랑漫浪, 사미헌四未

軒·문무자文無子·점필재佔畢齋·괴애乖崖·괴은乖隱, 소암疎庵·우암尤庵·파옥破屋 등등이 대표적이다. 자조보다는 해학의 경향이 우세하여 불기不羈의 유유자적한 심경을 드러내는 방향으로 나아간 예도 있다. 취옹醉翁·취부醉夫·취암醉菴, 기우자騎牛子·부휴자浮休子, 수헌睡軒·수은睡隱·수옹睡翁·수은睡隱·수와睡窩, 나부懦夫·췌부贅夫·취사炊沙·팔여거사八餘居士, 누실陋室·농옹聾翁·농계聾溪·용이와龍耳窩·대소헌大笑軒, 무문재無聞齋·호생관毫生館, 부지옹不知翁·자지자부지선생自知自不知先生, 졸拙·보졸保拙·백졸百拙·우迂·우愚·타우打愚·용慵·치癡, 나懶·난졸懶拙·소전少痊·소재歒齋, 괴마槐馬·끽면거사喫眠居士 등의 예를 들 수 있다.

(6) 호 가운데는 명나라에 대허 그리워하고 청나라에 대해 북수설치의 뜻을 품은 뜻을 담은 예들이 있다. 명암明庵·상곡商谷·칩와蟄窩·강한유로江漢遺老 등의 예를 살필 수 있었다.

4

근대 이전의 독서인들은 일생 하나의 호만 사용하지는 않았다. 김정희金正喜는 문필과 서화 활동에서, 다른 사람들과의 교유에서 많은 호를 사용했다. 추사秋史 호는 상당히 오랫동안 그 인격을 지칭하는 이름이었지만, 어떤 호는 특정 시기에만 단기적으로 사용했다. 그 각각의 호에 담긴 의미를 확인하고 작호의 동기를 해설하는 일은 매우 어려운 일이다. 이 책의 서문에서 정약용의 호와 당호 등을 개괄했는데, 정약용도 특정 시기에 소채小菜라는 호를 사용한 듯하다. 필자는 열람하지 못했으나, 정약용이 그 호를 자호로 사용한 문묵이 전하는 것같다. 1821년 5월 정약용은 고향 소내 부근에 채화정菜花亭을 새로 짓고 권영좌權永佐에게 여러 시들을 주었다. 소는 자신을 낮추는 의미를 지니고, 채는 채마밭을 가꾸는 사람이란 뜻인 듯하다. 정약용이 늙도록 경전을 연구했으며 문필의 힘이 줄지 않았다. '개미가 용을 제압하려는' 세간의 작태에 익숙하게 되어 남은 생을 은둔하며 지낼 계책이 굳어졌으므로, 남들이 이해 못할 절조를 지니고 저술은 하기는 하지만 후대에 반드시 남기려는 뜻은 버렸다고 고백했다. 소채는 그러한 고백과 뜻이 통한다.

근대 이전 인물의 호를 일별하면 자신自新·희현希賢의 태도를 담은 적극적 지향의 것, 회과悔過·자겸自謙·수절守節·수졸守拙·퇴은退隱의 태도를 담은 소극적 지향의 것, 양자에 걸쳐 있으면서 되도록이면 유유자적의 태도를 지니려 했던 중립적 지향의 것으로 3대별할 수 있다. 현실세계의 타락을 우려하며 이상 사회를 실현하고자 하는 책임을 져야 한다고 요청되었던 것과 상관이 있다. 어떤 독서인은《논어》에서 말하는 인仁·서恕·직直·강의剛毅,《중용》의 삼달덕 가운데 용勇과 같은 어휘나, 그러한 어휘와 관련된 강직함의 상징을 호에 사용하고 관성觀省의 자료로 삼기도 했다. 하지만 현실 공간에서는 타인과의 관계를 고려하여 여전히 겸손의 덕을 가꾸어 나갔다.《주역》의 겸괘나 그것과 뜻이 통하는 개념의 글자를 호에 사용하거나,《논어》에서 말한 목눌木訥·중후重厚의 덕을 선호한 것은 이 때문이다. 더구나 이념과 실제가 괴리할 때, 독서인은 개인적·인격적 자기 수양에 몰입하는 처사處士로 살아가거나, 정치의 장에서 자기 자신을 소외시켜 일민逸民의 삶에 자족했다. 그들은 모두 독선기신獨善其身에 주력했다. 벼슬을 살되 세속에 얽매이지 않는 조은朝隱, 군중이 모여 생활하는 저자에 거처하면서 탈속한 삶을 사는 시은市隱을 꿈꾸었다. 이에 따라 호에는 은둔의 뜻을 표명하거나 시사하는 상징어를 사용했다. 어떤 이들은 자괴감을 느끼고 병든 자, 모자라는 자를 자처했다. 졸拙의 미덕을 지니려고 하고 여유與猶의 태도를 취하려 한 것이 그 대표적인 예이다. 정치의 장에서는 건백建白을 미덕으로 여기면서도, 몸가짐을 겸손하게 하여 말을 낮고 느리게 하는 것을 중시했다.《예기》〈단궁·하檀弓下〉에 보면 진晉나라 조문자趙文子에 대해 "몸가짐이 겸손하여 마치 옷 무게를 이기지 못하듯이 했으며, 그 말은 낮고 느려서 마치 입으로 말을 내놓지 못하는 것 같았다"(其中退然, 如不勝衣. 其言吶吶然, 如不出諸其口)"라고 예찬한 말이 나온다. '눌눌연吶吶然'의 태도는 건백의 기백과는 거리가 멀다.

은隱의 삶을 통해 내면의 상흔을 치유한 경우에는 온유돈후溫柔敦厚의 마음을 유지할 수 있지만, 상흔을 치유하지 못한 경우에는 자신의 졸拙·우愚·광狂을 뚜렷이 자각했다. 또한 생장지나 세거지를 추억하며 안온함을 느끼고 가문의 영속성을 낮은 목소리로 노래했다. 군자는 회인懷仁해야 하거늘 회토懷土하려는 심리를 드러낸 것은 확실히 긍정하기 어렵다. 하지만 많은 독서인들이 결함

缺陷의 세계에서 물러나 안온한 공간에 몸을 두거나 안온한 공간을 상정하고 그 상상만으로도 병든 마음을 치유할 수 있었다.

작호의 동기를 밝힌 글이나 작호하기에 이른 행력을 살펴보면, 호의 사용은 현실 변혁의 적극적 의지를 표방하기보다, 현실에서 한 걸음 물러나 정신적인 안정을 얻고자 하는 소극적 태도를 드러낸 예가 많다. 근대 이전의 개인이 개성적 존재로서 독립하기는 매우 어려워서, 그를 둘러싼 현실세계가 그에게 혁신적 성과를 요구하기보다 천리에의 순응을 요구했기 때문이라고 할 수 있다. 개인은 근본적으로 권회卷懷의 자세를 체현하려고 했다. 정치에 참여하거나 공공의 생활에서 자신을 덕행을 자긍하지 않는 겸손의 태도, 밝음이 훼손된 시대에 고고한 덕을 지키는 절의에 높은 가치를 두었다. 관료-문인의 경우에는 관직에 있으면서 오히려 권회를 지향하여 심리적으로 번번이 갈등을 겪었다. 이것이 근대 이전의 독서인에게 특유한 세계관을 형성하도록 만들었다.

다만, 근대 이전의 독서인들은 훌륭한 인물들을 닮으려고 하는 희현希賢의 바람을 잊지 않았다. 사실 은隱은 돈遯(遁)괘와 통하고 이頤괘와도 통한다. 고명高明의 경지에 이르지 못한 인간, 사실 결코 고명의 경지에 이르지 못하는 우리 인간은, 어느 때나 침잠이 가장 최선의 방책이다. 침잠은 그저 엎드려 숨어 있는 일이 아니었다. 침잠은 내면의 재덕을 닦을 수 있는 기회였다. 대부분의 독서인은 현실과 의지의 모순을 자각하고, 냉소나 풍자의 극단적인 방향으로 나아가지 않고, 성찰의 진지한 의지를 호에 가탁했다.

호는 한 개인이 자신의 몸뚱이를 주관하는 주인옹에 대해 부여한 이름이다. 호를 지닌다는 것, 호로 불린다는 것은, 호에 표명된 가치나 이념을 실현하겠다는 다짐을 촉구한다. 하지만 호주號主가 모두 호에 표명한 가치나 이념을 실현할 수 있었던 것은 아니다. 자괴감을 느끼면서도 그 호를 그대로 사용한다면 호는 페르소나의 허명으로 전락하게 된다. 한 개인에게 호는 주인옹의 본명이었던가, 페르소나의 허명이었던가?

참고 문헌

1. 종합자료

(1) 사료, 인물지, 일화전기집, 고문헌목록

《朝鮮王朝實錄》. 國史編纂委員會. 48책. 影印本. 探求堂, 1981; 국사편찬위원회. 한국고전번역원 제공 원문 및 번역문.

《承政院日記》. 국사편찬위원회. 한국고전번역원 제공 원문 및 번역문.

《日省錄》. 86책(英祖36年 1760-正祖24年 1800). 서울대학교 규장각 한국학연구원, 1982-1996

《列聖御製》. 15책. 서울대학교 규장각한국학연구원, 2002-2004.

《內閣日曆》. 서울대학교 규장각한국학견구원 제공 DB.

《宮闕志》. 영인본. 서울사료총서 3. 서울특별시사편찬위원회, 1957.

《大東野乘》. 조선고서간행회; 서울대학교 출판부, 1968;《국역 대동야승》. 민족문화추진회, 1971.

《東輿備攷》. 영인본. 경북대학교출판부, 1998.

《(足本)皇華集》. 趙季 編. 江蘇省: 鳳凰出版社, 2013.

《秋官志》. 上下(影印). 서울대학교규장각, 2004.

權斗經 編, 李守淵 等補.《陶山及門諸賢錄》. 목판본. 陶山書院, 1922.

金宗瑞等 奉命撰.《高麗史節要》. 영인븐. 亞細亞文化社, 1972;《高麗史節要》. 영인본. 한국학문헌연구소, 1983; 민족문화추진희.《국역 고려사절요》. 1977.

金富軾(高麗) 奉宣撰, 趙炳舜 編.《(增修補註)三國史記》. 영인본. 보경문화사, 1984.

盧思愼·徐居正 等編.《(影印標點) 東文選》. 민족문화추진회, 1999;《국역 동문선》. 고전국역총서 31. 민족문화추진회, 1968-1970; 증판. 민족문화추진회, 1998.

梵海覺岸 編.《東師列傳》. 6권 2책. 필사본. 고려대학교 도서관 소장; 金侖世 譯.《東師列傳》. 광제원, 1991.
徐居正 외.《三國史節要》. 아세아문화사, 1974; 세종대왕기념사업회 역.《국역 삼국사절요》. 세종대왕기념사업회, 1996.
宋相琦等奉命選.《(別本)東文選》. 영인본. 규장각자료총서 문학편. 서울대학교 규장각한국학연구원, 1998,
申用漑等奉敎編.《續東文選》. 영인본. 慶熙出版社, 1970.
安鐘和.《國朝人物志》. 1909(융희 3); 영인본. 明文堂, 1983.
柳近 등 편.《東國新續三綱行實圖》. 국역본, 세종대왕기념사업회, 2015.
鄭麟趾 等奉命撰.《高麗史》. 영인본. 연세대학교 동방학연구소, 1950; 한국학문헌연구소, 1983; 동아대학교 석당학술원 역.《국역 고려사》. 경인문화사, 2008-2011.
正祖命纂, 蔡濟恭 等奉敎纂輯.《國朝寶鑑》. 영인본. 세종대왕기념사업회, 1976;《國朝寶鑑》. 상하(수정판), 세종대왕기념사업회, 1980; 민족문화추진회 역.《(신편국역)국조보감》. 14책. 민족문화추진회, 1994-2006.
正祖命撰, 蔡弘遠 等編, 姜周鎭 譯編.《嶺南人物考》. 탐구당, 1967.
편자미상.《國朝人物考》. 서울대학교 도서관 편. 上中下. 영인본. 서울대학교출판부, 1978; 세종대왕기념사업회 편역.《국역 국조인물고》. 1-34, 1999-2007.

(2) 지도, 방지, 사지寺誌, 서원지

李荇·洪彦弼 등 증보.《新增東國輿地勝覽》. 영인본. 亞細亞文化社, 1974;《국역 신증동국여지승람》. 민족문화추진회, 1969-1970.
金正浩.《大東輿地圖》. 한국학중앙연구원 장서각 소장.
《輿地圖書》. 국사편찬위원회 편. 영인본. 한국사료총서 20. 1973.
《東國輿地備考》. 2판. 서울사료총서 제1. 서울특별시, 2000.
《安義邑誌》(慶尙南道安義郡邑誌). 필사본. 1899. 서울대학교 규장각 소장.
《和順君邑誌》(羅南道和順郡輿地勝覽). 영인본. 규장각자료총서 지리지편—전라도읍지 20. 서울대학교 규장각한국학연구원, 2009.
成立鎬 編.《靈山文化誌》. 卷1-6. 石版本. 昌寧郡: 靈山鄕校, 1962.
成汝信 等撰.《晉陽誌》. 1622-1632 편술. 필사본. 서울대학교 규장각 한국학연구원 소장; 成煥琮 외 편.《晉陽續誌》. 진주시 梧坊齋, 1932.
鄭東殷 等編.《三嘉郡誌》. 木活字本, 三嘉(陜川): 山泉亭, 隆熙 2(1908).
鄭東殷 等編.《嶺誌要選三嘉新舊邑誌》(三嘉邑誌). 신연활자본. 대구 朝陽會館印刷部, 1928.

《地圖》. 고려대학교 도서관 고지도 컬렉션. 고종 21(1884) 제작 추정.
《서울지도》. 동판. 1902.
《近世韓國五萬分之一地形圖》. 일본육군 1914~1918년 제작 조선 1 : 50000 지도 722매.
〈AMS(FEC) KOREA CITY PLANS〉. 1 : 12,500 지도, 1950.
玄公廉 발행.《신정분도 대한제국전도》. 1908.
許英桓.《定都 600年 서울地圖》. 汎友社, 1994.
李燦·楊普景.《서울의 옛 地圖》. 서울시립대학교 부설 서울학연구소, 1995.

강원도사편찬위원회 편.《강원도사》. 제10권(상)·제10권(하)—인물편(상하). 강원도, 2014.
京城府.《京城府史》. 1-3卷, 1934; 1936; 1941.
고양시·한국토지공사 토지박물관.《고양시의 역사와 문화유적》. 고양시, 1999.
고창군지편찬위원회.《고창군지》. 2009.
국토해양부 국토지리정보원 편.《한국지명유래집》. 국토해양부 국토지리정보원, 2008-2013.
金炯觀 編.《東竹書院誌》. 석인본. 1977.
朴師昌.《東萊府誌》. 동래구지편찬위원회 편저. 부산광역시동래구, 1995.
부산광역시 동래구.《알기 쉬운 동래의 역사와 문화재》. 2001.
부산광역시사편찬위원회.《부산의 자연 마을》(2-강서구). 부산시, 2007.
서울시립대학교 서울학연구소.《서울학 사료 총서》. 1-5. 1995.
서울특별시 시사편찬위원회.《서울 2천년사》. 1-40. 서울특별시: 서울역사편찬원, 2013-2016.
서울특별시사편찬위원회.《서울六百年史》. 1-3. 서울특별시, 1977-1979.
서울특별시사편찬위원회.《서울특별시 洞名 沿革考》. 1-13. 서울특별시, 1967-1989.
서울특별시사편찬위원회.《漢江史》. 서울특별시, 1985.
송지향.《안동향토지》. 대성문화사, 1983.
안동시사편찬위원회 편.《안동시사》. 1999.
오병무 외역.《용성지》. 남원문화원, 1995.
玩虎倫佑 編.《大芚寺志》. 亞細亞文化社, 1980(영인).
의성군지편찬위원회 편.《의성군지》. 1998.
李斗熙·金美善·金義煥·申範植·李濟元 역.《(국역)常山誌》. 鎭川常山古蹟會, 2002.
臨瀛誌增補發刊委員會 編.《臨瀛江陵溟州誌》. 江陵, 1975.
정읍시사편찬위원회 편.《정읍시사》. 신아출판사, 2003.
제천시지편찬위원회.《제천시지》. 제천시, 2004.

증평군지편찬위원회.《曾坪郡誌》. 증평군, 2005,
진천군지편찬위원회 편.《진천군지》. 1994.
춘천문화원.《춘주지》. 춘천시·춘성군, 1984.
춘천백년사편찬위원회.《춘천백년사》. 춘천시, 1996.
충북대학교 인문과학연구소·청주시 편.《청주시지(淸州市誌)》. 청주시, 1997.
파주군지편찬위원회.《파주군지》. 1995.
파주문화원 편.《파주시지》. 파주시, 2009.
한글학회.《한국지명총람》. 1(서울편). 1966.

(3) 금석문, 문헌자료집, 인명록

강화군·강화문화원 편.《강화금석문집》. 강화문화원, 2006.
경기도 편.《경기금석대관》. 1-7. 경기도, 1988-1994.
경상북도 편.《文化財大觀 5下—文化財資料 附錄編》. 2003.
경성대학교 부설 한국학연구소.《부산금석문》. 부산뿌리찾기2. 부산광역시, 2002.
고양시·고양문화원.《고양금석문대관》. 고양시, 1998.
남풍현 편.《곧은골 남씨의 역사기록》. 김규선 역, 이충구 교열. 의령남씨직동문집간행회, 2004.
내고장전통가꾸기편찬위원회·진천문화원 편.《내고장 전통가꾸기》. 진천문화원, 1982.
대구서씨대종회.《대구서씨문헌록》. 2007.
동국대학교 불교문화연구소 편.《韓國佛敎撰述文獻總錄》. 동국대학교 출판부, 1976.
동국대학교 불전간행위원회 편.《韓國佛敎全書》. 동국대학교 출판부, 1979-2001.
柳陽錫 編.《全陽府院君遺蹟》. 全州柳氏全陵府院君宗中, 2008.
박인호.《제천 관련 고문헌 해제집》. 이회문화사, 2005.
방동인.《영동지방 금석문자료집》. 1-2. 관동대학교 영동문화연구소, 1984.
서울특별시 편.《서울금석문대관》. 서울특별시, 1987.
서천문화원 편.《서천의 금석문》. 金淵雷 역. 서천문화원, 2009.
성남문화원 편.《城南金石文大觀》. 김동주 역. 성남: 성남문화원, 2003.
소재영·장경남 편.《임진왜란사료총서》. 문학 10책. 국립진주박물관, 아세아문화사, 2000.
孫國濟 編.《樂善堂先生實紀》. 목판본. 국립중앙도서관 소장. 1907.
안동교 탈초·번역·해제.《宋村 安崟 후손가의 옛 문헌들》. 심미안, 2017.
안동김씨 사촌문중 편.《사촌 세거 약사》. 1996.
안동김씨역사연구회 편.《勿溪書院》. 2017.04.
안동대학교 퇴계학연구소.《퇴계학자료총서》. 1-60. 1997-2002.
安明信 編.《慶州金氏族譜》. 光明: 慶州金氏宗親會, 1985.

연세대학교 국학연구원 편.《연세대학교 중앙도서관 소장 고서해제》. 1-10. 평민사, 2004-2008.
廉益壽.《東賢號錄》. 연활자본. 1927.
兪致雄 編.《杞溪文獻》. 卷11. 富雲獎學會, 1963; 심경호 역.《(국역) 기계문헌》. 기계유씨대종회·부운장학회, 2014.
尹炳泰 輯.《韓國書誌年表》. 韓國圖書館協會, 1972.
銀海寺 一然學硏究院, 中央僧伽大學校 佛敎史學硏究所 編.《麟角寺普覺國師碑銘帖 續集》. 銀海寺 一然學硏究院, 2000.
이병연.《조선환여승람》. 한국인문과학원, 1993.
李相鎭.〈閭巷人名錄〉. 李朝後記閭巷文學叢書 9. 여강출판사, 1991. 1-38.
李相信·李鍾文·李源轍 역.《慶州李氏先世遺蹟誌 全》. 慶州李氏先世遺蹟誌編纂會, 1975.
이우성·임형택 편.《이조한문단편집》. 상·중·하. 일조각, 1982.
李政 편.《한국불교인명사전》. 불교시대사, 1993.
인천광역시 역사자료관 역사문화연구실.《역주 부평군읍지》. 인천광역시, 2005.
임종욱 편.《한국인명자호사전》. 이회문화사, 2010.
林熒澤 편.《李朝後期閭巷文學叢書》. 여강출판사, 1986.
전북대학교 전라문화연구소 편.《전라문화의 맥과 전북인물》. 1990.
丁奎英 編.《俟菴先生年譜》. 正文社, 1984 영인.
정병삼 외.《2004년 국립문화재연구소 주관 '인각사보각국사비재현'사업 복원본》.
鄭芝秀 刊編.《東萊鄭氏一統譜》. 東京: 東萊鄭氏統譜刊行所, 1935.
朝鮮古書刊行會 編.《大東野乘》. 1909;《大東野乘》. 영인본. 1-72. 서울대학교 출판부, 1968;《大東野乘》. 영인본. 여강출판사, 1968;《국역 대동야승》. 민족문화추진회, 1971.
《朝鮮人名辭書》. 조선총독부 中樞院, 1937.
宗簿寺.《宗班行蹟》. 필사본. 5권 4책. 1581(숙종 7). 서울대학교 규장각 소장.
충청북도 문화공보담당관실 편.《인물지》. 충청북도, 1987.
파주문화원.《파주금석문대관(신도비편)》. 승림문화인쇄, 2000.
한국민족문화대백과사전 편찬부.《한국민족문화대백과사전》. 1-28. 정신문화연구원, 1988-1995.
한국인명대사전편찬실 편.《한국인명대사전》. 신구문화사, 1989.
한국학대백과사전편찬위원회 편.《한국학대백과사전》. 을유문화사, 1972.
홍학희·김기림·김현미·서경희·황수연·차미희·강성숙·김경미·이경하·조혜란 역주.《19세기·20세기초 여성생활사 자료집》. 1-9. 보고사, 2013.
황수연·이경하·김경미·김기림·김현미·조혜란·강성숙·서경희·김남이 역주.《18세기 여성생활사 자료집》. 1-8. 보고사, 2010

《京畿金石大觀》. 1-7. 경기도, 1982-1994.

2. 근대 이전 문집과 개인저술(현대어역 포함)

覺岸.《東師列傳》. 김두재 역. 동국대학교출판부, 2015.
覺訓.《海東高僧傳》. 장휘옥·김윤세·김두재 옮김. 동국대학교 부설 동국역경원, 2001; 覺訓.《海東高僧傳》. 小峯和明·金英順 編譯. 東洋文庫 875. 日本: 平凡社, 2016.
姜栢年.《雪峯遺稿》. 한국문집총간 103. 민족문화추진회, 1988.
姜世晃.《豹菴遺稿》. 영인본. 한국정신문화연구원, 1979; 박동욱·서신혜 역주.《강세황 산문선집》. 소명출판, 2008.
姜瑋.《古歡堂收艸詩稿》. 한국문집총간 318. 민족문화추진회, 2003.
姜翼.《介庵集》. 한국문집총간 38. 민족문화추진회, 1988.
姜籀.《竹窓集》. 한국문집총간 속14. 민족문화추진회, 2006.
姜必孝.《海隱遺稿》. 한국문집총간 속108. 한국고전번역원, 2010.
姜斅錫 편.《大東奇聞》. 한양서원, 1931.
姜瀚.《柳川集》. 姜珪元 編. 坊刻木活字. 奉化: 姜大元家, 1936. 국립중앙도서관 소장.
姜渾.《木溪逸稿》. 한국문집총간 17. 민족문화추진회, 1988.
姜淮仲.《塹壄隱逸稿》. 한국문집총간 3. 민족문화추진회, 1988.
姜希孟.《私淑齋集》. 한국문집총간 12. 민족문화추진회, 1988.
高尙顔.《泰村集》. 한국문집총간 59. 민족문화추진회, 1988.
高聖謙.《角里集》. 한국문집총간 속130. 한국고전번역원, 2011.
郭再祐.《忘憂集》. 한국문집총간 58. 민족문화추진회, 1988.
郭鍾錫.《俛宇集》. 한국문집총간 340-344. 민족문화추진회, 2004.
具鳳齡.《栢潭集》. 한국문집총간 39. 민족문화추진회, 1989.
具思孟.《八谷先生集》. 한국문집총간 40. 민족문화추진회, 1988.
權榘.《屛谷集》. 한국문집총간 189. 민족문화추진회, 1997.
權近.《陽村集》. 한국문집총간 7. 민족문화추진회, 1988.
權近.《五經淺見錄》. 영인본. 한국정신문화연구원, 1995.
權斗寅.《荷塘集》. 한국문집총간 151. 민족문화추진회, 1995.
權得己.《晩悔集》. 한국문집총간 76. 민족문화추진회, 1988.
權鼈.《海東雜錄》. 영인본. 태학사, 1986.
權萬.《江左集》. 한국문집총간 209. 민족문화추진회, 1998.

權萬斗.《知足堂集》. 한국문집총간 속58. 민족문화추진회, 2008.

權文海.《大東韻府群玉》. 朝鮮光文會, 1914; 正陽社, 1957; 남명학연구소 경상한문학연구회 역주.《대동운부군옥》. 1-10. 소명출판, 2003; 남명학연구소 경상한문학연구회 역주.《대동운부군옥》. 11-20. 민속원, 2011.

權文海.《草澗集》. 한국문집총간 42. 민족문화추진회, 1988.

權文海·權鼈.《草澗日記 竹所日記》. 한국학자료총서 14. 한국정신문화연구원, 1997.

權鼈.《海東雜錄》. 영인본. 1-3. 태학사. 1986.

權相翊 著, 權東煥 編.《省齋先生文集》. 鉛印本. 奉化—德谷精舍, 1938.

權尙夏.《寒水齋集》. 한국문집총간 151. 민족문화추진회, 1995.

權遇.《梅軒集》. 한국문집총간 속1. 민족문화추진회, 2005.

權宇.《松巢集》. 한국문집총간 속7. 민족문화추진회, 2005.

權應仁.《松溪漫錄》. 沈魯崇 編.《靜嘉堂本大東稗林》. 19. 영인본. 국학자료원, 1991.

權以鎭.《有懷堂集》. 한국문집총간 속 56. 한국고전번역원, 2008.

權韠.《石洲集》. 한국문집총간 75. 민족문화추진회, 1988.

權㥳.《震溟集》. 한국문집총간 속80. 한국고전번역원, 2009.

琴蘭秀.《惺齋先生文集》. 한국학문헌연구소 편. 退溪門徒陶山及門諸賢集. 영인본. 아세아문화사, 1982; 琴蘭秀.《성재선생문집》. 박미경 옮김. 한국국학진흥원, 2019.

奇大升.《高峯集》. 한국문집총간 40. 민족문화추진회, 1989.

奇宇萬.《松沙集》. 한국문집총간 345. 민족문화추진회, 2005.

奇正鎭.《奇正鎭全集》. 1-5. 한국학문헌연구소 편. 아세아문화사, 1982;《蘆沙先生文集》. 한국문집편찬위원회 편. 영인본. 한국역대문집총서 285. 경인문화사, 1993;《蘆沙集》. 한국문집총간 310. 민족문화추진회, 2003.

奇遵.《德陽遺稿》. 한국문집총간 25. 민족문화추진회, 1988.

金榦.《厚齋先生集》. 한국문집총간 155-6. 민족문화추진회, 1995.

金坵.《止浦集》. 한국문집총간 2. 민족문화추진회, 1988.

金九容.《惕若齋學吟集》. 한국문집총간 6. 민족문화추진회, 1988.

金貴榮.《東園集》. 한국문집총간 37. 민족문화추진회, 1989.

金奎五.《最窩集》. 한국문집총간 속91. 한국고전번역원, 2010.

金柅.《柳塘集》. 목활자본. 1911. 계명대학교 동산도서관 소장.

金岱鎭.《訂窩集》. 한국문집총간 속123. 한국고전번역원, 2011.

金道和.《拓菴集》. 한국문집총간 속138. 한국고전번역원, 2012.

金得鍊.《環璆唫艸》. 필사본. 국립중앙도서관 소장.

金得臣.《柏谷集》. 한국문집총간 108. 민족문화추진회, 1988.

金鑢.《藫庭遺藁》. 한국문집총간 289. 민족문화추진회, 2002; 김려.《김려 산문선—유배객,

세상을 알다》. 강혜선 선역. 태학산문선 115. 태학사, 2007.
金鑢.《倉可樓外史》. 필사본. 연세대학교 도서관 소장; 필사본. 고려대학교 소장
金鑢.《寒皐觀外史》. 영인본. 한국학자료총서 32. 한국정신문화연구원, 2002-2005.
金堉.《北渚集》. 한국문집총간 79. 민족문화추진회, 1988.
金隆.《勿巖集》. 한국문집총간 38. 민족문화추진회, 1988.
金玏.《栢巖集》. 한국문집총간 50. 민족문화추진회, 1988.
金履坤.《鳳麓集》. 한국문집총간 속80. 한국고전번역원, 2009.
金萬基.《瑞石集》. 한국문집총간 144-145. 민족문화추진회, 1995.
金萬重.《西浦漫筆》. 단국대학교 연민문고 소장본; 미국 동아시아도서관 아사미문고 소장본; 심경호 옮김.《서포만필》. 한국고전문학대계 1-2. 문학동네, 2010.
金萬重.《西浦集》. 한국문집총간 148. 민족문화추진회, 1995.
金邁淳.《臺山集》. 한국문집총간 294. 민족문화추진회, 2002.
金民澤.《竹軒集》. 한국문집총간 속62. 한국고전번역원, 2008.
金富倫.《雪月堂集》. 한국문집총간 41. 민족문화추진회, 1989.
金尙憲.《淸陰集》. 한국문집총간 77. 민족문화추진회, 1988.
金錫冑.《息庵遺稿》. 한국문집총간 145. 민족문화추진회, 1995.
金奭準.《海客詩鈔》. 하버드대 옌칭도서관 소장.
金奭準.《紅藥樓詩集·紅藥樓懷人詩錄·紅藥樓續懷人詩錄》. 조선후기여항문학총서 5. 여강출판사, 1991,
金奭準.《孝里齋逸集》. 천리대 천리도서관 소장.
金宣.《百拙先生集》. 金兌淇 편. 목활자본. 1882(고종 19). 국립중앙도서관 소장.
金誠一.《鶴峯集》. 한국문집총간 48. 민족문화추진회, 1989.
金世濂.《東溟集》. 한국문집총간 95. 민족문화추진회, 1988.
金世禧.《寬我堂遺稿》. 필사본. 서울대학교 규장각 소장.
金守溫.《拭疣集》. 한국문집총간 9. 민족문화추진회, 1988.
金壽恒.《文谷集》. 한국문집총간 133. 민족문화추진회, 1994.
金時習.《梅月堂集》. 한국문집총간 13. 민족문화추진회, 1988.
金是榲.《豹隱先生文集》. 권진호·김승균·김우동·남재주 역. 한국국학진흥원, 2014.
金安國.《慕齋集》. 한국문집총간 20. 민족문화추진회, 1988.
金安老.《龍泉談寂記》. 무악고소설자료연구회 편. 한국고소설관련자료집 1. 태학사, 2001.
金安老.《希樂堂稿》. 한국문집총간 21. 민족문화추진회, 1988.
金若鍊.《斗庵集》. 한국문집총간 속91. 한국고전번역원, 2010.
金養根.《東埜集》. 한국문집총간 속94. 한국고전번역원, 2010.
金永壽.《荷亭集》. 한국문집총간 322. 민족문화추진회, 2004.

金宇顒.《東岡全集》. 성균관대학교 대동문화연구원, 1966;《東岡全書》. 1-10. 晴川書院, 1995.
金元行.《渼湖集》. 한국문집총간 220. 민족문화추진회, 1998.
金楺.《儉齋集》. 한국문집총간 속50. 민족문화추진회, 2007.
金堉.《潛谷先生文集》. 한국역대문집총서 2224. 경인문화사, 1997.
金堉.《潛谷遺稿》. 한국문집총간 86. 민족문화추진회, 1992.
金允植.《雲養集》. 한국문집총간 328. 민족문화추진회, 2004.
金應祖.《鶴沙集》. 한국문집총간 91. 민족문화추진회, 1988.
金履安.《三山齋集》. 한국문집총간 238. 민족문화추진회, 1999.
金正國.《思齋集》. 한국문집총간 23. 민족문화추진회, 1988.
金鼎大.《休殼齋遺稿》. 乾坤2冊. 목활자. 1886. 국립중앙도서관 소장.
金正喜.《阮堂全集》. 영인본. 과천문화원, 2005;《국역 완당전집》. 1-4. 민족문화추진회, 1988.
金正喜.《阮堂全集》. 한국문집총간 301. 민족문화추진회, 2003.
金祖淳.《楓皐集》. 한국문집총간 289. 민족문화추진회, 2002.
金祖淳·金若魯, 慶南大學校博物館 編.《霅近帖 簡牘小集》. 경남대학교, 2011.
金宗德.《川沙先生文集》. 1-3. 한국역대문집총서 841-3. 경인문화사, 1993.
金鍾秀.《夢梧集》. 한국문집총간 245. 민족문화추진회, 2000.
金宗直.《佔畢齋集》. 한국문집총간 12. 민족문화추진회, 1988.
金鍾厚.《本庵集》. 한국문집총간 237-238. 민족문화추진회, 1999.
金澍.《寓庵集》. 한국문집총간 18. 민족문화추진회, 1998; 심경호 역.《譯註寓庵金澍文集》. 시간의 물레, 2005.
金峻鎬.《鶴山文集(幷)附》. 金東燦 編. 石印本. 大田, 1974.
金鎭圭.《竹泉集》. 한국문집총간 39. 민족문화추진회, 1989.
金集.《愼獨齋遺集》. 한국문집총간 82. 민족문화추진회, 1992.
金昌業.《老稼齋集》. 한국문집총간 175. 민족문화추진회, 1996.
金昌緝.《圃陰集》. 한국문집총간 176. 민족문화추진회, 1996.
金昌協.《農巖集》. 1-2. 한국문집총간 161-162. 민족문화추진회, 1996; 김창협.《농암잡지평석》. 강명관 평석. 소명출판, 2007; 송혁기 역.《농암집—조선의 학술과 문화를 평하다》. 한국고전번역원, 2016.
金昌翕.《三淵集》. 1-3. 한국문집총간 165-167. 민족문화추진회, 1996.
金春澤.《北軒居士集》. 한국역대문집총서 739-740. 경인문화사, 1993;《北軒集》. 한국문집총간 185. 민족문화추진회, 1997.
金忠善.《慕夏堂集》. 한국문집총간 속17. 민족문화추진회, 2006.

金澤榮.《金澤榮全集》. 영인본. 1-5. 아세아문화사, 1978;《韶濩堂集》. 한국문집총간 347. 민족문화추진회, 2005.
金澤榮.《麗韓十家文鈔》. 王性淳 편. 翰墨林書局, 1921;《(국역)여한십가문초》. 민족문화추진회, 1977.
金平默.《重菴集》. 한국문집총간 319-320. 민족문화추진회, 2003.
金夏九.《菴集》. 한국문집총간 속61. 한국고전번역원, 2008.
金顥淳 編.《心庵世稿》. 금속활자본(정리자체철활자). 국립중앙도서관, 오사카부립도서관 소장.
金埈.《龜窩集》. 한국문집총간 속95. 한국고전번역원, 2010.
金弘郁.《鶴洲先生全集》. 한국역대문집총서 614. 경인문화사, 1993.
金烋.《海東文獻總錄》. 영인본. 學文閣, 1969.
金訢.《顔樂堂集》. 한국문집총간 15. 민족문화추진회, 1988.
金羲淳.《山木軒集》. 한국문집총간 속104. 한국고전번역원, 2010.
南公轍.《金陵集》. 한국문집총간 272. 민족문화추진회, 2001; 南公轍.《穎翁藁》·《穎翁續藁》. 全史字本. 1822. 국립중앙도서관 소장.
南九萬.《藥泉集》. 한국문집총간 131-132. 민족문화추진회, 1994
南紀濟.《역주 아아록》. 임병수·이순구·권윤수·이성호·김준은·류명환 역. 역사문화, 2016.
南龍翼.《壺谷集》. 한국문집총간 131. 민족문화추진회, 1994.
南夢賚.《伊溪集》. 한국문집총간 속35. 민족문화추진회, 2007.
南秀文.《敬齋遺稿》. 한국문집총간 9. 민족문화추진회, 1988.
南龍翼.《壺谷漫筆》. 3책. 歲庚午季冬謄于鳳山書舍. 일본 東洋文庫 소장본. 고려대학교 민족문화연구원 해외한국학자료센터 제공.
南有容.《雷淵集》. 한국문집총간 217-218. 민족문화추진회, 1998..
南貞一軒.《(역주)정일헌시집》. 문희순 역. 예산문화원, 2015.
南孝溫.《秋江集》. 한국문집총간 211. 민족문화추진회, 1998.
盧德奎.《古今堂文集》. 한국역대문집총서 2692. 경인문화사, 1999.
盧守愼.《穌齋集》. 한국문집총간 35. 민족문화추진회, 1988.
盧禛.《玉溪集》. 한국문집총간 37. 민족문화추진회, 1988.
盧佖淵.《克齋集》. 한국문집총간 속139. 한국고전번역원, 2012.
馬聖麟.《安和堂私集》. 임형택 편. 이조후기여항문학총서 6. 驪江出版社, 1991.
睦萬中.《餘窩集》. 한국문집총간 속90. 한국고전번역원, 2009
閔思平.《及菴詩集》. 한국문집총간 3. 민족문화추진회, 1988.
閔遇洙.《貞菴集》. 한국문집총간 215-216. 민족문화추진회.1998.
朴珪壽.《瓛齋集》. 한국문집총간 312. 민족문화추진회, 2003.

朴東亮.《寄齋雜記》. 沈魯崇 編.《靜嘉堂本大東稗林》. 30. 國學資料院, 1991.
朴文健.《靜觀齋文集》. 한국역대문집총서 2498. 경인문화사, 1997.
朴敏.《凌虛集》. 한국문집총간 속14. 민족문화추진회, 2006; 權正錫 譯.《(國譯)凌虛先生文集》. 泰安朴氏晋州宗中 朴源永, 2002.
朴鳳圭 편저.《駱村先生事蹟叢錄》. 보정판. 密陽朴氏延安公派宗親會·密原文化硏究所, 2015.
朴瑄壽.《說文解字翼徵》. 光文社, 1912.
朴世堂.《西溪全書》. 영인본. 1-2. 태학사, 1979;《西溪集》. 한국문집총간 134. 민족문화추진회, 1994.
朴世采.《南溪集》. 1-2. 한국문집총간 138-142. 민족문화추진회, 1994.
朴遂一.《健齋逸稿》. 木板本. 1780경. 고려대학교 도서관 소장.
朴汝樑.《感樹齋先生文集》. 한국역대문집총서 2215. 경인문화사, 1997.
朴堧.《(역주)蘭溪先生遺藁》. 권오성·김세종 공역. 한국음악학학술총서2. 국립국악원, 1993.
朴永錫.《晩翠亭遺稿》. 한국문집총간 속 94. 한국고전번역원, 2010.
朴允默.《存齋集》. 한국문집총간 292. 민족문화추진회, 2002.
朴仁老.《蘆溪集》. 한국문집총간 65. 민족문화추진회, 1991; 金文基 譯註.《(國譯)蘆溪集》. 亦樂, 1999.
朴正林 編.《淸齋朴先生忠節錄》. 목활자본. 1901. 장서각 소장.
朴齊家.《貞蕤閣集》. 한국문집총간 261. 민족문화추진회, 2001; 정민·이승수·박수밀·박종훈·이홍식·황인건·박동주 공역.《정유각집(貞蕤閣集)》. 상·하. 돌베개, 2010.
朴宗慶.《敦巖集》. 한국문집총간 속109. 한국고전번역원, 2010.
朴宗善.《菱洋詩集》. 安大會 편. 영인본. 성균관대학교 동아시아학술원 대동문화연구원, 2017.
朴宗祐.《陶谷先生文集》. 목판본, 1904(광무 8).
朴旨瑞.《訥菴集》. 한국문집총간 속103. 한국고전번역원, 2010.
朴趾源.《燕巖集》. 신조선사. 京城: 大東印刷所, 昭和7(1932); 한국문집총간 252. 민족문화추진회, 2000; 김명호 역.《국역 연암집》. 민족문화추진회, 2004.
朴趾源.《熱河日記》. 충남대학교 소장 필사본; 조선광문회 연인본, 1911;《국역 열하일기》. 민족문화추진회, 1968; 이가원 역주.《열하일기 역주》. 정음사, 1996; 김혈조 역.《열하일기》. 돌베개, 2009.
朴枝華.《守庵遺稿》. 한국문집총간 34. 민족문화추진회, 1988.
朴弼周.《黎湖集》. 한국문집총간 196. 민족문화추진회, 1997.
卞季良.《春亭集》. 한국문집총간 8. 민족문화추진회, 1990.

尙震.《泛虛亭集》. 한국문집총간 26. 민족문화추진회, 1988.
徐居正.《대교·역주 태평한화골계전》. 박경신 역. 국학자료원, 1998.
徐居正.《四佳集》. 한국문집총간 10-11. 민족문화추진회, 1988.
徐居正.《筆苑雜記》. 沈魯崇 編. 영인본. 靜嘉堂本大東稗林 29. 국학자료원, 1991.
徐敬德.《花潭集》. 한국문집총간 24. 민족문화추진회, 1998;《(國譯)花潭先生文集 新註道德經》. 고려대학교 민족문화연구소, 1971.
徐命膺.《攷事新書》. 국립중앙도서관 소장.
徐命膺.《保晩齋集》. 한국문집총간 233. 민족문화추진회, 1999.
徐命膺.《保晩齋叢書》. 1-10. 서울대학교 규장각한국학연구원, 2006-2009.
徐渻.《藥峯遺稿》. 한국문집총간 63. 민족문화추진회, 1988.
徐有榘.《鏤板考》. 洪命熹 校訂. 京城: 大同出版社, 昭和 16(1941).
徐有榘.《林園經濟志》. 영인본. 보경문화사, 1983.
徐有榘.《楓石全集》. 한국문집총간 288. 민족문화추진회, 2002.
徐應淳.《絅堂遺稿》. 金允植 編. 鉛印本, 1911.
徐應淳.《絅堂先生文集》. 한국역대문집총서 545. 경인문화사, 1993.
徐載弼.《한국 산문선—근대의 피 끓는 명문》. 별권. 안대회·이현일·이종묵·장유승·정민·이홍식 편역. 민음사, 2020.
徐宗伋.《退軒遺稿》. 한국문집총간 속69. 한국고전번역원, 2008.
徐宗泰.《晩靜堂集》. 한국문집총간 163. 민족문화추진회, 1996.
徐贊奎.《臨齋集》. 한국문집총간 속139. 한국고전번역원, 2012.
徐瀅修.《明皐全集》. 한국문집총간 261. 민족문화추진회, 2001.
徐浩修.《海東農書》. 성균관대학교 존경각 소장; 한국학문헌연구소, 亞細亞文化社, 1981; 농촌진흥청, 2008.
石之珩.《壽峴集》. 한국문집총간 속31. 민족문화추진회, 2007.
偰循 등.《三綱行實圖》. 세종대왕기념사업회, 1982;《역주 삼강행실도》. 세종대왕기념사업회, 2010.
成大中.《青城集》. 한국문집총간 248. 민족문화추진회, 2000.
成汝信.《浮査集》. 한국문집총간 56. 민족문화추진회, 1988.
成任.《성임의 시와 삶》. 홍순석 편역. 한국문화사, 1992.
成海應.《研經齋全集》. 한국문집총간 273-279. 민족문화추진회, 2001.
成俔.《慵齋叢話》. 조선고서간행회 편.《大東野乘》. 1. 1909; 成俔.《慵齋叢話》. 朴洪植 外 校勘·標點. 慶山大學校開校二十周年記念事業團 學術行事委員會, 2000.
成俔.《虛白堂集》. 한국문집총간 14. 민족문화추진회, 1988.
成渾.《牛溪集》. 한국문집총간 43. 민족문화추진회, 1989.

蘇世讓.《陽谷集》. 한국문집총간 23. 민족문화추진회, 1988.
蘇巡.《葆眞堂燕行日記》. 木活字本. 1935.
宋近洙.《立齋集》. 한국문집총간 253-254. 민족문화추진회, 2000.
宋麒秀.《秋坡集》. 한국문집총간 32. 민족문화추진회, 1988.
宋德相.《果菴集》. 한국문집총간 229. 민족문화추진회, 1999.
宋來熙.《錦谷集》. 한국문집총간 303. 민족문화추진회, 2003.
宋明欽.《櫟泉集》. 한국문집총간 221. 민족문화추진회, 1999..
宋文欽.《閒靜堂集》. 한국문집총간 225. 민족문화추진회, 1999.
宋伯玉.《經香館朶雲帖》. 서울대 규장각 소장.
宋秉璿.《淵齋集》. 한국문집총간 329-330. 민족문화추진회, 2004.
宋相琦.《玉吾齋集》. 한국문집총간 171. 민족문화추진회, 1996..
宋相燾.《騎驢隨筆》. 한국사료총서 2. 국사편찬위원회, 1955; 송상도.《기려수필》. 강원모·김도훈·이관성·이재숙·정만호 역. 대전: 문진, 2014.
宋時烈.《宋子大全》. 한국문집총간 108-116. 민족문화추진회, 1988;《국역 송자대전》. 민족문화추진회, 1980-1988.
宋翼弼.《龜峯集》. 한국문집총간 42. 민족문화추진회, 1988.
宋寅.《頤庵遺稿》. 한국문집총간 36. 민족문화추진회, 1988.
宋柱憲.《(국역) 삼호재집(三乎齋集)》. 宋首炅 역. 권4. 고흥문화원, 2010.
宋浚吉.《同春堂集》. 한국문집총간 106-107. 민족문화추진회, 1988;《국역 동춘당집》. 민족문화추진회, 1980-1988.
宋瓆.《恥庵集》. 芸閣印書體木活字本. 坡平尹坊仲禮 구장. 고려대학교 도서관 소장.
宋穉圭.《剛齋集》. 한국문집총간 271. 민족문화추진회, 2001.
宋煥箕.《性潭集》. 한국문집총간 244-245. 민족문화추진회, 2000.
申暻.《直菴集》. 한국문집총간 216. 민족문화추진회, 1998.
申景濬.《旅菴遺稿》. 한국문집총간 231. 민족문화추진회, 1999.
申光洙.《石北集》. 한국문집총간 231. 민족문화추진회, 1999.
申光漢.《企齋集》. 한국문집총간 22. 민족문화추진회, 1988.
申大羽.《宛丘遺集》. 한국문집총간 251. 민족문화추진회, 2000.
申叔舟.《保閑齋集》. 한국문집총간 10. 민족문화추진회, 1997-2008.
申用漑.《二樂亭集》. 한국문집총간 17. 민족문화추진회, 1988.
申緯.《警修堂全藁》. 孫八洲 編. 1-5. 太學社, 1983.
申維翰.《靑泉集》. 한국문집총간 200. 민족문화추진회. 1997.
申應善.《心堂集》. 鉛活字本. 1919.
申翊聖.《樂全堂集》. 한국문집총간 93. 민족문화추진회. 1992.

申綽.《石泉遺稿》. 한국문집총간 279. 민족문화추진회, 2001.
申晸.《汾厓遺稿》. 한국문집총간 129. 민족문화추진회, 1994.
申楫.《河陰集》. 한국문집총간 속20. 민족문화추진회, 2006.
申之悌.《梧峯集》. 한국문집총간 속 12. 민족문화추진회, 2006.
申櫶.《심행일기—조선이 기록한 강화도조약》. 김종학 역. 푸른역사, 2010.
愼後聃.《河濱先生全集》. 亞細亞文化社 영인, 2006.
申欽.《象村稿》. 한국문집총간 71-72. 민족문화추진회, 1991.
沈大允.《백운 심대윤의 백운집》. 임형택 외 익선재백운집강독회 역. 성균관대학교 출판부, 2015.
沈魯崇.《孝田散稿》. 연세대학교 소장본; 심노숭.《눈물이란 무엇인가》. 김영진 편역. 태학사, 2001.
沈錥.《樗村遺稿》. 한국문집총간 207-208. 민족문화추진회, 1998.
沈翊雲.《겨울을 향하는 풀벌레의 울음처럼—지산芝山 심익운沈翊雲의 백일시집百一詩集》. 김동준 역주. 태학사, 2017.
沈鋅.《松泉筆譚》. 정명기 편.《韓國野談資料集成》. 18-19. 啓明文化社, 1992; 신익철·조융희·김종서·한영규 공역.《교감역주 송천필담》. 보고사, 2009.
安璐.《己卯錄補遺》. 국립중앙도서관 소장. 국립중앙도서관 필사본. 민족문화추진회 번역. 한국고전번역원 제공.
安鼎福.《順菴集》. 한국문집총간 229-230. 민족문화추진회, 1998;《국역 순암집》. 민족문화추진회, 1996-1997.
安鼎福.《東史綱目》. 국역본. 민족문화추진회, 1977-1980.
安軸.《謹齋集》. 한국문집총간 2. 민족문화추진회, 1988.
安獻徵.《鷗浦集》. 한국문집총간 續28. 민족문화추진회, 2006; 安獻徵.《鷗浦集》. 安商閏·安秉柱 역. 2책. 서울: 廣州安氏鷗浦公宗會, 2011.
安孝濟.《守坡集》. 영인본. 1-3. 경북대학교, 1983; 朴晙遠·南在珠 역. 국역수파집간행위원회 편집.《국역 수파집》. 경주: 신지서원, 2008.
梁得中.《德村集》. 한국문집총간 180. 민족문화추진회, 1996; 박명희·안동교·김석태 옮김.《덕촌집》. 한국고전번역원. 경인문화사, 2015.
梁誠之.《訥齋集》. 아세아문화사, 1973; 한국문집총간 9. 민족문화추진회 1988.
梁宜永.《竹坡遺集》. 한국역대문집총서 1949. 경인문화사, 1996.
梁彭孫.《學圃集》. 한국문집총간 21. 민족문화추진회, 1988.
魚世謙.《(國譯)咸從世稿》. 尹金孫 編. 1-2. 三星古典硏究所 譯. 咸從魚氏文貞公派宗親會, 2001.
魚叔權.《稗官雜記》. 沈魯崇 編.《靜嘉堂本大東稗林》. 27-28. 국학자료원, 1991.

呂中龍.《南隱先生遺集》. 乾坤. 석판본. 대구, 1969. 국립중앙도서관 소장.
吳光運.《藥山漫稿》. 한국문집총간 210-211. 민족문화추진회, 1998; 吳光運.《(역주)약산 시부》. 여운필 역주. 월인, 2012.
吳達運.《海錦集》. 을지출판공사, 1993.
吳達濟.《忠烈公遺稿》. 한국문집총간 119. 민족문화추진회, 1993.
吳道一.《西坡集》. 한국문집총간 152. 민족문화추진회, 1995.
吳守盈.《春塘集》. 한국문집총간 속 3. 민족문화추진회, 2005.
吳䎘.《天坡集》. 한국문집총간 95. 민족문화추진회, 1988.
吳澐.《竹牖集》. 한국문집총간 속 5. 민족문화추진회, 2005.
吳載純.《醇庵集》. 한국문집총간 242. 민족문화추진회, 2000.
吳熙常.《老洲集》. 한국문집총간 280. 민족문화추진회, 2001.
魏世寶.《三足堂遺稿》. 木活字本. 3卷1冊. 魏啓龍 發行. 長興: 茶山齋, 1936.
柳淰.《臨汝齋集》. 한국문집총간 속92. 한국고전번역원, 2010.
柳得恭.《古芸堂筆記》. 영인본. 아세아문화사, 1986;《(校勘標點)古芸堂筆記》. 한국고전번역원, 2020.
柳得恭.《泠齋集》. 한국문집총간 260. 민족문화추진회, 2000.
柳得恭.《京都雜誌》. 域外漢籍珍本文庫編纂出版委員會. 域外漢籍珍本文庫 3-25. 史部. 北京: 人民出版社, 2012.
俞晩柱.《欽英》. 영인본. 1-6. 서울대학교 규장각한국학연구소, 1997; 김하라 편역.《일기를 쓰다—흠영 선집》. 1-2. 돌베개, 2015.
柳夢寅.《於于野談》. 신익철·이형대·조융희·노영미 역. 돌베개, 2006.
柳夢寅.《於于集》. 한국문집총간 63. 민족문화추진회, 1988.
柳本藝.《漢京識略》. 영인본. 서울사료총서 2. 서울특별시사편찬위원회, 1956; 權泰益 譯.《漢京識略》. 探求新書 65, 探求堂, 1981.
柳成龍.《西厓集》. 한국문집총간 52. 민족문화추진회, 1988.
俞莘煥.《鳳棲集》. 한국문집총간 312. 민족문화추진회, 2003.
柳陽錫 編.《全陽府院君遺蹟》. 全州柳氏全陵府院君宗中, 2008.
俞彦述.《松湖集》. 한국문집총간 속78. 한국고전번역원, 2009
俞彦鎬.《燕石》. 한국문집총간 247. 민족문화추진회, 2000.
柳遠聲.《帽翁集》. 진주유씨모선록편찬위원회.《晉州柳氏文獻總輯)》. 1-5. 1993.
有一.《蓮潭大師林下錄》. 동국대학교불전간행위원회내 한국불교전서편찬위원 편. 한국불교전서 제10책, 동국대학교출판부, 1989.
柳長源.《東巖集》. 한국문집총간 속88. 한국고전번역원, 2009.
劉在健.《里鄕見聞錄》. 영인본. 亞細亞文化社, 1974; 劉在建.《里鄕見聞錄》. 實是學舍 고전

문학연구회 역주. 대우학술총서 번역 106. 민음사, 1997; 실시학사 고전문학연구회 역. 《이향견문록—이조시대 탁월한 서민들 이야기》. 글항아리, 2008.
李奎象.《18세기 조선인물지—幷世才彦錄》. 민족문학사연구소 한문분과 옮김. 창작과비평사, 1997.
李源命.《東野彙集》. 上·下. 동국대학교 한국문학연구소 편. 韓國文獻說話全集 3-4. 民族文化社, 1981.
一然 編.《三國遺事—晚松文庫本 附石南本·鶴山本》. 고려대학교 중앙도서관 도서영인 12. 旿晟社, 1983.
柳疇睦.《溪堂集》. 한국문집총간 속313. 민족문화추진회, 2003.
兪拓基.《知守齋集》. 한국문집총간 213. 민족문화추진회, 1998.
柳致明.《定齋集》. 한국문집총간 297-298. 민족문화추진회, 2002.
兪漢雋.《自著》. 한국문집총간 249. 민족문화추진회, 2000.
兪漢雋.《著庵集》. 영인본. 여강출판사, 1987.
柳馨遠.《磻溪隨錄》. 麗江出版社, 1991.
俞泓.《松塘集》. 한국문집총간 속3. 민족문화추진회, 2005.
劉希慶.《村隱集》. 한국문집총간 55. 민족문화추진회, 1990.
柳希春.《眉巖日記草》. 朝鮮史編修會 編. 朝鮮史料叢刊 第8. 京城: 朝鮮總督府, 1936; 영인본. 潭陽郡 潭陽文化院, 1990;《국역 미암일기》. 1-5집, 담양향토문화연구회, 1992-1996.
柳希春.《眉巖集》. 한국문집총간 34. 민족문화추진회, 1989.
柳希春.《續蒙求》. 淺草本. 1-4. 국립중앙도서관 소장
尹光紹.《素谷遺稿》. 한국문집총간 223. 민족문화추진회, 1999.
尹國馨.《聞韶漫錄》. 沈魯崇 編.《靜嘉堂本大東稗林》. 19. 국학자료원, 1991.
尹根壽.《月汀集》. 한국문집총간 47. 민족문화추진회, 1988.
尹愭.《無名子集》. 한국문집총간 256. 민족문화추진회, 2000.
尹耆獻.《長貧居士胡撰》. 조선고서간행회 편.《大東野乘》(1909). 영인본. 경희출판사, 1968; 민족문화추진회 국역.
尹東洙.《敬庵遺稿》. 한국문집총간 188. 민족문화추진회, 1997.
尹東野.《弦窩集》. 한국문집총간 속105. 한국고전번역원, 2010.
尹秉鼎.《巴江遺稿》. 尹澤 編. 석인본, 1973.
尹鳳九.《屛溪集》. 한국문집총간 203-205. 민족문화추진회, 1998.
尹鳳朝.《圃巖集》. 한국문집총간 193. 민족문화추진회, 1997.
尹宣擧.《魯西遺稿》. 한국문집총간 120. 민족문화추진회, 1993.
尹善道.《孤山遺稿》. 한국문집총간 91. 민족문화추진회, 1992.

尹舜擧.《童土集》. 한국문집총간 100. 민족문화추진회, 1992.
尹新之.《玄洲集》. 한국문집총간 79. 민족문화추진회, 1988.
尹拯.《明齋先生遺稿》. 1-2. 한국문집총간 135-136. 민족문화추진회, 1994; 尹拯.《明齋遺稿》. 영인본. 1-3. 충남대학교, 2000.
尹行恁.《譯註 方是閒輯》. 전송렬 옮김. 보고사, 2006.
尹行恁.《碩齋稿》. 1-2. 한국문집총간 287-288. 민족문화추진회, 2002.
尹行恁.《碩齋應製錄》. 국립중앙도서관 소장본.
尹鉉.《菊磵集》. 한국문집총간 35. 민족문화추진회, 1988.
尹鑴.《白湖全書》. 尹容鎭 編. 1-3. 경북대학교출판부, 1974;《국역 백호전서》. 1-12. 민족문화추진회, 1995, 2004(12책 색인).
尹喜求.《于堂文選》. 尹景喜 譯註. 月印, 1998.
李建芳.《蘭谷存稿》. 영인본. 청구문화사, 1971.
李建昌.《明美堂集》. 한국문집총간 349. 민족문화추진회, 2005; 이건창.《조선의 마지막 문장》. 송희준 편역. 글항아리, 2008.
李建昌.《黨議通略》. 朝鮮光文會. 新文館, 1911.
李建昇.《海耕堂收艸》. 필사본. 문중소장본.
李景奭.《白軒集》. 1-2. 한국문집총간 95-96. 민족문화추진회, 1988.
李穀.《稼亭集》. 한국문집총간 3. 민족문화추진회, 1988.
李觀命.《屛山集》. 한국문집총간 177. 민족문화추진회, 1996.
李謙臣 等編.《湖南三綱錄》. 목활자본. 1903(광무 7).
李匡呂.《李參奉集》. 한국문집총간 237. 민족문화추진회, 1999.
李匡師.〈員嶠說〉. 친필본. 서울대학교 규장각 소장.
李匡師.《斗南集》. 필사본 1책. 서울대학교 규장각 소장; 李匡師.《員嶠集選》. 필사본 10권. 서울대학교 규장각 소장; 李匡師.《員嶠集選》. 필사본 10권. 한국정신문화연구원 장서각 소장;《圓嶠集》. 한국문집총간 221. 민족문화추진회, 1999; 심경호·길진숙·유동환 공편.《신편 원교 이광사 문집》. 시간의 물레, 2005.
李光庭.《訥隱集》. 한국문집총간 187. 민족문화추진회, 1997.
李匡贊·李匡顯 撰.《中翁遺集》. 필사본, 문중소장본.
李貴.《默齋日記》. 美和옵셋출판사, 1990; 이귀.《(국역) 묵재일기—一名 노랄수사》. 연안이씨 충정공 종회, 2012.
李圭景.《五洲衍文長箋散稿》. 古典刊行會 影印. 1958;《(국역분류)오주연문장전산고》. 민족문화추진회, 1967-1982; 李圭景.《分類五洲衍文長箋散稿》. 난해원전교감정리사업 인터넷자료. 민족문화추진회, 2005.
李奎報.《東國李相國集》. 한국문집총간 2. 민족문화추진회, 1988;《(국역)東國李相國集》.

민족문화추진회, 1978-1980.
李奎象.《幷世才彦錄》. 민족문학사연구소 역. 창작과 비평사, 1997.
李奎象.《一夢稿》. 한국역대문집총서 568-600. 경인문화사, 1993.
李肯翊.《燃藜室記述》. 朝鮮古書刊行會, 1911-1913;《국역 연려실기술》. 민족문화추진회, 1966-1977.
李沂.《李海鶴遺書》. 한국문집총간 347. 민족문화추진회, 2005.
李墍.《松窩雜說》.《大東野乘》. 조선고서간행회, 1909.
李基慶.《闢衛編》. 한국교회사연구소편. 서광사, 1978.
李南珪.《修堂集》. 한국문집총간 349. 민족문화추진회, 2005.
李端夏.《畏齋集》. 한국문집총간 63. 민족문화추진회, 1991.
李德懋.《青莊館全書》. 한국문집총간 257-259. 민족문화추진회, 2000;《국역 청장관전서》. 민족문화추진회, 1978-1982.
李德壽.《西堂私載》. 한국문집총간 186. 민족문화추진회, 1997.
李德胄.《芐亭集》. 한국문집총간 속75. 한국고전번역원, 2009.
李德馨.《漢陰文稿》. 한국문집총간 65. 민족문화추진회, 1988.
李德泂.《竹窓閑話》.《대동야승》. 13. 조선고서간행회, 1909.
李德弘.《艮齋集》. 한국문집총간 51. 민족문화추진회, 1988.
李魯.《松巖集》. 한국문집총간 54. 민족문화추진회, 1988.
李晩燾.《響山集》. 한국문집총간 속144. 한국고전번역원 2012.
李萬敷.《息山集》. 한국문집총간 178-179. 민족문화추진회, 1996.
李晩秀.《屐園遺稿》. 한국문집총간 268. 민족문화추진회, 2001.
李命培.《茅溪先生文集》. 한국문집총간 속58. 민족문화추진회, 2008.
李敏求.《東州集》. 한국문집총간 94. 민족문화추진회, 1988.
李敏輔.《豊墅集》. 한국문집총간 232-233. 민족문화추진회, 1999.
李秉成.《順菴集》. 後期印書體字混入木活字版. 1741. 고려대학교 도서관 소장.
李秉運.《俛齋集》. 석인본. 한국국학진흥원 소장; 김기엽·김홍구 역.《면재선생문집》. 안동역사인물문집국역총서 02. 한국국학진흥원, 2018.
李福源.《雙溪遺稿》. 李溥承 編.《延李文庫》. 6. 여강출판사, 1987;《雙溪遺稿》. 한국문집총간 237. 민족문화추진회, 1999.
李復鉉.《석견루시초》. 조창록·이성민·김채식·이상아 역. 성균관대학교출판부, 2019.
李鳳煥.《雨念齋文鈔》. 全州李氏宣城君派大宗會 선대시문선집편찬추진위원회 편.《先代詩文選集》. 全州李氏宣城君派大宗會, 2014.
李山海.《鵝溪遺稾》. 한국문집총간 47. 민족문화추진회, 1989.
李尙吉.《東川集》. 南原沙谷, 1911. 국립중앙도서관 소장.

李象靖.《大山集》. 한국문집총간 226-227. 민족문화추진회, 1999.
李穡.《牧隱藁》. 한국문집총간 3-5. 민족문화추진회, 1988; 여운필·성범중·최재남 역주.《역주 목은시고》. 1-12, 월인, 2002-2007.
李瀷.《桐江遺稿》. 한국문집총간 속78. 한국고전번역원, 2009.
李書九.《惕齋集》. 한국문집총간 270. 민족문화추진회, 2001.
李瑞雨.《松坡集》. 한국문집총간 속41. 민족문화추진회, 2007.
李石亨.《樗軒集》. 한국문집총간 9. 민족문화추진회, 1988.
李選.《芝湖集》. 한국문집총간 143. 민족문화추진회, 1995.
李睟光.《芝峯集》. 한국문집총간 66. 민족문화추진회, 1988.
李睟光.《芝峯類說》. 景仁文化社, 1970; 南晚星 譯.《芝峰類說》. 上·下. 을유문화사, 1975.
李崇仁.《陶隱集》. 한국문집총간 6. 민족문화추진회, 1988.
李承熙.《韓溪遺稿》. 국사편찬위원회 1977.
李承召.《三灘集》. 한국문집총간 11. 민족문화추진회, 1988.
李承休.《動安居士集》. 한국문집총간 2. 민족문화추진회, 1988.
李時秀.《及健齋漫錄》. 李溥承 編.《延李文庫》. 8. 驪江出版社, 1987.
李時弼.《소문사설, 조선의 실용지식 연구노트—18세기 생활문화 백과사전》. 백승호·부유섭·장유승 역. Humanist, 2011.
李時恒.《和隱集》. 한국문집총간속 57. 민족문화추진회, 2008.
李湜.《四雨亭集》. 한국문집총간 16. 민족문화추진회, 1988.
李植.《澤堂集》. 한국문집총간 88. 민족문화추진회, 1988.
李安訥.《東岳集》. 한국문집총간 78. 민족문화추진회, 1988.
李令翊.《新齋集》. 한국문집총간 252. 민족문화추진회, 2000.
李鈺.《선생, 세상의 그물을 조심하시오》. 심경호 편역. 태학사, 2001.
李沃.《博泉集》. 한국문집총간 속44. 민족문화추진회, 2007.
李用休.《㪚數集》. 한국문집총간 223. 민족문화추진회, 1999; 李用休.《혜환 이용휴 시전집》. 조남권·박동욱 옮김. 소명출판 2002; 李用休.《혜환 이용휴 산문전집》. 조남권·박동욱 옮김. 소명출판 2007.
李用休·李家煥.《나를 돌려다오—이용휴, 이가환 산문선》. 안대회 편역. 태학사, 2003.
李黿.《再思堂文集》. 한국역대문집총서 43. 경인문화사, 1993.
李元翼.《梧里集》. 한국문집총간 56. 민족문화추진회, 1990.
李源祚.《凝窩集》. 한국문집총간 속121. 한국고전번역원, 2011.
李裕元.《嘉梧藁略》. 한국문집총간 315-316. 민족문화추진회, 2003.
李裕元.《林下筆記》. 성균관대학교 대동문화연구원 영인, 1961;《국역 임하필기》. 민족문화추진회, 1999-2000.

李惟樟.《孤山先生文集》. 한국문집총간 126. 민족문화추진회, 1994.
李胤永.《丹陵遺稿》. 한국문집총간 속82. 한국고전번역원, 2009.
李義吉.《亮谷遺稿》. 李榮運 編. 한국문집총간 속27. 민족문화추진회, 2006.
李宜顯.《陶谷集》. 한국문집총간 180-181. 민족문화추진회, 1997.
李珥.《四書栗谷先生諺解》. 영인본. 成均館大學校 養賢齋, 1973.
李珥.《栗谷全書》. 한국문집총간 44-45. 민족문화추진회, 1988.
李頤命.《疎齋集》. 한국문집총간 172. 민족문화추진회, 1996.
李頤淳.《後溪集》. 한국문집총간 269. 민족문화추진회, 2001.
李瀷.《星湖僿說類選》. 조선고서간행회, 1914;《국역 성호사설》. 민족문화추진회, 1976-1978.
李瀷.《星湖全集》. 1-3, 한국문집총간 198-200. 민족문화추진회, 1997.
李章贊.《薌隱集》. 한국문집총간 속121. 민족문화추진회, 2011.
李栽.《密菴集》. 한국문집총간 173. 민족문화추진회, 1996.
李縡.《陶菴集》. 한국문집총간 194-195. 민족문화추진회, 1997.
李婷.《風月亭集》. 한국문집총간 속1. 한국고전번역원, 2005.
李楨國.《尤園先生文集》. 한국문집총간속 99. 민족문화추진회, 2010.
李廷龜.《月沙集》. 한국문집총간 70. 민족문화추진회, 1988.
李庭綽.《(懸吐)玉麟夢——一名永垂彰善記》. 京城: 廣益書館, 日韓印刷所, 1918.
李定稷.《石亭李定稷遺藁》. 김제문화원, 2001.
李廷馨.《東閣雜記》. 沈魯崇 編.《靜嘉堂本大東稗林》. 18. 국학자료원, 1991.
李廷馨.《知退堂集》. 한국문집총간 58. 민족문화추진회, 1988,
李濟臣.《清江集》. 한국문집총간 43. 민족문화추진회, 1988; 清江集刊行委員會, 1992.
李齊賢.《益齋亂藁》. 한국문집총간 2. 민족문화추진회, 1988.
李種杞.《晩求集》. 한국문집총간 331. 민족문화추진회, 2004.
李種祥.《定軒集》. 한국문집총간 속122. 한국고전번역원, 2011.
李宗誠.《梧川集》. 한국문집총간 214. 민족문화추진회, 1998.
李埈.《蒼石集》. 한국문집총간 64-65. 민족문화추진회, 1991.
李浚慶.《東皐遺稿》. 한국역대문집총서 2204-5. 경인문화사, 1997; 水原大學東皐研究所 編.《(國譯)東皐遺稿》. 上·下. 수원대학출판부, 1986.
李仲樑.《賀淵先生文集》. 李文鉉 編. 石印本. 1961, 고려대학교 중앙도서관 소장.
李之馧.《貧郊先生文集》. 元山, 1917.
李集.《遁村雜詠》. 한국문집총간 3. 민족문화추진회, 1988.
李埰.《華泉集》. 한국문집총간 속101. 한국고전번역원, 2010.
李天輔.《晉菴集》. 한국문집총간 218. 민족문화추진회, 1998.

李詹.《雙梅堂篋藏集》. 한국문집총간 6. 민족문화추진회, 1988.
李春元.《九畹先生集》. 목판본. 1665. 국립중앙도서관 소장.
李忠翊.《椒園遺藁》. 한국문집총간 225. 민족문화추진회, 2000.
李學逵.《洛下生全集》. 한국한문학연구회 편. 아세아문화사, 1985; 李學逵.《洛下生集》. 한국문집총간 290. 민족문화추진회, 2002
李漢膺.《敬菴先生文集》. 목판본. 1885. 국립중앙도서관 소장.
李恒福.《白沙集》. 한국문집총간 62. 민족문화추진회, 1988.
李獻慶.《艮翁集》. 한국문집총간 234. 민족문화추진회, 1999.
李玄錫.《游齋先生集》. 한국문집총간 127-128. 민족문화추진회, 1994.
李玄祚.《景淵堂集》. 한국문집총간 168 민족문화추진회, 1996.
李衡祥.《瓶窩集》. 한국문집총간 164. 민족문화추진회, 1996.
李弘有.《遯軒先生文集》. 목활자본. 1890. 한국학중앙연구원 도서관 소장.
李滉.《增補退溪全書》. 영인본. 성균관대학교 대동문화연구원, 1985; 李滉.《退溪集》. 한국문집총간 29-31. 민족문화추진회, 1988;《국역 퇴계집》. 민족문화추진회, 1968.
李徽逸.《存齋先生文集》. 한국역대문집총서 2310. 경인문화사, 1997; 성백효.《(국역)존재선생문집》. 한국국학진흥원 고전국역실, 2009.
李休徵.《麻庵遺稿》. 李容泰 편. 목활자본 2권 1책. 1914;《麻菴先生文集》. 한국역대문집총서 2285. 경인문화사, 1997.
李喜經.《雪岫外史》. 李佑成 編. 栖碧外史海外蒐秩本 10. 아세아문화사, 1986; 진재교 외 역.《북학 또 하나의 보고서, 설수외사》. 성균관대학교 출판부, 2011.
李希齡.《藥坡漫錄》. 李漢宗 編. 1764년 초편. 1832년 완성. 서울대 규장각 소장.
李羲發.《雲谷先生文集》. 한국역대문집총서 2962-2964. 경인문화사, 1999.
李喜朝.《芝村集》. 한국문집총간 170. 민족문화추진회, 1996.
李羲天.《石樓遺稿》. 2권 2책. 서울대학교 규장각 소장.
一然.《麟角寺普覺國師碑銘帖 續集》. 銀海寺一然學硏究院·中央僧伽大學校佛教史學硏究所 編. 銀海寺 一然學硏究院, 2000.
林光澤.《雙柏堂遺稿》. 한국문집총간 속82. 한국고전번역원, 2009.
林象德.《老村集》. 한국문집총간 206. 민족문화추진회, 1998.
任聖周.《鹿門集》. 한국문집총간 228. 민족문화추진회, 1999.
任叔英.《疎菴集》. 한국문집총간 83. 민족문화추진회, 1988.
林億齡.《石川詩集》. 한국문집총간 27. 민족문화추진회, 1988.
林泳.《滄溪先生集》. 한국문집총간 159. 민족문화추진회, 1995.
林芸.《瞻慕堂集》. 한국문집총간 36. 민족문화추진회, 1989.
林眞怤.《林谷先生文集》. 동방한문학 자료총서 1. 보고사, 2002.

任天常.《窮悟集》. 한국문집총간 속103. 한국고전번역원, 2010.
林椿.《西河集》. 한국문집총간 1. 민족문화추진회, 1988.
任希聖.《在澗集》. 한국문집총간 230. 민족문화추진회, 1999.
張晩.《洛西集》. 한국문집총간 속15. 민족문화추진회, 2006; 장만장군기념사업회 번역위원회 역.《낙서집 번역본》. 장만장군기념사업회, 2018.
張福樞.《四未軒集》. 한국문집총간 316. 민족문화추진회, 2003.
張錫英.《晦堂集》. 한국문집총간 148-149. 한국고전번역원, 2012.
張右遠.《弦窩先生文集》. 漆谷郡: 平和譜文社, 1987.
張維.《谿谷集》. 한국문집총간 92. 민족문화추진회, 1988.
張志淵.《逸事遺事》. 涯東書館, 1922; 영인본. 태학사, 1982.
張之琬.《斐然箱抄》. 한국역대문집총서 2894. 경인문화사, 1999
張之琬.《枕雨堂集》. 한국문집총간 속 128. 민족문화추진회, 2011.
張漢宗.《禦睡新話》. 임형택 편. 이조후기여항문학총서 10. 여강출판사, 1991; 김영준 역.《완역 어수신화》. 보고사, 2010.
莊獻世子.《凌虛關漫稿》. 국립중앙도서관 소장.
張混.《而已广集》. 한국문집총간 270. 민족문화추진회 2001.
저자 미상.《光海朝日記》. 朝鮮黨爭關係資料集 4. 驪江出版社, 1984.
저자 미상.《楚顚歌錄》. 필사본. 일본 天理圖書館 소장.
田祿生.《壄隱逸稿》. 한국문집총간 3. 민족문화추진회, 1988.
田愚.《艮齋集》. 한국문집총간 332-336. 민족문화추진회, 2004.
鄭經世.《愚伏集》. 한국문집총간 68. 민족문화추진회, 1988.
鄭慶雲.《孤臺日錄》. 박병련·설석규·신병주·정우락·한명기 역. 남명학연구원 편. 태학사, 2009.
鄭光弼.《鄭文翼公遺稿》. 한국문집총간 17. 민족문화추진회, 1988.
鄭喬.《大韓季年史》. 上·下. 국사편찬위원회, 1974.
鄭逑.《寒岡集》. 한국문집총간 53. 민족문화추진회, 1988.
丁奎英.《다산의 한평생—사암선생연보》. 송재소 옮김. 창비, 2014.
丁克仁.《不憂軒集》. 한국문집총간 9. 민족문화추진회, 1988.
鄭道傳.《三峰集》. 한국문집총간 5. 민족문화추진회, 1990;《국역 삼봉집》. 민족문화추진회, 1977; 심경호 역·평설.《삼봉집》. 고전번역총서 1. 한국고전번역원, 2013.
鄭東愈.《주영편—종횡무진 지식인 정동유, 심심풀이로 조선 최고의 백과사전을 만들다》. 안대회·서한석·김경희·김보성·이승용·임영걸·임영길 역. 휴머니스트, 2016.
鄭斗卿.《東溟集》. 한국문집총간 95. 민족문화추진회, 1988.
鄭來僑.《浣巖集》. 한국문집총간 197. 민족문화추진회, 1997.

鄭文孚.《農圃集》. 한국문집총간 71. 민족문화추진회, 1991; 이상은 국역.《(國譯)農圃集》. 海州鄭氏松山宗中(忠毅公派), 1999.
鄭敏僑.《寒泉遺稿》. 한국문집총간 속75. 한국고전번역원, 2009.
鄭百昌.《玄谷集》. 한국문집총간 93. 민족문화추진회, 1992.
丁範祖.《海左集》. 한국문집총간 240. 민족문화추진회, 1999.
鄭士龍.《湖陰雜稿》. 한국문집총간 25. 민족문화추진회, 1988.
鄭士信.《梅窓先生文集》. 한국역대문집총서 2272. 경인문화사, 1997.
丁若鏞.《譯註 梅氏書平》. 李篪衡 譯註. 문학과지성사, 2002.
丁若鏞.《牧民心書》.《정본 여유당전서》. 다산학술재단, 2012.12.
丁若鏞.《與猶堂全書補遺》. 다산학회 편. 景仁文化社, 1974.
丁若鏞.《與猶堂全書》. 한국문집총간 281-286. 민족문화추진회, 2002;《정본 여유당전서》. 다산학술재단, 2012;《국역 다산시문집》. 민족문화추진회, 1984-1986; 심경호 역.《다산 정약용 한시》. 네이버 지식백과.
丁若鏞.《與猶堂全書》. 한국문집총간 281-286. 민족문화추진회, 2002;《정본 여유당전서》. 다산학술재단. 2012;《국역 다산시문집》. 민족문화추진회, 1984-1986.
丁若鏞.《欽欽新書》.《(校勘·標點)定本與猶堂全書》. 30-31. 다산학술문화재단, 2012.
鄭汝昌.《一蠹集》. 한국문집총간 15. 민족문화추진회, 1988.
鄭蘊.《桐溪集》. 한국문집총간 75. 민족문화추진회, 1991.
鄭友容.《密巖遺稿》. 국립중앙도서관소장 필사본.
鄭元容.《經山集》. 한국문집총간 300. 민족문화추진회, 2002
鄭益鉉.《逋翁先生實記》. 2卷1冊. 全史字體活字本. 1912.
鄭寅普.《薝園文錄》. 영인본, 연세대학교출판부, 1967.
鄭載圭.《老柏軒集》. 한국문집총간 속145-146. 한국고전번역원, 2012.
鄭載崙.《公私見聞錄》. 세종대왕기념사업회, 1983.
正祖.《弘齋全書》. 한국문집총간 262-267. 민족문화추진회, 2001;《국역 홍재전서》. 1998-2000.
鄭宗魯.《立齋集》. 한국문집총간 253-254. 민족문화추진회, 2000.
鄭澈.《松江集》. 한국문집총간 46. 민족문화추진회, 1988.
鄭摠,《復齋集》. 한국문집총간 7. 민족문화추진회, 1988.
鄭忠信.《晩雲集》. 한국문집총간 83. 민족문화추진회, 1992.
鄭侙.《愚川集》. 安東大學校 退溪學硏究所 編. 退溪學資料叢書 33-34. 아세아문화사, 1999.
鄭太和.《陽坡年記》. 東萊會洞鄭氏門中 소장본(건곤본); 鄭太和.《양파실기》. 박세욱 역. 바이북스, 2007.

鄭澔.《丈巖集》. 한국문집총간 157. 민족문화추진회, 1995.
趙絅.《龍洲遺稿》. 한국문집총간 90. 민족문화추진회, 1992.
趙璥.《荷棲集》. 한국문집총간 245. 민족문화추진회, 2000.
趙慶男.《亂中雜錄》. 한국고전총서. 민족문화추진회, 1973.
趙慶男.《續雜錄》.《大東野乘》. 7, 朝鮮古書刊行會, 1909.
趙觀彬.《有明朝鮮國六臣墓碑銘幷序》. 미국 버클리대학 동아시아도서관 淺見文庫 소장. 탁본. 1930년대.
趙觀彬.《悔軒集》. 한국문집총간 211. 민족문화추진회, 1998.
趙光祖.《靜菴集》. 한국문집총간 22. 민족문화추진회, 1988.
趙龜命.《乾川藁》. 영인본. 서울대학교 규장각한국학연구원, 2011.
趙龜命.《東谿集》. 한국문집총간 75. 민족문화추진회, 1988.
曺兢燮.《巖棲集》. 한국문집총간 350. 민족문화추진회, 2005.
趙德鄰.《玉川集》. 한국문집총간 175. 민족문화추진회, 1996.
趙斗淳.《心庵遺稿》. 한국문집총간 307. 민족문화추진회, 2003.
趙冕鎬.《玉垂集》. 한국문집총간 속125-126. 한국고전번역원, 2011.
趙穆.《月川集》. 한국문집총간 38. 민족문화추진회, 1988.
趙相禹.《時庵集》. 한국문집총간 속20. 민족문화추진회, 2006.
趙性家.《月皐集》. 한국문집총간 속137. 한국고전번역원, 2012.
趙秀三.《秋齋集》. 한국문집총간 271. 민족문화추진회, 2001; 趙秀三.《추재기이》. 안대회 역. 한겨레, 2010.
趙述道.《晩谷集》. 한국문집총간 속92. 한국고전번역원, 2010.
曺植.《南冥集》. 한국문집총간 31. 민족문화추진회, 1988; 경상대학교 남명학연구소 편역.《국역교감 남명집》. 이론과실천, 1995.
趙榮祏.《觀我齋稿》. 한국문집총간 속67. 한국고전번역원, 2008.
曺偉.《梅溪集》. 한국문집총간 16. 민족문화추진회, 1988.
曺有贊.《惺齋集》. 昌寧 南澗齋, 1937.
趙翼.《浦渚集》. 한국문집총간 85. 민족문화추진회, 1992;《국역 포저집》. 민족문화추진회, 2004-2006.
趙寅永.《雲石遺稿》. 한국문집총간 299. 민족문화추진회, 2002.
趙在三.《(교감국역) 松南雜識》. 강민구 역. 소명출판, 2008.
趙靖.《黔澗先生文集》. 李鉉淙 國譯. 豊壤趙氏黔澗公文集 重刊推進委員會 編. 尙州一趙誠鶴, 2008.
趙纘韓.《玄洲集》. 한국문집총간 79, 민족문화주진회, 1996.
趙泰億.《謙齋集》. 한국문집총간 189-200. 민족문화추진회, 1997.

曺漢賓.《溪陰集》. 石印本. 1964. 고려대학교 중앙도서관 소장; 한국역대문집총서 2248. 경인문화사, 1997.
趙顯命.《歸鹿集》. 한국문집총간 212-213. 민족문화추진회. 1998.
趙亨道.《東溪集》. 한국문집총간 속15. 민족문화추진회, 2006.
趙熙龍.《漢瓦軒題畫雜存》. 국립중앙도서관 소장 필사본.
趙熙龍.《壺山外記》. 이조후기여항문학총서 9. 林熒澤 편. 驪江出版社, 1991(영인); 실시학사 고전문학연구회 譯.《趙熙龍全集 6—壺山外記》. 한길아트, 1999.
周世鵬.《武陵雜稿》. 한국문집총간 26-27. 민족문화추진회, 1988.
眞覺國師 慧諶 著, 유영봉 역.《國譯 無衣子詩集》. 을유문화사, 1997.
車天輅.《五山說林草藁》.《大東野乘》. 3. 朝鮮古書刊行會 新鉛活字本, 1909.
蔡裕後.《湖洲集》. 한국문집총간 101. 민족문화추진회, 1988.
蔡濟恭.《樊巖集》. 1-2. 한국문집총간 235-236. 민족문화추진회, 1999.
蔡彭胤.《希菴集》. 한국문집총간 182. 민족문화추진회, 1997.
崔奎瑞.《艮齋集》. 한국문집총간 161. 민족문화추진회, 1996.
崔德之.《烟村遺事》. 崔順周 譯. 임실: 舟巖書院, 2016.
崔岦.《簡易集》. 한국문집총간 49, 1988;《국역 간이집》. 민족문화추진회, 1999-2002.
崔鳴吉.《遲川集》. 한국문집총간 89. 민족문화추진회, 1988; 최병직·정양완·심경호 공역.《증보역주 지천선생집》. 1-4. 도서출판 선비, 2008.
崔錫鼎.《明谷集》. 한국문집총간 153-154. 민족문화추진회, 1995.
崔錫恒.《損窩遺稿》. 한국문집총간 169. 민족문화추진회, 1996.
崔淑精.《逍遙齋集》. 한국문집총간 13. 민족문화추진회, 1988.
崔潤昌.《東溪遺稿》. 한국문집총간 속91. 한국고전번역원, 2010.
崔益鉉.《勉菴集》. 한국문집총간 325. 민족문화추진회, 2004.
崔昌大.《昆侖集》. 한국문집총간 183. 민족문화추진회, 1997.
崔致遠.《崔文昌侯全集》. 李佑成 編. 성균관대학교 대동문화연구원, 1972;《桂苑筆耕集》. 한국문집총간 1. 民族文化推進會, 1988; 崔英成.《(譯註)崔致遠全集》. 1-2. 아세아문화사, 1999; 黨銀平校注.《桂苑筆耕集校注》. 中國歷史文集叢刊. 北京: 中華書局, 2007.
崔漢綺.《明南樓全集》. 여강출판사, 1986; 崔漢綺.《明南樓叢書》. 성균관대학교 대동문화연구원, 1971.
崔恒.《太虛亭集》. 한국문집총간 9. 민족문화추진회, 1988.
崔瀣.《拙藁千百》. 한국문집총간 3. 민족문화추진회, 1988.
崔晛.《訒齋集》. 한국문집총간 67. 민족문화추진회, 1991.
沈能淑.《後吾知可》. 필사본. 문중 소장.
沈樂洙.《충역의 시비를 정하다—정변록(定辨錄) 역주》. 김용흠·원재린·김정신·정두영 공역. 서울대학교출판문화원, 2016.
沈攸.《梧灘集》. 한국문집총간 속34. 민족문화추진회, 2007.
沈潮.《靜坐窩集》. 한국문집총간 속73. 한국고전번역원, 2009.
沈喜壽.《一松集》. 한국문집총간 57. 민족문화추진회, 1990.
表沿沫.《藍溪集》. 한국문집총간 15. 민족문화추진회, 1988.
河溍.《台溪集》. 한국문집총간 101. 민족문화추진회, 1993.
韓汝斗.《睡軒遺稿》. 국립중앙도서관 소장.
韓元震.《南塘集》. 한국문집총간 201. 민족문화추진회, 1998.
韓致奫.《海東繹史》. 국립중앙도서관 소장 필사본; 朝鮮光文會 간행 활자본; 朝鮮古書刊行會 간행 활자본; 영인본. 景仁文化社, 1974;《(국역)海東繹史》. 민족문화추진회, 1996-2004.
許筠.《惺所覆瓿稿》. 成均館大學校 東方文化硏究院, 1961;《許筠全集》. 성균관대학교 대동문화연구원, 1972;《惺所覆瓿稿》. 한국문집총간 74. 민족문화추진회, 1988;《국역 성소부부고》. 민족문화추진회, 1982-1989.
許穆.《記言》. 한국문집총간 98-99. 민족문화추진회, 1988;《국역 미수기언》. 민족문화추진회, 1989-1990.
許篈.《荷谷集》. 한국문집총간 58. 민족문화추진회, 1988
許篈.《海東野言》. 필사본. 고려대학교 도서관 소장.
許筬.《岳麓集》. 한국문집총간 57. 민족문화추진회 1990.
許蔿.《(국역) 왕산전서(旺山全書)》. 허방산선생기념사업회 역. 아세아문화사, 1985.
許傳.《性齋集》. 한국문집총간 323-324. 민족문화추진회, 2004.
許傳.《初學文》. 筆寫本. 1877. 국립중앙도서관 소장.
許佖.《煙客錄》. 국립중앙박물관 소장 필사본; 許佖.《허필 시전집》. 조남권·박동욱 역. 소명출판, 2011.
許薰.《舫山集》. 한국문집총간 327-328. 민족문화추진회, 2004.
惠藏.《兒庵遺集》. 新文館, 1920; 김두재 역.《아암유집》. 동국대학교 출판부, 2015.
洪可臣.《晩全集》. 한국문집총간 51. 민족문화추진회, 1988.
洪敬模.《冠巖全書》. 영인본. 서울대학교 규장각한국학연구원, 2010; 한국문집총간 속113-114. 한국고전번역원 2011.
洪貴達.《虛白亭集〉. 한국문집총간 14. 민족문화추진회, 1988.
洪吉周.《항해병함》. 박무영·이현우 외 역. 태학사, 2006.
洪吉周.《睡餘放筆》·《睡餘演筆》·《睡餘瀾筆》·《睡餘瀾筆續》. 국립중앙도서관 소장 등.《睡餘演筆》. 日本東京大學阿川文庫 소장; 정민·강민경 옮김.《19세기 조선 지식인의 생각창고—홍길주의 수여방필 4부작》. 돌베개, 2006.

洪吉周.《孰遂念》. 서울대학교 규장각 소장; 박무영 역.《누가 이 생각을 이루어주랴》. 태학사, 2021.
洪吉周.《峴首甲藁》·《縹礱乙幟》·《沆瀣丙函》. 연세대학교 도서관 소장; 박무영·이주해·김철범·이은영·이현우 역.《현수갑고》·《표롱을첨》·《항해병함》. 태학사, 2006.
洪大容.《湛軒書》. 한국문집총간 248. 민족문화추진회, 2000.
洪良浩.《耳溪集》. 한국문집총간 241-242. 민족문화추진회, 2000.
洪萬選.《山林經濟》. 한국근세사회경제사료총서, 아세아문화사, 1981.
洪錫謨.《陶厓集》. 필사본, 한국학중앙연구원 소장.
洪奭周.《淵泉集》. 한국문집총간 293-294. 민족문화추진회, 2002;《淵泉先生全集》. 旿晟社, 1984.
洪暹.《忍齋集》. 한국문집총간 32. 민족문화추진회, 1989.
洪世泰.《柳下集》. 한국문집총간 167. 민족문화추진회, 1996.
洪汝河.《木齋集》. 경북대학교출판부, 2018.
洪宇遠.《南坡集》. 한국문집총간 106. 민족문화추진회, 1988.
洪裕孫.《篠叢遺稿》. 한국문집총간 12. 민족문화추진회, 1988.
洪在錟.《栗亭集》. 김규선 역. 율정집간행위원회, 2004.
洪直弼.《梅山集》. 1-2. 한국문집총간 295-296. 민족문화추진회, 2002.
洪翰周.《癸亥日史》. 미국 버클리대학 동아시아도서관 아사미문고.
洪翰周.《智水拈筆》. 국립중앙도서관 소장; 아세아문화사 영인, 1984.
黃景源.《江漢集》. 한국문집총간 224-225. 민족문화추진회, 1999.
黃德吉.《下廬集》. 한국문집총간 260. 민족문화추진회, 2000.
黃緬.《晩悟集》. 2卷 1冊. 木板本. 京城: 鴻文園, 1937.
黃心顯 編.《烈成公年譜》. 木板本. 1896(建陽元年).
黃胤錫.《頤齋亂藁》. 한국학중앙연구원, 1994-2002(영인).
黃廷彧.《芝川集》. 한국문집총간 41. 민족문화추진회, 1988.
黃鍾林 언해.《영세보장(永世寶藏)》. 정양완 역. 태학사, 1998
黃皤老.《白下先生文集》. 黃蘭善 編. 木活字本. 1909(隆熙 3).
黃玹 等.《黃梅泉 및 關聯人士 文墨萃編》. 崔昇孝 編. 影印原文. 미래문화사, 1985;《국역 황매천 및 관련인사 문묵 발췌편》. 상·하. 미래문화사, 1985.
黃玹.《(역주)梅泉野錄》. 임형택 외 역. 문학과 지성사, 2005,
黃玹.《梅泉全集》. 전주대학교 호남학연구소 편. 한국인문과학원, 1984; 黃玹.《梅泉集》. 한국문집총간 348. 민족문화추진회, 2005; 임정기·박헌순·권경열·이기찬 역.《매천집》. 한국고전번역원, 2010.
黃㦿.《漫浪集》. 한국문집총간 103. 민족문화추진회, 1993.

3. 웹사이트

한국고전번역원 한국고전종합DB, http ://db.itkc.or.kr.

국사편찬위원회 한국사데이터베이스, http ://db.history.go.kr.

국립중앙도서관, https ://www.nl.go.kr.

국립문화재연구소 문화유산연구지식포털, http ://portal.nrich.go.kr.

한국학중앙연구원 한국역대인물종합정보시스템, http ://people.aks.ac.kr.

한국학중앙연구원 한국학자료센터, http ://www.kostma.net.

한국학중앙연구원 향토전자문화대전, http ://grandculture.net.

서울대학교 규장각한국학연구원, http ://kyujanggak.snu.ac.kr.

고려대학교 도서관, http ://library.korea.ac.kr.

고려대학교 민족문화연구원 해외한국학자료센터, https ://riks.korea.ac.kr/kostma.

한국국학진흥원 유교넷 Yugo Net, http ://www.ugyo.net.

청계천박물관, https ://museum.seoul.go.kr.

남명학연구원, http://www.nammyung.org.

공훈전자사료관, http ://e-gonghun.mpva.go.kr.

4. 논저

강대욱 편저.《기백열전》. 기전문화예술총서 14. 수원: 경기문화재단, 2003.

강동욱.《수우당守愚堂 최영경崔永慶》. 남명학교양총서 17. 경인문화사, 2010.

강명관. 〈백화자白華子 홍신유洪愼猷의 시에 대하여〉.《한국한문학연구》(한국한문학회) 13(1994).

______.《조선후기 여항문학 연구》. 창작과비평사, 1997.

______.《조선시대 문학 예술의 생성 공간》. 소명출판, 1999.

______.《조선 사람들, 혜원의 그림 밖으로 걸어나오다》. 푸른역사, 2001.

______.《조선의 뒷골목 풍경》. 푸른역사, 2003.

강민구.《실학파의 산문과 비평—서유구의 청년기 저작에 대한 비평의 실제》. 보고사, 2013.

강석중. 〈19세기 한국한시사의 구도—연천 홍석주의 교유시에 대하여〉.《한국한시연구》(한국한시학회) 19(2011).

강신항 외.《(이재난고로 보는) 조선 지식인의 생활사》. 한국학중앙연구원, 2007.

강성규. 〈괴애乖崖 김수온金守溫의 산문 연구〉. 박사학위논문, 고려대학교, 2014.

강전섭. 〈양곡洋谷 진복창陳復昌의 〈역대가歷代歌〉 모색〉. 《동방학지》(연세대학교 국학연구원) 62(1989).
강정화. 〈승산勝山마을 허씨가許氏家의 의장義莊과 그 활동〉. 《남명학연구》(경상대학교 경남문화연구원) 56(2017).
강혜규. 〈농재 홍백창의 동유시길 연구〉. 박사학위논문, 서울대학교, 2014.
경상대학교 남명학연구소, 최석기·김현진·구경아·강현진·강지옥·구진성 역주. 《19세기 경상우도 학자들》. 상·중·하. 보고사, 2014.
고려대학교박물관 학예부 편. 《사이불사死而不死 민영환》. 고려대학교 박물관, 2005.
고석규. 〈『기년아람』에 나타난 이만운의 역사인식〉. 《한국문화》(서울대학교 한국문화연구소) 8(1987).
고성훈. 〈정조조 홍복영 옥사와 산인 세력〉. 《동국사학》 26(1992).
고연희. 〈17C말 18C초 백악사단白岳詞壇의 명청문학 수용양상〉. 《동방학》(한서대부설 동양고전연구소) 1(1996.1).
고영진. 《호남사림의 학맥과 사상》. 혜안, 2007.
공근식. 〈호주湖洲 채유후蔡裕後 한시漢詩 역주〉. 박사학위논문, 고려대학교, 2014.
구본현. 〈대산大山 오창열吳昌烈의 시론과 시세계〉. 《국문학연구》(서울대학교 국문학회) 9(2003).
구진성. 〈일암 신몽삼의 생애와 학문 성향〉. 《연민학지》(연민학회) 30(2018).
국가보훈처. 《대한민국독립유공인물록》. 1997.
권동순. 〈함월해원涵月海源의 사상과 이종선二種禪에 대한 고구考究〉. 《선학禪學》(한국선학회) 26(2010).
권순회. 〈전가시조의 미적 특질과 사적 전개 양상〉. 박사학위논문, 고려대학교, 2000.
권영철. 《병와이형상연구瓶窩李衡祥硏究》. 한국연구원, 1978.
권오영. 〈이남규李南珪(1855-1907)의 학맥과 유학사상〉. 《조선시대사학보》(조선시대사학회) 44(2008).
______. 〈18세기 낙론의 학풍과 사상의 계승양상〉. 《진단학보》(진단학회) 108(2009).
권진옥. 〈운양雲養 김윤식金允植의 기문記文 연구〉. 《한국인물사연구》(한국인물사연구회) 24(2015).
______. 〈한국 한문학 속 명자설名字說 연구—문학성 연구를 위한 시론〉. 《동양고전연구》(동양고전학회) 75(2019).
권혁수. 〈양절체제兩截體制와 19세기 말 조선왕조의 대중국외고—초대 천진주차독리통상사무天津駐箚督理通商事務 남정철南廷哲의 활동을 중심으로〉. 《한국민족운동사연구》 51(2007).
권현주. 〈척암瘠菴 이기경李基慶의 가사 연구〉. 《어문학》(한국어문학회) 137(2017).

권호선. 〈함허당涵虛堂 시문학의 연구〉. 석사학위논문, 고려대학교, 1998.
김건곤·이종문·안장리·여운필·이진오. 《고려시대의 문인과 승려》. 파미르, 2007.
김경숙. 《조선 후기 서얼문학 연구》. 소명출판, 2005.
김광남. 《사촌마을 6백년》. 송광사, 2011.
김광순. 〈백호 임제의 생애와 문학세계〉. 《어문논총》(한국문학언어학회) 39(2003).
김남기. 〈삼연 김창흡의 시문학 연구〉. 박사학위논문, 서울대학교, 2001.
김대중. 《풍석 서유구 산문 연구》. 돌베개, 2018.
김도훈. 〈신만申曼의 생애와 『주촌신방舟村新方』에 관한 연구〉. 《의사학醫史學》(대한의사학회大韓醫史學會) 16-2(통권 31)(2007).
김동건. 〈이기지의 〈일암연기〉 연구〉. 석사학위논문, 한국학중앙연구원 한국학대학원, 2007.
______. 〈조선 후기 회인시懷人詩의 인물형상화 방식—김석준金奭準의 회인시를 중심으로〉. 《정신문화연구》(한국학중앙연구원) 36-1(2013).
김동준. 〈석루石樓 이경전李慶全의 삶과 시〉. 《한국한시작가연구》(한국한시학회) 8(2003).
______. 〈18세기 소론계 학통의 다각적 조명—소론계 학자들의 자국어문 연구활동과 양상〉. 《민족문학사연구》(민족문학사학회) 35(2007).
김묘정. 〈만주晩洲 정창주鄭昌胄의 시세계 연구〉. 《한국문학연구》(동국대학교 한국문학연구소) 59(2019).
______. 〈사천沙川 심제沈儕의 시세계 연구〉. 《한국고전연구》(한국고전연구학회) 36(2018).
김문경. 〈일본 교토京都대학 가와이河合문고 소장 『유고遺稿』 저자에 대하여〉. 《대동문화연구》(성균관대학교 대동문화연구원) 104(2018).
김병건. 〈무명자無名子 윤기尹愭의 사상과 문학〉. 박사학위논문, 성균관대학교, 2003.
김보경. 〈우암寓菴 홍언충洪彦忠의 시에 나타난 거제도巨濟島의 표상과 유배체험의 형상화 양상〉. 《한국고전연구》(한국고전연구학회) 26(2012).
김보성. 〈최영년崔永年의 『시가총화詩家叢話』를 중심으로 살펴본 19세기 말-20세기 초 문인들〉. 《대동한문학》(대동한문학회) 61(2019).
김봉남. 〈다산과 천주교 관련 인물들과의 관계 고찰〉. 《대동한문학》(대동한문학회) 41(2014).
김분청. 〈이직李稷의 불교 인식과 그 시적 형상화—『형재시집亨齋詩集』을 중심으로〉. 《동방학》(한서대학교 동양고전연구소) 34(2016).
김상일. 〈청매靑梅 인오선사印悟禪師의 생애와 임진왜란 관련 시에 대하여〉. 《불교학보》(동국대학교 불교문화연구원) 62(2012).
김성문. 〈죽림칠현과 죽림고회의 시대적 배경과 문학작품 비교 고찰—완적과 혜강, 이인로와 임춘을 중심으로〉. 《동아시아고대학》(동아시아고대학회) 56(2019).

김성배.《유교적 사유와 근대 국제정치의 상상력—구한말 김윤식의 유교적 근대 수용》. 창비, 2009.
김성우.〈감호鑑湖 여대로呂大老와 성산 여씨 기동파耆洞派의 종족 활동〉.《지방사와 지방문화》(역사문화학회) 21-1(2018).
김소영.〈매천 황현의 산문에 관한 연구〉. 박사학위논문, 성균관대학교, 2007.
김수진.〈심낙수 연구의 실증적 기초—연보와 편년〉.《규장각》(서울대학교 한국학연구소규장각) 50(2017.1).
김승룡.〈관포灌圃 어득강魚得江 시세계의 한 국면—자아와 공간을 중심으로〉.《한국고전연구》(한국고전연구학회) 25(2012).
김시황.〈천사 김종덕 선생의 생애와 교육〉.《동방한문학》(동방한문학회) 23(2002).
김여주.〈영수각令壽閤 서씨론徐氏論〉. 정양완 외.《조선후기한시작가론》. 이회문화사, 1998.
김영숙.〈두와蠹窩 최흥벽崔興璧의 생애와 문학〉.《한국학논집》(계명대학교 한국학연구소) 권39(2009).
김영죽.〈19세기 검서관 대산對山 강진姜溍의 시자료에 관하여—자료검토와 교유관계를 중심으로〉.《한국한문학연구》(한국한문학회) 52(2013).
김영진.〈배와 김상숙의 생애와 교유, 저작〉.《문헌과 해석》(문헌과해석사) 31(2005).
______.〈일본 천리대학 천리도서관 소장 윤암집綸菴集〉.《고전과 해석》(고전한문학연구학회) 3(2007).
______.〈유산酉山 정학연丁學淵의 생애와 저작에 대한 일고〉.《다산학》(다산학술재단) 12(2008).
______.〈사대부 문인화가 김기서金箕書의『화초만고和樵謾稿』〉.《고전과 해석》(고전한문학연구학회) 8(2010).
______.〈유산酉山 정학연丁學淵 시집 이본고異本攷〉.《한문교육연구》(한국한문교육학회) 46(2016).
김옥희.《광암 이벽의 서학사상》. 가톨릭출판사, 1979.
김용관.《서울, 한양의 기억을 걷다》. 인물과사상사, 2012.6.
김용직.〈지수정가止水亭歌의 작가와 작품〉.《한국문학의 흐름》. 문장사, 1980.
김용태.《19세기 조선 한시사의 탐색—옥수 조면호의 시 세계》. 돌베개, 2008.
김우정.〈심익운의『설문說文』과 산문세계〉.《한문교육연구》(한국한문교육학회) 35(2010).
김윤조.〈연암의 이몽직애사李夢直哀辭에 대하여〉.《한문교육연구》(한문교육연구회) 4(1990).
______.〈강산薑山 이서구李書九의 생애와 문학〉. 박사학위논문, 성균관대학교, 1991.
김은정.〈수북水北 김광현金光炫의 생애와 한시 연구〉.《한국한시연구》(한국한시학회)

25(2017).
김재한.〈백련 지운영의 회화세계 연구〉.《한국근대미술사학》(한국근현대미술사학회) 21(2010).
김종서.〈기봉 백광홍과 호남시단〉.《한국학논집》(한양대학교 한국학연구소) 38(2004).
김종하.〈삼명三溟 강준흠姜浚欽 〈해동악부海東樂府〉 연구〉.《한국한문학연구》(한국한문학회) 78(2020.6).
김주석.〈이정보李鼎輔 시조時調의 풍류지리風流地理〉.《시조학논총》(시조학회) 44(2016.1),
김주용.〈우정偶丁 임규林圭의 생애와 민족운동〉.《한국근현대사연구》(한국근현대사학회) 92(2020).
김준원.〈담정총서藫庭叢書 연구〉. 박사학위논문, 성균관대학교, 1994.
김진우.《한국인의 역사》. 춘추필법, 2009.
김찬흡.《제주항일인사실기》. 북제주문화원, 2005
김창호.〈조선중기 서인계 시인의 시세계 연구—임전·권필·이안눌을 중심으로〉. 박사학위논문, 고려대학교, 2004.
김철범.〈지산 심익운의 삶과 문학〉.《한국의 경학과 한문학》. 태학사, 1996.
______.《한문산문 글쓰기론의 논리와 전개》. 보고사, 2012.
김학수.《끝내 세상에 고개를 숙이지 않는다—17세기 명가의 내력과 가풍》. 삼우반, 2005.
김학수·한도현·박성호·노인환·정순우·안승준·전성호·김영나·문숙자·주영하·김소희·최진덕.《후조당 종가의 가문 세우기》. 고전탐독 11, 예안 광산김씨. 한국학중앙연구원출판부, 2019.
김호.《조선과학인물열전》. 휴머니스트, 2003.
김홍매.〈역관 최성학崔性學의 생애와 문학세계〉.《대동한문학》(대동한문학회) 50(2017).
김화진.《오백년기담일화》. 동국문화사, 1959.
나민정.〈괴애 김수온의 문학의식과 시세계〉. 석사학위논문, 성신여자대학교, 2004.
남은경.〈동명 정두경 문학의 연구〉. 박사학위논문, 이화여자대학교, 1998.
남현희.《일득록》. 문자향,
노관범.《고전통변古典通變》. 김영사, 2014.
노대환.〈오주 이규경(1788-1860)의 학문과 지성사적 위치〉.《진단학보》(진단학회) 121(2014).
노요한.〈심광세沈光世 해동악부의 사료출처와 형식에 대한 연구〉. 석사학위논문, 고려대학교, 2014.
독립운동사편찬위원회.《독립운동사》. 2. 독립유공자사업기금운용위원회, 1971.
민영규.〈일연과 진존숙〉.《학림》. 연세대학교 사학연구회, 1983.
______.《강화학 최후의 광경》. 우반, 1994.

박경현.〈심익운의 시문학 연구〉. 석사학위논문, 이화여자대학교, 2012.
박관규.〈우암 송시열의 비지문碑誌文 연구〉. 박사학위논문, 고려대학교, 2011.
박광용.《영조와 정조의 나라》. 푸른역사, 1998.
박난아.〈약천 남구만의 삶과 문집 검토〉. 윤재환 외 7인.《약천 남구만 문학세계에 대한 접근의 일단》. 학자원, 2019.
박동욱.〈산운山雲 이양연李亮淵의 시세계 연구〉. 석사학위논문, 한양대학교, 2000.
______.〈심익운의 『백일년집百一年集』 연구〉.《어문연구》(한국어문교육연구회) 163(2014).
______.〈『벽로집』 해제〉.《국역 벽로집》. 세종대왕기념사업회, 2018(한국고전번역원 DB 제공).
______.《기이한 나의 집—이용휴 평전》. 글항아리, 2021.
박상현.〈조선 후기 '예언가 남사고'의 탄생과 그에 대한 인식의 변화〉.《지방사와 지방문화》(역사문화학회) 20-2(2017).
박성순.〈병인양요 시기 이항로李恒老의 천거를 둘러싼 정국의 동향〉.《사총》(고려대학교 역사연구소) 72(2011).
박세욱.〈영파연기陽坡年記 해제〉. 고려대학교 민족문화연구원 해외한국학자료센터 제공.
박수지·김한배·이승희.〈조선시대 서울 경관명소 분포와 인식의 비교연구—팔경시, 진경산수화, 풍속지를 중심으로〉.《국토연구》(국토연구원) 82(2014.9).
박수희,〈조선후기 개성김씨 화원 연구〉.《미술사학연구》(한국미술사학회) 256(2007).
박영길.《조선의 왕실과 외척》. 김영사, 2003.04.
박영미.〈최영년 문학론 고찰—친일 문학론을 중심으로〉.《한문학논집》(근역한문학회) 22(2004).
박영민.〈빙허각 이씨의 고증학적 태도와 유서〉.《한국고전여성문학연구》(한국고전여성문학회) 36(2018).
박용만.〈조선왕실 비지의 변화와 비지문 찬술〉. 한국학중앙연구원 장서각 편.《조선 왕실의 비석과 지석 탑본》. 한국학중앙연구원 출판부, 2019.
박인순.《영의정 박승종의 정치·행정적 행적》. 제주: 한국복지행정연구소, 2005.
박종훈.〈19세기 조선 중인들의 국내외적 활동 양상—소당小棠 김석준金奭準의 회인시懷人詩를 중심으로〉.《동방학》(한서대학교 동양고전연구소) 25(2012).
______.〈조선 후기 연작聯作 회인시懷人詩의 사적 흐름과 제 양상〉.《온지논총》(온지학회) 58(2019).
박철상.《정조의 비밀 어찰, 정조가 그의 시대를 말하다》. 푸른역사, 2011.
______.〈『성재집省齋集』의 출현과 고시언高時彦의 생애〉.《한문학보》(우리한문학회) 42(2020).
박희수.〈동계 조귀명 유기遊記 연구〉. 석사학위논문, 서울대학교, 2015.

배상현. 〈운곡 송한필의 사상과 시문학고〉.《한국사상과 문화》(한국사상문화학회) 1(1998).
배우성. 〈종로 시전 뒷길의 능성구씨들〉.《서울학연구》(서울시립대학교 서울학연구소) 67(2017).
배재홍. 〈조선후기의 서얼 허통과 신분지위의 변동〉. 박사학위논문, 경북대학교, 1994.
배혜숙. 〈정조연간 홍복영洪福榮 옥사 연구〉.《역사와 실학》(역사실학회) 5·6(1995).
백남신.《서울대관》. 정치신문사, 1955.9.
백도근.《경기도 기호학파 문중의 인물과 사상》. 경기문화재단, 2018
백상태.《장만張晩 평전—문무겸전의 전략가》. 주류성, 2018.
백승호. 〈정조시대 정치적 글쓰기 연구—김종수와 채제공을 중심으로〉. 박사학위논문, 서울대학교, 2013.
______.《정조의 신하들》. 한국학중앙연구원출판부, 2016.
______. 〈번암 채제공과 명덕동明德洞〉.《한문고전연구》(한국한문고전학회) 42(2021).
백옥경. 〈개항기 역관 김경수金景遂의 대외인식—『공보초략公報抄略』을 중심으로〉.《한국사상사학》(한국사상사학회) 41(2012).
백진우. 〈노초 이송李淞의 『노초집老樵集』과 〈담헌홍덕보묘표湛軒洪德保墓表〉〉.《고전과 해석》(고전문학한문학연구학회) 19(2015).
샤를르 달레.《한국천주교회사》. 안응렬·최석우 역주. 분도출판사, 1979-80.
서울 YMCA 월남시민문화연구소·한산이씨 진사공 종중.《월남月南 이상재의 사상과 활동 연구》. 서울 YMCA 월남시민문화연구소·한산이씨 진사공 종중, 2006.
서한석. 〈김석준金奭準과 효리재일집孝里齋逸集에 대하여〉.《한문학보》(우리한문학회) 21(2009).
석진주. 〈이복휴 한시 연구〉. 박사학위논문, 고려대학교, 2015.
성범중. 〈19세기 전반기 위항시사활동과 위항문학의 한 특징—『치재집약초癡齋集約抄』를 중심으로〉.《울산어문논집》(울산대 국문과) 4집(1988.2).
______.《척약재 김구용의 문학세계》. 울산대학교 출판부, 1997.
성범중·박경신.《한수韓脩와 그의 한시》. 국학자료원, 2004.
성호경.《한국시가의 유형과 양식 연구》. 영남대학교 출판부, 1995.
손유경. 〈기재 신광한의 문학의식 연구—관인문학적 성격을 중심으로〉. 박사학위논문, 성신여자대학교, 2013.
송재소. 〈실학파의 시와 여항인의 시〉.《한국문학연구입문》. 지식산업사, 1982.
송준호.《유득공의 시문학 연구》. 태학사, 1985.
송혁기.《나만이 알아주는 나—조귀명 평전》. 글항아리, 2021.
송호빈. 〈김병선金秉善 편『화동창수록華東唱酬集』 연구〉. 박사학위논문, 고려대학교, 2017.
신두환. 〈약봉藥峯 김극일金克一의 『임하이십육영臨河二十六詠』 연구〉.《한국한문학연구》

(한국한문학회) 54(2014.6).
신두환.《한국 한시 미학비평 강의—허균의 성수시화惺叟詩話》. 보고사, 2015.
신범식.《백곡 김득신의 문학론과 문학세계》. 박문사, 2010.
신병주.〈19세기 중엽 이규경의 학풍과 사상〉.《한국학보》(일지사) 20-2(1994).
______.《정인홍 평전》. 경인문화사, 2003.
신승훈.〈심재深齋 조긍섭曺兢燮의 학문방향과 경학에 관한 일고〉.《영남학》(경북대학교 영남문화연구원) 11(2007).
신용호·강헌규.《선현들의 자字와 호號》. 전통문화연구회, 1998.
신창현.《내가 모신 해공 신익희 선생》. 인물연구소, 1992.
신향림.〈시조를 통해 본 양명학의 전래와 확산〉.《고전문학연구》(한국고전문학회) 12(2007).
______.《조선 주자학 양명학을 만나다—소재穌齋 노수신盧守愼의 사상과 문학》. 심산, 2015.
심경호.《강화학파의 문학과 사상 3—원교의 학술사상, 신재 이영익》. 한국정신문화연구원. 1995.
______.《다산茶山과 춘천春川》. 강원대학교 출판부. 1996.
______.《한국한시의 이해》. 태학사, 2000.
______.《국문학연구와 문헌학》. 태학사, 2002.
______.《김시습 평전》. 돌베개, 2003.
______.《간찰, 선비의 마음을 읽다》. 한얼미디어, 2006.5.
______.《내면기행—선인들, 스스로 묘비명을 쓰다》. 이가서, 2009;《내면기행—옛사람이 스스로 쓴 58편의 묘비명 읽기》. 개정증보판. 민음사, 2018.
______.〈사주당 이씨의 삶과 학문〉.《한국고전여성문학연구》(한국고전여성문학회) 18(2009).
______.《나는 어떤 사람인가—선인들의 자서전》. 이가서, 2010.
______.《국왕의 선물》. 1-2. 책문. 2012.
______.〈유희의 문학과 학문에 드러난 '구시구진求是求眞' 경향〉.《진단학보》(진단학회) 118(2013).
______.《한국한문기초학사》. 1-3. 증보판. 태학사, 2013.
______.《한문산문미학》. 개정증보판. 고려대학교 출판문화원, 2013.
______.《안평—몽유도원도와 영혼의 빛》. 알마, 2018.
______.〈이름과 호의 한자문화〉.《어문연구》(한국어문교육연구회) 46(2018).
______.〈매천과 강화학파의 교유〉.《애산학보》(애산학회) 46(2019).
______.《옛 그림과 시문》. 세창출판사, 2020.

심경호.《한국의 석비문과 비지문》. 일조각, 2021.
심규식.〈청송심씨 고문헌을 통해 본 저촌樗村 심육沈錥의 생애와 학문〉. 석사학위논문, 고려대학교, 2018.
심규영.〈조선 전기 서적 간행 현황과 서발문의 문체적 특징〉. 석사학위논문, 서강대학교, 2020.
심의식.〈심익운沈翼雲 시의 구현양상 분석〉.《한문고전연구》(한국한문고전학회) 23(2011).
안대회 편역.《나를 돌려다오—이용휴, 이가환 산문선》. 태학사, 2003.
안대회.〈백탑시파의 연구—이덕무·유득공·박제가를 중심으로〉. 석사학위논문, 연세대학교, 1987.
______.〈서얼시인의 계보와 시의 사적 전개—18세기 참신한 시풍의 형성과 서얼 시인〉.《문학과 사회집단》. 한국고전문학회편. 집문당, 1995,10.
______.《고전산문산책—조선의 문장을 만나다》. 휴머니스트, 2008.
______.〈정조 어휘御諱의 개정—'이산'과 '이성'—『규장전운』의 편찬과 관련하여〉.《한국문화》(서울대학교 한국문화연구소) 52(2010).
______.《조선을 사로 잡은 꾼들—시대를 위로한 길거리 고수들》. 한겨레출판, 2010.
______.《벽광나치오—한가지 일에 미쳐 최고가 된 사람들》. 휴머니스트, 2011.
안대회·박진욱·김세호.〈18세기 한강의 누정 조사 연구—엄경수嚴慶遂의 「연강정사기沿江亭榭記」를 중심으로〉.《한국전통조경학회지》(한국전통조경학회) 35-3(2017).
안세현.《누정기를 통해 본 한국한문산문사》. 고려대학교 민족문화연구원, 2015.
어강석.〈목은이색문학연구〉. 박사학위논문, 한국학중앙연구원 한국학대학원, 2004.
엄태웅.《방각본 영웅소설의 지역적 특성과 이념적 지향》. 고려대학교 민족문화연구원, 2016.
연세대학교 송와이희연구단.《송와 이희의 생애와 사상》. 해안, 2015.
오상욱.〈관북유학자 당주鏛洲 박종朴琮의 생애와 도학연원 고찰—《당주집鏛洲集》을 중심으로〉.《우리어문연구》(부산대학교 우리어문학회) 54(2016).
오세현.〈서울의 동쪽과 연안이씨—남용익의 『이씨연주집李氏聯珠集』〉.《서울학연구》(서울시립대학교 서울학연구소) 61(2015).
오수경.〈서상수徐常修의 문학예술성향과 서화고동론〉.《한문학연구》(계명한문학회) 제12집(1997.12).
______.《연암 그룹 연구》. 수정증보판. 월인, 2013.
오영섭.《한말순국·의열투쟁》. 한국독립운동사편찬위원회·한국독립운동사연구소, 2009.
오용원.〈《감계록監戒錄》을 통해본 19세기 전반 함창 재지사족의 생활양식〉.《영남학》(경북대학교 영남문화연구원) 18(2010.12).
오제봉.〈추사선생아호집秋史先生雅號集을 내면서〉.《갈숲》(갈숲동인회) 27(1989).

오주석.《단원 김홍도》. 솔, 2006.
오희복 역.《임진년 난리를 당하매(임진왜란에 조국을 지킨 아홉 의병장 작품집)》. 겨레고전문학선집 9. 보리, 2005.
유기상.《조선후기 실학자의 풍수사상—이재 황윤석, 존재 위백규, 여암 신경준의 풍수사상 연구》. 경인문화사, 2017.
유영혜. 〈신좌모申佐模의 '방관서악부체倣關西樂府體 기안사한유하寄按使韓柳下' 연구〉.《동방한문학》(동방한문학회) 64(2015).
유이경. 〈목은 이색의 명자설名字說에 나타난 사상〉.《연구논총》(이화여자대학교 대학원) 33(1997).
유정. 〈조선 역관 6인의 시선집 해객시초海客詩鈔에 대한 고찰—3종 필사본을 중심으로〉.《한문학보》(우리한문학회) 28(2013).
윤동원 편.《고서해제》. 1. 안동대학교도서관, 2000.
윤병용. 〈농재 장신강의 가사 문학 연구〉. 석사학위논문, 서울대학교, 2015.
윤병태.《조선후기의 활자와 책》. 범우사, 1992.
윤재민.《조선후기 중인층 한문학의 연구》. 고려대학교 민족문화연구소, 1999.
윤재환.《조선후기 근기 남인 시맥의 형성과 전개》. 문예원, 2012,
윤재환 외.《약천 남구만 문학세계에 대한 접근의 일단》. 학자원, 2019.
윤재환 외.《명곡 최석정 문학세계에 대한 접근의 일단》. 한국고전문학텍스트연구소 기획연구총서2. 학자원, 2020.
윤지아. 〈조선후기 경교京郊 지역 가사에 나타난 '강호江湖' 형상의 예술사적 의미—홍계영의 「희설喜雪」과 남도진의 「낙은별곡樂隱別曲」을 중심으로〉.《한국시가연구》(한국시가학회) 47(2019).
윤진영. 〈이유간李惟侃의 「연지회시종사실蓮池會始終事實」과 남지기로회도南池耆老會圖의 전승내력〉.《장서각》(한국학중앙연구원) 8(2002).
은필관. 〈두곡 고응척 시문학의 배경과 시세계〉. 석사학위논문, 고려대대학원 국어교육과, 2012.
이강옥.《한국 야담의 서사세계》. 돌베개, 2018.
이경순. 〈홍낙순 문학 연구〉. 석사학위논문, 계명대학교, 2004.
이관성. 〈도애 홍석모의 한시 연구〉. 석사학위논문, 고려대학교, 2003.
이구의.《안동 간재 변중일 종가—충효 속에 핀 꽃》. 경북의 종가문화 60. 경북대학교 영남문화연구원, 경북대학교출판부, 2020.03.
이국진. 〈이학규 한시의 표현기법과 미적 특질 연구〉. 박사학위논문, 고려대학교, 2011.
______. 〈설초雪蕉 최승태崔承太의 공주체류기 한시 고찰〉.《한문고전연구》(한국한문고전학회) 39(2019).

이규태 편.《조선견문》. 조선일보사, 1976.
이근호. 〈담와 홍계희의 사회경제 정책 구상—양역변통론을 중심으로〉.《한국실학연구》(한국실학학회) 27(2014).
이근호. 〈조선 후기 인천 지역 학인의 분포와 성향〉.《인천학 연구》(인천대학교 인천학연구원) 8(2008).
이근호·조준호·이계형. 〈경기북부지역의 집성촌의 분포와 입지조건〉.《북악사론》(북악사학회) 8(2001).
이기현. 〈조희룡 소품문 연구—척독소품尺牘小品과 제화소품題畵小品을 중심으로〉. 석사학위논문, 고려대학교, 2006.
이남면. 〈정두경 한시 연구〉. 박사학위논문, 고려대학교, 2012.
이남종. 〈취암醉菴 이흡李治(1549-1608) 시 소고〉.《규장각》(서울대학교 규장각한국학연구원) 30(2007.6).
이명희. 〈『이씨연방집李氏聯珠集』 연구〉.《어문연구》(어문연구학회) 86(2015).
이문종. 〈예산禮山 고덕古德의 여우이씨 일문과 실학의 지역화〉.《문화역사지리》(한국문화역사지리학회) 16-2(2004).
이민홍 편역.《시법—한 글자에 담긴 인물 평》. 문자향, 2005.
이병근.《한국어 사전의 역사와 방향》. 태학사, 2000.
이병휴.《조선전기 기호사림파 연구》. 일조각, 1984.
이복규.《한국인의 이름 이야기》. 학고방, 2012.
이상필.《남명학파의 형성과 전개》. 와우출판사, 2005.
이선옥. 〈붓 끝에 쏟아낸 울분—여항문인화가 조희룡의 삶과 예술〉.《한국인물사연구》(한국인물사연구회) 19(2013).
이성무 외.《아계 이산해의 학문과 사상》. 지식산업사, 2010.
이성민. 〈분서汾西 박미朴瀰 문학 연구〉. 박사학위논문, 성균관대학교, 2008.
이성호. 〈남기제의 『아아록我我錄』과 조선시대 정치사 인식〉.《한국사상과 문화》(한국사상문화연구원) 77(2015).
이숙희. 〈조선후기 중인의 차시 연구—「이조후기 여항문학총서」의 시문집 중심으로〉. 박사학위논문, 계명대학교, 2020.
이승준. 〈이숙량李叔樑의 영모당永慕堂 경영과 〈분천강호가汾川講好歌〉의 주제의식〉.《한국시가문화연구》(한국시가문화학회) 45(2020.2).
이시활.《의성 자암 이민환 종가》. 경북의 종가문화 26. 예문서원, 2013.
이영춘.《강정일당—한 조선 여성 지식인의 삶과 학문》. 가람기획, 2002.
이옥규.《종묘배향공신록—94위의 참삶과 그 얼》. 계명사, 2001.
이우성·임형택 역편.《이조한문단편집》. 상·중·하. 일조각, 1973-1978.

이은식.《(지명이 품은) 한국사. 네 번째 이야기—서울·경기도 편》. 타오름, 2011.
이은영.〈축사祝辭와 자설字說을 통해 본 관례冠禮—17세기 양상을 중심으로〉.《정신문화연구》(한국학중앙연구원) 29(2006).
이은영.〈치재恥齋 이범세李範世의 생애와 교유〉.《국제언어문학》(국제어문학회) 36(2017).
이재곤.《서울의 전래 동명—우리 동네 유래와 연혁》. 백산출판사, 1994.
이재연구소, 정구복·윤사순·황의동·조영성·하태규·배우성·장혜원·임미선·백원철.《이재頤齋 황윤석黃胤錫의 학문과 사상》. 경인문화사, 2009.
이종묵 외.《관암 홍경모와 19세기 학술사》. 경인문화사, 2011.7.
이종묵.〈정극순의『뇌연유고淵雷遺稿』〉.《문헌과해석》(문헌과해석사) 36(2006).
______.〈정동유와 그 일문의 저술〉.《진단학보》(진단학회) 110(2010).
______.《글로 세상을 호령하다》. 김영사, 2010.
______.《조선의 문화공간—조선시대 문인의 땅과 삶에 대한 문화사》. 1-4. 휴머니스트, 2006.
이종찬.〈체소재體素齋 이춘영李春英의 문학적 위상〉.《한국문학연구》(동국대학교 한국문학연구소) 54(2017).
이종찬.〈함허涵虛의 문학세계〉.《한국불가시문학사론韓國佛家詩文學史論》. 불광출판사, 1993.
이종필.〈김자점金自點 담론의 추이와 소설적 악인 형상화의 정치적 역학〉.《고소설연구》(한국고소설학회) 35(2013).
이종호.〈조선중기 안동처사의 전형과 현재적 의미〉.《안동한문학논집》(안동한문학회) 6(1997).
이종호.《조선의 문인이 걸어온 길》. 한길사, 2004.
______.《안동선비는 어떻게 살았을까—선비의 실존과 이상》. 신원, 2004.
이진철.〈『의종손익醫宗損益』을 통해 살펴본 황도연의 의학사상 연구〉. 박사학위논문, 경희대학교 기초한의과학과, 2017.
이창경.〈조선조 예술인의 자字·호號 그 오류와 혼용〉.《[ARKO]문화예술》(한국문화예술위원회), 1985년 9월.
이태진.《조선후기 탕평정치의 재조명》. 태학사, 2011; 박형익.《한국 자전의 역사》. 역락, 2012.
이태호.〈최근 발굴된 영조시절의 문신 구택규具宅奎 초상화 두 점—문인화가 윤위가 그린 흉상과 화원 장경주가 그린 반신상〉.《인문과학연구논총》(명지대학교 인문과학연구소) 36(2015.1).
______.《조선 후기 회화의 사실정신》 학고재, 1996.
이택동.〈회당晦堂 장석영론張錫英론〉.《한국고전연구》(한국고전연구학회) 19(2009).

이택동.〈대계大溪 이승희李承熙론〉.《시학과 언어학》(시학과언어학회) 22(2012).
이해준 편저.《초려 이유태의 향약과 정훈庭訓》. 신서원, 1998.
이헌구.《조선인물호보》. 문화서적, 1924.
이현일.〈몽관夢觀 이정주李廷柱 시 연구〉.《한국한시연구》(한국한시학회) 21(2013).
______.〈능양菱洋 박종선朴宗善의 초기 시 연구—『우환유학고耦寰幼學稿』와 『준칙고准勅藁』를 중심으로〉.《대동문화연구》(성균관대학교 대동문화연구원) 99(2017).
______.〈새자료 배와坯窩 『중언重言』에 대하여〉.《문헌과 해석》(문헌과해석사) 31집(2005).
이화진.〈윤광심의 병세집 연구〉. 석사학위논문, 영남대학교, 2012.
이희목.《이건창 문학연구》. 성균관대학교 대동문화연구원, 2005.
______.〈대눌大訥 노상익盧相益의 망명생활과 유민시遺民詩〉.《한문학보》(우리한문학회) 19(2008).
______.〈대눌 노상익의 재경시기在京時期 한시 연구〉.《한문학보》(우리한문학회) 41(2019).
임명걸.〈『북학의北學議』와 『설수외사雪岫外史』의 비교 연구〉.《대동문화연구》(성균관대학교 대동문화연구원) 109(2019).
임미정.〈송곡 이서우의 시문학 연구〉. 연세대학교 국어국문학과 석사학위논문, 2007.
임영길.〈옥호玉壺 이조원李肇源의 『연계풍연燕薊風煙』과 한중 문인 교유〉.《한문학논집》(근역한문학회) 54(2019).
임준철.《조선중기 한시 의상意象 연구—조선중기 한시 이미지 연구》. 일지사, 2010.
임준철.《나의 장례식—자만시自挽詩, 나의 죽음 소유하기》. 고려대학교출판문화원, 2019.
임형택.《한국 문학사의 논리와 체계》. 창작과비평사, 2002.
______.〈수당修堂 이남규李南珪의 사상과 문학〉.《민족문화》(한국고전번역원) 51(2018).
______.〈파산급문제현집해제坡山及門諸賢集解題〉.《파산급문제현집》. 아세아문화사, 1982.
______.《이조시대 서사시》. 상·하. 창작과 비평사, 1996;《이조시대 서사시》. 개정판. 창작과 비평사, 2013.
______.《한문서사의 영토》. 태학사, 2014.
임혜련.〈명종 전반기 재이론災異論과 수렴청정垂簾聽政 인식〉.《한국사상과 문화》(한국사상문화학회) 53(2010).
______.〈조선 중기 심수경沈守慶의 관료 활동과 명가〉.《한국인물사연구》(한국인물사연구회) 21(2014).
장동익.〈1596년(선조 29) 통신부사 박홍장朴弘長의 생애와 그의 『동사록東槎錄』〉.《퇴계학과 유교문화》(경북대학교 퇴계연구소) 31(2002).
장유승.《쓰레기 고서들의 반란》. 글항아리, 2013.
______.〈1791년 내포內浦—박종악과 천주교 박해〉.《교회사연구》(한국교회사연구소) 44(2014).

장효현.《서유영 문학의 연구》. 아세아문화사, 1988.
______.《심능숙 문학의 연구》. 고려대학교 민족문화연구원, 2017.
전염순. 〈미산眉山 마성린馬聖麟 〈평생우락총록平生憂樂總錄〉 연구〉.《Journal of korean Culture》29(한국어문학국제학술포럼)(2015).
정경주.《성종조 신진사류의 문학세계》. 법인문화사, 1993.
정두호. 〈미산 한장석의 고문론 연구〉. 석사학위논문, 고려대학교, 2006.
정두희. 〈조선 세조-성종조의 공신연구〉.《진단학보》(진단학회) 51(1981).
______.《조선초기 지배세력 연구》. 일조각, 1983.
정만조. 〈조선중후기 경기북부지역의 사족변천과 집성촌의 발달〉.《북악사론》(북악사학회) 8(2001).
정만조·이근수·정옥자·이성규.《음애 이자와 기묘사림》. 지식산업사, 2004.
정민. 〈18, 19세기 문인지식인층의 원예 취미〉.《한국한문학연구》(한국한문학회) 제35집(2005).
______.《삶을 바꾼 만남—스승 정약용과 제자 황상》. 문학동네, 2011.
정성희. 〈영남유림의 서양 정치제도 연구와 대응—이인재李寅梓(1870-1929)와 조긍섭曺兢燮(1873-1933)을 중심으로〉.《철학사상문화》(동국대학교 동서사상연구소) 29(2019.1).
정양완. 〈유희의 학문과 생애〉.《10월의 문화인물》(국립국어연구원), 2000.
______.《강화학파의 문학과 사상 5—특히 경재耕齋 이건승李建昇의 『해경당수초海耕堂收艸』를 중심으로》. 월인, 2012.
정옥자. 〈시사詩社를 통해서 본 조선말기 중인층〉.《한우근박사정년기념사학논총》. 지식산업사, 1981.
정옥자.《조선후기문학사상사》. 서울대학교출판부, 1990.
정용건. 〈중종대 관료 문인의 학적 지향과 문학의식〉. 박사학위논문, 고려대학교, 2020.
정우봉.《조선 후기의 일기문학》. 소명출판, 2016.
______.《조선 사람들, 자기 삶을 고백하다》. 세창출판사, 2021.
______.《조선 후기 시론사의 구도와 전개》. 고려대학교출판문화원, 2021.
정은진. 〈정경순의 저작과 이신록二辛錄 삼신록三辛錄 소재 한시 고찰〉.《한문학보》(우리한문학회) 15(2007).
정인보.《담원문록薝園文錄》. 상·중·하. 정양완 역. 태학사, 2006.
정재철.《이색 시의 사상적 조명》. 집문당, 2002.
______. 〈연암의 장편시 「만조숙인輓趙淑人」에 대하여〉.《한국한문학연구》(한국한문학회) 51(2013).
정종원. 〈한국사학보》(고려사학회) 75(2019.5).
정후수.《조선후기 중인문학연구》. 깊은샘, 1990.

정후수. 〈우정偶丁 임규林圭 론論〉. 《동악어문논집》(동악어문학회) 35(1999).
______. 〈권우卷宇 홍찬유洪贊裕의 사승師承 고찰〉. 《동양고전연구》(동양고전학회) 67(2017).
조선사연구회 편. 《격암格菴 남사고南師古의 생애와 사상》. 울진의 역사인물 연구 학술대회 논총, 울진군, 2000.
조성산. 〈현동玄同 정동유鄭東愈와 『주영편晝永編』에 관한 연구〉. 《한국인물사연구》(한국인물사연구소) 3(2005).
______. 〈조선후기 소론계의 동음東音 인식과 훈민정음 연구〉. 《한국사학보》(고려사학회) 36(2009).
조연숙. 《한국고전여성시사》. 국학자료원, 2011.
조오현. 《조선의 영의정》. 역락, 2017.
조준호. 〈조선 숙종-영조대 근기지역 노론학파 연구〉. 박사학위논문, 국민대학교, 2004.
______. 〈선조 16년 계미삼찬癸未三竄과 우성전禹性傳의 정치활동〉. 《한국학논총》(국민대학교 한국학연구소) 34(2010.8).
조지형. 〈관곡寬谷 김기홍金起洪의 시가문학 연구〉. 박사학위논문, 고려대학교, 2013.
조창록. 〈1636년의 해로 사행과 이만영李晩榮의 『숭정병자조천록崇禎丙子朝天錄』〉. 《인문과학》(성균관대학교 인문학연구원) 47(2011).
지두환. 《조선전기정치사》. 역사문화, 2001.
진민희. 〈소남 심능숙 산문 연구〉. 석사학위논문, 성균관대학교, 2016.
진재교. 〈『이계집耳溪集』 소재 최필공전〉. 《민족문학사연구》(민족문학사학회·민족문학사연구소) 14(1999).
진재교 편역. 《알아주지 않은 삶—조선조 후기 전傳과 기사記事 모음집》. 태학사, 2005.
진재교. 〈조선의 갱장更張을 기획한 또 하나의 '북학의北學議'—설수외사雪岫外史〉. 《한문학보》(우리한문학회) 제23집(2010).
______. 〈18·19세기 동아시아와 지식·정보의메신저, 역관〉. 《한국한문학연구》(한국한문학회) 47(2011).
천병식. 《조선후기 위항시사 연구》. 국학자료원, 1991
최경춘. 〈배와 김상숙 연구〉. 석사학위논문, 계명대학교, 2002.
최경현. 〈지운영池雲英과 그의 화풍—해상화파海上畫派와의 관련을 중심으로〉. 《한국근대미술사학》(한국근현대미술사학회) 15(특별호)(2005).
최귀묵. 《김시습 〈조동오위요해〉의 역주 연구》. 소명출판, 2006.
최석기. 〈남포 김만영의 『중용』—해석과 그 의미〉. 《한문학보》(우리한문학회) 23(2010).
최석우. 《한국천주교회의 역사》. 한국교회사연구소, 1982.
최식. 〈19세기말 20세기초 여항문인의 교유양상—육교시사六橋詩社의 향배와 잔영〉. 《동방한문학》(동방한문학회) 71(2017).
최식. 〈여항문학 종말기의 한 양상—김득련金得鍊의 『환구금초環璆唫艸』를 중심으로〉. 《한문학보》(우리한문학회) 4(2001).
최완수. 〈겸재 정선 연구〉. 《겸재정선진경산수화謙齋鄭敾眞景山水畵》. 범우사, 1993.
최재남. 〈한천寒泉 정민교鄭敏僑의 삶과 시세계〉. 《한국한시작가연구》(한국한시학회) 16(2012.2).
최재남. 〈박효관의 필운대 풍류와 이유원의 역할〉. 《한국시가연구》(한국시가학회) 36(2014).
최준호. 《추사, 명호처럼 살다》. 아미재, 2012.
친일반민족행위진상규명위원회 편. 《친일반민족행위진상규명보고서》. 현대문화사, 2009.
친일반민족행위진상규명위원회. 《친일반민족행위관계사료집》. 2007-2009.
피정희. 〈귀곡 최기남의 시세계 연구〉. 석사학위논문, 성신여자대학교, 1993.
하강진. 〈『자전석요』의 편찬과정과 판본별 체재 변화〉. 《한국문학논총》(한국문학회) 56(2010).
하명준. 〈근대 전환기 종친 관료 이헌영의 가문의식과 시무인식〉. 《국학연구》(한국국학진흥원) 34(2017).
하정승. 《고려후기 한시의 미적 특질》. 박영사, 2017.
______. 〈14세기 후반 목은그룹의 형성과 둔촌遁村 이집李集의 문학 활동〉. 《한문학보》(우리한문학회) 44(2021).
______. 〈인재麟齋 이종학李種學의 유비시에 나타난 의경意境과 미적 특질〉. 《동방한문학》(동방한문학회) 73(2017).
한국국학진흥원 편(김종석·김호종·이해영·윤천근·이종호·설석규·안병걸·신두환·김순석 저). 《퇴계학파의 인물 시리즈》. 1-10. 한국국학진흥원, 2006-2007.
한기춘·서정철·최순화. 〈황도연黃度淵의 호號와 이름의 오기誤記에 대한 연구〉. 《민족의학신문》. 2017.06.03(http ://www.mjmedi.com).
한영규. 〈추사의 말년 제자 김석준의 『연백당초집硏白堂初集』〉. 《문헌과 해석》(문헌과해석사) 40(2007).
______. 〈19세기 여항 문단과 의관 홍현보洪顯普〉. 《동방한문학》(동방한문학회) 38(2009).
______. 《조희룡과 추사파 중인의 시대》. 학자원, 2012.
______. 〈19세기 문인 신광현申匡絢의 『위항쇄문委巷瑣聞』 편찬의식〉. 《동방한문학》(동방한문학회) 50(2012).
______. 〈19세기 여항문인 유재건의 『고금법어古今法語』 편찬의식〉. 《진단학보》(진단학회) 119(2013).

한영규.〈『조야시선朝野詩選』의 편제와 특성〉.《한국한시연구》(한국한시학회) 24(2016).
한영우.《나라에 사람이 있구나—월탄 한효순 이야기》. 역사 속에 살아 있는 인간탐구 34. 지식산업사, 2016.
한정주.《호, 조선 선비의 자존심—조선 500년 명문가 탄생의 비밀》. 다산초당, 2015.
한춘순.〈조선 명종대 불교정책과 그 성격〉.《한국사상사학》(한국사상사학회) 44(2013).
허경진.《조선위항문학사》. 태학사, 1997.
______.《악인열전—풍류가무를 즐긴 역사 속의 예인들》. 한길사, 2005.
______.《조선의 르네상스인 중인》. 랜덤하우스, 2008.
______.〈『곡청사고谷靑私藁』를 통해 본 의원 이현양의 글쓰기〉.《의사학醫史學》(한국의사학회) 17-2(통권33)(2008.12).
______.《정원용 관련 저술 해제집》. 보고사, 2009.
______.〈새로 발견된 손암 정약전의 시문집에 대하여〉.《남명학연구》(경상대학교 남명학연구소) 36(2012).
______.《조선평민열전—평민의 눈으로 바라본 또다른 조선》. 알마, 2014.
허경진 외.《낙서 장만 연구—문무 겸전의 팔도도원수》. 보고사, 2020.
허권수.〈『간송집澗松集』 해제〉. 한국고전번역원, 2015.
______.《강우지역江右地域 남명학파의 인물 연구》. 보고사, 2017.
허권수 외.《진양강씨 공목공파의 인물과 학문》. 술이, 2017.
홍단비洪剬毘.〈『호산외기』 화가전을 통한 조희룡의 회화관 연구〉. 석사학위논문, 고려대학교, 2017.
홍순각.〈『기천집』 초간에 부쳐서—약력과 해제〉. 홍명하洪命夏.《기천집沂川集》. 기천집발간위원회, 1973.
홍이섭.〈서학사상상의 이벽〉.《한국사의 방법》. 탐구당, 1968.
황동권.〈두곡杜谷 고응척高應陟의 생애와 국방정책〉.《대동한문학》(대동한문학회) 40(2014).
황위주.《고문서로 읽는 영남의 미시세계》. 경북대학교 출판부, 2009.
______.〈영남문화산책 제32호(경천대에서 관수루까지)〉. 경남대학교 영남문화연구원, 2016.
황인규.〈나암보우懶庵普雨의 생애와 불교계 문도〉.《동국사학》(동국역사문화연구소) 40.
황재문.〈운양雲養 김윤식金允植 산문 연구〉.《한국문화》(서울대학교 규장각한국학연구원) 38(2006).

徐毅·李姝雯.〈邵亭金永爵與淸文士交往資料考述〉.《대동한문학》(대동한문학회) 46(2016).
劉婧.〈『存春軒詩鈔』傳入中國攷〉.《한중인문학연구》(한중인문학회) 27(2009).

劉暢.〈從韓國古代文人名字組合方式: 看中國古代文化的深刻影響〉.《열상고전연구》(열상고전연구회) 45(2015).
大村友之丞 編.《朝鮮貴族列傳》. 每日申報社, 1910.

인명 찾아보기

ㅈ

호 찾아보기

ㄴ

ㄷ

ㅁ

ㅈ

ㅊ

호, 주인옹의 이름

초판 발행 2022년 2월 25일
초판 2쇄 2022년 11월 1일

지은이 심경호
펴낸곳 고려대학교출판문화원
www.kupress.com
kupress@korea.ac.kr
(02841) 서울특별시 성북구 안암로 145
Tel 02-3290-4230, 4232
Fax 02-923-6311
찍은곳 네오프린텍(주)

ISBN 979-11-90205-97-9 93810

값 53,000원
※ 잘못 만들어진 책은 바꿔 드립니다.